中国冶金铁路科研创新论文集

中国钢铁工业协会　编

北　京
冶　金　工　业　出　版　社
2021

内 容 提 要

本书根据中国钢铁工业协会组织人事部印发《关于表彰全国钢铁行业铁路运输优秀论文的决定》（钢协人专［2019］7号）评选出一等奖22篇、二等奖30篇、三等奖38篇编纂而成。本书是对近年来全国钢铁行业铁路科研创新工作的高度总结，凝聚着广大冶金铁路职工的聪明智慧和辛勤劳动，对促进行业铁路运输职工积极参与管理与技术创新工作，推动冶金铁路企业高质量发展必将发挥积极作用。

本书可供广大冶金铁路企业技术、管理人员等参考阅读。

图书在版编目(CIP)数据

中国冶金铁路科研创新论文集/中国钢铁工业协会编．—北京：冶金工业出版社，2021.4

ISBN 978-7-5024-8796-6

Ⅰ.①中…　Ⅱ.①中…　Ⅲ.①铁路运输—铁路运输管理—中国—文集　Ⅳ.①F532-53

中国版本图书馆CIP数据核字（2021）第067024号

出 版 人　苏长永
地　　址　北京市东城区嵩祝院北巷39号　邮编　100009　电话　(010)64027926
网　　址　www.cnmip.com.cn　电子信箱　yjcbs@cnmip.com.cn
责任编辑　徐银河　美术编辑　彭子赫　版式设计　禹　蕊
责任校对　李　娜　责任印制　李玉山
ISBN 978-7-5024-8796-6
冶金工业出版社出版发行；各地新华书店经销；北京中恒海德彩色印刷有限公司印刷
2021年4月第1版，2021年4月第1次印刷
787mm×1092mm　1/16；32.25印张；2彩页；787千字；505页
128.00元

冶金工业出版社　投稿电话　(010)64027932　投稿信箱　tougao@cnmip.com.cn
冶金工业出版社营销中心　电话　(010)64044283　传真　(010)64027893
冶金工业出版社天猫旗舰店　yjgycbs.tmall.com
（本书如有印装质量问题，本社营销中心负责退换）

《中国冶金铁路科研创新论文集》
编　委　会

序　言

70 年来，冶金铁路运输伴随着我国钢铁工业不断成长与发展，尤其改革开放 40 年来，冶金铁路运输技术不断更新迭代，原来落后的蒸汽机车，逐步更新为内燃机车、电力机车；原来的人工调度指挥作业，升级为站场自动调度指挥系统；原来的调车信号灯（旗）变革为无线远程调车设备；原来人工扳动站场道岔转变为微机连锁。冶金铁路运输科技进步日新月异，始终紧跟时代步伐，安全运输能力和运输效能大幅提高，广大铁路运输职工文化程度和专业技术水平显著提升。巨大的科技进步有力地支撑了冶金铁路运输在钢铁行业铁、钢、轧等各主要生产环节中发挥重要的纽带和桥梁作用，为我国钢铁企业独占世界半壁江山，取得令世人瞩目的辉煌成就，作出了不可或缺的贡献。

为进一步做好全国钢铁行业冶金铁路运输工作，适应企业转型升级、科学绿色发展的要求，在国家铁路局和中国钢铁工业协会领导的高度重视和关怀支持下，2017 年中国钢铁工业协会组建成立了钢铁行业冶金铁路运输专家组。三年来，在冶金铁路运输领域开展规章制度建设，加强年报统计分析，强化标准体系建设，推动科技创新与交流，搭建与政府间沟通渠道，工作成效显著，企业普遍欢迎，专家组号召力、凝聚力显著增强。2019 年，为认真贯彻执行国家发改委等五部委《关于加快推进铁路专用线建设的指导意见》（发改基础［2019］1445 号），积极落实国家公转铁发展战略要求，总结与提炼近年来钢铁行业铁路科研创新成果，激发广大铁路运输干部职工投身管理、技术创新的积极性，铁路运输专家组首次开展了全国钢铁行业铁路运输优秀论文的评选工作。在各企业铁路运输部门的大力支持和积极参与下，共推选出技术和管理类参评论文 150 篇。经过认真、科学、公正的评审及专家组最终审定，中国钢铁工业协会组织人事部印发《关于表彰全国钢铁行业铁路运输优秀论文的决定》（钢协人专［2019］7 号）评选出一等奖 22 篇、二等奖 30 篇、三等奖 38 篇。同时为宣传、推广、总结创新成果，同志们齐心协力，共同努力将获得一、二、三等奖的论文组织编纂成《中国冶金铁路科研创新论文集》。

《中国冶金铁路科研创新论文集》的出版，是对近年来全国钢铁行业铁路科研创新工作的高度总结，凝聚着广大冶金铁路职工的聪明智慧和辛勤劳动，对促进行业铁路运输职工积极参与管理与技术创新工作，推动冶金铁路企业高质量发展必将发挥积极作用。科技是第一生产力，也是冶金铁路快速发展的必由之路，希望以《中国冶金铁路科研创新论文集》的出版为契机，广大铁路运输职工团结一心，攻坚克难，为夺取冶金铁路事业的更大发展而努力奋斗！

《中国冶金铁路科研创新论文集》的编纂工作得到国家铁路局、中国钢铁工业协会有关领导的关怀和支持，冶金工业出版社有限公司、钢铁行业冶金铁路运输专家组和相关科技企业对本书的出版给予了大力支持和帮助，令我们倍感欣喜与鼓舞！在此对上述单位及领导一并表示衷心感谢！

全国钢铁行业冶金铁路运输专家组

2020 年 11 月

目　　录

一等奖

技　术　类

管　理　类

二等奖

技　术　类

管　理　类

三等奖

技　术　类

管　理　类

一 等 奖

技 术 类

320t 混铁车“等级车轴”与“等级轴承”的开发应用

（武汉钢铁有限公司，陈华）

摘　要：介绍了开发运用 320t 混铁车“等级车轴”与“等级轴承”的可行性探讨、工艺过程、运用技术状况及所取得的效益。该工艺过程是将损伤的轴颈车削加工为比直径减小 1mm 的“等级车轴”，然后与轴承内径减小 1mm 的“等级轴承”配合。经校核，“等级车轴”有足够的强度。所有开发运用的“等级车轴”与“等级轴承”至今全部运用正常，技术状况良好，收到了预期的成效。

关键词：轴颈损伤；配合；等级轴承；等级车轴

1　问题的提出

对公司钢铁生产至关重要的 320t 混铁车，在运用中时常发生车轴轴颈与轴承内圈相对位移、相互磨损的故障，使轴颈表面损伤。经研究分析，这是因为 320t 混铁车在长期运用中，受交变载荷和冲击性重载荷的作用，轴承内圈的组装应力（即箍紧力）逐渐衰减。以前，对于这种故障，因为没有喷镀工装设备来增大磨损后的轴颈直径，所以无法按图纸规定的配合过盈量来更换新轴承。而如果不按图纸规定的过盈量来装配新轴承（过盈量减小甚至可为负过盈量）将是危及行车安全的重大隐患。在这种情况下，为了安全保产，只得报废车轴。另外，按照武汉钢铁（集团）公司运输部检修技术规程《铁路特种车辆》的规定，在对该种车辆进行大修拆卸轴承时，也会拉伤轴颈，轴颈拉伤严重时，也只得报废车轴。但是，报废车轴是一种很大的浪费，因为车轴除轴颈磨损或拉伤外，其他部位都是良好的，都是可以正常使用的。为了节约修车成本，就应该恢复使用以前已报废过的车轴和有可能发生同样故障的车轴。

2　制定方案

经过分析研究，要确保图纸规定的轴颈与轴承的配合过盈量，还有其他方法，那就是可以减小轴承内圈的内径尺寸，即可以采用非标准内径的滚动轴承。非标准内径滚动轴承的内径可以比标准内径减小 0.5mm 或 1mm，根据以前已报废车轴轴颈的实际尺寸和磨损拉伤状况，确定减小轴承内径 1mm 为宜。这是因为要保证车削轴颈有一定的加工余量。按照这个思路，制定了“等级轴承”与“等级车轴”开发运用方案。

方案具体内容是：对已报废车轴的轴颈车削加工，使名义尺寸减小 1mm，并符合公差要求，然后与内径减小了 1mm 的轴承配合（在方案实施过程中，检修工人把内径减小的轴承和轴颈直径减小的车轴分别称为“等级轴承”和“等级车轴”。为方便起见，本文后面也借用这种俗称）。

3　可行性论证

由车辆强度计算理论可知，车轴所受到的最大弯矩的断面（可能发生破坏的危险断面）通常有三处，即轴颈向内过渡圆弧处，轮座末端和车轴中央部（如图 1 所示的断面Ⅰ—Ⅰ、Ⅱ—Ⅱ、Ⅲ—Ⅲ三处）。考虑到轮座末端和车轴中央部的尺寸未变，所以只需校核轴颈（即断面Ⅰ—Ⅰ）的强度。

现采用“车轴的近似计算法”来进行强度校核，按此办法计算时，仅考虑作用在轮对上的垂直载荷（静载荷和动载荷之和）等于 $1.25P_{Lj}$ 及水平载荷 H' 等于 $0.5P_{Lj}$，而水平载荷的作用线在轮对轴中心线上方 1.45m(h) 处。如图 1 所示。

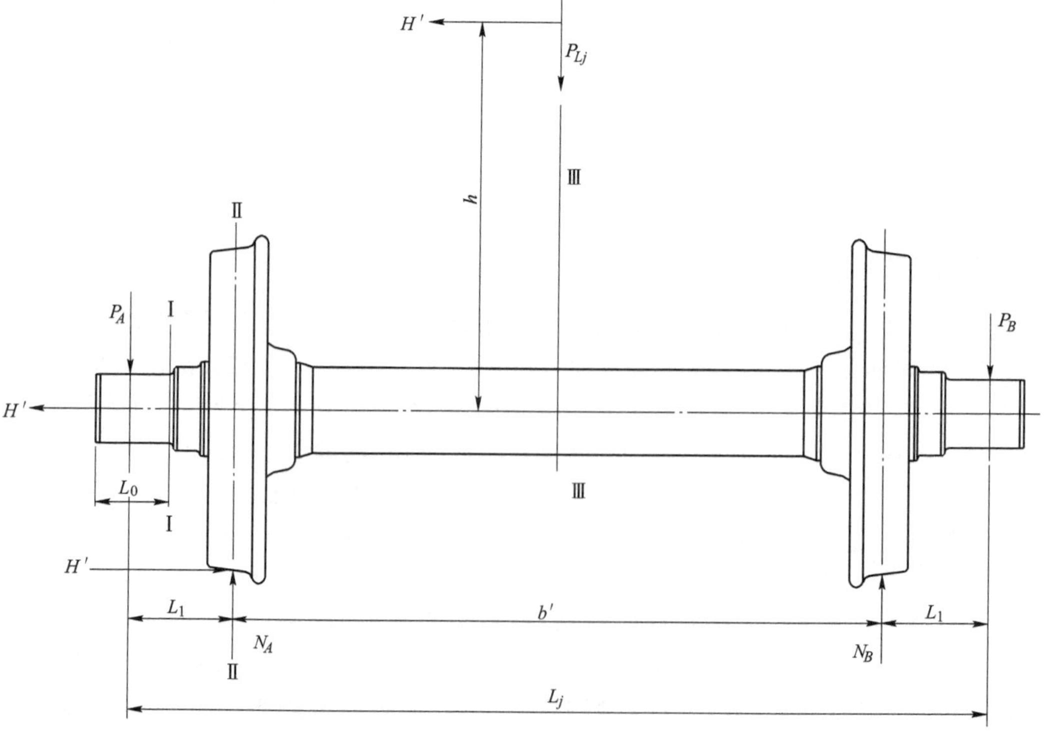

图 1　作用在轮对上的力

图中，P_{Lj}为作用在轮对上的静载荷。

$$P_{Lj}=\frac{\text{车辆自重}+\text{载重}-\text{轮对自重}\times\text{轴数}}{\text{轴数}}$$

$$=\frac{280000+320000-1128\times16}{16}=36372\text{kg}$$

H'为作用在轴颈上的水平载荷，$H'=0.5$，$P_{Lj}=18186\text{kg}$。

h 为水平载荷的作用线距轮对轴中心线的距离，$h=145\text{cm}$。

L_j 为轴颈中心距，$L_j=200\text{cm}$。

L_0 为轴颈长度，$L_0=18.5\text{cm}$。

作用在轴颈上的载荷：

$$P_A=\frac{1.25P_{Lj}}{2}+\frac{H'h}{L_j}$$

$$P_B=\frac{1.25P_{Lj}}{2}-\frac{H'h}{L_j}$$

则 $P_A=\frac{36372\times1.25}{2}+\frac{18186\times145}{200}=35917.35\text{kg}$。

在断面Ⅰ—Ⅰ处的弯矩：

$$M_{\text{I}}=P_A\frac{L_0}{2}=35917.35\times\frac{18.5}{2}=332235.48\text{kg}\cdot\text{cm}$$

在断面Ⅰ—Ⅰ的应力：

$$\sigma=\frac{M_{\text{I}}}{W_{\text{I}}}+\frac{H'}{F_{\text{I}}}$$

式中，W_{I}为断面模数；F_{I}为横断面积。

$$\sigma=\frac{332235.48}{\frac{\pi15.9^3}{32}}+\frac{18186}{\frac{\pi15.9^2}{4}}=933.93\text{kg/cm}^2=91.53\text{MPa}$$

由 $\sigma=91.53\text{MPa}<[\sigma]=137.37\text{MPa}$（车轴轴颈的许用应力）可知，“等级车轴”的轴颈不但有足够的强度，而且还有很大的强度储备量。

“等级轴承”的内圈直径减小 1mm，也就是使内圈的壁厚增大了 0.5mm，而轴承其他各个零件的尺寸和技术要求都没有改变，可知“等级轴承”不但有足够的强度，而且其内圈的强度还略有增大，所以不必校核“等级轴承”的强度。又因为“等级轴承”除了内圈与“等级车轴”配合部分外，如图 2（a）、（b）所示，原装滚动轴承为 3G2097732（$\phi160\times\phi270\times150$），原装车轴的轴颈直径为 $\phi160^{+0.052}_{+0.025}$；“等级轴承”为 3521/159×2/C2（$\phi159\times\phi270\times150$），“等级车轴”轴颈直径为 $\phi159^{+0.052}_{+0.025}$，其他各个零件的尺寸没有改变，所以不影响与轴箱各个零件的安装配合。由此可见，该方案是切实可行的。

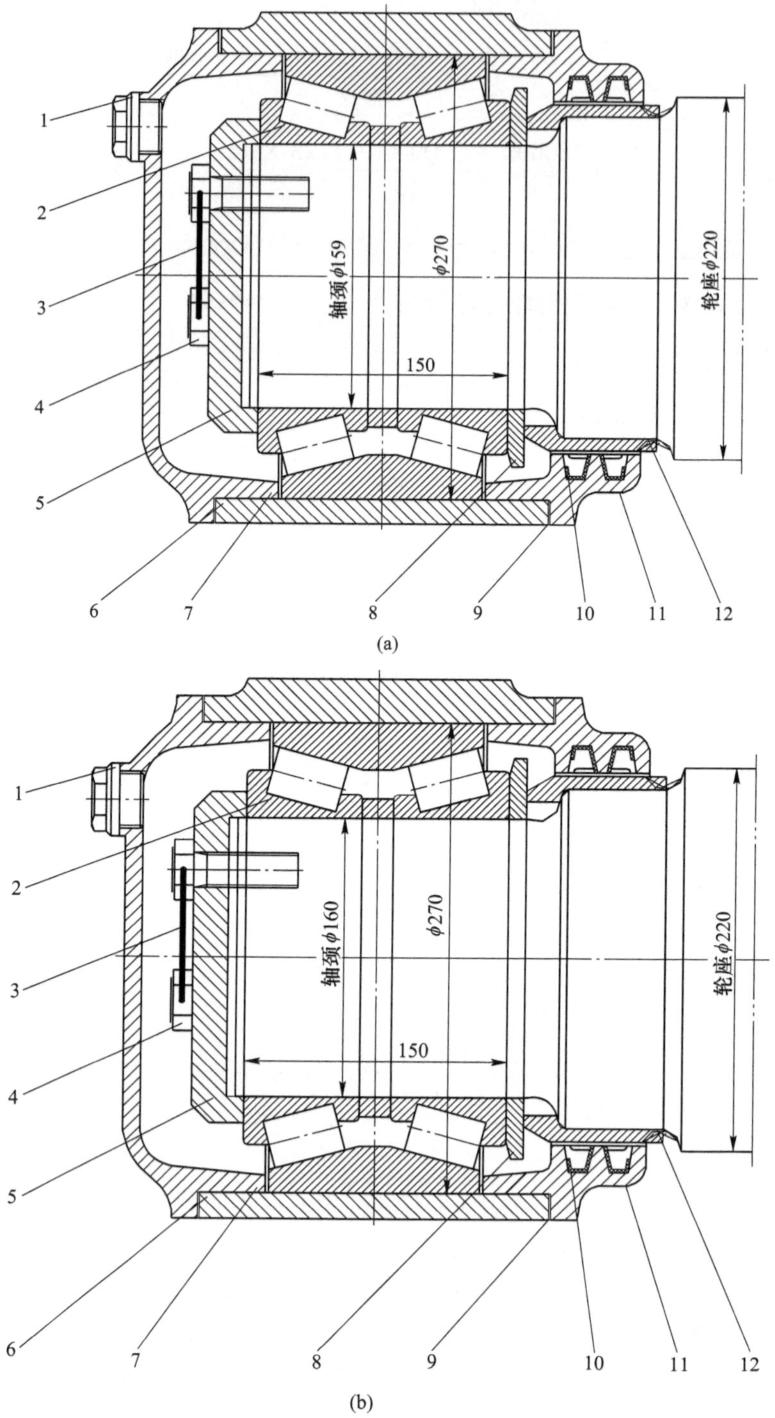

图 2　320t 混铁车轮对轴箱装配图

(a)“二级车轴”与“二级轴承”装配图；(b) 原型车轴与原型轴承装配图

1—油塞；2—滚动轴承；3—铁丝；4—带孔螺栓；5—轴承挡；6—轴箱体；

7—前盖；8—内垫；9—垫；10—U 形密封；11—后盖；12—油环

4 实施工艺过程

2002年年底，与轴承生产厂家联系，定做了一批比原3G2097732轴承内圈减小1mm的3521/159×2/C2轴承（即“等级轴承”），将以前报废过的车轴加工成“等级车轴”；为了使“等级轴承”有足够的组装应力（即箍紧力），把“等级车轴”轴颈加工尺寸控制在图纸规定的$\phi159^{+0.052}_{+0.025}$，并且尽量靠近或等于上偏差；然后采用“热装法”装配“等级轴承”（图2（a））。

5 实验与效果

在装配了“等级轴承”的轮对上的明显部位打上标记，安装于320t混铁车第1位和第16位（即车辆的最外两端），以便于和其他轮对对比观察和检修维护。经半年运用到达小修周期入库做小修时，认真进行了测量检查，确认“等级车轴”轴颈与“等级轴承”配合良好，未发现相对位移或其他故障；以后又在年修及大修时认真进行了测量检查，同样确认了其配合良好，未发现相对位移或其他故障。从2002年底至今，累计已开发“等级车轴”69根，至今全部运用正常，收到了预期的成效。

开发运用“等级车轴”与“等级轴承”工艺过程比较简单，加工装配时间短，延长了车轴使用寿命，节约了修车成本。此方案还可以推广应用于其他铁道车辆上。

在开发应用320t混铁车“等级车轴”与“等级轴承”的过程中和撰写本文时，得到了运输部设备管理部职能科室专业技术人员的支持和指导，借此深表谢意。

超声相控阵探伤技术在混铁水车车轴探伤中的应用

（安徽马钢铁路运输公司，朱魁、刘燕）

摘　要：320t 混铁车在实际运用中，因外在及内在因素，曾出现数次切轴故障，给车辆安全运行带来了重大的安全隐患，通过近几年的观察及分析，马钢找出了 320t 混铁车发生切轴故障的主要原因，并且经过分析和市场调研，引进了超声相控阵检测手段，首次将超声相控阵技术运用在 320t 混铁车车轴故障的检测工作中，超声相控阵技术可以正确检测出缺陷的大小、形状及位置。超声相控阵检测技术利用惠更斯原理，通过控制超声波的入射角度，从而实现进行大面积的扫查，提高了扫查的效率、直观性和可靠性。通过近三年来的使用，发现了 20 起车轴裂纹，避免了在线切轴事故的发生。

关键词：切轴；裂纹；相控阵检测技术；检测方法

1　背景介绍

320t 混铁水车（图 1）是冶金企业铁水运输的关键设备，由于其载重量大及其特殊的运行环境，其车轴在长期运行过程中容易产生裂纹，从而造成切轴事故（图 2），仅 2014~2016 年就发生 4 起切轴事故，并造成 2 起脱线事故，对混铁水车运行安全造成了很大的影响，因此对车轴的检测监控至关重要。

图 1　320t 混铁水车

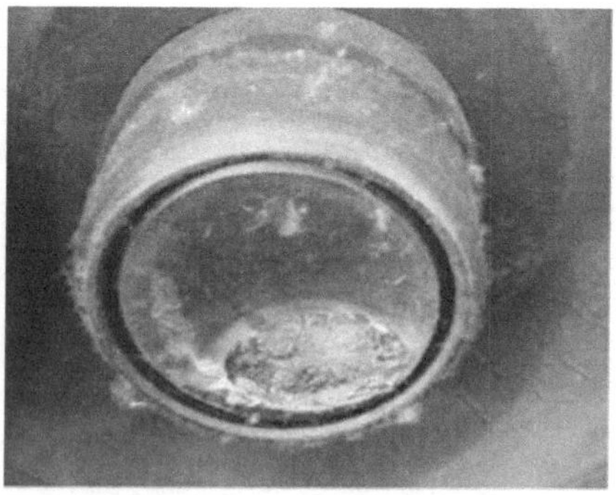

图 2　发生冷切后的轴端面

1.1　切轴原因分析

1.1.1　车轴加工不规范，存在加工缺陷，形成疲劳源

近年来，混铁车发生的 4 起切轴断裂位置全部在轴颈卸荷槽部分，断口距轴端 170mm，车轴材质为 LZ40 优质碳素结构钢，碳含量在 0.37%~0.45%，从运行到断裂累计

时间不到10年，不到设计寿命的50%。为查明断裂原因，委托马钢技术中心对车轴断口部位进行了理化性能检验和宏、微观分析（图3和图4）。

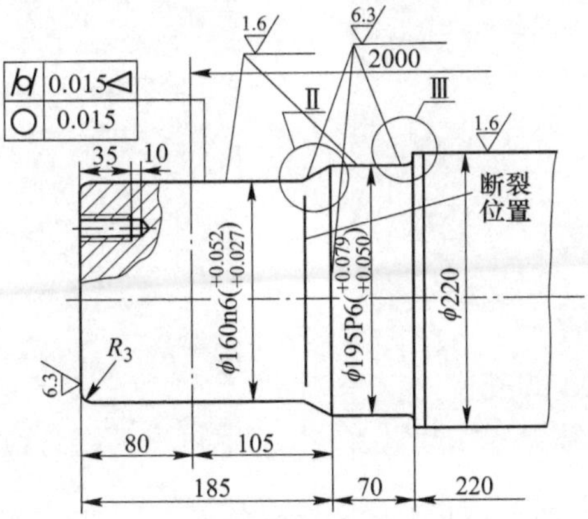

图3　轴颈根部

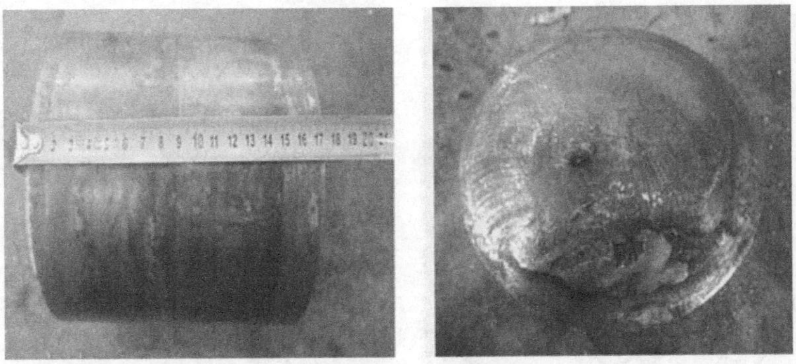

图4　切轴后的轴端

经检测分析，4起切轴是因车轴轴颈根部采用了不恰当的加工工序，造成了马钢2006年、2007年批次的混铁车车轴普遍存在加工缺陷。即$R15$过渡圆弧不存在，轴颈与卸荷槽间出现了尖角连接或直角凹槽连接。不恰当的连接形式使得变截面台阶结构应力集中，同时粗糙加工刀痕形成附加应力，两种应力集中因素的联合作用降低了车轴的疲劳寿命，导致车轴在变截面过渡圆弧根部的加工刀痕谷底萌生疲劳裂纹，并扩展，最终导致车轴断裂（图5）。

1.1.2　车轴材质存在异常，加速了裂纹的扩展

通过金相检验发现，断裂车轴无论是表面还是中心区域均存在明显的魏氏组织，并且组织存在一定的晶粒大小不均匀现象，有部分粗大的珠光体团。根据相关文献要求，车轴正常组织应为铁素体和珠光体呈均匀分布，如图6所示。显然断裂车轴显微组织中的魏氏组织属于非正常组织（图7），该组织会使车轴力学性能下降，尤其是对冲击性能和疲劳性能产生显著影响。

图8所示为断裂车轴纵向金相显微组织，可见存在较为明显的条带状组织，形成珠光体条带。条带状组织也为非均匀组织，对材料的疲劳裂纹的扩展起到促进作用。

图 5　轴颈根部存在的加工缺陷

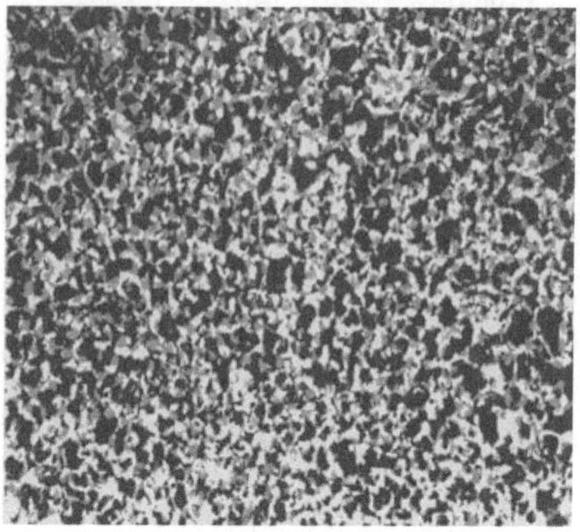

图 6　车轴正常组织

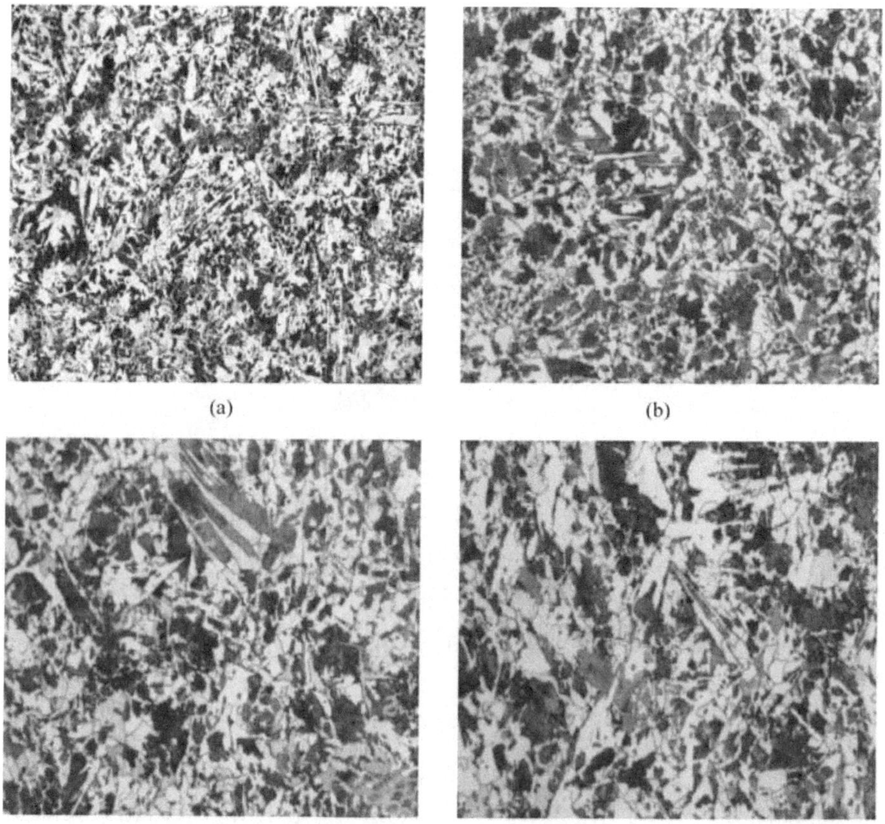

(a)　(b)　(c)　(d)

图 7　断裂车轴横截面金相显微组织

（a）表层显微组织；（b）次表层显微组织；（c）1/2 半径处显微组织；（d）中心区域显微组织

1.1.3　轴颈根部受交变载荷影响，容易产生裂纹

车轴轴颈作为轴承装配的部位，是将载荷从车体传递到车轮的关键部位，尤其是轴颈

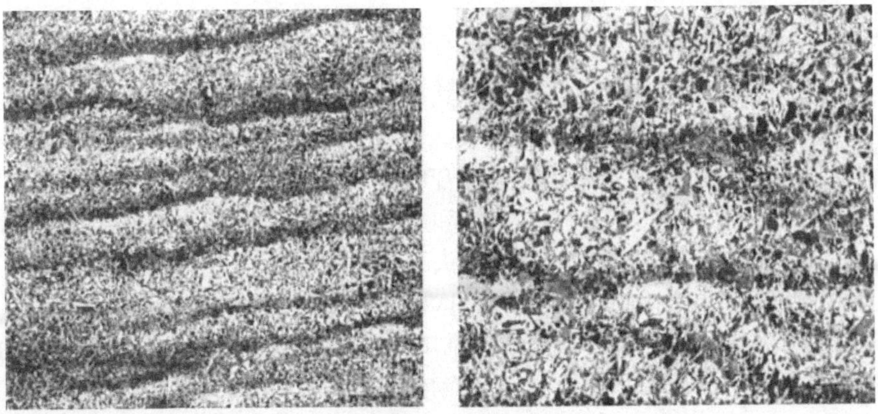

(a) (b)

图 8 断裂车轴纵向金相显微组织

（a）50×；（b）100×

根部与防尘板座的过渡部位容易出现应力集中，进而萌生裂纹。

如图 9 所示，在车轴应力分析中轴颈根部应力最为集中，该部位在车辆运行过程中不断受交变载荷的作用，容易发生疲劳，进而产生裂纹。

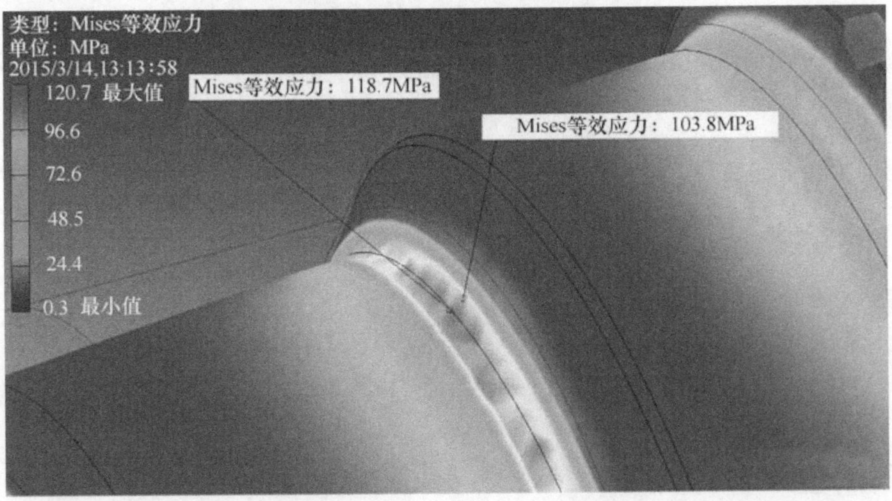

图 9 车轴轴颈部分应力分布情况

1.1.4 检测手段有限，车轴缺陷没有得到有效监控

对于车轴裂纹检测，一般采用常规超声检测，即使用 0°探头检测其透声性能，使用 8°、10.5°及 14°等小角度检测轴颈根部是否存在缺陷，然而由于冶金车辆车轴加工不规范，存在诸多加工缺陷，其产生的反射波对裂纹反射波的判断产生了一定的干扰；而且车轴端面存在定位孔，螺栓孔等，这使探头的移动受到一定的限制，容易产生一定的检测盲区。特别是在车轴在役不拆卸的状态下，需要使用多个小角度探头从轴端面进行检查，受轴端面、探头的选择及操作方法的影响，通过常规超声波检测存在较大难度，车轴缺陷无法得到有效监控。

2　超声相控阵检测技术

超声相控阵检测技术基于惠更斯原理，其探头是由多个晶片组成的阵列，阵列的阵元在电信号的激励下以可控的相位发射超声波，并使超声波束在确定的声域处聚焦或偏转，超声回波转化成电信号再以可控的相位叠加合成，以实现缺陷的检测。超声相控阵探头最显著的特点是可以灵活有效地控制声束形状和声压分布。其声束角度、焦柱位置、焦点位置在一定范围内能连续动态可调，而且在探头不动的情况下，可快速平移声束。相控阵的声束参数主要有角度、焦距和焦点尺寸等，这些参数均可通过软件予以调整。

超声相控阵技术能够通过电子的方式控制超声波的入射角度，从而实现超声波大面积扫查，而常规超声波一个探头只能产生一个角度的超声波，如图 10 所示，常规超声只能产生一束超声波，对一些区域容易产生漏检。如图 11 所示，超声相控阵能同时产生各个角度的超声波，能够覆盖整个车轴，确保不漏检。

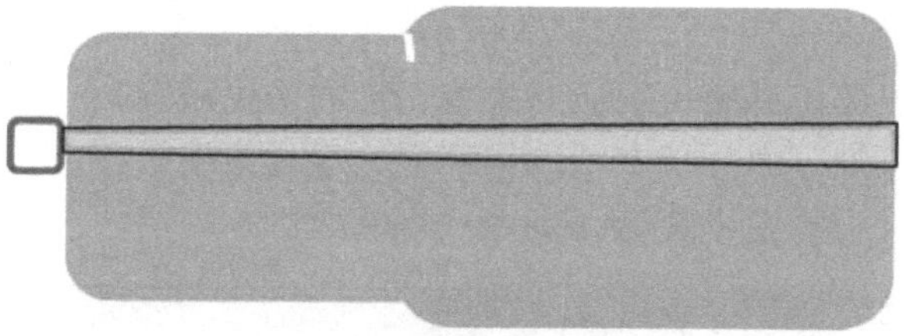

图 10　常规超声探伤示意图

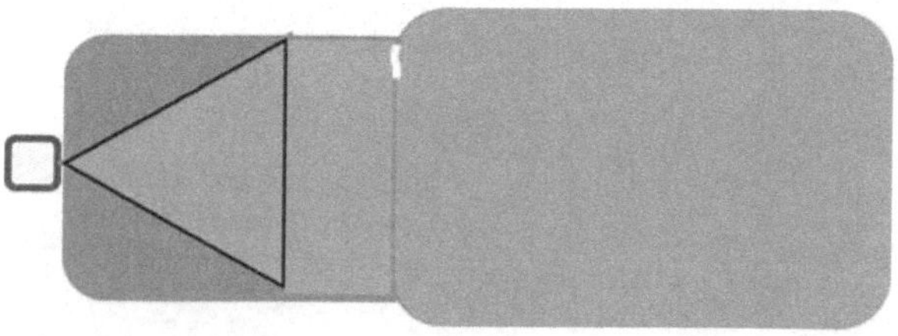

图 11　超声相控阵检测方式

3　检测试验

3.1　车轴轴颈根部对比试块

车轴发生冷切主要是在复杂应力和重载情况下，由于本身存在制造缺陷或性能无法满足运行要求，从而导致轴颈根部产生裂纹而发生断裂。为此制作的车轴轴颈试块，将轴颈根部作为重点检查部位，如图 12 所示。为了排除不同材质对超声声束的影响，试块的原材料取自于废旧车轴一端，且存在典型的加工缺陷。

在卸荷槽部位产生的裂纹，实际生长方向与轴线方向垂直，裂纹扩展后一直向中心延伸。裂纹从萌生到扩展，直至断裂，通常要经历微小尺寸的萌生期、中等长度的扩展期以及大尺寸的失稳断裂期等 3 个尺寸变化阶段。为了尽量完整模拟这 3 个阶段，在该卸荷槽部位设有 3 处人工刻槽，按 120°均匀分布，每条人工刻槽均在螺栓孔对应的位置，深度分别为 1mm、2mm、4mm，宽度为 0.2mm，如图 12 所示。

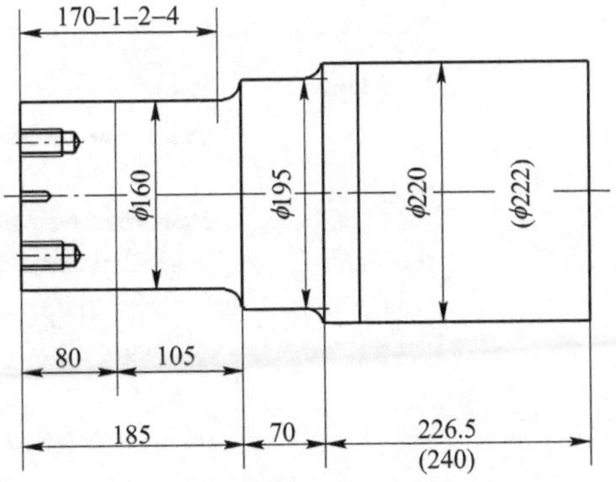

图 12 320t 混铁车车轴对比试块

3.2 试验

3.2.1 仪器选择

混铁车车轴轴颈根部的检测使用广州多浦乐公司的相控阵检测仪，主机 PHASCAN 64TY，采用 64/32 通道收发，探头 5L32D2，频率为 5MHz，32 阵元，阵元间距 0.5mm，阵元长 10mm。

3.2.2 设置聚焦法则

为使扫查显示更加直观，使用扇形扫查方式，设置发射阵元及接受阵元从 1 到 33，扫查角度为−30°~30°，步进角为 1°，聚焦深度为 170mm。

3.2.3 扫查方式

在不拆卸轴承的前提下，用机油作为耦合剂，从轴端面沿中心孔作周向扫查。该仪器具有工件轮廓加载功能，能将轴颈部分的 CAD 图加载到显示界面，能清楚的分辨出波形显示来自那部分的反射，有利于判别干扰波和裂纹波形。

3.2.4 声场模拟

如图 13~图 15 所示，按照聚焦法则设置，使用声场模拟软件进行模拟。通过模拟发现，在螺栓孔与侧壁之间的区域进行周向扫查，能完整覆盖整个轴颈根部，满足检测需求。

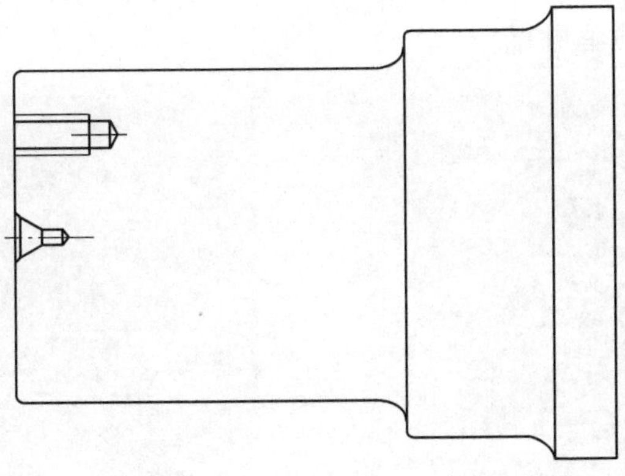
图 13 车轴轴颈部分示意图

3.2.5 扫查试验

相控阵检测轴颈根部时，探头在一个固定位置，由于加工缺陷造成的结构噪声信号都是固定在一个位置显示，不会像常规超声，由于探头需要前后不停移动，因而使结构噪声信号也不停移动，从而造成该信号与裂纹信号无法区分。而超声相控阵检测由于结构噪声

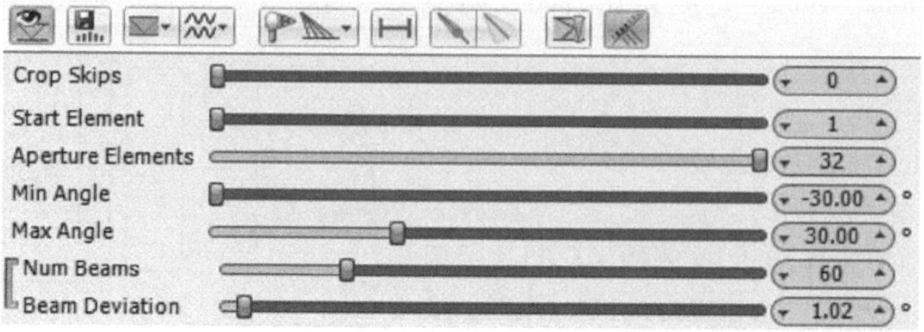

图 14　聚焦法则设置

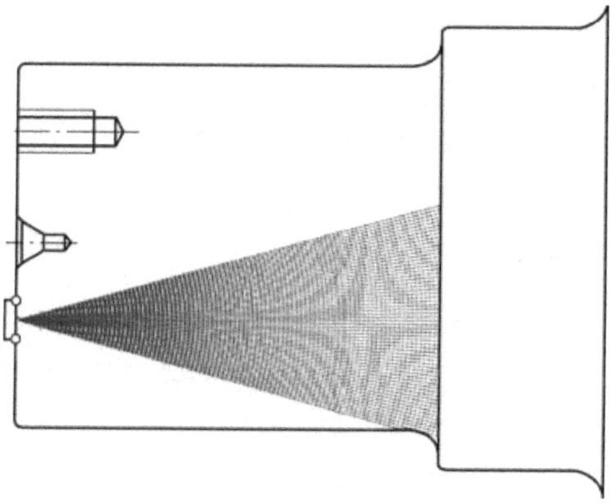

图 15　轴颈根部的声场模拟

信号固定显示在一个位置，其幅值基本稳定，如果有裂纹信号，裂纹信号明显强于结构噪声，如图 16 所示为卸荷槽处 1mm 刻槽信号，图 17 所示为结构噪声信号，显示弱于缺陷信号，这使得判断更加简单可靠。

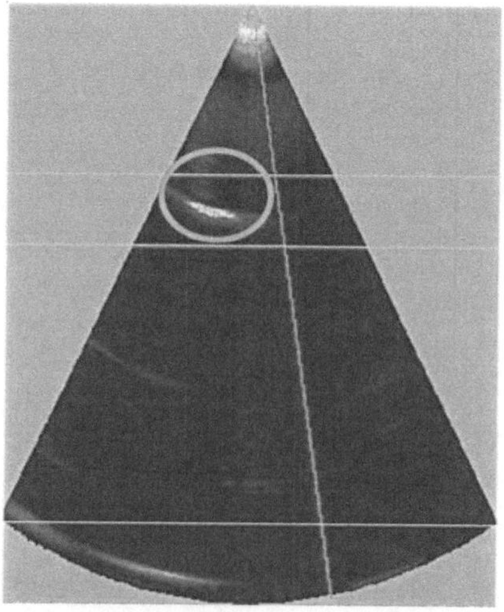

图 16　轴颈根部 1mm 人工刻槽反射情况

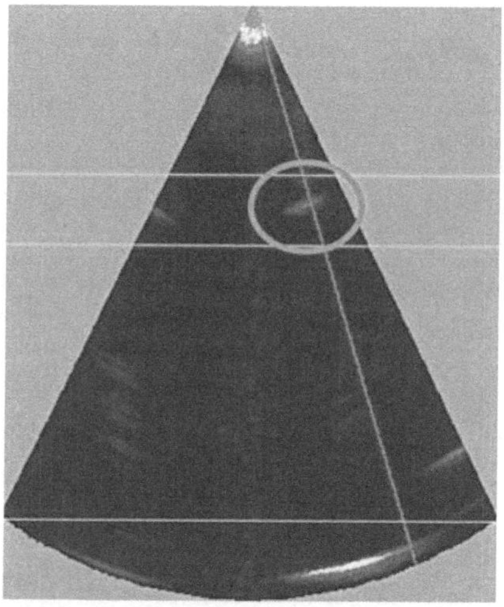

图 17　轴颈根部加工缺陷反射情况

通过试验发现，利用相控阵检测轴颈根部不仅能有效发现轴颈卸荷槽部位因加工缺陷引起的裂纹，而且能容易区分裂纹与其他反射波形，使检测更加简单方便，说明超声相控阵技术在混铁车车轴检测中的应用是切实可行的。

3.2.6 实际应用

自 2016 年 6 月使用相控阵检测技术以来，对 1584 根混铁车车轴进行了探伤检查，有效区分了存在加工缺陷的车轴 142 根，其中发现有裂纹的车轴 20 根，及时避免了在线切轴事故的发生。

例如，2016 年 7 月，在对混铁水车轮对使用相控阵探伤仪进行检查时，发现其 10479 号轮对左侧轴颈根部存在异常显示，以 1mm 人工刻槽反射波幅为 80%做基准进行对比，在沿中心孔 2/5 的部分均存在高于 80%的反射波，不连续且波幅高低不一，在其余部位也存在但波幅低于 30%（图 18）。

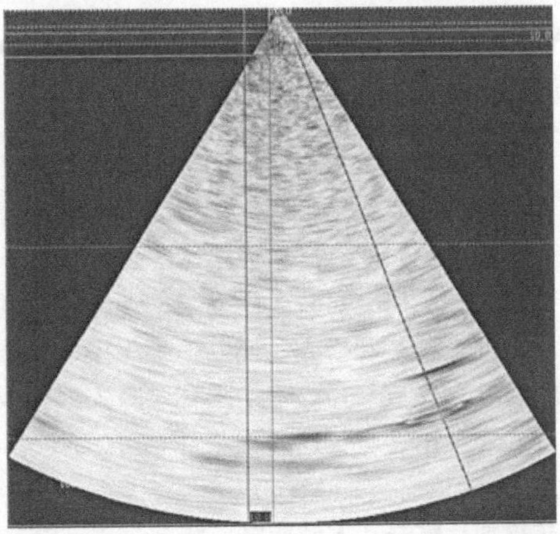

图 18 10479 号轮对左侧轴颈根部存在异常显示

经查询，该车轴属于 2006 批次车轴，存在类似的加工缺陷。该轴颈部分出现的异常显示在距轴端面 170mm 处，与其加工缺陷的位置重合，但波形显示明显强于加工缺陷显示。初步判断，在 170mm 处已出现裂纹，需要进一步验证。

经推卸轴承及配件后，使用渗透探伤发现，该车轴卸荷槽部位存在加工缺陷，并且在加工缺陷确实已出现裂纹，与探伤显示一致。

4 结论

以混铁车车轴切轴的原因分析为基础，设计了含有人工刻槽的车轴轴颈根部对比试块，人工刻槽的分布位置符合裂纹的生长特征及车轴的结构特点。对轴颈根部进行超声相控阵技术试验，结果显示，使用超声波相控阵检测技术能够很好地解决传统超声检测技术存在的困难和不足，并且具有以下优势：

（1）利用超声相控阵对混铁车轴颈根部检测时，能有效区分加工缺陷造成的结构波和缺陷裂纹，且整个过程只需要 1 个探头。

（2）超声相控阵检测技术能有效检出卸荷槽部位 1mm 深度的人工刻槽，检测灵敏度及信噪比良好，能够满足混铁车车轴裂纹检查的需求。

（3）操作简单、显示直观，具有较高的可靠性和准确性。

综上所述，相控阵超声波检测技术对于混铁车车轴的检测具有良好的适用性，其不仅解决了原有技术的局限性，还提高了检测的效率、可靠性和准确性。

冶金铁路铺设无缝线路研究与实践

（山钢股份莱芜分公司，韩树森、翟大强、杨刚、蔡开云）

摘　要： 随着社会经济的快速发展，铁路工程的发展也越来越快，无缝线路已经成为一项非常重要的技术改造内容，换铺无缝线路需要在不中断、不影响既有线路运输情况下进行施工，因此做好既有线路换铺无缝线路的施工，是十分重要的。冶金铁路受地形和厂区限制，坡度大、曲线小，既有厂内铁路运输作业繁忙，无同行经验可借鉴。以公司内首条无缝线路徐莱线铺设作为研究对象，围绕铺设无缝线路前期工程以及铺设无缝线路配套改造工程，采用科学的施工工艺和措施，规范施工工序，加强工序过程监控，从各工序环节上实现整体工程质量目标，完成公司内首条既有线路大修铺设无缝线路施工任务。通过对徐莱线铺设无缝线路的施工总结，对公司内铺设第二条无缝线路施工以及以后类似既有线施工提供有利可行的方法。

关键词： 铁路；无缝线路；清筛

普通线路由于轨缝的存在，列车通过时发生冲击、振动并伴有噪声，冲击力最大可达到非接头区 3 倍以上，既影响列车的平稳性，也加速了线路状态恶化，造成轨道结构部件使用寿命缩短、养护维修费用增加。随着列车轴重、行车速度和密度的不断增长，上述缺点更加突出，已不能适应高速重载运输的需要；而消除了接头的无缝线路，则有效地解决上述由于接头的存在而产生的缺点，因而得到了广泛的应用，也是现代铁路发展的方向。冶金铁路受地形和厂区限制，坡度大、曲线小，既有厂内铁路运输作业繁忙，无同行经验可借鉴，换铺无缝线路需要在不中断、不影响既有线路运输情况下进行施工，因此做好既有线路换铺无缝线路的施工十分重要。

本文以徐莱线铺设无缝线路前期工程以及铺设无缝线路配套改造工程为工程背景，围绕在"天窗"点内施工，对徐莱线铺设无缝线路施工技术进行探讨，为以后相关项目提供参考。

1　工程概况

山东钢铁股份有限公司莱芜分公司厂内铁路徐莱线（莱钢站—编组站）是一条连接莱钢站至编组站的铁路干线，全长 2.4km，于 1966 年建成通车，承担着公司 70%以上的原燃料进厂与产成品外发任务，被誉为钢铁生产的"生命线"，也是与国铁连接的重要交通走廊。从建厂初期的年产 25 万吨到如今的 1000 多万吨钢，这条铁路逐渐超期、超载服役，各种问题频出，低接头、翻浆冒泥、几何尺寸超限、正矢不良、道床脏污……每年都要拿出大量的时间、精力来整治徐莱线的隐患，先后实施了木枕换水泥枕，轻轨换重轨等升级改造，但是由于该线路运营时间长，路基未进行彻底整治，隐患很难根除，线路状态不稳定。从环保角度看，铁路沿线居民多次通过企地协调会提出要求降低铁路噪声，徐莱线已无法满足当前环保、重载、高速、大流量的运输需求。

本段线路既有曲线 4 条，最大曲线半径 $R=400m$，最小曲线半径 $R=300m$，最大曲线长度 $L=548.9m$，最小曲线长度 $L=138.5m$，最大线路坡度为 7.4‰。既有铺设 60kg/m 的 25m 标准轨线路、Ⅲa 型钢筋混凝土枕，C 型弹条扣件。本线路内 K0+950.22（2-12m 钢筋混凝土 T 梁）桥 K0+902.10～K0+990.70 既有铺设为木枕，道钉扣件。

2017 年 10 月开始实施徐莱线铺设无缝线路前期工程，工程起终点为 K0+000.00～K2+369.80；2018 年 7 月进行徐莱线铺设无缝线路等配套改造工程，换轨起终点为 K0+193.32～K2+379.55。

2 铺设无缝线路前期工程

铺设无缝线路的轨道必须具有稳定的基础，轨道结构应具备必要的强度和稳定性。前期工程包括整修路基及排水设施，保持路基的稳定；测量校核并优化线路纵断面；方正轨枕，更换严重伤损或失效轨枕；清筛不洁道床，补充道砟。

2.1 路基整治

铲平修补路肩及清理侧沟及排水沟。路基地段清筛污土均抛在路肩外侧，路肩不平地段利用污土同步加宽、填平，并人工进行整理、夯拍。疏通排水沟、清除杂草。弃砟、余土清至不影响排水及线路维修作业的地方，禁止抛弃在桥台的锥体护坡上。拆除线路两侧妨碍道心排水的沟壁，方便道心积水往线路两侧外流。

2.2 更换失效轨枕

徐莱线既有铺设Ⅲa 型钢筋混凝土轨枕地段共计失效 90 根，使用Ⅲa 型钢筋混凝土轨枕进行更换，轨枕列新料。K0+950.22（2～12m 钢筋混凝土 T 梁）桥两侧 K0+902.10～K0+917.00 及 K0+985.40～K0+990.70 既有铺设木枕，本次结合更换 AⅢ型桥枕更换为Ⅲa 型钢筋混凝土轨枕，共计 34 根，轨枕列新料，轨枕扣件采用Ⅱ型弹条扣件，轨枕扣件全部列新料，按比例补充施工损耗。

本段线路内 K0+950.22（2～12m 钢筋混凝土 T 梁）桥既有道床厚度为 9cm，不满足规范要求。本次施工考虑既有桥梁道床厚度不足的因素，为减少过大抬道造成的困难，采用 AⅢ型桥枕进行更换（图 1），配置 1667 根/km，轨枕扣件采用Ⅱ型弹条扣件，轨枕及轨枕扣件全部列新料。护轨采用 60kg/m 再用轨，护轨联结零件全部列新料，护轨扣件及梭头列新料。

图 1 更换 AⅢ型桥枕

2.3 道床清筛换砟

随着公司产量持续增加，产品到达外发量增加，施工与运输的矛盾日益加剧。运输部首次引进铁道线路大机维修模式，在不影响公司正常生产的前提下，每天集中要点6小时封线施工，全力以赴确保大修改造工程安全顺利、保质保量按期完成。

徐莱线本次道床换填石砟，主要包括道床的清筛、捣固、道床的稳定及配砟与整形作业。施工作业使用的大型养路机械是由多辆车集合组成的大型装备（图2），包括1辆轨道车、3辆物料车、1辆清筛车，20余辆K车、1辆配砟车、2辆捣固车。作业顺序为：清筛—卸砟—整形—捣固。每天清筛机作业一段距离后，经过k车卸砟、配砟车、捣固车的线路恢复作业，达到筛分道砟脏污，恢复线路状态的目的。

2.3.1 清筛

清筛车在不拆除轨排的情况下，高质量、高效率地完成全断面道床清筛（图3），将道砟全抛或者部分抛，将脏污的道砟从轨枕下挖出，进行筛分后，将标准、清洁的道砟回填至道床，筛出的污土和废砟抛至线路外。

图2　施工车列

图3　清筛

2.3.2 卸砟

卸砟（图4）由预备机车牵引k车进行，根据抬道情况以及现场石砟量确定卸砟量。

徐莱线原有的道床使用的是石灰岩道砟，石灰岩强度不高、冲击韧性差、极易破碎，石灰岩道砟破碎后形成粉状，遇水容易出现翻浆冒泥，降低轨道承载能力，干燥后形成板结，使轨道失去弹性，因此，本次投入使用强度更高、摩擦力更大的花岗岩石砟代替传统石渣，整体提高路基的稳定性。本次施工补充道砟4000m^3，采用一级碎石道砟，碎石材质、粒径级配符合标准，道床清洁、密实、均匀。

2.3.3 配砟与整形

配砟整形车用于将道床整理成形，同时将零散和成堆的道砟修整拉平，满足大机捣固条件，为后面的起道、拨道、捣固作业提供条件（图5）。可以进行正反两个方向作业。由中犁和侧犁完成道床的配砟及整形作业，使作业后的道床布砟均匀，并按线路的技术要求使道床断面成型。清扫装置将作业过程中残留于轨枕及扣件上的道砟清扫干净，收集后通过输送带移向道床边坡，通过适当调整侧犁的转角，使道床断面按 1∶1.75 成形，达到线路外观整齐。

图 4 卸砟

图 5 配砟与整形

2.3.4 捣固

捣固车对轨道进行拨道、起道抄平、道砟捣固及道床肩部道砟的夯实作业（图 6）。本次施工抬道优化纵断面 1800m，为线路的无缝化升级改造打下了基础。

2.3.5 整修后的道床情况

通过进行大机清筛、捣固、抬道等作业，道床恢复了稳定性、弹性，整修后的徐莱线各种几何尺寸如下：

（1）道床断面。顶面宽度达到 3.4m，边坡坡度 1∶1.75。无缝线路轨道半径小于 800m 的曲线地段曲线外侧加宽 0.1m。

（2）道床厚度。枕下道床厚度符合《Ⅲ、Ⅳ级铁路设计规范》第 4.2.1 条规定。桥上枕下道床厚度符合《Ⅲ、Ⅳ级铁路设计规范》第 4.5.8 条（一般 25cm，困难 20cm）及第 4.2.1 条规定。

（3）道床状态参数。道床反复捣固夯实。道床状态主要参数满足《铁路轨道设计规

图 6　捣固

范》第 3. 0. 14 条规定。

（4）道床全断面换砟。本段线路道床严重脏污，部分地段翻浆冒泥，本次清筛将此段道床全断面换砟。

（5）线路平面校正。本段设计共有曲线 4 条，最大曲线半径 400m，最小曲线半径 300m。曲线要素发生修改的情况见表 1。其他曲线维持既有平面曲线要素不动，清筛时进行了校正。

表 1　曲线要素修改统计表

曲线位置	原曲线半径/cm	设计曲线半径/m	原曲线缓和曲线	设计曲线缓和曲线
K0+612. 42～K1+161. 32	300	300	45	50/60

（6）线路纵断面优化。本线路最大坡度 7. 6‰，最小坡段长 150m。相邻坡段代数差大于 3‰时设 R=10000m 圆曲线型竖曲线。优化后坡度为：3. 6‰下坡 150m（含曲线 1）→ 0. 8‰下坡 200m →0. 3‰上坡 200m→ 3. 9‰上坡 250m→6. 0‰上坡 200m（含曲线 2 部分）→ 3. 4‰上坡 200m→7. 3‰上坡 850m（含曲线 3）→6. 4‰上坡 300m（含曲线 4）→3. 5‰上坡 30m。

表 2 为优化后曲线要素统计表。

表 2　优化后曲线要素统计表

序号	名称	半径/m	转向角	曲线长/m	缓和曲线	超高加宽/mm
1	南头曲线	300	26°27′04	138. 5	无缓和	s=5，h=50
2	大曲线	300	94°19′40	548. 9	南 50m 北 60m	s=5，h=60
3	公路桥曲线	400	12°52′16	149. 9	两侧 60m	s=0，h=40
4	断桥曲线	400	12°49′41	149. 6	两侧 60m	s=0，h=40

大机清筛后线路参数优化结果如图 7 所示。

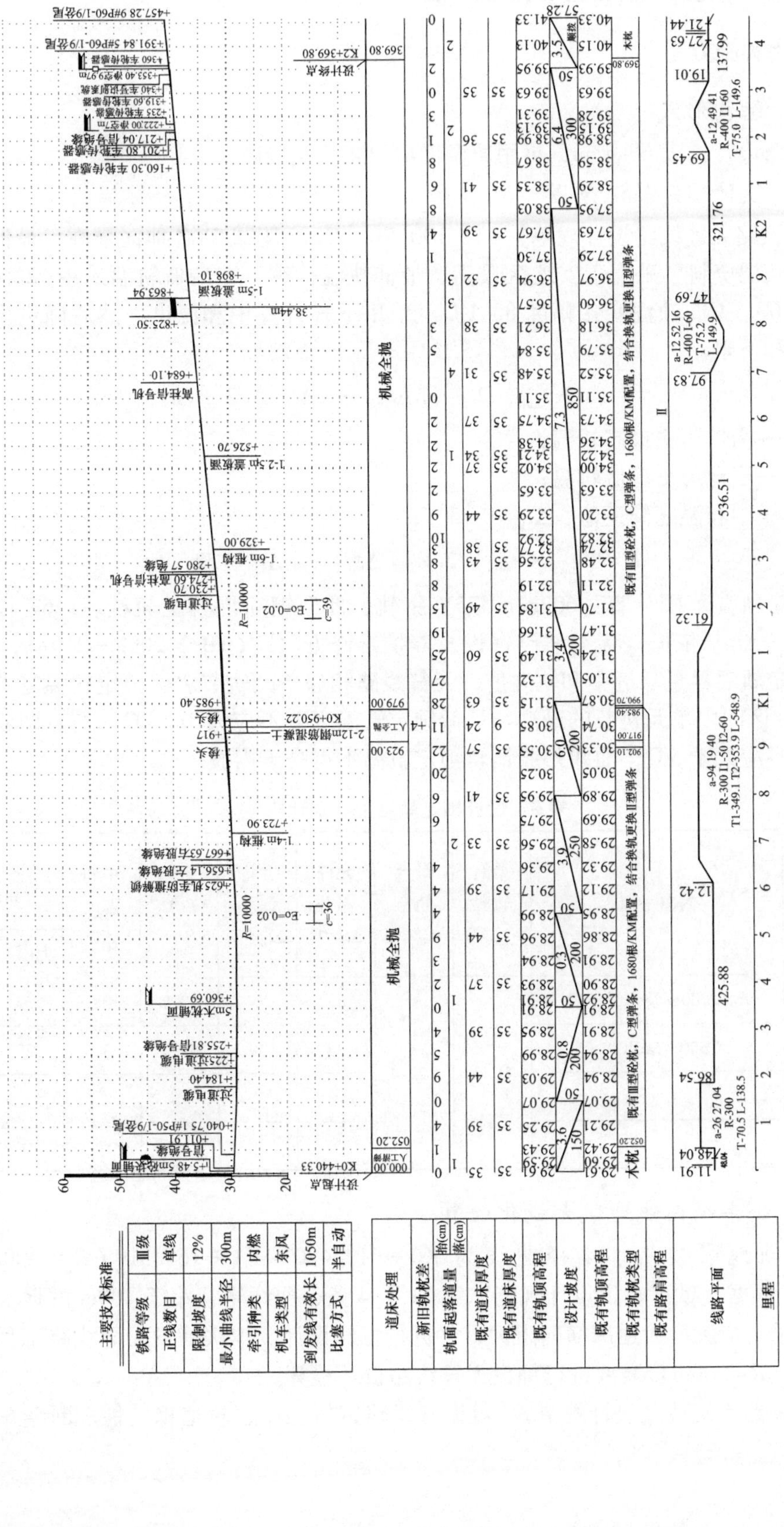

图7 大机清筛后线路参数优化结果

3 铺设无缝线路等配套改造工程

3.1 无缝化实施方案

3.1.1 结构形式

本段线路设计铺设 60kg/m，再用轨温度应力式无缝线路。

3.1.2 设计锁定轨温范围

根据《铁路无缝线路设计规范》（TB 10015—2012）附录 D 各地区最高、最低气温及最高、最低轨温资料，采用泰安地区最高、最低轨温检算，即最低轨温采用-22.4℃，最高轨温采用 60.7℃，轨温变化幅度 83.1℃。采用下式计算中和温度，然后确定设计锁定轨温的上限和下限。

$$t_e = (t_{max} + t_{min})/2 + ([\Delta t_d] - [\Delta t_c])/2 + \Delta t_k$$

式中 t_{max}——当地历史最高轨温；

t_{min}——当地历史最低轨温；

Δt_k——中和温度修正值，$\Delta t_k = 0 \sim 5$℃；

$$T = (t_{max} + t_{min})/2 + ([\Delta t_d] - [\Delta t_c])/2$$

设计锁定轨温范围计算：60kg/mU75V 钢轨，Ⅲ型钢筋混凝土轨枕、1667 根/km 配置。$[\Delta t_d]$、$[\Delta t_c]$ 依据《无缝线路铺设及养护维修方法》（TB/T 2098—2007），见表 3。要求施工锁定轨温尽量靠近中和轨温值，无缝线路相邻单元轨节之间锁定轨温之差不应大于 5℃，同一区间内单元轨节的最高与最低锁定轨温之差不应大于 10℃，左右两股钢轨锁定轨温之差不应大于 5℃，曲线外股钢轨锁定轨温不得高于内股。

表 3 设计锁定轨温上下限计算

机车类型	行车速率	线路平面	最高轨温 t_{max}/℃	最低轨温 t_{min}/℃	允许温升 Δt_c/℃	允许温降 Δt_d/℃	T/℃	中和温度/℃	设计锁定轨温/℃	
									上限 t_m	下限 t_n
韶山5型8型电力机车	140	$R \geq 2000$m 及直线地段	60.7	-22.4	62	71	23.7	28	33	23
	80	$500 > R \geq 400$			38	59	29.7	31	36	26

3.1.3 小半径曲线地段无缝化验算

本次换轨地段线路小半径曲线为 K0 + 612.420 ~ K1 + 161.319（R = 300m，L = 548.899m），根据《铁路轨道设计规范》第 11.1.4 条，曲线半径小于 400m 的地段铺设无缝线路时应采取措施增大道床横向阻力，并进行特殊设计。本次铺设无缝线路工程范围内小半径曲线（R=300m）需要进行铺设无缝线路设计检算。

根据《铁路无缝线路设计规范》，对无缝线路钢轨强度、轨道稳定性、断缝等进行检算。计算参数：SS4 机车、速度 50km/h、60kg/m，截面参数考虑轨头垂直磨耗 6mm，既有Ⅲ型混凝土枕、1667 根/km 配置、弹条Ⅱ型扣件、扣件扭矩 120~150N·m，曲线半径 $R=300$m，扣件扭矩设计锁定轨温范围：32~38℃。

（1）轨道强度。采用 TDS 计算得到。综合动载系数 $K_d=(1+\alpha+\beta)f=2.96$，轨底动弯应力 $\sigma_d=191.3$MPa，钢轨允许温降 $[\Delta T_d]=69.3$℃。

（2）无缝线路稳定性。采用不等变形波长理论，计算中考虑了无缝道岔钢轨纵向力不均匀性的影响，相当于 8℃温度力。用不同的变形矢度 f 值进行迭代，计算得到：

1 股钢轨允许压力 $[P]=618.1$kN

允许温升 $[\Delta T_u]=32.2$℃

临界温升 $\Delta T_k=70.1$℃

安全系数 $K=2.2$

（3）断缝检算：

左侧断缝 $\lambda_1=3.48$cm，右侧断缝 $\lambda_2=3.48$cm。

$$\begin{aligned}\text{断缝 }\lambda &= \lambda_1+\lambda_2\\ &=6.97\text{cm} \leqslant [\lambda]=8\text{cm}\end{aligned}$$

合格。

3.2 卸长轨条施工

卸轨前安排人员扒平影响卸轨的石砟，在“天窗”时间内长轨运输车到达施工现场，将长轨条依次卸在需要换轨地段线路两侧的砟肩上，不得高于轨枕面 25mm，卸下的长钢轨采用防胀支撑或者上拉杆等措施，防止轨条侵入限界。卸放的长轨条到位后进行人工拨正、钉固。

卸车流程：长轨运输至施工现场→长轨列车对位→解除待卸长轨的锁定、安装牵引卡→机车以 3~5km/h 前进、拨轨→地面拖拉机具转移→长钢轨卸至地面→循环下一对钢轨卸车→长轨摆放质量安全检查→长轨列车返回。

通过运轨车共卸长轨条 6 根。如图 8 所示。

图 8 长轨卸车

3.3 铺设无缝线路施工

3.3.1 换轨施工

施工里程为：K0+55~K2+379.55，换轨总长度为2.32455km。

换轨起点K2+379.55，位于编组5号（木枕60kg/m钢轨9号单开道岔）岔后保护轨接头处。终点K0+55，位于徐家庄2号（木枕50kg/m钢轨9号单开道岔）岔后保护轨接头处。

徐莱线无缝升级改造完成钢轨更换2324.55m，砼枕抽换166根，接头铝热焊12个，焊缝探伤186个，安装防胀轨支撑130个，钢轨绝缘接头胶接4处（8个）。如图9所示。

图9　换轨

3.3.2 更换扣件胶垫等配件

拟换轨地段均采用Ⅱ型弹条扣件替换原C形扣件，扣件全部列新料；更换失效枕地段轨枕扣件采用Ⅱ型弹条扣件，轨枕扣件全部列新料，按比例补充施工损耗。弹条中点压靠或扭力矩应保持在100~120N·m，最低不小于80N·m。

原轨下橡胶垫板全部废弃，普通钢轨接头、铝热焊接头、绝缘接头前后各两根轨枕用12mm的绝缘橡胶垫板，其他地段采用10mm绝缘橡胶垫板；新橡胶垫板全部采用热塑橡胶垫板（图10）。

图10　更换热塑胶垫

螺帽全部采用新螺帽，平垫采用大钢厚平垫（图 11）。

图 11 更换扣件螺帽平垫

4 结论

（1）徐莱线大修铺设无缝线路后，线路纵断面得到优化，消除了接头不平稳，线路高低水平方向等参数得到质的提升，解决了线路接头病害，消除了晃车颠簸等隐患。降低了噪声污染，铁路沿线居民再也不受“咣当”声的噪声影响。避免了车轮对钢轨接头的冲击，减少了机车能量损失，降低了能耗。

（2）徐莱线无缝化升级改造的顺利完成，开创了冶金企业铁路实现无缝化运输的先河。

（3）2019 年完成了颜莱线大修铺设无缝线路，实现了第二条无缝线路。

（4）公司内两条通过国铁车站的走行线均实现无缝化改造，为下一步“公转铁”和新旧动能转换带来的铁路运输增量，提供了可靠的设备保障。

混铁车倾翻系统状态在线动态检测

（宝山钢铁股份有限公司，申亮、王祥龙）

摘　要：混铁车承担着铁钢区域铁水运输的重担，将铁水由高炉送往炼钢倒罐站进行倒铁作业。混铁车的倾翻系统是倒铁作业顺利完成的关键执行机构，其过程状态直接影响着倒铁作业的安全。从安全保障、生产顺行等方面介绍了混铁车倾翻系统状态在线动态检测的应用背景，系统介绍了在线动态检测的系统构成，阐述了系统组成部分的工作原理，总结了在线动态检测系统对设备状态监控、生产安全保障的实践价值。
关键词：倾翻系统；过程状态；动态检测

混铁车是目前钢厂运送铁水的关键核心装备，用于将高炉生产的铁水运送至炼钢厂倒罐站进行倒铁作业，其装载量大、保温性能好，对高炉与炼钢之间的生产有重要的连接及缓冲作用。混铁车主要由炉体、走行机构、倾翻系统等部分组成。炉体装载高炉生产的铁水；走行机构负责炉体的承重以及在机车的牵引下将铁水运送至炼钢厂；倾翻系统承担着转动炉体，将铁水倒至铁水包的功能，其中的润滑系统负责混铁车主、副轴承的油脂润滑，确保混铁车炉体倾翻过程中主、副轴承得到良好的润滑。混铁车倾翻系统的状态直接影响着混铁车能否安全、顺利地将铁水倒至铁水包中。

1　混铁车倾翻系统简介

混铁车倾翻系统由 11kW 三相交流电动机、制动器、星型齿轮减速箱、润滑系统等组成。混铁车倾翻系统通过 CTZ-18 连接器（图 1）与地面自动接电装置对接，获取 380V、220V 电源，分别为三相交流电动机提供 380V 电源，为制动器、润滑系统提供 380V 电源。CTZ-18 连接器接线图如图 2 所示。

图 1　CTZ-18 连接器

CTZ-18 连接器与地面自动接电装置对接后，连接器的 1 号、14 号触点接通，表示 CTZ-18 连接器与地面自动接电装置对接成功，CTZ-18 连接器成功获取电源，润滑系统随

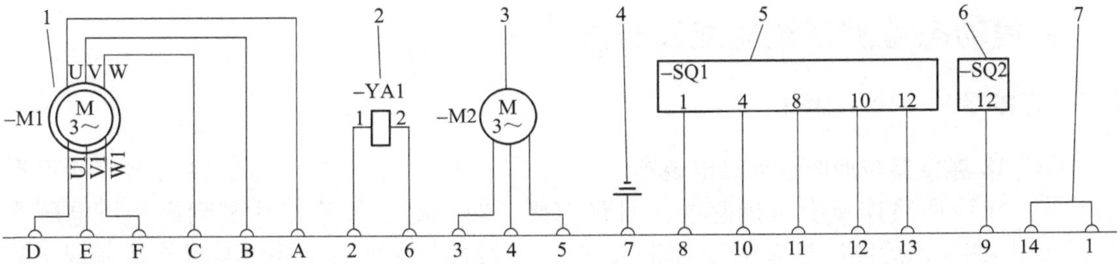

图 2　CTZ-18 连接器接线图

1—倾翻电动机；2—制动器线圈；3—润滑电动机；4—接地线；5—倾翻角度信号；6—垂直限位；7—短接线

即得电，由电动机带动柱塞泵将润滑油脂通过油管送至炉体的主、副轴承，持续润滑时间为 30s。

倾翻系统控制台发出混铁车炉体倾翻的指令后，制动器首先得电吸合，制动器缓解，11kW 三相交流电动机得电运转，动力通过星型齿轮减速箱减速后，传至炉体齿轮，带动炉体转动，实现炉体倾翻的功能。

2　混铁车倾翻系统对倒铁作业的影响

2.1　润滑系统故障的影响

混铁车炉体通过耳轴安装在主、副轴承座上，主、副轴承座为炉体提供支撑，轴承座上安装有铜质轴瓦直接与炉体耳轴接触，形成滑动轴承，润滑系统为该滑动轴承提供润滑油脂。当炉体在转动时，铜质轴瓦与炉体耳轴直接摩擦，润滑系统故障会导致摩擦面润滑不良，摩擦因数增加，进而倾翻电动机的负荷增加，存在倾翻电动机过载而烧损的隐患。同时，铜质轴瓦与炉体耳轴直接摩擦会产生金属粉末，缺少润滑油脂的冲刷，金属粉末会存留在摩擦面加速铜质轴瓦、炉体耳轴的磨损，其中较硬的金属杂质会在炉体耳轴上产生切痕，导致炉体耳轴的应力集中，存在耳轴断裂的重大安全风险。

2.2　制动器无法吸合缓解的影响

混铁车炉体在转动前，制动器无法吸合缓解，炉体转动时制动片会加剧磨损，严重缩短制动器的使用寿命，同时会加大倾翻电动机的阻力，造成倾翻电动机过载而烧损。

混铁车在倒铁作业的过程中，铁水包即将注满时，如果制动器无法吸合缓解，混铁车炉体就无法逆向翻转停止铁水的倒出作业，混铁车炉体内的铁水将持续倒出，直至炉体内铁水倒空。这样将会使铁水包中的铁水溢出，烧损周边设备，导致停产，会造成严重的安全事故和较大的经济损失。

2.3　倾翻电动机过载或缺相的影响

倾翻电动机过载或缺相会引起控制系统过载保护或缺相保护装置作用，电动机会断电停止工作，混铁车炉体的转动将无法进行，进而无法完成倒铁作业。倒铁过程中电动机断电，无法使炉体逆向转动，无法终止铁水的倒出，致使铁水倒出作业失控，产生严重的生产事故。

3 在线动态检测系统功能及组成

3.1 连接器对接状态检测

CTZ-18 连接器与地面自动接电装置对接后，CTZ-18 连接器的 1 号、14 号触点接通形成回路。在该回路连接电压传感器，回路未接通时，电压传感器检测到电压，电压为 24V，当回路接通后电压降为 0V，说明 CTZ-18 连接器与地面自动接电装置连接完成，混铁车车上倾翻电动机、润滑电动机等用电设备已经获取电源，并且状态良好。

3.2 润滑系统检测

CTZ-18 连接器与地面自动接电装置对接完成后，CTZ-18 连接器的 3 号、4 号、5 号触点得电，为润滑系统的电动机提供电力，在电动机供电电路中接入霍尔电流传感器，可以检测润滑电动机的电流大小，进而可以判断润滑电动机是否工作平稳。

润滑电动机正常工作时，其工作电流应维持在 1.0~1.3A，如果检测电流小于工作电流，说明电动机功率未完全发挥，润滑油泵出量减少，混铁车炉体耳轴的润滑效果变差；如果检测电流大于工作电流，说明电动机带动的柱塞泵有卡阻现象，柱塞泵需要进行清洁保养。

3.3 制动器检测

当混铁车得到炉体转动的指令后，制动器的线圈首先得电，吸盘吸合，制动闸片缓解，倾翻电动机方可转动。倾翻电动机转动过程中，吸盘需保持吸合状态，直至倾翻电动机转动停止。制动器吸盘吸合时，瞬间电压为 110V，瞬间电流为 2A，保持电流为 0.1A。

在制动器供电电路中接入霍尔电流传感器（图 3）可以检测吸盘吸合瞬间电流、吸盘吸合的保持电流。当吸合瞬间电流小于 2A 时，制动器可能发生故障，吸盘没有吸合，制动闸片没有缓解，致使倾翻电动机无法转动；或者摩擦制动闸片，增大倾翻电动机的阻力。当保持电流小于 0.09A 时，制动器吸盘无法保持吸合状态，制动闸片会对倾翻电动机产生制动力，导致倾翻电动机无法转动。

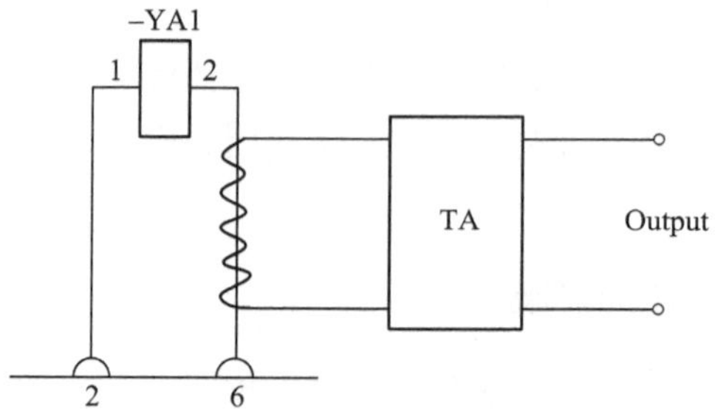

图 3 霍尔电流传感器检测位置

3.4 倾翻电动机检测

3.4.1 倾翻电流

在倾翻电动机供电线路A、B、C中接入串芯式电流传感器，检测倾翻电动机在工作状态下的工作电流。倾翻电动机在倾翻混铁车炉体转动时，工作电流为18~25A。当检测电流大于30A，持续时间大于5s时，说明炉体转动的阻力较大，可能的诱因是炉体轴承润滑不良、炉体内壁有积渣、星型减速机有卡阻现象等异常或故障，进而需要对该台车辆进行检查、检修，找出问题点，消除故障。

3.4.2 倾翻方向

在不同的工位点，混铁车需要的倾翻方向是不一样的，有时是顺时针转动，有时是逆时针转动，为了更好地掌握混铁车在倾翻开始时的倾翻方向，在倾翻电动机供电线路A、B、C中接入相序传感器，可以有效监控倾翻电动机的倾翻方向，进而判断混铁车炉体的倾翻方向，并对倾翻方向进行记录。

3.5 混铁车车号读取

为了更加精准了解混铁车制动器、倾翻电动机、润滑电动机等设备的状态信息是属于哪台混铁车的，基于混铁车已经安装的RFID标签（含有混铁车车号信息），在混铁车工位点旁安装了RFID标签读写器，用于对混铁车RFID标签的读取，进而获取混铁车车号信息。其接收距离为≤15m，频率范围860~960MHz。

当混铁车在准备进入作业工位点时，RFID标签读写器已经获取混铁车的车号信息，当RFID标签读写器接收到混铁车上的标签信号时，同时启动混铁车倾翻系统检测系统，并将检测数据实时记录在现场数据记录仪中。

3.6 无线通信

混铁车倾翻系统检测是在线运行，混铁车的状态检测数据记录在现场数据记录仪中。由于设备管理人员无法长时间在现场跟踪检测数据的变化，对混铁车的状态无法做到实时跟踪，因此需要将检测系统搜集到的混铁车状态信息及时发送至设备管理人员的工作电脑，便于设备管理人员对倾翻系统的异常信息进行远程判断和分析。

在现场检测系统、设备管理人员工作电脑等位置增加3G通信功能模块，实时将检测系统记录仪记录数据传送至设备管理人员的工作电脑，实现远程对混铁车状态的监控。

3.7 系统软件

工作电脑安装在线动态检测软件后，可以对现场混铁车实施即时检测（图4），包括混铁车车号、倾翻电动机电流（A、B、C相电流）、制动器电流（制动电流）、润滑电动机电流（油泵电流）等信息；还可以对在线检测系统检测过的混铁车进行历史记录查询（图5），查询内容包括车号、检查时间、倾翻电动机电流、制动电流、油泵电流、倾动方向等信息。

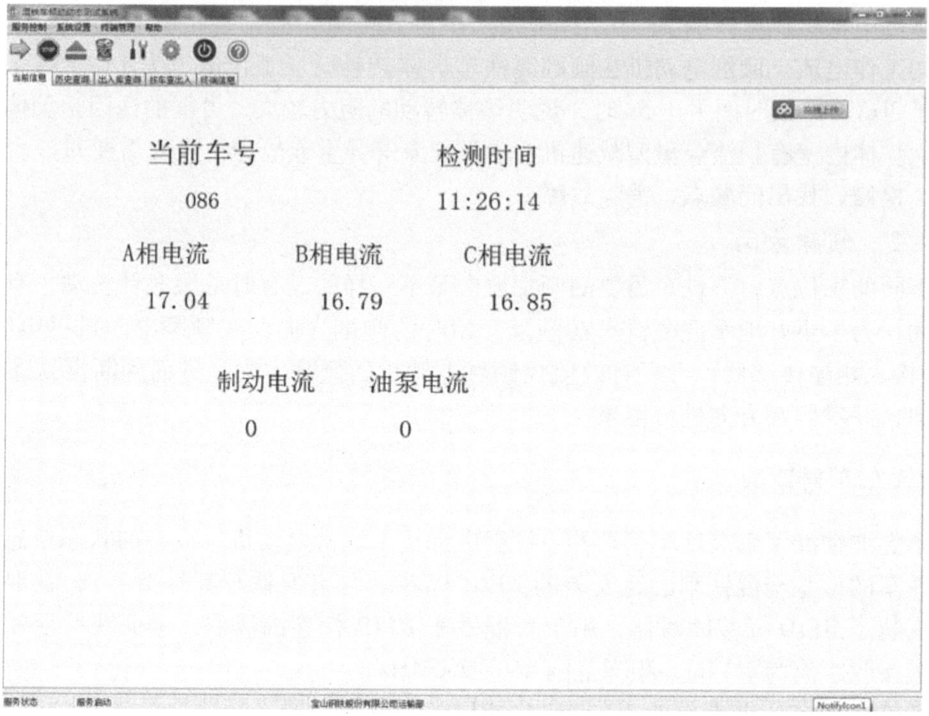

图 4　实时检测画面

检测软件可以对搜集到的数据进行统计、分析（图 6），掌握每台混铁车的工作状态，发现异常可以进行追溯，查找异常原因。

4　应用案例

2017 年 7 月 6 日，检测发现 91 号混铁车倾翻电动机电流异常增大，说明倾翻电动机负载增加，存在制动器未正常缓解、减速机卡阻等可能。立即现场对混铁车制动器进行检查，发现制动器未缓解，增加了倾翻电动机的负载，致使倾翻电流增大。

5　结语

混铁车倾翻系统状态在线动态检测投入使用后，切实提升了设备管理人员对混铁车状态的掌控能力，变静态检查为动态检查，变事后检查为在线监控，混铁车倾翻系统发生故障，相关人员能够第一时间获取故障信息，同时为设备管理人员查找设备故障提供了有力的数据支撑。

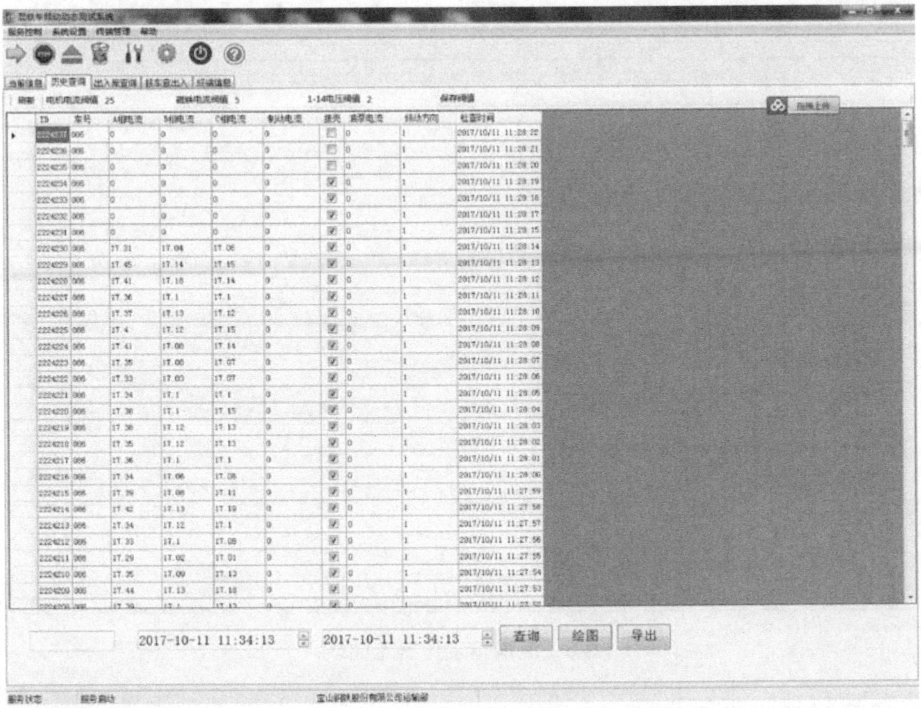
2017-10-11 11:34:13
2017-10-11 11:34:13
查询
绘图
导出

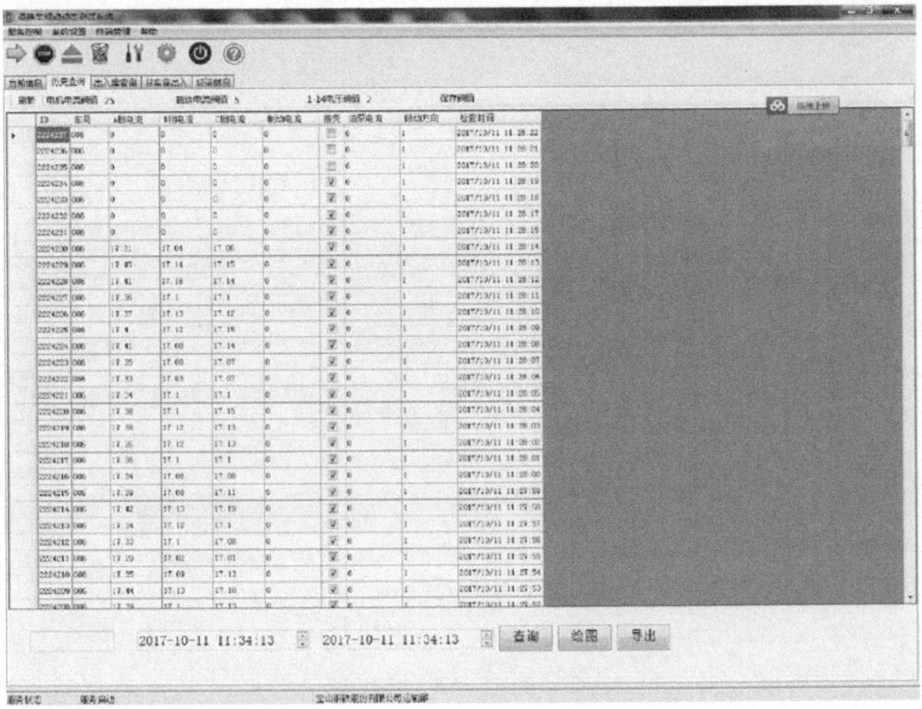
2017-10-11 11:34:13
2017-10-11 11:34:13
查询
绘图
导出

图 5 历史信息查询画面

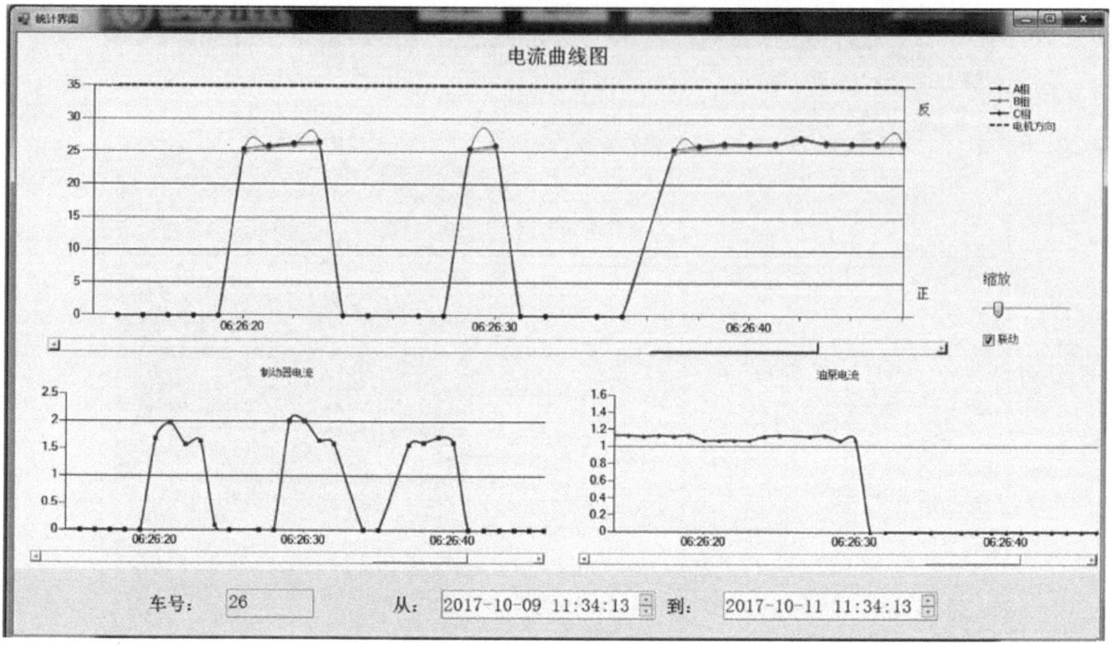

图 6　混铁车工作状态曲线

TN-Ⅲ型牵引车电气系统改进及其应用

（广东韶关松山股份有限公司，
曹启坤、黄世东）

摘　要：介绍电瓶牵引车投入运用存在问题的改进措施，对其中程序系统、供电系统进行相应改进。设计了活动连接杆装置、引导滑动小车装置、离合器操纵机构及电磁制动器失电缓解装置，改进的技术效果显著。

关键词：电瓶牵引车；运用；问题；改进

1　引言

铁水罐对位牵引车是公司快改项目，2016年在8号高炉投入运用，经过近半年多的试运用，存在以下问题。

（1）程序设计复杂，遥控器操作需要选道，容易出现误操作，误操作后操作自动停止并锁死，无法及时复位，影响铁水车对位出铁。

（2）采用蓄电池供电，由交流380V变直流480V，充蓄电池供电充电模式不稳定，蓄电池温度过高，造成蓄电池自燃损坏故障。

（3）采用逆变器低压DC48V供电，由DC480V变DC48V充蓄电池供低压控制系统，逆变器、蓄电池故障时，电机制动抱闸器无法打开，牵引车无法运行，影响铁水车对位出铁。

（4）电机传动感速器离合器设计不合理，离合器的操纵必须由检修人员进入车内转换操作，牵引车换道及班中运用出现故障，只能等待检修人员到现场处理，影响铁水车对位出铁。

由于原设计电瓶牵引车存在较多问题，蓄电池、充电系统、炉上智能对位遥控系统使用操作烦琐，程序设计复杂，运用中出现故障时牵引车不能及时撤离，需等检修人员到现场处理，影响高炉出铁生产，因此暂停了牵引车的运用。

2　原设计结构

引进4台铁水罐遥控对位牵引车，是鞍钢铁路运输设备制造公司研制采用集蓄电池供电、电子标签对位、炉上智能对位及遥控操纵于一体的结构设计，目的是可在炉上及炉下操纵电瓶牵引车出铁对位。

3　提出电气系统改进的思路

（1）动力电源改进。取消蓄电池充电供电模式，为了提高牵引车动力的稳定性，电力传输采用挂缆模式，采用1套双路整流电源供牵引车使用（一主一备，自动切换），电源柜输入交流三相380V，输出直流480V，采用挂缆传输方式从电源柜传输至牵引车。

（2）控制系统改进。取消原程序设计，重新设计程序，每台牵引车内安装接收器，更换程序控制主板，更换遥控器，每个遥控器一对一控制牵引车。

（3）机械部分改造。牵引车挂缆推拉杆采用具有升缩调整功能活动连接杆，符合高炉下运行技术要求。

4　改进实施

牵引车改进后在6号高炉、7号高炉安装运用，根据设计思路进行相应的技术改进实施。

（1）供电系统的实施，采用双路整流电源供电，二路可靠电源供电（一主一备，自动切换）（图1）电力传输采用挂缆模式（图2），设计具有升缩调整功能的活动连接杆，活动连接杆上设计安装前后限位开关，限制牵引车在有效线路运行（图3），为确保挂缆滑动小车的运用顺畅运行，设计了上下滑动导轮的引导滑动小车装置（图4）。

图1　双路整流电源柜

图2　采用挂缆模式

（2）控制系统更换控制主板，重新设计程序，安装遥控器声光报警装接收器，更换遥控器，每个遥控器一对一控制牵引车，为防止拿错遥控器，增设遥控器专用柜（图5），增加了遥控器起动声光报警、延时按键保护、无线车外声光报警，在每台牵引车运用同一线路外安装（图6）。

（3）取消原有蓄电池供低压电的模式，采用功率（TN606W-500-110-6KW）智能型低压逆变器，4路电源输出，保障低压供电稳定（图7）。

（4）设计电机制动抱闸器缓解装置（图8），可由遥控司机使用操作制动抱闸器缓解装置（图9）。

图3　活动连接杆

（5）设计改进离合器操纵机构（图 10），牵引车换道及班中运用出现故障时，离合器操控可由遥控司机直接操控（图 11）。

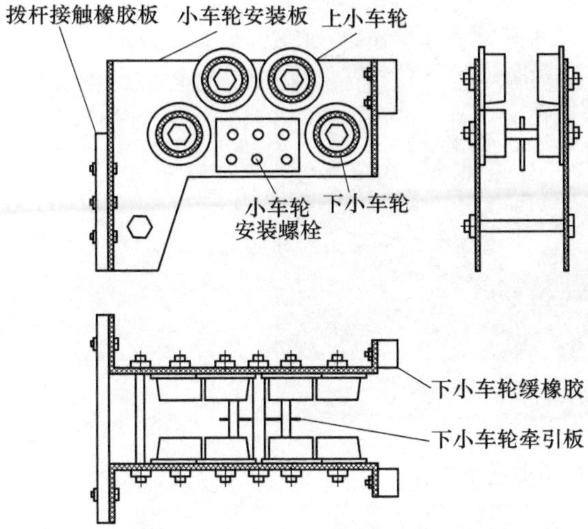

图 4　引导滑动小车设计图

图 5　遥控器专用柜

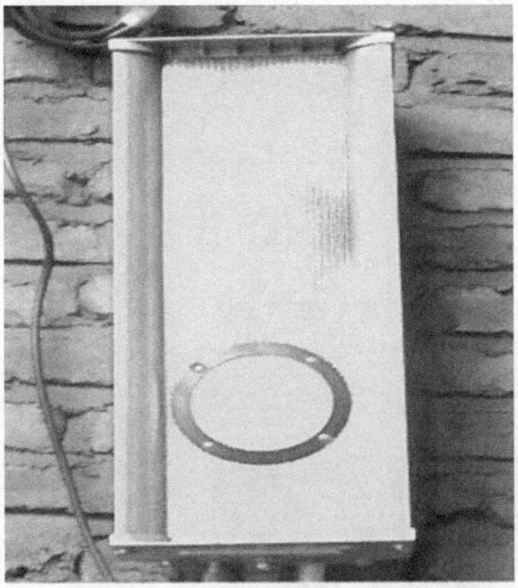

图 6　无线车外声光报警

图 7　智能型低压逆变器

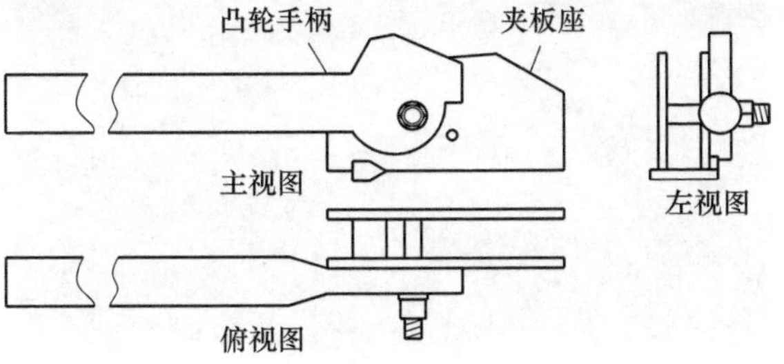

图 8　缓解装置设计

图 9 制动抱闸器缓解操作

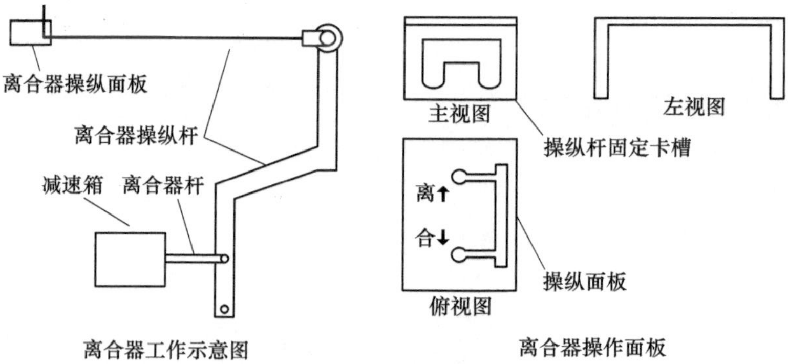

图 10 离合器设计图

图 11 安装的离合器

5 改进后的效果

对牵引车动力电源改进、控制系统改进、机械部分改造后，经过 1 年多时间的运行表明牵引车运用状况良好。值得一提的是，设计的活动连接杆装置、引导滑动小车装置、离合器操纵机构及电磁制动器失电缓解装置，正在申报国家专利。离合器、电磁制动器操纵可由遥控司机直接通过机械装置操控，解决了牵引车故障需动车时只能等待检修人员到现场处理的状况。实践证明，对动力电源改进、控制系统改进、机械部分改造地技术改进是成功的，积累了技术经验，提高了员工的技术水平。

单乘制辅助驾驶系统在武钢铁路运输的应用和发展

（武汉钢铁有限公司，常界华）

摘　要： 为提升劳动效率，提高智慧运输水平，武钢运输部从2015年起开始探索机车驾驶模式的变革。通过引进、提升、拓展单乘制辅助驾驶系统，使机车驾驶从原来的双人操纵逐步发展为了单人操纵，并在该系统基础上，开展无人驾驶技术研究。

关键词： 机车驾驶；单乘制；无人驾驶

1　背景

近几年，钢铁行业面临环保、市场的双重压力，各钢企深入推进供给侧机构性改革，落实“三去一降一补”，大力开展科技创新，寻求提质增效、高质量发展的突破口。从2015年开始，运输部作为武钢人力资源改革试点单位，要达到劳动效率提升目标，仅仅靠管理创新是不够的，必须大力开展技术引进、创新工作。

武钢运输部铁路运输板块有在线运行机车37台，外加10台检修周转。机车型号全部为国产工况型，驾驶室在机车中后部，乘务员配置为每车每班2人。要想向单人操纵发展，就必须解决确认信号进路和消除瞭望盲区的根本性问题。为此，运输部组织了调研，初步确定了两条技术路线：一是机车加装遥控设备，改为遥控模式；二是加装由成都可益轨道技术有限公司新研发的机车单乘制辅助驾驶系统。2016年，武钢运输部分别对两套设备进行了试验验证。

遥控模式下，一名操作人员就可以完成机车操纵和调车作业，而且遥控技术相对成熟，设备稳定性也较高，但是在武钢铁路站场分散、运输量大、捣调频繁、运距长的环境下，工序时间要延长30%~50%。要达到保产节奏，必须增加运用机车数，而且一人作业劳动强度大。单乘制模式下，一人操纵机车，一人调车作业，工序时间不变，作业人员劳动强度适中，而且机车作业情况实时记录传输，可提高管理效率。尽管当时单乘制辅助驾驶系统还有不完善之处，但具备提升空间，所以武钢运输部选择与成都可益轨道技术有限公司开展科研合作，进一步提升、拓展单乘制辅助驾驶系统的功能和技术指标。

2　单乘制辅助驾驶系统基本原理

机车单乘制辅助驾驶系统由高精度定位与安全导航、高清智能视频监控两个功能单元组成。前者主要解决信号识别与进路确认，后者主要是消除乘务员瞭望盲区。

2.1　机车高精度定位与安全导航

通过对站场信号微机联锁、卫星定位和机车运行状态等信息的综合处理，解算出机车的精确位置、机车的运行方向和速度、站场信号进路的状态，筛选出满足乘务员安全作业的有用信息，实时在机车驾驶室内显示，同时以灯光、语音进行提示、预警，达到防止机车超速、冒进、挤岔、冲撞的目的。

高精度定位与安全导航单元由车载模块、地面监控中心和卫星定位模块三部分组成，如图 1 所示。

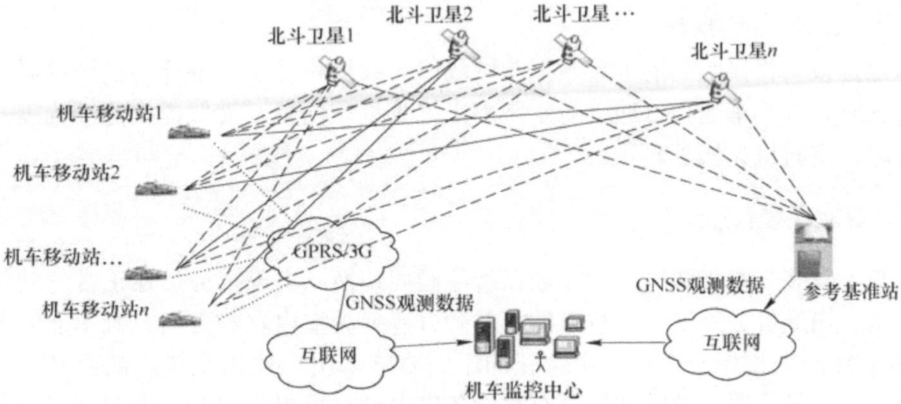

图 1 机车高精度定位与安全导航

2.1.1 车载模块

车载模块安装在机车驾驶室，利用“车-地”无线网络将卫星数据和机车状态数据，结合机车 ID 号，实时发送给地面监控中心。地面监控中心解算筛选后，将保障安全行车的有用数据传回车载模块，然后以图形、灯光、语音形式输出，让乘务员能及时、准确感知信号、进路、道岔的状态，以及机车位置、与信号灯的距离，从而辅助乘务员安全作业。

2.1.2 地面监控中心

地面监控中心通过武钢内网和联通无线专网分别与信号微机联锁主机、车载模块以及地面监控终端通信（图 2）。中心服务器对站场信号微机联锁、卫星定位和机车运行状态、

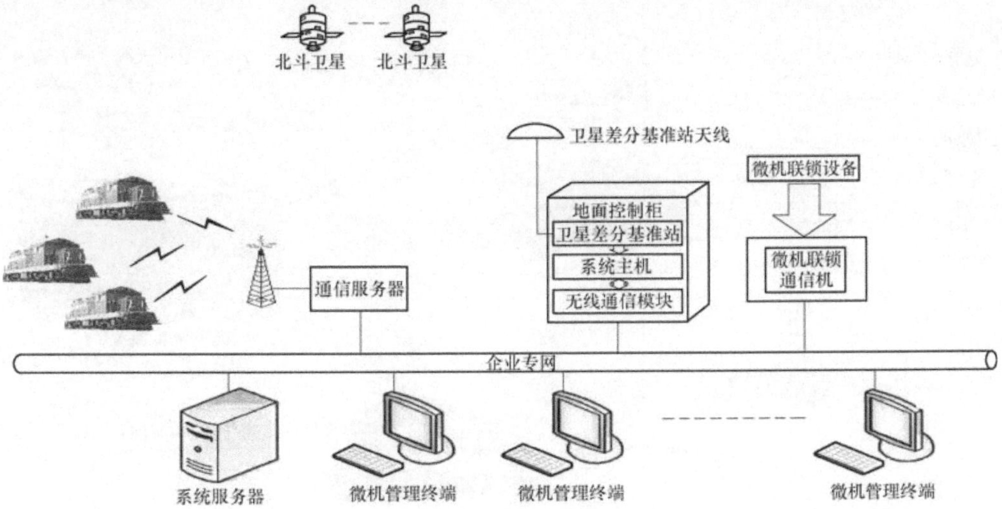

图 2 地面监控中心

站场 GIS 数据等信息综合处理，解算出机车的精确位置、机车的运行方向和速度、站场信号进路的状态，筛选出满足乘务员安全作业的有用信息，并将信息传回车载模块；同时完成数据维护、用户管理、网络安全管理等功能。

管理人员桌面电脑安装监控软件后，通过访问中心服务器，可以实时查看或回放机车作业过程。

2.1.3　卫星定位模块

卫星定位模块将接收到的卫星数据与站场 GIS 数据相结合，解算出机车精确位置。当卫星信号弱时，以机车运行方向、行走距离来推算机车位置。为保证推算准确度，在卫星信号良好时，定时检核机车轮径。

2.2　高清智能视频监控

在机车上安装 8 路摄像机，同时辅以智能画面切换，实现乘务员在正常驾驶位置上的无死角瞭望。摄像机分别安装在机车的左右侧方、驾驶室内左右方向、机车前后方及前后车钩位置（图 3），摄像机根据每个位置的不同要求采用个性化配置。视频显示与导航图形显示共用一套显示器，触摸切换。车载设备供电设有采用专用后备电源，以保证在机车停电或非正常状态下，视频录像文件和其他监控系统文件的完整性。高清智能视频监控单元设备组成如图 4 所示。

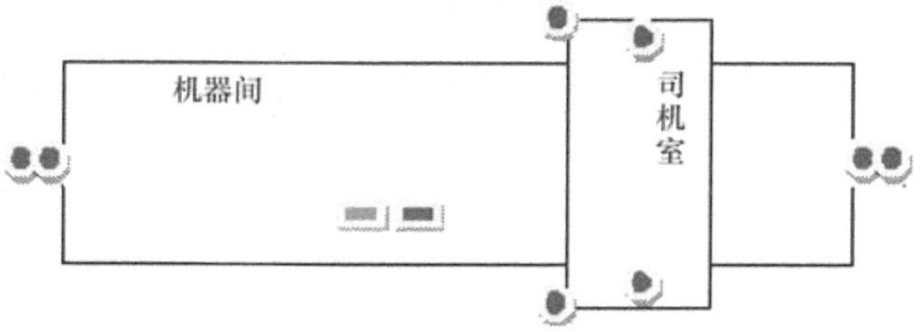

图 3　车载摄像机布置

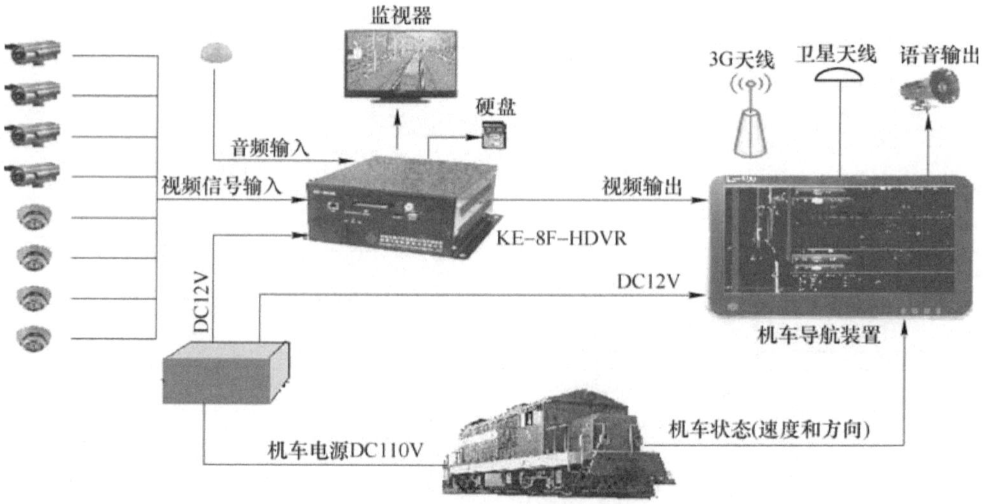

图 4　机车智能视频监控系统车载设备组成

3 试验改进情况

2016 年，武钢运输部与成都可益轨道技术有限公司合作，在炼钢区域 4 台机车上试用单乘制辅助驾驶系统，并组成联合课题组，进行跟踪、测试、改进。

3.1 解决了数据延时的问题

经测试，站场信号在机车上的输出与地面信号相比滞后近 3s，不能满足运用需求。问题的原因在于为确保微机联锁系统的安全性，单乘制所需的联锁数据从调监系统取得，数据流向为联锁主机—调监—单乘制。为既保证微机联锁系统的安全性，又消除数据延时，采取了以下改进方案：在联锁主机串口后加通信前置机，通信前置机通过内网与单乘制服务器通信；联锁主机只发送数据，不接收数据；联锁数据有变化及时发送，没有变化时定时发送；通信前置机与单乘制服务器建立“心跳”机制。改进后，延时消除。

3.2 提高了无线通信稳定性

试用中，偶尔出现无线网络中断。原因有：联通无线网络覆盖有盲点、SIM 卡接触不良。改进措施包括：由 3G 模式改为 4G 模式；分析系统网络监控数据，找出无线网络盲点，通知联通公司检测整改；改进设备制造工艺，消除 SIM 卡接触不良。

3.3 解决了车上信号显示错误或不显示的问题

初期发现有 3 处信号显示与地面不一致，造成的原因有两种：一是站场 GIS 数据不准确，造成车上显示错误，重新测量修正数据后解决。二是站场加装复示信号不规范，现场与信号控制台面不一致，导致车上不显示，这种情况下车上不显示复示信号对乘务员安全行车没有影响。

3.4 消除了对机车控制电路的干扰

试用中发现 4 台次机车 24V 控制电源负极接地，导致机车不能自动换挡或停机。问题出在单乘制系统与机车自身采集速度信号共用一个传感器，两者之间没有隔离措施。增加信号分路器后，问题得到解决。还有一台车柴油机调速步进电机受到电磁干扰，在单乘制系统电源上加装滤波装置后，消除了干扰。

3.5 拓展了功能

在既有功能基础上，增加了对危险控制点的提示和预警。如道口、弯道、厂房等。

与运输管理系统建立接口，实时传输作业计划和作业实绩。其中机车作业时间和作业效率自动统计，清钩和油脂消耗人工录入。

4 推广应用情况

经过试用、改进，单乘制辅助驾驶系统设备可靠性提高，功能更加完善，达到了推广应用的技术要求。2017~2018 年，武钢运输部对 47 机车加装了单乘制辅助驾驶系统，实现了以下六项主要功能，可完全满足机车单人驾驶的技术条件。

（1）综合卫星定位、卫星差分、站场信号、机车动态，站场 GIS 等数据，获得了高精度的机车定位信息，机车定位精度小于 0.2m；

（2）以机车高精度定位为基础，将站场信号信息无线传输到机车，信号、进路识别准确率 100%；

（3）通过智能高清视频监控，消除了乘务员瞭望盲区；

（4）地面监控终端可以对机车作业情况实时监管和回放，提高了管理效率；

（5）可以对乘务员发出危险操作和危险区段的提示预警，提高了机车作业的安全性；

（6）和运输管理系统之间实时传输机车作业计划和作业实绩。

5 下步发展方向

2018 年，武钢运输部制定了智慧运输规划，提出机车驾驶向无人化发展。而机车单乘制辅助驾驶系统所具有的六项主要功能，正是无人驾驶必要的基础技术条件。武钢运输部计划用 2~3 年时间，以单乘制辅助驾驶系统为基础，开展以下 6 项研究工作，形成普铁作业机车无人驾驶技术平台。

（1）集成与机车驾驶相关业务信息。包括铁路电子地图、机车定位、作业计划、铁路信号、设备状态、环境感知、平交道口等；

（2）研究机车启动、加速、减速、制动、停机、换向控制模型；

（3）研究安全导向模型；

（4）研究状态检测、分析模型；

（5）研究精准作业控制模型；

（6）开发、集成控制软件和硬件模块。

马钢铁路小半径曲线轨道结构创新设计

（马钢铁运公司，江宏法）

摘　要：针对解决冶金厂矿铁路小半径曲线轨道结构病害问题，提出砼枕轨道分开可调式护轨结构创新设计，技术实用、实施简单、结构安全、可靠性高、维修量少、寿命周期长，综合经济效益可观，具有普遍的推广使用价值。

关键词：小半径曲线；护轨结构；铺设效果

项目背景：马钢厂区铁路受总图平面布置限制，采用小半径曲线连接居多。小半径曲线轨道，因其曲率半径小，列车以强制内接方式通过时，轮轨间产生巨大的相互作用力，导致轨道几何状态难以保持稳定，极易产生轨道部件严重磨损等诸多病害，特别表现在曲线外股钢轨因侧面磨耗超限而频繁换修，大大增加了线路的维护成本。为加强小半径曲线轨道结构强度，减缓钢轨侧磨，延长轨道的使用寿命，提高列车通行安全可靠性，采取的有效措施就是增设曲线护轨。目前护轨结构设置是用于木枕线路的固定间隔铁连接方式，此种结构形式在实际应用中存在诸多的缺陷：（1）固定间隔铁连接方式，固定了护轨与基本轨的位置，当护轨作用边发生侧磨后，轮缘槽空间将加大，导致防基本轨侧磨效果下降，只有频繁更换护轨，才能保证有效的护轨轮缘槽空间范围；（2）由于此种护轨结构形式与木枕配套使用，致使轨道结构的稳定性和刚度不足，轨道病害频发，日常维护投入大，使用寿命短。

为解决现有技术存在的缺陷与不足，经调查分析、专业论证，设计了一种新型的轨道护轨结构，能极大地满足工矿企业小半径曲线轨道设置护轨的需要，现论述如下。

1　分开可调式护轨轨道结构方案设计

方案设计从制作、铺设使用两方面综合考虑。

1.1　分开可调式护轨轨道结构部件的设计制作

方案从制作、安装、使用维护三方面综合考虑采用外形尺寸，按使用钢筋混凝土轨枕及基本轨轨型（P50、P60）设计；护轨结构连接部件设计既满足强度需要，又便于互换使用及维护，增加轨道结构强度、刚度及其稳定性；其中护轨垫板、间隔铁采用可锻造铸铁模铸，其余连结部件采用轨道标准件。方案设计构思：（1）采用砼枕轨道结构，增加线路刚度和稳定性，大大延长轨枕使用寿命，方案设计采用通用MⅡ型砼枕。（2）护轨轮缘槽几何尺寸可调整。方案设计采用轨撑调整片，可调整轮缘槽宽度保持在65~85mm，护轨轨面高于基本轨轨面10~12mm，更利于防护效果。（3）轨道配件尽量通用化。方案按线路基本轨P50、P60分别设计，护轨分别采用P43轨、P50轨，轨道连接配件除护轨垫板、轨撑间隔铁及调整片需专用制作外，其余均配件通用件。（4）便于现场铺设和维护。本方案现场铺设可分步进行，线路基本轨架设连接后即具备临时通车条件，护轨架设可利用行车间隔时间进行。线路维修作业中，轨道部件：基本轨、护轨、连接部件均可便捷调整或换修。

1.2　分开可调式护轨轨道结构的铺设及使用要求

该分开可调式护轨结构用于小半径曲线地段，铺设范围包括曲线全长以及曲线外两侧各延伸 5m，可以利用行车间隔或封锁时间段分段换铺整修。铺设要求碎石道床需饱满和具有弹性，曲线需圆顺，轨道几何状态良好，轨道连结部件调整作用到位并紧固可靠。

该分开可调式护轨轨道结构技术方案，适用于工矿企业铁路小半径曲线段设置护轨需要，其中的连结部件，可多次重复使用，年限不限，并可以大大延长基本轨及护轨的使用寿命。

1.3　方案设计图说明

图 1 所示为小半径曲线铺设分开式护轨结构布设图。

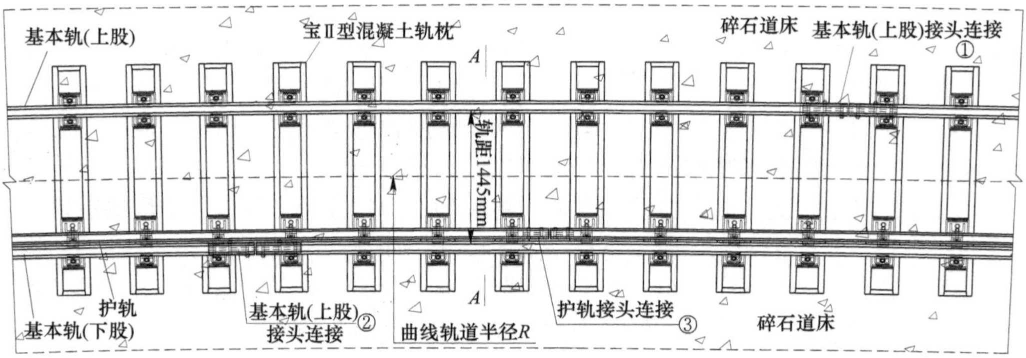

图 1　小半径曲线铺设分开式护轨结构布设图

图 2 所示为分开式护轨结构装配图。

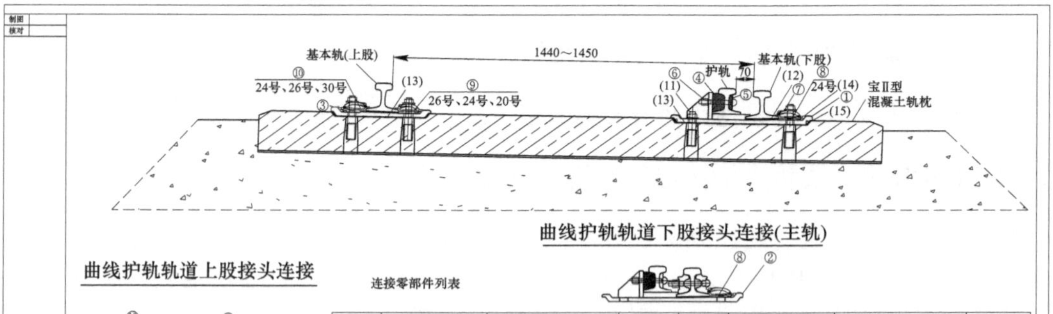

连接零部件列表

序号	零部件名称	规格型号(图号)	备注	序号	零部件名称	规格型号(图号)	备注
①	专用护轨垫板(中间)	567*180(MⅠHGJG–2)	按图制作	⑩	中间、接头轨距挡板(30号、24号、26号)	参照(专线3182-7)	按图制作
②	专用护轨垫板(接头)	567*180(MⅠHGJG–2)	按图制作	(11)	MⅡ轨枕专用螺纹道钉带帽	M24*220(总197-13)	MⅡ型通用
③	曲线外股铁垫板	402*180(总197–14)	MⅡ型通用	(12)	轨下缓冲垫板(厚7mm)	195*131*7(专线3182-9改)	按图制作
④	轨撑间隔铁	(MⅡHGJG–2)	按图制作	(13)	塑料垫板(厚4mm)	外侧：366*190*4 里侧：526*190*4 (总197-12)	MⅡ型通用
⑤	P43轨用方孔垫圈	70*85(TB440–75)	通用件	(14)	尼龙挡板座	2-4号、0-6号(专线3182-10)	通用件
⑥	半圆头方颈螺栓、螺母、单簧垫圈	M22*145(TB413–75)、(TB417–75)、(TB418–75)	通用件	(15)	垫板调整块	6号、8号(总197-11)	MⅡ型通用
⑦	Ⅰ型弹条(C型号)	(冶运8101–5)	通用件	(16)	半圆方颈螺栓带帽、单簧垫圈	M22*105(TB413-75)、(TB417-75)、(TB418-75)	通用件
⑧	中间、接头轨距挡板(24号)	(专线3182–7改)	按图制作	(17)	护轨专用夹板	440*94(MⅡHGJG-3)	按图制作
⑨	中间、接头轨距挡板(20号、24号、26号)	(专线3182–7改)	按图制作	(18)	间隔铁调整铁片	(MⅡHGJG-2)	按图制作(备用)

图 2　分开式护轨结构装配图

图 3 所示为分开式护轨配件——垫板、轨撑间隔铁及调整片设计制作图。

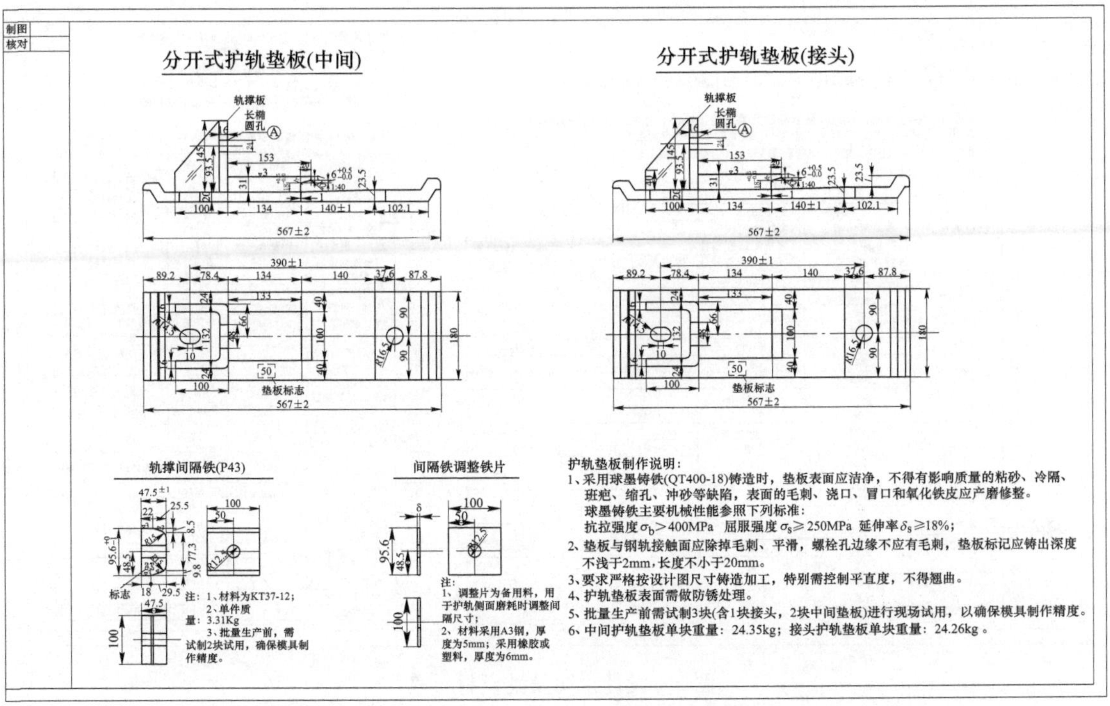

图 3　分开式护轨配件——垫板、轨撑间隔铁及调整片设计制作图

图 4 所示为护轨专用夹板设计制作图。

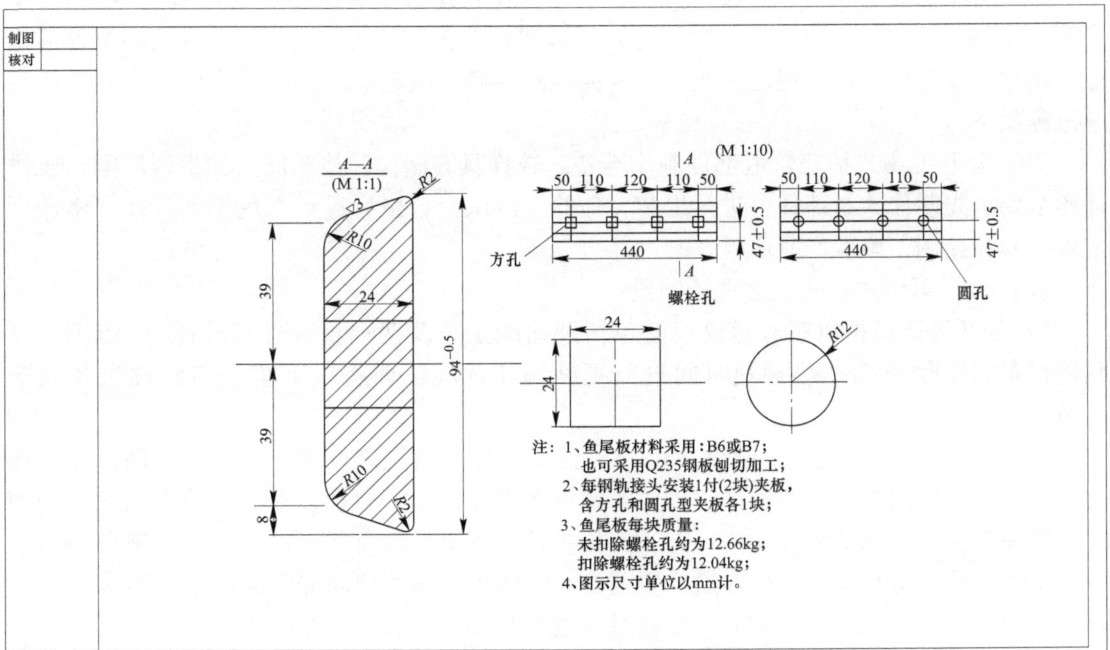

图 4　护轨专用夹板设计制作图

图 5 所示为设计说明及铺设材料表。

制图	
核对	

设计说明：

1、本设计应用于小半径曲线轨道(R<180m)增设磨耗型护轨地段，其中线路主轨为50Kg/m钢轨，护轨采用43Kg/m钢轨，轨枕采用MⅡ型(或宝Ⅱ型)混凝土轨枕。轨道连结部件部分采用通用件，部分需另行设计制作。

2、小半径曲线地段(R<180m)铺设MⅡ(或宝Ⅱ)型轨枕布置按1680根/Km，护轨范围内轨距加宽值范围4mm–16mm，选用的轨距挡板及挡板座号如下表：

轨距加宽值(mm)	曲线外侧钢轨(P50)		曲线内侧钢轨(P50)	
	外侧轨距挡板号	内侧轨距挡板号		外侧轨距挡板号
	外侧轨距挡板座号	内侧轨距挡板座号		外侧轨距挡板座号
	垫板外侧调整号	垫板内侧调整号	垫板内侧调整号	垫板外侧调整号
16	24#	26#		24#
	2-4#	0-6#		2-4#
	6#	8#	8#	6#
14	24#	26#		24#
	2-4#	0-6#		2-4#
	8#	6#	8#	6#
12	24#	26#		24#
	2-4#	0-6#		2-4#
	8#	6#	6#	8#
10	24#	26#		24#
	0-6#	2-4#		2-4#
	8#	6#	6#	8#
8	26#	24#		24#
	0-6#	2-4#		2-4#
	8#	6#	6#	8#
6	30#	20#		24#
	0-6#	2-4#		2-4#
	6#	8#	6#	8#
4	30#	20#		24#
	0-6#			2-4#
	8#	6#	6#	8#

3、护轨轨撑间隔铁原则上间隔2根轨枕安装1套，护轨接头两侧均需安装。防爬器、轨距拉杆按需要安装（带护轨侧安装单侧轨爪）。

4、护轨在绝缘接头位置，采用绝缘接头或断开方式连结，采用断开方式轨头需加工开口缓冲段。

5、铺设100m长曲线带护轨轨道材料表。

序号	材料名称	规格型号	数量	备注
1	线路主轨	P50–12.5m	16根	通用材料
2	线路护轨	P43–12.5m	8根	通用材料
3	轨枕	MⅡ(宝Ⅱ)	168根	通用材料
4	螺纹道钉(带帽)	M24*220	672套	通用材料
5	基本轨用夹板	P50普通夹板	16付	通用材料
6	鱼尾螺栓带帽	M24*150	96套	通用材料
7	外股铁垫板	402*180	168块	通用材料
8	外侧塑料垫板	366*190*4	168块	通用材料
9	里侧塑料垫板	526*190*4	168块	通用材料
10	轨下缓冲垫板	195*131	336块	按专线3182–9改制
11	护轨垫板	567*180	168块	按MⅡHGJG–2制作
12	轨撑间隔铁		100个	按MⅡHGJG–2制作
13	P43轨用方孔垫圈	70*85	100个	通用材料
14	半圆方颈螺栓螺母、单簧垫圈	M22*135	100套	通用材料
15	护轨夹板	L–440	8付	按MⅡHGJG–3制作
16	半圆方颈螺栓螺母、单簧垫圈	M22*105	32套	通用材料
17	中间轨距挡板	24#	304块	按专线3182–7改制作
	接头轨距挡板		32块	
18	中间轨距挡板	26#	152块	按专线3182–7改制作
	接头轨距挡板		16块	
19	中间用Ⅰ型弹条	C号	456个	通用材料
	接头用Ⅰ型弹条	A号	48个	
20	尼龙挡板座	2-4#	336个	通用材料
	尼龙挡板座	0-6#	168个	
21	垫板调整块	6#	336个	通用材料
	垫板调整块	8#	336个	
22	调整铁片	δ=3	30个	按MⅡHGJG-2制作备用

图 5　设计说明及铺设材料表

2　分开可调式护轨轨道结构铺设使用及效果

2014 年 5 月选择在马钢铁路运输公司二厂站 7 道咽喉线路小半径曲线段（曲线 R-140m，曲线长 L-195. 36m）铺设试用分开可调式护轨轨道结构，经半年在线检验及评估论证结构性能安全可靠后，现已在我公司铁路线路维修、改造及新建中推广应用。其具体实施过程如下：

（1）分开可调式护轨轨道部件制作准备。选择具有制作和检验能力的生产厂家，按设计图纸要求先制作 3 组部件，进行组装、检验、测试，合格后进行批量生产，并严格进行过程检验和控制，确保产品质量。

（2）分开可调式护轨轨道现场铺设：

1）分开可调式护轨轨道铺设长度包括圆曲线全长及两端直线过渡段各 5m 范围。可利用行车间隔时间或办理封锁时间进行更换施工，施工前将轨下垫板与轨枕组装完毕备用。

2）分开可调式护轨轨道铺设使用：①更换既有线路轨道板结污染道床，确保道床弹性、排水及阻力功效；②按设计间隔要求铺设 MⅡ型混凝土轨枕，安装线路主轨及连接扣件，捣固、整修、调整轨道几何状态，经检查符合要求后临时开通使用；③准确调整曲线平面位置，待轨道状态初步稳定后，安装护轨；④护轨与主轨间隔空间按 65～70mm 控制，日常使用中，一旦护轨发生侧磨，可通过增设垫片调整，确保有效防护空间。

（3）分开可调式护轨轨道结构使用效果。与现有木枕护轨轨道结构相比，本方案的优点是，结构新颖、传受力合理，使用安全可靠，且寿命长、维护量少，综合寿命周期成本低。该新型护轨结构，与混凝土轨枕配套使用，提高了轨道结构的强度、刚度和稳定性，使得轮轨间相互作用力保持均衡，轨道几何状态保持良好，轨道病害及日常维修量减少，行车安全性提高；该新型护轨结构，使用混凝土枕比木枕使用寿命大大延长，通过适时调整保持合理的护轨轮缘槽空间尺寸，既可减缓对基本轨及护轨的侧面磨损，同时也可减缓对列车轮缘的磨损，延长各自的使用寿命；该新型护轨结构铺设使用安全可靠，维修换修方便，各连接部件通用性及互换性强，新型护轨结构可以有效控制轮轨作用空间，大大降低列车脱线事故的发生，经测算，其综合经济效益大大优于传统木枕护轨结构，具有极大地推广使用价值。

分开可调式护轨轨道结构自 2014 年铺设使用，经实践检验，总体效果良好，现已在我公司线路维修、改造及新建项目中推广使用。至今，已总计铺设 21 处，曲线总延长近 2500m，其中，线路平面条件中，最小曲线半径 R 为 140m，最长曲线 L 为 210m，线路基本轨包括 P50 轨、P60 轨线路；线路运行状况包括通行 GK1 型机车、东风 7 型机车、铁水鱼雷罐车及重载平板运输车辆等。

图 6 所示为木枕固定间隔铁式护轨结构现场图片。

图 6 木枕固定间隔铁式护轨结构现场图片

图 7 所示为现场铺设分开可调式护轨轨道结构图片。

图 7 现场铺设分开可调式护轨轨道结构图片

图 8 所示为现场铺设分开可调式护轨轨道结构中间连接细部图片。

图 8　现场铺设分开可调式护轨轨道结构中间连接细部图片

图 9 所示为现场铺设分开可调式护轨轨道结构接头连接细部图片。

图 9　现场铺设分开可调式护轨轨道结构接头连接细部图片

3　结语

小半径曲线铺设分开可调式护轨轨道结构，在提高轨道结构安全稳定性的同时，也增加了列车运行通过的阻力，导致轮缘磨耗，为此，需加强曲线平面圆顺性维护，保持轨道连接部件性能及作用可靠，调整保持护轨轮缘槽宽度在合理范围内，保持基本轨及护轨作用边经常性涂油，选用弹性性能良好材料制作调整片等措施，达到了改善减缓轮轨作用磨耗的目的。

内燃机车故障预防检修技术研究与运用

（山钢股份莱芜分公司，翟大强、梅富卿、杨刚、郭宣召）

摘 要：针对工矿内燃机车在运行出现的一些破坏性大、检修周期长、经济损失大、影响安全性的重大故障，研究预防控制措施，避免故障发生导致恶性事故和重大经济损失。在检修实践中研制了柴油机超速保护装置，有效解决了柴油机转速失控导致飞车恶性故障的发生；针对轮箍弛缓问题开发了基于 PLC 和触摸式人机界面的轮箍红外检测装置，实时在线检测机车运行中轮箍的温度，有效预防了轮箍弛缓的发生；针对内燃机车控制器 DLC 频繁烧损导致机车控制系统异常的问题，研究设计保护电路，使 DLC 频繁烧损问题得到根治，确保了机车控制系统可靠性；上述典型案例运用，为机车故障预防提供了一种检修思路，既避免其发生造成危险性的事故和重大经济损失，也确保了机车可靠运用，具有良好的社会和经济效益。

关键词：预防；可靠；柴油机飞车；轮箍弛缓；DLC；保护

1 引言

机车运用中故障种类较多，有的故障不仅会导致检修周期长，而且还可能发生恶性事故，甚至危害人身安全；有的故障虽不会导致严重后果，但发生频率较高，严重影响机车作业秩序；有的故障虽然处理周期短，但会导致较大经济损失。无论什么故障，能追根溯源从预防角度出发，做到源头治理，是压减机车故障率最有效的措施。多年来，我部注重运用技术创新，提高机车安全可靠性。近年来山钢股份莱芜分公司运输部深入学习和运用 TnPM 理念，强化全员管理、源头治理理念，针对行业内存在的检修周期长、安全风险高、干扰生产严重、经济损失大等一些疑难故障，开展源头治理，收到了良好的经济安全效果，促进了运输生产。

2 典型案例

2.1 内燃机车防飞车技术研究与运用

2.1.1 柴油机飞车原因及改造思路

当柴油机发生由于喷油泵齿条卡死导致的“飞车”故障时，紧急停车装置也会由于无法按下而失效，这种情况导致的“飞车”故障乘务员一般无法及时使柴油机停机，而检修人员在接到故障信息到达现场的时间较长，柴油机在长时间的“飞车”状态下，极易造成曲轴、连杆等部件损坏，甚至造成柴油机机破事故发生。

柴油机飞车时，即使关掉燃油泵，由于柴油机运转过程中气缸的泵吸作用，柴油机会继续做功，且泵吸作用随柴油机转速提高而增强。因此要想防止柴油机飞车故障的发生必须从两个方面入手：第一，首先切断燃油供给通路，并且尽可能减少燃油管路存油量；第二，为了尽可能快地让柴油机停下来，需把燃油管路存在的油尽快排除。

2.1.2　改造实施

针对电传机车柴油机燃油管路的特点及上述飞车改造思路，进行如下技术改造实施：

（1）燃油管路的改造方案。在燃油精滤器出油口安装电控截止阀（常开），在该截止阀与喷油泵连接管路上安装三通管路，其中旁通管路安装电控截止阀（常闭）。如图1所示。

（2）风路的改造方案。在机车撒砂电控阀的供风管路上安装三通管路，其中旁通管路通过风管与电控阀连接，通过电控阀后，风管路连接接到燃油精滤器处安装的电控截止阀（常闭），如图2所示。

图1　燃油管路改造

图2　风管路改造

（3）电路改造方案。加装24V电源，为加装的电控截止阀提供电源。通过急停按钮控制2个电控截止阀内部电机的正反转，从而实现截止阀的开闭转换。另外，引入110V电源控制紧急放风电控阀，按下急停按钮后，紧急放风电控阀得电导通。系统总控制图如图3所示。

（4）防飞车系统的控制关系。按下急停按钮，常开电控截止阀电机转动，切断燃油精滤器到喷油泵的供油管路；同时，常闭电控截止阀电机转动，使风管路导通，紧急放风阀得电导通，将总风缸内的风压通过气源三联件净化，引入燃油精滤器过滤后与喷油泵之间的管路内，利用总风缸内750~900kPa的风压实现消除柴油机对燃油的自吸力和加速燃油管路内剩余的燃油排入油箱，使柴油机快速断油，实现停机（图4）。

2.1.3　实施效果

飞车测试具体操纵顺序及方法如下：

（1）柴油机起机前把DLS阀芯顶死，然后起机，在柴油机怠速状态下关掉燃油泵开关，看柴油机是否无法停机，如果无法停机，则测试条件成立；否则继续调节DLS阀芯直至柴油机无法正常停机。

（2）柴油机起机后，把柴油机转速提到需要测试的转速下，首先关掉打风开关、辅助发电开关；然后关闭燃油泵开关，开启滑油泵开关（使滑油泵工作，目的是确保停车过程

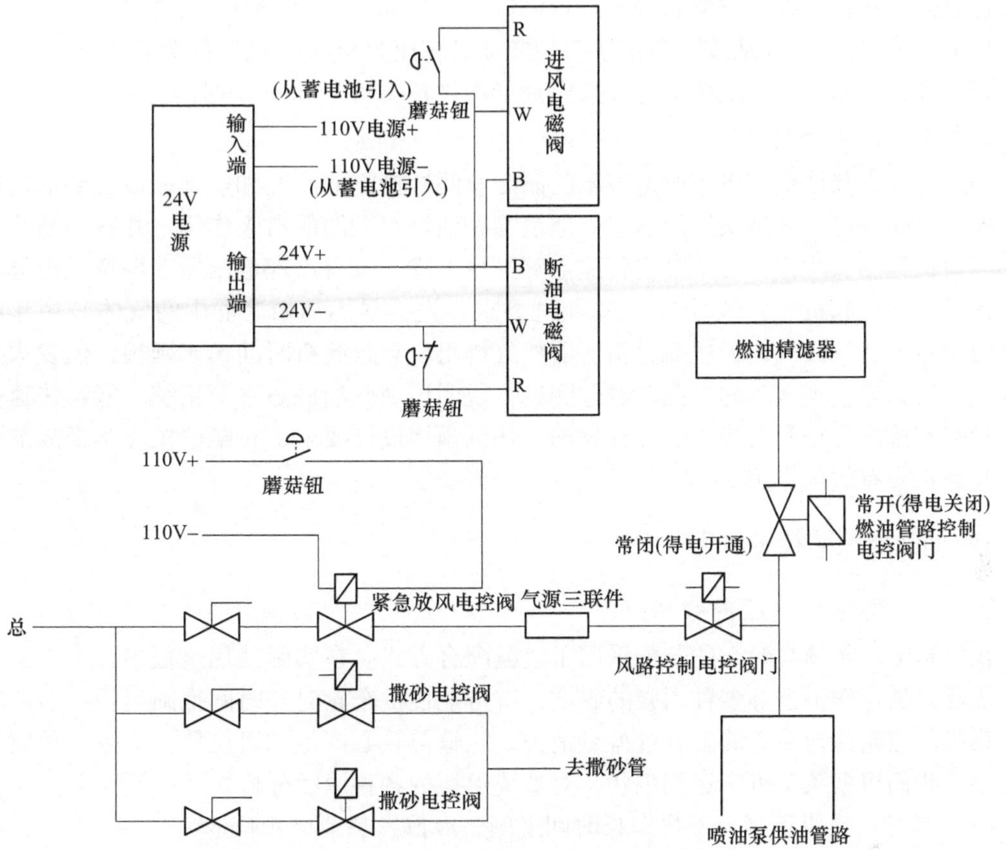

图 3　总系统控制

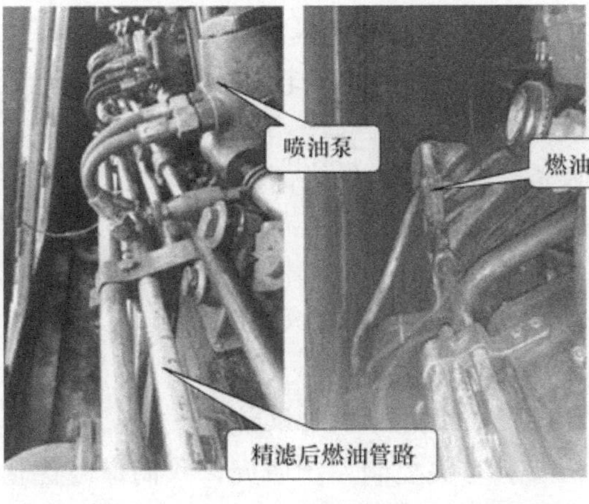

图 4　飞车时需及时排除的燃油管路布局

中增压器能够良好润滑，防止烧损增压器），按下飞车急停按钮，同时开始计时，计时时间为按下飞车急停按钮到柴油机停止转动。

（3）对需要测试的相应转速进行试验并记录时间，所有待测转速测试完毕后，要恢复 DLS 初始状态，保证起机和停机均工作正常。

通过分析我们选择在空载条件下进行测试，在 0027 机车测试中得出数据如下：

（1）空载 430r/min 从按下急停按钮到柴油机转速为 0r/min 的时间为 25.7s。

（2）空载 1000r/min 从按下急停按钮到柴油机转速为 0r/min 的时间为 40.1s。

2.1.4　效果分析

通过对以上柴油机防飞车改造方案的制定和测试措施的研究和实施，该套柴油机防飞车设备的反应快速，通过吹风能够很好地消除柴油机对燃油的自吸作用，并减小截止阀转动的阻力；且测试过程中，柴油机转速能够平稳下降，没有出现增压器喘振及其他异常状态，停机后再次起机时，（需按照飞车测试要求，先排尽燃油精滤器中的气体）由于喷油泵泵前管路中有部分气体无法通过精滤器放气排出，导致起机时间稍有延长，但发火后能够很快起机，未出现游车的情况。通过测试，说明该项柴油机防飞车系统，能够快速截断燃油管路和排除管路剩余待燃的部分燃油，达到预期设计要求，对柴油机飞车事故的预防能够起到积极有效的作用。

2.2　轮箍弛缓预防技术研究

2.2.1　轮箍弛缓原因分析

在机车中，轮箍与轮心的装配采用了过盈配合方式。在实际使用过程中，由于受到工矿环境及人员操作不当等多种因素的影响，有可能使机车轮对长时间抱闸运行，造成轮箍发生热胀。当轮箍与轮心的配合过盈量消失，轮箍与轮心产生相对位移，这种现象就是轮箍弛缓。我们根据莱钢机车运用现状，对造成迟缓的各种原因分析如下：

（1）乘务员操纵不当，使机车长时间上闸，摩擦发热造成轮箍弛缓。

（2）因制动装置设备故障，使闸瓦与轮箍踏面非正常摩擦生热，造成轮箍弛缓。

（3）轮对严重空转，与钢轨动摩擦产生高热，使轮箍弛缓。特别是爬坡时盲目进级，机车持续空转。机车发生空转时，乘务员应迅速将主手柄回“0”位或退级，消除空转。但少数司机在机车发生空转时仍盲目进级，时间较长时，轮箍与钢轨高速摩擦发热，将造成弛缓。

无论是人为失误，还是设备故障，它们最终都会导致轮箍运行温度过高产生弛缓，但是司机在运行中难以察觉，因此，如何检测轮箍温度预防它发生弛缓故障就成为解决此问题的关键环节，为此我们开发轮箍红外温度检测装置，实时监控轮箍温度，让乘务员实时了解轮箍温度，以便及时良性操纵机车和采取有效措施，防止轮箍温度过高造成弛缓恶性故障发生。

2.2.2　机车轮箍红外温度检测装置方案设计

通过对各种技术资料分析及对有关控制系统研究，我们最终优化选择采用基于 PLC、触摸式人机界面和红测温外传感器为主体构成的轮箍红外检测系统。该系统结构组成如图 5 所示，接线图如图 6 所示。系统由 110V 转 24V 直流供电电源、PLC 和触摸式人机界面显示、红外测温传感器等组成。PLC 和触摸式显示屏均具有通信接口，能够与红外测温传感器进行 RS-485 通信。红测温外传感器具有 RS-485 通信功能，可与 PLC 进行串行通信，通信协议使用 ModBus 协议，缺省为 RTU 模式。

该系统的工作原理及过程如下：PLC 定时（100ms）循环发送接收采集温度数据请求

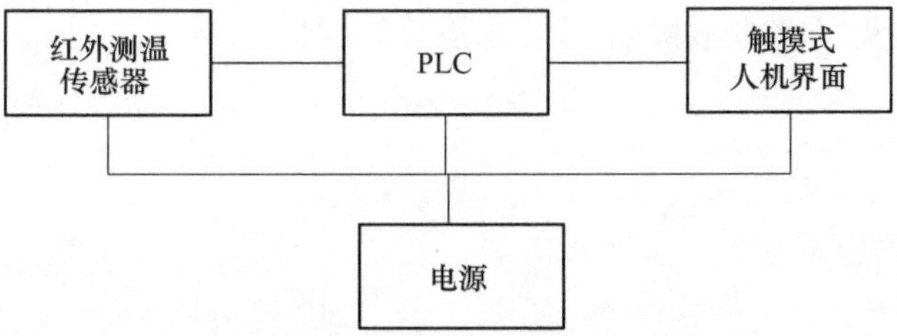

图 5 机车轮箍红外测温系统结构组成

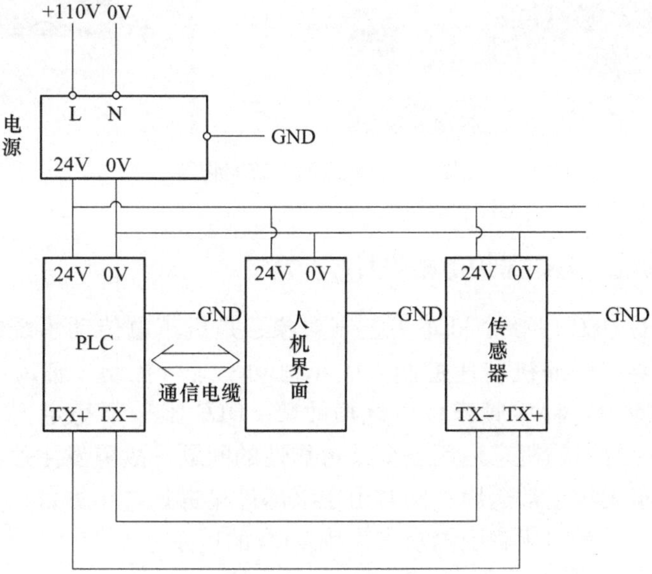

图 6 机车轮箍红外测温系统接线图

命令给红外测温传感器，红外测温传感器接收请求后，在 300ms 内及时传送应答信息，其中包括其采集到的轮箍温度数据（16 进制）给 PLC，PLC 对红外测温传感器传送的有关信息进行分析，并把其中的 16 进制温度数据进行 ASC 码转换，同时将转换后的 ASC 码轮箍温度数据实时保存到 PLC 内部有关的存储单元。触摸式人机界面根据其程序设置，周期性地实时采集 PLC 保存的轮箍温度数据的存储单元数据，并进行实时刷新和显示，这方便乘务员实时观察和了解轮箍运行过程中的实时温度。同时触摸式人机界面程序能够根据轮箍温度进行蜂鸣器鸣叫的分级报警处理，在温度到达预警值时发出报警声音，提醒司乘人员做出降温预防措施，规范机车操作，预防发生轮箍弛缓现象。此外，该触摸式人机界面不仅具有实时温度检测显示功能，还能对数据信息进行存储、查询、趋势分析和转储等，通过对转储的数据进行分析并结合机车运行路线，我们可以详细了解机车在不同线路工况下的运用状态，同时也为乘务员良好操纵机车提供参考数据。

2.2.3 运用效果

内燃机车轮箍红外测温装置开发运用以后（实物图如图 7 所示），系统使用稳定可靠、抗干扰振动能力强、显示清晰、查询便利，检测准确，完全能够适用机车上的运行环境，及时对异常温度进行报警提醒，极大地协助乘务员可靠良性操纵机车，有效防止了机车轮箍弛缓故障，不仅避免了恶性故障，还可大幅节约检修成本。

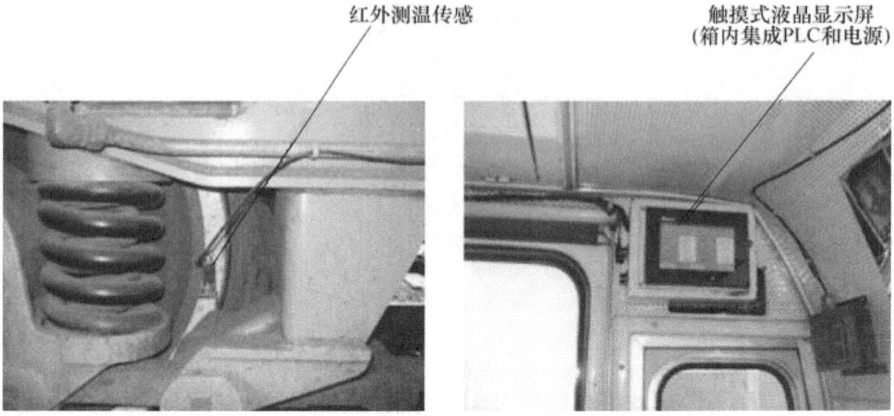

图 7　轮箍测温系统实物

2.3　内燃机车控制器 DLC 保护电路设计

内燃机车控制器 DLC 以整个机车为控制对象，是机车电传动系统的核心部分。该部件在电传机车上主要起柴油机转速控制、机车恒功率运行控制、辅助发电控制等控制作用。由于该部件在使用过程中频繁发生烧损故障，DLC 工作不稳定，导致窜车、转速飞升、不发电、不调速等影响机车运用安全及可靠性的问题，故障发生后机车电气控制系统功能紊乱，导致机车无法正常运用；同时由于该部件昂贵且每年每台车大约损坏 2 块 DLC 板，检修成本巨大，一直困扰着国内众多使用 DLC 的厂家。

2.3.1　外部电路改进

通过对有关电传机车辅助发电控制设计电路进行分析，发现该部分电路存在停机后 FLC 触头断开，发电机励磁绕组电磁能无法有效释放的缺陷。由于辅发电机励磁绕组是较大的感性负载，故在励磁电路断开时，会产生很高的过电压，这种瞬时的浪涌电压同样对其他电路中的元器件产生较强的干扰。从图 8 可以看出，当 FLC 断开时，抑制二极管无法形成闭合电路，无法起到相应的保护作用。此外，由于该型机车主要从事调车作业，起机、停机相对频繁，故产生浪涌电压的概率相对较高，对电路其他元件的冲击也相对较多。我们针对机车原有励磁保护电路存在的缺陷，在辅发电机励磁绕组并接续流二极管和限流电阻，并对续流二极管进行阻容保护，以提高该吸收电路的高可靠性。改造电路如图 9 所示，改造后彻底解决了辅助发电励磁绕组对 DLC 板的冲击，杜绝了破坏性烧损的问题，大幅降低了购置费用。

2.3.2　M2 型 DLC 板电路改进

对更换下来的 M2 型 DLC 板进行检查，发现烧损的部位均为控制辅发电压的 CMOS 管。有的只是内部击穿，更换后副板可继续使用；有的则烧损严重，致使整个副板报废。由于 M2 型 DLC 板中的 CMOS 管在励磁回路中起开关作用，动作频繁且最容易受到外部电压冲击，故在整个励磁回路中是相对薄弱的一环。CMOS 管遭受过电压时很容易烧损，通

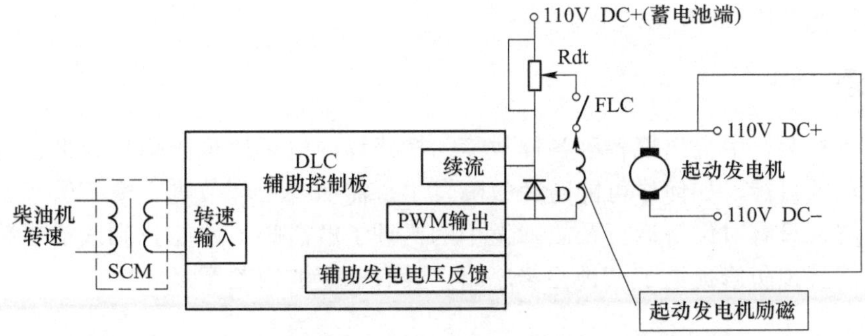

图 8 原辅助发电原电路设计示意图

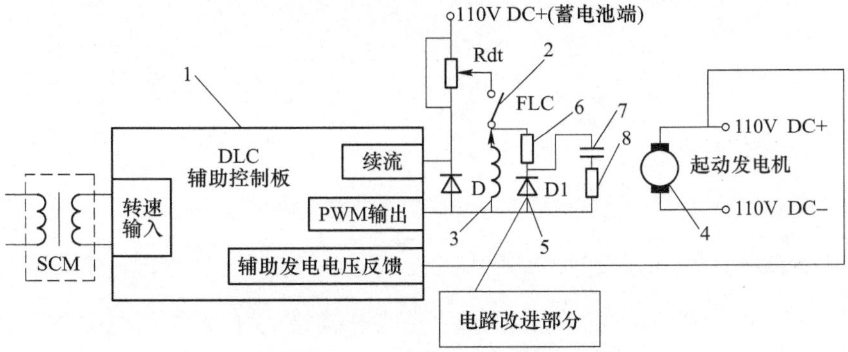

图 9 辅助发电原电路改进后示意图

1—内燃机车控制器 DLC；2—辅助发电控制励磁接触器；3—起动发电机励磁绕组；
4—起动发电机电枢绕组；5—续流二极管；6—限流电阻；7—保护电容；8—保护电阻

过对烧损的 M2 板来看大多为过电压造成的。由于厂家设计缺陷，M2 板 CMOS 管缺乏过压保护设计（正常起开关作用 CMOS 管控制感性负载时都需加压敏电阻及其他类型的过电压吸收装置），为了更好地保护 MOS 开关管，需要 MOS 管在漏极和源极之间加装一个压敏电阻，使其能更好地在电路承受过压时进行电压嵌位，防止过压烧损。如图 10 所示。

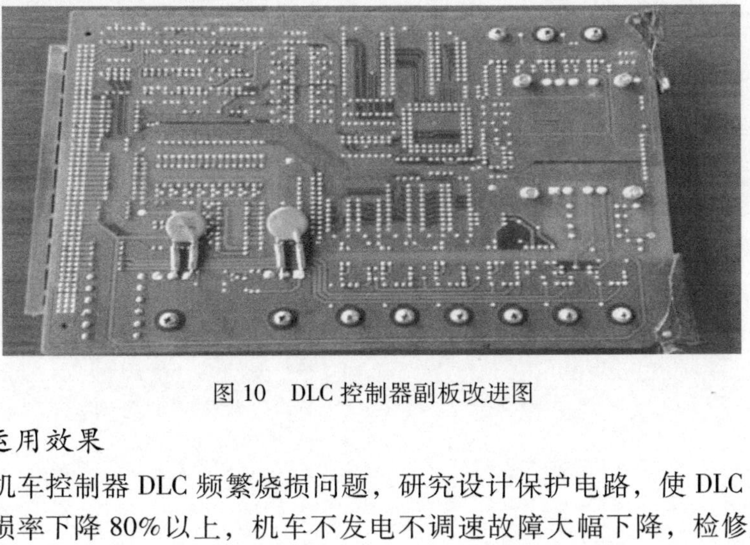

图 10 DLC 控制器副板改进图

2.3.3 运用效果

针对内燃机车控制器 DLC 频繁烧损问题，研究设计保护电路，使 DLC 频繁烧损问题得到根治，烧损率下降 80%以上，机车不发电不调速故障大幅下降，检修成本也大幅下降，年降低检修费用 20 万元以上。

3　结束语

内燃机车在运行中会出现各种各样故障，把修程内机车故障压降到最低甚至零故障是检修人员追求的目标，如何尽可能避免故障发生，需从各个环节进行系统管控，单纯从技术方面来理解，只有对设备运行及故障发生的机理了解清晰，才能找到改进思路，同时本文也为事后修转预防修提供了一种检修思路，具有一定的借鉴意义。

K16 型矿石漏斗车的技术改造与运用

（甘肃酒钢宏兴股份公司，张少春）

摘　要： 对 15 辆报废的 K16 型矿石漏斗车进行技术改造，改造后成为工程专用车辆，运用于厂内及嘉策线道砟石补充作业，弥补了酒钢公司无道砟专用车的空白，使铁路养护铺道道砟作业效率成倍提高。通过技术改造并作为道砟车，全面满足酒钢本部铁路总长 810.1km 道砟维护保养需求，实现停车卸料、边走边卸、逐车卸料，满足每年运输道砟石 2 万立方米的线路维修需求；工作效率由原来的 4 人卸 3 车 4 小时，提高到 4 人卸 15 车 4 小时，效率提高 5 倍；降低了人工卸车量，消除了人员上下车安全隐患。

关键词： 矿石漏斗车；技术改造；运用

1　现状和存在的问题

酒钢本部铁路总长 810.1km（厂内铁路总长 292.6km、嘉策铁路总延长 517.5km），道砟补养多年来一直靠敞车运输、人工卸车完成，消耗大量人力、物力、财力；每年需拉运 20000m^3 道砟。根据酒钢公司 2017 年底报废的矿石车情况，经过改造，控制车门开口度和卸料角度问题，实现停车卸料、边走边卸、逐车卸料、成列同时卸料；而且其车门开启大小可控，距道床位置距离变大，是养护铁路铺道砟的理想车型。但其车体、车门开闭系统、走行部、钩缓部等有不同程度的缺失和损坏，需要修复改造处理。

2　技术改造可行性论述

（1）通过对 15 辆报废 K16 矿石漏斗车技术改造，使其扩展了车辆的运用范围和性能，实现了大线路转场调用及铁路维护保养所需的技术性能，可满足运用需求。表 1 为车辆改造前后技术参数对比。

表 1　车辆改造前后技术参数

设备名称	规格型号	载重/t	自重/t	车（罐）容积/m^3	换长	外形尺寸/mm	倾翻角度/(°)
改造前	K16	93	33	45	1.3	14026×3212×3274	50
改造后	DZ	93	33	45	1.3	14026×3212×3274	20

设备名称	规格型号	转向架固定轴距/m	车钩中心至轨面高/m	通过最小曲线半径/m	负载时最大运行速度/$km \cdot h^{-1}$
改造前	K16	5.5	0.88	100	80
改造后	DZ	5.5	0.88	100	70

原车型符合国铁运行所需的一切运输条件和要求，改造前和改造后的车辆原有技术性

能参数基本没有改变，符合运行要求。原有的转向架、车钩缓冲装置、制动性能符合运用要求，主要是对车门开闭系统和车体部分改造修复，符合铁路机车车辆限界高 4800mm、宽 3600mm 限界要求。

（2）在原车门开度的基础上，车门底板边梁距离地面高度降低为 650mm，距离钢轨水平距离加宽到 700mm；有效降低了漏砟的蹦溅，加大了距离钢轨面的距离，减少了道砟覆盖湮没钢轨的可能性。

（3）改造前使用敞车运输，开车门人工铁锹停车卸料，改造后既可以停车卸料，又可以自动卸车，边走边卸；既可以逐车卸料，又可以成列同时卸料，作业方式和作业方法的改变，带来了作业效率的改变。

（4）通过对 K16 矿石漏斗车的技术改造，扩展了车辆的运用范围，实现了设备效益的最大化。改造前图片如图 1 所示。

图 1　改造前

3　技术改造和运用的进度合理性论述

第一辆改造车于 2017 年 10 月试验改造完，从资材的准备、车辆倒调、入库改造、开闭系统改造修复、车体改造、钩缓装置修复处理、走行装置修理、空气和基础制动系统修复共花费了 3 周时间，改造后对局部发现的问题进行了校正处理。试验成熟后，从第二辆车开始可以每两周改造修复 1 辆，每月改造修复 2 辆，计划每季度改造修复 5 辆，2018 年 3 个季度改造修复 15 辆。

4　技术改造和运用的安全及环保可行性论述

（1）该车的同类型车辆广泛运用于铁路部门的道砟石运输，符合国家和行业相关标准。

（2）该改造车的原型 K16 矿石漏斗车广泛使用于冶金厂矿的矿石运输中，该车原型及改造后车辆的安全操作规程、检修规程、运用规程符合法律法规合规性评价。

（3）改造后车辆运用于道砟石运输，道砟石是粒径在 22.4～63mm 的不规则块状固体，基本没有粉状固体，对周边环境不会造成污染。

（4）车门底板边梁距离地面高度降低为 650mm，距离钢轨水平距离加宽到 700mm。

有效降低了漏砟的蹦溅，加大了距离钢轨面的距离，减少了道砟覆盖湮没钢轨的可能性。

（5）道砟石漏车后，工务人员及时进行补砟和线路维护作业，不存在安全和环保问题。

（6）操作人员全部经过专门的培训并能熟练操作，不存在安全上的问题。

5 技术改造和运用实施步骤和具体内容

主要对原车的车门开闭系统、车体、车钩缓冲装置、走行装置进行修复及升级改造。

5.1 车门开闭系统的恢复及改造

（1）对车门开口角度调整改造。利用双向风缸勾贝推出齿数的不同，经过反复试验，定在双向风缸直齿轮和主动转轴啮合三扣的位置处，使得车门距离下挡板的相对距离达到120~165mm，漏砟量满足维护保养需求。车门开启相对距离如图2所示。

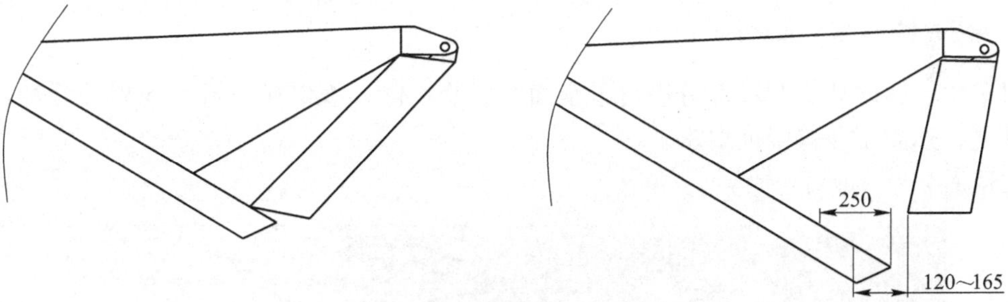

图2 车门开启相对距离

（2）对报废车辆的偏心距进行修复处理，使得偏心距达到安全运用要求的8~16mm。偏心距及曲拐圆孔调整如图3所示。

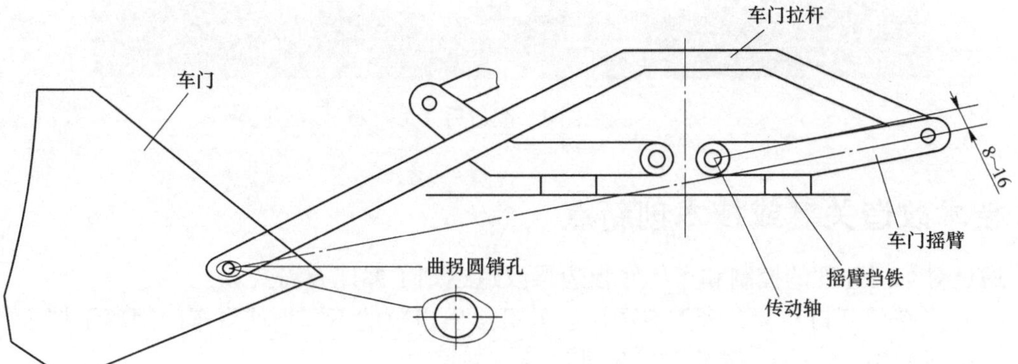

图3 偏心距及曲拐圆孔调整

（3）根据不同的车门开度，测量曲拐圆销孔磨耗情况，通过补焊修复圆孔尺寸，达到段修检修限度，使得曲拐变形对车门开度影响降低到最小范围内。

（4）通过分析主动转轴和直齿轮磨耗、啮合、同轴度差异，把滚轮直径从 ϕ90mm 加工为 ϕ98mm。

（5）对有问题的双向风缸清洗更换密封圈和压垫，对四通阀窜风问题检修处理。

（6）在对防卸板性能修复的基础上，对原来的防卸钩进行处理，避免防卸钩影响车门开闭。

对缺少的备件进行加工制作，更换的更换，损坏的修复，满足了停车卸料、边走边卸、逐车卸料、成列同时卸料的使用要求。

5.2 车体部分的修复处理

（1）针对原来车体底板边梁距离地面高度 900mm，距离钢轨水平距离 500mm 的情况，通过在边梁处焊接 4 块（4000mm×250mm×10mm）钢板底部加焊三角补强筋板方式，使得边梁距离地面高度降低为 650mm，距离钢轨水平距离加宽到 700mm。有效降低了漏砟的蹦溅，加大了距离钢轨面的距离，减少了道砟覆盖湮没钢轨的可能性。

（2）对底板腐蚀、破损部分进行了修复处理，达到段修限度要求。

5.3 车钩、转向架、制动部分

对车钩、转向架、制动部分进行了全面的段修检修，该更换更换，该焊补焊补，该修复的修复，达到了段修限度要求。

改造后如图 4 所示。

图 4 改造后

6 技术改造关键或技术创新点

通过对车门开度的控制和车体底板边梁改造达到了漏砟石需要。

（1）对车门开口角度，利用双向风缸勾贝推出齿数的不同，使得车门距离下挡板的相对距离达到 120～165mm，漏砟量满足维护保养需求。

（2）针对原来车体底板边梁距离地面高度 900mm，距离钢轨水平距离 500mm 的情况，通过在边梁处焊接钢板，使得边梁距离地面高度降低为 650mm，距离钢轨水平距离加宽到 700mm。

7 技术改造和运用成果

（1）通过 2018 年的实施工作，运输道砟石 20000m^3，节约租车资金 48 万元，减去维修、两年定修一次的成本 0. 5 万元，核算到每年维修费用为 0. 25 万元；减去修复成本 0. 2 万元，该批 15 车辆在 2018 年实际节约 47. 55 万元。

（2）通过 2018 年的实施工作，铁路养护铺道道砟作业效率成倍提高：工作效率由原来的 4 人卸 3 车 4 小时，提高到 4 人卸 15 车 4 小时，效率达到了提高 5 倍的目标。

（3）通过成列自动撒砟石，降低了人工卸车量，消除了人员上下车安全隐患。

（4）通过 2019 年 1 ~ 5 月的实践，再次验证了技术改造完全成功，已经成为成熟的技术。

（5）改造后成列待用的车辆如图 5 所示。

图 5　改造后成列待用的车辆

冶金企业铁路车辆工艺运输可靠性研究与应用

（山钢股份莱芜分公司，韩树森、白洁、翟大强、崔利久、胡刚）

摘　要： 针对高炉出铁时，铁水车与出铁口对位不准确，造成跑铁安全隐患的问题，设计安装了2种型号铁水罐车高炉下对位装置；为适应公司水渣运输需要，减少水渣车故障率，根据实际使用需要研制了专用水渣运输车；针对车辆运用环境的特殊性，车辆在运用过程中铁水飞溅、水渣散落进入到钩舌销孔，造成车钩三态作用不良，研制了防异物进入钩舌销装置；针对目前使用轮对轴承型号较多，注油质量差、效率低，影响车辆运用安全问题，研制了多型号轮对轴承双端自动注油机；针对焊接构架式转向架裂纹问题，研究了设施焊修工艺，提高了铁路工艺运输可靠性，保证了铁路运输安全顺行。

关键词： 铁路车辆；工艺运输；可靠性

1　问题由来

冶金企业铁路车辆工艺运输是钢铁生产的关键环节，也是保证和畅通各道生产工序正常进行的生命线，提高铁路工艺运输安全可靠性，一直是我们搞好铁路运输工作研究的重点。复杂多变的生产形势，导致铁路工艺运输关键技术支撑要素车辆、车辆检修、运输作业等出现了诸多不可靠因素，直接影响公司钢铁生产工序间的稳定、快速衔接，并已成为制约公司生产效益最大化的瓶颈环节。

2　现状分析

对冶金企业铁路车辆工艺运输进行系统分析，从运输货物装卸车作业、运输货物载体车辆、车辆检修技术手段等方面深入分析后，发现影响铁路工艺运输可靠性问题主要有以下几点：

（1）铁水车高炉下受铁作业存在的问题。公司1880m^3高炉和3200m^3高炉出铁均采用铁水罐受铁方式，出铁时，在高炉一个主出铁口下，机车牵引一列铁水罐车逐罐受铁，每满一罐，机车牵引铁水罐车前移，使另一铁水罐受铁。由于没有对位显示信号，调车员和高炉平台上炼铁人员仅用眼睛观测判断，协同指挥对位，造成对位不准确，偏差过大，有时超过±30cm，很不安全。再者，铁水罐车有65t两轴转向架和140t三轴转向架两种型号，但高炉平台上没有显示铁水罐车型号的信号，不便于炼铁人员识别是哪一种型号的铁水罐车。

（2）由于运输货物水渣具有腐蚀性，造成水渣车车体、车门腐蚀，在运输部过程中漏料严重，影响运输安全。

（3）由于车辆运用环境的特殊性，车辆在运用过程中铁水飞溅、水渣散落进入到钩舌销孔，造成车钩三态作用不良，影响运输生产。

（4）目前采用的轴承注油方式，无法对轴承实施全方位注油，注油效率低、质量差，影响轴承运用安全可靠性。

（5）目前铁水车使用的焊接构架式转向架裂纹频发，影响车辆运行安全。

3 技术方案研究

（1）铁水车高炉下受铁自动识别对位信号控制系统技术方案所需技术条件分析。

（2）铁水车进入到高炉下后，在高炉出铁口下安装两种铁水罐车自动识别、对位信号控制装置。通过安装控制信号灯，机车调车人员和高炉平台上的炼铁人员能根据信号灯的不同颜色以及亮、灭状态，很方便地判断识别出是哪一种型号的铁水罐车，以及铁水罐车是否对位准确。

（3）专用水渣车技术方案所需技术条件分析。专用水渣车反面无下侧门及中门，以降低漏料率和维修成本；正面车体下部采用 T4003 不锈钢，提高其抗腐蚀能力，车门结构采用凹型结构，提高抗变形能力。

（4）防异物进入钩舌销技术方案所需技术条件分析。在不影响车钩三态作用以及正常使用的前提条件下，在钩舌销上部加工防尘槽，与钩耳孔形成密封结构。

（5）轴承注油技术方案所需技术条件分析。结合目前使用的轴承型号设计制作轮对轴承双侧自动注油机，该注油机能够实现不同型号轮对的自动对位，且注油卡盘尺寸能够满足所有轴承的注油，实现轴承快速、高效、高质注油。

4 相关问题的攻关与实施

针对以上提出的各项技术要求，我们就一些重要结构分别进行了研究。

4.1 高炉出铁口下两种铁水罐车自动识别对位系统攻关与实施

针对铁水罐人工协同对位存在较大偏差这一难题，我们以出铁口中心正下方铁水罐应该对位的中心位置 O 点为基准（图 1），相应的 65t 铁水罐车一侧的前后车轮（第 1 个和第 4 个车轮）轮缘在一根钢轨上的位置为 X_1、X_2 点，140t 铁水罐车一侧的前后车轮（第 1 个和第 6 个车轮）轮缘在这根钢轨上的位置为 Y_1、Y_2 点，在 X_1、X_2、Y_1、Y_2 各点的两边 15cm 处分别安装带滚轮的摇杆双向自复位转换开关（简称转换开关），依次是 A、B，C、D，E、F，G、H，各点的距离位置分别是：$AB=CD=EF=GH=30$cm，$AC=BD=X_1X_2=5750$cm，$EG=FH=Y_1Y_2=7980$cm。当 65t 铁水罐车的前后车轮轮缘正好停止在 AB、CD 的中点 X_1、X_2 时，铁水罐车的中心与出铁口中心的偏差是 0；若其前后车轮轮缘正好停止在 A、C 或 B、D 位置时，则偏差是 15cm。当 140t 铁水罐车的前后车轮轮缘正好停止在 EF、GH 的中点 Y_1、Y_2 时，铁水罐车的中心与出铁口中心的偏差是 0，若前后车轮轮缘正好停止在 E、G 或 F、H 位置，则偏差也是 15cm。8 个转换开关的触点都通过电缆线与信号灯控制柜内的电路相连接。控制柜内有 7 个继电器，其触点连接成自锁、互锁等形式，分别控制相应的信号灯。

该电路提供了 4 种色灯信号，控制电路图如图 2 所示。（1）出铁口位置和电路电源指示绿灯信号；（2）对位红灯信号；（3）65t 铁水罐车指示黄灯信号；（4）140t 铁水罐车指

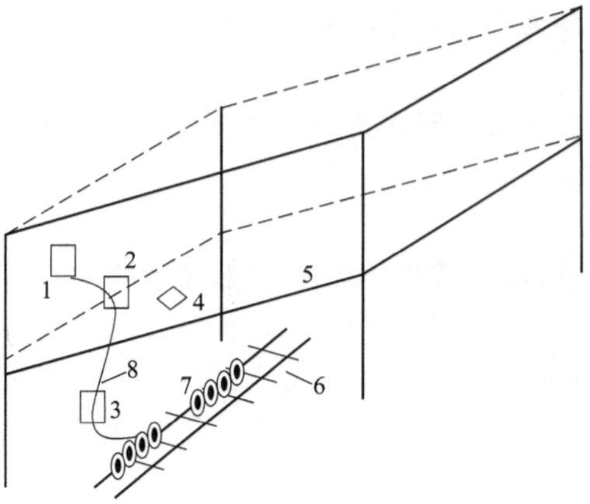

图 1　控制电路安装位置图

1—电源指示灯和信号灯垫木板；2—高炉出铁口铁水罐对位信号灯电路控制柜；
3—电源指示灯和信号灯垫木板；4—出铁口；5—高炉平台；6—铁路；7—转换开关；8—电缆线

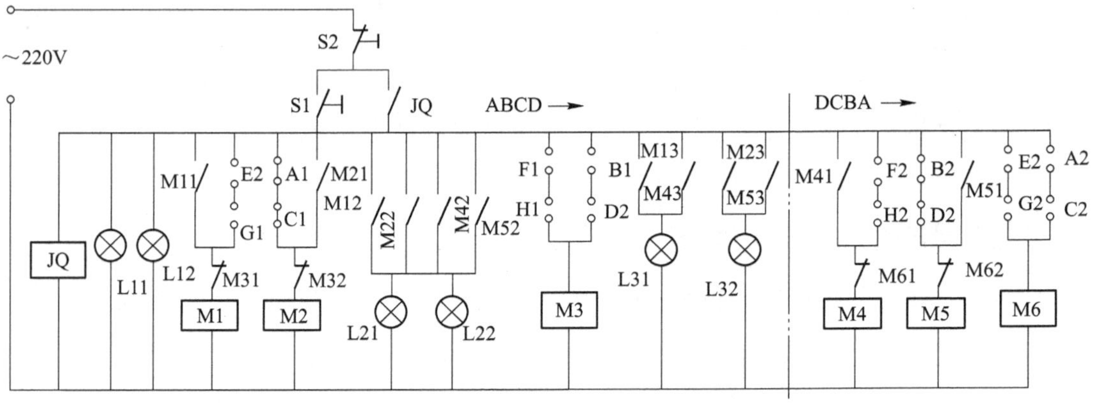

图 2　高炉出铁口下两种铁水罐车自动识别对位信号控制电路图

示蓝灯信号。4 种色灯信号的开启和关闭是依据铁水罐车的前后车轮（第一个和最后一个车轮）轮缘同时压下在对位位置处的转换开关的滚轮，使其摇杆倾斜，触点接通，相应的继电器得电或失电来控制的。当红色信号灯点亮时，表示对位符合要求，铁水罐车中心与出铁口中心距离偏差在±15cm 范围内，否则，信号灯就会熄灭，需要重新对位。

铁水罐车自动识别对位系统的研究与应用，降低了铁水罐车在高炉下对位偏差，提高了铁水罐车受铁作业可靠性。

4.2　专用水渣车攻关与实施

4.2.1　水渣车车体下部不锈钢化改造研究与实施

为降低由于下侧门门框锈蚀造成漏料的难题，在保留上墙板的基础上，将腰带以下门框板实施挖补（图 3），并更换为不锈钢材料的门框板，提高其抗腐蚀能力。不锈钢材料的化学成分和性能见表 1 和表 2。

压型板具体尺寸如图 4 所示。

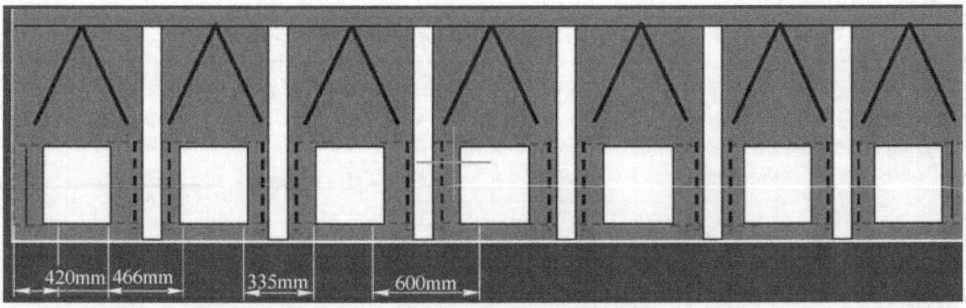

图 3　下部不锈钢化改造示意图

蓝色部位：车体墙板；红色部位：更换墙板（压型板）；虚线：焊缝

表 1　T4003 化学成分　（%）

牌号	C	Si	Mn	P	S	Cr	Ni	N	Ti
T4003	≤0. 030	≤1. 00	1. 00～2. 50	≤0. 040	≤0. 015	11. 00～13. 00	0. 60～1. 00	≤0. 025	8C～0. 35

表 2　力学性能

牌号	$R_{p0.2}$/MPa	$M_{r.}$/MPa	A_{50}/%	硬度（HBW）	冷弯 180°，$d=2a$
T4003	≥350	≥480	≥20	≤250	完好

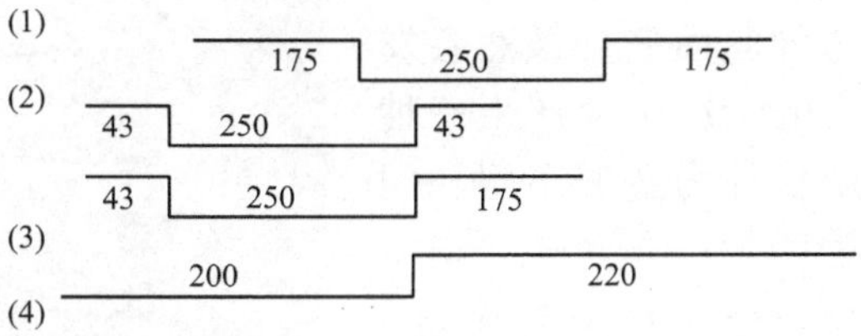

注：槽深7mm

图 4　压型板具体尺寸

不锈钢焊接工艺参数选择：

（1）在保证焊缝熔合质量的前提下，尽可能提高焊接速度，对接接头焊接热输入不大于 0. 7kJ/mm、角焊缝的焊接热输入不大于 0. 8kJ/mm。

（2）普通气体保护焊机和脉冲气体保护焊机焊接不同位置焊缝时，其焊接工艺参数采用表 3、表 4 的规定。

表 3　不锈钢气体保护自动焊及半自动焊焊接工艺参数

焊丝牌号	焊丝直径 /mm	焊接位置	焊接电流 /A	焊接电压 /V	焊接速度 /mm · min^{-1}	保护气流量 /L · min^{-1}	熔滴过度
E308L—G E309L—G	ϕ1. 0	平接焊	130～160	22～24	350～450	15～22	射流过度
		平对接	120～150	21～23			
	ϕ1. 2	平接焊	160～185	23～25	350～500	15～22	射流过度
		立向上角焊	80～100	17～19	280～350	15～22	射流过度
		立向下角焊	150～180	18～20	400～600	15～22	射流过度

表 4　不锈钢半自动脉冲气体保护焊焊接工艺参数

焊丝牌号	焊丝直径/mm	焊接位置	焊接电流/A	焊接电压/V	焊接速度/mm · min^{-1}	保护气流量/L · min^{-1}	焊枪倾角/(°)
E308L—G E309L—G	ϕ1.2	平角焊	180~230	22~26	自动 450~650	16~22	15~25
		平对接	180~220	23~26			
	ϕ1.0	横焊	160~180	20~24	半自动 300~400		
		立焊	160~180	30~24			
		平焊	170~190	20~24			

4.2.2　下侧门抗变形结构研究与实施

原车门结构为平面搭接结构，在卸车过程中一旦发生轻微变形，就会造成漏料，针对这一问题，首先将原车门平面结构改为曲面搭接结构（图 5），并在门边处组焊槽型冷弯型钢，增强车门刚度，曲面结构设计能够提高车门、车门框抗冲击变形的力学能力。其次，车门框与车门一旦发生变形，这种曲面贴合虽然会发生破坏，但是较小冲击力的情况下会产生一种新的线接触式的密封，防止外力造成车门和门框变形造成漏料问题的发生。

图 5　车门曲面结构

4.2.3　下侧门单侧化技术研究与实施

根据水渣车现场实际应用情况，在卸车时只使用一侧下侧门，为了降低漏料率，实施了下侧门单侧化改造，将不卸车一侧下侧门拆除，利用钢板进行整体封堵，为提高封堵强度，在工艺上首先用拉铆钉将钢板和立柱铆接牢固后，再进行焊接，保证了其质量，如图 6 所示。

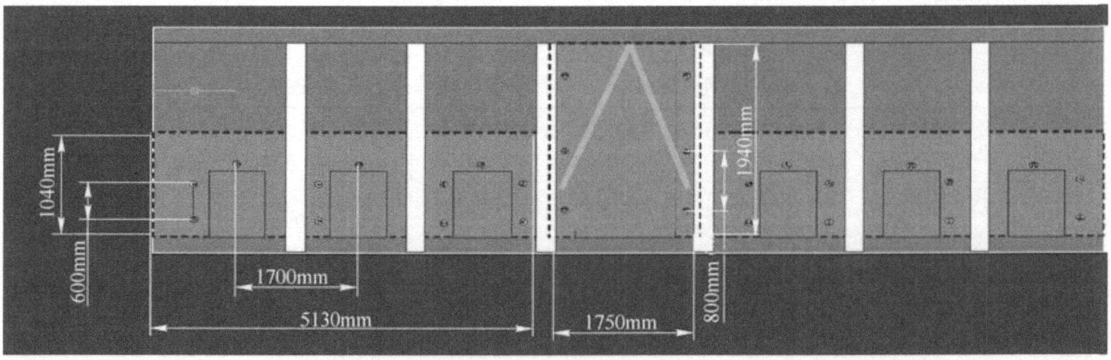

图 6　水渣车单侧化改造示意图

4.3 多型号轮对轴承双侧自动注油机攻关与实施

针对轴承人工润滑，无法实现轴承滚珠内外全面润滑，影响轴承使用寿命的问题，为了实现轴承全方位润滑，根据目前使用的轴承型号，设计制作了多功能注油机，主要由轮对顶升机构、注油卡盘（左右）、底座等组成（图7）。

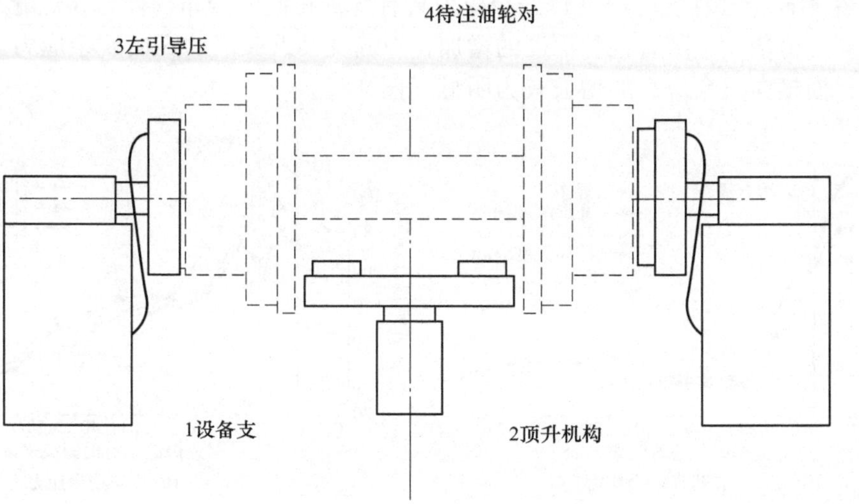

图7 多功能轴承两端注油设备结构

注油卡盘设计，采取了一套主卡盘加两套辅助卡盘的结构方式，辅助卡盘嵌入主卡盘后（图8），通过改变注油孔与轴心位置，满足目前使用的5种轴承的注油工作，提高了注油工作效率。

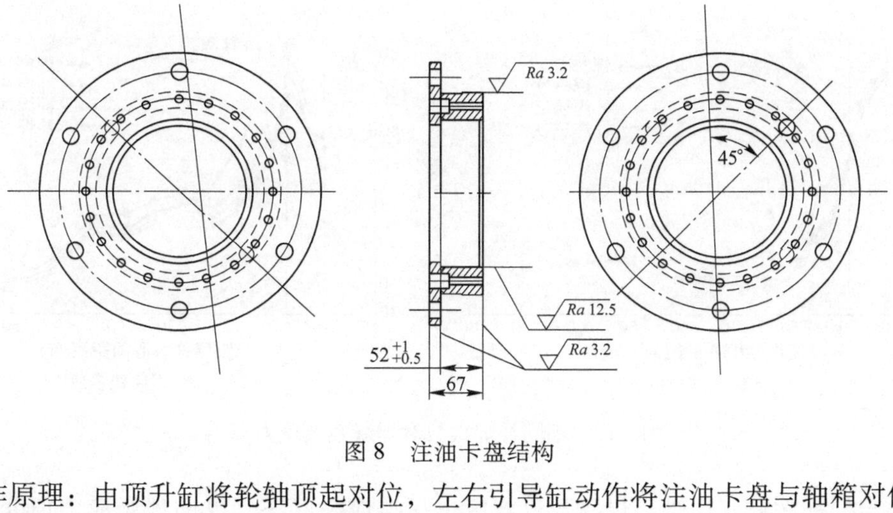

图8 注油卡盘结构

工作原理：由顶升缸将轮轴顶起对位，左右引导缸动作将注油卡盘与轴箱对位、卡盘压入，注油泵注油，时间继电器控制注油时间，注油泵停止注油，左右引导缸动作注油卡盘复位，顶升缸复位，从而完成一次轴承注油作业。

4.4 转向架裂纹焊补技术攻关与实施

针对转向架频发裂纹的问题，首先对焊接构架式转向架构架补焊残余应力进行了分析。

（1）在正常焊接状态下，在焊缝中心部位的残余拉应力最大，而远离焊缝及其近缝区的其他部位，残余拉应力逐渐减小，并最终由拉应力状态转变为压应力状态。

（2）在不同挖补深度时，补焊残余应力具有基本相同的分布规律，在焊缝及其近缝区的残余拉应力值增大。随着挖补深度的增加，焊缝及其近缝区的纵向残余应力虽有所增大但不明显，而横向残余应力的增大较为明显（图 9）。

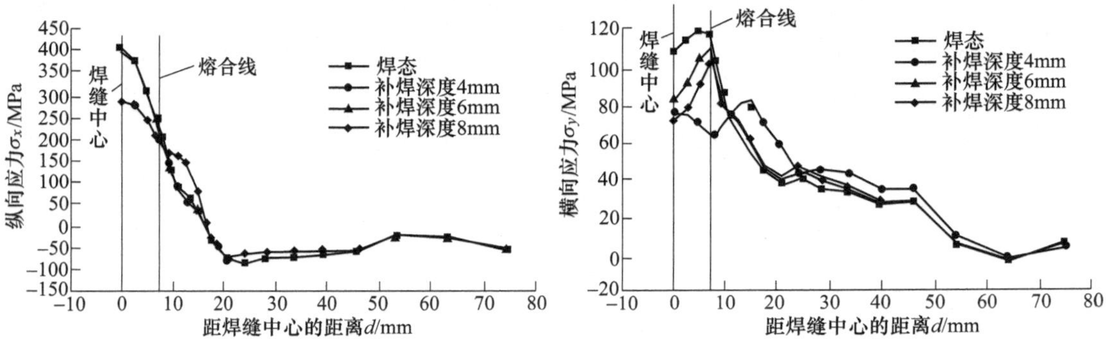

(a) 纵向残余应力　　(b) 横向残余应力

图 9　不同补焊深度对焊缝残余应力影响

（3）当挖补宽度不同时，补焊残余应力分布特征与挖补深度的影响基本相似。焊缝及近缝区仍呈拉应力状态，残余拉应力值均有明显的增大。且由于挖补宽度增加，高值残余拉应力区的作用范围也相应增加。随着挖补宽度的增加，焊缝及近缝区的纵向拉应力虽有增加而增幅不大，但横向残余拉应力有较大幅度地提高（图 10）。

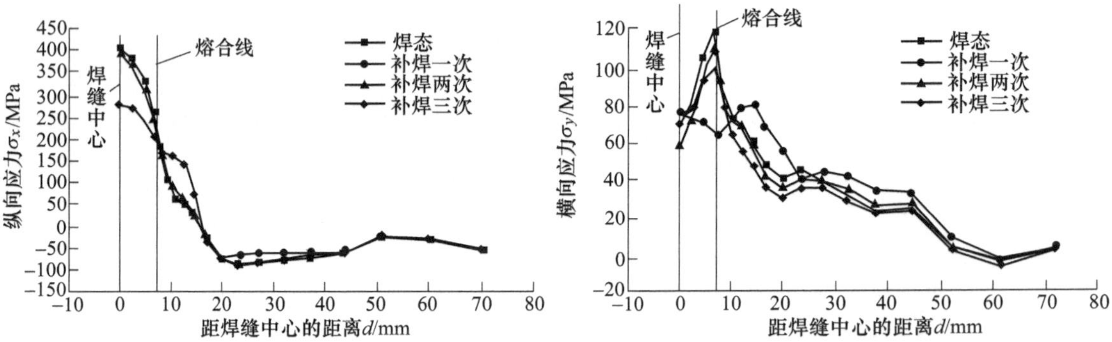

(a) 纵向残余应力　　(b) 横向残余应力

图 10　不同补焊次数对焊缝残余应力

（4）当挖补次数变化时，焊缝及近缝区也呈拉应力状态，纵向残余应力值变化不大，横向残余拉应力较为明显的增大。与焊态下相比，补焊后残余拉应力作用范围基本不变，但拉应力数值明显提高，最高的纵向拉应力作用在焊缝中心部位，而横向残余拉应力峰值集中在焊缝熔合线处（图 11）。

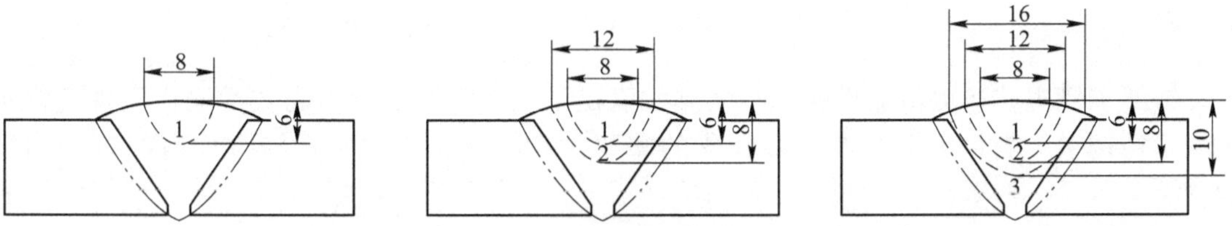

图 11 多次焊修焊缝挖补宽度、深度示意图

结合转向架构架补焊残余应力分析，在多次焊修作业中，后一次挖补宽度与深度都要大于前一次挖补宽度和深度，即每次必须将前次焊补形成的热影响区挖掉，在原始焊缝的热影响区避免产生热量累积；每次挖补的宽度和深度必须小于原始焊缝的宽度与深度，后续焊补的热循环使得原始焊缝的热影响区，相当于进行了多次正火或部分正火处理，细化了晶粒尺寸，可改善热影响区的冲击韧性，从而提高接头的强度、塑性、冲击韧性、硬度等力学性能。

（5）焊接构架转向架焊修热处理工艺研究。焊接构架转向架所用板材为 Q345B 低合金钢材料，板厚在 20~40mm，属中厚板焊接，焊接难度较大。为确保焊接构架的焊接接头质量，提高焊接接头性能，构架应进行焊后消应力热处理，热处理后进行焊接接头力学性能试验及金相组织分析，确保焊接接头综合性能满足设计要求。为防止焊接冷裂纹，焊前应进行预热，预热温度为 100~200℃，以防止过大的温差变化使焊接变形增大。焊接采取多层多道焊，层间温度控制在（150±10）℃，以防止过大的温差变化使焊接变形增大。

4.5 防尘式钩舌销攻关与实施

针对原钩舌销结构在车辆运用过程中水渣、铁渣进入到钩舌销与钩舌销孔之间，反复挤压后钩舌无法转动，造成车钩三态作用不良，影响铁路工艺运输顺行的问题，经过分析后，认为主要是由于钩舌销与钩舌销孔顶部配合后的结构限制，使得无法形成一个有效的密封结构。针对这一问题，在不影响车钩作用的基础上，通过将钩耳孔套加长并制作成帽型结构，将钩舌销顶盖底部加工出环形槽，使组装后的钩舌销与钩耳孔套形成一个密封结构（图 12），避免了水渣、铁渣进入影响车钩正常作用。

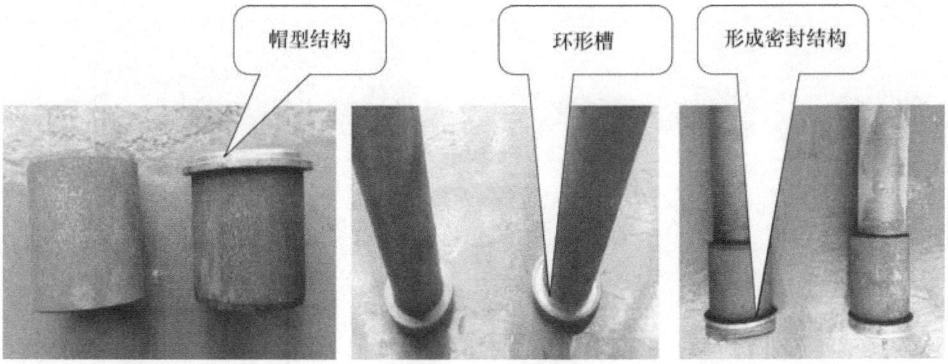

图 12 钩舌销防异物侵入结构示意图

5 效果

铁路车辆工艺运输可靠性研究与实施，满足了铁水跨区安全、高效运输，实现了铁水区域平衡调送，满足了生产效益最大化的需要，在冶金企业铁水运输方面有很好的借鉴意义。

冶金企业计算机联锁系统二次开发与应用

（马鞍山钢铁股份有限公司，李道勇、张志洪、李静）

摘　要：铁路运输系统中必须设有指挥列车运行的铁路信号联锁系统来保证列车安全、高效运行，而冶金企业目前广泛采用的计算机联锁系统只有设备厂家能调试、安装、修改，对于站线频繁修改的冶金企业，有必要掌握计算机联锁系统的二次开发，在保证安全和质量的前提下，有效降低工程成本。

关键词：铁路信号；计算机联锁；二次开发

随着信息技术的不断发展，冶金企业采用的铁路信号控制系统，从早期的6502继电联锁控制系统，发展到目前广泛使用的计算机联锁系统，计算机联锁系统已逐步全面替代6502联锁系统。虽然计算机联锁系统相对于6502联锁系统具有设备体积小、故障自诊断等优点，但是各冶金企业使用的计算机联锁系统无法像6502系统一样实现自主修改，冶金企业随着产线的调整，站线也跟着频繁修改，每次联锁系统的修改不得不依靠联锁厂家。

而计算机联锁厂家在销售时把其系统的二次开发能力作为重要卖点，提供了专用的计算机辅助设计软件，可实现对既有联锁系统改造。各冶金企业出于安全、技术等原因自主修改联锁系统的甚少。

结合马钢铁路运输公司引入的10余套计算机联锁系统在近20年的使用及维护经验基础上，本文以马钢渣线站需要增加一组道岔为例，借助厂家提供的计算机联锁辅助设计软件，简要展示自主二次开发的实现流程。

1　项目分析

根据新的信号平面布置图（图1），分析室外新增的信号设备，及室内相对应的模块数量。（本例只新增模块，机柜及组合不新增）

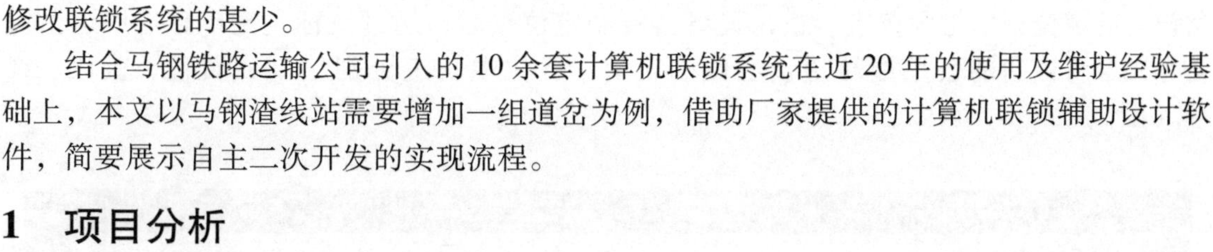

图1　信号平面图

室内增加模块：1个道岔模块，C45道岔；1个轨道模块，43-45DG2、D97JG轨道区段；1个信号模块，D97调车信号机；1个零散模块，用于铁水站之间的场间联系电路。

2　联锁软件的辅助设计

（1）打开源文件，利用联锁厂家提供的联锁系统 CAD 辅助设计软件，打开原厂家提供的渣线站设计源文件后，进入信号设备绘制及联锁数据编辑模式。

（2）绘制线路，移动鼠标到主绘图界面快捷工具栏上单击“轨道”工具按钮，对应图标会凹下（图 2），然后在设备绘图及显示区域点击鼠标左键不放，鼠标向需要的地方拖动后松开，系统就会在该区域新建一个轨道设备图形。

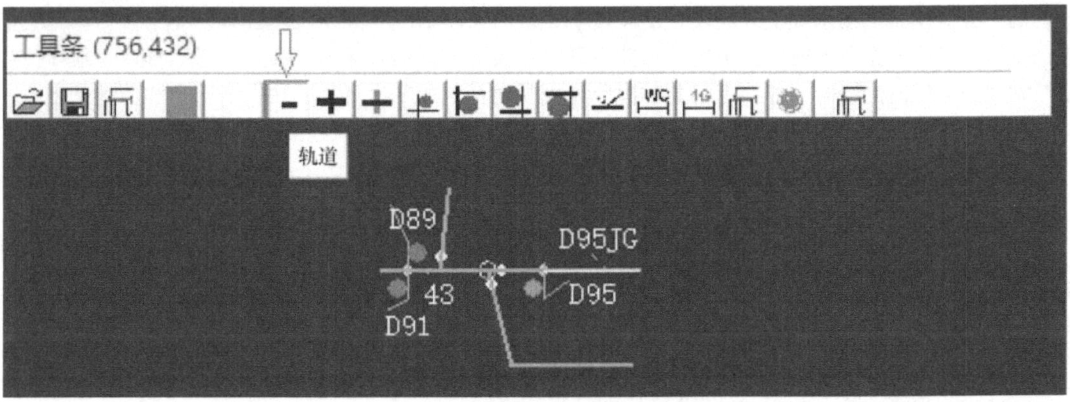

图 2　辅助设计软件-轨道设备绘图图示

（3）绘制道岔，当 2 条路段相交时系统会自动产生道岔定位及反位点图形设备，单击工具栏上的“道岔名”工具按钮，并将连接线拖动到对应的定位或反位点上，即确定了道岔设备的定位，定位画黄点。道岔设备链接到定位点后，通过鼠标左键单独选中道岔设备，则会将道岔的公用端轨道、定位端轨道、反位端轨道分别绘制成黄色、蓝色、红色（图 3）。

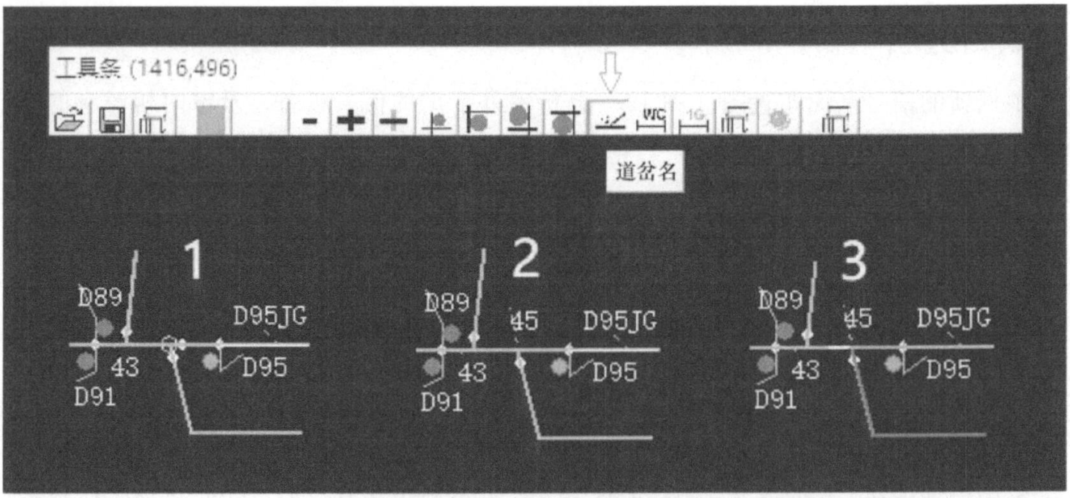

图 3　辅助设计软件-道岔设备绘图图示

（4）绘制信号机，选中工具条中相应方向的“信号”工具按钮，在相应位置按下左键拖动鼠标，切割轨道后，绘制出信号机，同时自动绘制出与轨道线路垂直的绝缘。另外鼠标移动到信号机名称上点击右键可以修改信号机属性（本例进站信号机禁止灯光，修改为红色）（图4）。

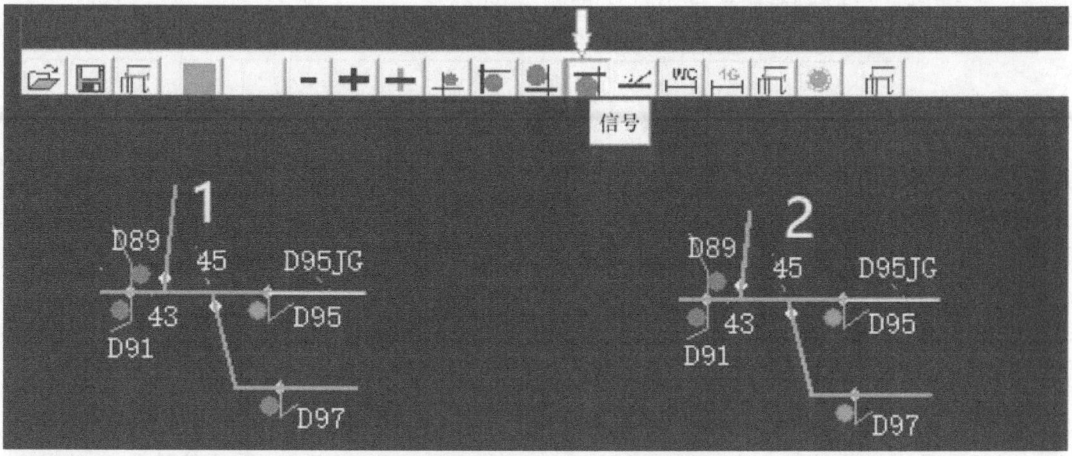

图4 辅助设计软件-信号设备绘图图示

（5）设置区段，单击“无岔名”工具按钮，移动鼠标到绘图区域，单击鼠标，该区域会自动生成对应的无岔区段设备，按住鼠标拖动连接线到对应的轨道线路上可以将此无岔设备与对应的轨道线路关联，此时关联的轨道线路显示黄色（图5）。

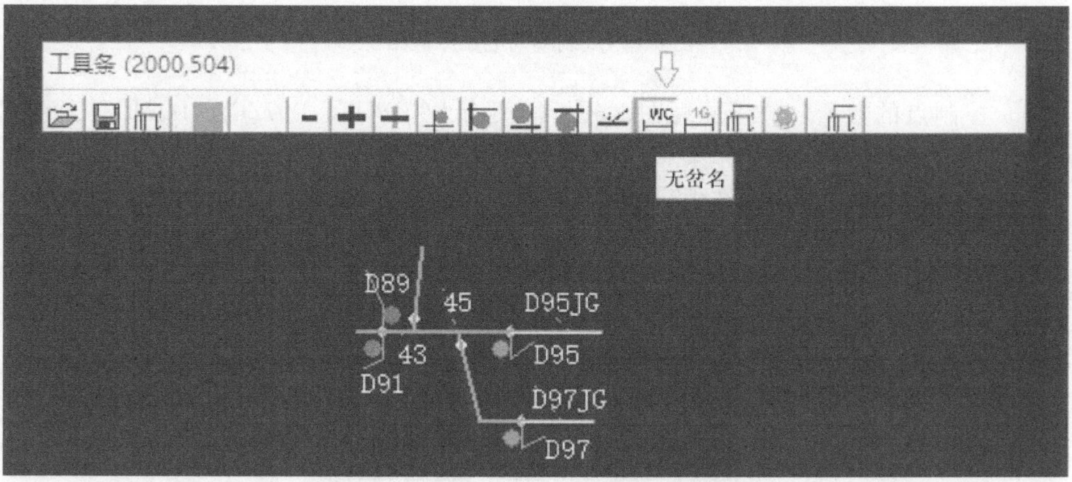

图5 辅助设计软件-区段设备绘图图示

（6）设计零散，六线制场间联系电路的设计：CAD辅助软件能自动设计基本的信号机、区段、轨道电路的联锁关系，但是一些零散电路，如场间联系、站间联系、机务同意、非进路调车等都需要根据相应电路的原理图进行分析，结合每个联锁厂家的CAD语言进行编程，实现对零散模块的控制。由于特殊电路各不相同，因此需要二次开发人员具备相应的知识。本例六线制场联设计过程如下。

1）功能需求。实现渣线站于铁水区站之间的调车照查，要求有：联络线有车占用时，轨道区段 D97JG 显示红色；铁水区站向联络线排列调车进路时，点亮白色信号灯（箭头）；联络线有车占用时，不得向联络线排列进路；铁水区站排列接车进路时，复示铁水区站进站信号 D217 开放状态。

2）原理设计。根据功能需求设计原理图（图 6）。

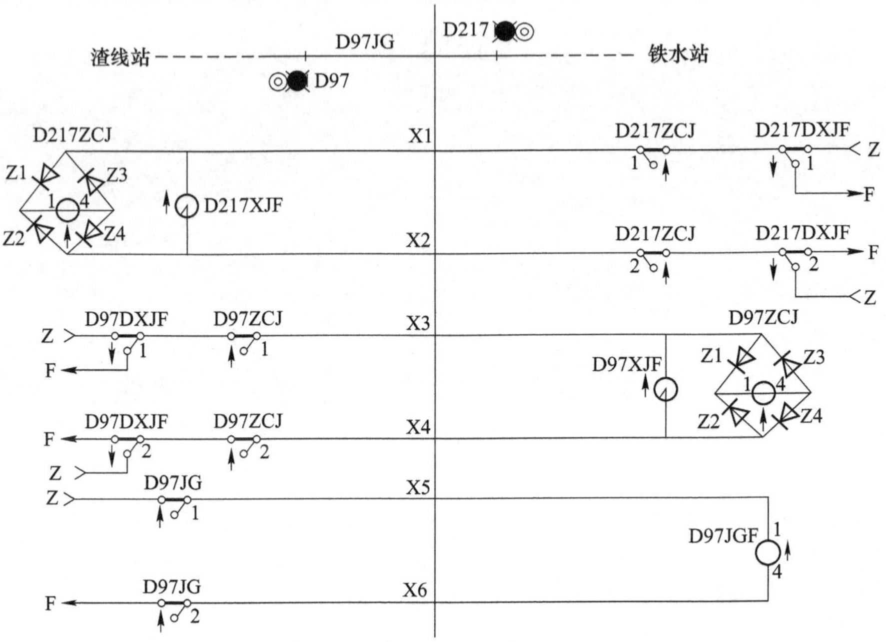

图 6　六线制场间电路原理图

3）控制点的数量。分析原理图，分析需要有 D97DXJF、D97ZCJ、D97JG 三个驱动点，D217ZCJ、D217XJF 两个采集点。

4）根据原理图，辅助软件绘制出场联设备（图 7）。

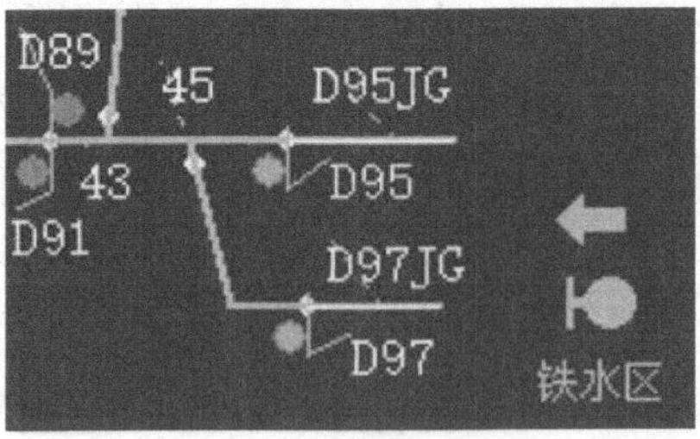

图 7　辅助设计软件-场联设备绘图图示

3　硬件组态

利用辅助软件设计完联锁程序后，会自动生成道岔、信号、区段、零散设备、基本进路数据、长调进路数据。

硬件组态是指编辑设备在系统总线（即柜体）上的分布，并自动生成对应的硬件总线地址，形成联锁软件与模块控制硬件一一映射。硬件组态编辑界面如图 8 所示。

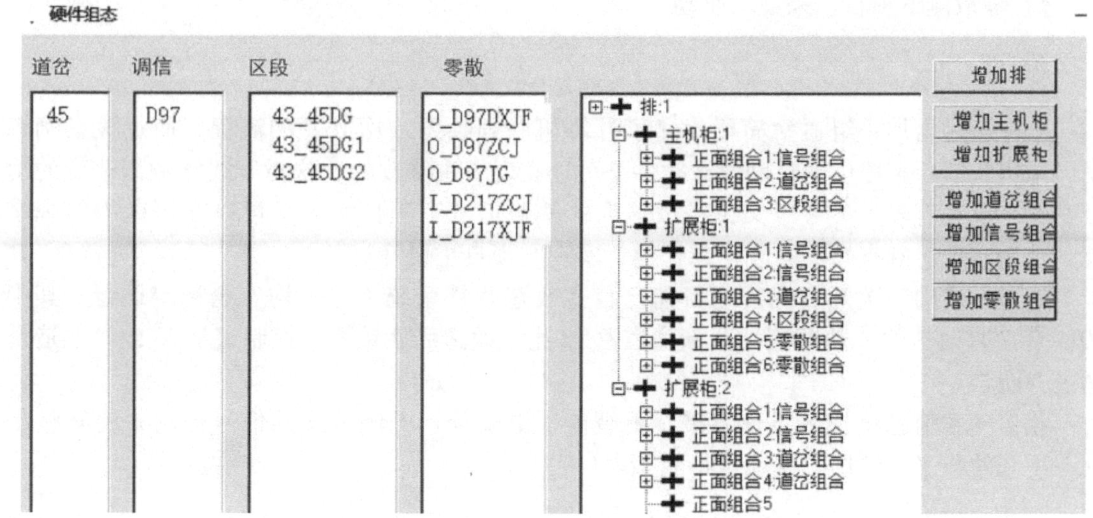

图 8　辅助设计软件-硬件组态编辑界面

硬件组态界面左边分别列出站场内没有分配硬件地址的道岔设备、信号机设备、区段设备、零散设备。硬件组态界面右边部分为设备的硬件组态显示框及相关操作按钮，相关按钮及硬件组态操作步骤说明如下：

增加主机柜。联锁区内增加一个主机柜，主机柜主要用于放置联锁机器或相关控显机、电务机、电源等设备；增加主机柜：联锁区内增加一个扩展柜；增加轨道组合：用于在选中的扩展柜下的某一层上增加轨道组合（或模块）；增加信号组合：用于在选中的扩展柜下的某一层上增加信号机组合（或模块）；增加道岔组合：用于在选中的扩展柜下的某一层上增加道岔组合（或模块）；增加零散组合：用于在选中的扩展柜下的某一层上增加零散组合（或模块）。

配置设备。上述柜体与组合配置完毕后，需要将站场设备配置到对应的位置上，操作方法为：将左边部分的设备名称逐个通过鼠标左键按下并移动到硬件组态显示框中对应的组合点上，所有设备配置完毕后，左边部分的设备列表应当为空。

4　系统的测试及开通

完成上述软件设计和硬件组态后即可生成联锁程序，安装到位后即可进行联锁系统的测试。测试分为单点测试和联锁表进路测试。计算机联锁只要作出修改必须进行全站场测试。经测试后即可择机开通。

（1）联锁表测试，根据新的站场平面图编制联锁表，以联锁表为基础，根据测试标准，对每条进路的每个功能逐条测试。

（2）现场单点测试，主要是对每一个信号设备的各种状态，进行一一对应测试，必须用现场设备测试，分为四大类型测试：道岔、信号、轨道、零散。

1）道岔测试项目。定操、反操、定表、反表、单锁、单封、挤岔。

2）信号测试项目。灯丝、点灯。

3）轨道测试项目。占用、空闲。

4）零散测试项目。采集、驱动。

5 结语

本文通过增加一组道岔简要阐述了计算机联锁系统二次开发的流程，通过该案例表明，采用联锁厂家提供的辅助设计软件是可以实现自主修改的，这对于线路频繁改变的冶金铁路来说具有较大参考意义，经过培训的铁路信号工程技术人员可以在短期内熟练掌握，从而实现对既有站场的改建或扩建，实现联锁自主设计。

通过上述的二次开发我公司目前已自主改造联锁系统 4 套，均安全稳定运行。其中 2017 年 7 月改造的“热闷渣站”新增道岔 12 组，改造后联锁系统控制道岔 23 组，改造量超过 50%。

相信随着信息化技术飞速发展，更智能、更安全、更傻瓜式的信号控制系统必将出现，不久的将来全站场的联锁也将能实现自主开发。

基于数据仓库的铁路工务检测数据分析平台的研究与应用

（承德承钢物流有限公司，邓彦成、
郭宝东、侯立新、张喜荃、徐东然）

摘　要：在分析河钢承钢铁路工务检测数据应用现状的基础上，提出了基于检测数据的轨道状态分析模型以及铁路工务检测数据分析平台的设计思想、总体架构，最终实现系统设计的主要功能，构建承钢铁路工务信息化系统。

关键词：数据仓库；铁路工务；检测数据；分析平台；研究与应用

承钢铁路养护维修工作由于技术水平等各种条件的限制，还处于计划修阶段，造成检修工作针对性差，没有预知性；设备质量和状态较差；设备使用周期降低；检修成本较高；事故隐患不能及时处理，影响行车安全。因此，如何对工务设备状态进行有效管理，保持轨道设备质量均衡和完整，使列车安全、平稳运行并延长设备使用周期，是承钢铁路当前的主要研究课题。

1　研究内容和具体思路

（1）根据国内外工务管理现状，提出构建承钢铁路工务检测数据分析平台的可行性和必要性，阐述该系统对承钢铁路工务生产管理的重要作用。

（2）重点研究基于铁路工务检测数据的轨道状态分析模型，提出如何利用历史检测数据进行轨道状态分析，阐述相关线路轨道状态分析方法、相关模型、评定指标等。

（3）详细阐述基于数据仓库的铁路工务检测数据分析平台的设计思想、设计目标、关键技术、系统体系结构、数据仓库设计。数据的积累和分析是准确把握轨道质量状态、分析线路安全形势的基础，着重探讨数据仓库的设计方法、检测数据的分析方法。

2　方案可行性

承钢铁路工务系统已经有动、静态轨道检测方法，可提供大量轨道几何尺寸数据，为构建检测数据分析平台提供数据支持。

3　数据仓库主题确定

根据目前铁路工务部门的业务需求，从分析轨道质量状态的角度，系统主要分为以下主题：

（1）动、静态检测数据分析。从动、静态检测的角度，从时间和空间、从不同的使用层面分析轨道质量状态。

（2）维修作业分析。积累维修作业数据，对维修数据进行深入分析，从维修作业角度分析轨道质量状态。

（3）设备状态分析。利用设备台账数据、通过总重数据、维修数据、检测数据，分析轨道设备（如钢轨、轨枕等）状态的变化趋势，对各个设备作寿命分析。

（4）几何尺寸变化趋势分析。分析线路各里程点的轨道几何尺寸变化规律，利用通过总重数据、维修数据计算几何尺寸百万吨变化率，通过历史数据的长期积累，找出其变化规律。为轨道质量状态的预测奠定基础。

4 系统实施方案

（1）建立轨道检测数据综合平台。这一阶段主要是通过对轨道检测各种检测数据的深入分析，解决检测数据的数据接口问题，实现各种动、静态检测数据的提取、清理、转化，最终将其放入数据仓库中，为轨道状态的分析提供检测数据源。

（2）实现常用数据报表的查询和统计功能。通过对检测数据的基本分析，实现铁路系统原有检测数据统计报表，并提供比原有报表更方便、更直接、信息量更丰富的查询手段和应用类型。

（3）按新的方式采集轨道设备数据、维修数据。此阶段主要是为下一阶段准备数据源。现行的设备台账中的设备管理是按起始里程进行管理，而要实现轨道质量状态预测，实现“预知修”，必须对轨道设备进行“单个”管理，因此需要重新构建轨道设备数据库，记录设备状态信息。分析轨道质量状态还需要维修数据，目前维修数据大多数是以纸面形式存在，没有将其放入数据库中进行统一的存储、管理。要研究轨道质量状态变化趋势，必须建立新的维修库，建立统一的数据标准、数据编码体系，记录每次维修作业的详细信息。通过积累维修数据为轨道质量状态预测提供维修数据源，通过维护维修数据自动更新设备库中的台账数据。

（4）整合检测数据，通过总重数据、轨道设备数据、维修数据，研究轨道质量状态未来变化趋势。针对不同的线路、不同区间、不同里程点的实际情况，通过各种数据的整合分析，实现利用历史数据预测未来一段时间内的轨道质量状态，如预测下一个月、下一旬会出现三级超限的里程点，进而找出轨道安全隐患、辅助制定维修计划。

5 数据分析模块

5.1 超限数据查询模块

用于对线路检查仪传输并经过计算后保存在计算机中的数据进行指定条件的查询。可选项目主要有指定的日期范围、指定的单位、指定线路名、指定机车号、指定里程范围（单位为米）、指定速度档、指定车次、指定线路级别及病害等级等，最大限度地满足查询需求（表 1）。

5.2 重复病害查询分析模块

重复病害用于查询在指定时间段、指定合并范围、指定病害等级、选定线路名及单位范围内重复出现一定次数的病害地点，作为重点地段的参考。在查询结果中显示合并后的地点及该地点重复出现的次数等信息，每一行中显示对应的详细病害发生地点、里程等信息，数据汇总可显示出现重复病害按单位或线路名汇总后的情况（图 1）。

表 1 便携式轨道检查仪偏差报告

从 2017 年 11 月 21 日到 2017 年 11 月 22 日按工务段查询数据

序号	线名	里程	速度	垂加				水加				工务段	路局	车间	机车号	车次	车型	标记	日期	时间
				Ⅰ	Ⅱ	Ⅲ	Ⅳ	Ⅰ	Ⅱ	Ⅲ	Ⅳ									
1	张滦线上行	8.261	38						15			承钢	承钢		7695	308			20171122	091218
2	张滦线上行	10.820	37						12			承钢	承钢		7695	308			20171122	090819
3	张滦线上行	13.287	40		16							承钢	承钢		7695	308			20171122	090355
4	张滦线上行	13.655	38						17			承钢	承钢		7695	308			20171122	090322
5	张滦线上行	13.741	39						12			承钢	承钢		7695	308			20171122	090315
6	张滦线上行	13.885	37						12			承钢	承钢		7695	308			20171122	090301
7	张滦线下行	8.185	40		17							承钢	承钢		7674	309			20171122	101136
8	张滦线下行	8.329	40		16							承钢	承钢		7674	309			20171122	10148
9	张滦线下行	8.507	40		17							承钢	承钢		7674	309			20171122	101204
10	张滦线下行	8.749	42		27							承钢	承钢		7674	309			20171122	101225
11	张滦线下行	13.295	39						14			承钢	承钢		7674	309			20171122	101942

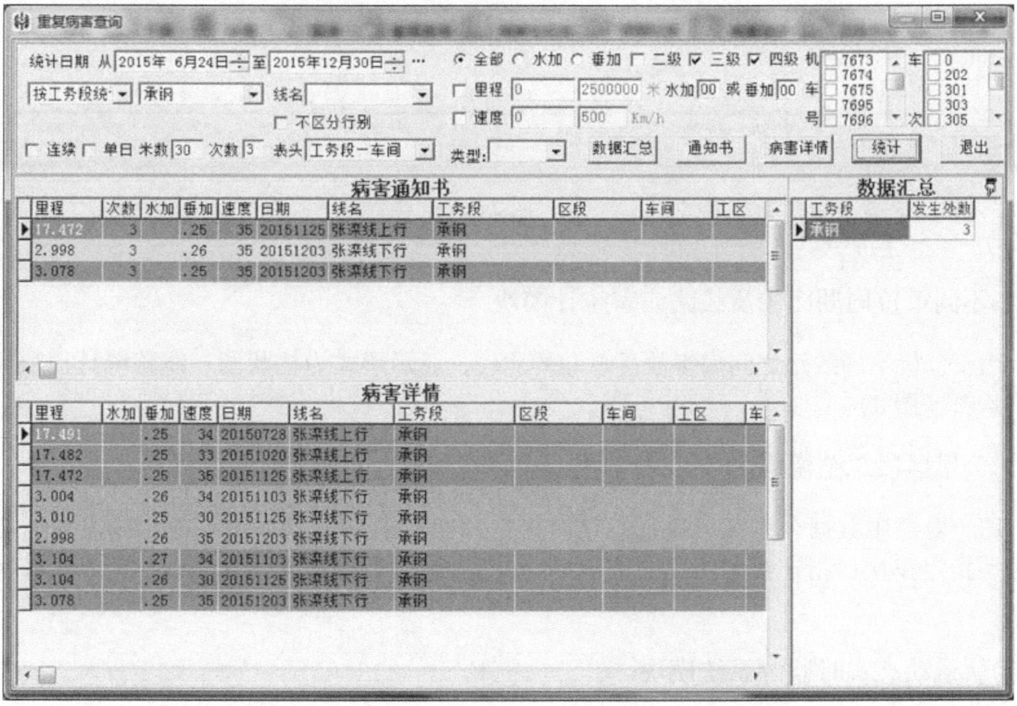

图 1

5.3　同单位不同期分析模块

用于分析同一单位或线路在两个不同的时间段内按日或月统计出的病害数目，显示形式为折线图。按旬或按月比较时，比较结果中纵坐标为这两个不同的旬或月，同一日内对同一线路，相差在30米之内的病害将视作同一地点（图2）。

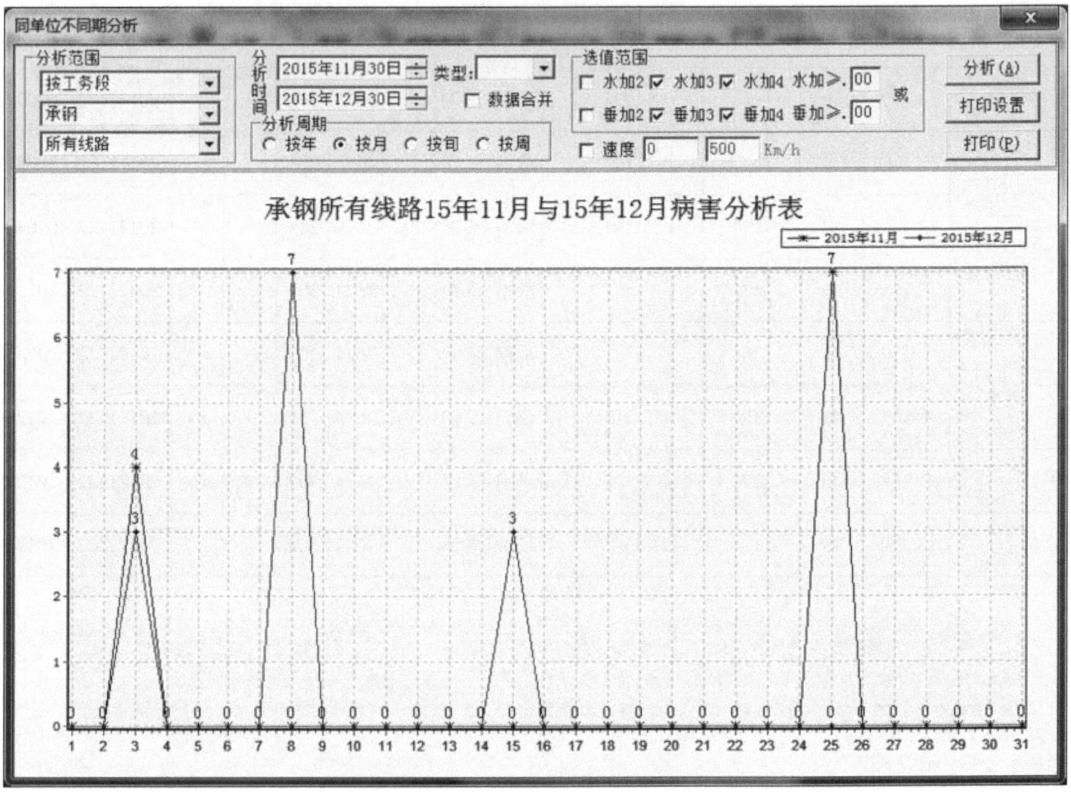

图2

5.4　不同单位同期比较及线路病害统计模块

用于分析不同线路之间病害数目总和的比较，显示形式为柱状图；线路统计模块显示为饼状图（图3）。

5.5　公里区段总结模块

用于对超限数据公里区段进行总结。指定日期范围、指定单位、指定线名、指定机车号、指定车次、指定线路级别，各选项可自由组合，最大限度地满足查询需求（表2）。

5.6　轨道动态实时监测系统模块

轨道动态实时监测系统是以图形方式实时显示线路质量，使技术人员能及时、准确地监测线路病害，以及为线路维护提供依据的模块。主要有数据实时分析、数据回放分析及偏差计算等功能，其中数据实时分析又分为波形分析及线路状况分析（图4）。

表2　从2017年1月1日到2017年6月30日超限数据公里区段总结

线名	公里	三级超限																				二级超限			垂≥且水≥
		超限数	垂加									水加									复合病害数	超限数	垂加数	水加数	
			数量	最大峰值	>0.12且<0.15	>0.01且<0.09						数量	最大峰值												
新线路1	3	1	1	0.65																					
	4	2	1	0.46								1	0.26									2	2		
	23																					4		4	
	24																					1	1	1	
张滦线上行	2																					1	1		
	3																					8	5	3	
	4																					2		2	
	5																					1		1	
	7	7	7	0.85																					
	8	14	14	0.85																		7	6	1	
	9																					2	2		
	10	17	17	0.85																		2	2		
	11	8	8	0.85																		1		1	
	12																					3	3		
	13	19	19	0.85								1	0.30								1	3	2	1	
	14	19	19	0.85																		11	2	10	
	15	4	4	0.85																		8	4	4	
	16	11	11	0.85																		4	4		
	17	4	4	0.75																		8	5	5	
	18																					1	1		
	22	10	10	0.85								1	0.29								1	2	1	1	
	23	5	5	0.83								1	0.28								1	5	4	1	
张滦线下行	2																					2	2		
	3																					17	14	6	
	4																					1	1		
	5																					6	2	5	
	6																					2	1	1	
	8	1	1	0.31																		17	13	7	
	9																					7	7		
	10																					6	3	3	
	11																					9	6	3	
	12																					9	7	2	
	13																					7	6	1	
	14																					15	4	12	
	15																					13	5	9	
	16																					4	2	2	

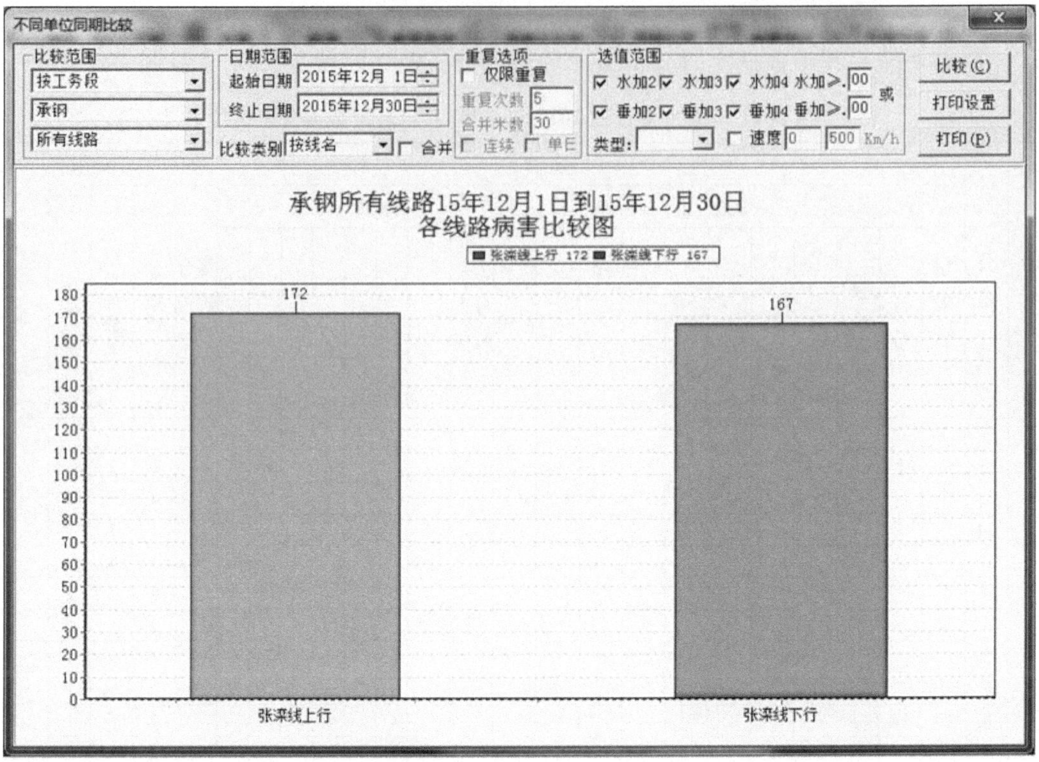
不同单位同期比较
比较范围
按工务段
承钢
所有线路
日期范围
起始日期 2015年12月 1日
终止日期 2015年12月30日
比较类别 按线名
合并
重复选项
仅限重复
重复次数 5
合并米数 30
连续
单E
选值范围
水加2 水加3 水加4 水加≥.00
垂加2 垂加3 垂加4 垂加≥.00
或
类型:
速度 0 500 Km/h
比较(C)
打印设置
打印(P)
承钢所有线路15年12月1日到15年12月30日
各线路病害比较图
张滦线上行 172 张滦线下行 167
172
167
张滦线上行
张滦线下行

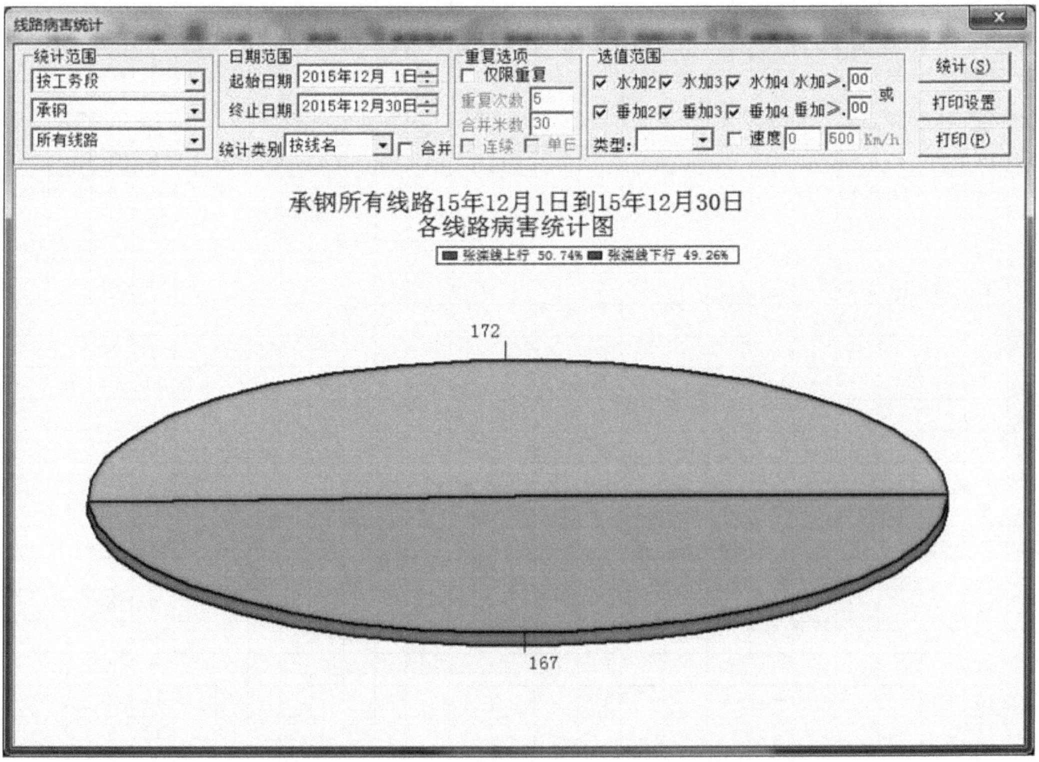
线路病害统计
统计范围
按工务段
承钢
所有线路
日期范围
起始日期 2015年12月 1日
终止日期 2015年12月30日
统计类别 按线名
合并
重复选项
仅限重复
重复次数 5
合并米数 30
连续
单E
选值范围
水加2 水加3 水加4 水加≥.00
垂加2 垂加3 垂加4 垂加≥.00
或
类型:
速度 0 500 Km/h
统计(S)
打印设置
打印(P)
承钢所有线路15年12月1日到15年12月30日
各线路病害统计图
张滦线上行 50.74% 张滦线下行 49.26%
172
167

图 3

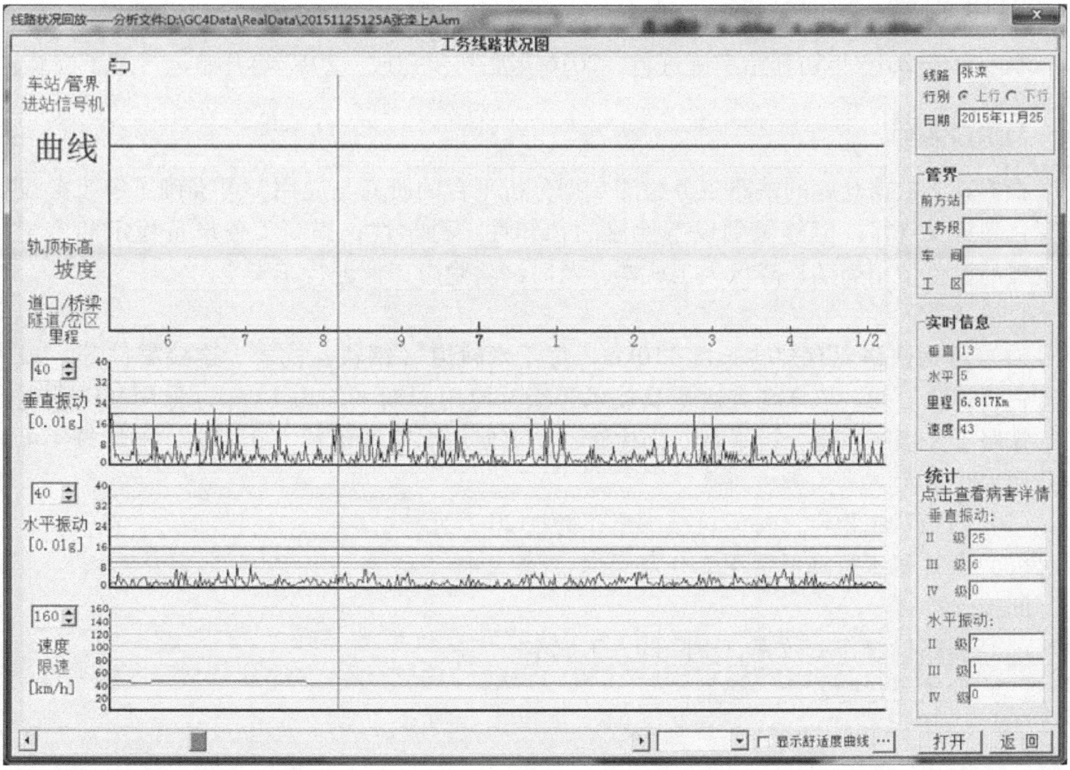

图 4

5.7 静态检测数据分析模块

按现行《维规》规定，每月至少对轨道进行两次人工检测，并且在每次维修之后均需要利用人工检测对轨道几何尺寸进行验收。静态检测是在尚未对轨道加荷载的情况下进行检测，因此某些轨道病害（如暗坑）检测不出来。对于静态检测数据的分析，基本思路与动态检测数据分析相同，均是从时间、空间的角度，从不同的使用层面，对各个检测项目分别进行分析。

对全线轨道静态检测数据进行综合分析，反映总体轨道质量状态，以数据报表形式为决策人员提供静态检测数据分析结果。主要从单点趋势、复合病害点、轨道状态、单次超限数据按单个指标分析、多次超限数据分析等角度分析。以人工轨道检测方式检测时，最终的检测记录是以静态检测记录簿的形式存放，系统将原始检测数据生成直线、曲线检测记录表，便于日常使用。

5.8 线路维修管理模块

线路维修管理模块实现对线路、道岔维修数据的采集、维护、统计查询、详细查询等功能。在这一模块中，通过 3 个层次对维修数据进行管理：一是维修计划，二是作业项目，三是维修作业详细信息，将维修作业管理细化到每一个轨道设备上（每一根钢轨、每一个轨枕、每一个螺栓等），并且自动更新设备库中的设备数据。

6　项目实施

本项目于2016年初开始实施进行，2016年底初步完成，2017年开始运行用于检修。

7　经济效益

根据基于数据仓库的铁路工务检测数据分析平台的研究与应用，可准确了解工务设备的变化趋势及规律，能够做到设备检修的预知性、科学性；提高工务设备稳定和质量均衡；提高设备使用周期；降低人工成本；及时消除隐患，保证行车安全。

直接效益：

（1）承钢铁路现有铺轨长度110km，每千米轨道（钢轨、枕木、连接零件等）成本保守估算108万元，依据现有运量及技术等级，使用周期平均为15年，采用基于数据仓库的铁路工务检测数据分析平台安排检修，轨道使用周期可延长1/3以上，平均每年可减少费用190万元。

（2）轨道状态稳定，每年可减少机车磨损20万元。

（3）合计每年可降低费用210万元。

间接效益：

（1）提高检修作业效率，可降低人工成本。

（2）保铁路运输安全、畅通。

柳钢道口远程集中控制系统适用型方案的设计与应用

（铁路运输公司，钟晓波）

摘　要：随着逐年升高的人工成本，传统的单个道口管控模式已经不适应企业发展要求。道口远程集中控制系统的建设可以大幅提高道口的生产效率和降低人工成本，可以为企业带来很客观的经济效益，因此设计了一套既实惠又实用并且能够确保铁路道口安全的、适用柳钢道口的集中控制系统方案并具体应用于实践中。

关键词：道口；远程；集中控制；系统；设计

1　背景

截至2017年9月，柳钢厂内铁路道口一共有89个，其中有人看守的30个，无人看守的59个。2015年和2017年由外方采用PLC系统设计施工建设完成两处道口集控，但其建设成本较高，每处平均30多万元。为实现优质增效和深挖潜能降低生产成本的目的，设计一套既实惠又实用并且能够确保铁路道口安全的、适用柳钢的道口集中控制系统方案并推广已势在必行。

2　方案分析与讨论

一共提出三套控制方案，并就各方案的优缺点及现场控制实际需求进行综合分析。

2.1　参考外方控制方案

目前罐一集控道口与大轧集控道口均采用PLC工业控制系统组合实现道口栏木及音响报警设备的远程控制与采集功能，组成系统的优点是：（1）采用环网模式，实现网络冗余。（2）各子系统相对独立，增加人机界面后可以实现单独运行。（3）容易拓展，便于后期进一步扩大集控范围。缺点是：（1）鉴于栏木的控制方式及要求，人机界面操作不利于栏木设备操作，造成设备浪费。（2）设备投入数量多，建设成本高。（3）系统程序运行维护要求高。

2.2　电缆控制方案

该方案实际是通过在2个或3个需要集控的道口中间敷设PTY23信号电缆，用信号电缆直接控制目标设备动作。目前厂内冷五集控冷一、二道口和3号炉集控150t大转道口就采用该种方案，实际使用效果良好。优点是：（1）控制方式简单、直观，易于实现且故障处理方便。（2）材料不需重新采购，可以利库。缺点是：（1）大规格的信号电缆在各道口间敷设难度高、工程量大。（2）电缆的实际控制距离受限，超过800m时线路损耗大。

2.3 网络开关控制方案

该方案思路来自小米智能网络控制开关的应用。运用一种可以通过网络进行远程控制的具有开关量输入和输出的设备，必须达到的基本功能要求：（1）可通过网络连接控制。（2）集控一方用开关量输入控制被集控一方的开关量输出。（3）输入输出端口都在16路及以上。（4）便于进行后期拓展。（5）无需编程。

几经讨论综合考虑后，从设备投入和设备功能效果对比上，第三个方案的主控设备投入约为第一方案PLC系统的1/10，且在远距离信号传输上突破第二方案的800m距离限制，并降低电缆投入与施工费用。因此，第三个方案相对另外两个方案更优，也是符合当前要求的。根据功能要求，最后选定设备为JY-DAM1624采集控制板。该设备具备RJ45网线通信接口、24路开关量输入、16路开关量输出、10A/250VAC接点容量、0~30V DC较宽的工作电源范围。

3 系统结构框图及配线图设计

3.1 结构框图

根据铁路运输公司生产需求，决定此次具体应用设计实施的地点是轧四道口和转炉道口，轧四道口为本地集控，转炉道口为远程集控。本着适用轧四道口和转炉道口的原则，同时也根据道口工的实际应用需求调查结果，形成了一个全新的远程集中控制系统结构框图。如图1所示。

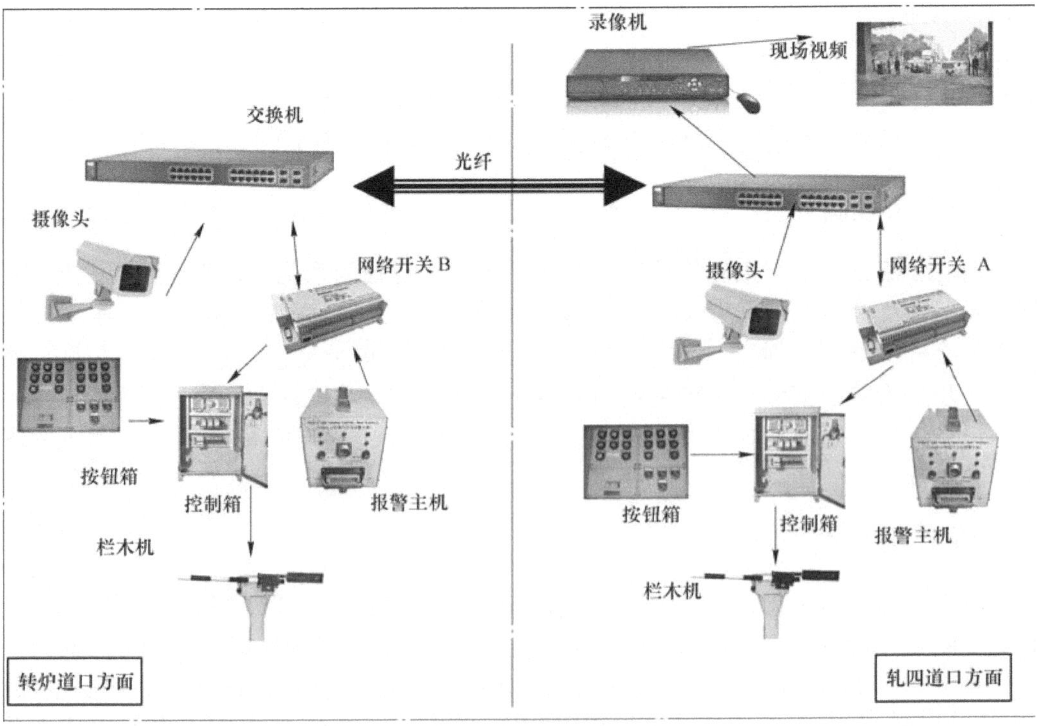

图1 远程集中控制系统结构

3.2 配线图设计

3.2.1 控制按钮台

按照基本功能需求及简约、易用的原则设计控制按钮台，摒弃了外方按钮台的拥挤和复杂，对一些停止按钮、本地/远程按钮进行优化或剔除。遵循节约成本的设计理念，除箱体制作外，按钮箱内的按钮安装和配线全部自己设计自己施工。

3.2.2 系统链接

系统中各设备的链接有两个关键部分：一是报警主机输入和输出与网络开关间的链接；二是不同栏木设备与控制箱的链接。需要解决的问题是将主机的电位输出转换为开关量输出，考虑如何处理低压低流信号的转换；对不同栏木机的八线控制和五线控制模式的兼容改造，既要保持原有本地控制的正常使用，又要保证远程控制的稳定性、可靠性。改造前对各道口的设备及控制方式和配线进行彻底摸排，图纸几经修改最终成型。

3.2.3 网络开关

JY-DAM1624 型控制采集模板属于智能可编辑型，即 IP 地址可自定义，网络端口输入输出时效或开闭状态类型可自定义，自锁和非自锁功能自定义等。在试验初期，就出现了由于原出厂设置的 IP 地址与交换机地址不在同一个网段而无法通信；输入和输出为自锁联动；输出开关量一经启动则自锁在闭合状态，不适用于栏木的升降点动控制等问题。通过对采集模板进行在线修改相应参数和添加相应辅助继电器，最终解决了难题。

4 应用效果

轧四道口集控转炉道口改造建设工程于 2017 年 9 月 6 日正式竣工并顺利通过相关技术部门、安全部门、行车部门的专业验收，当日移交工务段试运行。本处集控道口已经实现了全道口多方位视频实时监控、栏木装置远程关闭和开放控制、道口报警系统远程复示和远程控制、网络和系统运行状态的不间断监控并故障报警，满足了道口设备安装装置及道口看守管理的技术要求。通过试运行阶段的运用情况反馈，各设备运行情况良好。计划经过一段时间的试运行后再进一步优化，分别增加远程喊话、现场音频回传、机车防护灯、远程/本地切换等功能。

5 结语

简单而有效并适用于柳钢厂内道口的道口集中远程控制方式的设计及具体实施应用，为铁路运输公司在今后的集控道口建设方面提供了可靠依据和丰富经验。同时也实现了优质增效，降本增效的目标。根据对整个施工过程的投入与产出计算，除开人工成本及利旧的设备外，总造价约为 3 万元，仅是外方建设成本的 1/10。

320t 鱼雷罐耳轴润滑不良的原因分析与探讨

（太钢物流中心，王选平）

摘　要：针对 320t 鱼雷罐在运用中出现的耳轴润滑不良，分析了润滑不良产生的原因、影响因素，提出了解决措施，这些措施有助于减少耳轴、轴瓦的非正常磨损，减少鱼雷罐的非正常检修。

关键词：鱼雷罐；耳轴；润滑；磨损

1　引言

鱼雷型混铁车是炼铁与炼钢系统的重要物流运输工具，鱼雷型混铁车的正常运行对于保证炼铁、炼钢的正常运转具有极其重要的意义。主副轴承润滑是鱼雷型混铁车的关键传动部位，其状态的好坏直接关系到鱼雷型混铁车的运行安全与运行效率。国内同行业对鱼雷型混铁车的润滑系统均极为重视。因润滑系统不正常曾经造成鱼雷型混铁车频繁回库检修，引发混铁车现场运行数量紧张；润滑系统不正常会造成混铁车耳轴拉伤或磨损严重，可能导致车辆在运用过程中不能正常倾翻铁水，影响正常的炼铁、炼钢生产。鱼雷罐耳轴的润滑方式是在库内检修时分解润滑、鱼雷罐倾翻铁水时外接油泵倒罐站润滑。

2　问题的提出

鱼雷型混铁车经过多年的运用实践，发现其润滑系统在其原始结构设计中存在的不完善之处逐步表现出来，主要问题有：

（1）油膜形成不完全，轴承承载不均匀。润滑系统仅能在轴承表面形成段状表面油膜，在整个轴承表面形成局部承载油膜，使混铁车在铁水倾翻过程阻力增大，造成耳轴局部磨损。润滑不畅，高温作业形成局部结碳，如图 1 和图 2 所示。

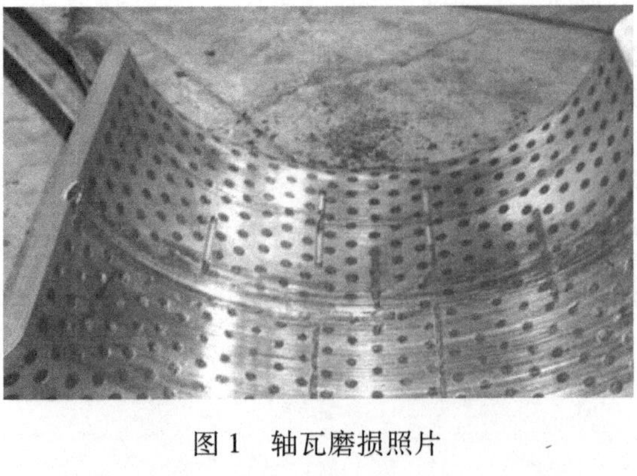

图 1　轴瓦磨损照片

图 2　检修耳轴打磨照片

（2）耳轴回库检修频繁：因润滑不良造成耳轴频繁回库检修。

（3）加油脂润滑时间长：耳轴轴瓦在倒罐站进行外接油泵润滑加脂，每周润滑一次，每次加油规定 10min，实际加油时间为 17. 8min。

3　原因分析

组织相关技术人员对造成鱼雷罐耳轴润滑不良的原因进行分析，主要有以下几个方面：

（1）耳轴与轴瓦顶间隙配合偏小，配合不良。

（2）耳轴与轴瓦径向间隙过小，鱼雷罐倾翻铁水旋转时造成卡阻现象。

（3）鱼雷罐耳轴轴瓦润滑油路分布单一，在高温下造成润滑油路堵塞；内部油槽分布为直线型，润滑加油时润滑油为线段分布而非面状分布。

（4）加油方式不合理，造成局部润滑。

4　改进方案

根据以上分析对鱼雷罐的耳轴及润滑系统进行了技术改造。

（1）耳轴与轴瓦盖顶间隙的改进：

1）耳轴与轴瓦盖顶间隙现状调查。改进前，采用压铅法对部分鱼雷罐耳轴轴瓦盖与耳轴顶间隙进行测量：主动端顶间隙平均值 2. 88mm，从动端顶间隙平均值 2. 86mm；18 辆鱼雷罐轴承盖故障 6 处；鱼雷罐运用 35 天。

2）顶间隙方案讨论。经过技术人员讨论一致认为不足 3mm 的顶间隙无法满足线路接缝、坡道等因素的影响，如继续使用将造成 18 辆鱼雷罐集中故障。建议顶间隙留 6mm 以上比较妥当。

3）改进方案。根据现场实际利用立式车床耳轴上瓦盖进行加工，半径增大 3mm，确保耳轴与轴瓦间隙大于等于 6mm。

（2）径向间隙的改进：

1）径向间隙的现状调查。320t 鱼雷罐耳轴轴承径向间隙为主动端平均值为 1. 14mm，从动端平均值为 1. 18mm。鱼雷罐运用 35d，鱼雷罐耳轴根部缺陷平均有 4. 8 处；径向间隙过小是造成鱼雷罐耳轴根部故障的原因。

2）方案论证。经技术人员讨论一致认为不足1mm的径向隙如继续使用将造成鱼雷罐耳轴磨损。结合10号、14号的径向间隙2~4mm鱼雷罐耳轴根部无拉伤痕迹，而这两辆鱼雷罐运输罐次分别为128次、146次，其他鱼雷罐均小于80次，建议径向隙留2~4mm以上比较妥当。

3）径向间隙方案改进实施。先对轴瓦表面清洗，然后修整耳轴根部圆弧，使用135mm外圆弧样板测量，同时在轴瓦内侧上部达3×45°倒角，修平自润滑面，对耳轴轴瓦的圆弧半径进行加工，然后用圆弧样板测量。测量径向间隙符合2~4mm。

（3）耳轴润滑油路的改进：

1）改进前的现状调查。原320t鱼雷罐轴瓦外形尺寸775mm×700mm，轴瓦直径755mm。轴瓦内设油槽7条，尺寸为150×10×5，在轴瓦下表面分布7段。呈线段分布。当外接加油时，鱼雷罐耳轴表面7段油柱，当鱼雷罐倾翻铁水时，在耳轴表面形成段状油膜，使得耳轴承载时只能依靠局部油膜承载，后果是易造成耳轴局部拉伤。

2）改进设计。将耳轴的7个段状润滑油槽改进为循环网格式润滑油路；加油方式变更为单点式外接加油泵润滑。在原有润滑油路的基础上将7段线段式油槽联通，形成循环网格式润滑油路分布。当鱼雷罐倾翻铁水时，通过外接油泵给油润滑时，能在耳轴表面形成整体油膜；整体油膜承载能避免耳轴拉伤。

3）循环式耳轴润滑的改进对比试验。先将8号鱼雷罐作为试验模型进行循环网格油槽改造，回库检修时与未改造的4号进行润滑对比，网格循环式润滑综合效果明显效果。对8号鱼雷罐进行持续3个月的跟踪，每周一次，共计跟踪12次，点检无异常，倾翻平稳、无异音，回库检查油膜均匀一致。后期陆续完成其余鱼雷罐网格循环式油路的改造后，显著缩短鱼雷罐耳轴的润滑时间，改善润滑品质（表1）。

表1

实验项目	车号		备　注
	4号线段式油路	8号网格式油路	
给油时间/min	15	10	轴瓦侧面溢出润滑脂为准
给油面积/%	90	50	耳轴旋转至上部测量耳轴上的油脂
油管安装时间/min	16	4	安装处不漏油
油管安装数量	4	1	4号外接油管安装在轴承座上； 8号外接油管安装在分配器上
启动电流/A	32	30	小于40
工作电流/A	不稳定	稳定	16~25

（4）单点式加油润滑的改进：

1）改进前的现状。加油方式为通过轴承底座的加油孔进行。润滑一端需安装油管4根，职工需登上轴承台架，操作安全性差；频繁拆卸易损坏轴承底座螺纹。

2）方案设计及改进。外接分配器集中润滑。

3）改造实施。利用回库检修时间按照上述方案陆续对鱼雷罐润滑系统进行改造，将鱼雷罐轴承底座使用管件、快速接头连接至轴承台架两端。倒罐站润滑时外接油管直接与快速接头连接，润滑油脂直接进入耳轴轴瓦，形成全面润滑。

5 实施效果跟踪验证

（1）顶间隙、径向间隙改进后对鱼雷罐耳轴根部及轴瓦拉伤情况进行跟踪检查，抽查18 辆车没有发现耳轴根部及轴瓦拉伤情况，改进效果明显。

（2）鱼雷罐检修润滑时间。跟踪统计 34 次加油作业，平均时间 7.6min，较改进前 16.8min 缩短 55%，改进效果明显。

（3）安全性及效率。加油方式通过轴承底座的加油孔实现了鱼雷罐现场单点式润滑。提高了职工操作的安全性，减少了轴承底座螺纹损坏。

6 结论

根据我公司对混铁车检修率的规定，大修以按计划修为依据，临修和事故修是以状态为依据，在目前的检修形式和体制下，两种检修模式都有存在的必要，而且临修和事故修有时还要重于计划性检修，而此次技术改进无疑很大程度减少了状态修的比重，降低了检修率，提高了经济效益。

通过对 320t 混铁车耳轴润滑进行改进，实际应用到生产中，经过跟踪、检查、记录，没有发生燃轴事故，生产过程故障减少，提高了运用安全系数，鱼雷罐运用管理技术取得较大的进步。

鱼雷罐车罐体耳轴润滑是鱼雷罐车维护保养的关键环节，循环网格式润滑，合理的耳轴顶间隙、径向间隙及现场润滑对于提高鱼雷罐的使用寿命，降低鱼雷罐的故障具有积极的推广意义。

管 理 类

构建铁路集装箱焦炭循环专列之全新供应链模式

（马钢股份铁运公司，郭静、陆智刚）

摘　要：以新发展理念为指引，马钢焦炭供应积极寻求内外部相关单位与部门的多方合作，充分开展前期调研，创新设计理念，不断进行试验摸索，通过全新的合作方式、运行组织和装卸配合，构建了全新的“淮北临涣焦化至马鞍山马钢的定制焦集装箱铁路循环专列”供应链模式，实现了“均衡稳定、效率提升、绿色环保、经济运行”的目标，取得了明显的经济效益和社会效益，探索出一条更高质量、更有效率、更可持续的发展之路。

关键词：新发展理念；集装箱铁路循环专列；全新供应链模式

1　供应链构建背景

2014 年年底，马钢按照国家环保政策要求，启动合钢搬迁工作，将产能置换至马钢本部，在马鞍山新建一座 3200m³ 高炉。主体项目确定下来后，随之而来配套的每年 90 万吨以上的焦炭来源需要确定。如新建焦炉，一次性投资较大，且新焦炉总图布置方案会对马钢内外部物流产生极大影响。此外，马钢地处沿江，不符合国家长江保护环保政策要求。经过对外部焦炭企业生产能力、物流保障条件等情况的充分调研分析，马钢公司最终确定，与淮北矿业临涣焦化合作，由临涣焦化为马钢生产的定制焦炭供应新建 3200m³ 高炉。外部焦炭保供与合作供方企业确定后，作为衔接外部供方企业与马钢之间的供应链，还有以下问题需要解决：

（1）临涣定制的干熄焦，因生产工艺和供货质量要求，水分含量很低，装卸、运输途中不能进水受潮，且要尽量减少货损；

（2）需要解决运输和装卸车过程中的扬尘污染和抛洒等环保问题；

（3）高炉生产要求每天不少于 2500t 的焦炭使用量，不仅要安全、高效的装卸及运输，还要做到运输组织的均衡与稳定。

因此，如何构建“均衡稳定、效率提升、绿色环保、经济运行”的供应链，从而有效支撑企业的生产经营，成为亟待解决的问题。

2　理念引领，围绕目标构建创新之路

2.1　组织前期调研，明确设计方向

目标明确后，马钢铁运公司作为牵头单位，与上海局联系，了解国内散装物料的最新

运输信息，围绕以下两种既有模式开展了前期调研工作：

（1）传统的散装物料铁路敞车与机械、人工卸车相结合模式。此种模式效率低下、货损较高，运输和装卸车过程中扬尘污染均较为严重，且路局敞车运输组织过程中的均衡性也难以保障；另外还须采用敞车加篷布的方案，更影响运输效率和效益问题（图1）。

（2）散货集装箱铁路与汽车转运相结合模式。实地考察了海螺水泥熟料、昆钢焦炭集装箱公铁联运案例，虽然一定程度解决了环保问题，但仍存在运输效率不高和二次转运带来的物流成本上升问题，加上马钢内部场地限制，集装箱中转只能利用社会资源（图2）。

通过前期调研，我们认为，铁路运输作为“绿色交通”在能源消耗、环境污染等多方面具有独特的比较优势，应该将通过集装箱固定车底循环运输，实现铁路“装、运、卸”全流程供应链作为后续工作方向。

图1

图2

2.2 确立创新目标，组织试验论证

基于马钢公司与上海铁路局的战略合作关系，双方就项目创新思路和目标进行交流与明确后，铁运公司牵头马钢内部相关单位，与上海铁路局相关部门、八达物流、集装箱生产企业、设计单位、临涣焦化合作，达成一致意见：采用篷布苫盖的集装箱装运焦炭，解决干熄焦的防水和运输过程中产生的扬尘、抛洒问题；设计专用配套装、卸车设施，并解决除尘、减少货损问题；优化作业模式，实现集装箱铁路、皮带联运的无缝对接，减少中转，降低成本，提升效率。

随后，开展了专用集装箱的设计工作，并于2015年底先后两次在临焕焦化和马钢间组织进行了样箱装车、卸车试验，并最终确定了相关标准。与此同时，与设计单位确定了专用卸车平台、装车线平焦器和作业平台等相关配套改造方案，为铁路全流程供应链的形成打下硬件基础。此外，在装卸、仓储过程中都设计安装高效除尘设备，基本实现供应链的全程零排放，进而构建起全新的焦炭供应链，确保“均衡稳定、效率提升、绿色环保、经济运行”的目标实现。

2.3 不断优化完善，提升供应链效能

（1）2016 年 5 月，箱体制作和各项配套建设等工作逐步完成，进行了接卸整列集装箱焦炭的试运行。由于集装箱焦炭装、运、卸一体化铁路运输为国内首创，无任何经验可循，为此铁运公司通过与八达物流、南通箱厂、临涣焦化的相互配合支持，在各方的共同努力下，经过试验运行论证、各类问题整改等工作，于 2016 年 8 月中旬完成了 21 列的整列试运行工作。

（2）在试运行之后，又针对运行中所暴露出来的新问题，先后进行了卸车平台、集装箱部分结构改进，篷布方案优化以及相关运行方案、管理制度的制定与完善等工作，运输量也从投产初期的每月不到 8 万吨，提升至目前月 10 万吨以上，大大超过了设计运输能力（图 3）。

图 3

3 协调发展，实现多方共赢，满足高炉保供要求

全新“淮北临涣焦化至马鞍山马钢公司的定制焦集装箱铁路循环专列”这一供应链的构建，虽然是马钢牵头，但能获得成功，与上海铁路局、八达物流、临涣焦化等多家单位的通力合作、共同推进、实现共赢是分不开的。

3.1 统一协调，稳步推进

项目立项初期，马钢公司便与上海铁路局签订了《干熄焦物流项目合作框架协议》，随即不久，上海路局领导亲赴马钢，与马钢相关单位、八达物流、临涣焦化、中冶华天设计院、南通箱厂召开专题会议，成立集装箱技术小组和运行小组，讨论集装箱焦炭运输方案，并要求路方相关单位全力支持马钢推进该项目。八达物流作为承运方，与马钢一起做好焦炭集装箱式样确定、装卸作业方式和运行方案的设计工作，并积极投资箱体制作，为后续项目的推进和实现打下了基础。在试验和试运行期间，上海局领导带队，多次到马钢公司、临涣焦化进行调研、指导，各相关单位均严格按照节点要求完成自己的工作任务，协调项目推进，为项目建设顺利完成、投入正式运行创造条件。

3.2 通力合作，不断优化

为确保项目建成后运行的稳定、目标的达成，项目正式运行前，马钢公司、淮北矿业、八达物流签订了《马钢集团、淮北矿业、八达物流三方定制焦工序及物流保障长期合作协议》。由八达物流承担“保姆式”物流服务支撑，上海铁路局调度所制定马钢—临涣集装箱焦炭专列整列循环运行的运输方案，对循环列从“淮北临涣装车、青町站发车、在途运行，马鞍山站到达、马钢厂内卸车，之后排空”这一全周转过程进行分解，三家各自负责本区域的作业过程。供应链三方物流管控流程图如图 4 所示。

其中，马钢铁运公司负责制定马钢厂内集装箱焦炭专项运输方案、作业流程图，并实施。马钢厂内作业流程分解图如图 5 所示。

项目正式运行后，上海局和马钢公司相关领导还多次针对运行过程中存在的问题，在马钢铁运公司和临涣焦化召开专题会，协调各方，完善措施，优化方案，有力支撑了该供应链安全、高效、稳定的运行。随着项目稳定运行的效果良好，在正式运行一年多后，即 2017 年 11 月，从之前“4 列在线、3 天 4 列”的周转循环模式，增加为“5 列在线、2 天 3 列”，运输量进一步得到提升。

3.3 共享成果，实现共赢

通过“淮北临涣焦化至马鞍山马钢公司的定制焦集装箱铁路循环专列”这一供应链的成功构建，路企各方均取得了较好的经济效益和社会效益。

经济效益方面，临涣焦化方面，稳定的销售物流通道，更加深化了其与马钢的供需联盟合作；马钢公司方面，新的卸车方式基本消灭了内部卸车、倒运造成的货损，减少了人员、装卸、运输费用，稳定均衡到货，还有助于低库存运行，减少资金占用，年降低物流成本 1500 万元；铁路方面，不仅能为铁路带来稳定的货源和运输收入，该供应链模式还作为全新的经济增长点，在铁路系统进行推广；八达物流作为第三方物流企业，积极发挥

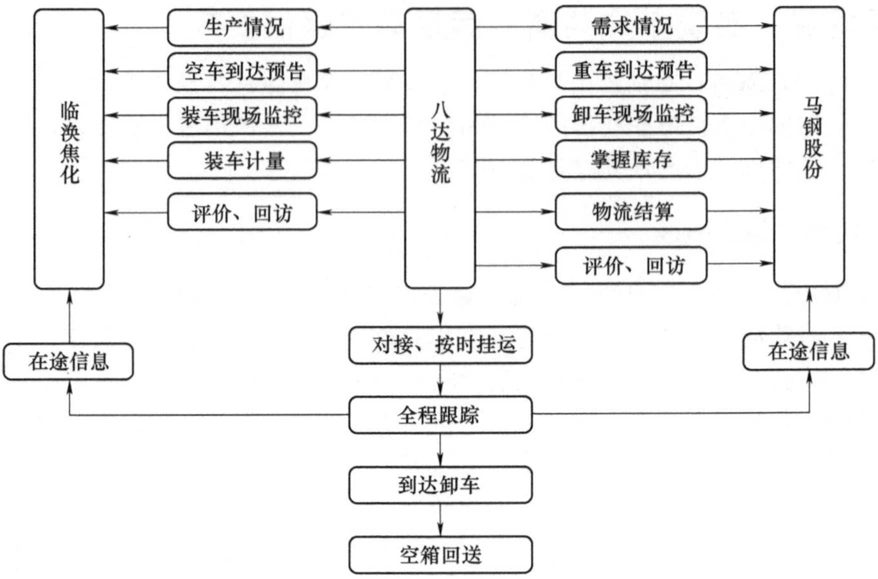

图 4

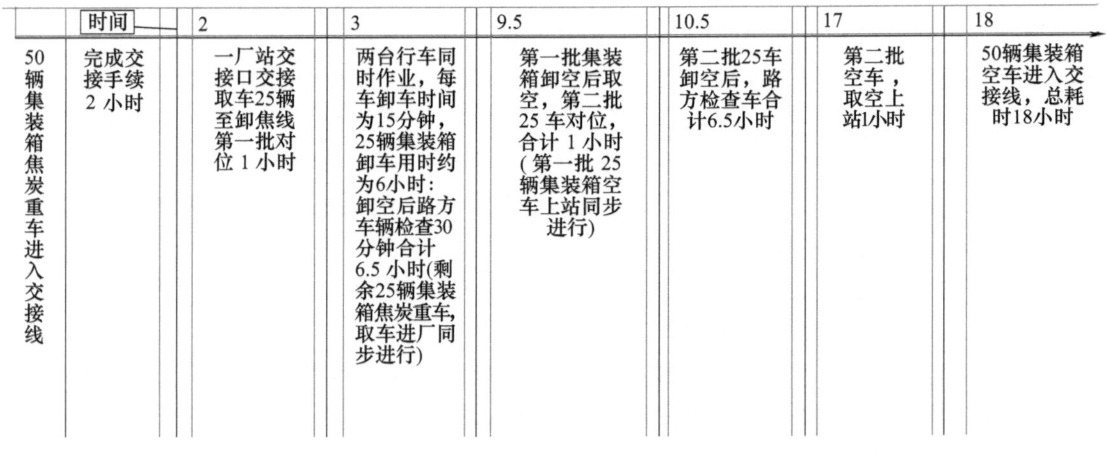

图 5

其资源优势，从方案设计到现场实验，从前期准备到日常运行，全程提供物流服务支撑，形成以供应链部总体协调为主、客户服务部现场组织为辅的服务模式，实现供应链源头、节点和终点全程贴近式服务和人机全程控制，集装箱焦炭供应链项目已成为其三大支柱产业之一。

社会效益方面，除了实现了全程环保绿色供应链模式外，项目实现参与各方互利共赢，在经营理念、运作模式、管理方式、技术应用等方面通用性较强，开辟了一条新的铁路集装箱散装物料运输模式，符合现代物流发展趋势和方向。项目完成后，不仅在马钢集团和上海局先后获得管理创新奖项荣誉；项目中初次设计和使用的铁路集装箱卸车平台、32t 散装物料铁路运输特种箱均成功申报了国家发明和实用专利；围绕马钢内部的作业过程优化的 QC 成果，也在安徽省优秀 QC 小组成果发布会上获奖。

总之，在新发展理念的指引下，马钢铁运公司等路企各方明确思路、目标一致、通力合作，成功构建了全新供应链模式，并完全实现了“均衡稳定、效率提升、绿色环保、经济运行”的预期目标。

4 全新供应链模式的后续思考

供应链成功构建后，得到路企各方的重视，均从实践新发展理念的角度出发，总结经验，思考后续的发展推广。2017 年 6 月，上海局与马钢在杭州联合召开了焦炭集装化运输路企合作推进会，为管内其他相关企业介绍了项目合作经验。2018 年 4~11 月，上海市交通运输行业协会多式联运分会、上海海事大学根据该项目对《定制焦供应链管理与实施》作为科研课题进行立项、调研并顺利完成课题评审；同时，还以此作为集装箱散装物料运输的经典样板案例，在中国铁路总公司层面推荐。

作为牵头单位，铁运公司将“铁路集装箱全流程供应链”作为后续适应发展的新方向，一方面，在马钢公司内部自产焦南北区铁路调运模式上进行推广，以实现绿色环保运行；另一方面，积极探索另一散装物料——含铁原料的铁路集装箱供应链模式。我们相信，随着国家环保政策的要求和马钢内部环保改造工作的陆续推进，在“临涣焦化至马钢公司的定制焦集装箱铁路循环专列”这一全新供应链模式的基础上，必将实现更高质量、更有效率、更可持续的发展之路。

国家运输结构调整对公司铁路物流影响及应对策略实践与探索

（山钢股份莱芜分公司运输部，韩树森、李元秀、赵士链）

摘　要：为打赢蓝天保卫战，党中央、国务院分别对调整运输结构作出重要部署，国务院办公厅印发了《推进运输结构调整三年行动计划》，"公转铁"行动紧锣密鼓开展，作为调整规划中的山钢股份莱芜铁路运输分公司，超前谋划，提前研判，分析自己能力，积极采取管理及技术措施，在取得阶段性胜利基础上，积极探索近期应对策略。

关键词：运输结构调整；"公转铁"；物流影响；实践与探索

在 2017 年 12 月的中央经济工作会议和 2018 年 4 月的中央财经委员会第一次会议上，党中央、国务院分别对调整运输结构作出重要部署。2018 年 9 月，国务院办公厅印发了《推进运输结构调整三年行动计划（2018—2020 年）》，计划目标为：到 2020 年，全国铁路货运量与 2017 年相比增加 11 亿吨、增长 30%，其中京津冀及周边地区增长 40%，重点区域范围为包括山东在内的 8 个省市。同时提出了包括提升铁路运输能力、加快铁路专用线建设、优化铁路运输组织模式和提升铁路货运服务水平等四项行动纲领。政策的出台，对钢铁企业物流乃至生产经营将产生不同程度的影响。大家知道，物流号称企业的第三利润源，钢铁企业外部物流量为产能的 3 倍以上，如何适应、如何应对，成为摆在我们面前迫在眉睫的问题。下面结合山钢股份莱芜铁路运输分公司（以下简称莱钢）实际，浅谈一下 2018 年以来的实践和对未来的展望，不当之处，敬请斧正。

1　运输结构调整政策出台背景回顾

在 2018 年 4 月 2 日中央财经委员会第一次会议上，习近平总书记强调，要调整运输结构，减少公路运输量，增加铁路运输量。在 2018 年 6 月 27 日国务院第 14 次常务会议上，李克强总理指出，要采取综合举措，提高大宗货物和长距离运输的铁路货运比例。2018 年全国环境保护工作会议提出，要推动大宗物流由公路运输转向铁路运输，在打赢蓝天保卫战上取得突破性新进展。生态环境部下发了《钢铁企业超低排放改造工作方案（征求意见稿）》，《方案》要求钢铁企业主要生产物料和产品通过铁路等清洁运输比例要达到 80%以上。《推进运输结构调整三年行动计划（2018—2020 年）》要求，到 2020 年全国大宗货物年货运量 150 万吨以上的大型工矿企业和新建物流园区，铁路专用线接入比例达到 80%以上。莱钢所处的山东省以及济南市也相继出台了推进运输结构调整工作实施方案。可以看出，党中央、国务院高度重视运输结构调整工作，各地政府、各部门迅速行动，积极落实以习近平同志为核心的党中央作出的重大决策部署，这既是打好污染防治攻坚战、打赢蓝天保卫战的重要举措，也是加快推进现代综合交通运输体系、实现交通强国建设的必然要求，像我们在座的绝大多数同仁所在的企业，都拥有自己的专用铁路，下一步铁路（或铁路加水路）运输比例达到80%以上，既是刚性目标，更是政治任务。

国家运输结构调整重点是减少公路运输、增加铁路运量，所以也称“公转铁”，新政的实施将对企业生产工艺布局带来冲击，厂内多年形成的固定物流基础设施布局以及物料调配运输方式需要全部进行调整，企业仓储和接卸能力、铁路局的运力、运能能否满足企业日常物料运输需求，企业需增加多少库存量用以缓冲等，都需要重新进行分析、评估。

2 莱钢铁路运输增量及能力现状分析

（1）莱钢铁路运输现状分析。2018年，公司全年产铁1193.9万吨，矿、煤、焦等原燃料总需要量2949.6万吨，其中铁路到达1880.4万吨，占63.8%；公司钢材产量1148.6万吨，其中铁路外发钢材150.6万吨，仅占13.1%；水渣基本自用，铁路外发维持在30万吨左右。到2020年，莱钢产能全部释放，年产生铁将达1290万吨，原燃料总需要量为3187万吨，按照铁路运输最少80%比例，到达总计应为2549.6万吨，比2018年至少增加669.2万吨。按照公司产品销售半径及国家路网建设，估计铁路外发产品为510.5万吨，其他将采用新能源汽车运输。所以在产能维持不变的前提下，公司到发增量将达669.2+510.5=1179.7万吨，占全国铁路货运量增量11亿吨的1%，单个企业增量超千万吨可能寥寥无几。

（2）对铁路接发能力进行分析。莱钢老区编组站设计于1970年，是以年产200万吨铁的规模设计的铁路站场，后虽经过几次改造、扩建，但西咽喉现有利用率达80.3%，接发能力已达饱和状态，新区调车场到发线数量少，平行进路少，到发、解编、取送共用一条线，实际上是属于区间调车模式，咽喉利用率达83.8%，也达到了饱和状态。

（3）对现有机车动力进行分析。接轨站到达公司厂内铁路线路最大坡度为12‰，长度为2600m，且还有一段半径为300m曲线伴随其中，综合折算坡度为14‰。目前国铁列车牵引重量定轴5500t，正试运行定轴6000t，而公司最大功率机车DF_{4DD}双机牵引重量只有4640t，整列挂回厂内需要三台机车重联，极易造成厂内站场和接轨站拥堵，由于保有量太大、停时较长，经常出现限装，影响产品外发。

（4）对卸车能力分析。2018年，我们对新区三台翻车机翻卸能力进行压力测试，日最大翻车460辆（正常值在400左右），即便按最大翻卸量也不能满足将来不低于80%的到达量。老区面临新旧动能转化，现有4台翻车机将全部面临淘汰，需重新选址，重新改造。莱钢地处北方，冬季货物冻结，卸车更加困难，经常出现压车现象，路局领导经常莅临现场，敦促卸车。

（5）对装车能力情况分析。莱钢地处山区，生产区域分散，轧材线多，装车线路短，装车货位少，货位对车及集结时间长，加上目前装车货位与汽车装车冲突，白天装汽车，晚上装火车的格局一直未打破，目前每天装车在100车就非常困难，超过100辆车计划，必须事先通知，提前预装，若要年外发510万吨，平均每天需外发装车214车，对于莱钢装车线能力来说，不是极具挑战，而是完全不能胜任。

3 针对“公转铁”采取的应对措施

2018年，我们以问题为导向，围绕应对和适应国家运输结构调整政策，积极开展工作，取得了一定的成效。

（1）优化运输组织，简化作业流程，提高运输效能。打破车务段段间作业界线，打破固有机车分工，实施调度统一指挥，积极开行直达列车，减少起停及等待时间，减少动能损失。变革了外发钢材空重车均在静态衡计量规定，除部分出口材外，其他采用空车不计量、重车在动态衡一次计量模式，提高过磅效率达 20 倍。积极配合铁路局现场物流流程写实和诊断，将生产单位装卸车班组交接班模式与运输部相统一，变“三八”制为铁路制式的“四班两运转”，减少了错时交接班前后等待时间和交接次数。同时，协调与接轨站的接发模式，变接轨站优先接路局列车为优先接厂内列车。开发运用网上签证系统，实施运输货票及翻卸车车数网上签证，优化签证流程，便捷了交流方式，减少了岗位定员，提高了作业效率。

（2）积极推进铁路设备适应性升级改造。对建厂初期铺设的、翻浆冒泥严重的路企区间线路（2600m）进行了彻底清筛，购买京沪线更换下来的再用轨进行无缝化线路改造，不仅消除了轨缝处低接头和翻浆冒泥等隐患，减少了线路维护量，而且避免了车轮与钢轨接头的撞击，减少了机车能耗 5%以上，牵引能力提高了 11%以上，同时降低了运行噪声污染，实现了企业铁路与国家铁路技术标准的无缝对接。为提高线路稳定性、延长使用寿命，对 17 组道岔进行砼枕、重轨化升级改造，对 8 处道口进行整体化升级改造，基本实现了“免维护”。对部分装车线延伸改造，增加了装车货位，提高了装车能力，减少了取送次数。顺利实施了特钢站站场微机联锁继电式向全电子模块化升级改造，开展了平面无线调车设备向数字化转换的试验。

（3）改变检修模式，提高检修效率和检修质量。针对岗位减少、人员老化等状况，引进济南路局工务机械段大型机械设备，对区间走行线进行破底清筛、捣固，对边坡进行修整，用铺轨机铺设长轨条，选择有资质的专业队伍焊接钢轨轨缝，完成了冶金企业首条无缝化线路改造。线路维修施工由人工改为机械作业，实现了效率更高、质量更好、造价更低的目标；对过轨机车大修全部外委修，中修机车部分部件也采用外委修；通过合同能源管理（EMC）模式，对铁路站场照明及区间照明全部实施 LED 改造，减少投资，节约能源，减少用工。

（4）持续加强管理创新和技术创新。全面完成管理、技术和操作岗竞争上岗工作，精简了机构设置，完善了职工职业发展通道。强化业绩管理，设立 52 项 KPI 指标，发现 18 个重点改善机会。积极开展内部市场化运营，将职工收入与工作量挂钩，真正实现多劳多得，职工工作主动性和积极性大幅提高。新铁区实现机车无替代加油，提高了机车运用效率；启动并推进精益 TnPM 体系建设，促进了设备管理水平提升；推行 DF 型机车专项整备保养，改善了机车保养和维修质量。推广应用电加热除雪道岔、曲线涂脂机、不锈钢车辆等新设备、技术应用，完成技术创新成果 81 项。2018 年到发货运量同比增加了 29 万吨，增幅 6.35%，劳动生产率同比提高 7.74%。

（5）开展大功率内燃机车的运用研究和试验。针对到发运量增加和线路坡度大等问题，研究论证适应机型，在济南铁路局的帮助下，利用济南机务段的 HX_{N3B} 机车、DF_{8B} 机车在路企之间的区间线路分别进行单机、双机 5500t 牵引试验，最终确定了 HX_{N3B} 机型，并于 2018 年 9 月订购了大连厂两台该型机车，预计 5 月初进厂，目前与之配套的水处理等设施基本完成，迈出了机车换代升级的新步伐。HX_{N3B} 机车投运后，可以实现一台机车从莱钢站整列、两台机车从颜庄站整列牵引进厂，提高运输效能 30%，为缓解运输动力压力奠定了基础。

4 应对运输结构调整，远期仍需采取的策略探讨

（1）优化站场布置，简化作业流程。创新运输组织的方式，实行到发线与翻车机重空车线一体化。借助莱钢产品升级改造之际，整合老区分散翻车机布置，新建4台双翻翻车机，其中2台翻车机场与到发场串联，形成两级两场；另2台翻车机场与到发场并联，形成一级两场，达到发调车场与翻卸场一体化设计，由接车、解体、送车、翻卸、取车、编组、发车分步实施，简化为接车、翻卸、发车连续进行，可实现压缩时间2.5h，效率可提高20%以上。

（2）增加专用铁道建设，开辟新的铁路装卸站场，实现运能分流和效益双赢。莱钢特钢50t电炉属于淘汰落后设备，拆除后，在该区域建一6~9条股道、2台双翻翻车机的卸车站，该站与济南铁路局颜庄站之间区间线路短（3000m）、坡度小（6‰），一台HXN_{3B}型机车就能满足从车站整列牵引进厂需求，可缓解机车紧张压力，同时能缓解新钢区站场能力不足矛盾。对新区双翻翻车机空重线路进行延长，提高一批翻卸货位数，拆除5股和6股的两台单翻翻车机，翻车机线路变为外发重车的检车线。莱钢与国铁有2个交接口，现在经常存在异站进出的现象，新区接发能力的增加可基本实现自到自发，大大减少异站进出的比例和路局车辆在厂内的运行距离，减少路局车运输与铁水等工艺运输的交叉干扰。

（3）继续购置大功率机车，进一步加快推进设备“四新四化”应用。机车要实现运、维、检目标一致，步调协同，形成层次分明的机车梯队，向接轨站取送车使用大功率机车，向装卸线取送车使用中等功率机车，运送铁水使用小功率机车。继续推广应用四化（线路无缝化、钢轨重型化、道岔砼枕化、道口整体化），继续对第二条路企区间5600m线路进行无缝化、重型化改造，对35组道岔进行砼枕化改造，对7处道口进行整体化改造，提高线路质量，最大限度减少维修量。

（4）推进铁路信息化与智能化融合，对物流系统进行升级改造，消除信息孤岛，建立完善的铁路运输业务一体化平台，覆盖全部铁路运输业务，从而实现调度集中管理，最终实现调度指挥智能化、作业生产集中化、管控结合无缝化。构建铁路局调度、运输部调度、装卸单位调度一体化办公的综合调度中心，实现沟通无障碍、信息零缺陷，使运输更加高效快捷。

（5）建立完善铁路智能运输系统，提高自动化水平。建立调车作业自动化信息网络，形成自动编制计划、自动排列信号、自动关闭道口、自动发送计划等一体化的新型铁路运输模式。加快铁水智能调送系统上线速度，减少与路局车交叉干扰。积极探索机车无人驾驶，调车无人跟乘等新作业模式，减少岗位定员，提高运输效率。

冶金铁路运输“三控”安全管理

（安阳钢铁股份有限公司，郜拥军）

摘　要：在铁路运输行业有这样一句话，“车轮一转，事故不断”。对铁路行车安全来说，安全500天、安全1000天是一个很高的目标，是一种难以实现的奢望。基于安钢运输部点多、线长、面广，单兵独岗的现状，铁路运输安全管理面临着极大挑战。

运输部始终坚持“眼里不能揉沙子，现场不能留隐患”的管理思想，全面总结多年来冶金铁路安全管理的实践经验，通过管理方面的创新和完善，创造性地提出建设“自控、联控、管控”的立体化安全管理体系，使安全管理逐步规范化、专业化、科学化。

通过将“三控”安全理念推广至运输部的每一个工种和岗位，职工的安全意识和安全素养均得到了显著提升，厂区铁路运输安全形势极大改观。截至2019年5月31日，运输部保持了安全行车7084天无责任人身伤害事故的安全成绩，为生产提供了可靠的安全保障，实现了安全生产长周期的良性循环。

关键词：三控；安全管理；冶金铁路运输；自控；联控；管控

1　“三控”的具体含义

1.1　“三控”各自的特点

“自控”为主动性的安全行为，是职工自我控制严格执行各项规章制度、不违章。“自控”对职工自身素质要求较高，要求每名职工都有很高的安全素质和很高的自我控制能力，即使素质较高。人都是有惰性和侥幸心理的，而安全管理工作的特点却容不得一丝疏忽，团队中某个人或某一个环节出现问题，就有可能发生不可控制的严重后果，这是我们无法承受的。就现状来讲，单靠职工“自控”进行安全管理工作很不现实。但在安全管理工作中，职工是安全主体，因此调动职工的积极性，变被动为主动，真正实现从“要我安全”到“我要安全”的巨大转变，“自控”是最关键也是最有生命力的一环，需要合适的制度和时间进行教育、引导、保障、激励。

“联控”为监督性被动安全行为，是在一个相对独立、完整的作业单元中，不同岗位、不同工种协同作业的所有作业人员在作业中互相提醒，互相控制不违章、不违纪。其难点在于需要团队中的每名职工都有很强的团队意识、大局精神和集体荣誉感。现实中因为团队中职工素质参差不齐、碍于人情世故等原因，单靠“联控”手段抓安全的效果往往也不是很理想，“联控”效果的保证必须有完善有力的制度支撑，以及其他安全管理方法的配合、协同。

“管控”为强制性安全行为，是各级管理人员根据各自分工和职责对各岗位人员遵章守纪情况、作业现场隐患情况进行全方位检查、督促、整改。“管控”手段是现在安全管理中广泛使用的方法，但也存在一定缺陷，比如自上而下检查、职工被动执行，易造成干群关系紧张，所以“管控”需要与“自控”“联控”共同发挥作用，才能保证其良好效果。

1.2 “三控”中三者之间的关系

在“三控”中，“管控”是不可或缺的基础，“自控”是努力方向，“联控”是连接“自控”与“管控”的纽带，通过提高班组、作业团队的自我管理能力，使职工有压力，班组长有压力，安全责任有了传递，把安全管理这条线连了起来，得到互相促进、共同提高的效果。“三控”中每一“控”都自成体系，各有制度手段支撑，即月月登高支撑“自控”，“调乘一体化”支撑“联控”，科级干部带队“5+2”，“白+黑”检查支撑“管控”。

但三者之间不是独立的，如果把“三控”看做是三者之间的一个简单组合，就失去了“三控”安全管理模式创建的意义。从“管控”到“联控”，从“联控”到“自控”，不是一步一步发展，一个一个上台阶，不是等“管控”效果好了再依次发展“联控”“自控”，而是“三控”中每个“控”都要齐头并进，螺旋提升、相辅相成、相得益彰。

2 “三控”管理的独特优势

2.1 职工认可

（1）职工对安全健康的意识的提高和对自身利益的强烈关注，促使职工对安全管理创新具有天然的亲近感，“三控”安全创新管理模式具有这一特质。

（2）“三控”创新模式是在原有成熟安全管理模式上的整合、精简、协同、升华，没有额外增加职工的负担，职工易于操作、容易接受。

（3）“三控”模式把职工个人的利益最大化，不仅能保证安全，对做得好的还能得到奖励，有利于团队安全管理水平和个体成员安全意识与技能的整体提升，达到鼓励先进、鞭策后进，整体提高的效果。

2.2 基层管理人员的高度认同

（1）“三控”创新管理模式在基层操作层面完整体现了“一岗双责、党政同责”，“主要领导亲自抓、主管领导重点抓、专业领导具体抓、职工安全自主抓”，“管业务必须管安全、管生产必须管安全”等安全体系、责任要求。

（2）“三控”安全创新管理模式把上级下达的各项安全管理制度、目标、理念、职责以及岗位实际因素等融会贯通到一起，使职工安全诉求、安全意愿得到了有机统一。

（3）“三控”管理创新模式调动了所有安全参与人的积极性，使管理者和岗位操作者的利益得到了共同体现，使有限的安全资源发挥了最大的效能。

3 “三控”安全创新管理模式的构建

“三控”安全创新管理模式的成功构建，是由运输部点多、线长、面广、分散的生产运行特点决定的。运输部现有 8 个作业车间：行车车间 3 个、行车设备维保车间 2 个、原料车间 3 个，分布在安钢厂区不同的区域，担负不同的职责。职责差异、作业性质、工种不同，具体的安全操作规章制度也不完全相同，而“三控”就是要把这诸多差异协同起来。

“管控”面对所有岗位，基础是各岗位安全技术规程、岗位职责等，然后从其中甄别出对安全管理影响最大的条款，作为检查、考核标准；“自控”的基础更广泛，岗位安全技术操作规程、岗位职责、作业指导书要求、劳动纪律等都包含在内，对职工的保护更全面，要求也更高。

“联控”是连接“管控”与“自控”的桥梁纽带，也是“三控”模式的关键环节，在运输部诸多生产区域、作业单元中，把哪里作为突破口就显得尤为重要。曾经的运输部是安钢事故的高发地、重灾区，事故带来的巨大危害让运输人痛定思痛，为遏止惨痛的事故，不断完善、修改安全技术规程，夯实安全管理基础，建立了多项行之有效的管理制度。尽管如此，各类违章现象还是屡见不鲜，始终成为悬在安全管理上的一把利剑，所以，选择在铁路行车车间重点开展“联控”管理是十分必要，也是符合实际的。

在“三控”管理开展的初期阶段，我们从铁路行车单位的“联控”入手，实施重点突破、以点带面。铁路行车是事故、违章的高发区，又是主要工序，3 个行车车间在原料到达卸车、仓储供料、铁水运输、轧材保产、产品外发等主要生产环节都有着不可替代的作用。而行车车间的工作主体，是以调车员、乘务员组成的“包乘组”贯穿其中，把各个环节联系起来，因此，以“调乘一体化”为核心的联控机制就呼之欲出、水到渠成了。“调乘一体化”即调车员、机车正副司机为一体，包含六部分内容：制度建设一体化、人员管理一体化、目标责任一体化、作业联控一体化、检查监督一体化、安全考核一体化。“调乘一体化”有两个“圈”：内圈由运输部乘务员、调车员、调度、信号员、道口工等单位组成，外圈牵涉到高炉、炼钢车间，到达卸车、外发等相关岗位。抓住“调乘一体化”这个关键，就能带动其他相对独立的作业单元。通过不断的总结经验与修改完善，“联控”至今已逐渐从行车部门“调乘一体化”，推广延伸到以卸车为主的“翻车机联控”“高炉供料接卸联控”和检修部门“多工种联合作业联控”等所有工序单元。

4　“三控”支撑手段标准建立

“三控”支撑手段标准的建立，系统总结了以往安全管理的成功经验、失败教训，是在广泛征求意见、充分论证的基础上建立的；“三控”支撑手段的标准不是一成不变的，而是发展的、动态的，随着职工安全技能、自主安全意识的提高，环境的变化、技术的进步，“三控”支撑手段的标准也在不断修订完善。

4.1　“自控”支撑手段：“月月登高”安全奖

完善一线职工的自我管理和约束机制，在关键岗位、关键工种实施“一人把关一处安，众人把关稳如山”的“月月登高”安全奖活动，细化岗位作业细则，把每日岗位生产工作和安全生产绩效有机结合起来，按月考核奖惩兑现，有效提高职工的安全主动性、自觉性和能动性，使安全生产规章制度入脑入心，养成上标准岗，干标准活的良好素养。

（1）施行范围。首先在调车员、机车正副司机岗位开展，随着活动深入推进，目前已拓展到天车工、翻车机摘扶钩操作工、堆取料机操作工等危险性高的操作岗位。

（2）奖励金额。单位和参加职工每人拿出同等数额，进行捆绑考核。活动开展的初期为双方各156元，随着时间推移，至今已经提高到各拿出390元进行考核。

（3）考核标准。一是不能发生各类各级事故及“三违”现象，二是当月工作量不能低于同岗位人员的40%，二者有一条不能满足即取消参加“月月登高”的资格，以前归零，从头开始。

自运输部实施“月月登高”活动以来，各类人身伤害事故、铁路路外交通事故、铁路行车设备事故随着活动的开展逐年减少，事故损失大幅度降低，调车员等高危岗位的安全系数大大提高。

4.2 “联控”支撑手段：“调乘一体化”安全奖

（1）施行范围。活动开展初期，以机车包乘组为考核单元，在调车员和机车乘务员之间开展活动，现在已经在运输部各重点岗位全面开展，例如行车单位以站区为单元开展的联控，原料部门以料线为单元开展的联控，检修服务保障单位以检修作业为单元开展的联控等。

（2）奖励金额。将运输部机车按运行区域划分为两个考核单元：铁运车间11台机车为一个考核单元，货运车间9台机车为一个考核单元。每单元取前两名，获得第一名的机车包乘组，8位机车乘务员和8位调车员人均100元奖励；获得第二名的机车包乘组，8位机车乘务员和8位调车员人均50元奖励。

（3）考核标准。严格按照部调乘一体化联控管理办法和联控标准规定进行考核。检查重点为交接班、后半夜等容易疲劳疏忽的时段，四班白班、夜班都要检查到，每次要检查一个完整的作业过程。

否决项：发生事故（含非责任事故）一票否决；严禁行为、违章作业、严重违纪一票否决；发生影响生产事件、不文明行为，受专业科室及其以上部门考核追究一票否决。

（4）实施成效。通过“调乘一体化”等联控措施，各个孤立岗位的作业内容被有效串联了起来，利益捆绑了起来，形成了利益共同体。一个人违章，不再是一个人的损失，而是集体的损失，想干好工作需要相关人员共同努力，让职工明显感觉到安全责任的传递，安全压力的增加，集体荣誉感的增加，充分调动了职工安全作业的积极性、主动性和创造性，增强了作业人员对事故的防范意识和应急技能，为安全行车打下了良好的基础。

4.3 “管控”支撑手段：科级干部“5+2”“白+黑”安全检查方案

以《运输部管理人员及安全员安全检查管理制度》为遵循，细化量化科级干部“5+2”“白+黑”安全检查方案，对检查要求、必检区域、必检项目、检查时间等方面进行了明确规定。突出责任落实，制订管理人员带班安全检查制度，要求管理人员、安全员要坚持全天候、全过程对运输部所属厂区进行安全、环保、治安防范巡视检查，并着重加强以下时段的安全管控措施：

（1）发生各类事故期间；

（2）中夜班期间；

（3）系统定修、年度检修及主体设备2小时以上的检修、抢修；

（4）危险作业；

（5）国家法定的节假日、双休日；

（6）运输部明确要求管理人员带班的其他特殊时期。

运输部安委会办公室统一对管理人员带班检查进行排班，带班检查按照“谁检查，谁签字、谁落实、谁负责”原则，做到“全覆盖、零容忍、严执法、重实效”，不打折扣、不留死角、不走过场。每天检查白班、夜班分别不少于 3 次，对运输部主要作业区域、较大危险源区域、主要生产料线、高温夜体运输作业区全覆盖，重点检查。每名带班人员每半年不少于 1 次到行车单位一个站区的内燃机车上添乘一个作业过程，每半年不少于 1 次对运输部六项重大风险专项检查一次，每半年不少于 1 次对西编组站道口、地下皮带、堆取料机等偏远区域单兵独岗岗位专项检查一次。检查标准包含 156 条，其中严禁行为 18 条、严重违章 32 条、一般违章 100 条、违规违纪 6 条。

5　“三控”管理成效

（1）重伤、工亡事故、职业病、相关方重伤安全事故为 0；

（2）重大行车设备事故、重大环境污染事故、火灾事故、重大交通事故为 0；

（3）隐患整改率、安全教育培训率、特种作业人员持证上岗率、特种设备定期检验率、安全检查执行率 100%；

（4）重大风险安全运行率、危险作业安全实施率、相关方安全管控率 100%；

（5）截至 2019 年 5 月 31 日，运输部保持了安全行车 7084 天无责任人身伤害事故的安全成绩。2016 年，运输部荣获全国“安康杯”竞赛优胜单位；2017 年，运输部机务车间贾东方荣获“全国钢劳联安全建设优秀成果特等奖”；2018 年，运输部荣获全国“安康杯”竞赛优胜班组。

钢铁企业铁路一体化管控平台的构建与应用

（河钢唐钢物流公司，赵勇、王爱虎、刘卫正）

摘　要：为提升铁路运输安全和效率，创新性地应用 Android 技术、差分定位技术、网络通信技术、SOCKET 通信技术、RFID 识别技术、PLC 自动控制技术、可视化技术、C#编程语言、JAVA 编程语言等多种自动化和信息化技术集成的方式，从管理、效率、安全、质量多方面多角度建设铁路运输一体化管控平台。从调度组织、业务决策两方面着手，打造一个高效的铁路运输系统和高质量的管理决策体系；从安全方面着手，加强机车运行安全防护，使行车安全从之前的被动监控转变为主动辨识行车过程中的危险源，消除事故隐患。改善运行环境，实现弯道自动喷油以及喷油量的实时调节，降低机车和股道磨损；实现铁路环境检查标准化、线上化、精细化，为机车运行提供良好的外部环境。从管理角度着手，深度挖掘数据价值，采用科学的算法统计，分析各关键指标，为管理和决策提供支撑；应用可视化技术和理念，以图形、图表、颜色预警的形式提示异常指标，形成实时、高效的智能化信息处理机制，优化组织作业流程，从而，助推企业铁路运输行业的发展创新。

关键词：铁路运输；信息技术；自动化技术；安全；效率

1　引言

我国钢铁、矿山、化工等行业存在着大量专用铁路，铁路具有线路长、运行密度高、作业频率大等特点，对铁路运输的安全和效率提出了严格要求。信息技术和自动化控制技术的发展已相对成熟，并已在企业广泛应用，钢铁企业也正在从传统的管理向应用新技术创新模式转变。然而，铁路运输领域目前还未见成体系的信息自动化项目建设，信息化和自动化集成的模式在国内应用较少，需要进一步升级、改进，以适应我国企业铁路运输发展的新需求。影响铁路运输创新发展的瓶颈和难点主要体现在铁路运输调度组织模式、行车安全和运输效率。传统的管理创新已很难突破瓶颈，需要引用各种创新技术来颠覆传统模式，推动企业铁路运输领域的发展。

2　平台总体架构设计

以铁路运输组织实际情况为依据，采用信息化、自动化集成的方法，全面考虑硬件环境建设、应用系统建设、管理规范建设，规划协同推进铁路运输信息化建设。铁路运输一体化管控平台的建设共分为五个系统模块：铁路运输管理子系统、行车安全辅助子系统、指标统计分析子系统、线路智能养护子系统和铁路环境巡检子系统。项目建设应按照子系统和应用技术进行分类，同步推进建设，形成一个信息化和自动化高度集成的平台，实现关键技术的突破和集成创新，形成具有自主知识产权的技术和产品，从而提高铁路运输行业的创新发展水平。

3　技术方案内容

3.1　铁路运输管理子系统

高效的调度组织是铁路运输组织有序、高效运行的基础条件，是铁路运输创新的重要环节。主要实现两大功能：行车调度指挥和集中信号控制。

3.1.1　行车调度指挥

企业铁路内部运输过程包括解体、编组，或摘挂、取送车辆，以及机车、车辆在企业铁路线上有目标、有计划的运行。应用 C#编程技术对铁路运输组织、作业进行管理，替代传统人工记录，实现调度计划编制、下达、执行，预知站场变化，提高调度组织水平。如图 1 所示。

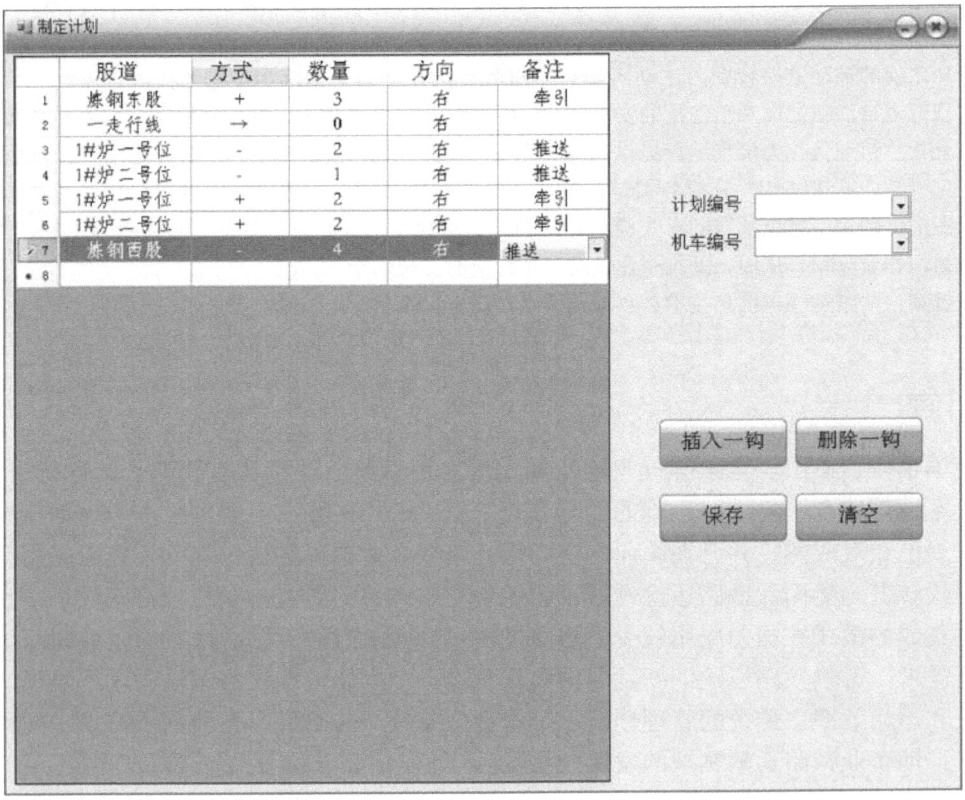

图 1　调度计划

实时追踪机车车辆，使调度员能清楚掌握整个站场机车和车辆资源分布状况，为调度员提供及时、准确、直观的信息，为调度指挥提供可靠依据；同时大大减少调度员工作量，为调度决策节省更多时间和精力。

3.1.2　集中信号控制

集中信号控制主要应用 CTC 调度集中系统，采集微机联锁控制系统的设备信息和现场动态信息，并集中显示站场设备状态，实现调度室对铁路现场信号设备的集中控制，从而优化调度层级，取消车站调度，精简现场人员，实现总调度室对铁路运输的统一管控。另外，通过与调度行车指挥系统交互实现电子作业计划单显示、进路智能预排、提供作业执行信息等功能，降低作业人员工作量，从而提高企业运输生产的信息化、智能化。

3.2 行车安全辅助子系统

行车安全辅助子系统主要实现机车安全防控，是以机车运行安全为核心，集差分定位技术、计算机技术、网络技术、无线通信技术为一体的综合系统，差分定位是安全防控的核心技术，采用高精度的伪距差分技术（DGPS）实现机车的精准定位，并通过无线传输信号设备状态、定位位置和速度等信息反馈至机车上的车载电脑，差分定位的结构如图2所示。

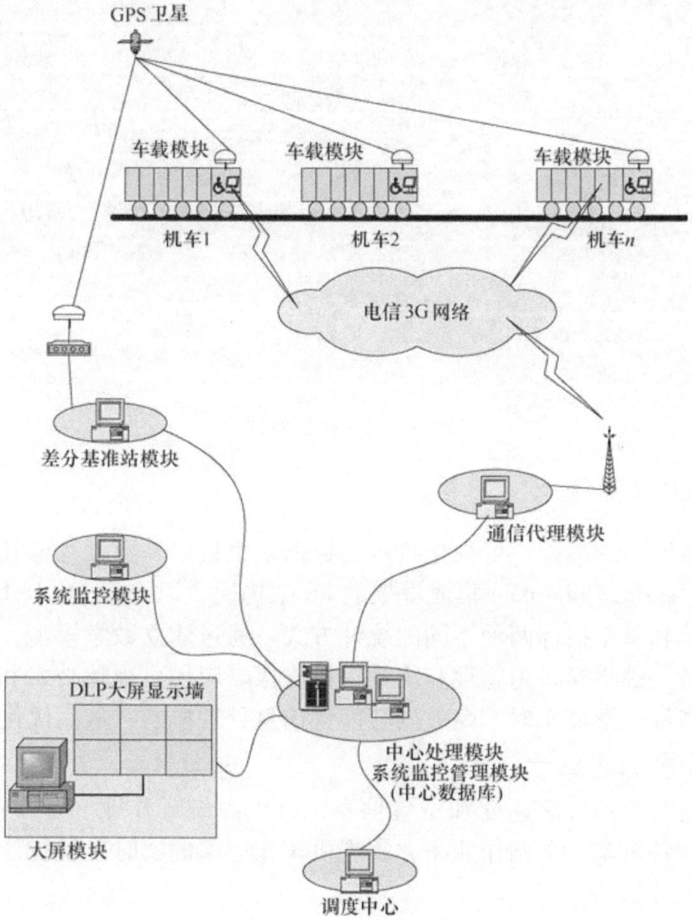

图2 差分定位结构图

机车车载系统中存有信号灯、道口、尽头挡的坐标信息，车载系统会实时的接收差分定位系统的定位数据，经过系统内部程序运算，实时计算机车与危险源的距离。辨识的危险源有禁止信号、道口、尽头挡和暂存车。在机车运行过程中，基于测绘仪测得的线路信号灯、道口、尽头挡位置以及机车的实时精确定位，当走行列车距道口、信号灯、尽头挡50m时，车载系统就会预警，语音提示距离。系统会不间断采集机车的位置、车长、行进方向，经过系统内置的算法得到机车车辆和暂存车距离。当走行列车运行至暂存车安全距离内时，系统会及时预警，预警误差在1m以内，提前避免走行列车撞击暂存车，从而实现厂区内机车、车辆等运力资源的精准定位，使行车安全从之前的被动监控转变为主动预防，主动辨识行车过程中的危险源，消除事故隐患。

图3所示为安全防控画面。

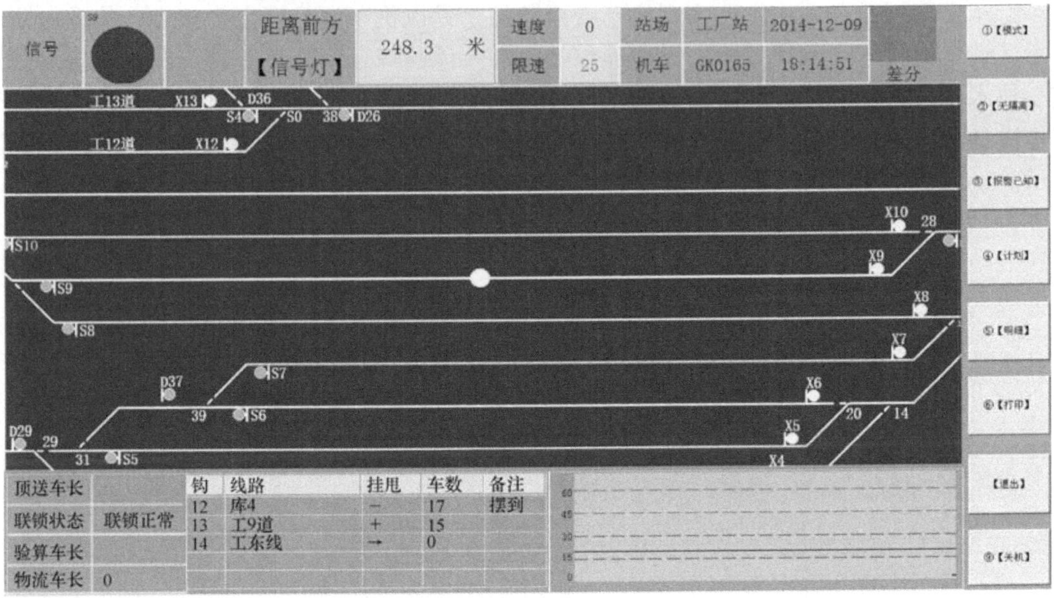

图3　安全防控画面

3.3　指标统计分析子系统

应用JAVA编程、C#编程、可视化技术、数据采集技术、数据存储技术等多种计算机技术，搭建struts+spring+hibernate集成框架的BS架构模式以及UI+BLL+DAL的CS架构模式，适应列车指标和单车指标两种不同的统计方式。通过建立数学模型，采用数学算法科学地统计、分析各关键指标，为管理和决策提供支撑。应用可视化技术和理念，展示指标数据，提示异常指标，形成实时、高效的智能化信息处理机制，从而优化组织作业流程。

3.3.1　机车作业率统计

应用数据库定时收集机车速度和位置信息，并汇总统计作业、非作业时间，应用C#开发前台界面展示各机车、车站作业率，实现机车作业率的实时自动统计。

机车作业率统计如图4所示。

3.3.2　停时统计

停时统计分为车列统计和单车统计。

（1）车列统计。实现车辆进出厂数量、装卸车数量、车列停时等指标线上统计，范围覆盖铁路运输整个物流环节的关键节点。系统实现了指标报表管理、车列停时统计分析两大功能。

1）指标报表管理。应用VS的Gridview插件进行报表设计和开发，从大量的数据字段中总结出影响车辆运输水平的关键指标，并自动汇总，包括车列进出厂、装卸车数量、最

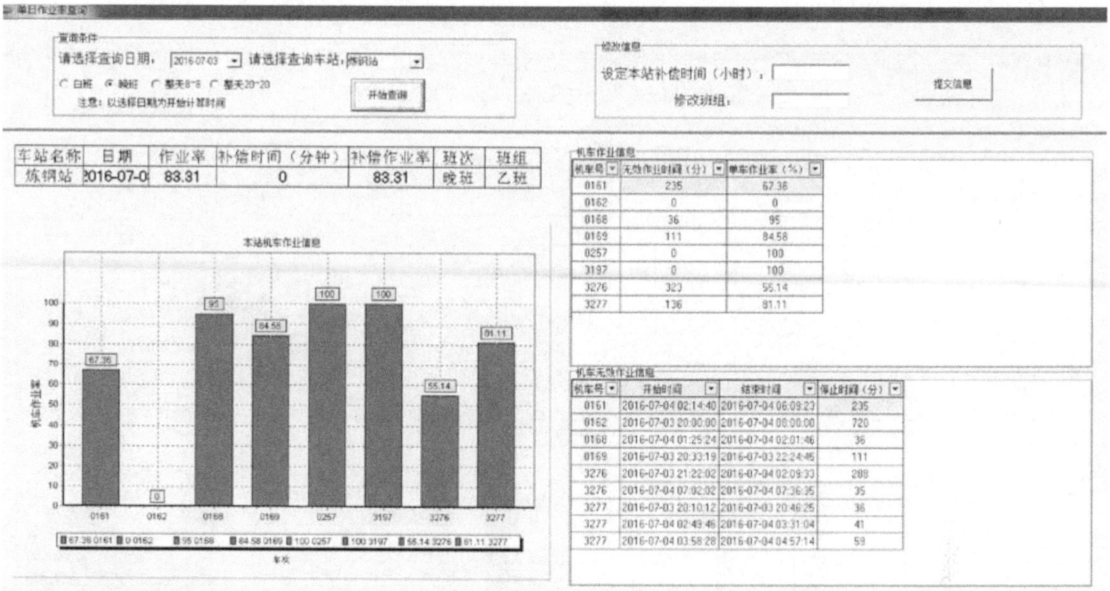

图 4　机车作业率统计

长停时、最短停时、平均停时和合计停时。

铁运报表如图 5 所示。

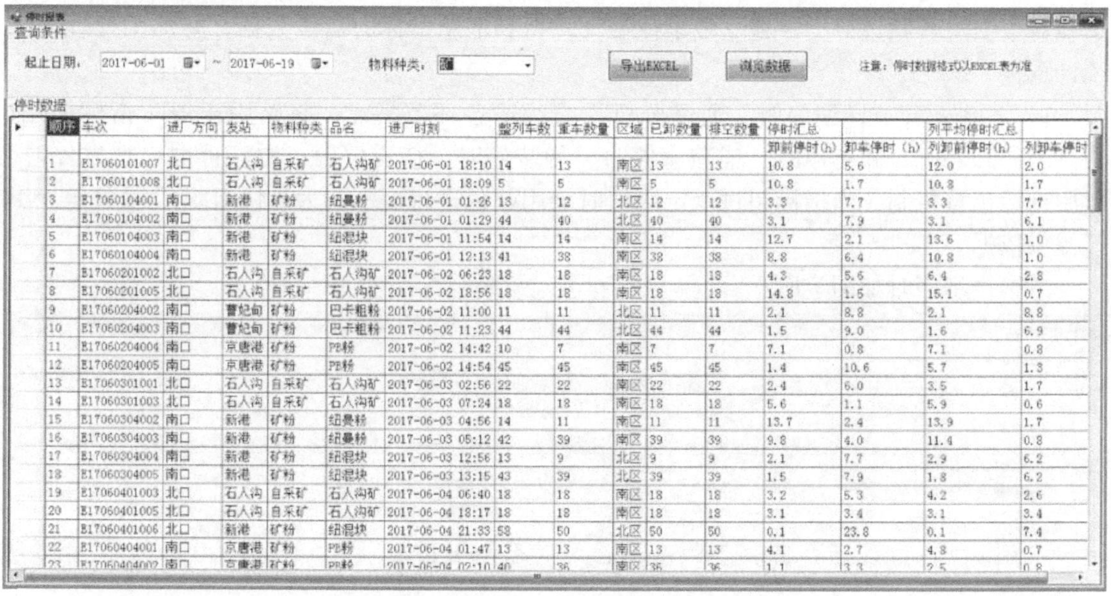

顺序	车次	进厂方向	发站	物料种类	品名	进厂时刻	整列车数	重车数量	区域	已卸数量	排空数量	停时汇总		列平均停时汇总	
												卸前停时(h)	卸车停时（h）	列卸前停时(h)	列卸车停时
1	E17060101007	北口	石人沟	自采矿	石人沟矿	2017-06-01 18:10	14	13	南区	13	13	10.8	5.6	12.0	2.0
2	E17060101008	北口	石人沟	自采矿	石人沟矿	2017-06-01 18:09	5	5	南区	5	5	10.8	1.7	10.8	1.7
3	E17060104001	南口	新港	矿粉	纽曼粉	2017-06-01 01:26	13	12	北区	12	12	3.3	7.7	3.3	7.7
4	E17060104002	南口	新港	矿粉	纽曼粉	2017-06-01 01:29	44	40	北区	40	40	3.1	7.9	3.1	6.1
5	E17060104003	南口	新港	矿粉	纽混块	2017-06-01 11:54	14	14	南区	14	14	12.7	2.1	13.6	1.0
6	E17060104004	南口	新港	矿粉	纽混块	2017-06-01 12:13	41	38	南区	38	38	8.8	6.4	10.8	1.0
7	E17060201002	北口	石人沟	自采矿	石人沟矿	2017-06-02 06:23	18	18	南区	18	18	4.3	5.6	6.4	2.8
8	E17060201005	北口	石人沟	自采矿	石人沟矿	2017-06-02 18:56	18	18	南区	18	18	14.8	1.5	15.1	0.7
9	E17060204002	南口	曹妃甸	矿粉	巴卡粗粉	2017-06-02 11:00	11	11	北区	11	11	2.1	8.8	2.1	8.8
10	E17060204003	南口	曹妃甸	矿粉	巴卡粗粉	2017-06-02 11:23	44	44	北区	44	44	1.5	9.0	1.6	6.9
11	E17060204004	南口	京唐港	矿粉	PB粉	2017-06-02 14:42	10	7	南区	7	7	7.1	0.8	7.1	0.8
12	E17060204005	南口	京唐港	矿粉	PB粉	2017-06-02 14:54	45	45	南区	45	45	1.4	10.6	5.7	1.3
13	E17060301001	北口	石人沟	自采矿	石人沟矿	2017-06-03 02:56	22	22	南区	22	22	2.4	6.0	3.5	1.7
14	E17060301003	北口	石人沟	自采矿	石人沟矿	2017-06-03 07:24	18	18	南区	18	18	5.6	1.1	5.9	0.6
15	E17060304002	南口	新港	矿粉	纽曼粉	2017-06-03 04:56	14	11	南区	11	11	13.7	2.4	13.9	1.7
16	E17060304003	南口	新港	矿粉	纽曼粉	2017-06-03 05:12	42	39	南区	39	39	9.8	4.0	11.4	0.8
17	E17060304004	南口	新港	矿粉	纽混块	2017-06-03 12:56	13	9	北区	9	9	2.1	7.7	2.9	6.2
18	E17060304005	南口	新港	矿粉	纽混块	2017-06-03 13:15	43	39	北区	39	39	1.5	7.9	1.8	6.2
19	E17060401003	北口	石人沟	自采矿	石人沟矿	2017-06-04 06:40	18	18	南区	18	18	3.2	5.3	4.2	2.6
20	E17060401005	北口	石人沟	自采矿	石人沟矿	2017-06-04 18:17	18	18	南区	18	18	3.1	3.4	3.1	3.4
21	E17060401006	北口	新港	矿粉	纽混块	2017-06-04 21:33	58	50	北区	50	50	0.1	23.8	0.1	7.4
22	E17060404001	南口	京唐港	矿粉	PB粉	2017-06-04 01:47	13	13	南区	13	13	4.1	2.7	4.8	0.7
23	E17060404002	南口	京唐港	矿粉	PB粉	2017-06-04 02:10	40	36	南区	36	36	1.1	3.3	2.5	0.8

图 5　铁运报表

2）车列停时统计分析。车列停时统计主要针对装卸车停时指标，包括待卸、卸车、待装、装车停时，应用功能强大的 Chart 图表控件，整体显示停时分布规律以及异常数据，为重点车列的监控提供依据，帮助调度及时组织车辆装卸和出厂。

车列停时汇总如图 6 所示。

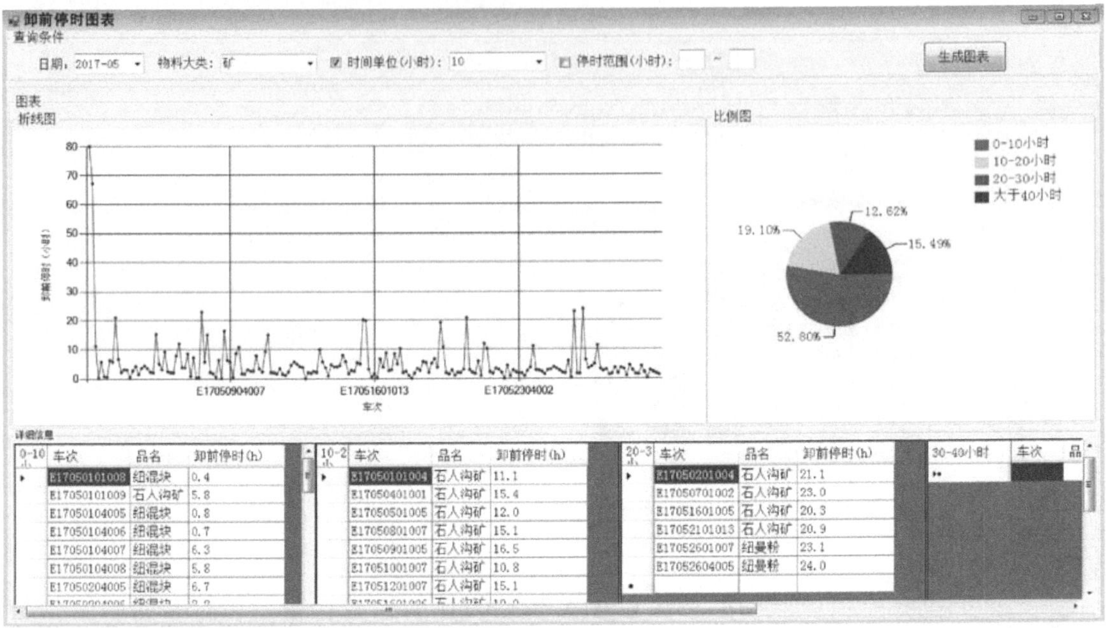

图 6　车列停时汇总

（2）单车停时统计。统计指标包括各作业环节详细停时、班竞赛指标、区域停时。科学地对数据进行归集分类，建立数学模型计算得到汇总指标的初步数据，并加工处理形成统计指标。

1）各作业环节详细停时。通过分析铁路运输各环节特点，将路用车停时指标细化，划分为待卸停时、卸车停时、铺鞍座停时、待装停时、待看停时、看车停时、待发停时。引用指标预警机制，当指标超过一定限值时会用颜色进行提示，为尽快组织“大点车”出厂提供依据。

单车详细停时如图 7 所示。

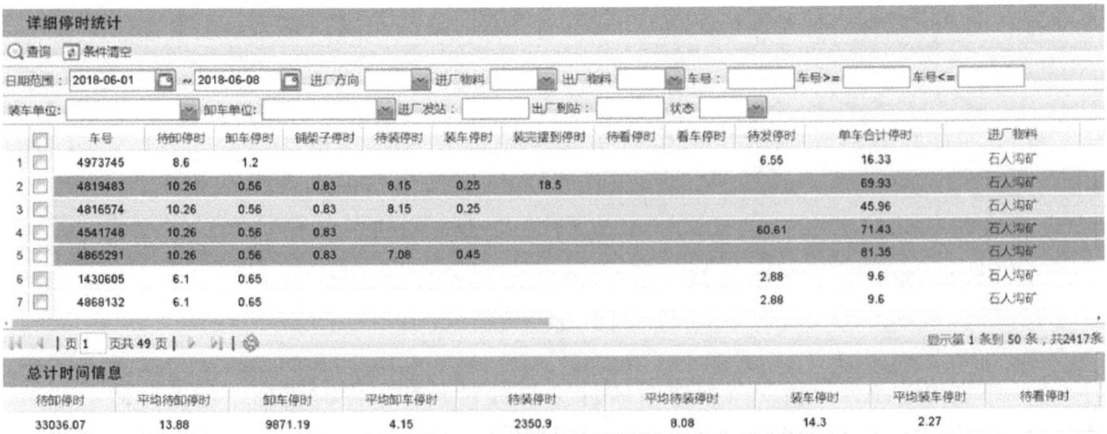

	车号	待卸停时	卸车停时	铺架子停时	待装停时	装车停时	装完摆到停时	待看停时	看车停时	待发停时	单车合计停时	进厂物料
1	4973745	8.6	1.2							6.55	16.33	石人沟矿
2	4819483	10.26	0.56	0.83	8.15	0.25	18.5				69.93	石人沟矿
3	4816574	10.26	0.56	0.83	8.15	0.25					45.96	石人沟矿
4	4541748	10.26	0.56	0.83						60.61	71.43	石人沟矿
5	4865291	10.26	0.56	0.83	7.08	0.45					81.35	石人沟矿
6	1430605	6.1	0.65							2.88	9.6	石人沟矿
7	4868132	6.1	0.65							2.88	9.6	石人沟矿

待卸停时	平均待卸停时	卸车停时	平均卸车停时	待装停时	平均待装停时	装车停时	平均装车停时	待看停时
33036.07	13.88	9871.19	4.15	2350.9	8.08	14.3	2.27	

图 7　单车详细停时

2）班竞赛指标。传统的班停时都是用号码制统计，通常不能反映车站当日实际工作业绩，而非号码制可精确反映，因此，系统采用非号码制统计各班作业效率，通过班停时的对比建立竞争机制，让职工自发的提升作业效率。

班竞赛指标统计如图 8 所示。

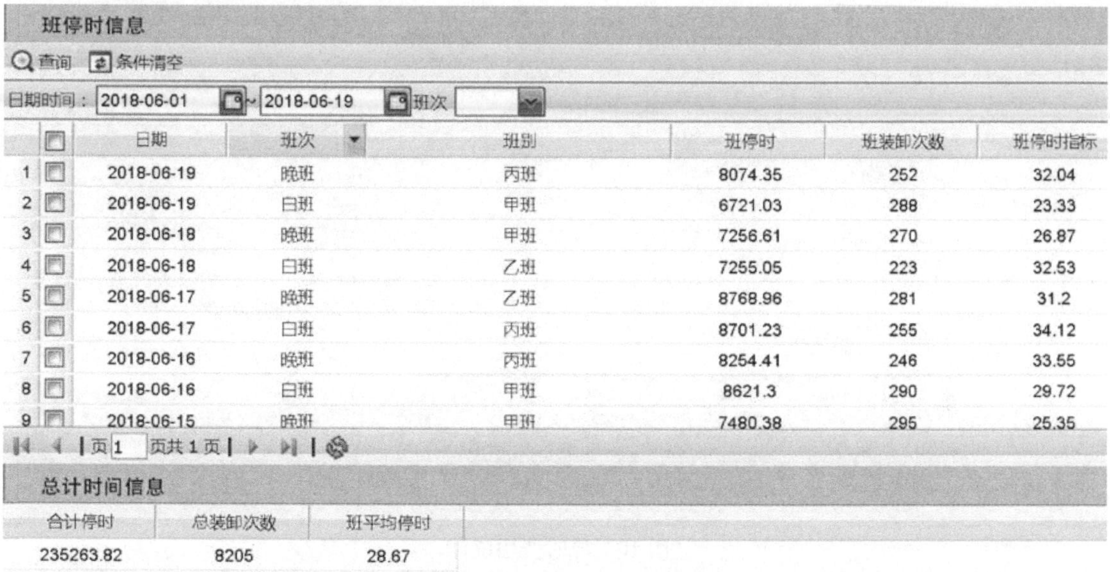

	日期	班次	班别	班停时	班装卸次数	班停时指标
1	2018-06-19	晚班	丙班	8074.35	252	32.04
2	2018-06-19	白班	甲班	6721.03	288	23.33
3	2018-06-18	晚班	甲班	7256.61	270	26.87
4	2018-06-18	白班	乙班	7255.05	223	32.53
5	2018-06-17	晚班	乙班	8768.96	281	31.2
6	2018-06-17	白班	丙班	8701.23	255	34.12
7	2018-06-16	晚班	丙班	8254.41	246	33.55
8	2018-06-16	白班	甲班	8621.3	290	29.72
9	2018-06-15	晚班	甲班	7480.38	295	25.35

合计停时	总装卸次数	班平均停时
235263.82	8205	28.67

图 8　班竞赛指标统计

3）区域停时。路用车铁路运输组织涉及物流公司调度室、车站、钢材储运分厂等部门，控制停时关键就是保证各阶段、各区域停时控制在一定范围，因此需实现区域划分、运输组织统一协调。系统将各区域停时以及装车、卸车停时纳入统计指标，从而颠覆“各自为政”的固有思维模式，提高区域协同效率和组织效率。

区域停时统计如图 9 所示。

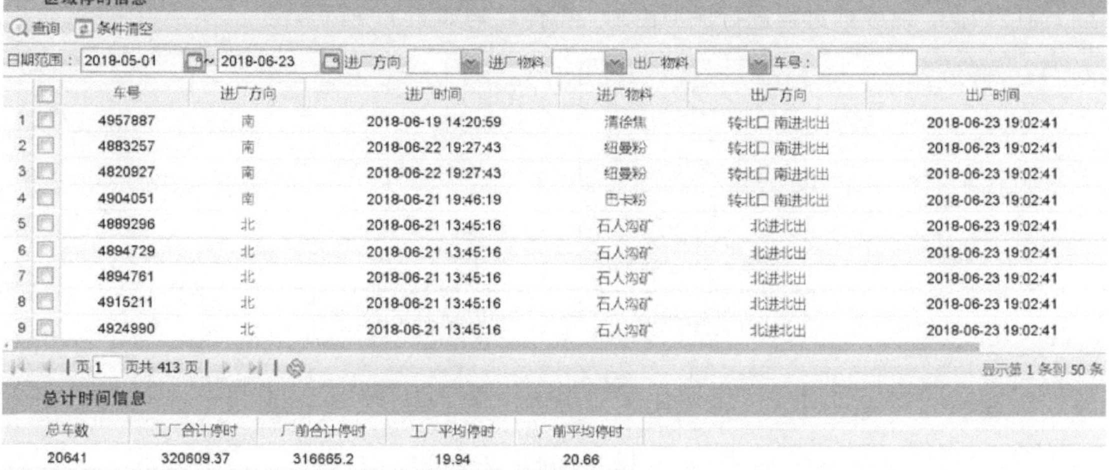

	车号	进厂方向	进厂时间	进厂物料	出厂方向	出厂时间
1	4957887	南	2018-06-19 14:20:59	清徐焦	转北口 南进北出	2018-06-23 19:02:41
2	4883257	南	2018-06-22 19:27:43	纽曼粉	转北口 南进北出	2018-06-23 19:02:41
3	4820927	南	2018-06-22 19:27:43	纽曼粉	转北口 南进北出	2018-06-23 19:02:41
4	4904051	南	2018-06-21 19:46:19	巴卡粉	转北口 南进北出	2018-06-23 19:02:41
5	4889296	北	2018-06-21 13:45:16	石人沟矿	北进北出	2018-06-23 19:02:41
6	4894729	北	2018-06-21 13:45:16	石人沟矿	北进北出	2018-06-23 19:02:41
7	4894761	北	2018-06-21 13:45:16	石人沟矿	北进北出	2018-06-23 19:02:41
8	4915211	北	2018-06-21 13:45:16	石人沟矿	北进北出	2018-06-23 19:02:41
9	4924990	北	2018-06-21 13:45:16	石人沟矿	北进北出	2018-06-23 19:02:41

总车数	工厂合计停时	厂前合计停时	工厂平均停时	厂前平均停时
20641	320609.37	316665.2	19.94	20.66

图 9　区域停时统计

（3）费用统计。按照国铁对路用车延时费用的收取标准，自动统计路用车延时费用。设置费用预警值，用颜色直观显示费用超标车辆及其作业过程和目前作业节点，从而重点分析找出管理环节不足，提高铁路运输成本管控水平。

停时费用统计如图 10 所示。

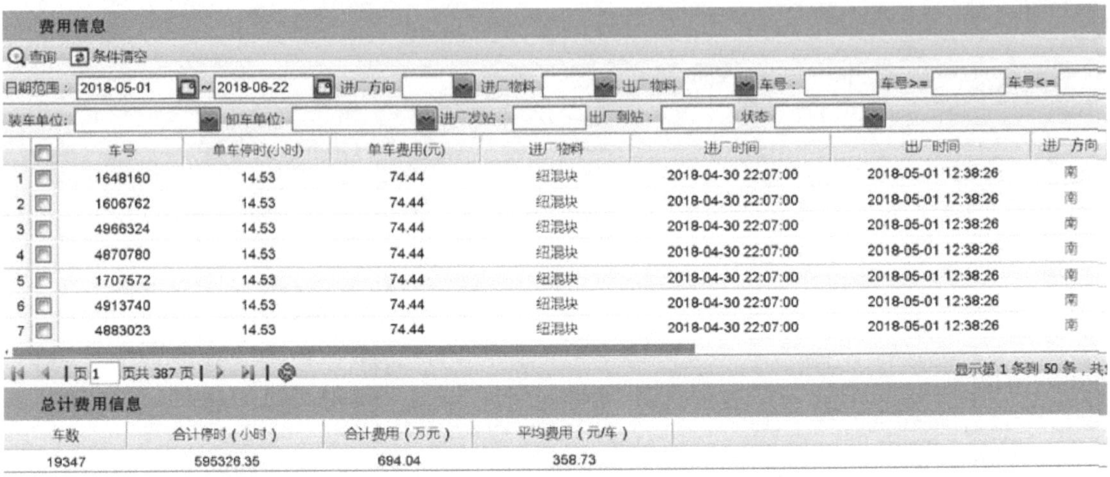

图 10　停时费用统计

3.4　线路智能养护子系统

系统实现了机车在进入弯道时开启自动喷油功能，并能根据标签的输入信息进行喷油频率和喷油量实时调节，降低机车和股道磨损，提高行车安全水平，降低企业成本。

系统主要是利用 RFID 和 PLC 技术实现弯道智能喷油。RFID 利用无线电射频实现可编程控制器（PLC）与标识间的数据传输，从而实现非接触式目标识别与跟踪。

人机交互采用 Gt1020 型人机交互界面同三菱 PLC 通信连接。PLC 控制继电器电路，实现对机车内原有喷油嘴的开断控制；同时，通过连接机车速度检测电路，实时读取机车运行速度数据，对喷油过程进行保护控制。整体结构如图 11 所示。

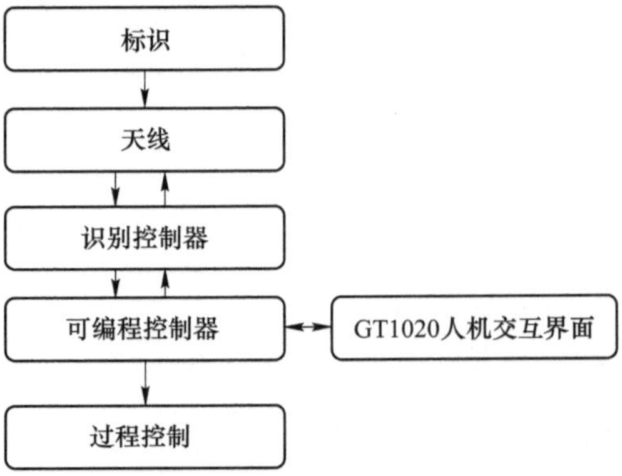

图 11　弯道喷油控制结构图

弯道自动喷油控制应用三菱 GX developer 平台开发，程序和功能主要包括以下部分：

（1）PLC 同读卡器连接的确认。读取读卡器的工作状态作为系统控制启动的必要条件。控制系统确认读卡器状态正常，进入控制流程。

（2）对标识内信息的写入。通过使用 EPC Demo 手动写卡程序将弯道长度、弯道坡度、弯道内可否停车、弯道限制最大速度等信息写入卡内。

（3）启动读卡器扫描，通过标识卡启动自动控制喷油系统。

（4）自动喷油顺控流程启动后，自动启动联锁保护程序，检测机车实时速度，当发生机车弯道内停驶工况时，系统自动停止喷油操作，防止过量喷油的危险情况发生。

（5）顺控程序的结束与数据操作。当读卡器返回弯道出口标识信息后，系统自动停止喷油程序；同时，向出口标识卡内写入通过弯道信息。

通过三菱人机界面开发工具 GT DESIGNER，开发了适合机车操作人员使用的操作界面，界面实现实时喷油状态监控、历史累计数据观察、手动自动模式切换等功能。

人机界面如图 12 所示。

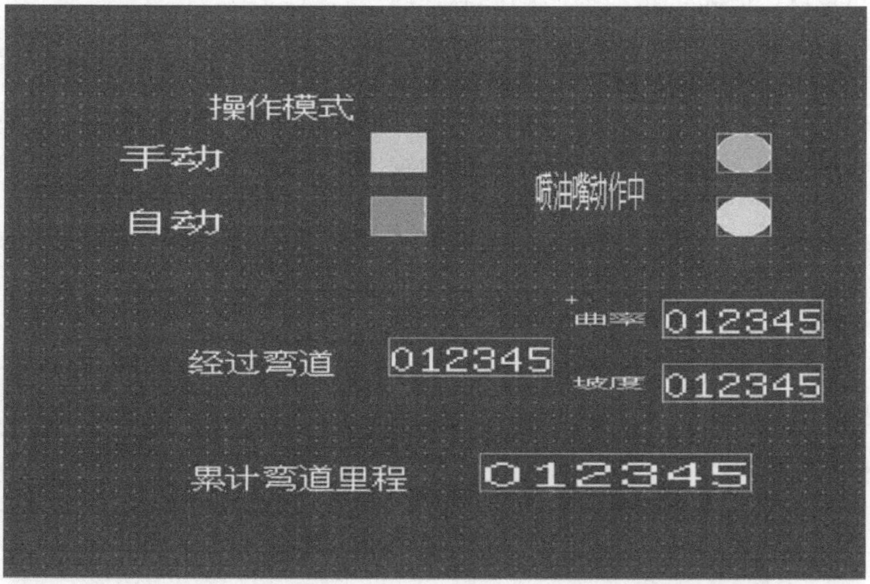

图 12　人机界面

3.5　铁路环境巡检子系统

铁路环境巡检子系统应用 Android 开发，功能包括 GPS 定位巡检、巡检线路及进度展示、线上巡检、异常项查询和图表汇总，实现铁路环境检查标准化、线上化、精细化，发现问题，改善铁路环境，提升现场管理效率，为机车运行提供良好的外部环境。

3.5.1　巡检路线图及进度展示

将巡检图嵌入 App 中，每个巡检区域用不同的标记表示，以可视化理念应用不同颜色显示巡检进度（红色未检查，黄色未检完，绿色已检完），提供一种直观的结果，提高检查效率。

巡检图及进度如图 13 所示。

3.5.2　定位检查机制

通过现场实测各区域地理坐标，将坐标写入 App 程序，设置一定的距离误差，使检查人员必须到达此区域才能检查，从而彻底避免人员未到现场就检查的不良情况，保障检查真实性。

3.5.3　高效检查

App 的应用将铁路巡检线上化、标准化和流程化，检查过程中可对问题项添加描述并辅助上传现场照片，提高检查效果、准确记录异常。程序全面考虑 PDCA 方法，在检查完成后可查询结果，帮助现场人员和管理者有重点地对异常区域进行关注和整改，消除铁路环境问题隐患；同时，管理者可通过 App 程序发布近期检查的工作任务和重点，改善铁路运输环境，提高行车安全。

在线巡检如图 14 所示。图 15 所示为异常查询。

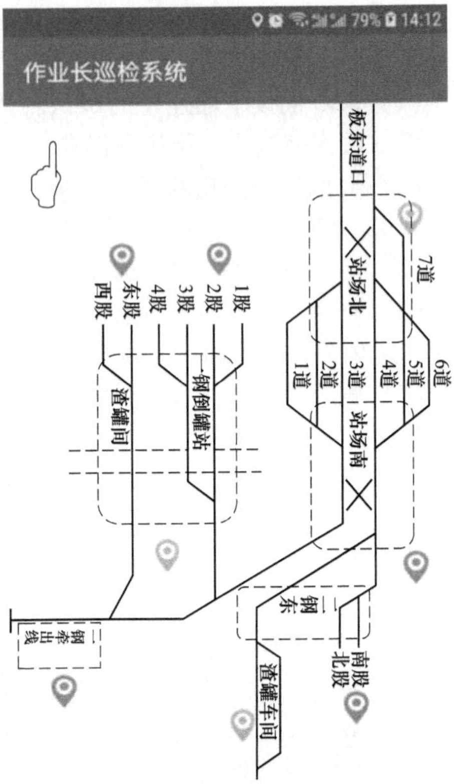

图 13　巡检图及进度

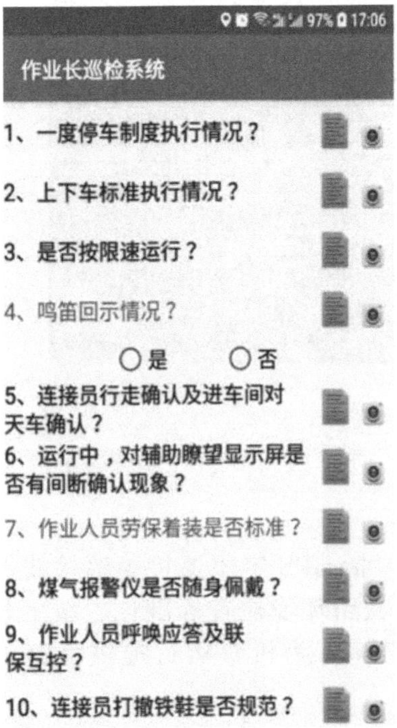

图 14　在线巡检

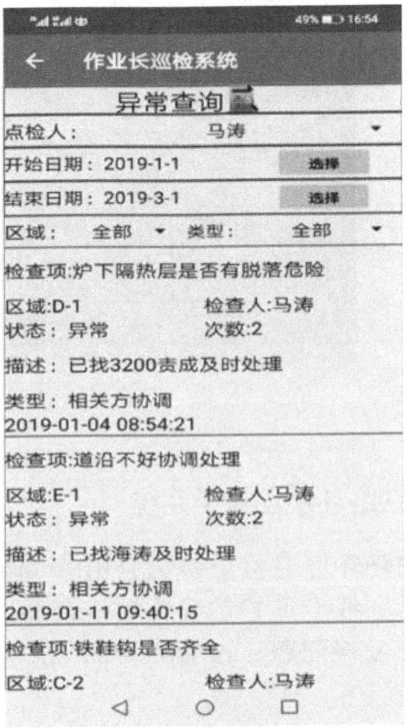

图 15　异常查询

3.5.4 图表汇总分析

应用 WECHART 数据可视化技术，汇总检查结果，按照环境类型和区域形成柱状图、折线图等可视化图形，直观展示铁路环境问题，为管理者决策提供有力支持。如图 16 所示。

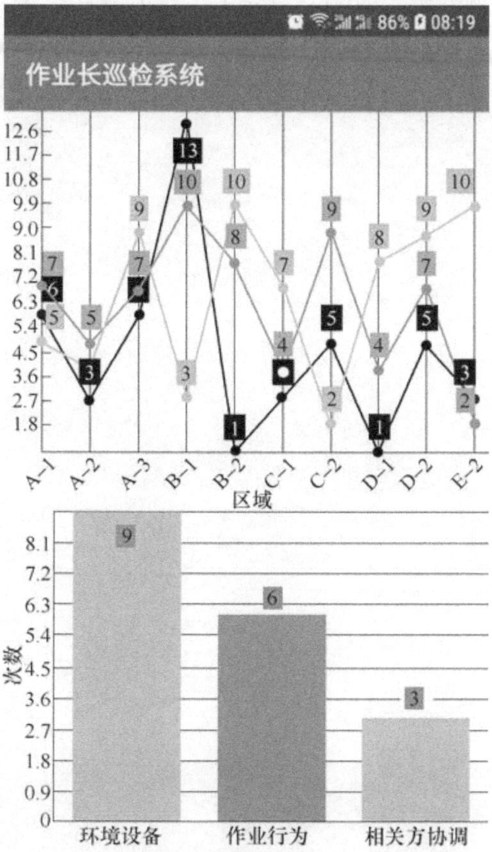

图 16 异常汇总图

4 效果

铁路运输一体化管控平台是为实现铁路运输安全与效率双提升做出的尝试，取得了良好收效。铁路运输管理子系统的应用优化了调度层级，彻底打破传统铁路运输的“部一站一区”三级调度指挥模式，取消车站调度和区调度两个层级，实现总调度室对铁路运输的统一管控，一次性完成层级精简与调度集中，精简多个岗位共计 63 人。

行车作业辅助子系统创新性采用差分定位技术，实现厂区内机车、车辆等运力资源的精准定位，使行车安全从之前的被动监控转变为主动辨识危险源，消除了事故隐患。

指标统计分析子系统为铁路运输业务的经营决策提供数据支持，上线使用后机车作业效率提高 5%，路车停时整体压缩 6%，精简数据统计人员 2 人。

线路智能养护子系统实现了机车进入弯道时自动喷油，并能根据标签的输入信息进行喷油频率和喷油量的实时调节，显著改善机车和股道的磨损状况，提高铁轨使用寿命，降低维护成本 10%。

铁路环境巡检 App 实现了铁路现场检查的线上化和标准化，极大地提高了检查效果，为检查的重点、关键区域提供了指向，铁路运输环境得到极大改善，提升了铁路运输安全。

总之，平台实现了运输安全与效率双重保障，达到铁路运输可视化和精细化管理的目的，提高了机车运行安全、调度效率、作业效率、管理效率和劳动生产率，实现了减人增效，降低燃油消耗和环境污染，为企业带来了可观的经济效益和环保、生态效益。

武钢运输管理信息化整合系统设计研究

（武汉钢铁有限公司，李佳状）

摘 要：信息化建设是助力企业改革发展、流程再造的重要手段。重点从系统设计的角度，对武钢运输管理系统的总体设计思路、系统架构、系统间功能分担、接口电文、系统流程、功能模块等方面进行论述，同时对系统上线投用以来在整合重构物流管控流程所取得的成效进行分析。

关键词：运输管理；信息化整合；系统设计

1 武钢运输管理信息化整合背景

宝武整合前，武钢厂内铁运、水运、汽运等物流管理“各自为政”，由多家单位负责，信息管理系统功能参差不齐，管控能力薄弱，一些报表统计、结算抛账仍停留在手工模式；且分散独立、互不兼容，与原料采购、生产制造、产品营销等系统集成度不高，完全处于“孤岛”状态，无法适应宝武整合后“协同协作”管理理念。根据武钢厂内物流集中一贯管理的改革发展需要，借力信息化手段整合再造厂内物流管理流程、构建统一高效的管控体系已成为当务之急。

2 系统总体设计思路及主要建设内容

2.1 总体设计思路

按照“统一开发平台、统一程序语言、统一编码规则”信息化整合原则，系统功能完整覆盖运输合同委托、运输计划接收、作业计划编制、调度命令下发、运输实绩核销、运输结算抛账及成本核算等业务管理全流程，并在充分借鉴基础上进行流程创新优化。

按照“业务功能分担、数据电文交互”原则，针对原燃料采购进厂、厂内制造生产、产成品销售外发等业务环节，设计明确系统间业务流程与功能分工，实现数据共享。

按照“运输计划一贯制管控”原则，深入应用物联网技术，配套建设机车驾驶单乘制系统、汽运 APP、港机 APP 等辅助系统，实现现场作业单元全流程闭环实时跟踪可控。

2.2 主要建设内容

整合铁运、汽运、水运运输模式，建设集“货物流—车船流—信息流”于一体的现代化运输管理信息系统。包括原料码头、铁路运输、汽车运输、运输商务、运输成本等功能模块。

建设与采购、制造、销售、财务、机车驾驶单乘制系统、汽运 APP、港机 APP 等系统信息接口。

3 系统设计方案

3.1 系统架构设计

武钢运输管理信息系统（以下简称“运管系统”）是采购系统、制造系统、销售系统、财务系统等管理 L4 层与生产执行 L3 层之间物流供应链中运输环节的生产管理信息系统，其中运输生产管理层定位于 L4 层，运输生产执行层定位于 L3 层。另外，机车驾驶单乘制系统、车号识别系统、驼峰信号控制系统、司磅系统等基础自动化配套系统定位于 L2 层（图 1）。

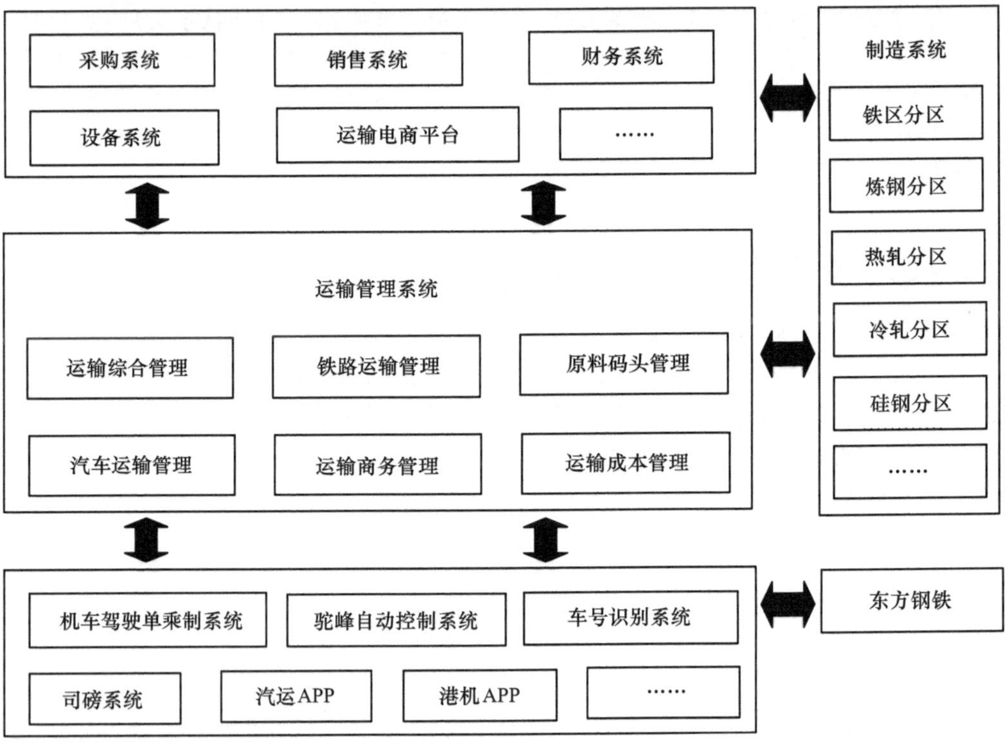

图 1

3.2 系统间功能分担设计

（1）原燃料采购进厂功能分担设计见表 1。

表 1

流程名称	采购系统	销售系统	制造系统	运管系统
铁路进厂	录入采购订单 匹配订单、运单	—	铁运计划下发	进厂接车、解体编组 铁路行车/调车作业
水运进厂	船舶预报 到港计划编制	—	原料日课 计划下发	船舶作业计划下发 水尺实绩收集
外购料/互供料进厂	—	卸船计划编制	汽运/铁运 计划下发	作业计划下发 实绩收集

（2）厂内制造生产功能分担设计见表2。

表2

流程名称	制造系统	运管系统
厂内铁运	铁运计划下发 实绩反馈	铁路行车/调车作业、车辆上道 实绩收集
厂内汽运	汽运计划下发 实绩反馈	作业计划下发 车辆上道 实绩收集

（3）产成品销售外发功能分担设计见表3。

表3

流程名称	制造系统	运管系统
铁运外发出厂	铁运计划下发 铁运返厂计划发送 实绩反馈	作业计划下发 铁路行车/调车作业、车辆上道 实绩收集
水运材出厂	水运材铁运/汽运计划下发 实绩反馈	铁运/汽运计划下发 车辆上道 实绩收集

3.3 系统接口电文设计

运管系统与接口系统主要电文信息见表4。

表4

序号	接口系统名称	电 文 信 息
1	采购系统	铁运订单、船舶在途、船舶资料、水尺实绩等
2	制造系统	①铁区分区：原料日课计划、铁运计划、汽运计划、运输实绩等
		②钢后（炼钢、热轧、冷轧、硅钢等）分区：铁运/汽运计划、运输实绩等
		③核心分区：铁运/汽运计划、铁运返厂等
3	销售系统	运输计划、运输实绩等
4	财务系统	结算信息、报支信息、成本中心等
5	运输电商平台	委托单、合同、收/付费结算单、业务申请等
6	司磅系统	过磅申请、磅单等
7	机车驾驶单乘制系统	调车指令、行车指令、现车、调别、机车作业时间等
8	驼峰自动控制系统	驼峰解体指令等信息
9	车号识别系统	铁路车辆车号信息
10	东方钢铁	运单、订单、车皮在途等

3.4 系统流程设计

3.4.1 铁运流程设计

3.4.1.1 铁运原燃料进厂流程设计

原燃料采购订单匹配流程设计：铁路车辆承运发出后，东方钢铁系统发送从国铁获取的运单信息至运管系统；供应商在东方钢铁匹配订单后发送信息至运管系统。针对订单未正常匹配情况，运管系统具备补录功能。

原燃料进厂接车、卸车流程设计：列车到达经车号识别扫描发送车号信息至运管系统。接车至到达场股道，发送车辆到达信息至制造系统。下达解体计划至驼峰系统，车辆解体至编组场股道后通知质检并发送进厂编组信息至制造系统。制造系统下达进厂计划，根据计划下达行车计划。列车进厂后根据制造系统卸车计划下达调车计划，机车通过机车驾驶单乘制系统接收计划并开始作业，车辆配到货位线后反馈清钩信息；运管系统接收后发送车辆上道信息至制造系统，制造系统反馈卸车实绩。

3.4.1.2　铁运厂内运输流程设计

制造系统下达装车、卸车和转库计划，其他流程同上。

3.4.1.3　铁运产成品外发运输流程设计

制造系统下达铁运外发请车计划，其他流程同上。车辆装车离道后编组外发、交局销车。非武钢单位可通过运输电商平台（以下简称“电商平台”）向运管系统请车，确认后转换成运输计划予以下达执行。

针对返厂车辆，制造系统下达返厂计划。车辆到达经车号识别扫描发送车号信息至运管系统，信息匹配后提示返厂股道。车辆配到货位后制造系统反馈实绩至运管系统，再次编组外发交局。

3.4.1.4　铁运工艺铁路流程设计

运管系统接收制造系统铁水配罐计划，以图形化拖拽方式对机车下达调车计划，其他流程同上。受铁结束和重罐倒空后，制造系统反馈实绩。

3.4.2　水运流程设计

运管系统接收采购系统到港计划生成船舶预报。船舶抵港后确认到锚地，变为抵港待检状态并生成唯一航次号。质检重尺作业，船舶排入待卸状态。制造系统下达原料日课计划，结合港机作业能力生成昼夜及工班计划。依据工班计划卸船并通过 APP 反馈实绩。卸料清舱后通知质检空尺作业，船舶离泊。

3.4.3　汽运流程设计

运管系统接收制造系统运输计划，建立“托运号—作业区域—车辆”关联的配车管理模式，系统自动分发作业任务，只针对异常情况调整任务。汽车司机通过 APP 设备接收当班运输业务并反馈运输实绩，运输过程中发生故障可在 APP 按故障程序操作。制造系统反馈实绩。

3.4.4　商务成本流程设计

3.4.4.1　商务收费业务流程设计

运管系统根据运输实绩及费率产生结算单并发送至电商平台，业务委托单位确认后，结算信息由运管系统上抛标准财务系统。财务审核后开票并发送至运管系统；运管系统转发电商平台，业务委托单位查收付款。

3.4.4.2　商务付费业务流程设计

运管系统根据委外作业实绩及评价扣款信息生成结算单，审核后发送电商平台。协力供应商在电商平台录入发票信息，核对后生成报支清单，审批后发送至标准财务系统。标准财务系统审核抛账并向运管系统反馈报支信息。

3.4.4.3 运输成本收集抛账流程设计

维护建立抛账规则，明确成本中心、受益成本中心、抛账类别等信息。根据抛账规则归类收集、核对确认运输实绩，统计上抛运量、周转量至标准财务系统。

3.5 系统功能模块设计

系统功能主要包括运输综合、铁路运输、原料码头、汽车运输、运输商务、运输成本等模块。功能架构如图 2 所示。

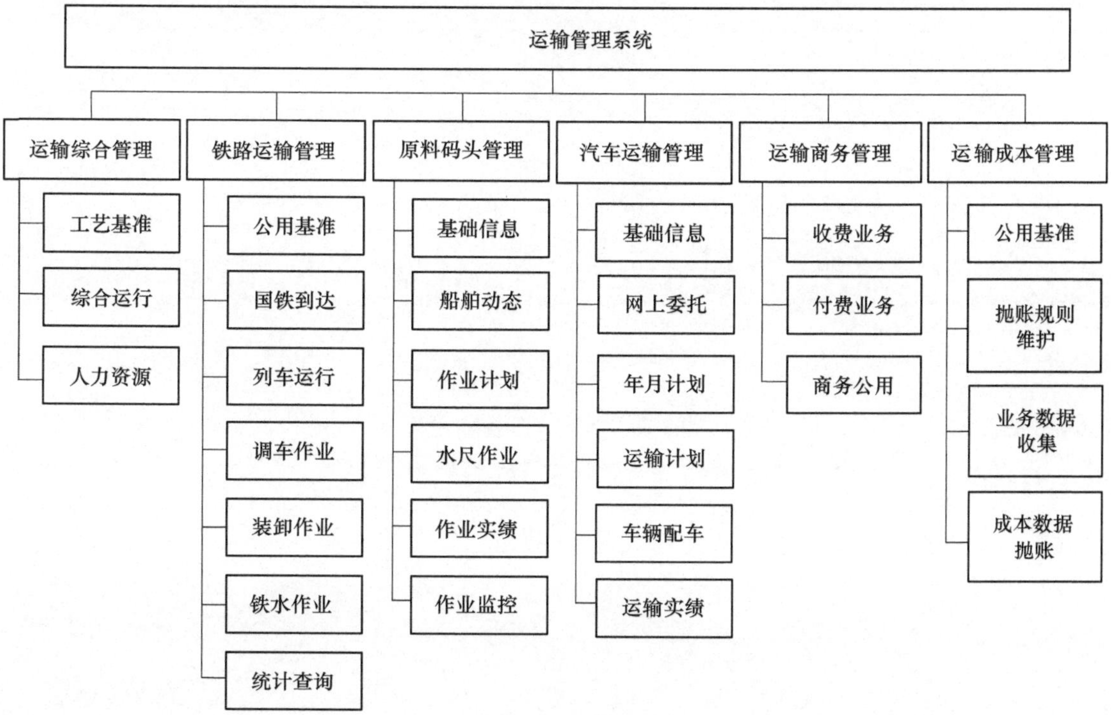

图 2

4 系统应用效果

武钢运输管理系统经优化设计开发，已于 2018 年底成功上线运行，为武钢整合重构统一高效的厂内物流管控体系奠定了信息化基础。主要成效体现在：

（1）系统功能覆盖从原燃料进厂、厂内运输、产成品外发到运输实绩收集、成本抛账等运输管理全流程，通过计划全周期一贯制管控，实现运输作业统一调度管理、运输资源统筹动态调配、运输需求快速响应。

（2）系统高度集成，与制造、采购、营销等系统实现信息交互共享，运输计划一律线上下达、运输实绩一律线上反馈、统计报表一律线上生成，生产管理与现场作业效率提升显著；另外，通过东方钢铁平台实现与国铁 TMIS 系统运单、订单数据交互，提升了铁运进厂接车作业效率，并取代了沿用多年的厂内纸质货票，有效降低了局停等运输成本。

（3）深入应用移动终端、可视化监控等物联网技术，实时监控机车、汽车、港机等现场作业单元计划执行情况，建立生产作业全流程闭环跟踪管控体系，促进了运输作业操作的规范化、标准化、安全化；同时科学规划机车、汽车作业路径，减少了无效运输，降低了能耗，促进了节能环保。

（4）系统的建成投用为未来开展物流智慧排程夯实了信息化的基石，系统运行获得的数据信息为大数据挖掘应用提供了宝贵资源。

机车检修基地迁建回顾及流程再造实践

（山西太钢不锈钢股份有限公司物流中心，马旭升、
范力智、胡贵平、牛宝成）

摘　要：为实现产品转型升级，需异地迁建原机车检修厂房。在空间大幅缩小的新厂房如何使工装配置合理、工艺布局顺畅、检修修程完备，并在尽可能短的时间内以较少的投入恢复完备的机车检修能力及顺利保产成为一个迫切而现实的问题。为此，我们服从公司大局并立足实际，迎接挑战，开展了以降本增效为目标的厂房迁建及机车检修流程再造的创新实践。经过科学组织、合理安排、应用多种创新手段，重塑了一个检修组织流程合理、结构紧凑、精简高效的机车检修管理组织并发挥功能，有力地支撑了公司物流牵引动力的需求。

关键词：工艺；机车；检修；流程

1　引言

公司为适应市场需求实现产品转型升级，上马冷轧硅钢项目，需整体拆除原机车检修厂房。原机车检修场地分为架修、定修、整备以及辅助的机加工车间，工装设施配备大而全，从硬件上基本上能满足当时的机车检修的需要。而异地改建将面临许多困难。因此，在尽可能短的时间内以较少的投入恢复完备的机车检修能力并顺利保产成为一个迫切而现实的问题。

2　问题的提出

（1）空间小。配合公司硅钢项目改造，只能整合利用旧有资源，以车辆作业区一个旧车辆检修车间作为改建基础，建成一个长 72m，跨距 24m 的新厂房，迁建后的厂地空间小，仅有原检修车间的 1/6，无法将原有的工装设备按照工艺要求进行布局，严重影响机车正常检修，在有限空间检修台位工装设施如何布局、工艺流程如何优化才能满足机车各修程的正常实施，成为困扰我们的一大难题。

（2）保产难。长期以来，预备及替修机车数量不足，随着生产规模的增大，机车的使用率明显提高，若在正常检修周期不能对机车机能及时恢复，就容易造成“拼设备”现象，后续投入的检修费用会更大。机车检修场地改建期间，因无法进行检修，这一现象将更加突出，机车保产的难度更加凸显。

（3）车失修。检修场地迁建过程中，原有很多检修工装停用，机车检修数量及质量也明显降低。新环境下检修空间不足，检修流程及工艺不能适应新的检修环境，机车各修程均无法正常开展，原有失修机车无法尽快恢复，更多机车又处于失修状态，严重威胁物流运输安全保产。

（4）力量弱。随着公司规模的扩大，机车数量逐年增加，检修人员却逐年减少，由原

来的 170 多人锐减为 70 多人，人力资源严重紧缺。目前，机车检修部门人均保修（三级修程）机车为 1.6 台，居同行业之首，人力资源短缺与保有各修程的机车数量相脱节，且平均年龄超过 45 岁，存在机车“修不过来”的困局。

3 方案及实施

（1）通过利用旧有资源，合理规划检修空间，优化整合配套设施，创造性地实现了小空间大功能的目标。

1）改建旧厂房。我们作为服务钢铁生产的物流部门，其本身涉及的车机工电的固定检修区域原本就很小，因此迁建之初的选址就成为一个关键难题。新建厂房将会投入巨额资金，且周期长，无法实现机车检修持续性保产的需要。经过反复研究及测量，最终选择将车辆作业区一个旧检修厂房作为内燃机车检修的基础。为满足机车检修行业的特殊性，经过部分改建，使一个规模只有原检修规模 1/6 大小的车间具备了检修内燃机车的能力。

2）调剂旧机车。长期以来，机车使用率（机车运用台数与机车总台数之比）一直保持在 80%以上，属同行业之首。机车使用率过高，会造成“拼设备”的现象，原因主要为预备机车不足，保产任务艰巨。改建过渡期间势必会扰乱原有的检修节奏，保产压力会更大。为解决此困难，经过多次实地调研并和有关部门配合，最终将 2 台机车经过整备、办理过轨、无火回送、恢复机能等一系列程序调剂充实到公司机车序列中，有效缓解了过渡期间的机车数量不足和保产的压力。

3）规划新厂房。迁建的检修厂房原定只进行小修程，即只开展机车定修修程，现有的空间是可以满足的，但带来的问题是机车中修以上的修程将完全依靠外委修，这需要投入更多的检修费用。为了降本增效，公司决心在一个单一的改建厂房内实现中修、大轮修、定修三级修程的目标。机车检修按原有机车检修工艺布局已不现实，必须根据实际情况合理优化。

首先对机车检修各修程的作业活动进行系统梳理，整合出必须保留的 4 个活动，在现有的一个厂房以区域划分法划分出柴油机区域、传动区域、电控区域、辅修机加工区域，其优点是检修交叉作业大幅减少，便于安全管理和按流程展开，在各自独立区域作业便于班组长统筹安排，大幅提高了工作效率。

机车检修离不开配套的各类工艺装备及设施。原有以计划修为主配备的大而全机车试验工装全部定置在现有厂地已不可能。经过梳理并研究机车历年状态，按照检修定置理论的就近、便捷的原则，最终精选出 47 台套工装设备并合理定置，运用于今后以状态修为主的检修生产中。为增加机车检修清洁装配，移置原有的大部件清洗机，定置于机车轨道末端，使在轨道上分解后的部件能就近推入进行清洗作业。机车检修所需的备品备件种类繁多，需占用较多的空间，为此，公司创造性地将一个车辆废旧平板车作为流动备件库使用，进一步利用了有限的检修空间。

（2）以车体定位修为主的检修方式，实施检修工艺流程整合再造。新检修环境下，硬件方面发生了巨大变化，原有的流程及工艺已不能完全保证现有的机车检修作业，需进行再造和重建。

固定区域内通行的机车检修方式有车体流水修和车体定位修 2 种方式，针对现有厂房特点，因地制宜，最终以车体定位修的方式来开展中修修程，并固定检修台位，有效弥补了检修空间的不足。

对原有检修流程结合现有的厂房、线路等特点进行研究，最终确定25个环节，并对机车入库、复检、油水排放、进入台位、吊出柴油机、推出架向架、交验、出库等重点环节从安全性、实用性方面进行了完善和实施。

组织专业人员，研究原有工艺与现有检修匹配性问题，最终制定了各修程实用性和指导性更强的机车检修工艺，为高效高质检修机车提供了保障。

为完善机车验收环节，进一步提高机车检修质量，改变原来作业区自验的方式，配备隶属于设备科的2名验收员专职验收机车，并完善相关职能。

（3）通过整合人力资源及绩效激励等方式，解决机车“修不过来”和失修的难题。机车检修部门人均保修（三级修程）机车为1.6台，居同行业之首，人力资源短缺与保有各修程的机车数量相脱节，且平均年龄超过45岁，存在机车“修不过来”的困局。作业区核算各修程单台机车投工量，确定单台定额，采取以修车数量的多少作为作业区绩效的依据。作业区内部确立“多修车、修好车、快修车”的目标，从数量、质量和效率三个方面组织生产，采取打破分专业检修的传统模式，实施一专多能；以专业检修量平衡投入的人力资源；绩效方面向主修班组倾斜的杠杆调节等方式解决人员老化及人力资源不足的问题；三年来利用工余及节假日组织加班检修，运用时间置换空间的方式，解决机车检修台位不足问题，最大化地发挥有限的库容，有效解决了机车失修和保产问题。

（4）积极开展修制修程革新，探索管理创新之路，实现降本增效。机车检修修制修程设定合理与否，直接影响着机车检修成本和检修效率。同行业大部分机车检修部门实行计划修与状态修结合并以计划修为主的机车修制和大修、中修、重点修和定修四级修程。原有的侧重于计划修的修制已与现代化检修管理的理念不相匹配。计划修成分过多和修程设置过多，势必会造成过剩修理，其结果是修理成本增加。为此，开展研究，结合工矿企业用车特点，决定实行计划修与状态修结合并以状态修为主的机车修制和中修、大轮修和定修三级修程。同时，打破原有定修以上修程按柴油机状态来决定修程的固有模式，灵活地以机车柴油机系统、传动系统、走行系统各自状态实施大修程，进一步减少了过剩修理的成本，缩短了库停时间。对历年来检修故障进行统计分析，合理制定各修程的检修范围。为防止修理不足造成机破等事故，采取加大重点部位外观检查、局部分解和加强机车运、管、修三方信息反馈等手段，有效解决了过剩维修和欠维修的矛盾。

（5）通过引进新型轮箍红套设备及改型高耗能180型机车，达到节能降耗的目的。

1）引进新型红套设备。轮箍的红套作业是决定机车架修效率和库停时间的关键环节，原有换箍设备系蒸汽机车时代高耗能，功能单一（只能加热轮箍）、换箍效率低。经过调研并与专业厂家联系确认，针对现有厂房的布局特点，引进安装了新型的中频感应轮箍红套装置，使作业效率提高4倍，功耗降低2倍，实现了就近分解、就近翻转、就近加工、就近组装，起吊路径最短工艺路线；同时极大地提高了作业的安全性。

2）改型高耗能GK1B机车。GK1B型机车装配预燃室式燃烧室的12V180型柴油机，其油耗大、环保性差，且大部分机车已超报废期，为改善其保产性能，对该型机车功率、结构等多方面进行了调研，决定配装燃烧方式更合理的直喷式190型柴油机来提高该型机车保产及运输能力。截至2018年已对6台机车实施了改造，运用效果较好。

（6）利用技术创新攻关及加大自主检修力度的手段，实现降本增效。

1）成立职工创新工作室。2015 年，经过反复权衡车机工电等检修部门，我们成立了以解决机车检修和运用难题为主的职工创新工作室，充分发挥技术人员和职工的聪明才智，开展创新工作，累计开展创新课题 48 项，在机车创新创效方面发挥了重要作用。

2）机车电气系统技术改造。随着机车使用年限的增长，电器线路逐步老化，带来的后果是临修频次增高，严重时会影响运输保产，产生火灾隐患。外委换线费用高昂，库停时间长。机车检修作业区依靠自己的力量组织攻关，自主对 6 台机车进行了整车换线，使换线机车的稳定性及安全性提高了一个较大的档次。

3）开展电传动机车自主架修攻关。电传动机车属 2006 年之后引进的大功率六轴机车，与检修技术水平、经验及装备比较完备的四轴液力传动机车相比，自主检修的难度大，但依靠外委不能完全满足机车的运用及状态要求。机车检修作业区克服困难，利用现有的技术力量及先进的六西格玛等质量手段，自主对该型机车柴油机进行中修修程，积累了经验，降低了成本。

4　结语

经过以上实践，以较短的时间和较少的成本，实现了小空间大功能，重塑和构建了一个流程更加顺畅、修制更加合理、工艺更加实用的新检修组织，为公司物流提供了良好牵引动力，创造了可观的经济效益。

构建铁路运输全流程信息系统，创新运输指挥与管理

（攀钢集团攀枝花钢钒有限公司，陈军、周万红）

摘　要：铁路信息化是铁路现代化的重要标志，其根本目的是将通信、信息、控制技术运用于运输组织与经营管理的各项活动中，以提高运输效率，降低运输成本。近年来，随着钢铁企业铁路运输信息化建设的大力推进，信息系统已成为运输生产组织管理不可缺少的有力工具。

攀钢钒物流中心从2010年开始进行铁路运输管控一体系统探索，在当时装备水平条件下，建设管控一体系统需要投入大量资金用于站场基础控制系统改造，由于钢铁市场行情低迷，该项目迟迟未能实施。2015年，为支撑人力资源深度优化，公司采取“统筹规划、分步实施”思路，计划先建成覆盖企业铁路运输全流程的管理信息系统，实现铁路运输数字化管理，待站场基础控制系统改造完成后，再以此系统为基础建设管控一体系统，实现进路选择智能化、办理自动化。铁路运输管理系统于2016年初开始建设，于2017年3月投入运行。该系统以铁路运输生产管理、物流信息收集、处理与共享为主要任务，采集货源、货物流向及现车等关键信息，以运输生产管理、作业集中指挥为核心功能，涵盖铁路运输生产全过程，为优化攀钢钒物流中心铁路运输生产组织提供信息化支撑手段，并为最终建成铁路运输管控一体系统打下坚实基础。

关键词：铁路运输；信息；系统；指挥；管理

攀钢集团攀枝花钢钒有限公司（以下简称攀钢钒）始建于1965年，依托资源和工艺技术优势，经过一、二期和三期建设，已形成从炼焦、烧结、炼铁、炼钢到轧制成品钢材的钢铁冶金产品生产工艺流程和钒钛产品生产工艺流程，具备年产铁600万吨、钢550万吨的生产能力。

攀钢钒地处攀西裂谷，主厂区建在2.5km^2的弄弄坪，素有“象牙微雕”之称。攀钢钒物资到达、产成品外发及工序保产主要依靠铁路运输。设有19个站场，铁路线路总里程160余千米，道岔800余组；内燃机车48台，普车、铁水、钢水等各类冶金车辆900余辆等。2016年，铁路总运输量约3600万吨，其中，到达约700万吨、厂内捣运约2360万吨、产成品外发约540万吨。

1　实施背景

建厂至今，攀钢钒铁路运输一直以手工填表、电话联络、人工传递等原始手段为基础，效率低、速度慢、准确性差，随着公司产能的扩张，铁路运输已不能满足攀钢钒发展的需要。

1.1　提升铁路运输信息化水平的必要性

1.1.1　铁路信息化是发展的必然趋势

世界经济正在加速从工业社会向以信息为主导，以互联网应用为载体，以知识创新为

核心的信息社会过渡，信息技术逐步成为推动生产力进步的决定性因素。国家已制订了信息化建设的长远规划，要求加快行业信息化和企业信息化发展。对标国内冶金企业，攀钢钒无任何信息化装备支撑铁路运输指挥与管理，铁路运输模式与国内其他企业相比已经极其落后，差距越来越大，直接影响攀钢钒市场竞争力的提升。

1.1.2　铁路信息化是提升生产效率的迫切需求

近几年，攀钢钒大力优化人力资源，铁路运输相关作业人员从 2010 年的 2200 余人减少到目前的 1500 余人，而配套装备水平未同步提升，只能依靠增加职工劳动强度获得人力资源优化成果，却带来了运输作业效率降低、作业安全风险增加的负面影响，特别是在推行“调乘一体”以及道口降级尤为显著。同时，降低局车停时、降低铁水运输过程温降等工作对运输的高效率要求与运输作业现状之间的矛盾日益突出，必须通过信息化建设从根本上改变人力资源优化后的困境，提升运输作业效率。

1.2　铁路运输现状及问题

1.2.1　调度指挥系统层级多，手段和工具落后

采用三级调度（中心调度、站调、区调）指挥模式，信息传递、反馈效率低。而且，指挥行车的工具就是一支笔、一把尺、一张图和一部电话。调度员根据记忆中的车辆停放位置和装卸车信息打腹稿形成作业计划，三钩内通过平面无线调车电台或站场广播口述布置，三钩以上通过纸质调车作业通知单下达，各执行岗位接听计划并记忆，执行完毕后通过语音反馈结果。调度使用笔和格式化纸记录写实本区（站）范围内的作业计划、车流和调车机运用。生产管理、调度指挥手段和工具落后，导致运输作业效率低。

三级调度指挥如图 1 所示。

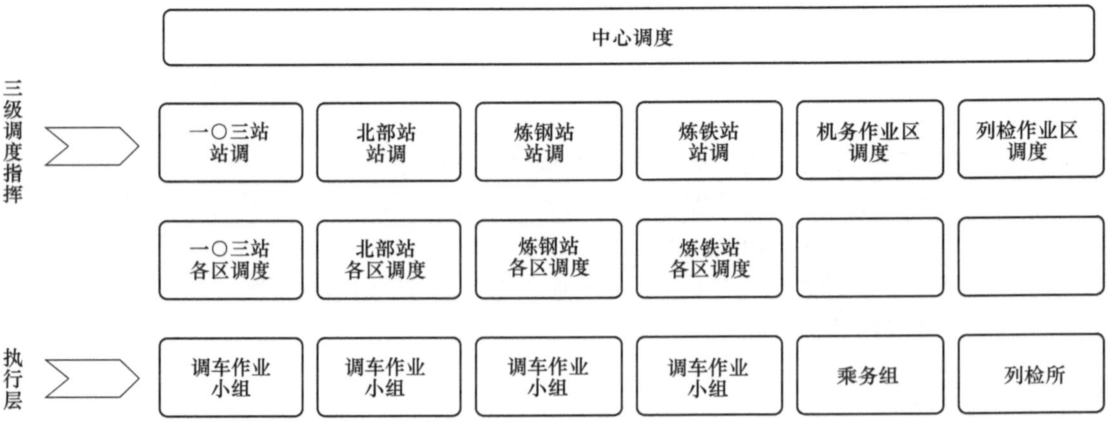

图 1　三级调度指挥

1.2.2　设备设施陈旧落后，作业效率低，安全性差

设有 19 个站场，其中 DS6-11 微机联锁站场 9 个、6502 电气集中联锁站场 6 个、7021 驼峰电气集中联锁站场 1 个，非联锁站场 3 个（人工扳道）。站场作业微机联锁、6502 电气集中、人工扳道三种联锁方式并存。

图 2 所示为 6502 电气集中操作台。人工扳道作业如图 3 所示。

图2　6502电气集中操作台

图3　人工扳道作业

1.2.3　原始数据的采集及各种统计分析落后，准确性、及时性较差

目前车辆信息采集、运输作业信息、运输统计分析全由人工完成。车站兼职货运统计员根据纸质调度作业图表、纸质货票信息手工统计，再通过电话上报给中心统计人员。统计方式及手段的落后导致技术分析的落后，无法给管理者提供实时参考与决策。

手工填写数据如图4所示。人工统计数据如图5所示。

图4　手工填写数据

图5　人工统计数据

1.2.4　采用纸质票据交接，管理成本高，作业效率低

物流中心与铁路局、内部生产厂等之间的铁路运输票据流转全部采用纸质票据方式，随着公司外发品名的增加，以及铁路局对装车管控的要求越来越高，纸质票据从最初的单一货票发展到发货卡、温度表等近10种票据，票据量大，票据填制、打印、交接、存档等消耗大量的人力、财力，造成管理成本高。而且纸质票据的传递时间较长，受人为影响因素多，导致运输作业效率低。

2　目标和途径

2.1　目标

建立面向铁路运输生产全过程的信息化系统，在铁路运输作业计划编制与下达，生产过程实时监督，车流、物流信息实时跟踪，铁路在线设备管理等各环节充分应用信息化技术，构建信息化协同调度平台。彻底告别以手工操作为主的低效率保产方式，实现以信息系统为基础的铁路运输保产模式“质”的提升，同时，为下一步向自动化、智能化发展创造条件。如图6所示。

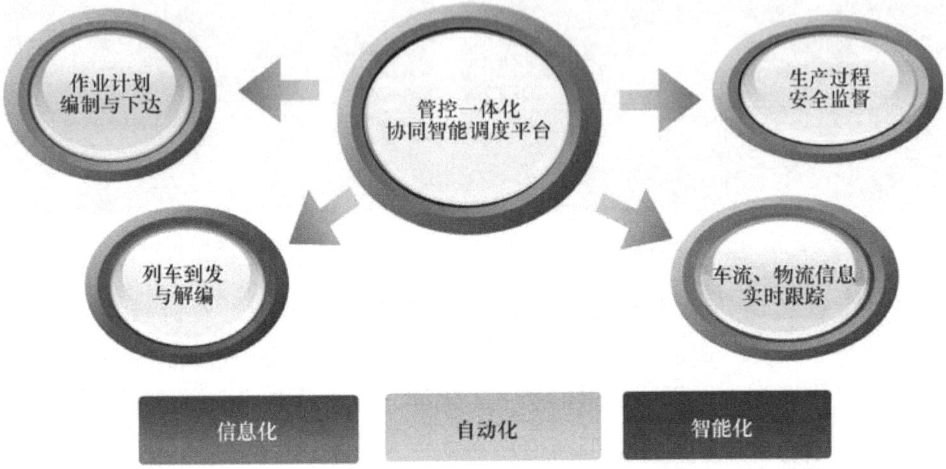

图6

2.2 途径

2.2.1 实施全流程再造，建立以信息平台为支撑的铁路运输管理新模式

（1）按照“整合、简化”的思路，攀钢钒铁路运输从三级调度转变为一级调度，实行调度集中办公，确定新的调度模式。

在集中区域建立调度大厅，分设行车调度、货运调度、设备调度，接口岗位包括信号员、调乘组、货检员、交接员、点/巡检员、各生产厂矿调度及业务操作员、铁路局相关岗位人员等。调度结构如图7所示。

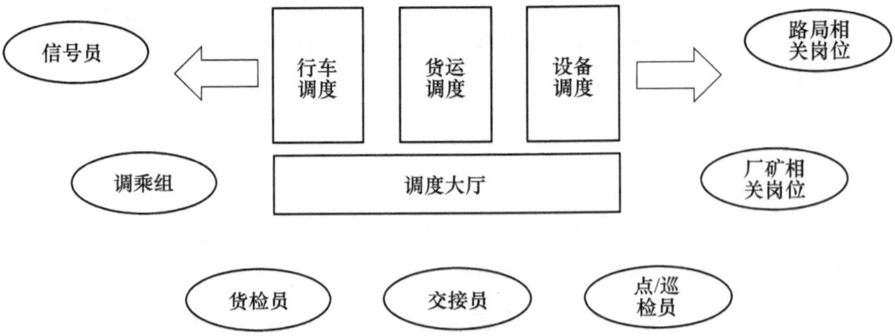

图7　调度结构

（2）铁路运输全流程分析及优化。从内部的铁路运输、设备检修组织向与厂矿、铁路局之间的业务衔接延伸，梳理相关业务。经过梳理，需对一级调度模式下的调度作业、局车到达、装卸、发出作业，厂内普车、特种车装卸作业等核心业务流程进行优化。将作业计划、运转/调车作业、检车作业、货运作业以及在线设备运行管理等有序结合，实时掌

握运输作业过程、车流和货物流转动态，提高铁路运输效率及线路、机车、车辆等设备使用效率。通过信息化系统的支撑，实现厂内铁路运输相关数据的电子移交功能，保证生产数据的及时、准确、完整、统一，进而帮助调度人员实时掌握生产动态，及时协调生产过程，彻底改变过去一部电话一支笔的传统运输生产组织模式。

具体业务流程明细见表 1。

表 1　具体业务流程

业务编号	业务流程名称
WL. 01	调车作业计划流程图
WL. 02	调车作业计划变更流程图
WL. 03	运转作业计划流程图
WL. 04	局车到达流程图
WL. 05	大宗原燃料局车卸车作业流程图
WL. 06	零星车局车卸车作业流程图
WL. 07	局车装车作业流程图
WL. 08	局车发出流程图
WL. 09	车辆返厂流程图
WL. 10	厂内车装车作业流程图
WL. 11	厂内车卸车作业流程图
WL. 12	厂内冶车装卸车作业流程图
WL. 13	设备故障处置流程图
WL. 14	设备检修/故障/厂矿检修封道请销点流程图
WL. 15	铁路电力内部停送电流程图
WL. 16	铁路电力外部停送电流程图
WL. 17	机车车辆（含炼铁）入修流程图
WL. 18	炼钢产权车辆扣修流程图
WL. 19	设备封存/启封管理流程图

2.2.2　采用图形化、模块化设计，关联系统高度集成，全面实现系统功能

铁路运输管理信息系统以现场计算机联锁/电气集中控制系统、车号识别系统等信息为基础，以调度指挥为核心功能，实现物流中心铁路运输生产业务与攀钢钒公司铁路运输需求的匹配与信息集成。

（1）系统总体结构。铁路运输管理系统包括 7 个子系统：调度管理子系统、计划管理系统、现车管理子系统、调度监督子系统、货运管理子系统、在线设备管理子系统、统计查询子系统，支持点巡检、货检等外勤岗位在移动端应用；同时，系统与攀钢钒整体产销系统、物资计量系统、各生产厂矿 MES 系统以及成都铁路局运输全过程管理系统对接，实时共享车流、货物、计量信息。

特点：管理扁平化、专业化；内外系统对接，信息共享更全面，效率更高；采用图形化、模块化设计，充分考虑批量操作，人机界面友好；具备足够的延伸空间，系统性更强，功能更强大。结构图如图 8 所示。

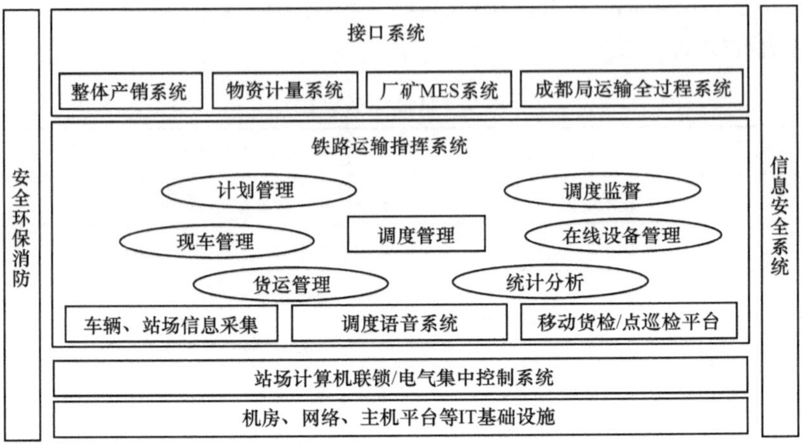

图 8

（2）调度管理子系统。调度管理子系统包括调度编制作业计划所需的厂矿装卸车需求信息，行车、检车作业计划的编制、下达、变更、执行进度跟踪及查询，以及根据调度行车计划执行实绩自动生成的调度作业图表。

特点：

作业计划充分考虑普车、冶车作业特点，全面满足调车、运转、冶车炉下顶提/对位及单机整备、运转等作业。如图 9 所示。

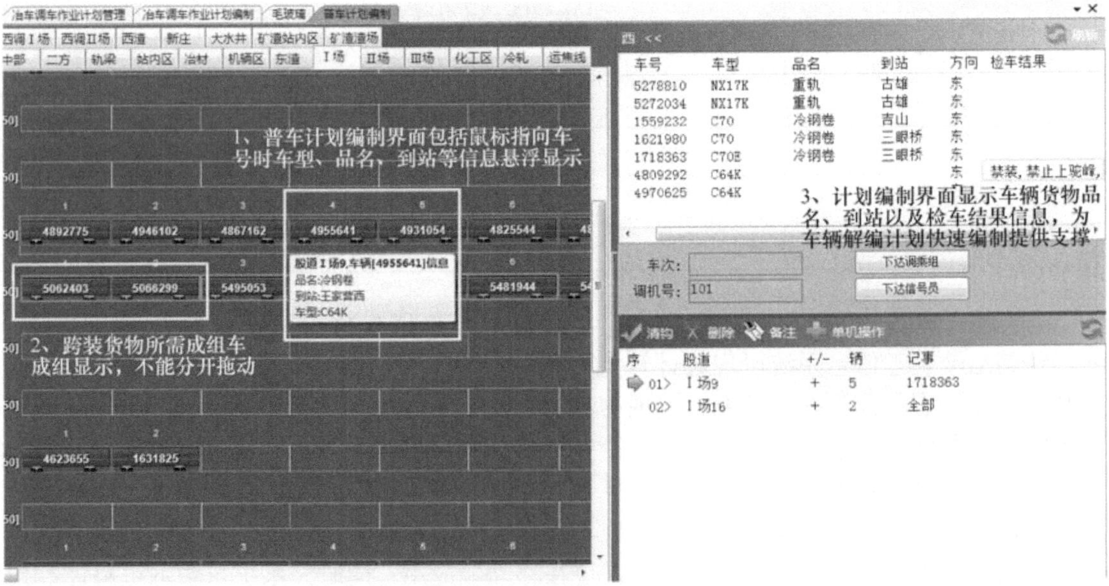

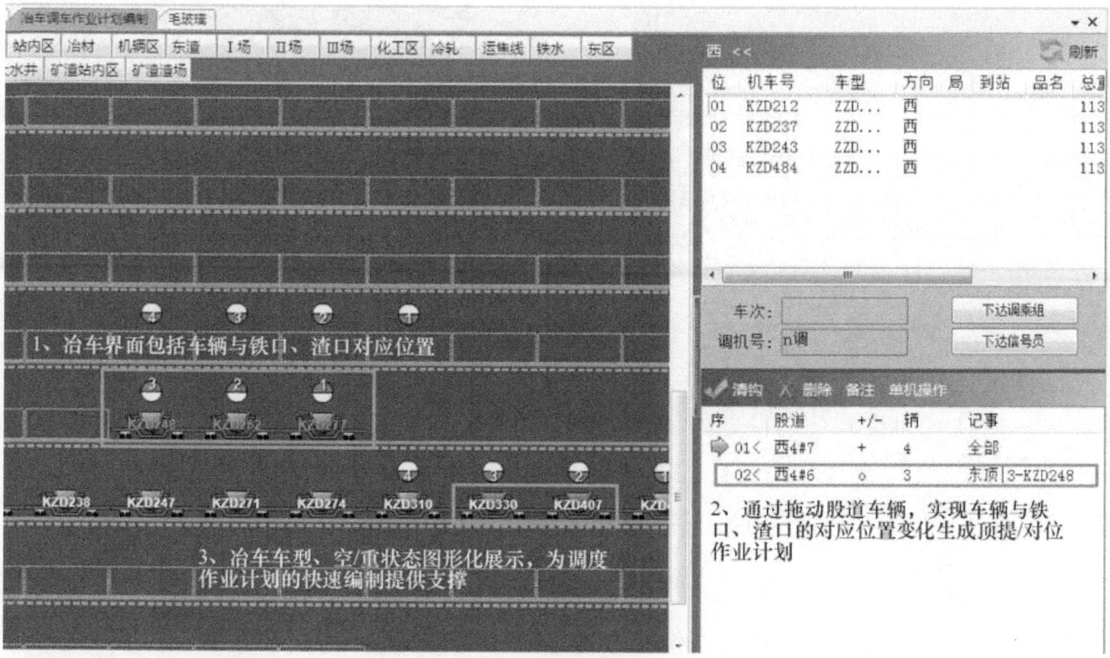

图 9

作业计划编制界面通过图形化设计，拖动车辆实现作业计划自动生成。如图 10 所示。

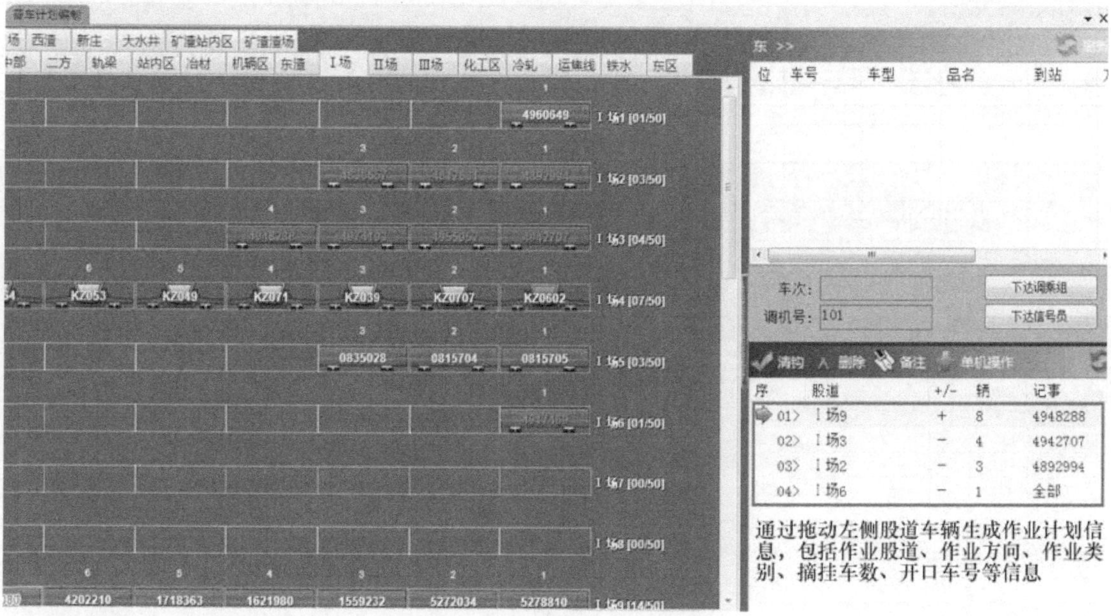

图 10

作业计划编制完成后，通过系统关联，传达到负责该区域的信号员电脑终端以及相应调乘组车载台、手持机。如图 11 所示。

图 11

根据作业计划的状态转换以及清钩信息实现对行车作业进度的实时掌控。如图 12 所示。

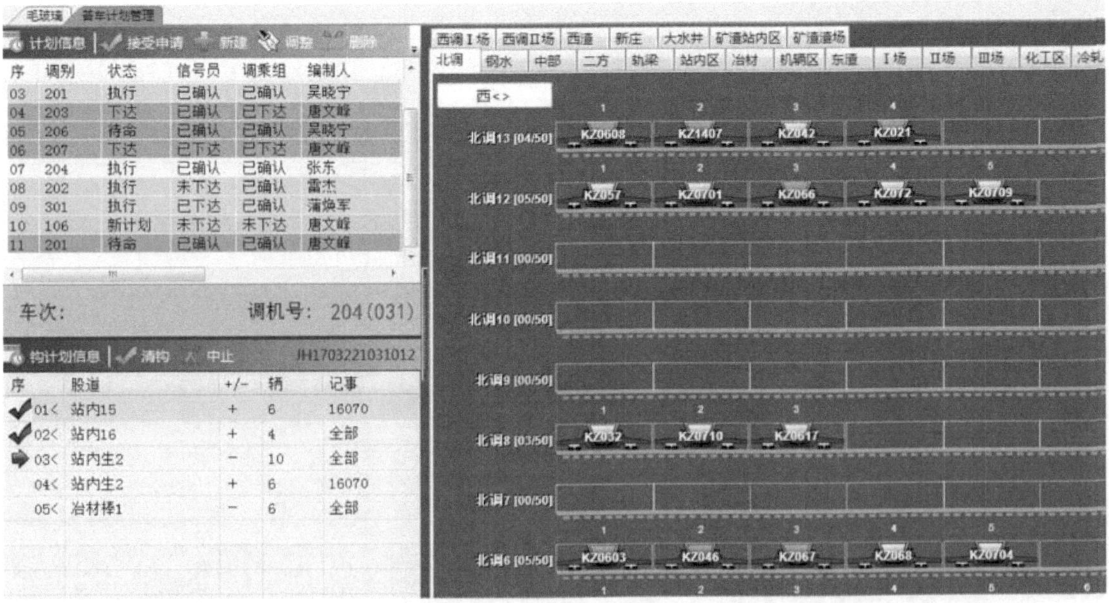

图 12

根据作业计划下达、执行结果反馈自动生成机车运行图表，且支持图表自定义生成。如图 13 所示。

（3）现车管理子系统。现车管理子系统包括局车、厂内车在厂分布情况展示，可直观

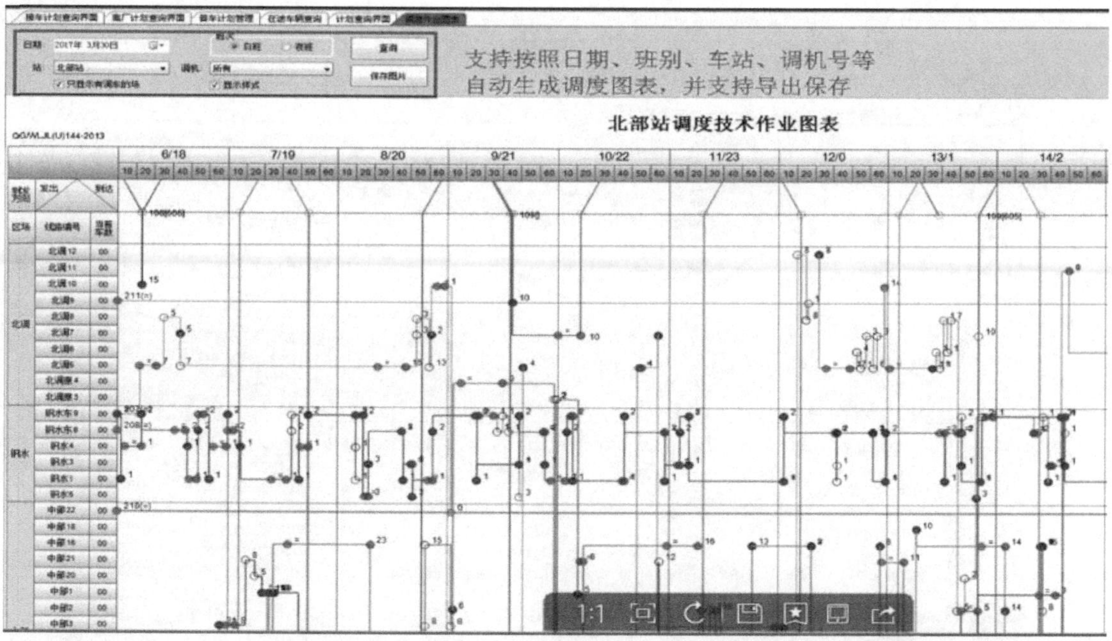

图 13

查看股道车辆车号、车型、空/重状态、货物品名、到站、局车在厂停留时间等。支持计划现车、在途车辆、车辆履历等信息查询。

特点：

股道信息及现车空/重、品名、到站、检车结果等信息直观展示。如图 14 所示。

通过与路局交接口及站间安装的车号识别设备自动采集通过车车号信息，并自动与作业计划车辆编组相比对，验证系统车流的准确性。如图 15 所示。

在现车管理界面通过鼠标右键弹出菜单实现装卸车、检车等操作，支持批量操作，以及根据翻车机特点实现了卸车后车辆自动转到对应下线，且编组顺序转换。如图 16 所示。

货检通过移动终端接收检车作业计划，现场检车同时直接录入检车信息，同时可直观将系统车辆和现场实际车辆进行比对，及时发现差异。如图 17 所示。

货票自动生成，运输票据电子交接，规范路厂交接界面。如图 18 所示。

（4）货运管理子系统。货运管理子系统包含货票、变更运输货票、运输凭证、返厂票查询以及路厂交接相关电子票据（温度报告单、计量单等）查询，可实时查询铁路运输相关数据，实现路企、路厂铁路运输数据及资源共享。如图 19 所示。

（5）调度监督子系统。图形化实时展示线路、道岔、信号设备状态及现车分布信息，通过差分 GPS 实现机车位置、运行速度、运行方向实时监控，为调度指挥提供有力支撑。

（6）在线设备管理子系统。包含铁路运输在线设备请/销点、停/送电、巡检、入修、修竣等系统管理，优化设备检修、故障请/销点以及停/送电审批流程，实时更新显示设备运用状态，规范设备运行维护及检修管理，提高“以检保运”能力。如图 20 所示。

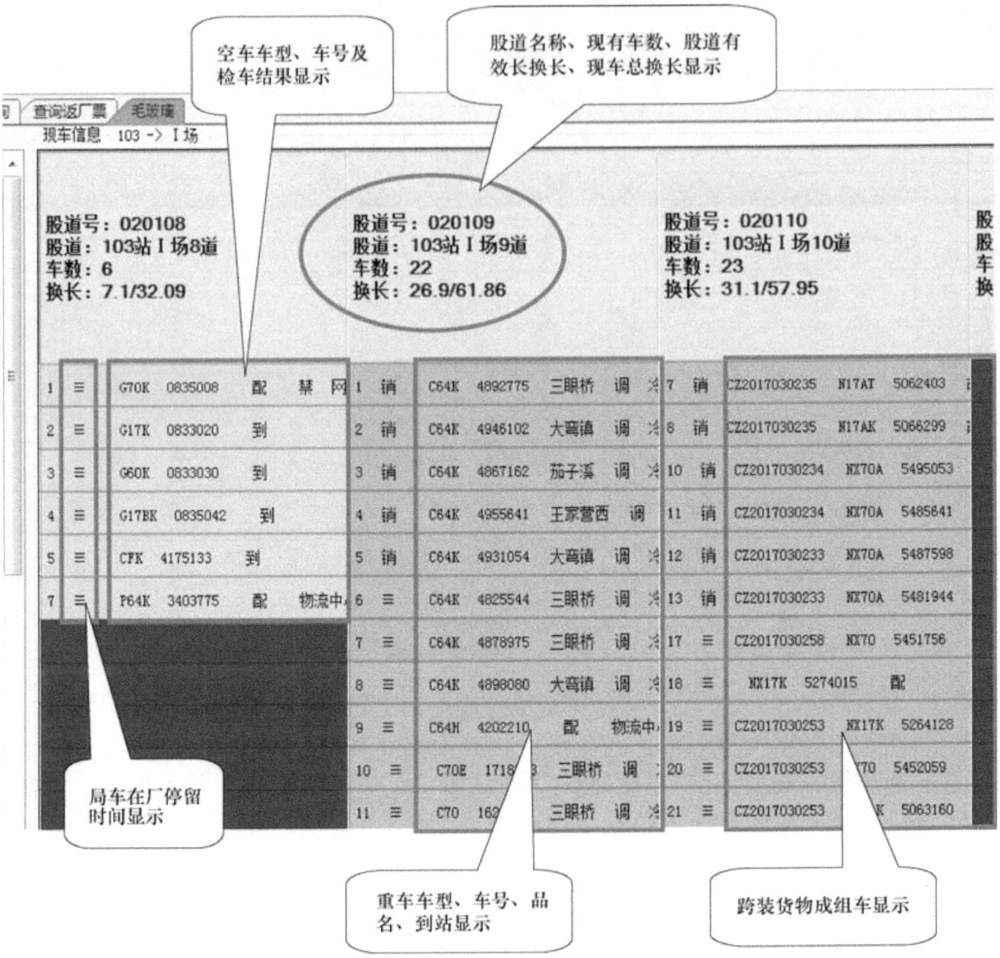
空车车型、车号及检车结果显示
股道名称、现有车数、股道有效长换长、现车总换长显示
现车信息 103 -> I 场
股道号：020108
股道：103站 I 场8道
车数：6
换长：7.1/32.09
股道号：020109
股道：103站 I 场9道
车数：22
换长：26.9/61.86
股道号：020110
股道：103站 I 场10道
车数：23
换长：31.1/57.95
局车在厂停留时间显示
重车车型、车号、品名、到站显示
跨装货物成组车显示

图 14

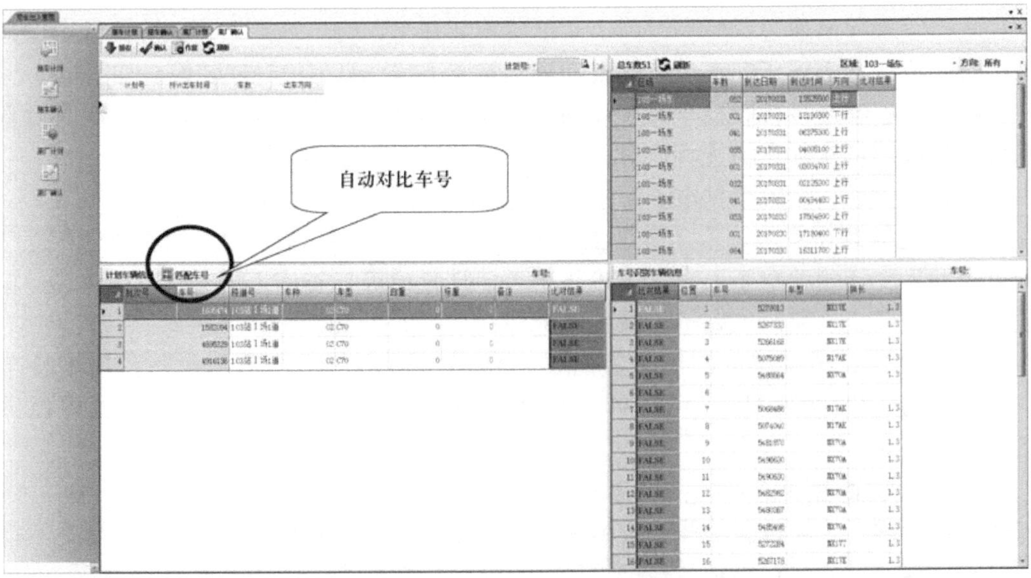
自动对比车号

图 15

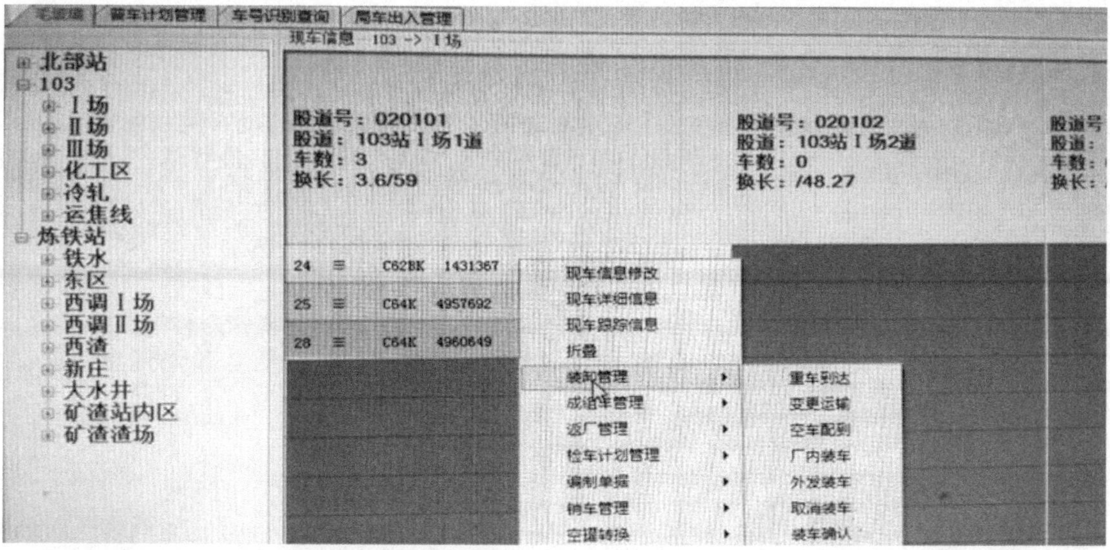
车号识别查询
周车出入管理
现车信息 103 -> Ⅰ场
北部站
103
Ⅰ场
Ⅱ场
Ⅲ场
化工区
冷轧
运焦线
炼铁站
铁水
东区
西调Ⅰ场
西调Ⅱ场
西渣
新庄
大水井
矿渣站内区
矿渣渣场
股道号：020101
股道：103站Ⅰ场1道
车数：3
换长：3.6/59
股道号：020102
股道：103站Ⅰ场2道
车数：0
换长：/48.27
24 C62BK 1431367
25 C64K 4957692
26 C64K 4960649
现车信息修改
现车详细信息
现车跟踪信息
折叠
成组车管理
返厂管理
检车计划管理
编制单据
销车管理
重车到达
变更运输
空车配到
厂内装车
外发装车
取消装车
装车确认

图 16

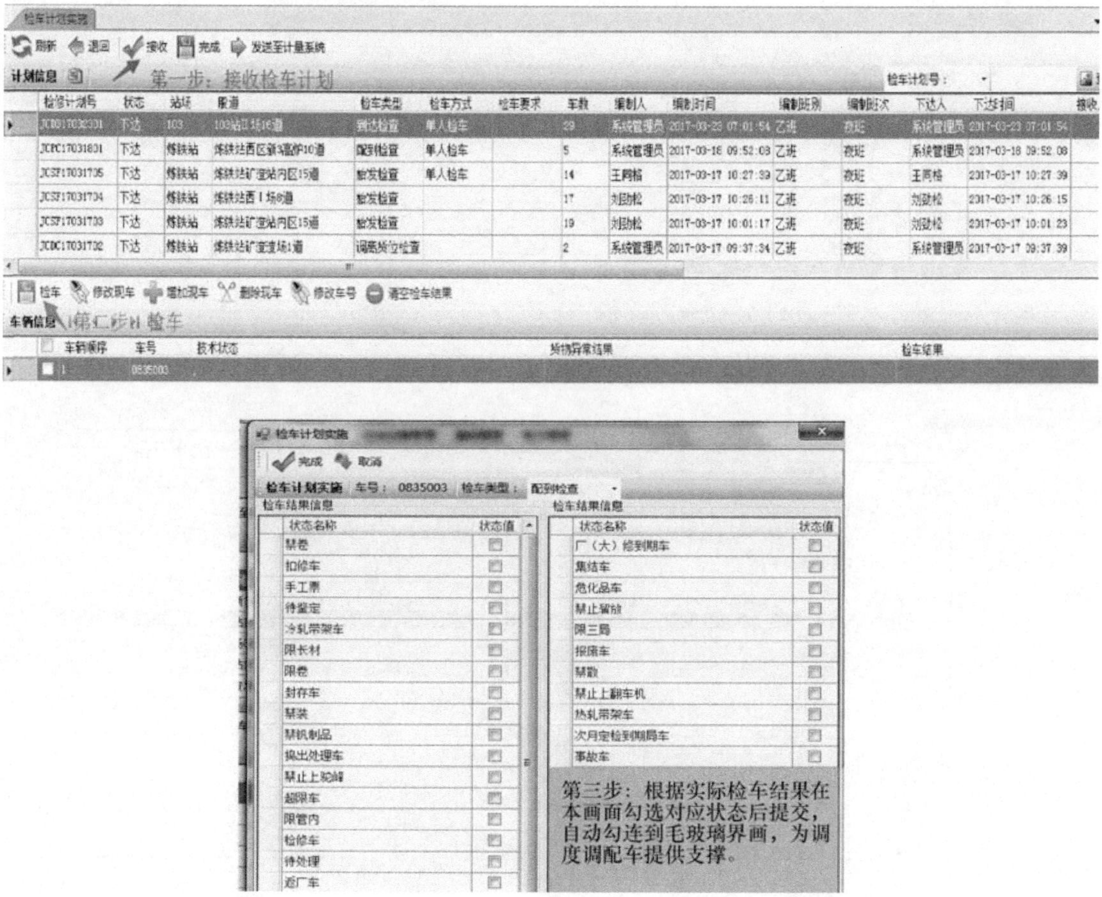
刷新
退回
接收
完成
发送至计量系统
计划信息
第一步：接收检车计划
检车
修改现车
增加现车
删除现车
修改车号
清空检车结果
车辆信息
第二步：检车
车辆顺序
车号
技术状态
检车结果
检车计划实施
完成
取消
车号：0835003
检车类型：
配到检查
检车结果信息
状态名称
状态值
扣修车
手工票
待鉴定
冷轧带架车
限长材
封存车
检修车
待处理
厂（大）修到期车
集结车
危化品车
禁止留放
报废车
禁止上翻车机
热轧带架车
事故车
第三步：根据实际检车结果在本画面勾选对应状态后提交，自动勾连到毛玻璃界画，为调度调配车提供支撑。

图 17

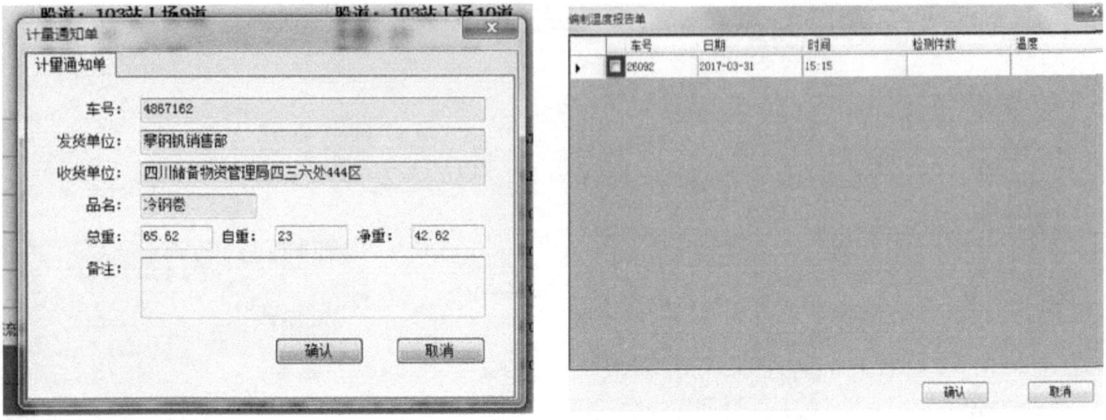
计量通知单
计量通知单
车号：4867162
发货单位：攀钢钒销售部
收货单位：四川储备物资管理局四三六处444区
品名：冷钢卷
总重：65.62 自重：23 净重：42.62
备注：
确认 取消
编制温度报告单
车号 日期 时间 检测件数 温度
26092 2017-03-31 15:15
确认 取消

图 18

图 19

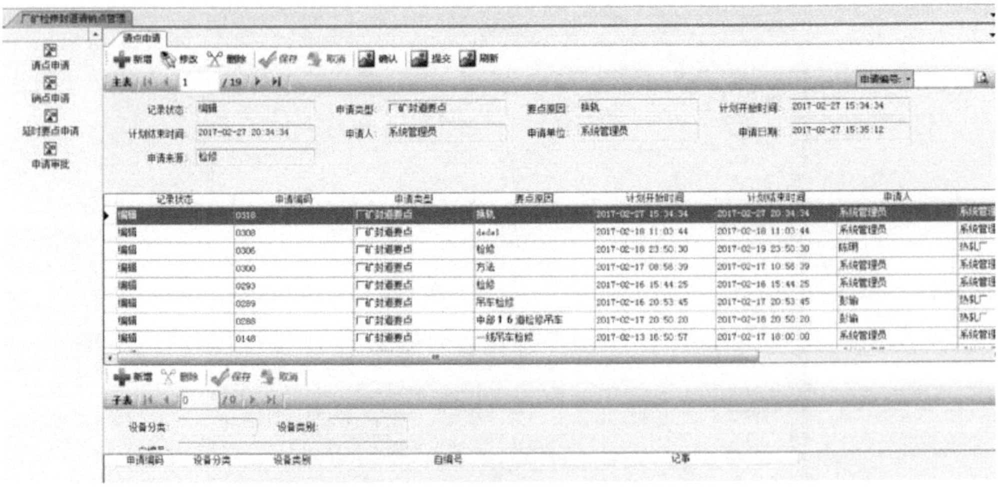

图 20

3 实施效果

3.1 管理扁平化、集中化和迅捷化

在运输组织结构优化的基础上，由分散在各站、各区的现场调度、信号员指挥与控制，集中为全厂铁路运输在铁路调度控制中心统一调度与集中控制，实现高度集中，优化生产管理模式。如图 21 和表 2 所示。

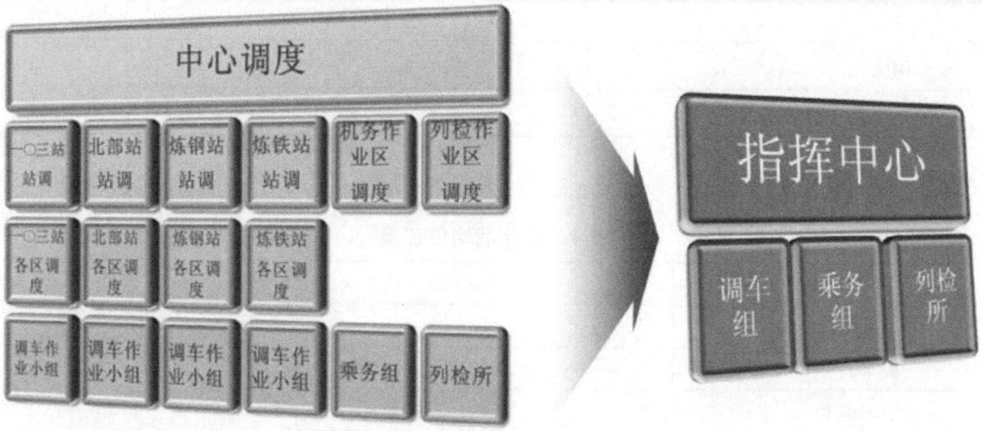

图 21

表 2

对 比	
异地三级调度	同地一级调度（扁平化）
分散决策	统一指挥（集中化）
反应缓慢	反应快速（迅捷化）

3.2 提高运输作业效率

（1）实现货源、车流信息实时共享，加强生产与运输作业环节衔接，为运输系统的快速响应提供支撑。

（2）现场机车、车辆、线路信息的实时采集反馈，为作业计划的及时、有效实施提供基础，同时调度图表自动铺画，大幅提高调度作业效率。

（3）运输作业计划系统传递，作业结果实时反馈，增强基层作业单元快速反应能力，提高作业效率。

（4）货运、技术信息自动统计，与生产厂矿、铁路局之间的运输票据电子交接等，全面取消纸质票据制作和人工传递票据过程，大幅降低人工劳动强度，提高运输作业效率。

3.3 有力推动减员增效

（1）实现铁路运输信息化管理后，可直接减少调度、线路值班等岗位 15 个，优化岗

位人员 60 人。

优化前岗位设置见表 3。

表 3　优化前岗位设置

单位	行调	货调	线值/车号	合计
炼铁站	8	0	0	8
北部站	6	2	2	10
103 站	4	1	1	6
中心调度				3
合计	18	3	3	27

优化后岗位设置见表 4。

表 4　优化后岗位设置

<table>
<tr><th>岗位</th><th>数量</th><th>合计</th></tr>
<tr><td>调度主任</td><td>1</td><td rowspan="5">12</td></tr>
<tr><td>普车调度</td><td>5</td></tr>
<tr><td>冶车调度</td><td>4</td></tr>
<tr><td>设备调度</td><td>1</td></tr>
<tr><td>货运调度</td><td>1</td></tr>
</table>

（2）实现铁路运输管控一体后，可进一步减少信号、扳道等岗位 20 个，优化岗位人员 80 人。

3.4　提高运输作业安全本质化水平

（1）系统集成了运输调度指挥所需信息，调度计划直接传递到基层作业单元，保证了调度指挥与现场执行的准确性，同时通过调度监督子系统对机车车辆的运行速度、标准化作业流程实时监控，有效提升运输安全本质化水平。

（2）通过现场施工、设备故障等信息录入，由系统自动锁定作业计划进路，保证行车作业安全；施工、检修信息及时、准确地传达现场管理人员，为现场有效管控提供指导，保障相关方施工人员人身安全。

（3）系统保存的信息可实现信息再现、过程追溯，为管理者提供客观、准确的信息实证，给事故调查、业务优化提供数据支撑。

4　经济效益

4.1　降低钢水、铁水运输温降损失，降低成本 630 万元/年

平均缩短铁水调运时间 2min，收益为：$0.48\times0.6\times2\times580\approx330$ 万元/年（现铁水运输过程中的温降约 0.5~0.7℃/min，按铁水运输温降 0.6℃/min，每减少铁水温降 1℃可获效益约 0.48 元/t；2016 年公司铁产量 580 万吨）；平均缩短钢水调运时间 2min，收益为

0. 6×2×250 = 300 万元/年（每吨钢水从出炉到浇铸板坯每增加 1min，费用增加 0. 5 ~ 1. 2 元，按 0. 6 元计算；2016 年板坯产量 250 万吨）；收益两项合计 630 万元/年。

4. 2 降低延时费 500 万元/年

压缩局车交接、检查、装卸等在厂各作业环节时间，加速车辆周转，降低局车停时；准确记录车辆各作业环节停时情况，为优化运输组织、降低局停时提供技术支撑。局停时由 2016 年的 34h/次降至目前的 29h/次，减少延时费约 500 万元/年。

4. 3 降低人工成本 600 万元/年

优化岗位定员 60 人，按照 10 万元/(人 · 年) 的费用计算，收益为：60 × 7 = 420 万元/年。

直接经济效益：630+600+500 = 1730 万元。

浅议冶金铁水罐车的选择及调配方法

（武钢集团昆明钢铁股份有限公司，李正明）

摘　要：冶金铁水罐车的选择涉及铁路运输内线路、道岔、机车、信号的匹配选择，同时涉及与钢铁主体装备工艺的选配，进而决定铁路运输调配作业方法及要求。

关键词：铁水罐车；选择；铁路调车作业方法

1　引言

冶金铁水罐车是冶金企业用于装载并运送铁水的特种车辆，高炉铁水装载和运输是维持铁、钢经济稳定生产的桥梁和纽带，是冶金钢铁联合生产企业不可缺少的重要组成部分。

冶金铁水罐车如何选择，不仅铁水罐容量要与铁路车辆相匹配、铁路车辆要与铁路线路相匹配，还要与高炉的生产能力、转炉生产能力、生产工艺配置相关联。铁水罐车保有量（维持冶金工厂正常生产和最少车辆修理的数量）、列车编组量还应与铁路机车牵引力相匹配。总之，冶金铁水罐车如何选择，如何调配运用，不是铁路运输一个部门的事，而是从冶金工厂主体工艺装备设计、建设开始，就应该系统考虑配套装备和调配方法。

2　冶金铁水罐车的选择

2.1　冶金铁水罐与铁水车辆的匹配

冶金铁水罐与铁水车辆匹配的核心是保证冶金铁水罐车运行的稳定性与安全性。冶金铁水罐车是冶金企业的特种车辆，是铁水罐与铁水车辆的组合体，铁水罐与铁水车辆按 1∶1 组合，一辆铁水车辆上搭载一个铁水罐。铁水罐容量决定铁水车辆型号，铁水罐容量越大，即装载铁水重量越重，要求铁水车辆所能承担的重量就越大，一方面是提高铁水车辆每根轴的承载重量，但铁路车辆受每根轴所能承载重量和机车车辆外形轮廓限界的限制；另一方面是铁水罐容量越大，要求铁水车辆所需轴数就越多，车辆长度就越长。铁水车辆每根轴承载重量越重，轴数越多，要求铁路等级越高，铁路轨道每米钢轨重量越重，铁路曲线半径要求就越大。还有就是铁路道岔，道岔号数越大，道岔转辙角度越小，能通过的列车速度越高；反之，道岔号数越小，道岔转辙角度越大，能通过的列车速度越低。

根据了解，参照《冶金企业铁路技术管理规程》，目前定型的敞口罐型和混铁炉型铁水车辆主要型号见表1。

表1 铁水罐车的主要型号及技术数据

车种	型号	自重/t	载重/t	换长	通过最小曲线半径/m	负载时最大运行速度/km·h^{-1}	道岔处最大运行速度/km·h^{-1}
铁水罐车	ZT-35-1	24	35	0.6	50	20	10
	ZT-65-1	34	65	0.75	75	20	10
	ZT-100-1	49	100	0.75	75	20	10
	ZT-140-1	60	140	0.87	100	20	10
	ZT-140-2	60	140	0.89	110	20	10
混铁炉罐车	ZH-65-1	73	65	0.86	75	20	10
	ZH-150	121.5	150	1.1	110	5	5
	ZH-260	225	260	2.2	100	10	5
	ZH-320	260（新） 220（旧）	320	2.35	100	15	10
	ZH-380	346	380	2.52	100	10	

国内最大300t敞口罐型铁水车辆在首钢京唐公司运用，为炼钢炉外精炼和“一罐到底”生产工艺创造了条件。未定型铁水车辆可以委托国家级冶金车辆研究所设计、制造。

2.2 冶金铁水罐车与炼铁高炉的匹配

主要针对高炉每次出铁量与铁水罐容量和数量进行研究。高炉每次出铁量主要以高炉有效利用系数作为计算依据确定，通过查阅2017年生产经营报表，得到新区高炉每月的高炉有效利用系数和铁产量见表2。

表2 新区高炉每月的高炉有效利用系数和铁产量

月份	高炉有效利用系数/t·(m^3·d)$^{-1}$	铁产量/t
1	2.232	154237.265
2	2.402	168142.955
3	2.425	187944.687
4	2.310	173215.136
5	2.442	189255.994
6	2.356	158782.362
7	2.527	195824.124
8	2.599	201394.373
9	2.638	197829.279
10	2.555	184215.018
11	2.720	204003.110
12	2.768	214520.471
累计	2.506	2233364.774

从表 2 可以看出，2017 年高炉最高有效利用系数和铁产量都出现在 12 月，分别达到 $2.768t/(m^3 \cdot d)$ 和 214520.471t。经统计，高炉每天出铁次数稳定在 9~12 次，平均按 11 次来计算，高炉每次出铁量为 629.092t，即 214520.471/31/11=629.092t。

查阅 2018 年股份公司生产经营计划，新区今年安排铁产量 244 万吨，高炉检修安排 28 天，高炉日均铁产量和平均有效利用系数将达 7240.356t 和 $2.896t/(m^3 \cdot d)$，即 $2440000/(365-28)=7240.356/2500=2.896t/(m^3 \cdot d)$。如果高炉每天出铁次数仍按 11 次来计算，高炉每次出铁量为 658.214t，即 7240.356/11=658.214t。

经 2018 年 1~3 月新区铁水运量和拉运重罐数统计，分别是 592008t 和 5036 罐，即每罐铁水平均重量为 117.555t，即 592008/5036=117.555t。

按计划铁产量来配罐，新区高炉每次出铁所需铁水罐车数量为 6 辆，即 658.214/117.555=5.599≈6 辆。

昆钢新区 $2500m^3$ 高炉自 2012 年 6 月 27 日投产以来，按现在的生产组织模式，铁水罐车在高炉下、在铸铁车间、在炼钢厂生产时间和运输周转时间需要 4 组才能满足生产需要，即 2 组在高炉下出铁、对位，满足高炉出铁不均衡、不间断出铁或平行出铁需要，1 组半在炼钢厂进行倒铁水和炉外精炼，半组在铸铁和运输周转。备用 2 辆，按辅修、段修、厂（大）修修程，正常修理 2 辆，由此计算铁水罐车保有量需 28 辆，即（6×4）+2+2=28 辆。

从生产实践看，2013 年高炉产铁量为 190.15 万吨，铁水罐车投入运用为 20 辆（2 辆作为应急备用车），基本满足高炉生产需求。而新区铁水产量逐年上升，2014 年实际铁产量 190.87 万吨；2015 年实际铁产量 206.53 万吨；2016 年实际铁产量 217.76 万吨，2017 年实际铁产量 223.33 万吨。2018 年计划铁产量 244 万吨，导致铁水罐车运用紧张。按照 2013 年铁水罐车运用，达到基本满足高炉生产需求的条件，铁水罐车保有量需求 26 辆，即：(244×20)/190.15=25.66≈26 辆。考虑统筹调度、加速铁水罐车周转、尽量减少铁水温度的降低等因素，铁水罐车保有量会略有减少，最少需正常投入运用铁水罐车数量为 24 辆，按备用 2 辆，正常修理 2 辆，铁水罐车最少保有量需求 28 辆。

铁水罐容量大小与炼铁高炉每次出铁量多少和出铁方式密切相关。冶金铁水罐车与炼铁高炉的匹配与否，直接关系到运输调配作业方法。如果高炉下每次配罐车 2 辆及以下能满足高炉一次出铁需要，相对系统风险小，运输调配作业方法简单，如原来本部小高炉的运输调配作业方法。

2.3 冶金铁水罐车与炼钢转炉的匹配

传统的炼钢生产工艺在炼钢厂设有混铁炉，对铁水进行存储、混匀、保温，铁水罐车在炼钢厂等待倒铁水的时间相对短，但随着炼钢生产工艺的发展，高炉送来的铁水在进转炉前设了脱硫、磷的炉外精炼，有的炼钢厂还设有提钒工艺，这些都要求在铁水罐中完成，特别是现在推行的“一罐到底”工艺。要求一罐铁水对应一炉转炉炼钢，铁水罐容量要与炼钢转炉生产能力相匹配，如现在安宁公司本部的 65t（实际每罐铁水重量为（47±2)t）铁罐匹配 50t 转炉，新区的 140t（实际每罐铁水重量为 115t）铁罐匹配 120t 转炉。

所谓“一罐到底”是指在炼钢作业中，用同一铁水罐承载铁水完成运输全过程，包括高炉铁水的承接、运输、缓冲储存、铁水预处理、转炉兑铁、容器周转和铁水保温工艺等均在一个铁水罐内完成，该工艺把高炉出铁场的铁水罐与到炼钢转炉兑铁水的铁水罐合二为一，节省了转炉炼钢的铁水包，取消了传统混铁炉等环节，减少了铁水二次倒罐环节，节约了铁水运输时间，减小了铁水温降和混铁炉保温的能源消耗及费用，减少了因倒罐引起的环境污染，有利于实现清洁生产。

总之，冶金铁水罐车的选择是铁水罐容量大小与炼钢、炼铁主体装备工艺匹配，是科学合理的匹配，既有利于铁、钢的生产组织，又有利于运输的铁水罐车调配作业。如果做不到，首先是铁水罐容量大小应与炼钢或炼铁一道主体装备工艺相匹配，如果炼钢厂设有混铁炉，铁水罐容量大小应与系统风险相对小、调配作业方法简单的炼铁主体装备工艺相匹配；如果炼钢厂未设有混铁炉，而是采用“一罐到底”生产工艺，铁水罐容量大小应与炼钢主体装备工艺相匹配。其次再考虑冶金铁水罐与铁水车辆的匹配，铁水车辆与铁路等级、铁路轨道、铁路道岔相匹配。

3 铁水罐车的运输作业流程、方法、要求及禁止事项

铁水罐车的调配作业方法总体上是由铁水罐容量大小决定的，但具体的调配作业方法又有所不同。

3.1 铁水罐车的运输作业流程

铁水罐车的运输作业是以空铁水罐车在高炉下调配、对位开始，到出铁、起运重铁水罐车过磅、送达炼钢、倒空铁水、空铁水罐车过磅，需要处理的送铸铁车间处理后再次过磅、返回高炉待配，调配、对位为一个运输作业循环流程，如图1所示。

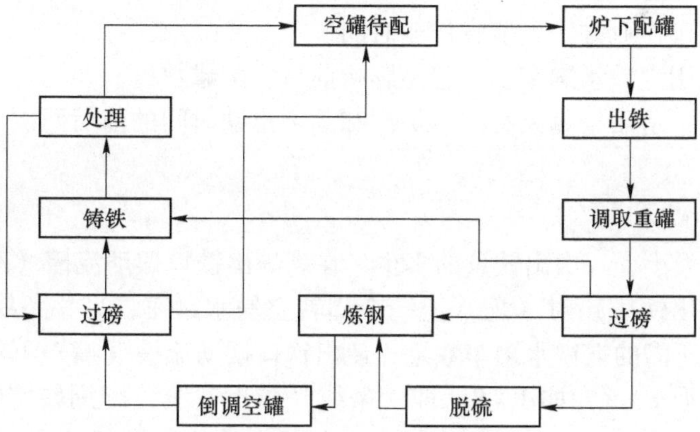

图1 铁水罐车作业流程

3.2 铁水罐车的调配车作业方法

铁水罐车的调配车作业，即铁水罐车的调车作业，一律属于取送调车作业。其具体方法分为如下几种。

3.2.1 送重取空

运用调车机车单机进入高炉下，挂取重铁水罐车送炼钢或铸铁（配有炉外精炼，需脱

硫、磷，提钒的，则应先送脱硫、磷，提钒间）后，倒调出空铁水罐车送处理车间，经处理完毕后，好的空铁水罐车再配到高炉下的货位，等待出铁。该方法的优缺点及适用程度：

（1）优点：调车作业方法比较简单，调车工作人员比较省力，作业效率高，技术要求不十分复杂。

（2）缺点：调车机车作业效率低，增加了单机运行的次数，不能充分发挥调车机车的效率。

（3）适用程度：适用于每天有固定炉次和固定出铁时间的固定机车作业，一台调车机车完成一座高炉的一次出铁对位取送运输作业。

3.2.2 取重带配空

即先挂处理好的待配空铁水罐车进入高炉下，将重铁水罐车挂出后，摘解下重铁水罐车在站线上暂时停留，机车带着空铁水罐车转线进入高炉下，立即配上空铁水罐车对位，然后再按要求运送重铁水罐车至炼钢或铸铁的作业方法。该方法的优缺点及适用程度：

（1）优点：调车作业方法比较节省作业时间，能充分利用咽喉，从而提高机车的运用效率。

（2）缺点：必须具备空铁水罐多，或者空铁水罐产生快、周转快的条件。

（3）适用程度：适用于每天有固定炉次和固定出铁时间的非固定机车作业。

3.2.3 取重配空

即高炉出铁口后面的出铁线上已停留有空铁水罐车，机车进入高炉下挂取重铁水罐车时，同时挂运配对上空铁水罐车的作业方法。该方法的优缺点及适用程度：

（1）优点：调车作业方法更节省作业时间。

（2）缺点：占用空铁水罐车多，容易影响前后次配罐数量。

（3）适用程度：适用于每天有固定炉次和固定出铁时间的前后两次出铁，但班中不宜多次运用。

3.2.4 按比配空

根据高炉容积大小、一次出铁量的多少，在高炉出铁口摆动流槽（嘴）下的两条出铁线上，一条线（辅出铁线）对（配）上一个周转空铁水罐车，另一条线（主出铁线）上配足高炉一次出铁所需的空铁水罐车数量，使出铁口摆动流槽（嘴）下的两条出铁线上的配空铁水罐车数量为 $1:X$，如 $1:8$。即一条线（辅出铁线）配周转空铁水罐车 1，另一条线（主出铁线）上配 8 个空铁水罐车，与对位机车连挂在一起，第一个罐车对上货位，其他的 7 个罐车在出铁过程中依次对位。出铁结束后，由另一台机车编组重铁水罐车运送的作业方法。该方法的优缺点及适用程度：

（1）优点：铁水罐（铁水罐容积）大小与高炉每次出铁量多少匹配程度低，容易与炼钢转炉（转炉炉内容积）大小相匹配。

（2）缺点：这种调车作业方法，对调车人员责任心和技术要求高，一旦指挥或对位失误，就可能造成事故；对调车机车的运用状态和性能要求也非常高，在每一次出铁过程中都要求对位机车保持百分之百良好，一旦对位机车发生故障就可能造成事故。

（3）适用程度：此方法适合于高炉容积在 $1000m^3$ 以上 $2500m^3$ 以下配 65t 铁水罐车，

或者 2500m^3以上高炉容积配 200t 以下铁水罐车的调车作业方式。

3.2.5 小头倒大头

配在高炉出铁口下的第一货（罐）位上的空铁水罐车称为大头罐；配在其尾部的空铁水罐车称为小头罐。当高炉一次出铁后，罐车内所装载的铁水未达到规定的重量，不宜送往炼钢或铸铁，为了不使铁水冷却、凝固，保证在下次出铁后能达到规定的重量并调出，就需进行小头倒大头的调车作业。

需要小头倒大头的铁水罐车，有时可能是第二货（罐）位上的，或者第三货（罐）位上；有时也可能是某罐车连续多次未使用，虽未装有铁水，也需倒往第一货（罐）位。鉴于以上情况，均需按小头倒大头的方法进行作业。

小头倒大头可具体运用“连倒带配”法或“取重配空”法。这需要根据具体情况而灵活运用，在炉下撂（甩）罐时，为安全起见，须牵引到第一货（罐）位摘解。

3.3 铁水罐车的调车作业要求

3.3.1 准确掌握作业时间

冶金企业生产环环紧扣，铁水罐车的运用连续性、时间性强，要求调车作业必须做到不积压罐、不占道。一般采用四快的措施，即：

（1）调度员（值班员）制定、下达作业计划快。

（2）调车员编制、传达作业方法快。

（3）扳道员（信号员）准备进路、办理闭塞快。

（4）司机操纵机车，单机起动快。

3.3.2 做到稳挂慢行

挂取空、重铁水罐车时，必须严格执行相关规定，做到稳停稳挂。重铁水罐车的运行速度不得超过 10km/h，空铁水罐车的运行速度不得超过 15km/h，进入高炉下或厂房内速度不得超过 3km/h，驶出高炉区域或厂房速度不得超过 5km/h，经过轨道衡（或过磅）速度不得超过 3km/h（有明确要求的除外）。

3.3.3 实行铁罐牌制度

铁罐牌是表示空罐已经配好，可以出铁或允许挂取重罐的一种标志牌。调车组将处理好了的空铁水罐车配到高炉下的出铁罐位后，及时挂上铁罐牌，高炉上即将牌收起，作为出铁的凭证。挂取重铁水罐车时，预先取下高炉上放下来的铁罐牌，作为挂车的凭证。这样做，可以避免相互扯皮，有利于人身和作业安全。

3.3.4 严格按号倒罐

调车组在接到调车员的作业通知后，必须严格按照调车作业通知单（或口头布置）的要求，倒出空、重铁水罐车，并按要求送往指定地点。核对现车（对罐号）必须仔细，以避免错倒、错挂、错送。

3.3.5 认真检斤

如需过磅的罐车，严格按照动态磅和静态磅的要求速度进行过磅，过静态磅应严格按照 3km/h 以下的速度上磅，压磅必须要准确，每车应控制在 1min 以内（对于电子计算机控制的轨道衡，更应缩短时间）。过动态磅时，严格按照规定速度范围通过轨道衡，保证过磅的准确性。

3.3.6　禁止溜放

铁水罐车走行部轴承大部分是滚动轴承，车辆无制动，因此，空、重车均禁止一切溜放作业。

3.4　铁水罐车调车作业禁止事项

（1）有水罐、冷却罐的铁水罐车严禁配到高炉出铁口流槽（嘴）下待装。

（2）有条件的冶金企业，调车人员及机车严禁从高炉出铁口流槽（嘴）下通过；无条件的冶金企业，调车人员及机车在有切实可靠的安全防护措施后，应减少从高炉出铁口流槽（嘴）下通过的次数。

（3）重铁水罐车严禁登乘，重铁水罐车短距离推进运行实行调车组人员在车列前方徒步引导，空铁水罐车推进运行按照《冶金企业铁路技术管理规程》规定瞭望确认前方进路。

4　结束语

通过对冶金铁水罐车的选择及调配方法分析，结合武昆股份4个钢铁生产基地铁水运输技术、管理的实践和经验总结，阐述了铁水罐车的选择和调配运用方法，提升为安全、正点、高效的铁水运输技术措施。在目前武昆股份4个基地实现无混铁炉、一罐到底的情况下，需要巩固完善铁水罐车的选择及调配作业流程，既要减少铁水罐车的运用数量，又要减少铁水温降，持续改进铁水罐车的选择及调配方法，为实现经济生产发挥好铁水运输的纽带和动脉作用，满足4个基地单系统生产对铁水运输的要求。

二 等 奖

技 术 类

冶金铁道车辆轴承故障分析及检修质量提升措施探讨

（山钢股份莱芜分公司，胡刚、白洁）

摘 要：轴承是铁道车辆的重要组成部件，由于冶金铁道车辆运用环境的特殊性以及载重量较大，当轴承工作时，轴承内外圈和滚子承受高频交变力的作用，载荷集中作用在滚动面的很窄的线形区域上，因此轴承零件在工作时，滚子和内外圈表面的单位面积上要承受很大的应力作用，一般高达 1500～5000N/mm^2。滚子和内外圈间不仅存在滚动，而且还有滑动，所以在滚子与套圈之间还存在滑动摩擦。总之，轴承组件的工作条件及受力状态十分复杂，轴承技术状态是否可靠，是保障冶金铁道车辆安全运行的前提条件。对莱钢冶金铁道车辆典型轴承故障进行分析，找出故障规律，结合故障发生规律以及原因，从轴承检修源头出发，对提高轴承检修质量的措施进行分析研究探讨，为冶金铁道车辆轴承检修技术、管理及现场实际操作提供参考。

关键词：轴承故障；剥离；选配；振动检测；定量注油

1 引言

轴承是铁道车辆的重要组成部件，由于冶金铁道车辆运用环境的特殊性以及载重量较大，当轴承工作时，轴承内外圈和滚子承受高频交变力的作用，载荷集中作用在滚动面的很窄的线形区域上，因此轴承零件在工作时，滚子和内外圈表面的单位面积上要承受很大的应力作用，一般高达 1500～5000N/mm^2。滚子和内外圈间不仅存在滚动，而且还有滑动，所以在滚子与套圈之间还存在滑动摩擦。总之，轴承组件的工作条件及受力状态十分复杂。2010 年莱钢运输部新购进 140t 铁水车，服役后分别在 2011 年 6 月、10 月，2012 年的 8 月出现了轴承故障，严重影响运输安全。

2　故障分析

上述几次车辆轴承出现故障后，均及时将故障车辆送回，第一时间对故障轴承进行分解查看。

2.1　损伤特征

（1）对故障轴承进行分解后观察，轴承滚珠工作表面产生了条状剥离、点状剥离、块状剥离现象（图 1），并且部分滚珠表面的剥落具有一定的深度和面积；表面呈凹凸不平鳞状；具有尖锐的沟角；最为严重的是在滚珠边缘出现了大块的掉落及滚珠表面出现了平面压痕且具有一定的面积（图 2）。

（2）轴承内外圈工作表面产生了金属片状剥落现象，而且与滚子边缘接触的内外圈工作表面也出现了一定深度和面积的凹坑，且圆周分布（图 3 和图 4）。

图 1　滚珠剥离

图 2　滚珠边缘掉块

图 3　轴承内圈工作面剥离

图 4　轴承外圈工作面剥离

（3）保持架已经严重破损、断裂，且保持架上平面出现了平面伤痕且具有一定的面积（图 5）。

2.2　原因分析

首先对以上轴承的损伤特征进行分析，造成轴承故障的基本原因主要有以下几个方面：

（1）接触疲劳损伤。

（2）轴承受过高的接触载荷或冲击载荷等异常载荷作用。如铁水车在脱硫或者进行吊罐作业时，受到了较大的冲击载荷；或者铁水车在重罐通过弯道时，受到过高的接触载荷的作用。

（3）轴承质量缺陷。如轴承组件材料纯净度低或热处理工艺不当，造成轴承组件强度较低。

（4）轴承组装不当或游隙过小。导致组件之间附加接触应力过高。

（5）润滑不良。由于冶金企业运用与检修环境的特殊性，在轴承检修过程中可能造成轴承润滑时进入了铁渣、面纱、粉尘等异物。

图5 保持架破损

结合轴承损伤特征进行分析得出以上5种造成轴承故障的原因，莱钢铁道车辆使用的轴承型号有以下几种（表1），这几种车辆使用的不同型号的轴承均是在相近条件下运用和检修的，但是其他轴承却未出现以上故障，所以为了进一步确定故障轴承的故障起因，我们对以下几种轴承进行对比分析（敞车用轴承不具有可比性可忽略）。

表1 莱钢铁道车辆用轴承型号

车型	轴型	轴承类型	轴承型号
敞车	RD_2	双列圆锥滚子轴承（公制）	352226X2-2RZ
65T-1型铁水车	60-1	双列调心滚子轴承	22328CA
65T-2型铁水车	RE_2	双列圆锥滚子轴承（公制）	352230-2Z
			352230-2Z/YA
140T-2型铁水车	T8025	双列圆锥滚子轴承	352132×2/HAC3
			352132×2
140T-1型铁水车	T8025	调心滚子轴承	22330CA

冶金铁道车辆在运输过程中以及装卸货物时，尤其是铁水车在脱落、吊罐作业时，轴承负荷富于变化，如负荷的大小、是否只有径向负荷、轴向负荷是单向还是双向、振动或冲击的程度等。在考虑了这些因素后，我们对以上轴承类型进行了分析。一般来说，相同内径的轴承的径向负荷能力按下列顺序递增：深沟球轴承<角接触球轴承<圆柱滚子轴承<圆锥滚子轴承<调心滚子轴承，65T-1、65T-2型铁水车轴颈相对140t铁水车轴颈细，但是考虑到相对载重较小，所以理论上可以进行对比。从以上对比来看，我们使用的轴承型号中，圆锥滚子轴承的径向负荷能力小于调心滚子轴承，但是65T-2型铁水车的双列圆锥滚子轴承却未出现以上故障；且140T-1与140T-2型铁水车都是使用双列圆锥滚子轴承，但140T-1型铁水车的轴承故障率却小于140T-2型铁水车，结合车辆使用情况，需特别注意的是，轴承受重载荷，特别是车辆在不运动时这样的工作条件下格外危险（落罐、脱落瞬间冲击载荷），因为在滚动体和套圈上容量形成微小压痕，产生强大的冲击，这种像洼坑一样的小压痕在工作过程中能够很快发展成点蚀，从而导致轴承失效，将上述分析结合故障特征中滚珠表面、内外圈的表现，可以清晰地看到大量的压痕，进一步结合轴承生产厂

家这个客观条件，以及故障特征中的滚珠边缘掉块、表面大面积剥离，可以得出以下结论：轴承质量以及运用条件非导致轴承故障的主要原因，轴承检修中的质量缺陷是导致轴承故障发生的主要问题。

查阅相关资料发现，轴承游隙也是影响轴承使用寿命的重要因素，所以我们对以上轴承的游隙进行分析。将理论游隙减去轴承安装在轴上或外壳内时因过盈配合产生的套圈的膨胀量或收缩后的游隙称做“安装游隙”。在安装游隙上加减因轴承内部温差产生的尺寸变动量后的游隙称做“有效游隙”。轴承安装有机械上承受一定的负荷放置时的游隙，即有效游隙加上轴承负荷产生的弹性变形量后的称做“工作游隙”。当工作游隙为微负值时，轴承的疲劳寿命最长，但随着负游隙的增大疲劳寿命显著下降。因此，选择轴承的游隙时，一般使工作游隙为零或略为正为宜。对所使用的轴承游隙查表可以看出，140T-2 型铁水车使用的轴承游隙 C3 系列大于 CN 系列，所以轴承组装后工作游隙大于其他轴承。因此轴承游隙也可能是造成 140T-2 型铁水车用轴承故障的一个重要原因，所以在轴承选配时要正确选择轴承游隙。

3 轴承检修质量提升相关措施研究探讨

3.1 正确选择轴承游隙

游隙是滚动轴承能否正常工作的一个重要因素，分为轴向游隙和径向游隙。选择适当的游隙，可使载荷在轴承滚动体之间合理分布；可限制轴（或外壳）的轴向和径向位移，保证轴的旋转精度；能使轴承在规定的温度下正常工作；减少振动和噪声，有利于提高轴承的寿命。因此。在选用轴承时，必须选择适当的轴承游隙，选择轴承游隙时，应考虑以下几个方面：

首先将待检测轴承两内圈组件与外圈原滚道一一对应组装好，置于翻转式游隙装配高测量仪测量处夹紧后，摘销翻转，使百分表触头与外圈端面接触，压紧 2~3mm，用手旋转外圈 3~5 圈，调整百分表指针，使之对准零位，翻转 180°，再旋转外圈至表针不摆动为止，读取表针偏 0 位的摆动值，即为放置该中隔圈的轴向自由游隙。两内圈与中隔圈叠放在平台上，用深度尺测量装配高尺寸。装配高尺寸限度为 0.051~0.101mm，轴向自由游隙限度 0.6~0.75mm。当轴向游隙过大或过小时，可选配中隔圈来调整，更换中隔圈后，应再测量轴向游隙，须在规定范围内选用中隔圈调整游隙，首先应测量原中隔圈厚度（或替换标准中隔圈，测量游隙），再计算所需中隔圈厚度，选中隔圈厚度 D 计算公式如下：

（1）已知原中隔圈厚度 a 及游隙 b：

$$D = a + (0.65 - b)$$

（2）已知标准中隔圈厚度 A 及游隙 B：

$$D = A + (0.65 - B),\ A = 16\text{mm}$$

调整后需要重新测量游隙及装配高。

3.2 实施轴承模拟工况下的检测技术

由于轴承属于高精密配件，依据人工经验判定其技术状态准确率极低，经常出现误判的情况，因此运用测试技术实现冶金铁道车辆滚动轴承状态监测与故障诊断对提高轴承检测效率与检测质量有科学性意义。

3.2.1 研制轴承磨合设备实施模拟检测

为了提高轴承装车前组装质量，提高轴承组装运用的安全可靠性，根据目前使用的轴承型号和冶金企业铁道车辆运行环境，研制了轮对轴承模拟磨合设备（图6），该设备主要由底座、驱动装置、测温装置组成，轴承磨合转速不得少于200r/min，测量轴承温度时，应由一端的轴承密封罩处测起，连续测量到另一端密封罩处。使用点温计检测时，测温头距被探测表面的距离不得大于50mm，磨合过程中轴承温升不应高于40℃，在5min的磨合中，出现温度急剧上升状况时，应延长磨合时间，如温度持续上升，退卸轴承分析原因。正常情况下密封罩处温度比轴承外圈温度低，出现密封罩处的温度高于轴承外圈温度时也应延长磨合时间，如温度持续上升，退卸轴承分析原因。轴承的磨合温度超过环温40℃时，须退卸轴承分析原因。

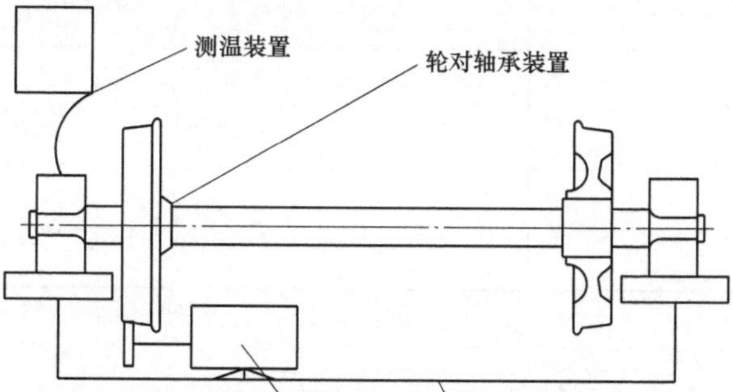

图6 轮对轴承磨合装置示意图

轴承模拟磨合技术提高了冶金铁道车辆轴承组装运用的安全系数，可对轮对轴承检修质量进行在线检测，为冶金铁道车辆运行安全提供了可靠保障。

3.2.2 研究轴承振动检测技术

滚动轴承的振动既可由外部振源引起，也可由轴承本身的结构特点及缺陷引起。所以对轴承异常振动进行检测判断，可以提前预判轴承内部存在的故障，对轴承安全运用具有深远意义。根据目前莱钢使用的轴承型号，以及轮对结构特点，设计制作了轮对轴承振动检测设备（图7），实现了轴承离线检测的数据采集、转储及分析功能。

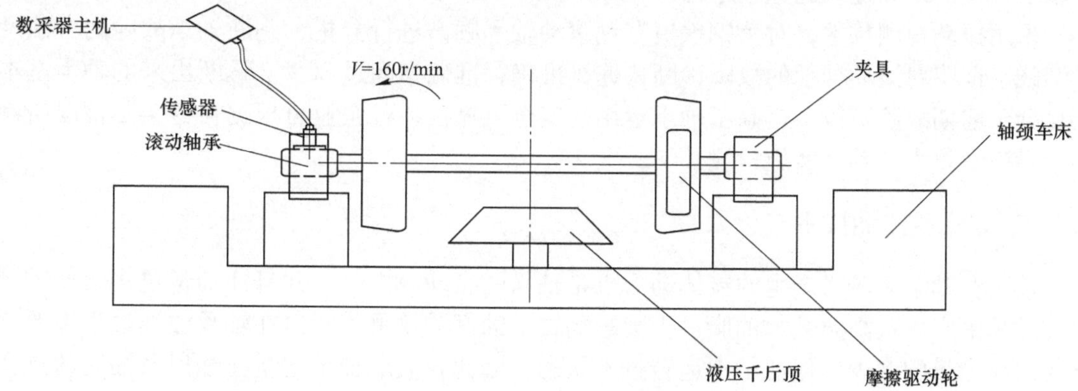

图7 轴承振动检测设备示意图

为分析典型轴承各部运动参数，我们对所使用轴承各部件故障特征频率进行了分析统计（表2），并且为准确检测轴承故障应掌握以下几点。

表2　典型轴承各部件故障特征频率

各部件故障特征频率	计算公式
外环故障频率	$f=\frac{z}{2}\left(1-\frac{d}{D}\cos\alpha\right)\times\frac{n}{60}$
内环故障频率	$f=\frac{z}{2}\left(1+\frac{d}{D}\cos\alpha\right)\times\frac{n}{60}$
滚珠故障频率	$f=\frac{D}{d}\left[1-\left(\frac{d}{D}\right)^2\cos^2\alpha\right]\times\frac{n}{60}$
保持架碰外环	$f=\frac{1}{2}\left(1-\frac{d}{D}\cos\alpha\right)\times\frac{n}{60}$
保持架碰内环	$f=\frac{1}{2}\left(1+\frac{d}{D}\cos\alpha\right)\times\frac{n}{60}$

分析谱带的选择：

莱钢自备车滚动轴承的故障特征频率最大为内圈故障特征频率，因此，在实施过程中选用0~100Hz谱带。在实际检测过程中，应首先对分析谱带进行正确的选取，这种做法在实际操作中数据观测直观明了，有助于提高效率。

振幅值选择：

设计检测平台时考虑到实际工况，振动检测设备最高轮对转速为160r/min，对于转速低于300r/min以下的情况，应采用峰值进行诊断，因峰值反映的是某时刻振幅的最大值，它还适用于像表面点蚀损伤之类的具有瞬时冲击的故障诊断。

测点的选择：

滚动轴承因故障引起的冲击振动由冲击点以半球面波方式向外传播，通过轴承零件传到箱体或机架。由于冲击振动所含的频率很高，每通过零件的界面传递一次，其能量损失约80%，因此，测量点应尽量靠近被测轴承的承载区，应尽量减少中间传递环节，探测点离轴承外圈的距离越近越直接越好。

采用振动检测技术，对莱钢铁道车辆滚动轴承频谱进行分析，判断轴承故障的方法经过实践，证明对滚动轴承的故障诊断快速、准确，准确率超过80%。诊断出来的轴承基本上均处于前期故障阶段，提高了轴承运用的安全可靠性，各企业可根据自身实际情况研制相应设备及技术对轴承实施检测。

3.3　研究定量注油技术

油脂在轴承运转时产生的流体动力也是轴承的振动源之一，并且注油量过多会使轴承运转过程中产生较高温升，油脂过少会影响轴承的润滑效果，所以在轴承注油过程中要严格控制注油量的多少，保证轴承运转技术状态，因此我们对轴承定量注油以及油脂的选择进行了研究。

3.3.1 定量注油机设计制作

轴承注油机（图 8）是根据使用轴承轴箱的结构特点，采用了轴承定量注油方案，利用轴承注油机及注油卡盘，将注油卡盘固定在轴承端面上。这样电动油脂泵的油脂可通过注油管道经注油卡盘上的注油孔进入到轴承内部，轴承内部原有旧油脂在新油脂的挤压作用下将通过出油孔被排出，并通过安装在注油机上的时间继电器控制注油量的多少。

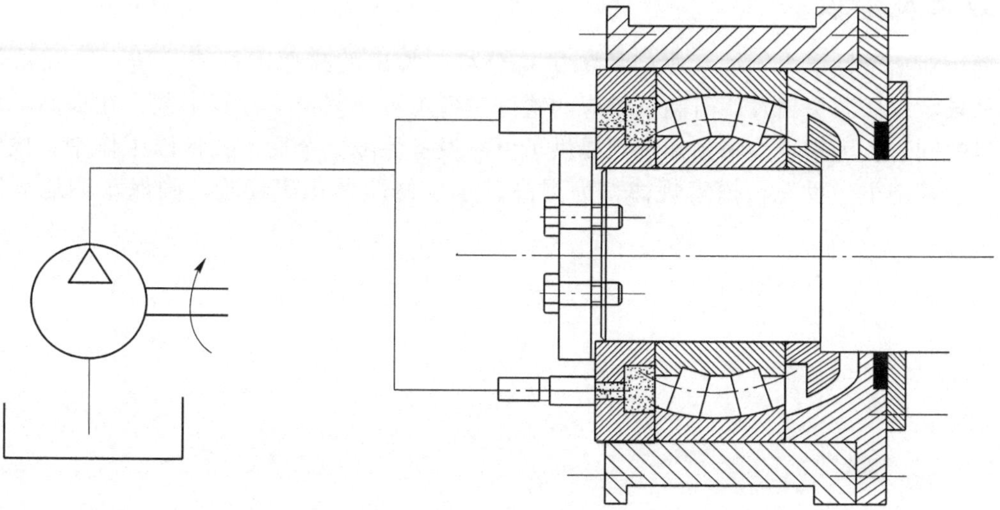

图 8 轴承注油示意图

注油机的结构：

注油机采用移动小车式，提高了注油机的灵活性。同时，根据油脂桶的规格，注油机结构采用能够直接与油脂桶配套的活塞杆式注油机。使用时打开油桶盖，将注油机直接放在油桶上部，固定好后，实施注油。

注油卡盘的结构：

根据轴承轴箱的结构特点，在注油卡盘外圈分布有与轴箱固定的螺栓孔，注油卡盘结构如图 9 所示，内圈环状分布的小孔为排油孔，借小孔的阻力，可以保证油脂均匀的从轴承圆周注入而不是仅从滚道下半部进入。

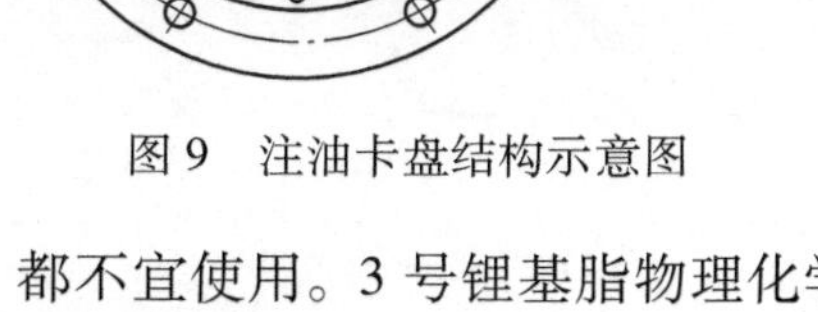

图 9 注油卡盘结构示意图

3.3.2 油脂的选择

滚动轴承常用的有钙基脂、钠基脂、锂基脂、钙钠混合脂和复合基脂等几种。钙基脂不能耐高温，钠基脂易吸水，钙钠基脂机械稳定性差，油脂易变质，都不宜使用。3 号锂基脂物理化学性能满足冶金企业铁水车轴承的使用要求，其主要物理化学性能如下：

滴点/℃	不低于 190
针入度（25℃）/mm	220~250
游离碱 NaOH/%	不大于 0.15
游离有机酸	无

胶体安定性/%	不大于 0. 15
水分	无
机械杂质（酸分解）	无
腐蚀试验（钢片、紫铜片 100℃ 3h）	合格
氧化安定性（$8kg/cm^2$ 100℃ 3h，压降 kg/cm^2）/%	不大于 0. 5

4　效果及建议

通过对冶金铁道车辆轴承典型故障进行分析，找出故障原因规律，结合目前检修技术，从轴承检修源头出发，研制了相应的检修设备工装，完善了检修工艺，在提高轴承检修质量的同时，为轴承故障预知预判提供了可靠设备保障。今后，在检修工作中，检修人员应从故障中举一反三，探索规律，为提高轴承检修质量积累经验，确保车辆运行安全可靠。

内燃机车散热器单节清洗方法探究

（马钢铁路运输公司检修段，陈伟、曹峰）

摘　要：内燃机车散热器是内燃机车冷却系统的重要部件之一，散热器单节发生污损等老化现象，特别是散热器扁管内壁的水垢和锈垢增多，会严重影响散热效果，导致冷却水温升高，引发机车高温卸载途停故障。马钢铁路运输公司检修段自主设计改进了散热器清洗装置，在原有清洗工艺基础上将化学清洗与物理清洗相结合，运用金属除垢剂和空气鼓泡循环清洗的方法对散热器管芯进行清洗，介绍了散热器单节清洗装置的结构特点以及清洗流程。

关键词：内燃机车；散热器单节；鼓泡；循环清洗

1　引言

内燃机车冷却系统由散热器、中冷器、工作油热交换器、冷却风扇、顶侧百叶窗等组成。其作用是冷却散热，保持柴油机、液力传动装置、增压空气等在适宜的温度下工作，保证内燃机车工作的经济性和可靠性。内燃机车散热器是内燃机车冷却系统的重要部件之一，用来冷却热量交换的循环水，从而保证机车部件运行所需的工况温度。散热器单节发生污损等老化现象，特别是散热器扁管内壁的水垢和锈垢增多，会严重影响散热效果，导致冷却水温居高不下，引发机车高温卸载途停故障。尤其机车在重载和铁水运输线途停不仅会增加检修和调运成本，同时还会严重影响钢企内部上下游产线的衔接，造成运输保产压力加大。近年来，随着设备的老化，我公司在线运行机车在运输过程中，尤其是在夏季高温季节机车冷却系统故障率高，导致机车高温卸载途停数上升。其中因散热器散热不良引起故障占冷却系统故障的75%以上。

行业内恢复散热器单节散热性能普遍采用的化学清洗的方法，不能完全清除散热器内垢，散热器返修率高、再利用率低，应对现有散热器清洗方法优化改进。

本文介绍了基于TRIZ创新理论改进原来采用的散热器清洗方法，以提高散热器再利用率及降低机车故障为目的设计改进的专用清洗设备及方法。

2　现状分析

2.1　散热器故障的主要原因

（1）扁管内壁的水垢和金属氧化层、腐蚀以及类油脂类、尘埃的黏附等引起的管芯堵塞。其中水垢和金属氧化层危害最大。水垢，是由于加入的冷却水中含有碳酸氢钙和碳酸氢镁，当机车发动机温度达到60℃以上时，这些矿物质就在散热器扁管内壁形成一层乳白色的坚硬积垢。金属氧化层，俗称“锈”，是氧和水作用在金属表面生成氧化物和氢氧化物的混合物。两者均呈弱碱性，对金属的黏附力很强，热传导率很低，仅为钢铁的6‰~50‰。为铝合金的3‰~15‰，国外试验表明，在厚度为25.4mm的铸铁上沉积有1.58mm厚的水垢时，其热传导速度相当于108mm厚的铸铁，严重影响散热器性能。

（2）散热器单节的冷却管路焊堵处理数量过多（≥6根），直接影响散热器流量以及散热效果。焊堵数量过多会减少散热器的散热面积和冷却水过流量，需要更换新品单节恢复散热器性能。

（3）因老化引起的扁管穿孔漏水及管芯破损。需要进行焊修，严重的无法修复只能更换新品单节。

2.2 散热器清洗方法

国内同行业清洗散热器主要有两种方法。

2.2.1 化学清洗法

利用酸性化学药剂将散热器碱性的内垢软化、中和、分解，通过循环的方式将杂质带出，达到清洗的目的。该种方法对设备和技术要求不高，应用最为广泛，但此方法不能有效松动黏附在管壁内的顽固水垢，若加大化学药剂用量其清洗过程中的药剂残留会对散热器本体及机车冷却管路造成腐蚀。

2.2.2 物理清洗法

（1）高压水（蒸汽）射流清洗法。用高压水（蒸汽）射流直接冲击散热器单节，松动清除污垢。该种清洗外部污垢很有效，但清洗内部时受散热器内部结构制约高压水（蒸汽）射流压力逐渐降低，清洗效果不佳；同时，高压水（蒸汽）冲击可能造成散热器结构损伤，存在一定安全隐患。

（2）超声波清洗法。属于物理力清洗，超声波发生器发出的高频振荡信号，通过换能器转化成高频机械振荡传播到介质-清洗液中，利用超声波在液体中的空化作用、加速度作用及直进流作用对液体和污物直接、间接的作用，使污物层被分解、乳化、剥离，达到清洗目的。目前，超声波清洗主要应用于小型零部件清洁，大型超声波清洗设备制造困难，购置价格较高。

分析调查表明，采用现行的清洗方法难以完全去除散热器扁管管芯内部的水垢和氧化层，为了提高检修质量和降低检修成本，决定在原有工艺基层上改变清洗方法，研究制作适合工作实际的清洗设备，并制定相应的清洗工艺。

3 散热器清洗方法

3.1 清洗装置

利用报废机车的散热器安装架，将进水水道水平布置，散热器单节模拟机车运用情况并联安装，且每片散热器单节的出水管都安装阀门（图1）。设计循环管路，实现压力强制循环清洗，可整组清洗，也可针对污堵严重单节单独冲洗加强清洗效果。清洗用水经水箱沉淀后循环使用，大大减少废水排放。

运用TRIZ创新理论中物质——场分析法，在第二类增强物场模型标准解法

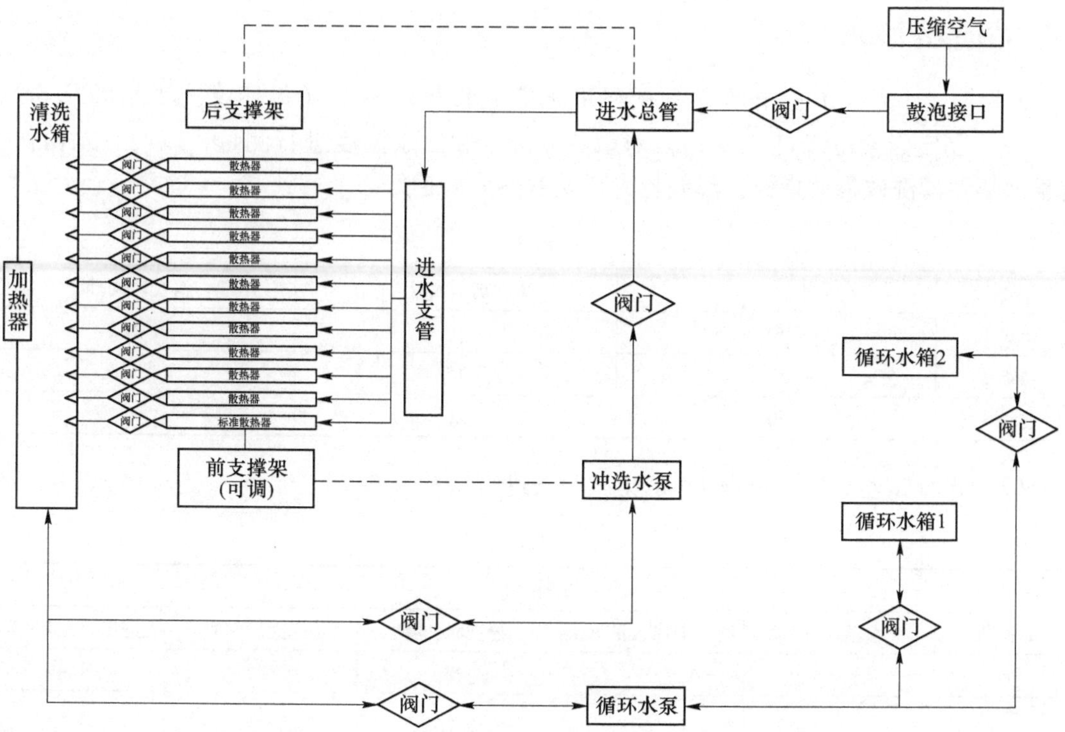

图 1 结构

S2. 2. 3（将物质中增加空穴或毛细结构）的提示下，进一步查找科学效应库，得到鼓泡清洗，即在循环清洗的同时加入压缩空气（图 2）。利用压缩空气在清洗液中产生的气泡的搅拌、渗透，产生类似超声波清洗过程中的“空化”效应，连续不断产生气泡不断冲击松动清除水垢；同时空气的加入可增加水中氧含量，提高清洗剂反应效果，减少使用剂量，实现化学清洗和物理清洗的相结合，提升散热器清洗效果。

散热器清洗剂采用了金属除垢剂（LDS-8211），该种除垢剂原设计用量为 25kg/t，去除散热器内垢效果好，且腐蚀性较小，对温度较为敏感，温度不同时清洗性能也不同。因此清洗设备安装有加热装置，可实现 40~70℃清洗水温控制（图 3）。

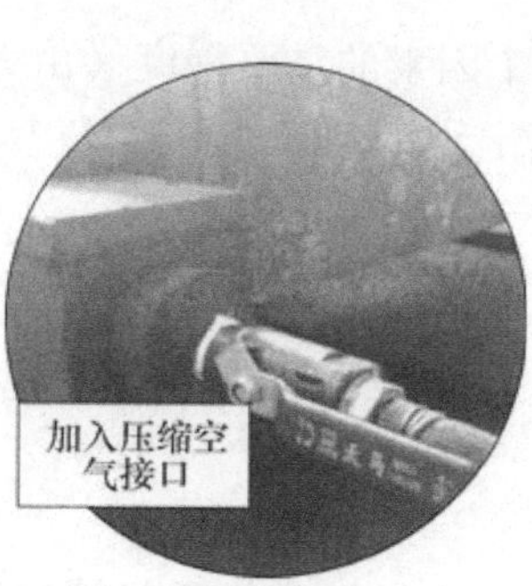

图 2

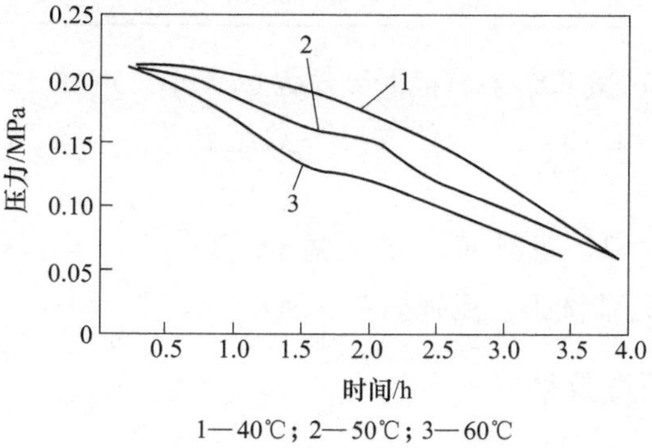

图 3

3.2 清洗工艺改进

3.2.1 对清洗工艺中的各参数利用正交试验加以确定（循环清洗用水约 0.8t）。

（1）制定因素位级表（表 1）。对散热器进水和出水温度进行测量，以两者差值作为衡量散热器清洗效果的指标，温差越大说明散热效果越好。

表 1

因素	水温/℃	清洗剂加入量/kg	清洗时间/h
位级 1	40	10	2
位级 2	50	15	3
位级 3	60	20	4

（2）设计试验方案。选取 L9 正交试验表进行试验（表 2）。

表 2

试验计划					
试验号	水温 *A*/℃	清洗剂加入量 *B*/kg	清洗时间/h	清洗温度/℃	进出口温差/℃
1	1	1	3	2	1.4
2	2	1	1	1	1.2
3	3	1	2	3	1.3
4	1	2	2	1	1.4
5	2	2	3	3	1.6
6	3	2	1	2	1.3
7	1	3	1	3	1.2
8	2	3	2	2	1.4
9	3	3	3	1	1.5
Ⅰ	4	3.9	3.7	4.1	Ⅰ+Ⅱ+Ⅲ=12.3
Ⅱ	4.2	4.3	4.1	4.1	
Ⅲ	4.1	4.1	4.5	4.1	
R	0.2	0.5	0.8	0	

（3）试验结果。根据级差 *R* 的大小，可知 *A*、*B*、*C* 三个因素的重要程度（由大到小）排序为：*C*>*B*>*A*。最佳方案参数组合为 *A*2*B*2*C*3，即为水温 50℃，清洗剂加入 15kg，清洗 4h。

3.2.2 设计清洗工艺流程

设计清洗工艺流程如图 4 所示。

3.3 清洗效果

运用新型散热器清洗装置和清洗流程对散热器进行清洗，确认扁管芯管内部清洗状况。

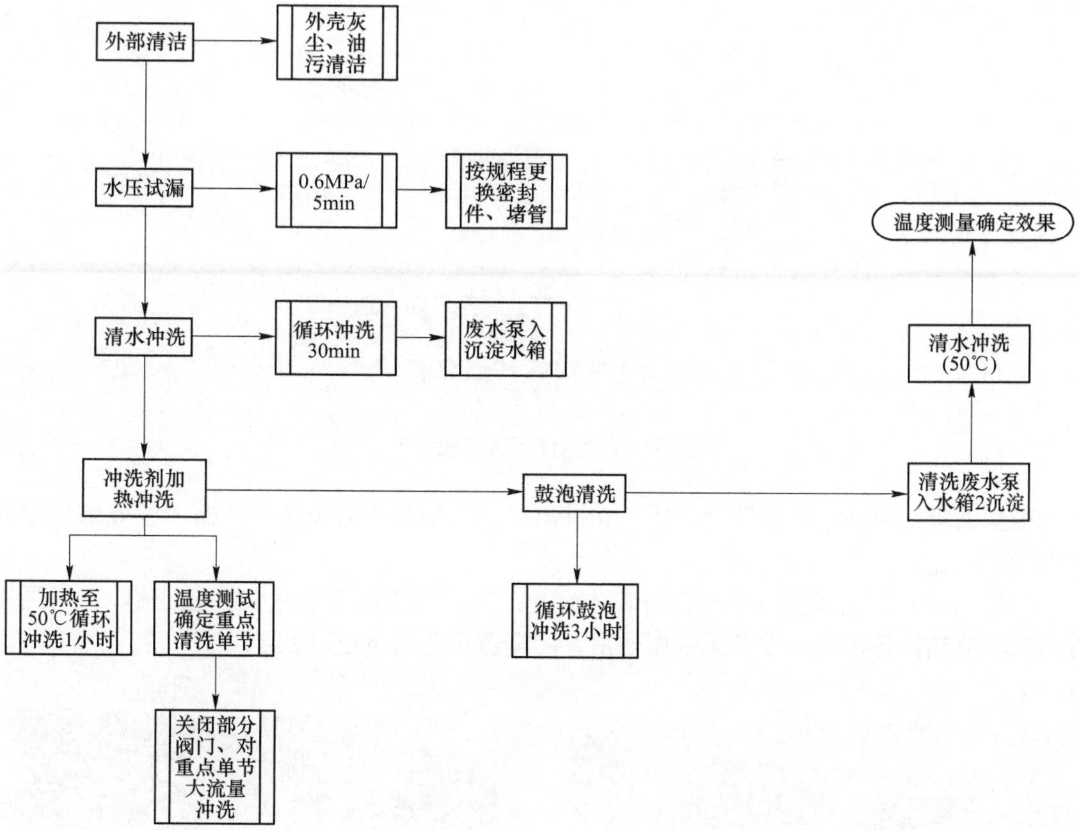

图 4　设计清洗工艺流程

（1）试验前对新品散热器单节管口压力进行测定，结果为 0.06MPa。选取试验的 5 个严重堵塞的散热器清洗前的管口压力测定，结果为 0.21MPa、0.23MPa、0.19MPa、0.20MPa，0.22MPa，经过 3~4h 的清洗，5 个散热器管口压力下降至新品散热器管口压力水平（图 5）。

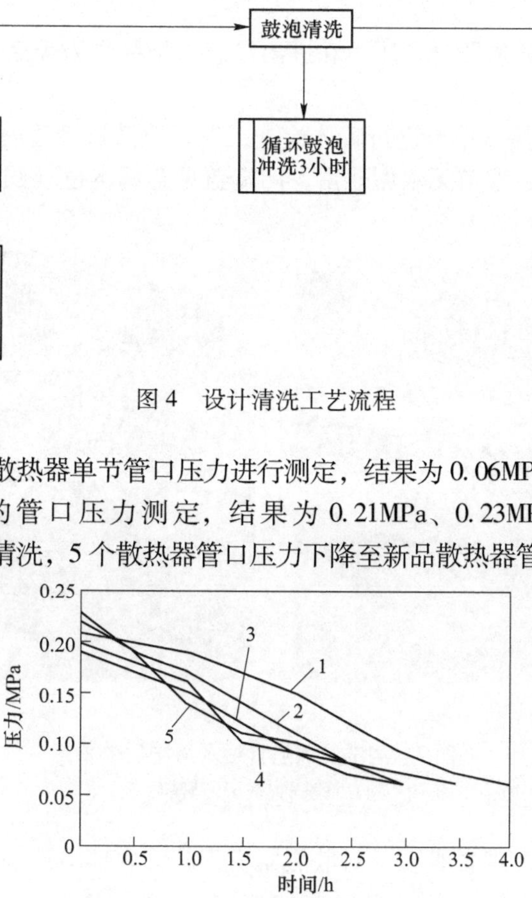

1—A; 2—B; 3—C; 4—D; 5—E

图 5　扁管内部清洗试验结果

（2）同时对新品散热器单节进出口温差进行测定，结果为 1.6℃。选取试验的 5 个严重堵塞的散热器清洗前的进出口温差测定结果为 0.4℃、0.3℃、0.5℃、0.6℃、0.3℃，经过 3~4h 的清洗，5 个散热器进出口温差提升至新品散热器单节进出口温差（图 6）。

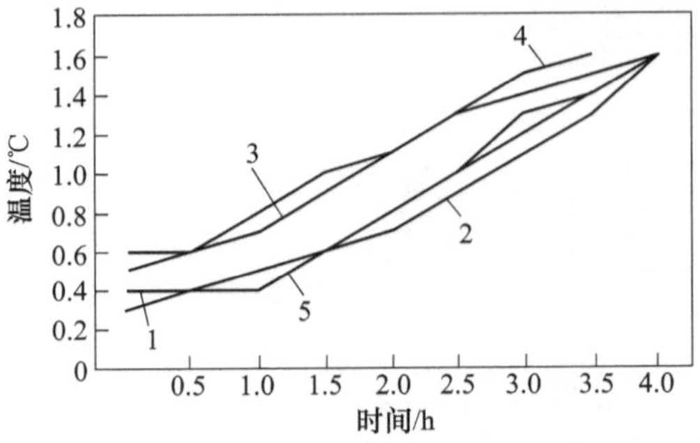

图 6　扁管内部清洗试验结果

根据试验结果确定散热器管口压力和进出口温差指标作为今后散热器清洗效果评定的重要指标。

（3）对清洗后的散热器单节进行解体检查，发现原散热管道内水垢全部清除，可见铜管内壁。散热器各接头、管道无水垢残留，两端盖见金属本色（图 7）。

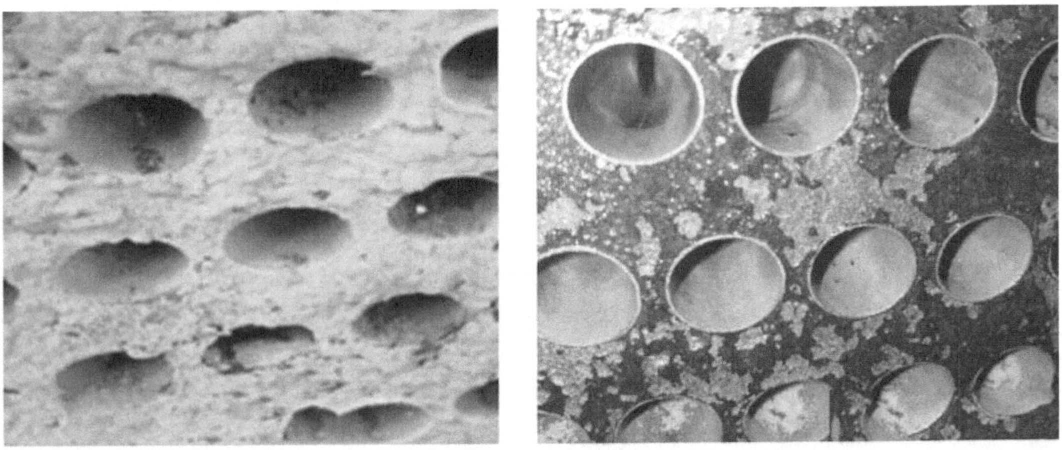

(a)　　(b)

图 7　清洗前散热管道及清洗后效果

（a）清洗前；（b）清洗后

综合上述试验结果和现场查看，对散热器扁管芯管内部清洗前后进行对比，可以证明此种清洗方法效果显著。

我段于 2018 年 6 月开始采用改进的清洗方法，共清洗故障散热器单节 102 节，其中 13 节由于内部渗漏（堵管超限）及散热片、接口等损坏严重而报废外，装车运用 89 节。目前，在线运用情况良好，未发生因散热器散热不良导致的故障。另外，通过调查分析，可在运用的散热器单节管口设置可逆热敏变色试纸，观察比照颜色变化，在试验和机车运行过程中实时监测散热效果，以确定散热器是否需要进行清洗，消除早期故障隐患。

4 结语

为了提高散热器检修质量，减少内燃机车故障，自主设计散热器清洗装置并改进了清洗工艺，提高了散热器单节的再使用率，有效降低了机车冷却系统故障。该装置还可通过换装相应型号的管路接口实现对机车中冷器、机油热交换器等部件内部管路的清洗。今后我们将按照 PCDA 循环不断完善，为进一步提升散热器清洗水平，消除内燃机车故障继续努力。

马钢铁路道口控制技术的应用与探讨

（马钢股份有限公司铁路运输公司，曹林、杨旭涛）

摘　要： 详细论述了马钢铁运公司近年来为应对人力资源优化，在铁路道口控制上采取的远程操控值守和无人值守的技术方案，对其运用成果进行简要介绍，并对今后应用扩展和发展设想进行了简要探究。

关键词： 铁路道口；远程控制；自动控制；视频监控

引言

2014 年以前，马钢铁路道口的控制和管理模式还基本处于人员现场控制或无人道口的传统模式，此模式需大量人力、物力，工作负担重，且安全效果不明显。2014 年之后，随着人力资源优化及降本增效工作的需要，马钢在行业内靠前提出了实施道口远程控制改造，从而实现一人操作多处道口，同时达到了提升道口安全，提高劳动生产效率的效果。2018 年，为解决部分无人道口安全保障问题，铁运公司又逐步开始探究全新的模式和技术，即在原有无人道口安装道口信号机、铁路阻挡信号机，并实现自动控制模式，从根本上发展出道口控制新模式。以下就对道口远程控制及自动控制在马钢的应用做简要探讨。

1　道口远程控制

1.1　道口远程控制系统方案介绍

1.1.1　系统简介

将需要改造的道口按所属区域进行区域集中控制，每处区域集中控制 3～5 处道口，区域调度中心设置区域控制中心（配备装有专门控制系统软件工控机及监控平台的控制台）。每处道口主要改造内容包括铺设信号控制级别专用网络传输设备，安装道口 PLC 远程控制设备，安装道口视频监控（含广播），以及增设公路、铁路防护信号机、道口照明；实现道口信号、公路信号、铁路信号三级联锁。如图 1 所示。

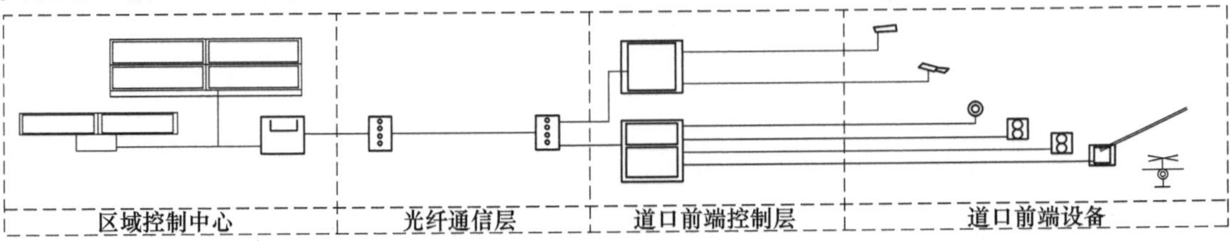

图 1　系统结构

1.1.2 技术方案

1.1.2.1 基本原理及架构

从整体设计思路上，在远程控制的道口安装基于 PLC 的道口安全控制设备，基本硬件模式构成如图 1 所示。建成覆盖各道口与区域控制中心、区域控制中心之间的网络系统，在若干铁路平交道口安装智能化控制系统，在区域控制中心实现集中控制道口开启和关闭。具体拓扑结构如图 2 所示。

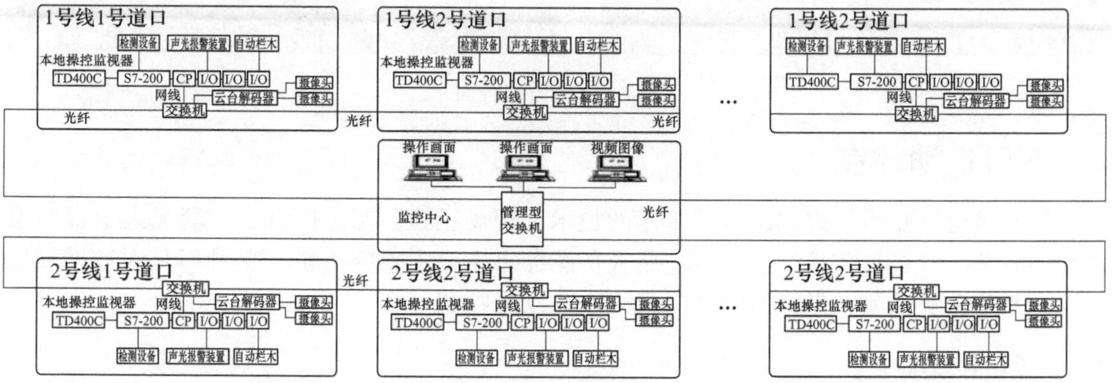

图 2 拓扑结构

1.1.2.2 作业模式

操作模式上能够达到：当值班员下达需要通过道口的行车计划时，区域监控中心内的操作工可根据行车计划对列车要经过的道口通过视屏监控进行实时观察，做好道口关闭的准备工作，若有不安全的因素，操作工可通过广播进行喊话提醒。当火车接近道口时，道口报警装置提前报警（包括道口警铃，公路阻挡信号机），待栏木机完全关闭后，点亮铁路阻挡信号机允许通过信号（警示火车慢速通过道口），当火车完全通过道口后，操作工点击开放栏木机，待栏木机完全开放后，警铃音响自动解除，铁路阻挡信号机恢复成阻挡信号，公路信号机恢复绿灯，道口恢复正常通行。

1.2 运行成果展示

结合上述方案，马钢铁运公司先后实施了 28 处道口实施远程控制改造，改造完成后，28 处道口分 5 处集中控制，改造后图片如图 3 所示。

图 3　现场监控画面

2　道口自动控制

我们结合铁路道口控制改进了多年的技术和现场经验，初步探讨出一套无人全自动道口控制方案。在道口前端结合轨道电路或传感器自主识别感应功能，应用 PLC 对数据处理加工，采集各类信号，做到铁路道口无人全自动化控制。

2.1　系统框架

系统框架如图 5 所示。

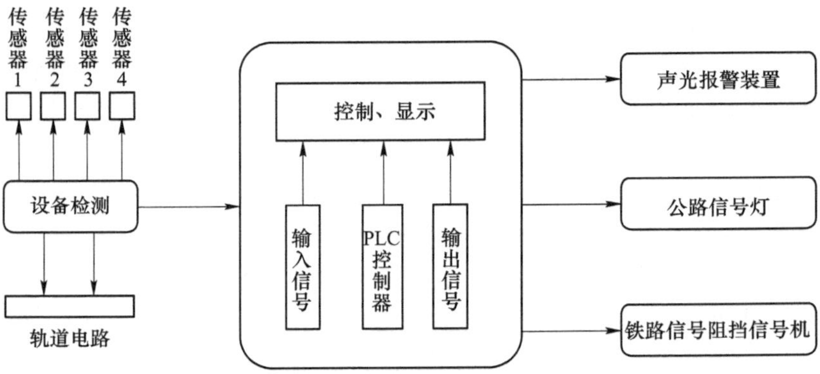

图 5　系统框架

2.2　系统方案及原理

2.2.1　系统方案

根据无人道口控制系统工作条件，控制设备采用轨道式传感器和可编程逻辑控制器（PLC）本地控制道口，为了使道口控制系统安全、可靠、正确、实时报警，在道口两侧每条铁路线路两边共安装 4 对轨道式传感器，对机车车辆进行检测报警工作。报警灯采用公路式红绿信号灯，报警器为语音报警。为使系统设备运行安全可靠，在铁路方向增设铁路阻挡信号机，将系统设备故障检查及报警提示机车乘务人员，如图 6 所示。

2.2.2　系统工作原理

（1）道口在开放状态时，道口两边的公路报警信号机亮绿灯，道口设备处于正常运行状态，道口开放。

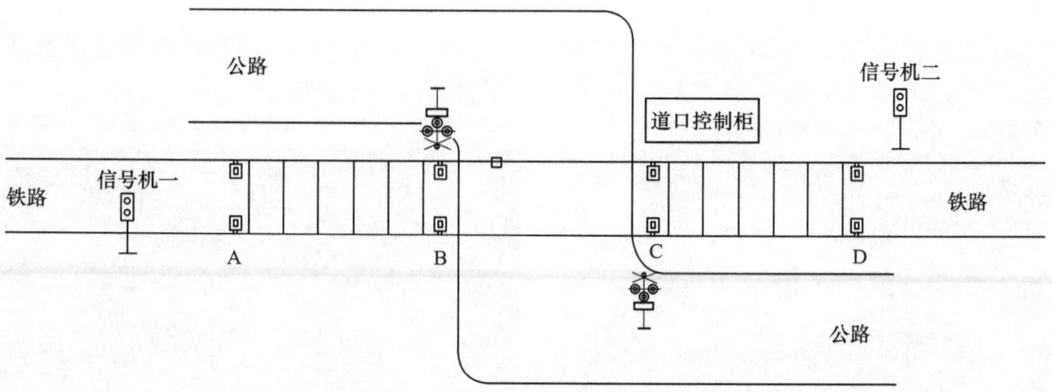

图 6 平面原理图

（2）当机车从 A 点轨道式传感器向 D 点轨道式传感器方向行驶时，机车第一对轮子经过 A 点轨道式传感器时，轨道式传感器 A 点产生报警信号传给道口报警控制系统，这时警铃开始语音报警，公路信号灯由绿变为黄灯，黄灯 3s 后变为红灯。通知道口行人和车辆道口已关闭禁止通行，这时机车可以通过道口。机车通过 B 点传感器再次确认，报警继续保持；当机车完全经过 C 点传感器时，10s（根据现场情况进行调整）后停止报警。机车完全通过道口，此时关闭警铃，恢复公路报警信号机亮绿灯，道口正常开通，车辆行人可以通过道口。

（3）当机车从 D 点传感器向 A 点传感器方向行驶时，机车第一对轮子经过 D 点传感器时，传感器 D 点产生报警信号传给道口报警控制系统，这时警铃开始语音报警，公路信号灯由绿灯变为黄灯，黄灯 3s 后变为红灯。通知道口行人和车辆道口已关闭禁止通行，机车可以通过道口。机车通过传感器 B 点再次确认，报警继续保持；当机车完全经过传感器 B 点时，10s 后停止报警。机车完全通过道口，此时关闭警铃，恢复公路报警信号机亮绿灯，道口正常开通，车辆行人可以通过道口。

（4）由于道口设备没有联网设备，工作状态不能预知，采取本地道口设备状态报警装置，故障导向安全。在道口的铁路方向增加一架二显示阻挡信号机，告知机车乘务人员道口的工作状态。机车从 A 点传感器方向开来，机车人员看 DK 信号机，当 DK 信号机常亮绿灯时，表示道口报警设备工作正常，机车可以正常通过道口；DK 信号机亮闪烁红灯和不亮灯，表示道口报警设备系统不工作，机车人员要引导机车通过道口。

2.2.3 运用展示

2018 年以来，我们陆续在两处原无人道口开通试运行，经过几个月的试运行，设备运行逐步趋于稳定，效果良好，图 7 所示为运行情况。

2.2.4 自动控制道口后期发展展望

（1）在现有道口信号自动报警系统的基础上发展道口肃清系统，并在道口前端增设栏木机，选用超高清智能摄像机（该智能摄像机现用于电子抓拍系统），采用视频触发，对指定区域内的人和车进行快速识别。当指定区域有人或者车辆时能及时发出信号，经 PLC 处理实现对栏木机的自动控制（其系统架构如图 8 所示），并逐步推广取代现有有人道口的控制。

图 7　自动道口信号报警系统运用展示

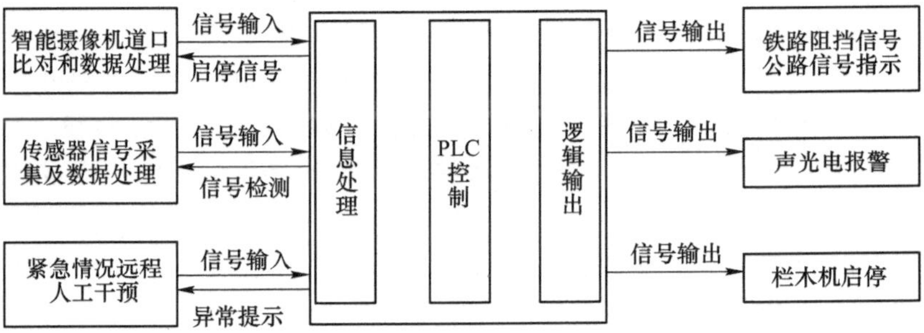

图 8　系统架构

（2）在现有的轨道式传感器采集的模式上，发展多模式的火车接近道口采集办法，目前主要实验探讨方案包括在非电气集中区通过自主安装交流 480 轨道电路、闭路式道口收发器、无线地磁传感器、区域入侵智能摄像机等四种模式。

（3）在现有自动道口模式上，发展联网，完成对设备状态的监控，同时增设远程控制功能，远程控制系统主要作用用于当道口出现异常问题时的远程人工操作补偿手段（如设备故障、恶劣天气等）。

3　发展道口自动控制的其他受益

3.1　网络运用得到大力拓展和优化

借助道口远程控制系统建设，利用各区域控制道口作为节点，成功形成了覆盖马钢铁运公司各主要信号楼的独立光纤网络，此独立网络的形成使铁运公司的铁路信号微机联锁、调度集中指挥系统的运行摆脱了以往依赖集团综合网络的局面，为上述系统的稳定运行及日后的其他系统运行提供了可靠保障。

3.2　视频监控中心的建立

由于各远程控制道口安装了高清监控，并在各区域控制中心（信号楼）形成了分控中心。后期我们借助覆盖各信号楼的光纤网络，在中心汇集信号楼安装了视频监控服务器和大容量的存储，建立了视频监控中心。视频监控中心形成后，其运用功能步得到了扩充，逐步形成了以道口远程监控为基础，汇集站场视频、远程值班点、各调度室及远程机房等各类视频汇聚集中管理（图 9 视频监控中心结构图），并具有让各级管理人员能在办公室内实时观看和调取各监控点录像的功能。

视频监控中心结构如图 9 所示。

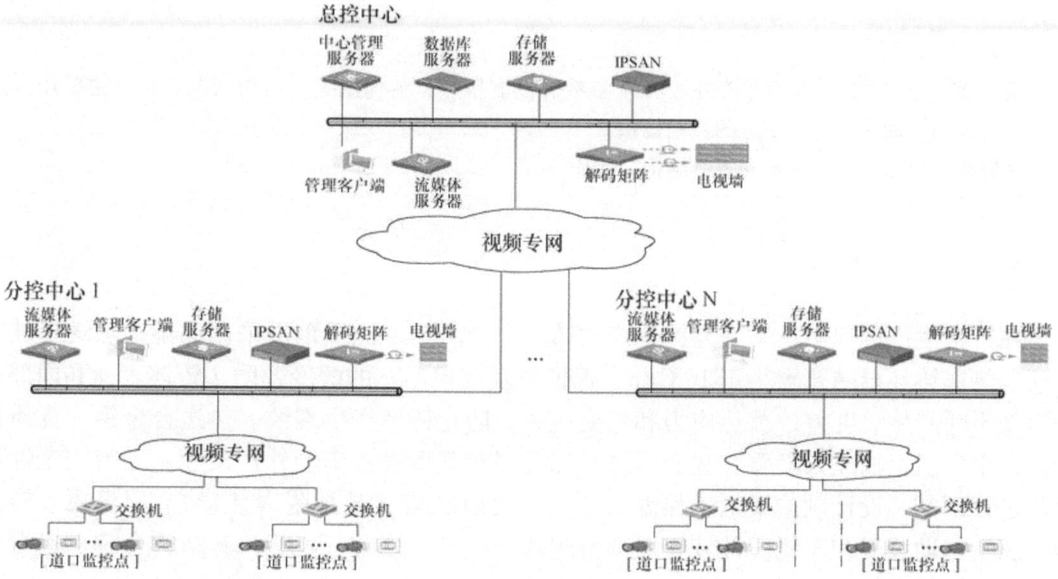

图 9　视频监控中心结构

3.3　道口前端的应用功能拓展

由于在道口控制系统中引入了 PLC 设备，为后期的前端道口功能扩展打下了基础。例如，近年来为配合马钢厂区封闭工作的开展，需在多处远程控制的道口铁路方向安装封闭门，我们通过研发，将封闭门的开关通过道口 PLC 设备与道口警铃的开放实现了关联，从而成功地实现了道口与封闭门的自动开关作业，取得了良好效果。

4　结束语

在当今冶金行业激烈竞争、各大钢企纷纷加快信息自动化控制步伐的背景下，高效、可靠、实用地将计算机、网络、通信技术运用于冶金运输行业内，实现高度自动化，从而高效满足冶金铁路运输企业生产要求，将成为我们今后坚持研究发展的重要方向。马钢铁运公司作为行业内较早较全面推行远程控制道口的单位，还会一如既往地深入探索，不断深化应用面，为马钢实现高效保产做出贡献。

六轴保温平板车的研制

（广东韶关松山股份有限公司，
曹启坤、周邦连）

摘　要：介绍了六轴保温平车主要技术参数、性能特点、结构概况和运用情况。该车主要用于合金钢、优质钢铸坯热送的保温运输。

关键词：保温平车；技术参数；结构；运用

1　引言

在特钢生产过程中，炼钢连铸生产的铸坯、合金钢、优质钢需采用保温，热送到轧材车间，热送铸坯温降要求小于10℃/h，保证铸坯在保温车的缓冷，防止铸坯表面和内部冷却速度不同产生温度差，及热应力和相变应力，防止铸坯产生裂纹。热送合金钢、优质钢铸坯采用保温运输非常必要。我们通过对保温平车载重量、车辆外形尺寸、运行安全性等方面进行研究，设计制造了六轴保温平车，主要由底架（包括附属装置）、保温罩、转向架、风手制动装置和车钩缓冲装置等部分组成。8 年多的运行表明，其结构合理、运行安全可靠、效果良好。

2　总体设计思路

安全装载、保温缓冷、热送运输是保温车运输中最重要的问题。因其载重量大，车辆运行的安全性至关重要。同时，要考虑车辆结构简单，中间隔离挡耐高温烘烤不变形，装载装卸作业安全，减少维修、保养费用，转向架等主要部件要尽可能选用标准、成熟产品。

2.1　轴重、轴数的确定

按照运输工艺和钢坯炉号管理的要求，一炉装一车，车辆载重量为 130t，自重 55t，初步测算车辆满载方坯时总重达 185t，在研究车辆总体方案时，对四轴车和六轴车进行了方案设计和比较（表 1）。

表 1　保温平车轴数方案

方案	车重/t	总重/t	最大外形尺寸（长×宽×高）/mm	转向架	轴重/t	固定轴距/mm
四轴车	55	185	13500×3260×3900	2 轴	46. 25	1400
六轴车	55	185	11473×4500×5000	3 轴	30. 83	2×1300

如采用四轴车，轴重超过 46t。轴重过大，对钢轨、车轮踏面磨损严重，车辆和线路

维护困难。如采用六轴车，轴重可控制在30t左右，轮轨接触性能较好，可有效解决轴重过大问题，车辆总长能适应装载保温缓冷技术要求。综合考虑，采用六轴车方案，转向架采用三轴转向架。

2.2 转向架

转向架的选型是六轴保温平车设计的关键，也是安全运行的基础。三轴转向架的选型，重点要考虑转向架的固定轴距、均载性能、通过曲线能力、抗脱轨性等。在综合考虑各型转向架的基础上，我们选择在国内长大车辆上普遍使用的三轴焊接构架式转向架。

2.3 车辆主要技术参数

经研究并确定了130t六轴保温平车的主要技术参数和主要配置要求。其主要技术参数如下：方坯装载量为130t，自重（包括保温罩）为55t，满载时总重为185t，车辆定距为8200mm，车辆长度为13500mm，轨距为1435mm，轮径为840mm，车钩中心高（空车）为880mm，满载时最大运行速度为20km/h，通过最小曲线半径为150m。

3 主要结构

该车由一个车架、保温罩、风制动装置、钩缓装置、两台三轴构架焊接转向架以及调车防雨棚等部件组成（图1）。

图1 6轴保温平车总图

3.1 车架

车架采用了传统平车类似结构，底架由中梁、侧梁、枕梁、大横梁和小横梁等组成，底架横截面呈鱼腹形，中梁、侧梁为工字钢，小横梁为槽钢。地板面为10mm钢板，底架地板上设置170mm×170mm方坯用以承载热坯，避免热坯直接接触地板；并在方坯之间设置硅藻土隔热层，防止地板受热变形。中间隔离挡采用12mm钢板制作，500mm×500mm×1750mm箱形结构及加强板，焊接在车底架地板上，作为方坯两侧堆放隔墙，主要是为保证方坯的专用吊具，在吊装卸作业中吊具插入的作用。

3.2 保温罩

保温罩由三层结构组成，最外层壳体为箱形体结构，采用 14mm 厚钢板焊接而成，为增强壳体的抗热变形刚度，其保温罩外端采用 14 号工字钢成桁架结构焊接在壳体表面，中部采用 200mm 厚硅酸铝纤维棉按约 1000mm×1000mm 块状压缩嵌入在壳体内表面，最外层采用螺栓将硅酸铝纤维棉整体固定在壳体内表面。在保温罩最上端设有二处 1100mm×750mm 梯形台，供起重机夹钳吊运保温罩用，保温罩侧面设有 8 处吊耳，用以吊运及翻转保温罩。

3.3 转向架

转向架采用三轴焊接构架式转向架，固定轴距 1300mm×1300mm，转向架主要由构架、轮对、轴箱弹簧装置、基础制动装置、下心盘及心盘垫等组成。车轮直径为 840mm，轴颈直径为 160mm。基础制动装置采用单侧制动，斜立式制动杠杆。构架材料采用 Q345B，全钢结构焊接而成。

3.4 制动装置

制动装置采用空气制动和手制动两种方式。主要由 120 型空气控制阀、356mm×254mm 整体旋压密封式制动缸、组合式集尘器、球芯折角塞门、货车制动编织软管总成、高摩合成闸瓦等组成。管系连接采用管螺纹连接。设置 NSW 型手制动机。

3.5 车钩缓冲装置

车钩缓冲装置采用 E 级钢 17 型下作用式车钩，采用加厚钩舌，配套使用 17 型锻造钩尾框，采用含油尼龙钩尾框托板磨耗板。采用合金钢钩尾销，MT-2 型缓冲器。

4 运用情况

该保温平车主要用于将炼钢连铸生产的合金钢、优质钢钢坯热送至轧钢车间，运输距离约 3km，热坯温降仅 7.3℃/h，能较好地满足保温功能要求。但由于高温装载运行，运用一年后，主要暴露出中间隔离挡因热坯烘烤裂焊变形严重、制动管螺纹连接及风管接头经常漏风问题，对存在的问题，采取了以下措施：

（1）改进中间隔离挡结构解决。中间隔离挡采用板坯切割而成，为 500mm×220mm×1750mm 的整体结构，板坯中间隔离挡与车底架地板焊接，两侧用三角板加强焊接，焊接处采用硅藻土隔热材料保护，板坯中间隔离挡耐受热烘烤不变形，彻底解决了因热坯烘烤裂焊变形问题。

（2）制动风管采用无缝钢管焊接工艺，彻底解决因温度最高，制动管螺纹接头长期处于冷热交换状态造成的漏风问题。

经过 8 年多的运用表明，6 轴保温平车运用品质良好。经段修分解检查，三轴转向架、上下心盘、车钩、基础制动装置等均未发现异常情况。三轴转向架结构合理，通过曲线能力强，未出现轮缘、轴承等异常磨耗情况，保温罩符合保温缓冷标准，板坯中间隔离挡耐受热烘烤不变形，制动风管采用无缝钢管焊接法，彻底解决了风管接头漏风问题，通过运用考验，证明研制运用是成功的。

47.5t轴重铁水车轴承选型分析

（广东韶关松山股份有限公司，黄世东、叶际生）

摘　要：论述了47.5t大轴重铁水车轴箱轴承的设计与选型要求，对比分析了整体式滚子轴承和非整体式轴承的优缺点，指出非整体式调心滚子轴承是47.5t大轴重铁水车轴箱用轴承的理想选择。通过轴承寿命计算，得出了轴承的使用年限，验证了所选轴承满足寿命要求，为铁水车轴承检修提供依据。

关键词：47.5t轴重；轴承；设计；选型；分析

1　引言

为适应炼钢清洁生产、节能降耗发展的需要，韶钢在2016年提出2017年高炉铁水需采用120t“一罐制”铁水运输工艺，即高炉直接采用转炉铁水罐受铁，通过机车将转炉铁水罐牵引至炼钢车间加料跨，再由加料跨起重机吊运铁水罐将铁水兑入转炉，从而达到工序优化及节能降耗的目的。

本次120t铁水车采用四轴设计，轴重最大运用达到了47.5t。在国内都是首次最大轴重的设计，这就要求转向架零部件必须具有足够的强度设计，保证转向架具有良好曲线通过性能，其中轴箱轴承作为转向架的重要部件之一，其选型设计起着至关重要的作用。

2　47.5t轴重铁水车轴承设计及选型要求

2.1　设计要求

车辆轮对通过轴箱、弹簧与转向架构架与车辆车体相连。轴箱轴承直接承受车辆的簧上重量和钢轨对车轮的径向、轴向冲击，此外还要传递牵引力以及因之而产生的某些附加载荷。因此轴箱轴承要有较大的承载能力，能够耐冲击振动；必须有较高的寿命、安全性和可靠性、较小的尺寸和质量。厂矿企业铁路线路普遍存在曲线半径小、线路等级不高的现象。铁水车投入运用后，因作业条件及其他原因受限因素，车辆巡检人员现场很难观察到轴承工作状态，因此要求轴箱轴承必须具有较大的承载能力，能够耐冲击、振动，具有较长的使用寿命、较小的尺寸和重量，并且也便于检修和维护，在规定的维修期内具有较高的运行可靠性。一个合格设计轴承应满足以下几个条件。

2.1.1　良好的润滑与密封

（1）冶金企业铁水运输所处的环境恶劣、粉尘较多。轴承的润滑良好是关键，保持良好的润滑对轴承的使用寿命有很大影响。

（2）轮对轴箱必须有相应良好的油封装置。油封装置的作用是防止润滑脂泄漏，防止外界污物、杂质和水分浸入。如果油封失效，不管轴承或其周围相关部件质量如何好，都将影响轴承的使用寿命。

（3）根据韶钢对冶金车辆检修要求，铁水车段修期为一年。要求在段修时轴承润滑脂易于检查，缺少油脂时易于补充，因此可选用以轴承后置代号/W33 表示带有环状油槽和 3 个油孔的调心滚子轴承，便于在段修时对轴承补充油脂。

2.1.2　符合要求的环境运行温度

要保证轴承具有良好的工作性能，低的运行温度很重要，环境温度升高会使摩擦表面的油膜厚度降低，润滑脂性能和润滑状态恶化，降低润滑脂的使用寿命，增大轴承的磨损。温度升高会使轴承内外圈尺寸增大，影响轴承使用寿命，经现场对铁水车重载工况温度进行测量，各点环境运用温度见表 1。

表 1　铁水车重载各测量点温度

铁包外侧温度/℃	转向架侧架温度/℃	轴箱温度/℃	轮对防尘座温度/℃
220	35~55	35~45	35~51

常见的二硫化钼锂基润滑脂适用于工作温度在-20~120℃范围内的矿山机械、冶金机械设备、机电设备、交通运输等高温、重负荷各种较大型机械设备的润滑。从表 1 可以看出，轴箱及防尘座运用环境温度在 51℃之内，符合润滑使用环境温度要求，在轴承设计使用中温度系数也属于理想范围，见表 2。

表 2　温度系数

工作温度/℃	<120	125	150	175	200	225	250	300
f_t	1	0.95	0.9	0.85	0.8	0.75	0.7	0.6

2.2　轴承结构形式选择

铁路车辆轴承主要使用整体式滚子轴承和非整体式滚子轴承两大类。整体式滚子轴承主要是铁路局车辆用得较多，优点是出厂前已注油脂且两端带整体式密封，这种结构能有效避免杂质进入滚动轴承内部空间，保证轴承内部的清洁。缺点是运用及检修中难以检查到润滑脂情况，且厂矿企业难以拆解和检修，需拆卸送往专业的轴承检修中心进行检修维护。另一种非整体式滚子轴承厂矿企业使用较多，主要有调心滚子轴承和圆锥滚子轴承两种，其特性见表 3。

表 3　调心滚子轴承和圆锥滚子轴承主要特性

轴承类型	主　要　特　性
调心滚子轴承	（1）转速低、耐冲击、耐振动； （2）具有自动调心的功能，即内圈轴线相对外圈轴线有较大倾斜时（一般在 3°以内）仍能正常运转； （3）主要承受很大的径向载荷，也能承受较小的轴向载荷； （4）CA 调心滚子轴承属于特种轴承，因为此类轴承能量耗能比较低，刚韧性更有优势；CA 调心滚子轴承可以在高速运转的机械中运转自如，以及在高刚性低摩擦的精密工作中备受欢迎，同时具有超高的承载力

续表 3

轴承类型	主 要 特 性
圆锥滚子轴承	（1）主要用于承受以径向载荷为主的径向与轴向联合载荷，故能够承受双向的轴向载荷； （2）可限制轴承或外壳的两个方向轴向位移在轴承的轴向游隙范围内； （3）通常用于齿轮箱、起重设备、轧钢机和采矿机械

因韶钢铁路曲线半径较小（最小为 150m），铁水车运行中有一定振动，47.5t 大轴重铁水车运行中除要承受较大径向载荷外，还要承受不同方向的轴向载荷，综合考虑以上因素，轴承选用 24032CA/W33 型调心滚子轴承。轴承选型既满足了 120t 铁水车运用工况条件要求，又因这种轴承外圈带有环状油槽和 3 个注油孔，解决了每年铁水车段修轴承检查加油的问题。120t 铁水车每个轴箱安装 2 组轴承，轴箱装置由轴箱体、轴箱盖、轴箱后盖、防尘座、轴承前压盖、24032CA/W33 型调心滚子轴承、螺栓等组成，如图 1 所示。

图 1 轴箱装置

2.3 轴箱轴承寿命计算

2.3.1 轴承参数分析

韶钢 120t 铁水车轮对轴颈直径为 160mm，每个轴箱采用 2 个 24032CA/W33 型调心滚子轴承，车总重满载设计为 190t，轴重达到 47.5t，则每个轴承承受的径向静载荷为 F_r = 47.5÷4×9.8 = 116.375kN。轴承性能参数见表 4，从表 4 可以看出，轴承的理论载荷及转速要求都是符合要求的。

表 4 24032CA/W33 轴承性能参数

基本额定载荷/kN		极限转速/$r \cdot min^{-1}$	计算系数			
动载荷 C_r	静载荷 C_{or}	脂润滑	e	Y_1	Y_2	Y_o
710	1210	1100	0.3	2.3	3.4	2.2

2.3.2 轴承基本额定寿命计算

轴承基本额定寿命是按 10^6 转计算的，轴承运行的时间用 L_h 表示，计算公式为：

$$L_h = \frac{10^6}{60n}\left(\frac{f_t C}{p}\right)\frac{10}{3}$$

式中，n 表示转数，铁水车重车走行速度 10km/h，则每分钟行走距离为 166m，轮对直径按 0.84m（圆周长为 2.63756m）计算，每分钟轮对行走的转数：

$$n = \frac{166}{2.6376} = 63\mathrm{r/min}$$

计算公式中查表温度系数 $f_t = 1$，基本额定动载荷查表 $C = 710\mathrm{kN}$。因 $\frac{F_a}{F_r} \leqslant e$ 时，当量动载荷：

$$P = f_p(F_r + Y_1 F_a)$$

式中，f_p 为载荷系数；F_r 为径向载荷；F_a 为轴向载荷；Y_1 为轴向载荷计算系数。

考虑铁水车运行中工况复杂，运行中有一定的冲击力，f_p 载荷系数取 1.2，故 $F_r = 116.375\mathrm{kN}$，$F_a = 116.375 \times 0.3 = 34.9125\mathrm{kN}$，$Y_1 = 2.3$，最后计算当量动载荷 $P = 1.2 \times (116.375 + 2.3 \times 34.9125) = 236\mathrm{kN}$。则计算轴承基本额定寿命：

$$\begin{aligned} L_h &= \frac{10^6}{60n} \frac{c}{p} \frac{10}{3} \\ &= \frac{10^6}{60 \times 166} \times \frac{710}{236} \times \frac{10}{3} \\ &= 103987h \end{aligned}$$

韶钢实行分次调铁运行后，共有 3 个高炉向 2 个炼钢分厂运送铁水，据统计分析，铁包周转率平均约为 3.5，每个铁水车每天最多运送 4 趟重包，一个单程运输平均时间为 28min。现按一个车每天 4 趟，重车往返 8 次全按重车计算，总走行运输时间为 246min，计 4.1h，则轴承基本额定寿命保守理论计算：

$$\begin{aligned} L_Y &= 103987 \div 4.1 \div 365 \\ &= 6.9\mathrm{a} \end{aligned}$$

3　选型及计算结果

（1）24032CA/W33 型调心滚子轴承具有较高的承载能力及良好的综合机械特性，可满足韶钢 120t 铁水车实际使用要求。

（2）韶钢物流部原 130t 铁水车轴承（轴重 38.9t）规定使用时间达到 5 年时需更换，24032CA/W33 型调心滚子轴承保守理论计算可使用 6.9 年，可满足铁水车轴承检修更换寿命要求。

（3）24032CA/W33 型调心滚子轴承及轴箱的配套选型，使铁水车段修时轴箱装置既容易分解检查轴承状态，又便于补充润滑油脂，符合选型设计对轴承检修的要求。

4　保障大轴重铁水车运用安全的配套管理措施

47.5t 大轴重铁水车在国内是首次运用，为保障运用安全，需加强各方面的管理工作。

（1）每 6 个月进行一次轴检，每年进行一次段修，检查轴承运用状态，补充滑润油脂。

（2）每年在段修时检查轴箱、侧架磨损情况，超限时进行修复，这样可保障转向架运行平稳，减少对轴承的冲击，延长轴承使用寿命。

（3）为保障轮对轴承使用安全，每5年对轮对进行大修镟修轮对并更换轴承，保障轮对技术状态良好。

（4）对原有铁水运输线路进行重载改造，对原有木岔枕道岔更换为混凝土枕道岔，岔间线木枕更换为Ⅲ-a型混凝土枕轨道，满足重载运输的需要。

5 结束语

47.5t大轴重铁水车的运用要把安全放在首位。日常应加强铁水车及线路的点检工作，对设备要有计划进行检修，保障铁水车及铁水线路处于良好的运用技术状态。

对 GKD1 型内燃机车励磁控制电路改造的探讨

（马钢铁运公司，秦涛）

摘　要：GKD1 型内燃机车励磁控制电路所有接触器采用带电吸合、分离，接触器在动作过程中易产生拉弧、烧损接触器触头。因此造成的设备故障占此型机车电器故障的 60%；对设备安全运行保产造成严重影响。

对此型机车控制电路进行改造探索，目的是使各接触器进行无负载吸合、分离。消缺原接触器动作时产生的各类不良因素，大幅度降低此车型的电器故障率。

主要介绍此型机车故障率最高的 1C、2C 接触器的改造设想、过程及效果。此思路可用于其他大电流通过的各类接触器的改造。

关键词：电路改造；无负载吸合、分离；降低故障率

1　改造缘由

1.1　电空接触器功能介绍

电空接触器（1C/2C）（图 1），是用来操作牵引整流柜与各台牵引电机间的电路通断的行车重要电气部件。此接触器故障在实际运用中占比最高（图 2 和图 3）。

图 1　电空接触器

图 2　打火瞬间

图 3 电空接触器烧损的主触头

1.2 问题描述

冶金企业机车运行特点：换向频繁、短途运行。机车在运行过程中电空接触器频繁动作，触头频繁带电释放、闭合。因电流较大、易拉弧，造成触头电磨损现象严重。主要表现为烧融、粘接、接触面达不到有效接触面积。

1.3 问题隐患

触头电磨损，易导致机车换向不正常、牵引力不够、不走车等故障的产生，严重时会烧损牵引电机，影响正常生产工作，埋藏设备事故隐患。

由于 GKD1 电器柜空间狭小，各电器件安装位置原因：每处理、更换一组触头，必须拆卸电压调整器、励磁机以及相应的连接插头等部件。因检修操作空间问题只能单人操作，熟练检修人员需要 1h 以上。

2 改造思路

2.1 原设计思路

GKD1 励磁控制电路设计思路参考该厂出版的《GKD1 型调车内燃机车》，从图纸中可分析出 HK、C1、C2、LC、LLC 均是在司控器处于非 0 位得以通电，通电顺序是 HK、LLC、C1、C2、LC，由各辅助触点达到通电顺序的先后。

2.2 原车设计电路图

原车设计电路图如图 4 所示。

2.3 理论逻辑效果图

理论逻辑效果图如图 5 所示。

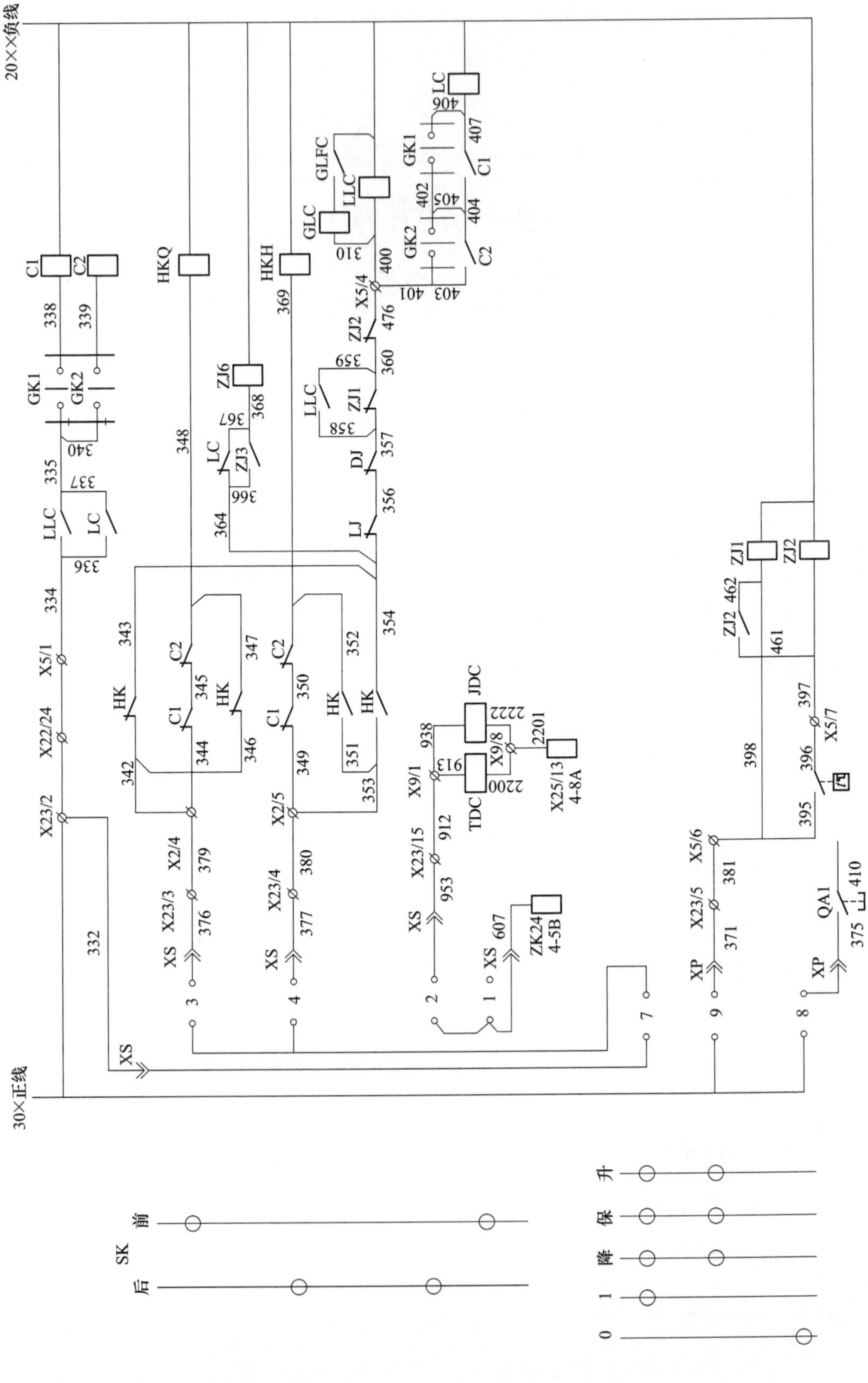
20××负线
30×正线
C1
C2
HKQ
HKH
GLC
GLFC
LLC
LC
ZJ6
ZJ1
ZJ2
ZJ3
GK1
GK2
DJ
LJ
HK
JDC
TDC
QA1
ZK24
4-5B
X25/13
4-8A
SK
前
后
升
保
降
1
0

图 4　原车设计电路图

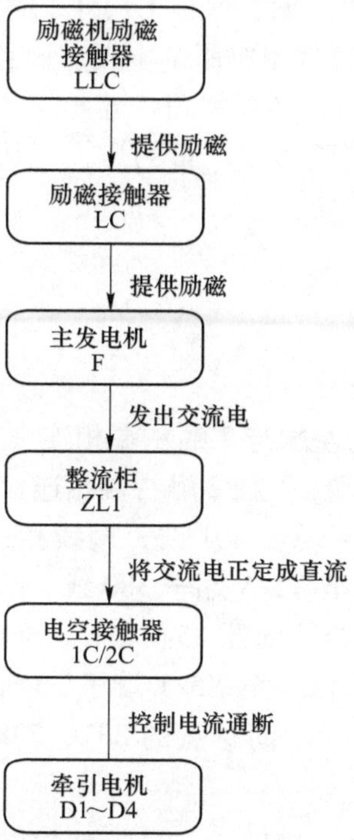

图5 理论逻辑效果图

2.4 原设计思路解读及问题分析

实际操作中该设计理念未能达成，司控器非0位时HK、LLC、C1、C2、LC几乎是同时动作，这时看不出任何异常。实际效果如图6所示。

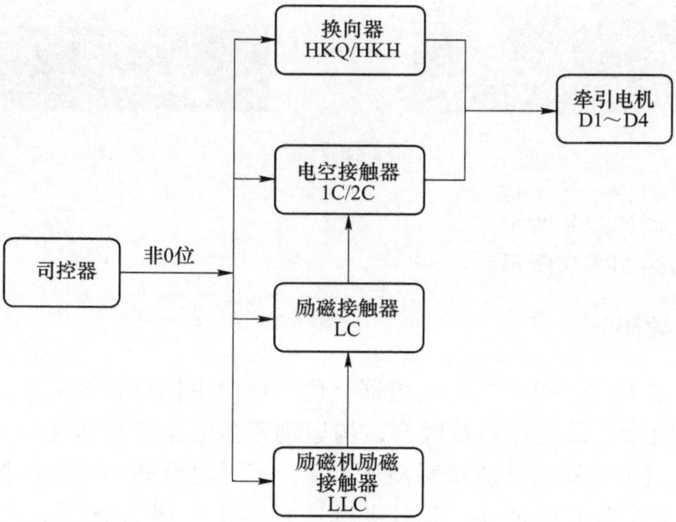

图6 实际效果图

1位时C1、C2触头承载电流约为400A，随着转速的上升，最大升至1000A，当司控器回到 0 位时，原图的设计理念根本无法保证 C1、C2 的断开滞后于 LC、LLC。由于 C1、C2 触头承载高压大流，所以断开时发出耀眼的电弧。而且该车型 HK 换向时，方向控制器换向后，电路控制系统未完成换向，必须将司控器提至 1 位，换向接触器、1C、2C 等接触器同步动作，使 C1、C2 触头表面形成严重的烧损，从而会引起机车不走车，不换向，甚至是烧损牵引电机等诸多故障。

3　具体改造方案

3.1　改造思路实施

改动换向器手柄 3 触、4 触的左端与 7 触左端相连（保证换向器的动作受换向手柄实际控制），7 触的右端连接 1 触左端，1 触 2 触右端相连，断掉司控器的 607 线。

断开 X9/1 端子 912 线，X5/4 端子 401 线，两线相连以达到非 0 位 LC 动作的目的，原头灯近照灯接触器 913，938 移至 X2/5 端子 380 线。

C1、C2 接触器左端 335 线移至换向器 354、343、364 公共端处，断开 LJ 左端的连接线移至 X5/6 处，335 线左端 LC、LLC 至 X5/1 端子 334 线切除，将图 7 中与 ZJ1 并联的 LLC 辅助触点 358、359 分别与 LC 辅助触点的 337、338 相连，从而达到保降升位控制 LLC 接触器的目的。

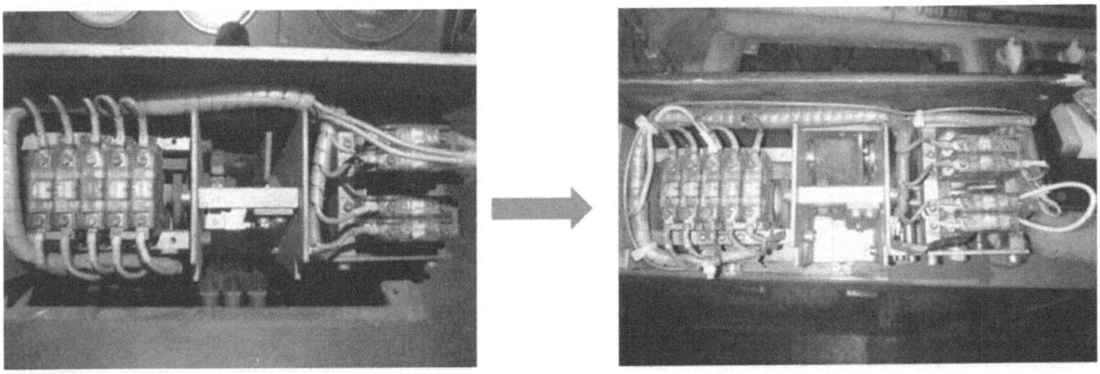

图 7

电路图相关改动如图 8 所示。

整理后的电路图如图 9 所示。

3.2　改造后理论效果

改造后实际动作顺序：开机控，司控器 0 位，换向手柄进行换向，C1、C2 进行吸合，司控器 1 位时 LC 吸合，保位时 LLC 吸合，沟通励调器电路，测速电机，励磁电机，主发电机，牵引电机，此时牵引触头方承载高压大流。通过电路和司控器的机械装置互锁和顺序保证了大功率接触器（换向器，牵引接触器）无论在吸合或释放时均在无电状态下进行。

改造后的逻辑效果图如图 10 所示。

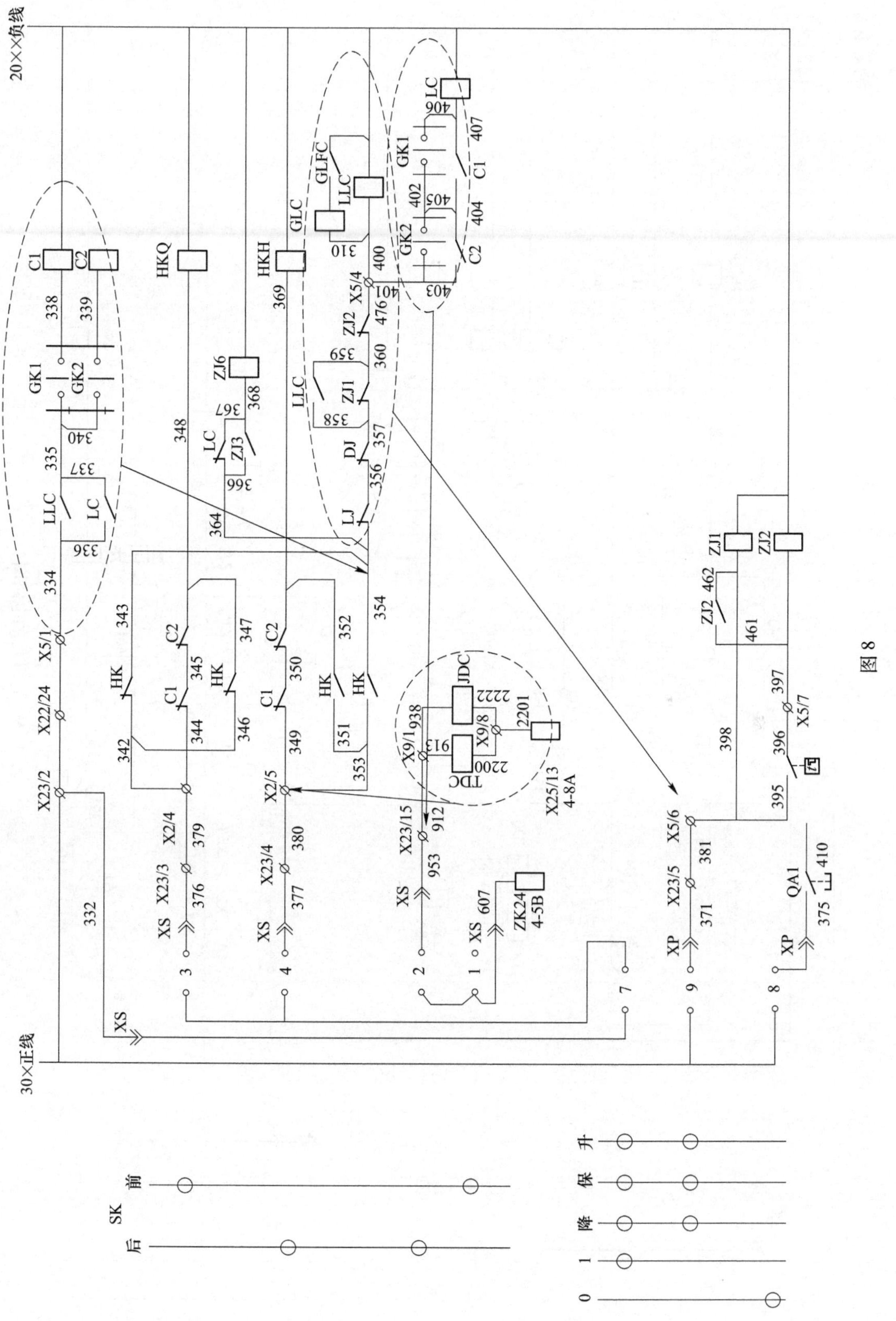

图 8

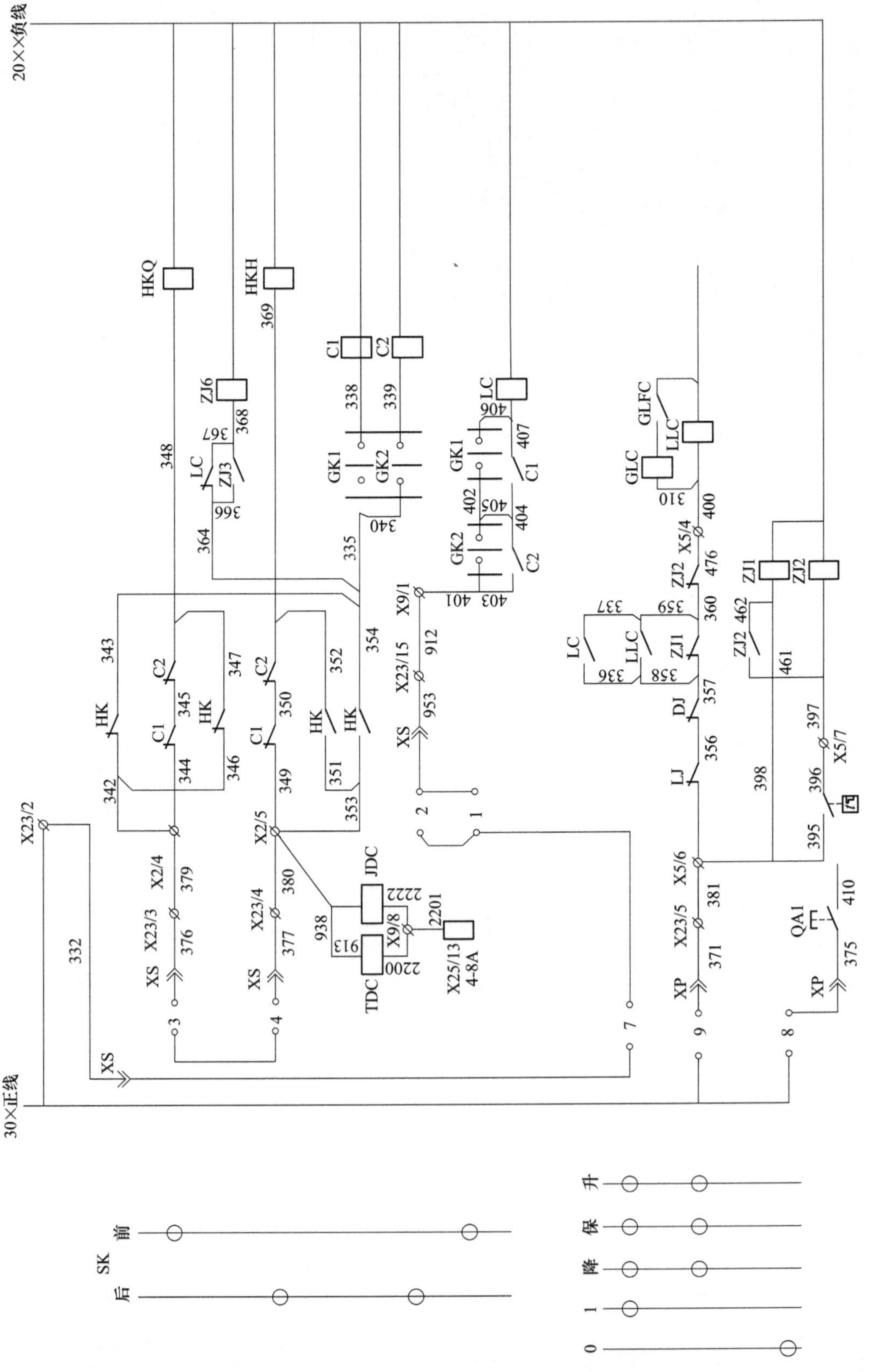
20××负线
30×正线
HKQ
HKH
ZJ6
LC
ZJ3
C1
C2
GK1
GK2
HK
JDC
TDC
XS
XP
X23/2
X23/3
X23/4
X23/5
X23/15
X2/4
X2/5
X9/1
X9/8
X5/4
X5/6
X5/7
X25/13
4-8A
GLFC
GLC
LLC
ZJ1
ZJ2
DJ
LJ
QA1
SK
前
后
升
保
降
1
0

图 9　整理后的电路图

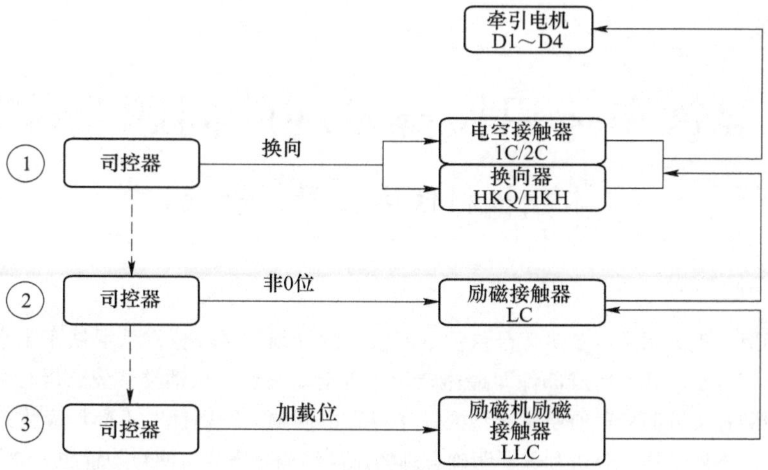

图 10 改造后的逻辑效果

3.3 改造前后实际运用中接触器触头状态比对

改造前后实际运用中接触器触头状态比对如图 11～图 13 所示。

图 11 改造前一个轮修周期触头状态

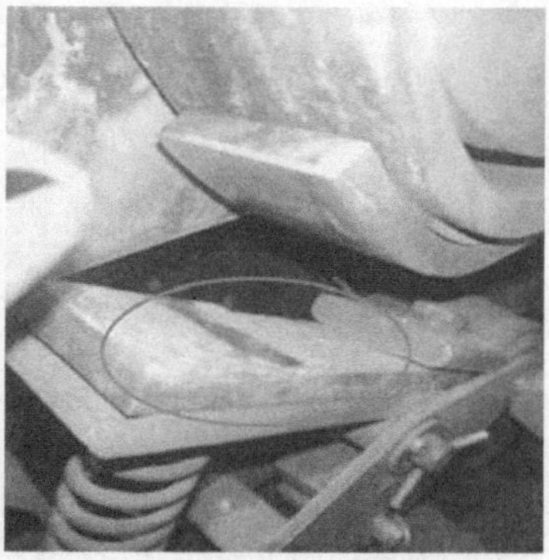

图 12 改造后一个轮修周期触头状态

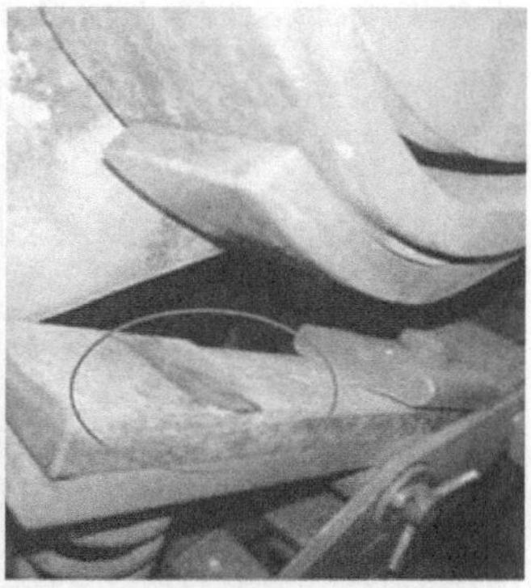

图 13 改造后二个轮修周期触头状态

4 结语

（1）此项改造不改变司乘人员的日常操作习惯。

（2）通过改造相关电器线路，实现原接触器的带电动作变为接触器动作后通断电，实现无电下的动作转换，有效避免接触器触头在大电流下烧损的故障。

（3）从实际使用效果来看，此改造延长了设备的使用寿命，降低了机车电器故障率。

（4）此项改造的切入点，可以运用在行业内相关的大电流控制电路改造中。

鱼雷型混铁车运用检修发现的问题及改进建议

（本钢板材铁运公司，李凤）

摘　要：面对本钢集团公司新购 7 台鱼雷型混铁车的计划，结合鱼雷型混铁车十余年来的运用检修实践，分别从其各构成部件即罐体装置、主动端装置、从动端装置、走行装置、倾动装置、润滑装置等方面梳理前期鱼雷型混铁车存在的问题。特别针对不同厂家生产的鱼雷型混铁车部件的不同结构，分析利弊，明确合理实用的结构方案。为使新购置的 7 台鱼雷型混铁车能够规避前期车辆的问题，同时也为后期车辆检修创造条件，分别从车辆结构设计、加工制造、外购件质量等方面提出改进建议，以保障新购鱼雷型混铁车达到最佳的运用性能。

关键词：鱼雷型混铁车；问题；改进建议

鱼雷型混铁车（简称鱼雷罐车）具有保温性能好、载重量大、储存能力强的特点，是当前各大钢铁企业铁水运输的主型车辆。本钢自 2004 年购入第一批鱼雷型混铁车以来，板材厂区前期已购置鱼雷型混铁车 60 台。近几年北营厂区产能增加，相继调拨鱼雷型混铁车支援运输，截至 2018 年末已调拨 9 台。为保障板材厂区鱼雷型混铁车运用数量，集团公司确定新购 360t 鱼雷型混铁车 7 台，由辽宁恒泰重机有限公司承制。

1　前期鱼雷型混铁车出现的问题

鱼雷型混铁车由罐体装置、主动端装置、从动端装置、走行装置、倾动装置、润滑装置等部件构成。本钢板材厂区运用的鱼雷型混铁车有 320t、360t 两种型号，分别由大连重工集团有限公司和原本钢起重机厂制造。由于生产厂家和规格型号的不同，车辆结构、尺寸上存在一定差异。同时，运用、检修中发现车辆本身制造上也存在一定的问题，给车辆检修工作带来较大的烦扰。

1.1　罐体装置问题

鱼雷型混铁车罐体装置主要是由中部圆筒部分和两端圆锥部分及罐体耳轴组成的焊接结构件。罐体由厚度为 32mm 的钢板制成，两端耳轴为铸钢件，罐体两端耳轴中心距 14230mm。

检修过程中发现多台车出现罐体下挠、耳轴外端上翘情况（图 1），耳轴靠近罐体侧磨耗严重。

1.2　主动端装置问题

鱼雷型混铁车主动端装置由轴承台架、主轴承、辅助轴承、车上电气设备等组成。

（1）轴承台架上的主轴承座、辅助轴承座用于通过罐体主动端耳轴支撑罐体，同时保

图 1 鱼雷型混铁车罐体耳轴外端上翘

证耳轴齿轮的正确位置。受罐体耳轴外端上翘影响，辅助轴承上下瓦座联结螺栓频繁出现松动、折断故障，辅助轴承下瓦座与轴承台架安装座间的螺栓亦存在松动情况，严重的辅助轴承上下瓦座无法实现可靠联接，间隙可达 20~30mm。

（2）为了在鱼雷型混铁车检修解体时将轴承台架以上部分抬起，在轴承台架两侧下方设有 4 个千顶支承座，位于大心盘横向中心线上的两处为主千斤顶支承座，另外两处是为保持轴承台架水平用的辅助千斤顶支座。检修中发现多台车主千斤顶支承座偏离大心盘横向中心线，且主、辅千斤顶支座间距离也存在偏差（图 2）。

图 2 主动端轴承台架千斤顶支座位置存在偏差

1.3 从动端装置问题

鱼雷型混铁车从动端装置由轴承台架、主轴承、链传动干油站等组成。

（1）链传动干油站在罐体转动时依靠传动链通过增速机加速带动润滑泵作业实现主轴承润滑。运用检修过程中冬季频发传动链折断，造成从动端主轴承润滑失效情况。经分解检修，发现增速机为摆线式减速机，采用干油润滑，冬季低温条件下润滑油变质黏着，增速机无法正常作业，导致传动链折断。

（2）从动端轴承台架两侧下方也设有 4 个千斤顶支承座，位于大心盘中心线上的两处为主千斤顶支承座，另外两处是为保持轴承台架水平用的辅助千斤顶支座。检修中同样发现个别车辆主千斤顶支承座偏离大心盘中心线情况，且由于主、从动端轴承台架千斤顶支承座位置不准确，给架车作业造成较大影响，危及人员、设备安全（图 3）。

图 3　从动端轴承台架千斤顶支座位置存在偏差

1.4　走行装置问题

鱼雷型混铁车走行装置由上车架、下车架、二轴转向架、车钩、缓冲器等组成。上车架的前面安装有车钩缓冲连接装置、护棚、栏杆、梯子等，顶面又作为走台使用。

（1）鱼雷型混铁车车钩部分为大摆角上开车钩，部分为 13 号上开车钩，均采用 ST 缓冲器，大摆角车钩钩头的左右两侧设有复位弹簧装置。检修过程中大摆角车钩作业烦琐，配套备件相对较多。经多年运用实践，普通 13 号上开车钩可满足库外运用，且检修方便，通用性强，利于备件储备。

（2）运用检修中发现，部分鱼雷型混铁车上车架横向尺寸过宽，车辆通过曲线时磨轮毂（图 4），上车架下部曲面弧度过大或位置过低，车辆通过曲线时磨车轴（图 5）。

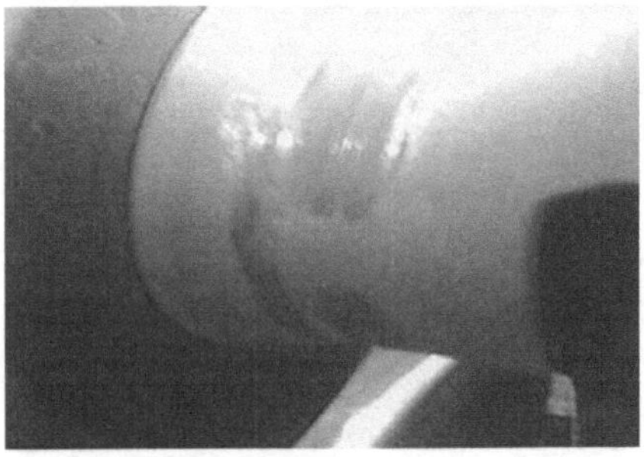

图 4　车架磨轮毂

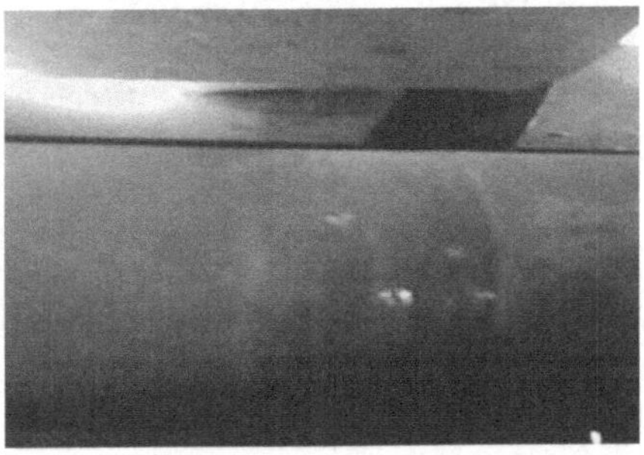

图 5　车架磨车轴

（3）检修过程中频繁出现下车架中下心盘立面裂纹、安装面及周边结构连接板开焊故障，且下车架整体无吊装辅助，焊修翻转作业不便。

（4）鱼雷型混铁车上下车架之间，下车架与二轴转向架之间分别通过大、中、小心盘接触，利用心盘销联结。大中心销通过上车架上的中心孔从下面穿入，使大中心销头部的矩形块穿过大上心盘凸台上的矩形槽，然后将中心销旋转 90°放下，中心销头部正好落入上心盘凸台上的凹槽中，中心销下部用板销固定。检修分解作业时，大中心销可借助地沟从上车架下部取出。中、小心盘销从上部安装（图 6）。

由于车辆制造完成组装时大中心销可直接从上部向下安装，检修中发现一系列关于心盘销安装的相关问题：

1）上车架下部未设中心销安装孔，检修时大中心销无法正常从下部取出，只有拆下

图6　下车架焊修

大上心盘方可取出。

2）大中心销头部矩形块尺寸与大上心盘凸台上的矩形槽尺寸间隙过小，大中心销无法取下。

3）大中心销头部矩形块尺寸与上心盘凸台上的凹槽的尺寸不匹配，大中心销头部无法落入上心盘凸台上的凹槽中，固定板销无法安装。

（5）鱼雷型混铁车二轴转向架中的轮对轴箱组成是车辆走行装置的关键部件。轴箱、轴承组成将所承受的车辆载荷传递给轮对，使轮对和侧架、摇枕联结成一体，将轮对沿钢轨的滚动转化为车体沿线路的平动，并限制轮对的横向和纵向移动。轮对承受车辆全部重量，在负重的条件下以一定的速度引导车辆在钢轨上行驶。轮对轴箱轴承组成的作用性能直接影响着车辆的运行安全，历来都是车辆检修的重点。

轴承轴箱组成与轮对轴颈间过盈配合，借助轴承拆装机冷压组装，前期检修中出现过大量轴承自动串出情况（图7），以致造成燃轴故障。

图7　鱼雷型混铁车轮对轴承串出

（6）轮对轴颈加工质量也至关重要，如基本尺寸及偏差、表面粗糙度、尺寸过渡位置配合等，3675号鱼雷型混铁车就曾发生过一起因轴颈尺寸过渡位置加工不合格造成的切轴事故。

（7）前期的鱼雷型混铁车在最外侧轮对处设有轮缘涂油装置，实际运用中该装置作用不大，且易破损，检修中已全部将其拆除。

1.5　倾动装置问题

鱼雷型混铁车倾动装置主要由电动机、主减速机、制动器、耳轴齿轮等组成。主减速机为五级行星减速机，具有高低速两个输入端。耳轴齿轮采用2组切向键固定在罐体驱动侧耳轴上。高低速转换利用减速机输入部分的行星齿轮机构实现。

（1）因车辆生产厂家不同，鱼雷型混铁车倾动装置高速回转结构有所不同。一种为无联轴器结构，电动机与主减速机直接联结，电动机轴即为主减速机输入轴；另一种为有联轴器结构，电动机与主减速机通过齿轮联轴器联结。运用检修中发现，无联轴器结构主减速机漏油故障严重，而有联轴器结构采用的联轴器为齿轮联轴器，刚性联结无法抵消安装缺陷，运转过程中噪声大、故障多，两种结构均存在一定问题。

（2）检修更换减速机的过程中还发现减速机安装座螺栓孔位置存在较大偏差（图 8），车辆制造组装减速机时进行了扩孔处理。

（3）倾动装置垂直限位结构多样，性能存在差异，且限位挡尺寸不同。

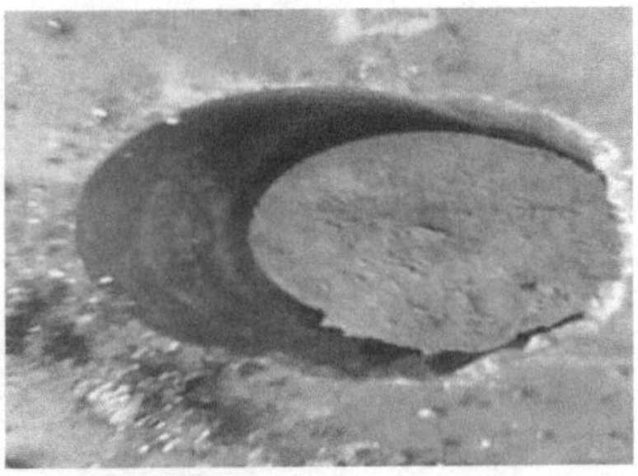

图 8　减速机安装座螺栓孔位置存在偏差

1.6　润滑装置问题

鱼雷型混铁车走行装置的大、中、小心盘采用自润滑。主轴承、辅助轴承润滑形式多样，有集中润滑、自润滑、自润滑加辅助润滑三种形式。主轴承有铜瓦、自润滑合金瓦、自润滑镀铜瓦等多种材质；集中润滑主轴承注油孔分布有均衡分布、偏重分布两种位置；主轴承技术尺寸由于车辆购入批次和厂家的不同，存在较大差异。目前，主轴承润滑不良、破损问题日益突出，受上述条件制约，检修难度极大。

前期鱼雷型混铁车的问题，部分在检修中已陆续处理，但也有很多无法处理之处，由于备件形式尺寸上的差异，给车辆检修带来较大困难。随着鱼雷型混铁车的进一步运用，车辆检修范围和检修深度都需要加强，后续检修不容乐观。

2　对新购鱼雷型混铁车的改进建议

为使新购置的 7 台鱼雷型混铁车能够规避前期车辆的问题，更好地保障车辆的运用性能，同时也为后期车辆检修创造条件，特提出如下改进建议。

2.1　车辆结构设计方面

在车辆管理上，车辆结构分为四大部分：车体装置、走行装置、钩缓装置、制动装置（冶金车辆通常不设制动装置），分别从这几方面进行明确。

2.1.1　车体装置

（1）倾动装置主减速机采用封闭式有联轴器结构，电动机与减速机输入轴间联轴器采用弹性联轴器；倾翻垂直限位选用推杆式行程开关。

（2）车体护栏、车梯等在原基础上适当增加强度。

（3）主、辅轴承润滑采用集中润滑装置，增设辅助手动注油杯，润滑油采用多用途极压锂基润滑脂。主、辅轴承尺寸，油路结构与前期 360t 车一致，保证备件具备互换性。

（4）主、辅轴承瓦采用纯铜材质。

（5）从动端链传动润滑装置增速机采用齿轮式减速机，油浴润滑，更换后的增速机地脚安装位置与早期鱼雷型混铁车保持一致。

（6）增设吊装、翻转车架的辅助装置。

2.1.2　走行装置

（1）取消轮缘涂油装置。

（2）转向架各部件要满足 360t 鱼雷型混铁车的承载要求。（主要指轮对轴箱轴承组成、侧架、摇枕、枕弹簧等）特别要保障轮对轴颈的加工质量、轴承与轴颈组装的过盈量和压装力。

（3）轴箱、枕弹簧防护罩适当加大厚度，方便后期检修（原结构易折断）。

（4）重新设计上下车架尺寸和位置高度，解决原车在通过曲线时车架磨轮对的问题。

2.1.3　钩缓装置

采用 13 号上作用式车钩结构。

2.2　加工制造方面

鉴于前期车辆存在的问题，新制造的车辆应保障以下几方面：

（1）罐体装置各部位同轴度。

（2）克服罐体装置整体下挠。

（3）主、从动端主轴承座安装位置准确。

（4）倾动装置主减速机安装位置无偏差。

（5）轴承台架千斤顶支承座位置正确。

（6）大心盘销安装设计要考虑后期检修，易在车辆下部拆、装。

（7）保证上下车架焊接质量，采取有效的措施消除应力。

2.3　外购件方面

（1）减速机应满足 360t 鱼雷型混铁车使用承载能力要求。

（2）轮对轴承轴箱组成、摇枕、侧架、枕弹簧、车钩、缓冲器等零部件的供货商必须具备铁路专用备件生产资质。

3　结论

鱼雷型混铁车作为冶金企业铁水运输的专用车辆，由于运输装载货品的特殊性，加之自重、载重均较大等特点，与其他铁路运输车辆相比运用过程中的安全性能更为重要。

要保障车辆安全、高效运行，后期检修维护虽然相当重要，但设计完善、制造标准的车辆本身才是基础保障。除车辆设计、制造因素外，零部件质量也十分关键。像鱼雷型混铁车罐体耳轴这样的重要部件，如果制造加工质量不达标，即便安装时与罐体焊接质量完好，车辆运用性能也无法得到保障，燃轴故障不可避免，而且后期故障率会不断攀升，即便更换配套主轴瓦也无法从根本上解决问题，若要进行耳轴更换，工程更是过于浩大。

综上，新购 7 台鱼雷型混铁车可在一定程度上缓解铁水运输压力，若要使其作用能够得到有效延续还需车辆制造单位守好第一关，希望前期车辆检修中发现的问题能够在新造车上得到避免，以此助力新购置车辆性能提升，更好地满足运输生产需要。

智能化的运输自动化系统在马钢铁水运输中的研发应用实践

（安徽马钢铁路运输公司，董炜）

摘　要：铁水运输是钢铁企业铁/钢生产的重要环节，对保障高炉及钢厂的正常生产至关重要。铁/钢生产的特点决定了铁水运输的特殊性，马钢现有的铁路运输信息系统存在自动化程度低、安全隐患多的不足，不能很好地适应铁水运输的特殊性需求。信息技术是提升运输效率、保障运输安全的有力工具，为此，借鉴信息技术特别是智能技术的发展及运用实践，针对马钢铁水运输的特点，构思了满足其特殊需求的智能化、自动化系统研发理念，与相关开发单位共同研发成功该系统并投入使用。新系统实现了研发目标，收到了较好效果。

关键词：铁水运输；智能化自动化系统；实施及效果

1　马钢铁水运输现状及存在问题

1.1　马钢铁水运输现状与特点

1.1.1　概况

马钢拥有容积大于 $1000m^3$ 的高炉 6 座（$1000m^3 \times 1$，$2500m^3 \times 2$，$3200m^3 \times 1$，$4000m^3 \times 2$），日均产铁约 40000t，全部采用 320t 混铁车装载，由铁路运输供应 5 个钢厂（一钢 95t×1、120t×2，长材（三钢）70t×4，四钢 300t×3，特钢 100t×1），其中除特钢为电炉炼钢外，其余钢厂均为转炉。

马钢铁/钢生产在总图布置上划分为南北两大区域，区域内铁水产能及运距情况如图 1 所示。

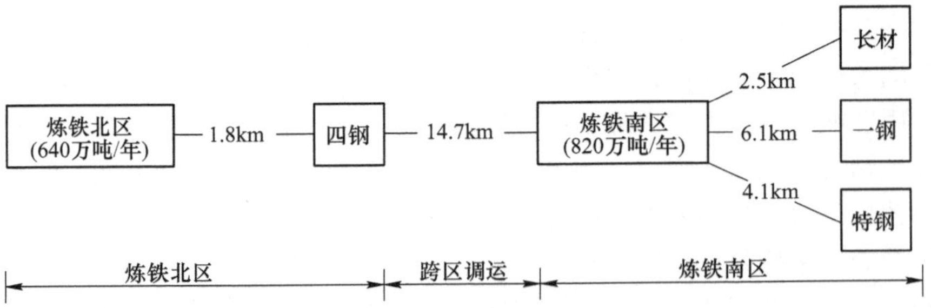

图 1　马钢铁/钢生产南北区域铁水产能及运距

基于上述总图布置，相应的铁路站场也分为南北两个区域：炼铁北区共有一个站场——二厂站铁水区站场，共有各类线路 45 条，道岔 45 组，运用机车 5 台；炼铁南区共有两个站场——高炉站高炉及一钢区站场，共有各类线路130条，道岔140组，运用机车9台。上述3个站场线路（道岔转辙机及信号机）全部采用计算机联锁集中控制，分别隶属于3座信号楼。

1.1.2 马钢铁水运输的特点

（1）炼铁高炉及炼钢转炉炉型多、差异大，高炉至不同钢厂间特别是在炼铁南区运距相差大，铁水分配复杂、变数多，铁路调车计划变更频繁，作业时间刚性强。

（2）南北两大区域内铁钢能力不平衡，需大量跨区间调运铁水，日均最大调运量约12000t，该调运运距长（约10km），途中与普通车作业干扰较大。

（3）铁水作业站场运用机车多，3个铁水区站场运用机车14台，占马钢公司铁路运用机车总数（31台）的45.16%，但作业站场数仅占站场总数的33.33%。

1.2 马钢铁水运输存在不足

1.2.1 信息化程度不高，铁水运输以人工作业为主，智能化、自动化程度低

与铁水运输相关的信息系统主要有两个：铁路物流管理信息系统和马钢铁水调度系统，两个系统均于2007年/2008年间建成并投入使用，至今已有10年以上时间，由于年代久远，系统当时的开发理念及技术均已落伍，不能满足目前的运营管理要求，具体表现为：

（1）系统间没有集成，信息不共享。铁路物流管理系统由铁运公司主导完成，主要功能是满足全公司铁路运输调度指挥及物流管理，其中包括铁水运输调度与管理；马钢铁水调度系统则由公司制造部主导完成，主要功能是铁水生产、分配、计量、检化验、运输及消耗整个流程的调度管理。由于两者在运输信息方面没有集成共享，不仅影响了两系统相关功能拓展，而且也使得系统中运输环节数据重复录入，同类数据一致性不强，影响使用。

（2）智能化、自动化程度低。

首先，铁水调度系统中混铁车位置的变化均由运输调度人员根据现场进度人工移位实现，位置及变化信息实时、准确性差，不能为该系统在智能化等方面功能拓展提供有效支撑。

其次，铁路物流管理系统虽然实现了运输调度信息网络化、报表及台账的电子化，但系统在运输调度中的“调车计划制订、进路信号控制及物流信息录入”三个主要环节均以人工作业为主，三环节人员、主要任务及相互关系如图2所示。

由图2可以看出，三环节中以调车计划为核心，计划制订、进路信号控制及物流录入需调度员、信号员及货调员三人协调共同完成：调度员在计划机上根据铁水调运计划及物流现车情况编制调车计划并传递给集中机；信号员根据调车计划在集中机上布置、控制作业进路及清沟，并将清沟信息反馈给计划机用于实时调整现车；货调员根据调车计划及作业进度实时录入物流信息。在三环节中，物流管理系统没有提供任何智能化、自动化的辅助手段以优化流程、提高调度指挥及作业效率。

由于上述原因，实际运用中系统不能很好地适应铁水生产的快节奏要求，尤其是在计划制订及进路控制方面，实际工作中基本以口头计划为主，为了令物流管理系统中的现车

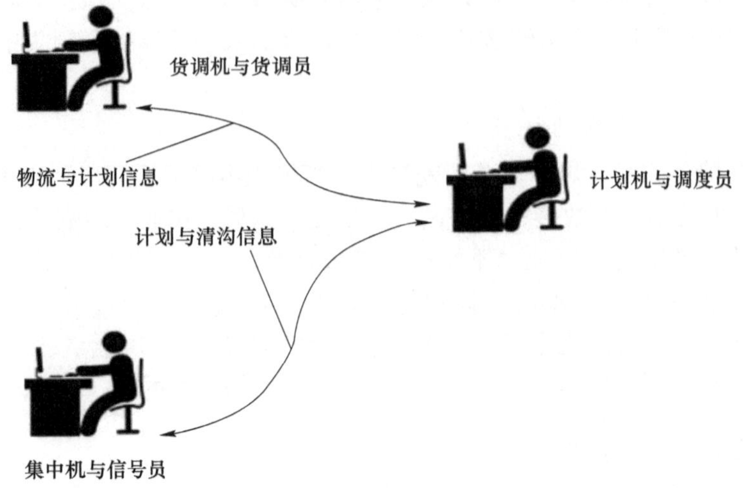

图 2　铁路物流管理信息系统中的计划制订、信号控制及物流录入关系

不与现场实际脱节，需要调度员在口头部署计划、执行完成后再补录调车计划，并操作清勾改变现车。

1.2.2　运输作业存在安全隐患

（1）“调车计划制订/进路控制”流程环节存在安全隐患。由于铁水生产节奏快，铁水运输中进路均由信号员自办自确认，调度员不具备盯控条件，出错率取决于信号员个体的责任心，故在每日需操作大量作业进路条件下（例如在马钢炼铁北区经测算日均办理各种进路约 1300 条），很难保证不出差错。

（2）调车作业环节存在安全隐患。铁水区线路少，有效长短，机车在进入线路取送车辆时基本不进入线路，不看线路内的信号机出线路折回；另外，铁水作业的高节奏及时间刚性要求，也使得即便线路有效长足够机车通常也不进线路，这样可以减少走行距离，提高调车效率。虽然机车不完全进入线路内方往回折可以瞭望其他信号机折返，安全有保障，但大量调车作业需求使得铁水区站场调车信号机设置达到了几乎最大密集，该种调车方式客观上造成作业人员现场容易误认信号，进而造成安全事故。根据统计，马钢每年在炼铁区域都有 1~2 起因行车人员误认信号造成的冒进信号行车事故。

2　智能化运输自动化系统的研发构想

针对上述不足，我们从加强系统集成、提高系统智能化及自动化水平入手，进行了以下研发构思。

（1）在铁水“调车计划制订/进路控制”环节研发新系统——铁水运输综合自动化系统，系统以提升上述环节智能化及自动化水平为特点，优化流程，满足铁水运输需求。具体构思为：

1）计算机辅助编制调车钩计划，提升计划编制效率。由于铁水作业具有车辆、货物及去向等较为单一特点，在编制计划方面可采用图形化方式，将车辆（机车）以具体的图形在铁水站场示意图中实时展示出来，由调度员根据各种目的将车辆在车场内（或场间）

的线路间移动，由计算机根据车辆具体移动位置自动编制出相应的调车勾计划。

2）依据作业计划，实现调车及列车作业智能全自动进路。

① 依据调车钩计划由系统自动择路，包括选择路径走向及长度。

② 依据现场作业进度，由系统自动选择进路开放时机，并对现场通过语音辅助指挥具体作业过程。

③ 在①、②两点中还需充分考虑铁水区多台机车交叉作业下如何实现智能全自动进路。

（2）通过不同信息系统间的集成，提升原有信息系统，特别是铁水调度系统的智能化及自动化水平。

3 智能化的运输自动化系统在马钢铁水运输中的应用实践及计划

3.1 智能化运输自动化系统应用实践

基于上述研发构思，我们认为整个工作的核心为铁水运输综合自动化系统的研发，其中技术难点为“调车及列车作业智能全自动进路”，为此我们到国铁苏家屯编组站重点考察了其智能全自动进路的开发及运用情况，探讨了该技术运用于冶金铁路铁水作业的可行性；考察了攀钢公司铁路信息系统中图形化编制作业计划技术的运用效果，在此基础上，又多次与国内从事冶金铁路信息系统开发的相关公司进行技术交流与论证，于2018年底确定了北京西南交通大学盛阳科技有限公司（简称交大盛阳）为合作研发实施单位，经马钢公司立项后在本年度3月正式启动该研发项目，项目范围为马钢现有的3个铁水运输作业站场，其中炼铁北区站场部分铁水运输综合自动化系统作为整个项目中心，作为对前期研发构思可行性及新开发系统的核心功能的先期验证平台。

该部分系统于今年5月23日正式投入试运行，截至目前经现场运行实践证明，新系统运行平稳，基本实现了我们当初对系统的研发构思，系统的核心功能也满足的运输需求，具体表现为以下几方面。

3.1.1 新系统研发定位准确，解决了目前铁水运输中的特殊需求

新系统定位于铁水运输调度及进路控制作业层面，实现了调车计划制订与执行的智能化、自动化一体操作，不仅适应了铁水运输的快节奏需求，而且也为铁水区特殊调车作业方式提供了有力安全保障。

3.1.2 适应了信息系统发展趋势，实现了不同系统间数据共享，提高了系统集成度

以新系统为中心，初步实现了与铁路物流管理及铁水调度系统间的集成与数据共享，不仅减轻了作业人员同类数据不必要的重复录入，确保了不同系统间数据的一致性，而且实现了铁水生产运输消耗整个流程数据的全面真实记录，形成大数据。随着时间延长数据的累计，通过大数据分析，可为铁水生产及运输流程的优化管理提供有力支撑。三系统间的集成数据共享关系如图3所示。

由于新系统的核心功能特别是在计算机辅助智能化编制计划、根据调车及列车作业实现智能全自动进路方面较好地满足了现场铁水运输作业特点，受到了现场作业人员的欢迎，经了解，该系统在国内冶金企业铁路中为首家成功开发并投入运行的铁路自动化系统。

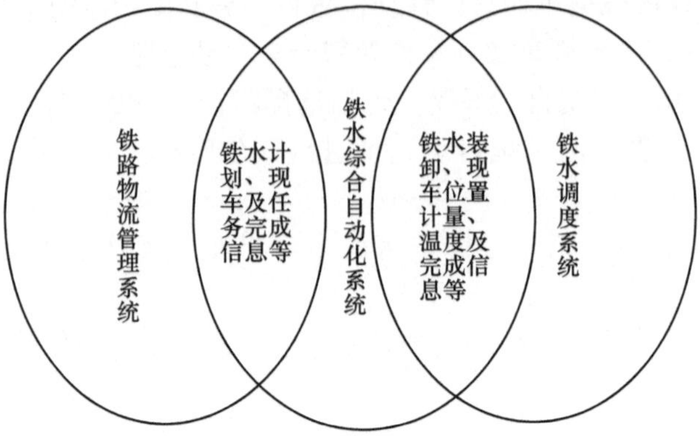

图 3　铁水运输三个主要相关系统间数据共享关系

3.2　下一步工作及打算

（1）继续推进本项目的实施，早日完成项目计划。根据项目计划，系统在炼铁南区部分将于本年度 8 月底正式投入试运行，虽然前期有了炼铁北区站场系统的研发及运用验证，但仍需充分考虑到南区的特殊性：两个站场、线路多、机车多，除铁水作业外，还有普通车及渣罐车等交叉作业，对计划及自动进路智能性要求更高。为此，我们将与合作单位开发人员一起，充分总结吸收前期研发的经验教训，认真梳理高炉地区的计划及进路特点，研究制定出适应该地区作业特点的智能计划及进路作业规则，按期按质完成项目目标。

（2）以系统已实现的集成为基础，提升原有信息系统特别是铁水调度系统的智能化及自动化水平，进一步提高铁水调度效率，满足物流管理需求。

1）在铁路物流管理系统，通过与新系统集成，全面、实时获取了铁水运输流程中的计划与执行、任务指标完成情况等数据信息，为该系统对整个铁路物流的准确统计分析创造条件。

2）在马钢铁水调度系统，通过与新系统集成，实现对混铁车位置的实时监控及系统中混铁车位置的自动移位。另外，在系统自动采集铁水调运流程精确信息基础上，通过大数据积累与分析，获得铁水运输流程主要环节的作业时间标准及阈值，与铁水生产及消耗等其他环节相结合，在系统中开发由计算机辅助分配的铁水智能化分配系统，有效提升铁水分配效率，提高混铁车周转率，减少铁水运输途中温降损失。目前，上述工作正在有序进行，其中，混铁车位置实时监控及自动移位在炼铁北区已实现，铁水温度采集模块已投入运行，智能分配方面已初步构建了智能分配模型。

最后，在冶金铁路运输领域，通过本项目的研发及运行实践，不仅验证了智能化运输自动化系统在冶金铁路特种运输中的研发构思，而且也为该技术今后在冶金铁路普通运输中的推广使用奠定了基础。通过该技术的推广运用，为目前冶金铁路广泛探讨实施的调度集中提供了一种解决方案：在实施调度集中的同时进一步优化计划制订与进路控制流程，借助运输自动化技术，进一步提升冶金铁路整个调度效率及作业安全保障。

140t 铁水车构架式转向架研究与应用

（山钢股份莱芜分公司，
白洁、程明永、李岩、李霞）

摘 要：重点对山钢股份莱芜分公司为满足莱钢“一罐到底”工艺需要，结合车辆前沿新技术，研制应用的140t 铁水构架式转向架进行介绍。主要介绍了两个方面的工作：一是全面搜集现有国内冶金企业140t 铁水车转向架的不适应现象，分别从构架、轴承、轴箱等方面入手，解决存在的问题。二是以目前国内前沿检修技术为重点，针对结构设计、强度计算、不同运用工矿、悬挂系统及减振装置等方面，从新工艺、新技术、新材料等多方面入手，在满足安全的前提下，力求使此转向架技术指标具有一定的前瞻性。

关键词：冶金企业；铁水车；转向架

1 问题的提出

山钢股份莱芜分公司“一罐到底”工艺运输用140t 铁水车，在运输过程中由于转向架设计缺陷以及铁水车运用工况的特殊性，导致转向架故障频发，严重影响铁水运输的稳定顺行。为满足“一罐到底”工艺需要，结合车辆前沿新技术，山钢股份莱芜分公司运输部研制应用了140t 铁水车构架式转向架。

2 现状分析

（1）轴承为圆锥滚子轴承，不适应曲线半径小的线路工况。

（2）轴箱导框纵向、横向间隙无法满足实际运用工况，且轴承为非调心滚子轴承。焊接构架式转向架在通过曲线或过道岔时，是利用轮对的摆动使转向架通过曲线的。这就需要轴箱和导框之间有一定的横向与纵向间隙且轴箱需要摆动。如果间隙不够，则轮对轴承和轴箱会承受额外的侧向力，造成轴承受力过大，轴箱磨损严重，容易损坏轴承。

（3）重车状态下弹簧基本被压死，垂向承载没有缓冲，导致轴承受冲击力过大，使轴承损坏。

3 具体技术方案研究

3.1 转向架构架研究与实施

3.1.1 转向架主要技术参数

转向架自重	8.3t
工况轴重	40t
旁承中心距	1500mm
轮径	ϕ650mm

重车垂直静挠度　　50.4mm
构造速度　　40km/h

3.1.2 主要结构方案

该转向架采用了二系轴箱弹簧悬挂装置；转向架通过心盘支撑车体，旁承采用间隙旁承，构架由左右侧梁及心盘梁组焊成一体式刚性构架。三轴焊接转向架如图1所示。构架模型如图2所示。

图1　三轴转向架

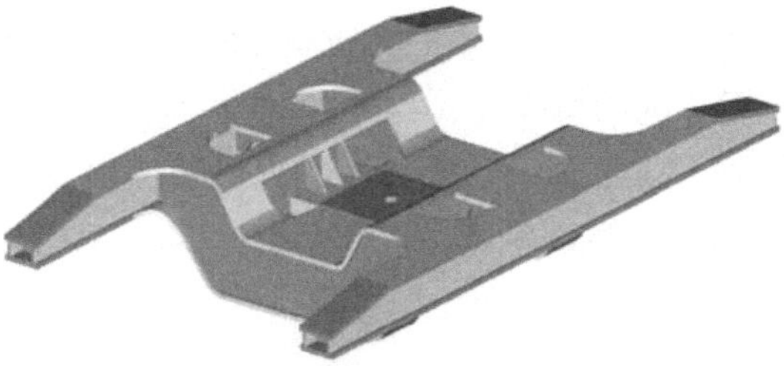

图2　构架模型

3.1.3 转向架强度计算

模型简化及单元划分：由于转向架构架受力的不对称性，分析时取整体结构建立力学模型。主要采用实体单元进行网格的自动划分，共划分了50132个单元，15552个节点。整个结构的有限元模型如图3所示。

图3　整体结构有限元模型

约束设置：根据构架实际受力情况在模型中施加相应的垂向、横向及侧向位移以及对称约束。模型中坐标轴的方向为：纵向为 X 轴，横向为 Y 轴，垂向为 Z 轴。

计算载荷工况：载荷计算以 TB/T 1335—1996《铁道车辆强度设计及试验鉴定规范》为主要依据（在挂运及自走工况机动平车轴重均比主机小，按主机进行强度校核，而在作业工况机动平车轴重最大，按机动平车最大工况进行强度校核）。考虑到空重车的轴重差距很大，所以只考虑重车工况。

垂向静载荷：

轴重为 40t：

$$P_{\mathrm{j}} = T \times n - G = 40 \times 3 - 8.3 = 111.7\mathrm{t} = 1095.777\mathrm{kN}$$

式中 n——转向架轴数，$n=3$；

T——轴重，$T=40\mathrm{t}$；

G——转向架自重，$G=8.3\mathrm{t}$。

垂向动载荷：重车运输状态，运行速度 15km/h，轴重 40t 时：

$$P_{\mathrm{d}} = k_{\mathrm{dy}} \times P_{\mathrm{j}} = 0.1438 \times 1095.777 = 157.6\mathrm{kN}$$

式中 k_{dy}——垂向动荷系数。

$$k_{\mathrm{dy}} = \frac{1}{f_j}(a + bv) + \frac{dc}{\sqrt{f_j}} = \frac{1}{50.4}(1.5 + 0.05 \times 15) + \frac{1.65 \times 0.427}{\sqrt{50.4}} = 0.1438$$

垂向总载荷：重车运输状态，运行速度 15km/h，轴重 40t 时：

$$P_{\mathrm{Z}} = P_{\mathrm{j}} + P_{\mathrm{d}} = 1095.8 + 157.6 = 1253.4\mathrm{kN}$$

侧向力引起的附加垂向载荷：侧向力 H_{k} 包括风力 H_1 和离心力 H_2，侧向力引起的一个轴箱处的垂向增减载荷 P_{f} 为

$$P_{\mathrm{f}} = \frac{H_{\mathrm{k}}h}{m_0 2b_2}$$

式中 H_{k}——风力（H_1）或离心力（H_2）；

h——风力取车体侧面积形心至车轴中心线所在水平面之间的垂向距离（h_1），$h_1=1.8\mathrm{m}$；离心力取车体重心至车轴中心线所在水平面之间的垂向距离 $h_2=2.0\mathrm{m}$；

$2b_2$——轮对两轴颈中心线之间的水平距离，$2b_2=2.04\mathrm{m}$；

m_0——转向架一侧的轴箱数，$m_0=3$。

$$H_1 = pS/2 = 540 \times 10/2 = 2.7\mathrm{kN}$$

$$H_2 = 7.5\% \times p/4 = 7.5\% \times 240 \times 9.81/2 = 88.3\mathrm{kN}$$

$$P_{\mathrm{f1}} = \frac{2.7 \times 1.8}{3 \times 2.04} = 0.8\mathrm{kN}$$

$$P_{\mathrm{f2}} = \frac{88.3 \times 2.0}{3 \times 2.04} = 28.9\mathrm{kN}\ \text{（挂运状态）}$$

式中 p——车辆重量 240t；

S——车体侧向投影面积，$10\mathrm{m}^2$；

P——单位风压力，540kPa。

则侧向力引起的构架心盘处的垂向载荷为：

$$P_{\mathrm{f}} = P_{\mathrm{f1}} + P_{\mathrm{f2}} = 28.9 + 0.8 = 29.7\mathrm{kN}$$

侧向力引起的一个转向架上的横向载荷。

侧向力 H_k 包括风力 H_1 和离心力 H_2。

（1）重车运输状态，运行速度 15km/h，轴重 40t 时：

$$H_1 = pS/2 = 540 \times 10/2 = 2.7\text{kN}$$

$$H_2 = 7.5\% \times p/4 = 7.5\% \times 240 \times 9.81/2 = 88.3\text{kN}$$

式中　p——车体的重量，980kN；

S——总承风面积，$S=10\text{m}^2$。

因此，侧向力产生的一个转向架上横向载荷：$P_h=H_1+H_2=2.7+88.3=91\text{kN}$。

侧向力及轮轨间作用力引起的横向载荷：

车辆运行进入曲线后，转向架承受的横向载荷除了由车体传到心盘上的侧向力以及转向架本身的离心力以外，还有钢轨给车轮轮缘的横向力（导向力）和车轮摩擦力。转向架在曲线上可能出现在 3 种位置，当运行速度不高时，转向架常出现在中间位置，现采用中间位置作为计算工况。

（2）重车运输状态，运行速度 15km/h，轴重 40t 时：

车体传到心盘上的侧向力 $H_k=P_h=91\text{kN}$

转向架本身离心力 $H_z=0.075\times G\times g=6.1\text{kN}$

则转向架承受的横向力为 $H=H_k+H_z=97.1\text{kN}$

车轮摩擦力 $F=\mu N=0.25\times40\times9.81/2=98.1\text{kN}$

斜对称载荷：

斜对称载荷是一组作用在构架上，反对称于构架两对称轴的相互平衡的垂向力系，其值可按下式计算：

$$Q = 2.68 \times 2b_2 \frac{C_1 \times C_2}{C_1 + C_2}$$

式中　Q——斜对称载荷，N；

$2b_2$——轮对两轴颈中心线之间的水平距离，$2b_2=2.04\text{m}$；

C_1——一个轴箱上轴箱弹簧的总刚度，N/mm；

C_2——转向架抵抗斜对称载荷的刚度，N/mm。

由于 C_2 很大，所以认为

$$\frac{C_1 \times C_2}{C_1 + C_2} \approx C1 = 3.968 \times 103\text{N/mm}$$

则斜对称载荷为：

$$Q = 2.68 \times 2.04 \times 3.968 \times 103 = 21.7\text{kN}$$

组合载荷工况

载荷Ⅰ：垂直静载荷=转向架自重+载重；

其中：构架自重用材料比重按体积力计入。

载荷Ⅱ：垂直总载荷=载荷Ⅰ+垂直动载荷；

载荷Ⅲ：侧向力引起的附加垂直载荷；

载荷Ⅳ：侧向力（包括风力和离心惯性力）；

载荷Ⅴ：侧向力及轮轨间作用力引起的横向载荷；

载荷Ⅵ：斜对称载荷。

重车运输状态，运行速度 15km/h，轴重 40t 时：

组合工况：载荷Ⅱ+载荷Ⅲ+载荷Ⅳ+载荷Ⅴ+载荷Ⅵ组合（即规范中的第一工况）。

3.1.4 材料许用应力

按 TB/T 1335—1996《铁道车辆强度设计及试验鉴定规范》的规定，材料许用应力值见表 1。

表 1 材料的许用应力值

材料	板厚/mm	屈服强度/MPa	许用应力/MPa
Q345	$t \leqslant 16$	345	216
	$16 < t \leqslant 35$	325	204
	$35 < t \leqslant 50$	315	197

3.1.5 计算结果分析

三轴转向架结构强度分析结果见表 2，应力分布如图 4 所示，应变分布图如图 5 所示。

表 2 计算结果应力表

载荷工况	最大应力值/MPa	发生部位	许用应力/MPa	附图
重车运输工况	126	心盘梁牛腿下盖板处	204	图 4
	123	心盘梁上盖板拐角处	204	

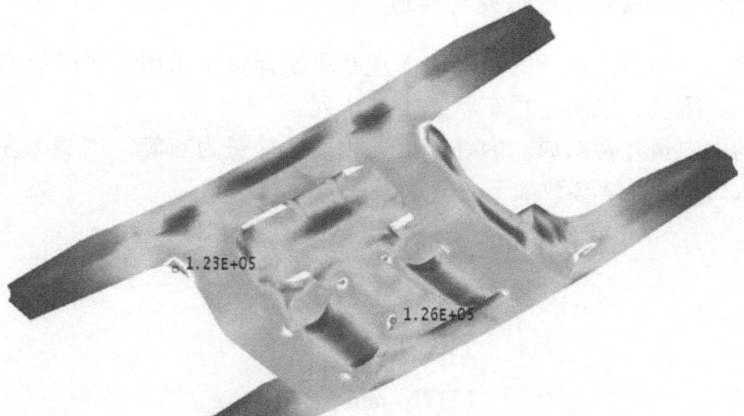

图 4 重车运输工况下的应力云图

3.1.6 结论

由以上计算结果可见，140t 铁水车三轴焊接转向架构架在重车运输工况下，其最大应力值为 126MPa，发生在心盘梁牛腿下盖板处，小于许用应力 204MPa，最大应变为 4.13mm，发生在心盘梁下盖板处。强度满足《规范》的要求。

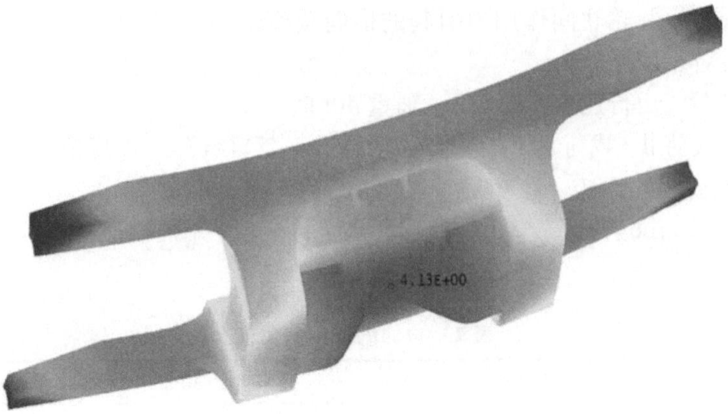

图 5　重车运输工况下的应变云图

3.2　轴承轴箱研究与实施

铁水车在运输过程中以及装卸货物时，尤其是铁水车在脱硫、吊罐作业时，轴承负荷富于变化，如负荷的大小、是否只有径向负荷、轴向负荷是单向还是双向、振动或冲击的程度等。在考虑了这些因素后，我们从轴承类型分析。一般来说，相同内径的轴承的径向负荷能力按下列顺序递增：深沟球轴承<角接触球轴承<圆柱滚子轴承<圆锥滚子轴承<调心滚子轴承，根据实际使用工况，转向架采用调心滚子轴承，型号为 22332C/W33，轴承内径为 160mm，外径为 340mm，轴承宽度为 114mm。轴承定位方式采用内外圈固定的方式。

3.3　弹性悬挂系统及减振装置研究与实施

鉴于重车状态下弹簧被压死的情况，需重新更换弹簧组采用 2 级减震系统。适当调整弹簧线径和中径、刚度，以防止重车状态下被压死。

每组弹簧均由内簧外簧组成。内外簧旋向相反。外簧为右旋，内簧为左旋。弹簧组的总刚度为 1984N/mm，弹簧参数如下：

外簧	
旋向右旋	
线径	ϕ45mm
中径	ϕ180mm
刚度	1517N/mm
自由高	341mm
内簧	
旋向左旋	
线径	ϕ25mm
中径	ϕ100mm
刚度	467N/mm
自由高	341mm

4 结束语

140t 铁水车构架式转向架研究与应用项目完成后，在进行了相关运行试验后立即投入了运输作业中，通过一年的运用，转向架各部运行情况良好，符合运用相关技术要求，确保了铁水调送安全稳定顺行。

KF-60 型自翻车倾翻装置常见故障分析及处理

（马钢（集团）南山矿业公司，于平和）

摘　要： 从 KF-60 型自翻车倾翻装置组成结构和工作原理入手，分析了 KF-60 型自翻车倾翻装置频繁产生故障的原因，提出了针对性的处理方法，指导调车工和检修工在使用、检修时合理操作，有效降低设备故障率，取得了良好的实用效果。

关键词： 倾翻风缸；侧门抑制装置；散帮；车体错位；扣车

KF-60 型自翻车是一种可向铁路任意一侧倾翻货物的铁道车辆，一般由下底架、车厢、倾翻装置、走行部、制动装置、连接缓冲装置等六大部组成，具备稳定运行、可靠停车、自动连挂、灵巧倾翻的工作性能，适用于矿石铁路运输。马钢（集团）控股有限公司南山矿业公司有 KF-60 型自翻车 140 台，每年担负 1400 万吨矿岩运输任务。自翻车使用时，具有相对运动的零部件长期磨损，造成车辆故障，严重时导致发生事故。调车工操作水平低，恶劣的运转环境，检修质量差，也是故障频繁的成因。从 2012~2014 年自翻车故障统计资料来看，平均每年发生故障 712 台次，分布在自翻车六大部，其中倾翻装置故障率最高，发生故障 409 台次，占比达 57.44%，严重影响车组运行，对公司一条龙生产带来的影响和损失非常大，必须采取有效措施解决这一难题。

1　倾翻装置结构

KF-60 型自翻车倾翻装置由倾翻风缸、风管控制系统和侧门抑制装置等部件组成。倾翻风缸为双级活塞式风缸，通过两侧耳轴悬挂在下底架的风缸托架轴承中。全车 4 套倾翻风缸分装在车辆两侧，卸车时由某一侧的 2 个倾翻风缸同时作用，顶起车厢，使车厢向一侧倾翻。风管控制系统控制高压空气进出倾翻风缸。侧门抑制装置控制侧门开闭，由折页、抑制肘和抑制弹簧组成。起翻时开启卸货一侧侧门，平时保持两侧门都处于稳定关闭位置。

2　倾翻装置工作原理

KF-60 型自翻车倾翻装置通过风管控制系统控制高压空气进出倾翻风缸，实现车辆的自动倾翻和复帮。常位时侧门抑制装置的折页下端支撑在抑制肘外端的滚子上，抑制肘的下脚支撑在下底架的抑制肘架上，因此侧门虽受到货物侧向压力作用，但仍能保持车门处于关闭状态。卸货时，通过扳动操作阀，使高压空气进入一侧倾翻风缸，顶起车厢，该侧的抑制肘随车箱上升，虽脱离了抑制肘架，但仍然被抑制弹簧固定住，其端部的滚子仍然顶住折页，保持侧门关闭。另一侧侧门折页随车厢一起倾斜，折页下端脱离抑制肘外端滚子，以内腕与滚子接触滑动，侧门逐渐打开。当车厢转动 45°角时侧门完全开启，并与车厢地板成一平面，货位沿其平面滑下。当货物卸完后，扳动操作阀手柄排除倾翻风缸压力空气，在自重作用下，车厢、倾翻风缸和侧门抑制装置呈反方向运动，自动恢复到起翻前的正常位置。

侧门抑制装置如图 1 所示。

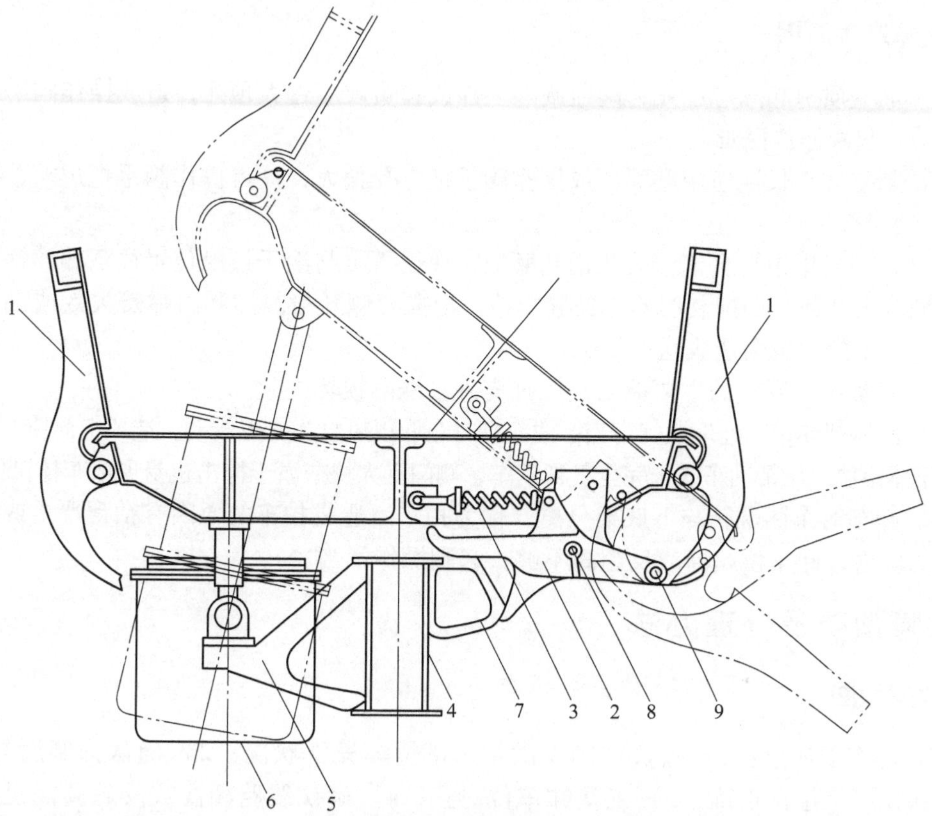

图 1 侧门抑制装置

1—折页；2—抑制肘；3—抑制弹簧；4—下底架；5—风缸托架；6—倾翻风缸；7—抑制肘架；8—圆销；9—圆销和滚子

3 常见故障及原因分析

KF-60 型自翻车运用中，由于频繁起翻、复位，具有相对回转运动的零部件长期磨损，影响车辆技术性能，严重时导致发生事故。另外，装车时大块下落对车体的撞击，车辆在线路上运行产生垂直跳动、横向摆动，脱轨掉道时引起零件变形、开焊、断裂和紧固件松弛脱落，大块掉在线路上或堆积在线路两侧过近、过高对车体的刮碰，调车工操作不规范等，都会造成车辆故障或事故。

3.1 倾翻装置常见故障现象

（1）操作阀手把过紧推拉不动，起翻操作困难。

（2）操作阀手把过松，在阀芯上打转，容易滑脱。

（3）起翻时两侧开帮，排风后不能复位，形成散帮。

（4）起翻风缸漏气，车帮顶不起来。

（5）起翻时造成车体错位，卸车后不能回复原位。

（6）起翻时操作不当造成扣车。

3.2　故障产生原因

（1）油变质引起阀芯压死，阀盖旋入太深或弹簧硬度过大顶死，造成操作阀手把过紧推拉不动，起翻操作困难。

（2）阀芯方头长期使用磨圆，或操作阀手把方孔偏大，使得操作阀手把过松，在阀芯上打转，滑脱。

（3）长期使用中折页销弯曲和销孔磨损，使得折页与滚子接触位置往下偏离销轴中心线，起翻时不开帮一侧抑制肘不能锁紧车帮，形成两侧开帮。抑制肘弹簧失效或翻车前存在矿岩卡帮未处理也会造成这种情况。

（4）起翻风缸漏气的主要原因是风缸皮碗、涨圈损坏失效。

（5）因压帮卸车，处理散帮不当，或起翻时车厢以风缸为支点转动，造成上侧座与转轴离位，即车体错位。压帮动车或未完全复帮动车，侧门受大块或淤土撞击也易形成车体错位。

（6）卸车时车厢翻转与下底架分离，称为扣车。造成扣车的原因有粘帮严重或装有超大体积的矿岩；卸车位超高或反超高不够；起翻操作不当。

4　故障预防及处理办法

4.1　故障预防

（1）卸车前注意：1）确认车辆无散帮、错位等异常状况；2）确认抑制肘与折页、支承接触良好，位置正确；3）确认卸车位对正；4）确认线路超高或反超高满足卸车要求；5）确认翻卸位空间足够不会造成压帮危险的。

（2）卸车规范操作：1）打开操作一侧的旋塞；2）将操作阀手柄缓慢扳至进气位；3）当倾翻风缸小活塞（内活塞）刚一露头，就必须注意开帮是否正常；4）当车箱倾翻或25°时，仍不开帮，须把操作阀手把置于保压位（中立位）停留3~5s，如能开帮，可继续起翻，否则应立即将操作阀手把推向排气位；5）当正常开帮，车箱倾翻至35°时，转换操作阀手把至排气位。

（3）翻卸后注意：1）等车体自动恢复原位后方准行车；2）中心盘销脱出、矿岩卡帮、车体错位时，须处理复位后方可行车；3）当轻微压帮时，确保不损坏车辆和掉道可顺向缓慢移动。

4.2　故障处理

（1）操作阀手把过紧推拉不动，可旋松阀盖或更换弹簧，严重时拆卸清理后加油重装。

（2）操作阀手把过松，可将阀芯头挫方，换用较小孔径的操作手把。磨损严重时更换阀芯。

（3）翻车时刚出现两边开帮立即停止起翻，已形成散帮可二次起翻，排气时用枕木顶住侧门上檐梁中部位置可复位。

（4）起翻风缸漏气只能入库分解风缸处理。

（5）翻卸时发生错位可根据情况调整起翻方向二次起翻，一般可处理至复位。

（6）翻卸时造成扣车，处理难度大，只有在吊车协助下起复，入库维修后重新组装。

5 结语

通过对调车工和检修工进行培训，指导工人使用、检修自翻车时规范操作，正确处理，有效降低了设备故障率，取得了良好的实用效果。

铁路道口全自动控制系统改造设计与应用

（宝武集团广东韶关钢铁有限公司，李华良、陈高辉）

摘　要：通过采用信号继电器控制方式，实施道口全自动控制系统的优化改造，提高了系统的自动化水平，降低了工人的劳动强度，节约了大量的人力资源，使系统更加稳定、完善，大幅度降低了生产成本和设备故障率，提高了作业率，保证了生产稳定顺畅运行。

关键词：信号继电器控制方式；全自动控制系统；提高作业率；稳定顺畅

1　引言

目前，韶钢物流部铁运车间有 8 个铁路道口（修段道口、炼铁路 1 号道口、焦化东道口、大坑塘西道口、大坑塘道口、中板东 1 号道口、中板东 4 号道口、一高线东 2 号道口），都是 PLC 远程集中控制，由操作员在普车调度中心通过远程网络操作控制警报机、栏木机（电动栅栏）以及铁路方向信号机，不仅效率低、劳动强度大，而且通过视频监控来判断道口状况，现场安全得不到保障。

2　控制要求

（1）为了提高系统对高温等不良环境的适应性，本项目道口自动报警及自动控制系统采用信号继电器控制方式，不使用软件控制方式。

（2）道口自动控制系统设备必须具有完整的自检功能（包括报警电缆和传感控制设备），发生故障时能立即导向安全——报警。严格遵守铁路信号设备的“故障-导向安全”设计。

（3）道口任意方向的列车接近道口时立即启动报警；列车到达并且最后轮对完全离开道口后，报警自动取消。系统设备能识别列车运行方向，当正常运行列车反方向离开道口，或正常运行反方向通过接近报警点时，不误启动报警。

（4）因道口无人看守，控制系统应具有自动判别功能：当列车接近启动报警后，较长时间停在接近报警点时，设备报警一段时间后能自动复原停止报警；当列车重新启动并往接近道口方向运行时，重新启动报警以确保道口安全。因故障原因误启动报警时，报警一定时间无来车时，报警设备自动复原停止报警。

3　控制系统改造设计

3.1　全自动道口控制原理

道口自动报警系统如图 1 所示。A1、A2、B、C、D2、D1 为道口传感器。它把道口划分为Ⅰ、Ⅱ、Ⅲ三个区域。Ⅰ、Ⅲ区域为接近区域，Ⅱ为道口区域。A1、A2 和 D1、D2 两组传感器是为了识别列车行进方向，判别列车是否反向运行，正向运行报警，反向运行不报警（即触发 A1 再触发 A2，或触发 D1 再触发 D2 时，开始报警，触发 A2 后再触发 A1 或触发 D2 再触发 D1 则不会报警）。当列车轮对压过 A1 再过 A2，或过 D1 再过 D2 传感器时，道口控制继电器落下，警报机开始报警，10s 后，栏杆自动落下，封闭道口。当列车过道口后，最后一个轮子出清 B 或 C 传感器时，系统延时 10s，10s 后道口控制继电器吸合，栏杆开始上升，栏杆完全升到位后，停止报警。

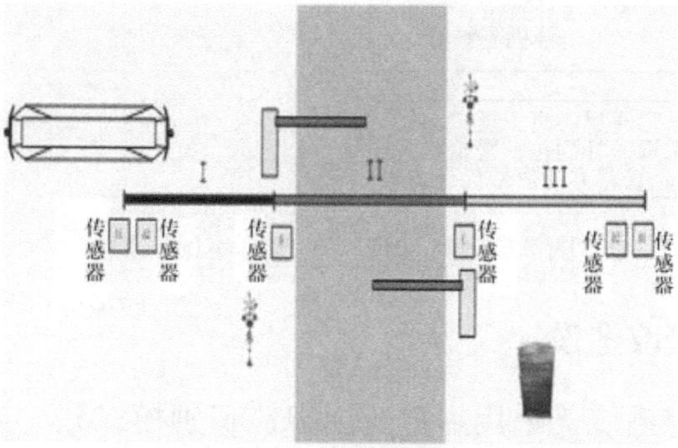

图 1　自动控制系统示意图

几种特殊作业情况：

（1）列车进入接近区段后，停在接近区段或进入接近区段后，反方向离开，道口警报机报警、栏木下降封闭道口 3min，3min 后，栏木机自动上升，道口警报自动停止报警，系统自动复原。

（2）列车进入接近区段后，停在接近区段，道口警报机报警，栏木下降封闭道口，3min 后，系统自动复原，道口警报自动停止报警，栏木机自动上升。若系统复原后，列车反向离开，系统不会报警。若列车继续通过道口，火车压到 B 或 C 传感器，道口控制继电器落下，警报机开始报警，10s 后，栏杆自动下降封闭道口。火车最后轮对通过 C 或 B 传感器后，系统经过 10s 延时后，道口控制继电器吸合，栏杆开始上升，栏杆完全升到位后，报警停止。

（3）若列车进入道口区段，停在道口上，系统无法判别列车是否已经离开道口，因此，10s 过后，栏木机自动上升，栏杆完全升到位后，报警停止。

（4）若火车停止在道口区段，又重新启动，此时，火车任一轮对压住 B 或 C 传感器时，道口控制继电器落下，警报机开始报警，10s 后，栏杆自动落下，封闭道口。当列车过道口后，最后一个轮子出清 B 或 C 传感器时，系统延时 10s，10s 后道口控制继电器吸合，栏杆开始上升，栏杆完全升到位后，停止报警。

3.2　全自动控制系统

通过采用 PLC 采集传感器信号，信号继电器控制的方式来控制整个控制系统，全自动控制系统流程图如图 2 所示。

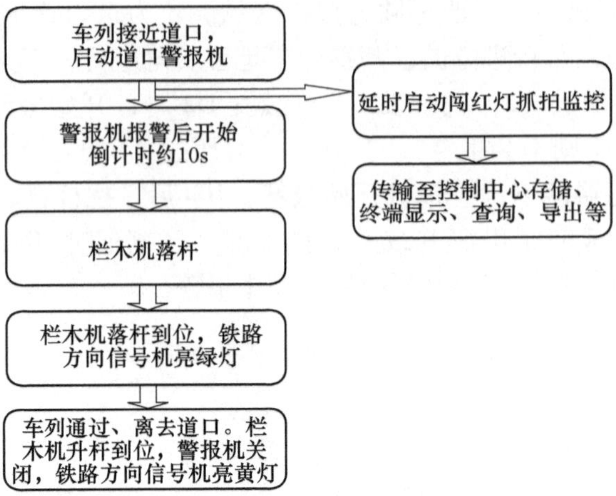

图 2　全自动道口控制基本流程图

3.3　电警违章抓拍系统改造设计

每个道口均安装电警系统（采用虚拟范围智能识别模式），与道口报警系统联动。对道口警报机亮红灯时越线的违规车辆进行车牌抓拍识别（可设定延时控制），抓拍车辆违章过程的 3 张图片，图片清晰显示停车线位置、违法车辆的车牌号码、车牌颜色、车身颜色、违法时间、地点和行驶方向等信息。停车线采用热熔标线按规范设置。

存储方式为全部道口集中到控制中心存储，录像存储 7 天，抓拍图像存储时间 30 天。配置监控终端电脑 3 台。信息传输主干光缆利旧，各道口采用现有单模光纤 1~2 芯传输信息至控制中心。

全自动道口运行监控系统用于监控全自动道口设备工作状态。道口空闲时，警报机亮一个黄灯，栏杆直立，铁路防护信号机亮一个黄灯。列车接近时，警报机两个红灯交替闪烁，栏杆逐步放下至水平状态，铁路防护信号机亮一个绿灯，故障报警分三种情况。

各种故障情况报警画面如图 3 所示。

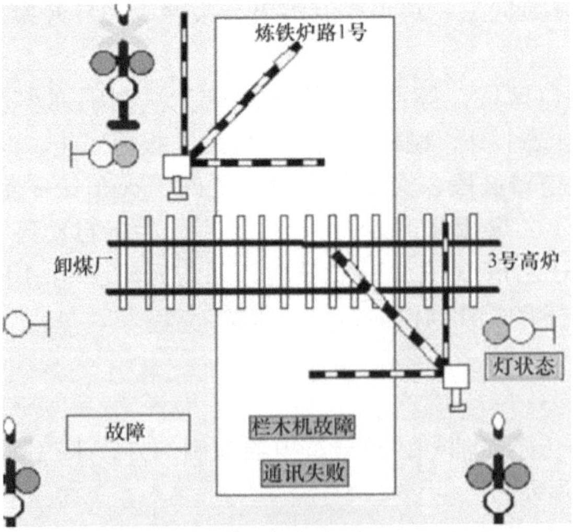

图 3　各种故障情况报警画面

4 改造效果

通过对 8 个铁路道口成功改造，不仅提高作业效率 10%，也实现了安全本质化，而且使设备运行更加稳定，降低了设备故障率。

5 结束语

道口原来由人操作，经过改造后，道口报警机、栏木机实现全自动控制，普车作业区优化 4 人。设备运行更稳定，故障更低，每年降低维修成本 20%，提高了经济效益和社会效益，普车作业区道口的成功改造，还可以推广到铁水作业区道口乃至整个厂区道口管理，对物流部的降本增效做出应有贡献。

GK1C 机车机油滤清器的改造

（包钢工程服务公司，宫良钦）

摘　要：机车机油的脏污直接影响机车运行的可靠性；为提高柴油机工作的可靠性、改善其工作性能、提高零部件的使用寿命，必须保证机油的清洁，选择合理的控制方式，对机油系统的污染采取有效的防范措施。制作一个带有环形边的套筒，同时利用环形边上的安装孔将套筒安装于滤清器前盖，在滤芯上座外圆加工两条 O 形圈槽，通过滤芯上座 O 形圈与滤清器前盖之间形成有效的密封作用，防止机油不经过过滤从此处进入柴油机，延长了柴油机使用寿命。

关键词：GK1C 机车；机油滤清器；机油质量；柴油机磨损

机车机油的脏污直接影响机车运行的可靠性，大量的故障现象表明，柴油机及增压系统的非正常磨损、故障和元件失效，都是由于机油污染导致的。例如，脏污的机油堵塞通往气缸盖的机油通路，导致配气系统干摩擦，最终使配气系统部件损坏，影响柴油机运用；脏污的机油进入增压器油路，导致叶片卡死，不能起到增大进气量的作用，使柴油机启动时产生冒黑烟现象。为提高柴油机工作的可靠性、改善其工作性能、提高零部件的使用寿命，必须保证机油的清洁，选择合理的控制方式，对机油系统的污染采取有效的防范措施。

1　机油滤清器的作用

机油滤清器的作用是除去机油中的金属磨屑及机械杂质，防止它们进入零件的摩擦表面使零件拉毛、刮伤、磨损加剧和防止润滑油路堵塞引起烧瓦等严重事故，同时还可以延长机油的使用寿命。机油滤清器的好坏直接影响着柴油机的使用可靠性和寿命。

2　故障现象

我部使用的 GK1C 型机车，在长期的运行中发现机车柴油机机油的使用寿命比其他几个型号机车柴油机机油的使用寿命明显要短，原因是机油不清洁，脏污，机械杂质过多。此时如果不更换机油，机油在系统中继续流动，有可能堵塞机油系统中的细小通路，不仅起不到润滑各摩擦部件、带走金属碎屑的作用，还会将机油中的杂质残留积聚在各运动零件上，使各零件加大磨损。我部 GK1C 型机车安装的 6240 型柴油机的缸套磨损速度要快于其他车型的相同缸径柴油机。作为润滑介质，机油的质量直接影响运动部件的磨损速度。如果因油路堵塞造成碾瓦等事故，还将影响到柴油机的正常使用。

3　故障原因

运输部 GK1C 型机车机油出现脏污情况，表现在以下三个方面：

（1）新柴油机或刚大修过的柴油机，在初期的磨合运用过程中各运动件之间相互摩擦，确实会产生大量的杂质，影响机油清洁度，但是运输部 GK1C 型机车在经过长期的运行后依然存在该现象，所以排除了柴油机本身产生杂质过多的原因。

（2）机油系统中起滤除杂质作用的部件没有起到滤油的作用。机油系统组成中起滤油作用的主要有离心式机油滤清器和机油滤清器。经检查发现离心式机油滤清器工作正常，滤油效果良好。而对机油滤清器进行检查时发现虽然机油中杂质很多，但是滤清器的滤芯污堵却不严重，该滤芯为整体式人造毛毡滤芯，滤清面积 $3.4m^2$，滤清精度 0.011mm，正常情况下机油过脏时滤芯应该已经严重污堵，但实际中没有出现该现象，原因为：滤芯出现破损，起不到滤油的作用；机油没有经过滤芯过滤，而是从其他通路直接到达了滤清器出油口。检查时并没有发现滤芯存在破损情况，所以造成该现象的原因应该是第二种情况。机油流经机油滤清器的路径是：机油从滤清器壳体的中部进入滤芯的外腔，杂质被阻挡在滤纸之外，干净的机油通过滤纸进入滤芯的内腔向上流动，经滤芯上座、滤清器前盖到出油口流出。而滤芯组成安装在滤清器壳体内部时，滤芯外腔与出油口的隔离密封是通过滤芯上座与滤清器前盖的油封实现的，该型机油滤清器结构以及工作情况如图 1 所示。

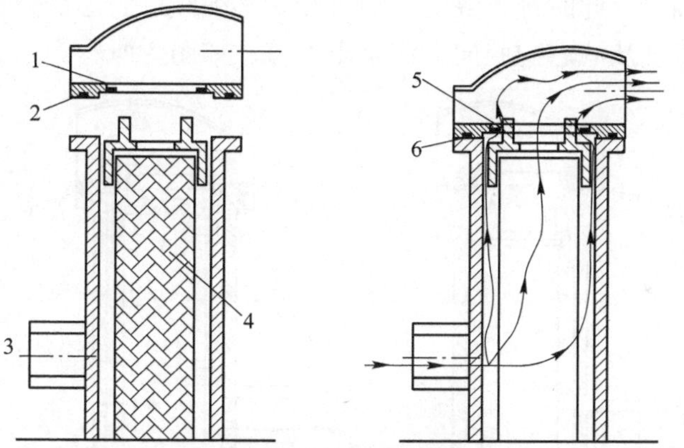

图 1　机油滤清器结构

1—油封；2—密封垫圈；3—进油口；4—滤芯；5—密封面（1）；6—密封面（2）

（3）经过测量检查发现 GK1C 型机车在出厂时机油滤清器的设计制造就存在很大缺陷，后期维修更换滤芯时，在回装过程中，滤清器前盖 O 形圈会被滤芯上座顶歪，发生翻转现象，不能正常地与滤芯上座紧密贴合形成密封带，使滤芯上座与滤清器前盖之间出现间隙，这就导致机油进入滤芯外腔后不经过滤芯过滤，而是直接从滤芯上座与滤清器前盖 O 形圈之间的间隙流到出油口，使滤芯没有起到应有的过滤作用，机油中的杂质得不到清除，机油越来越脏。

4　解决方案

发现了问题之后对机油滤清器进行改造。改造的目的就是能使滤芯上座与滤清器前盖之间形成有效的密封作用，防止机油不经过过滤从此处进入柴油机。经过反复的思考设计，制作出了一个内径与滤芯上座外径相等，高度为 80mm，厚度为 3mm，一端带有 4 个安装孔凸台的套筒，该套筒通过 4 个座孔穿上螺丝可将其固定在滤清器前盖上。套筒结构如图 2 所示；同时在滤芯上座的密封带处加工出 2 个宽度为 6mm，深度为 5.5mm 的环形凹槽，装入 2 道 6mm 粗的 O 形圈，这样 O 形圈装入环槽后就会有 0.5mm 的凸出量。改造后的套筒，避免了安装时原密封全材质软造成的压偏情况，同时，由于材质采用金属加工，具备一定刚性，安装位置对正后，可保证良好的安装位置。

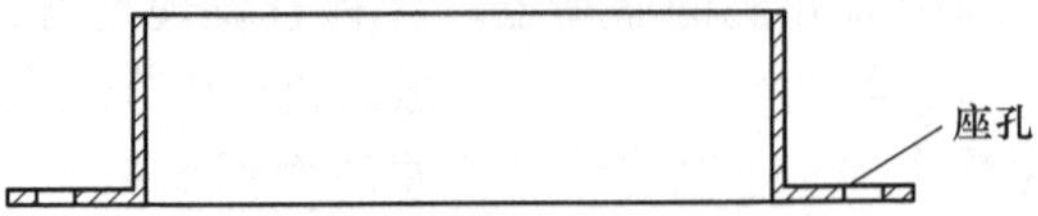

图 2　机油滤清器改造用套筒结构

滤清器回装时，滤清器前盖上安装的套筒会套在滤芯上座的外部，因为套筒的内径略大于滤芯上座的外径，而滤芯上座上加工的 2 道环槽内又装有 2 道凸出量为 0.5mm 的橡胶 O 形圈，所以套筒与橡胶 O 形圈安装后，由于滤芯上座 O 形圈的压缩，使套筒与滤芯上座之间形成过盈配合。滤清器回装完成后，套筒与 O 形圈就在滤清器前盖与滤芯上座之间形成一条环形密封带，使机油不能再通过滤清器前盖与滤芯上座之间的间隙直接从滤芯外腔到达滤清器出油口。此时进入滤清器的机油就必须经过滤芯的过滤，杂质被隔离在滤芯的外腔，清洁的机油从滤芯内腔向上流至出油口，如图 3 所示。

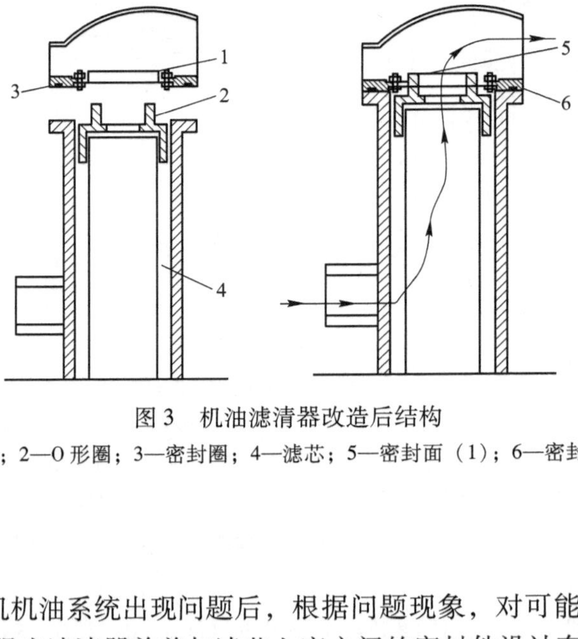

图 3　机油滤清器改造后结构

1—套筒；2—O 形圈；3—密封圈；4—滤芯；5—密封面（1）；6—密封面（2）

5　总结

GK1C 机车柴油机机油系统出现问题后，根据问题现象，对可能出现故障的部件逐一进行排查分析，最终得出滤清器前盖与滤芯上座之间的密封件设计存在缺陷，经改造消除了该缺陷，使机车能够正常运行，同时降低了运行成本。改造过程中所做工作如下：

（1）对机车用柴油机机油滤清系统及工作原理进行分析，确定故障发生原因。

（2）确定了故障发生的原因主要是因为滤清器前盖与滤芯上座之间的密封件设计存在缺陷，因此制定对机油滤清器进行改造的方案。

（3）实施方式：制作出了一个内径与滤芯上座外径相等套筒，一端带有 4 个安装孔凸台的套筒，该套筒通过 4 个座孔穿上螺丝可将其固定在滤清器前盖上。回装时，滤清器前盖上安装的套筒会套在滤芯上座的外部，滤清器回装完成后，套筒与O形圈就在滤清器前盖与滤芯上座之间形成一条环形密封带，这样就使得机油不能再通过滤清器前盖与滤芯上座之间的间隙直接从滤芯外腔到达滤清器出油口。

通过对滤清器设计缺陷的改造，解决了机油不清洁、脏污、机械杂质过多等问题，使机油的使用周期有效的增长；同时，减少了因润滑不良造成的柴油机故障，为机车的正常运行提供了保障。

GK1C 型内燃机车综合改进技术研究及应用

（本钢板材铁运公司，邓玉红）

摘　要：针对 GK1C 型内燃机车运用中存在故障率高的问题，结合多年来内燃机车运用及检修的实际情况，查找故障原因并进行分析，提出改进措施，保证该型机车满足工况企业铁路运输的需要。

关键词：内燃机车；综合改进；应用

GK1C 型内燃机车，是南车集团资阳机车厂 2003~2004 年初期的产品，运用近 15 年，在该型机车运用过程中，存在一些故障问题，严重影响机车的正常运用。因此，如何解决该型机车这些问题，就成了摆在面前的重要课题。为此，总结多年来内燃机车检修及运用经验，针对该型机车故障多原因进行研究分析，不断对其进行技术改进，以适应冶金铁路运输的需要。

1　问题分析

引起 GK1C 型内燃机车故障率高的原因很多，根据 GK1C 型内燃机车实际运用情况，对主要影响因素进行技术分析，主要包括机车微机控制系统、柴油机机油系统、机车冷却水系统、机车风源系统、机车供电系统五大部分。这五大部分是该型内燃机车故障率高的主要原因，也是需要解决的重点问题。

1.1　微机控制系统落后

GK1C 型内燃机车微机控制系统可实现内燃机车的全部控制，具有机车逻辑控制、故障诊断与机车运行状态显示等功能。GK1C601 至 606 号内燃机车微机控制核心采用 MIC-2000 系统，该系统如图 1 所示。

图 1　MIC-2000 系统

（1）601~606 号内燃机车从 2003 年开始运用，是本钢运输部购买 GK1C 系列内燃机车的试验机车，机车上配置的是 MIC-2000 型微机控制系统。

（2）MIC-2000 系统是基于 PC 机结构的电脑控制系统。该系统硬件为奔腾 133MHz 系列，软件为 DOS 系统，随着科技发展，严重落后，无法升级。

（3）该系统在实际运用中，机器响应慢，线路复杂，没有启动机车计时界面，频繁出现高温死机现象。

（4）从 2011 开始，生产厂家将系统硬件升级，以往型号的硬件淘汰不再生产（显示器、微机主板），备件采购不到，日常维修无备件等诸多缺陷。

1.2 柴油机机油系统监测功能不完善

增压器是柴油机正常工作的重要部件，柴油机机油系统油压的好坏直接影响增压器的使用寿命。柴油机增压器机油系统示意图如图 2 所示。

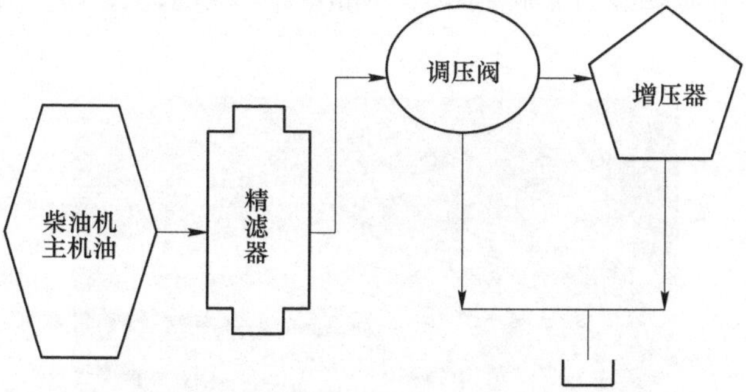

图 2 增压器机油系统

（1）增压器的润滑油由柴油机机体输出端油管引来，经增压器精滤器过滤后进入增压器，使用后的润滑油经增压器回油管及机体顶面孔道流回油底壳。该管路中任何一部件堵塞，都会导致增压器得不到油压或油压偏低，严重影响增压器的安全运用。

（2）由于机车设计原因，机车出厂时，柴油机主油道油压有监测设施，但经精滤器过滤后到增压器之间没有油压监测设施，很容易因精滤器堵塞油压偏低导致增压器损坏。

（3）2015 年 5~7 月 601、619 机车发生两起增压器因缺油轴烧死事故，导致增压器大修。

1.3 机车冷却水系统

冷却系统分为高温和中冷两个循环回路，其作用是冷却散热，保持柴油机和传动装置在适宜的温度下工作。

由于机车设计原因，对东北气候特点估计不足，该型机车冷却水系统主要缺点体现如下：

（1）机车加排水口设置在机械间外部，车体裙部的下面，冬季易将水管冻裂，发生冻害。如图 3 所示。

（2）膨胀水箱是机车冷却水系统重要组成部件，位于机车动力室顶部，起蓄水、补水和放气作用。膨胀水箱储存冷却水，通过液位仪监测冷却水水位。冷却水应采用去离子

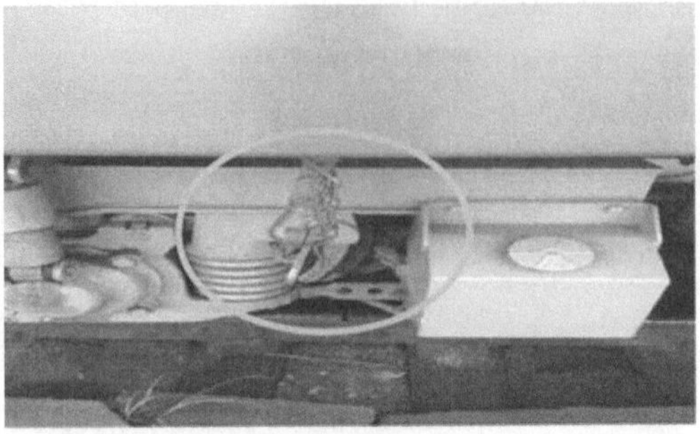

图 3　机车加排水口

水，水质要求很高，通过添加调整剂达到要求。原机车设计的液位仪引入水管直径较小，运用一段时间后因水垢附着及调整剂的不完全溶解，导致水箱水位观察不清或管径堵塞而没有水位，机车乘务员需要经常攀爬到机车顶部观察水箱水位，增加了乘务员的劳动强度和危险性。如图 4 所示。

图 4　膨胀水箱液位仪

1.4　风源系统维护、检修困难

机车风源系统由空压机、总风缸、空气干燥器及电控部件组成，作用是为机车的制动机和其他的辅助用风设备提供压缩空气。

（1）601～606 号内燃机车风源系统供风部件为两台空气压缩机，分别为 3W-1.6/9 型和 NPT5 型，这两台空气压缩机上下安置，空气管路布置极其不合理。如图 5 所示。

图 5　上下安置空气压缩机

（2）3W-1.6/9 型空气压缩机，额定排气量为 1.6m³/min，供风速度慢，部件工作时间长，动作频繁，磨损增加，结果是系统故障率上升，在机车运用过程中，乘务员基本不使用该空压机，仅使用 NPT5 型空压机完全满足机车作业需求。

（3）风泵间空间狭窄，内部除空气压缩机、控制管路等部件外，还有各类阀、散热器、干燥器、机车头灯等部件，操作人员在检修及维护这些部件时非常困难，有时故障处理不彻底，故障频繁发生，导致检修机车库停时间长。

1.5 机车供电系统备件采购困难

起动发电机是机车供电系统重要部件，机车柴油机起动运转后，由起动发电机供电并通过逆流二极管向蓄电池组充电。

GK1C 型内燃机车采用 50kW 直流起动发电机，不论是 ZQF-50 型还是 YZ-65 型起动发电机，自 2015 年以来已经没有生产厂家生产该产品，备件修复极其困难，严重影响该型机车的正常运用。

2 改进措施

2.1 微机控制系统设计与改进

（1）取消原 MIC-2000 系统，应用运输部内燃机车普遍运用的 YZM-2003 系统与该机车原有线路进行匹配。

（2）更改人机界面，取消驱动放大器，增设传感器模拟量通道，改造风泵启动线路，重新规划布置电气线路，保证该系统不受外界气温影响，杜绝由软件缺陷造成的安全隐患，简化线路布置，操作响应快速。设计图纸如图 6 所示。

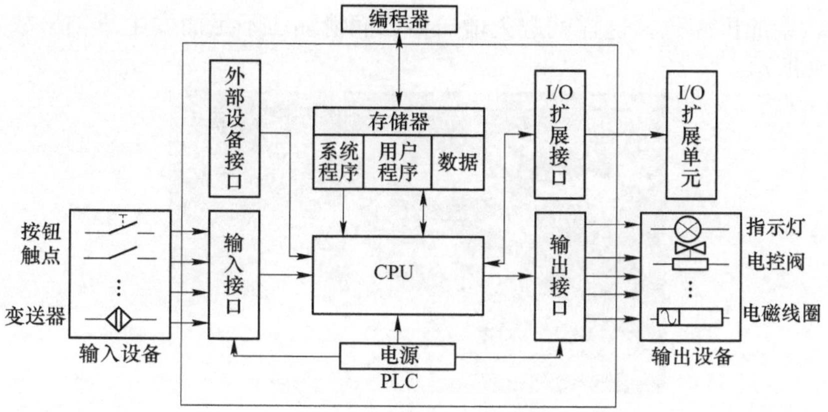

图 6 微机控制系统原理

改进安装后如图 7 所示。

（3）改进后，该型机车备件与大部分内燃机车备件相统一，便于乘务员维护及实现备件通用化管理。

图 7 改进后的微机控制系统

2.2 柴油机机油系统改进

（1）在增压器调压阀后端油管上安装压力变送器，采集增压器润滑油压压力信号，将增压器润滑油压压力信号输入 PLC，乘务员可以通过司机室内显示屏实时观察到增压器润滑油油压的变化，提前发现增压器故障。改进示意图如图 8 所示。

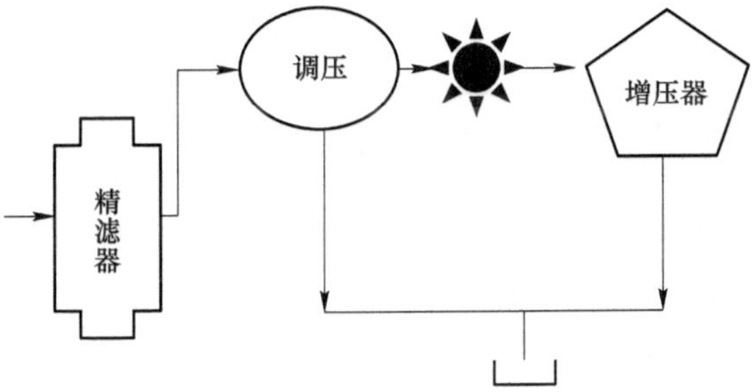

图 8 改进后的增压器油压系统

（2）增加增压器油压保护装置，当增压器润滑油压力低于 120kPa（430r/min 正常油水温度下）时，柴油机卸载，这样就避免增压器因润滑油压不足而发生研轴事故。改进后的安装图如图 9 所示。

图 9 增压器油压系统

2.3 机车冷却水系统改进

根据 GK1C 型内燃机车多年的实际运用经验，以及冷却水系统技术要求，将机车加排水口重新进行设计并改变位置，安装在柴油机间加排冷却水主管路中，并在前端设置截止阀，这样既满足机车日常加排水需要，又确保在冬季寒冷气温下发生冻害。如图 10 所示。

图 10 改进后的机车加排水口

取消原膨胀水箱液位仪，利用连通器原理，增加管径，重新设计安装架，安装新型号机械水表。如图 11 所示。新型机械水表耐污能力强，显示效果清晰，易于拆卸清洗，运用多年依然能够清晰观察水位，减少司机的工作强度和危险性，延长水表更换周期。

图 11 膨胀水箱水表

2.4 机车风源系统技术改进

（1）工矿企业铁路运输特点是机车起动牵引力大，换向、制动、启动频繁，要完成这些目标，必须有一个可靠的风源系统作保证。NPT5 型空压机额定排气量为 2.4m^3/min，供风速度快，通过实际运用验证，完全满足机车各作业区需求。

（2）重新设计规范风泵间各部件布置，拆除 3W-1.6/9 型空气压缩机。改进后如图 12 所示。

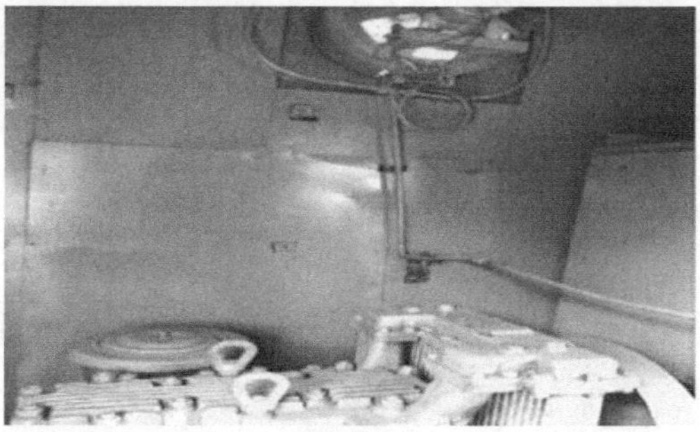

图 12 改进后的空压机

2.5　机车供电系统技术改进

GK1C 型机车普遍采用两台空气压缩机作为风源系统供风，3W-1.6/9 型空气压缩机由 13kW 直流电机驱动，NPT5 型空气压缩机由 23kW 直流电机驱动，如两台空气压缩机同时工作，电机功率为 36kW（设有转换开关，禁止同时打风）。所以 38kW 起动发电机完全可以替代原 50kW 起动发电机工作。按照 38kW 直流电机传动轴形状及尺寸，重新进行半连轴器装置设计，设计如图 13 所示。

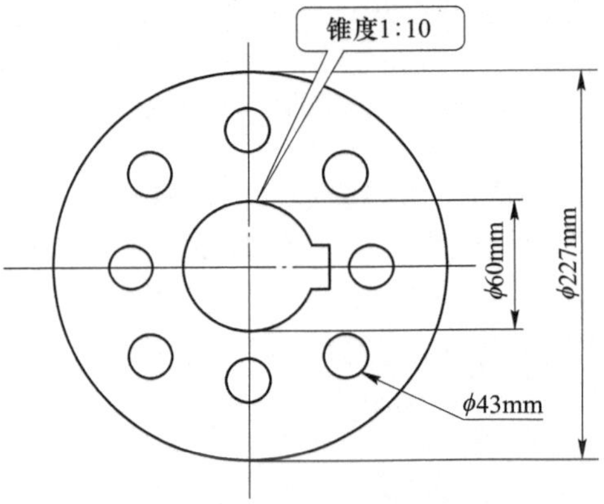

图 13　半联轴器设计图

加工后实物如图 14 所示。

图 14　半联轴器

实际车上安装时，根据电机传动轴与变扭器连接装置的实际高度为基准，利用原车电机安装底架，通过增加垫片厚度来实现电机与连接装置的同轴度要求，实现电机平稳安全运用，满足机车当初设计要求。现场安装如图 15 所示。

3　实施效果

GK1C 型内燃机车 615 号是进行综合技术改造的第一台内燃机车，综合技术改造竣工后投入运用。在运用期间，安排专人对该机车微机控制系统、柴油机机油系统、机车冷却水系统、机车风源系统、机车供电系统的使用情况进行了全程跟踪，认真记录。经过一定时间的实际运用，机车故障率明显降低。改进后的微机控制系统，综合性能平稳，杜绝夏

图 15 改进后的起动发电机

季死机现象，满足机车安全运行需求并实现备件通用化；增压器油压保护装置研制成功，确保增压器安全作业，完善柴油机机油系统功能；机车冷却水系统改进，水位监测准确方便，确保机车作业水系统需求；风源系统改进后故障率明显降低，运行平稳；机车供电系统改进后，实现备件通用化管理，解决备件采购难问题。综合技术改进后的机车技术性能达到运用标准，满足工矿企业铁路安全运输需求。我们陆续在其他 GK1C 型内燃机车 604 号、605 号等 30 余台机车上推广并应用，作用效果非常好。

4 结论

（1）GK1C 型内燃机车综合改进技术研究及应用，解决该型内燃机车多年来一直未能解决的技术难题。保证该型机车牵引性能的正常发挥和安全经济运行，提高机车的作业效率，极具推广价值。

（2）GK1C 型内燃机车综合改进技术研究及应用，降低该型机车微机控制系统、柴油机机油系统、机车冷却水系统、风源系统及供电系统的故障率，缩短机车的库停时间，提高该型机车的利用率。机车可开动率由 94. 17%提高到 95. 24%，事故故障停机率由 1. 19‰降低为 0. 52‰。

（3）GK1C 型内燃机车综合改进技术研究及应用，降低乘务人员、检修人员的劳动强度，便于机车使用和维护保养，极大程度上提高该型机车的运用安全系数。

（4）GK1C 型内燃机车综合改进技术研究及应用，延长输入输出板、增压器、电机、空压机等装置使用寿命，极大降低机车检修与运用成本，带来很大的经济效益。

ZG150-1500 型电力机车高压电源引入装置故障分析及处理

（马钢（集团）南山矿业公司，于平和）

摘　要：南山矿业公司 ZG150-1500 型电力机车高压电源引入装置故障频繁，通过分析原因，提出了针对性的改进对策，并介绍了改造实施的具体过程，以及投入使用后取得的良好效果。

关键词：高压引入装置；导电铜棒；母排；线接触；面接触

马钢（集团）控股有限公司南山矿业公司有在用 ZG150-1500 型电力机车 16 台，每年担负 1400 万吨矿岩运输任务。电机车使用 1500V 直流电源，由牵引变电所通过遍布铁路站场、区间的牵引网络适时提供。设置在电机车车棚顶部的受电弓接触牵引网络铜滑线，通过贯穿车棚内外的高压电源引入装置，将 1500V 直流电源引入到电机车高压室，再分配到 6 台 350kW 牵引主电机，驱动电机车车组运行。2014 年以前，电机车高压电源引入装置故障频繁。高压电源引入装置一旦发生故障，切断输入电源，失去动力的电机车车组立刻瘫痪在铁路线上，不仅本车组不能投入生产运行，还因阻塞线路，影响其他车组运行，严重时造成公司选矿厂停产，对公司一条龙生产带来的影响和损失非常大，必须采取有效措施解决这一难题。

1　高压电源引入装置结构

ZG150-1500 型电力机车高压电源引入装置由受电弓、进线母排、上端紧固件、高压瓷瓶、导电铜棒、下端紧固件、引入母排组成。导电铜棒通过高压瓷瓶紧密压装在机车高压室顶棚，贯通室内外，将牵引网络提供的高压电源引入高压室内的高速断路器，再分配到 6 台 350kW 牵引主电机，驱动电机车车组运行。

2　存在问题及原因分析

2014 年以前，电机车高压电源引入装置故障频繁。以 2011～2013 年统计为例，高压电源引入装置 3 年共发生故障 193 台次，几乎每周都会出现 1～2 台电机车因高压电源引入装置故障入库检修，给公司正常的生产经营秩序带来很大影响，造成的维修消耗也居高不下。2014 年，公司组织人员开展技术革新，决心彻底解决这一难题。通过对历年发生的故障统计分析，找到了高压电源引入装置故障频繁的根本原因。问题出在导电铜棒上下两端的紧固件，紧固件由紧固螺母和锁紧螺母组成，将内外桥接母排旋固在导电铜棒两端（图 1），存在的缺陷较多：一是螺纹连接本质是线接触，相对接触面积小；二是在机车运行中螺母极易发生松动，造成接触电阻增大。电机车在矿山恶劣的运转条件下运行，随着加速、冲坡和电力制动，加载到 6 台主牵引电机上的电流达到 2000A 以上，再加上铁路线路经常变化，稳定状况差，机车振动严重，紧固螺母极易松动，造成接触不良，发生母排接触电阻增大，发生过热烧损接触端子，导致高压电源引入装置故障。

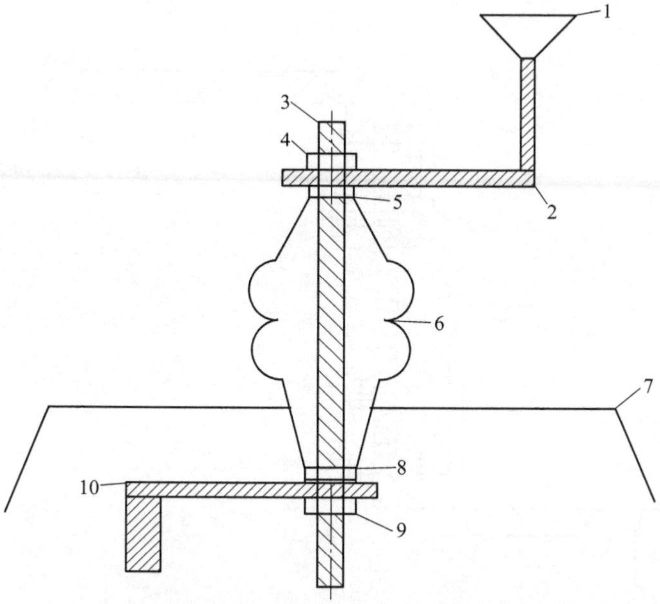

图 1 电机车高压引入装置结构示意图（改造前）

1—受电弓；2—进线铜母排；3—ϕ50mm 黄铜棒；4—上端紧固螺母；5—上端锁紧螺母；6—高压瓷瓶；7—机车顶棚；8—下端锁紧螺母；9—下端紧固螺母；10—引入铜母排

3 改进对策与措施

为了克服电机车高压引入装置结构存在的缺陷与不足，可采用改进铜母排和黄铜棒连接方式，改变电联结类型，变线接触为面接触，不仅提高了紧固性能，而且增加了接触面积，降低了接触电阻，彻底消除了母排和黄铜棒连接端的烧损隐患，降低了电机车运行故障，减少维修成本消耗。具体措施如下：由图 1 可知，电机车原先高压接入装置由受电弓、进线铜母排、ϕ50mm 黄铜棒、上端紧固螺母、上端锁紧螺母、高压瓷瓶、机车顶棚、下端锁紧螺母、下端紧固螺母、引入铜母排组成。这种结构存在的缺陷较多，极易发生螺母松动造成接触电阻增大，烧损接线端。改进后的电机车高压引入装置（图 2）主要改进了铜母排和黄铜棒连接方式，高压直流电源从受电弓到进线母排，通过上端紧固 M12 螺栓连接到 ϕ50mm 黄铜棒上端，经中间高压瓷瓶穿过机车顶棚到高压室内，黄铜棒下端通过紧固 M12 螺栓引入室内母排。在原有的空间设置不变基础上提高了引入母排的连接牢固性，电气连接面积增大 50%，杜绝了因机车机械振动而发生高压引入端和高压引出端紧固螺母松动现象，消除了该部位连接电阻增大而烧毁端子故障隐患。工艺实施方法：将 ϕ50 黄铜棒两端 80mm 螺杆沿轴向两面刨去 10mm，在平面上均分两点钻 12.5mm 孔，在铜母排的引入端和引出端 80mm 处折弯 90°，对照黄铜棒两端 ϕ12.5mm 孔距钻孔（图 2）。按照电机车实际安装位置用 M12 螺杆、弹簧垫和平垫固定引入和引出铜母排，保持设备原有的安全间距，确保两端接线母排连接牢固，双螺杆连接杜绝母排和黄铜棒松动，同时加大

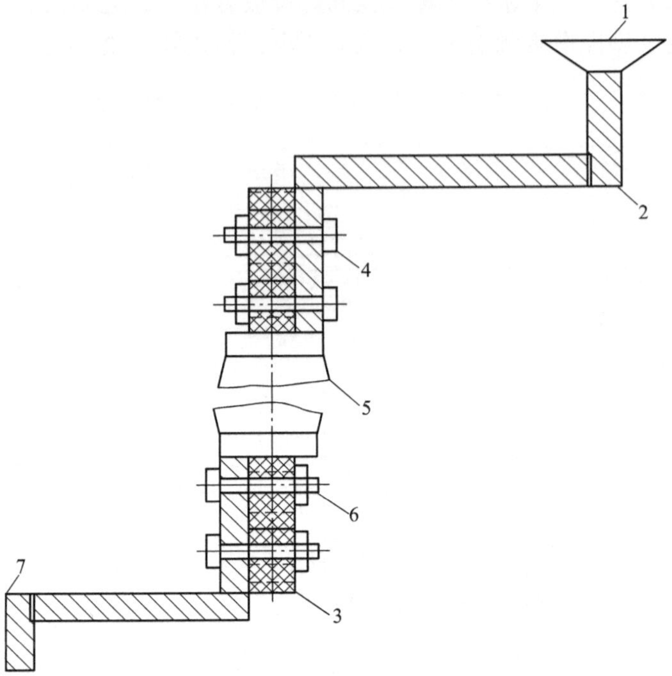

图 2　电机车高压引入装置结构示意图（改造后）

1—受电弓；2—进线铜母排；3—ϕ50mm 黄铜棒；4—上端紧固 M12 螺栓；
5—高压瓷瓶；6—下端紧固 M12 螺栓；7—引入铜母排

了连接面积，确保大电流通过，消除因接触电阻增加引起发热的现象。

4　结语

改进后的高压引入装置在实际使用中连接安装方便，电气连接面积增大，有效导电率提高了 50%，杜绝了因机车机械振动发生高压引入端和高压引出端紧固螺母松动的现象，消除了该部位连接电阻增大烧毁端子故障隐患。我们从 2014 年上半年开始对高压引入装置进行改造，目前已全部完成 16 台 ZG150-1500 型电力机车高压电源引入装置改造任务。通过一年多时间使用情况来看，再也没有出现哪台电机车因高压电源引入装置故障导致车组停运现象，节省了大量的维护、检修人力成本，减少了车组停运损失，并且每年可减少领用铜排铜棒 50 余副，直接经济价值 15 万余元。

冶金企业高炉区域实现数字无线平调系统有效覆盖的方法

（武汉钢铁有限公司，金保柱）

摘　要：介绍了武汉钢铁有限公司运输部炼铁调度中心平调设备模转数后系统设备达到的技术水平和具有的一些功能，通过理论计算给出了高炉底部通信盲区的形成机理及解决方案的有效性。

关键词：数字平调设备；平调信号盲区；高炉盲区

1　概述

根据工业和信息化部发布的 666 号《关于 150MHz 400MHz 频段专用对讲机频率规划和使用管理有关事宜的通知》的规定，2015 年开始“模拟机”逐步退出市场。目前，全球范围内，专业无线调度通信系统正在经历从模拟向数字化转变的大潮。随着宝武融合后的武汉钢铁有限公司生产步入快车道，企业生产运输任务日趋繁重，促使公司运输管理部门加快平调设备模转数的更新换代，以确保调车作业的效率和安全。

武汉钢铁有限公司运输部炼铁调度中心平调设备模转数的工作于 2018 年 1 月 5 日全面投用，之前使用模拟平调设备存在炼铁调度中心区长台与边远区域（如渣场）和铁路沿线高压线下区域的机车机控器和调车员手持台的几处通信盲区，以及个别高炉底部区域调车员手持台与炼铁调度中心区长台的通信盲区，导致现场作业人员在指挥机车作业过程中要选择合适的地理位置才能与调度中心获取联系，影响作业效率，给安全行车造成了隐患。针对调车作业过程中易发、频发或操作不太方便可能对安全行车带来隐患的各种问题，前期规划对系统设备的功能和技术参数提出了一些硬性要求。

2　数字平调系统设备介绍

2.1　车站数字平调区长台的功能介绍及安装

由于运输部炼铁调度中心使用了多达 16 个频点调车，为了方便调度人员的操作和提高工作效率，在车站 4 楼调度室操作台上设置了 3 部 16 键直选频道的区长台，它们均具有独立扫描其他 15 个频道并以对应频道键盘上的闪烁红色指示灯表示该频道上的调车员台处于请求通话状态的功能，而这只需要该调车员台发一次请求通话指令即可被所辖区长台搜索到。目前，炼铁调度中心启用了 3 部区长台，按机车的工作区域对应的频道进行组内扫描，且都具备选择任意频道进行通话的功能。这 3 部区长台还具有实时循环录音功能，通过 USB 口与电脑联机即可查阅、复制和用微软视窗播放器播放选定的录音文件，但无法对这些录音文件进行修改和删除。区长台的录音功能与机控器的录音功能一起组成了数字平调系统的语音留痕的双保险，在机控器录音缺失的情况下，区长台还能够提供所需录音文件。

运输部炼铁调度中心是一栋4层高的砖混结构的办公楼，楼顶为一个56m×11m的长方形平台，5根区长台的高增益全向天线和5根独立扫描用高增益全向天线全部安装在该楼顶平台上。为了增大炼铁调度中心平调区长台的信号覆盖距离和范围，消除厂内通信信号盲区，炼铁调度中心的10根全向天线均采用了“1/2″低损耗馈线+10dBi高增益全向天线+升高天线架设高度”的安装方式进行安装，满足了炼铁调度中心辖区内的铁路沿线95%区域的信号覆盖场强值不小于-95dBm的要求。虽然炼铁调度中心的16个调车频点分布在403~423MHz的20MHz范围内，但当两部区长台的天线靠得太近时，一部区长台的发射信号会对另一部区长台接收弱信号造成干扰，并且是收发频率间隔越近，干扰就越大；收发天线的距离间隔越近，干扰就越严重。炼铁调度中心5部区长台的10根高增益全向天线安装位置如图1所示，其中5根区长台的收发天线安装在5根3m高的立杆上端，5根扫描接收天线安装在5根1m立杆的上端。5根区长台天线与5根独立扫描天线之间有一个2m的安装高度差，这样做的目的是为了增加相互之间的隔离度，减小区长台的发射信号对扫描接收信号的干扰。

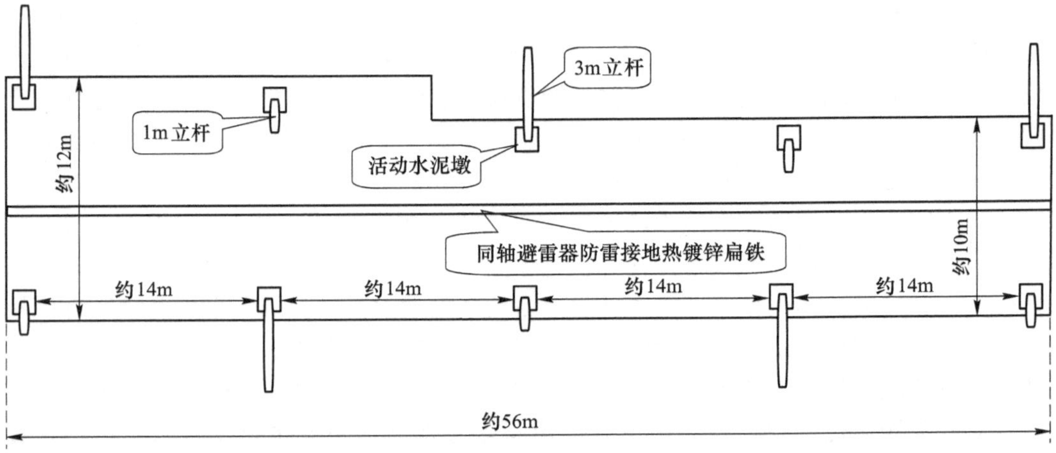

图1　天线安装位置

2.2　机车数字平调机控器的安装及功能介绍

与模拟机控器的安装方式一样，数字机控器主机固定安装在机车驾驶室正司机座位的右前方，以方便司机观察机控器的显示屏以及方便司机的手能碰触到设备操作按键。外接扬声器安装在副司机前方靠近车顶的位置。3个灯显盒中的一个安装在正司机前方稍偏右的地方；另一个安装在正司机的后面，以便司机在牵引或推进过程中都能方便地观察到灯显盒的灯显状态；最后一个灯显盒安装在副司机的前方，以方便副司机观察。在机车驾驶室内，数字机控器主机与各种自带的附件以及外接供电、机车速度传感器、运监的连接关系示意图如图2所示。

为了将机控器的收发信号的能力发挥到极致，所有机控器的机车天线均安装在机车驾驶舱顶部平台的中心位置。

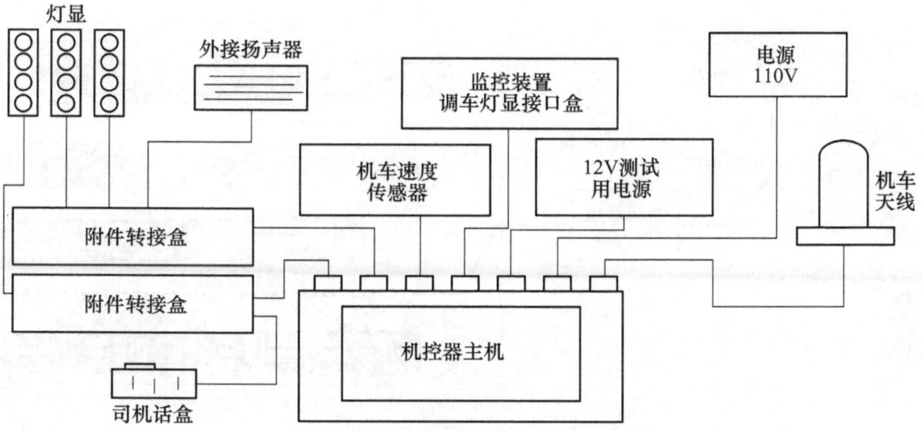

图 2 数字平调系统机控器安装连接示意图

为了提高设备操作的安全性，数字机控器还具有一些保证安全行车的新功能，如机控器配有 7 英寸液晶显示屏及 7 个功能按键，这使得数字机控器能接收调车手持机检测的电池剩余电量的信息并通过屏幕实时显示出来，还有低电量（≤15%）语音报警提示“X 号电量低”，避免调车人员在作业过程中因手持机突然没电造成司机与调车人员失联。具有对码功能，机控器开机时，调车员发“停车”指令进行对码，机控器会自动识别当前调车员身份码并绑定，之后只接收此调车员所发的指令，如发现身份码不一致将不解码；交接班时，接班调车员需重新对码指令才有效；已下班的调车员电台发指令将失效，有效杜绝了交班后或其他的调车人员手持台误发指令出现误动机车的情况，确保了作业安全。有速度监控和超速报警提示功能，“十车”“五车”“三车”“一车”等指令对应速度和机车最高行驶限速可由设备管理者自行输入，对应距离指令时机车超过设定速度就立即通过语音提示“注意，已超速”，同时黑匣子每 2s 一次记录当前超速速度。

数字平调手持机、数字平调机控器具有 GPS 定位功能，即数字平调手持机和数字平调机控器定时向车站调度室 GPS 定位接收机发送位置信息，接收机将解调的位置信息送入安装了定位软件的服务器，软件操作端电脑界面有定位地图，可在地图上实时显示对讲机的位置，查询对讲机历史移动轨迹。

3 高炉底部区域信号盲区形成机理及解决方案介绍

在高炉底部区域的数字信号覆盖效果测试中，发现在 5 号高炉底部区域调车员手持台能正常接收到车站区长台的呼叫，但调车员手持台呼叫车站区长台时出现了掉字和对方听不清楚的情况，这种测试是在晴天进行的，如果在雨、雪天气测试的话，受环境衰减影响效果会更差。所以在 5 号高炉底下安装了一套信号收集增强设备：集成通道放大器，其原理安装示意图如图 3 所示。

其工作原理为：在 5 号高炉底部出现信号盲区的中心区域内，沿铁路旁的承重梁柱距地面约 4m 高吊挂一段约 40m 长的漏泄同轴电缆，该漏泄同轴电缆的末端（如图 3 的右侧）接一个 50 负载，左侧接一根 50m 长的同轴电缆，将该电缆布设至 2 楼平台操作间内

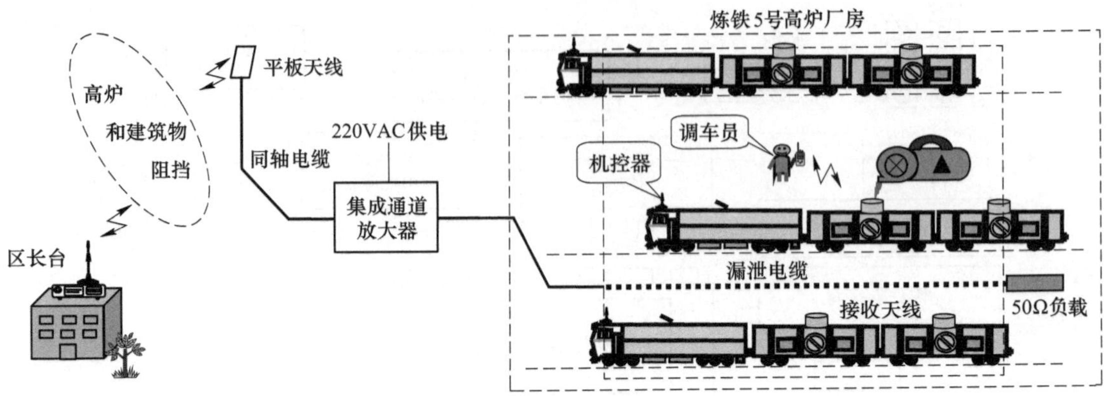

图 3　原理安装示意图

并接入集成放大器信号输入端口，站在高炉底下中心区域的调车员发起呼叫时，其发射信号可被漏泄电缆接收，经集成通道放大器处理放大后再通过同轴电缆接到平板天线上，由平板天线向炼铁调度中心区长台发送信号，这样车站区长台就能可靠地接收到高炉底部的调车员手持台的通话信号。

下面我们通过三种计算公式估算车站区长台对高炉底部区域的信号覆盖以及高炉底部的调车员手持台对车站区长台和通过集成通道放大器对车站区长台的信号覆盖场强值。

3.1　无线电波在自由空间中的传播距离损耗公式

$$L_s(\mathrm{dB}) = 32.45 + 20\log f + 20\log d$$

式中，f 为工作频率，MHz；d 为传播距离，km。

3.2　炼铁调度中心区长台对 5 号高炉底部区域的信号覆盖场强值的计算

区长台发射功率为 25W，折合为 44.0dBm；区长台天线增益为 10dBi，其 1/2″电缆馈线长度为 60m（最长值），折合线损为 3.0dB；调车员手持台天线增益为 2dBi，在高炉底部中心区域接收车站区长台的信号时高炉及建筑物的阻挡损耗经验值为 30dB；多径传播衰减经验值为 25dB；设备工作频率 403～423MHz，f 取值 420MHz；传播距离为 2km。则高炉底部调车员手持台天线口接收到的信号场强值的计算公式为：

$$\begin{aligned}P_e &= \text{区长台发射功率} - \text{馈线线损} + \text{区长台天线增益} - \text{传播距离损耗} - \\ &\quad \text{阻挡损耗} - \text{多径传播衰减} + \text{调车员手持台天线增益} \\ &= 44 - 3.0 + 10 - (32.5 + 20\log 420 + 20\log 2) - 30 - 25 + 2 \\ &= -93\mathrm{dBm}\end{aligned}$$

从上述计算结果来看，车站区长台对 5 号高炉底部区域的信号覆盖场强值为-93dBm，稍强于数字机可靠解码的强弱分界线的边界值，即当信号覆盖场强值大于等于-95dBm 时，数字对讲机都能对接收信号进行可靠地解码；而-96～-99dBm 信号覆盖场强值已属于弱信号区域，通话的效果感觉不是很清晰；当信号覆盖场强值小于-100dBm 时，接收机解码会出现误码，通话时会出现掉字现象，信号越弱掉字现象越严重，这是一个已不能正常进行通话的极弱信号区域。

3.3 5号高炉底部调车员手持台对车站区长台的信号覆盖场强值的计算

车站区长台接收高炉底部调车员手持台呼叫信号的场强值的计算公式为：

P_h = 调车员手持台发射功率 + 手持台天线增益 - 传播距离损耗 - 阻挡损耗 - 多径传播衰减 + 车站区长台天线增益 - 馈线线损

数字调车员手持台平均发射功率为4W，折合为36dBm，则

$$P_h = 36 + 2 - (32.5 + 20\log 420 + 20\log 2) - 30 - 25 + 10 - 3 = -101\text{dBm}$$

从上述计算结果来看，在5号高炉底下中心区域调车员手持台对车站调度台的信号覆盖场强值为-101dBm，已处于掉字的极弱信号区，这还没有考虑天气带来的影响，如果遇到下雨天，还会对信号传播带来2dB左右的额外衰减。随着设备使用年限的增加，其整体性能不可避免地会出现某种程度的下降，所以在5号高炉底部区域加装信号增强设备是完全必要的。

3.4 加装信号增强设备后炉底调车员手持台对车站区长台的信号覆盖场强值的计算

在5号高炉底下的中心区域，漏泄同轴电缆最大耦合损耗值为80dB/2m，假设调车员距离漏泄同轴电缆最远（垂直）距离为8m，阻挡损耗为5dB（人体头部不完全阻挡），则漏泄同轴电缆接收到调车员台的信号场强值为：

P_c = 手持机发射功率 + 天线增益 - 耦合损耗值 - 距离衰减值 L - 阻挡损耗值

距离衰减值公式 $L = 10\log(r/2)$，将 $r = 8\text{m}$ 代入得到：

$L = 10\log(8/2) = 6.0\text{dB}$，则

$$P_c = 36 + 2 - 80 - 6 - 5 = -53\text{dBm}$$

进入集成参数放大器射频输入端口的信号场强值为：

$$U_{in} = P_c - 50\text{m 馈线损耗} = -53 - 5 = -58\text{dBm}$$

集成通道放大器的增益设置为75dB，则集成通道放大器的输出功率为：

$$U_{out} = \text{集成通道放大器的设置增益} + U_{in} = 75 - 58 = 17\text{dBm}$$

车站区长台接收集成通道放大器的信号场强值公式为：

$P_e = U_{out}$ - 30m 1/2″馈线损耗 + 平板天线增益 - 传播距离损耗 - 阻挡损耗 - 多径传播衰减 + 车站区长台天线增益 - 馈线线损

由于平板天线安装在高炉第2层平台（高度较高）边沿的走廊栏杆上，并对准车站区长台天线的方向，其阻挡损耗经验值为15dB，多径传播衰减经验为10dB，故车站区长台接收集成通道放大器的信号场强值为：

$$P_e = 17 - 1.5 + 6 - 91 - 15 - 10 + 10 - 3 = -87.5\text{dBm}(> -95\text{dBm})$$

从上述计算结果来看，设备的信号覆盖效果完全能满足使用要求，并留有7.5dB的富余量。

4 结束语

炼铁调度中心的数字平调系统设备开通运行已经完成后评价工作，目前通过对高炉区

域随机的场强测试和设备使用人员的反馈情况来看，在高炉区域利用漏泄同轴电缆进行无线电弱场增强是较为可靠的做法，特别是结合数字调制技术之后对语音通信的可懂度提升起到了良好作用，系统运行以来未出现同频干扰导致的语音通信异常投诉。一些保障行车安全和提高操作效率的设备功能也都起到了应有的作用，车站及机务部门对设备的使用情况十分满意。

由于武汉钢铁有限公司的总图运输较国内其他钢企相对复杂，铁路运输所经区域电磁环境较差，不规则的通信盲区在铁路运输过程中较为普遍，特别是高炉区域，由于金属粉尘和大量的钢结构建筑，形成多处区域屏蔽效应，影响无线电的传播，而铁路在这些区域中穿行，直接影响到无线平面调车通信的稳定。本次改造证明，通过优选设备，合理规划调度中心无线电设备的功率设置和天馈系统，同时在特定区域利用漏泄同轴电缆的固有特性，局部增强无线电信号，完全可以实现使用较小的无线电发射功率，提高数字无线平调系统的可靠覆盖，确保调度指挥过程中车、地间通信无阻碍，提高现场作业的安全。而且，通过降低无线电发射功率，可直接减少能源消耗，同时减少对其他无线电设备的射频干扰，对无线电频谱的再利用有着极大的益处。因此本方案对于进行平调设备模转数更新换代和准备自行建设内部无线电网络的钢铁企业来说，具有一定的参考价值。

莱钢数字平调系统的适应性改进

（山钢股份莱芜分公司，
袁巧凤、陈济涛、王磊、郭玉刚）

摘　要：平面无线调车系统数字化是冶金铁路无线通信技术发展的必然趋势，2018 年，莱钢运输部开始了铁路平面调车系统的数字化改造。在屏蔽室试验及现场使用中，陆续发现数字平调系统存在的一些不适应问题。维修人员针对发现的问题，进行了问题再现试验，全面分析问题发生的原因，结合莱钢铁路运输作业特点与数字平调系统的性能特点，莱钢对数字平调系统进行了一些适应性改进，改进信令系统以适合莱钢铁路运输作业特点，提高信令的可靠性、安全性；改进天馈线系统，提高无线信号覆盖，减少信号盲区；改进区长台的电源，消除区长台静电干扰问题。通过适应性改进，数字平调系统可以更好地适应莱钢铁路运输作业的需要，整个系统的可靠性、安全性也得到了有效的提升。

关键词：黄键；灵敏性；启动；信号覆盖；区长台

1　引言

平调无线调车系统是铁路运输生产的指挥工具和调车作业的高效平台，是铁路运输调车作业效率和行车安全的保障，在铁路运输作业过程中有着不可替代的作用。莱钢原模拟平面无线调车设备及重要配件无处采购，给维修及保产带来相当大的困难。为满足莱钢铁路运输生产基本需要，适应铁路专用无线通信技术的发展需要，2018 年莱钢运输部实施了平面无线调车系统数字化技术改造，实现了铁路调车作业指挥设备的技术升级，以确保铁路运输生产正常运行。改造采取三步实施法：一是屏蔽室试验，二是小范围现场试用，三是推广使用。数字平调系统在试验、使用中，发现系统存在一些不适应问题。针对发现的问题，维修人员对问题进行了再现试验，结合莱钢铁路运输作业特点与数字平调系统的性能特点，在厂家的配合下，对莱钢数字平调系统进行了一些适应性改进。

2　问题及适应性改进

2.1　手持电台黄键信号连发改进

手持电台在长按“黄键”发出“十车”信令后，信令有效发出后需尽快释放“黄键”，如果在规定时间未释放“黄键”，电台就会自动发出“五车”信令。电台在短按“黄键”发出“五车”信令有效后，需尽快释放“黄键”，如果在规定时间未释放“黄键”，电台就会自动发出“三车”信令，“一车”“减速”信令也是如此。这样，使用人员黄键操作不好，极易发生“十车”“五车”“五车”“三车”“三车”“一车”“一车”“减速”信令连续发出。特别是冬天气温低，调车组人员作业均戴厚手套作业，按键操作不是很灵敏，会经常出现误操作，非常影响作业效率。

改进措施：

修改手持电台信令程序，“黄键”每一次按下，有效发出一个信令后，之后按压为无效按压，只有释放“黄键”后，再次按压才有效发出信令。较好解决了距离信令连发现象，减少了误操作，提高了作业效率。

2.2 手持电台信令灵敏性改善

维修人员在试验中发现手持台存在有时按键不灵敏情况，这种“软”故障问题较难确认，维修人员花了相当长的时间，对故障现象进行了问题再现，发现两种情况下会产生此现象。一是距离信令（“十车”“五车”“三车”“一车”“减速”）与测机信令相冲突时，距离信号有时无效。即使用人员正按键发“五车”“三车”“一车”“减速”信令时，电台正自动发射测机信令，这时“五车”“三车”“一车”“减速”信令无效。二是在按键发送信令有效后，电台有个“空键”期，即电台在一定时间内按键无效。

改进措施：

修改手持电台信令程序，信令优先，信令与电台的测机信令同时发生时，信令优先，取消电台按键的空窗期。通过改进有效改善了手持电台信令发射灵敏性，提高了铁路运输作业的安全与效率提供。

2.3 启动信令后能发减速及距离信号

机车在完成 1 股挂车作业进入 2 股挂车作业时，需先出 1 股再进入 2 股，调车作业出 1 股时，调车员发出“启动”信令，机车牵引车辆出 1 股，如图 1 所示。这时一般由乘务员主持进路，但乘务员不能准确判断车辆尾部是否已经离开 1 号道岔及离 1 号道岔的距离，需调车员通话告知状态与距离，有时存在臆测行车，不利于调车作业安全。

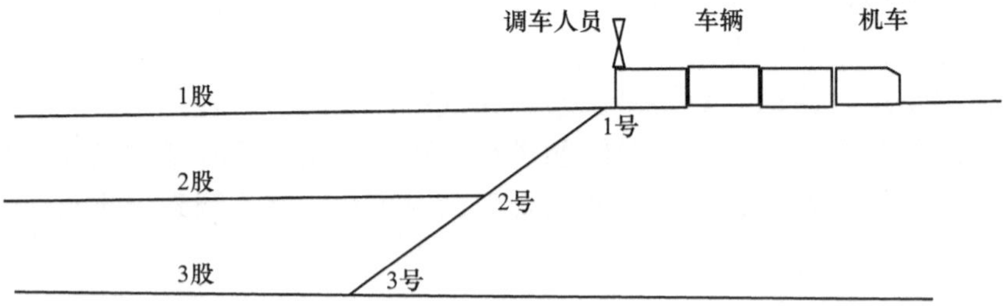

图 1　牵引作业示意图

改进措施：

数字平面无线调车系统准许在“启动”信令后发送“减速”“十车”“五车”“三车”等信令，有效提升调车作业的安全与效率。

2.4 无线信号覆盖改善

原模拟平面无线调车系统在使用中存在信号盲区，机车在个别区域作业时，调度区长与调车组人员通话不畅，影响调车作业的效率。结合平面无线调车系统数字化改造，减少甚至消除信号盲区。不同增益天线，不同粗细、不同质量的馈线对通信距离会产生很大的影响。天线一般为无源器件，不能产生能量，天线增益体现为将能量有效集中向某特定方向辐射或接受电磁波的能力。

原模拟平面无线调车系统区长台采用4.0dB增益全向天线，馈线采用50-7（阻抗50Ω，截面7）的馈线，损耗为0.07dB/m，馈线长度为20m，馈线损耗为0.1dB/m×20=2dB。模拟区长台天馈线系统理论增益为4.0-2=2.0dB。

改进措施：

数字平面无线调车系统区长台采用8.0dB高增益全向天线，馈线采用50-9（阻抗50Ω，截面9）的馈线，损耗为0.07dB/m，馈线长度为20m，馈线损耗为0.07dB/m×20=1.4dB。区长台天馈线系统理论增益为8.0-1.4=6.6dB。

数字平面无线调车系统区长台天馈线系统增益高于模拟平面无线调车系统4.4dB。

2.5 区长台静电干扰改进

莱钢数字平调系统区长台采用摩托罗拉8220基地台，用220V/12V直流稳压电流提供工作电源，区长台与电源如图2所示。在现场使用中，当使用人员拿起话盒时碰触到话盒上的铁壳时，区长台有时发出“嘀嘀嘀”的报警声；同时区长台有时会出现自启动情况。维修人员对区长的信号及电源连接进行了检查，话盒的铁壳与区长台的外壳（地）相连，区长台的外壳（地）连接着直流12V电源的负极，直流电源的负极与电源的外壳（地）相连，也就是说话盒的铁壳与直流电源的外壳（地）相连，直流稳压电源的电源线是三根线，但电源插头是只有两针，其地线连接针是空的，如图3所示。平调区长台是高频信号处理设备，区长台的外壳极易聚集电量，没有有效的地线漏泄途径，当人体一接触，就会进行放电，聚集电量多，放电电流大，区长台电压异常，就会发出“嘀嘀嘀”的报警声，甚至自动重启。

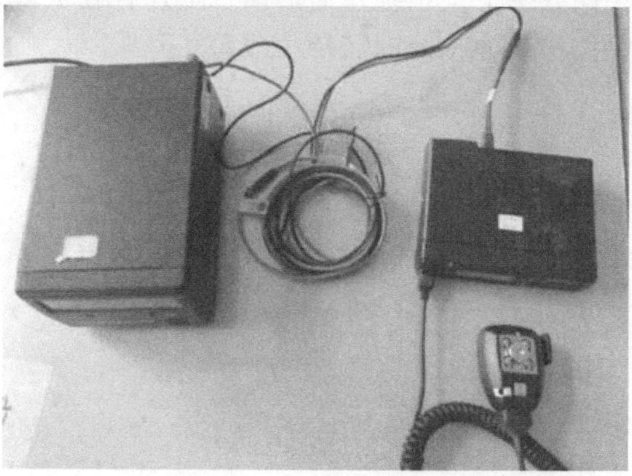

图2 数字平调区长台及电源的连接示意图

改进措施：

对数字区长台电源进行改造，增加地线，并改二针电源插头为三针插头，如图4所示，改造后数字区长台工作稳定。

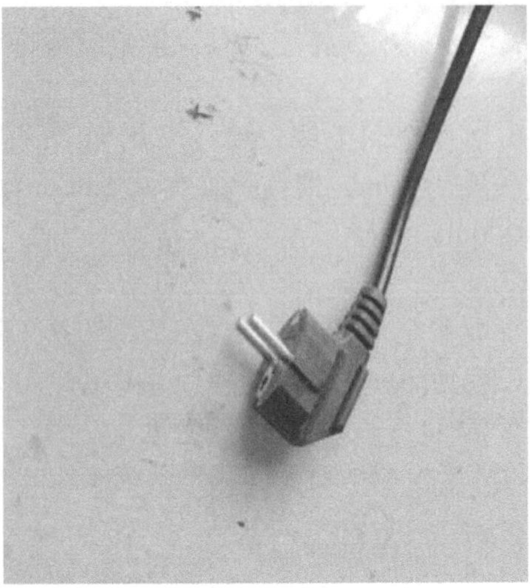

图 3　区长台的原电源插头

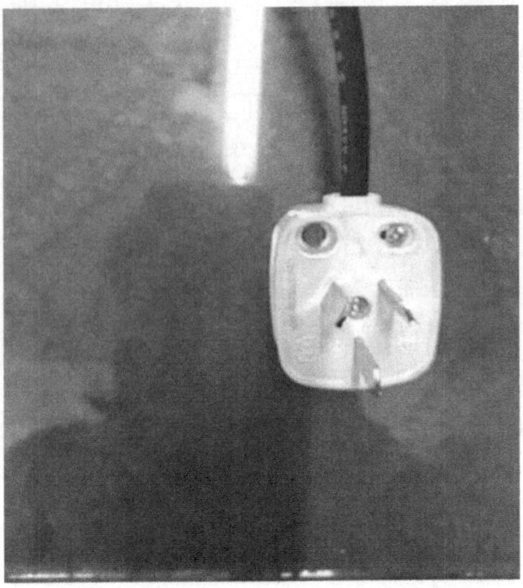

图 4　改进后区长台的电源插头

3　结束语

文章系统介绍了莱钢运输部在数字平面无线调车系统改造试验、运用中发现的问题，针对问题采取了行之有效的技术改进措施。有关问题解决方案对于数字平调的应用具有推广应用价值。

针对发现的问题，采用“现象再现”方式，提高处理效率和质量。在试验及现场运用中，针对发现的问题，采用现象再现的方式，这样能更准确分析问题原因，制定解决措施。

通过适应性改进，有效提高了数字平调系统的可靠性、安全性，使之更加适应莱钢铁路运输作业需求。目前莱钢数字平调系统在通话语音上还存在失真现象，维修人员虽然在语音方面已经采取了一些技术措施，但尚需持续改善。

酒钢厂区轨道电路区段故障原因分析及对策

（甘肃酒钢集团宏兴股份公司，罗素娟）

摘　要： 通过对酒钢厂区铁路运输特点、设备运行环境以及铁路信号轨道电路组成、工作原理、故障现象进行分析，总结轨道电路区段“红光带”“飞车”故障原因，提出处理、解决问题的办法、对策。以达到降低设备故障率，减轻信号维检人员劳动强度，提高冶金企业铁路运输效率的目的。改造实施后实现了设备的本质安全，确保了运输作业的安全性和系统的可靠性。

关键词： 冶金铁路；轨道电路；设备环境；故障分析；对策

1　前言

当前，随着冶金设备自动化水平的不断提高，冶金铁路信号设备的更新换代逐步升级，轨道电路作为铁路信号系统的重要组成部分在冶金铁路得到了广泛应用，目前酒钢厂内主要采用 JZXC-480 型交流轨道电路和 25Hz 相敏轨道电路两种制式，由于受到外部环境的影响，铁路强负荷、大载重、高污染，轨道电路设备的运行环境恶劣、复杂，自然、人为干扰因素繁多，部分区域的轨道电路被现场的矿粉、煤粉、焦油、氧化铝、水渣池玻璃丝等覆盖，严重干扰轨道电路的分路灵敏度，故障频发，从而影响正常的行车组织，扰乱运输秩序。

本文从轨道电路设备构成、故障现象、设备环境入手，分析总结故障原因，提出一些切实可行的对策、措施，扭转因轨道电路故障影响行车运输组织的被动局面，以期起到降低信号维检人员劳动强度、确保冶金铁路行车安全、提高运输效率的目的。

2　轨道电路故障现象及原因

2.1　异常红光带及原因

（1）“红光带”现象。导致轨道区段长期红光带无法消除，不能正确显示现场机车车辆实际情况，由于信号无法开放，车站信号员无法办理进路，严重制约了铁路运输生产组织，对高炉区域的铁水和钢渣、铁渣运输造成很大的影响。

炼铁站至铸铁区焦化走行线长期被煤粉覆盖，导致道床漏泄，特别是雨季下雨频繁道口积水，造成控制台“红光带”，导致进路无法办理，进入该区域需人工确认现场情况，据统计每天通过该轨道区段的机车车辆为 60 次左右，严重影响了铁路运输作业效率；同时信号工清理一次需要 5~7h，2017 年 4 月至今该类故障共发生了 6 次。

（2）原因分析。冶金铁路设备环境恶劣，尤其在高炉区域轨道电路箱盒进水、轨道电路区段水淹、金属粉尘污染、设备环境高温潮湿等造成。

2.2 “飞车”拉光带及原因

2.2.1 “飞车”现象

“飞车”现象致使车列占用区段时室内轨道继电器 GJ 不能可靠落下、车列经过轨道电路区段室内控制台显示时有时无，导致进路不能正常解锁或存在车列未全部出清提前解锁的现象。室内信号员无法确认机车实际位置，如果再故障解锁、操纵道岔或重新办理其他进路就可能会导致信号错误开放、道岔在车列没有出清区段时错误转换，造成机车车辆挤岔、脱轨、追尾以及侧面冲突等严重行车事故。

厂区内长期没有车列通过，或运输作业量较小铁路使用率不高的轨道电路区段，经常出现“飞车”现象，信号工进行钢轨打磨除锈后平均每两周就会再次出现，此问题无法得到有效解决，运输作业一直采用调车员现场确认的方式，对铁路运输带来了非常大的安全隐患。根据铁路行业经验和酒钢厂区铁路案例，轨道电路“飞车”现象对铁路行车的危害极其严重。2015 年以来酒钢厂区铁路发生的因此导致的险性事故 2 起，虽然未造成大的损失，但是对铁路运输安全造成威胁和不稳定因素。

2.2.2 原因分析

冶金铁路环境恶劣、污染严重、轨面锈蚀，列车压入区段后，由于接触电阻很大，列车轮对分路不良，造成 DGJ 未能正常落下，仍在吸起状态。列车通过后错误认为该区段未有列车通过，导致进路不能正常解锁，控制台该区段仍为白光带显示。

以上现象由于信号联锁系统不能正确采集现场实际数据，造成室内控制台显示与室外不一致，车列通过时需车站人员现场确认；同时需花费大量时间和人力来清除现场矿粉、煤粉、焦油、玻璃丝等覆盖物，以及进行钢轨除锈来提高分路灵敏度。不仅存在着严重的安全隐患，同时也影响公司运输生产的顺行，而且不能保证设备的本质安全。

3　降低轨道电路“红光带”“飞车”故障率的措施、对策

针对酒钢厂区铁路轨道电路故障高发的现实问题，结合铁路设备环境、运行状况，2018 年通过技术改造采取了一些防控措施，取得了一定的效果。

(1) 针对炼铁站焦化走行线、铁水小站 2 道北头轨道电路长期受现场煤粉、焦油、水渣池玻璃丝等覆盖影响严重，轨道电路经常反映出“红光带”的状况，现场采取了原来的 JZXC-480 型交流轨道电路制式引进计轴轨道电路制式代替。

1) 计轴轨道电路系统基本原理。计轴基本工作原理：如图 1 所示。基于列车（车辆）驶入和驶出计轴点监视的区段时记录轴数的比较结果，以此确定该区段的占用或空闲状态。当列车从检查区段的 A 端进入，车轮驶入计轴传感器（A）作用区域时，向计数单元传送轴脉冲，计数单元开始计数，并判别运行方向，确定对轴数是累加计数还是递减计数。这时 B 计数结果为零，轨道板根据轴数信息，经比较不一致后，发出区段占用信息，控制该区段轨道继电器落下。轨道板通过 CAN 总线使显示单元显示区段轴数。当列车通过 B 端，计轴传感器（B）计数，经轨道板比较使显示单元显示区段轴数减少，当 A、B 轴数一致时，轨道板输出区段空闲信息，控制该区段轨道继电器吸起，显示单元显示为零。

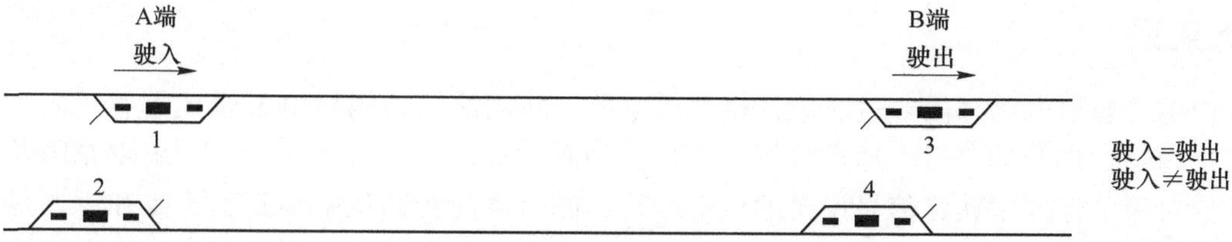

图 1

2）计轴电路传感器的防干扰能力。该计轴传感器抗电磁干扰能力强，计轴传感器的发射、接收线圈在铁轨的同侧，磁力线方向沿铁轨方向与电力机车牵引电流磁场及电码化轨道电流磁场垂直，因此不受电力机车牵引电流磁场及电码化轨道电流磁场影响，更不受列车车轮外侧的降噪板影响。计轴传感器信号采用电流形式输出，具有很强的抗干扰能力。传感器采用一体化全密封结构，使它具有很强的抗机械应变能力和适应恶劣工作环境的能力，在潮湿气候、雨、雪和结冰时都能正常工作。

3）导电物质自然落灰较薄，覆盖传感器上方以及沙土等非金属导电物质堆积，不会影响正常运行。若大量金属导电物质堆积，埋住传感器，会影响正常运行。炼铁站焦化走行线长期被煤粉覆盖区域为轨道区段全长 2km 内的中间 600m 范围，安装计轴传感器为区段两端，现场环境良好，不存在大量煤粉覆盖的情况，安装后定期点检即可保证设备的正常使用。

4）改造实施后主要改变现有轨道电路制式，实现车列在厂区内特殊区域作业，准确反映室外机车占用状态，保证进路的正常办理，实现了设备的本质安全，确保运输作业的安全性和系统的可靠性；同时降低了信号设备故障率，避免因现场处理故障穿越站场造成车辆人身伤害事故。

（2）针对厂区内长期没有车列通过，或运输作业量较小铁路使用率不高的轨道电路区段，钢轨表面锈蚀严重，车列通过时轨道电路经常反映出“飞车”的情况，2018 年现场采取了引进轨面涂镀防锈导电金属技术。

1）轨面涂镀防锈导电金属技术是利用电刷镀技术原理在钢轨轨面涂镀一条连续耐锈蚀、导电性好的金属涂层，用以解决轨道电路分路不良的技术方法。

2）电刷镀技术属于电沉积范畴。镀头为阳极，工件为阴极，通过浸有镀液的镀头在工件表面相对运动，使镀液中金属离子通过电化学反应沉积在工件表面，形成涂镀层。涂镀层的均匀性、厚度等性能可由电流密度、阳极移动速度、镀液的流量、镀液的选择和电镀时间控制。通过延展电刷镀的原理和工艺方法，根据钢轨特殊的使用条件、环境等特点，对电刷镀的工艺过程方法、参数、材料及操作环节等手段创新选择，并组合、改进、创新出一种适合在钢轨表面进行连续涂镀耐锈蚀、导电性好的金属涂层，用于解决轨道电路分路不良的技术方法。涂镀层尺寸：宽度≥30mm，厚度≥0. 04mm；涂镀层寿命：满足 3 万轴以上轮轴碾压或 3 年；环境温度：适宜温度范围 10~50℃。

3）改造实施后，大大提高了钢轨的导电性，保证了车列占用区段室内轨道继电器 GJ 可以可靠落下，保证轨道电路区段道岔锁闭、进路锁闭，有效避免了室内控制台进路提前解锁、信号员操纵道岔造成的道岔中途转换、排列出敌对进路等严重的安全隐患，预防了挤岔、脱线、侧面冲突等事故，保证了运输作业的安全。

4　结束语

厂内部分轨道电路区段经过实施计轴轨道电路及轨面涂镀防锈导电金属技术后，大大提高了厂内运输作业的安全，通过分析酒钢厂区轨道电路“红光带”“飞车”故障原因及采取相应对策，保证了铁路信号设备的稳定顺行，同时也使我们从中学到了不少知识，是一个很好的实践过程。目前改造后的设备已经正常使用，在今后的使用过程中，我们将不断改进和完善，同时由于引进了铁路上比较先进的技术，在酒钢厂内也是首次应用，基于使用后良好的效果，今后可以考虑在废钢站化产线、嘉西站电解铝及料场部分区域逐步进行推广，从而使铁路信号设备更好地为运输保产服务。

承钢正线铁路道口远程集中控制系统的研究与应用

（承德承钢物流有限公司，吴卫、张喜荃、张永恒）

摘　要： 当前钢铁市场形势低迷，为最大化降低成本、节约费用，挖潜增效势在必行。作为铁路运输系统中的有人看守道口，已不适应形势所趋。现在国内钢铁企业面临人力成本压力及人员短缺的压力，为了提升岗位操作技术含量，通过设备智能化减少安全隐患，道口集控系统是必然的趋势。远程集控道口的实施，既可以保障生产运输的安全，又可以在一定程度上节省操作的人员。

关键词： 远程集控；运输安全；钢铁企业

1　国内外现状

一直以来，冶金企业铁路道口事故不断，人身安全受到严重威胁，影响冶金企业铁路运输的正常运行。提高铁路道口安全既可减少事故，又能增加运能，是实现正点运输和安全生产的有力保障，因此意义重大。

冶金企业铁路有人看守道口存在人工调度和管理技能不足、技术安全防护手段落后、高峰期通行量大、忙闲期差异大、工作环境恶劣等问题，极易造成道口区域行人和车辆的拥堵，闯杆事件时有发生，频繁出现安全隐患，影响铁路系统的高效运行。

冶金企业铁路平交道口是铁路与公路的平面交叉，是冶金企业铁路安全运营的重要设施，随着钢铁企业铁路的发展，道口密度加大，事故风险也随之加大。安全生产是企业铁路运输永恒的宗旨，道口安全是企业铁路行车安全的重要环节。针对上述问题，远程集中控制系统营运而生。远程集控系统通过对道口视频监控、自动控制和计算机网络三种技术的有机结合，综合图像、通信、数据和计算机网络控制等技术，提高道口安全性，可实现道口管理的数字化、网络化和智能化。

2　研究内容和具体思路

2.1　集控道口的模式

通过对道口视频监控、自动控制和计算机网络三种技术的有机结合，为铁路运输的安全运行提供可靠的保证。这种虚拟有人值守其安全性更高于真正的有人值守，因为它有着先进的、可靠的和完善的技术装备保证和支持。通过此系统可以监视公路两侧的车辆及行人的状态，对道口两侧的交通现场情况进行远程控制和同步录像。道口的控制及管理模式为将集控中心设置在车站内，设置一个操作控制台，同时控制各个道口。

2.2 系统特征

（1）基于完全工业级控制器的系统，稳定性强，基于 TCP/IP 的点对多点星形控制架构，可避免多个远端道口的同时故障，提高系统稳定性。

（2）本系统具有转换开关，系统一旦出现故障可以转为本地控制，不会因为系统故障造成道口失去控制，与现有道口主控制设备无缝连接，由使用人员现场选择有效主控制设备。

（3）人机界面的设置及操作人性化，为使用者提供了最大的便利，控制中心对远端设备的监测完善，可及时发现设备的故障，提高系统可用度，并易于维护。

（4）整个系统为完全实时系统，无论是控制指令的执行还是视频图像的显示，均具有高实时性，视频信号、控制信号、音频信号同时传输、协调操作。视频监控系统采用光纤传输保证图像实时性；语音控制系统为实时语音控制栏杆控制系统采用 IP 数据方式，便于扩展；TCP/IP 可确保命令的到达。

（5）道口实现双方向、多路口实时视频监控，只要火车驶入设定相应的监控点，道口集控室人员通过操作集控软件即可实现栏杆自动关闭道口交通，道口的两侧设置道口信号机，红灯点亮，道路两头设置的语音喇叭向来往车辆驾驶员和行人播放语音；火车驶出设控区，道口操作员操作栏杆升起，放行来往车辆和行人，公路和铁路两头的道口信号机恢复常态，喇叭停播。

（6）系统具有紧急停止功能，当道口出现紧急情况时可以通过广播系统进行喊话操作。

（7）鉴于铁路道口责任重大，为避免雨雪天和大粉尘影响摄像机工作和清晰度，监控系统的室外防雨摄像机（夜视高清）全部采用自动除尘功能（定时摆动和人工摆动），道口设定时照明为夜间道口提供安全保障，也可手动点亮。

（8）服务器/客户端结构的调度操控台，操控准确无误，状态显示及时、互锁，准确性高，系统支持多调度操控台，可以分布在不同的位置，远端道口也可以归属某个操控台控制，形成分散控制或分级控制，提高系统灵活性，系统设备配置灵活，操作人员可以随时修改远端配置，尽量少更改硬件连接。

（9）本系统成熟的模块化结构可以适合各种不同数量道口应用，扩展性强。

2.3 系统构成

正线铁路远程集控系统分为焦化与双塔山 2 个集中控制站。每个站的中控室使用一个 55 英寸显示器来显示 16 路监控画面；3 台 22 英寸显示器，中间一台用来显示控制画面，两边分别显示 4 路监控画面（其中有一个和控制画面道口相对应）；一个控制机柜，机柜中包括 NVR（网络硬盘录像机）、工控机、交换机、光纤收发器、音频收发器等。每个道口有栏木机、2 个遮断信号灯（铁路方向）、2 个道口信号灯（公路方向）、4 个摄像头、2 个扬声器、道口传感器、照明灯光、一个控制机柜，机柜中包括 PLC 和继电器、功放、防雷器等。

2.3.1 控制中心的构成

控制中心由控制系统平台服务器、操作控制台工作站、通信控制器、视频图像显示、视音频矩阵、视频录像设备和相应控制软件组成，实现对其他所有设备的监测和控制，根据由远端回传的图像的灵活按需切换调取显示和录像，用户可灵活随时调取录像，并完成调度操作人员的远程控制指令。

控制中心示意图如图 1 所示。

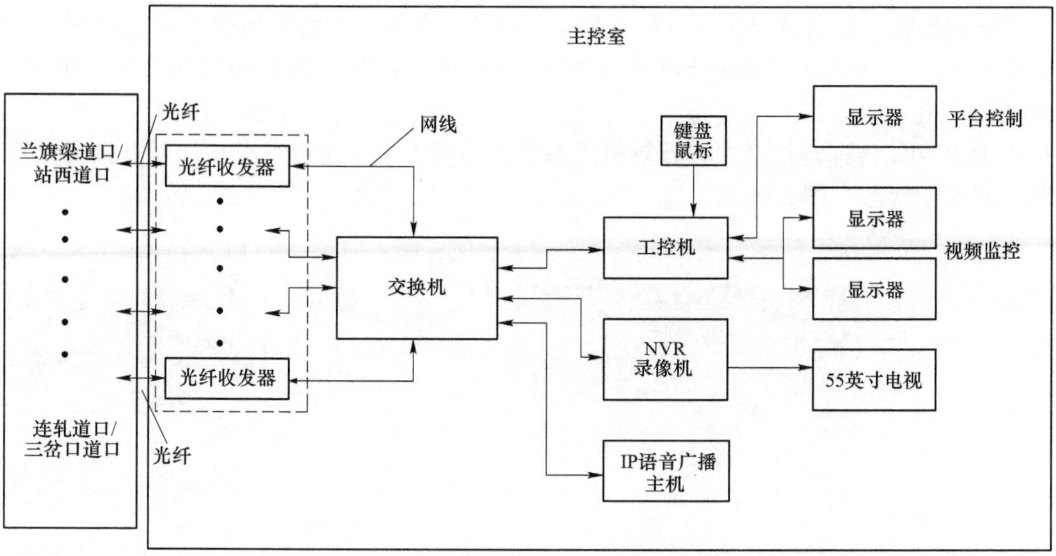

图 1 控制中心示意图

2.3.2 前端道口的构成

道口现场前端设备由前端控制器、栏木机、报警器、指示灯、摄像机、补光灯等设备组成，完成现场设备信号采集和控制功能。道口现场系统示意图如图 2 所示。

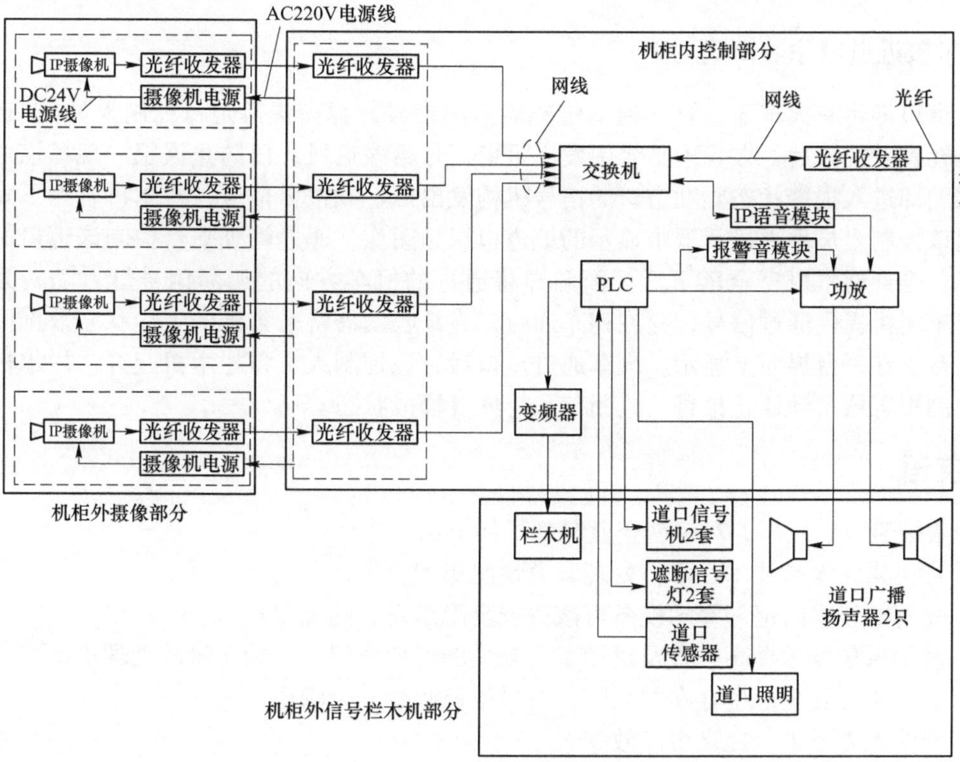

图 2 道口现场系统示意图

2.3.3 控制原理

控制室操作人员通过操作计算机上的组态软件，发布远程控制指令（如关闭道口或开启道口），经过网络将指令传递给现场主控柜中的 PLC 模块，PLC 模块通过控制继电器，对现场栏木机、遮断信号灯、道口信号灯、报警广播、照明灯光进行控制。控制结果由 PLC 以 TCP 网络传递给控制中心计算机组态软件。操作人员通过组态软件可以直观看到现场路口的实际状态（图 3）。

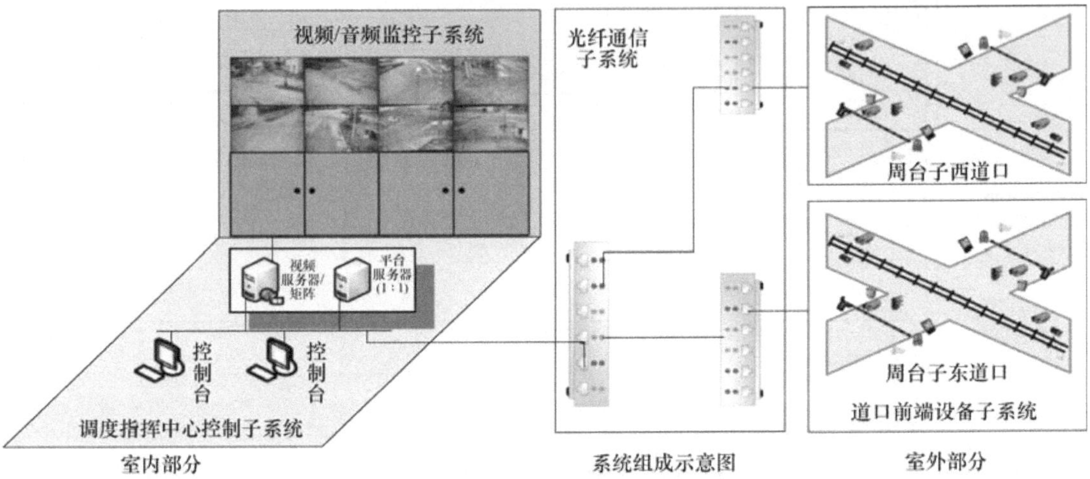

图 3

2.4 火车接近道口作业模式

当某道口即将有火车通过时（道口传感器给出信号，弹窗提醒道口控制人员），道口控制人员在查看视频后，在管理平台中发出报警信号给该道口，以防止误报。现场该道口的报警器随即进入报警状态驱动道口的信号机构发出声、光报警信号，栏木机解除下降闭锁；同时该控制人员目视显示器中显示的该道口视频图像，通过管理平台控制该道口的栏木机落下，全部栏木机完全落下后，面向即将通过的机车方向的遮断信号灯自动转为绿灯，为机车司机提供通过信号，允许列车通行；光纤收发器将采集到的工作状态数据回传给管理平台，在平台界面上显示。火车通过道口后，该控制人员将栏木机起升，栏木机升到位后控制报警器自动停止报警，遮断信号灯恢复警戒状态。

3 结束语

远程集控道口的应用，对钢铁企业起到了如下创新作用：

（1）提高操作人员技术水平，处理紧急情况更加合理；

（2）完善的技术防范和警示设备可减少安全隐患发生的几率；

（3）视频录像技术提高行人及机动车驾驶员的安全意识，有助于事故处理；

（4）能够主动发现设备存在的故障，及早维修减少安全隐患；

（5）节约人力成本，提高生产效率；

（6）改善企业环境，实现绿色环保。

GK1C 型内燃机车应急动车装置的加装改造

（湖南华菱湘潭钢铁有限公司，余兴旺）

摘　要：分析了 GK1C 型机车操作控制系统工作流程及各元器件的作用，并结合现场反映出来的问题机车和工矿运用要求，对控制系统进行了加装改造，以满足机车操纵性和可靠性的需求。

关键词：GK1C 型机车；紧急动车；走车控制；工矿运用；故障分析；改造

1　引言

GK1C 型机车是在资阳机车厂批量生产的 GK1C 系列机车基础上，换装 6-240ZJ 型中速柴油机的改型机车。功率 990kW，重 92t，B-B 轴式，长 14.9m，调车工况最高速度 35km/h，小运转工况最高速度 75km/h。GK1C 型机车启动力大，操作灵活、方便，采用液力换向、液力制动等先进控制方式，是冶金、石化、港口等路外用户使用的主型调车机车，深受用户的好评。

华菱钢铁集团有限公司目前拥有 15 台 GK1C 型机车投入使用。自投入使用以来，多次在对铁口的关键时刻因电器系统或控制系统故障发生不走车或某一向不走车的故障，严重影响调车作业，造成高炉堵铁口事故。再加上公司正逐步推行“一人乘”制度。一人乘会导致以前实施的应急预案（即出现故障时，司机在驾驶室操作机车制动手柄，副司机进入机器间操控电控阀来控制机车的前后向走车）无法实现，机车在突发故障时无法应急运行。为此针对这一系列故障产生的原因进行分析，并提出解决措施。

2　故障分析

2.1　机车在运行中的保护装置

（1）列车管风压 3KPA≤350kPa，断开。

（2）传动箱工作油温 1KTT≥120℃，断开。

（3）柴油机冷却水温 2KTW≥90℃，断开。

（4）柴油机冷却水温 3KTW≥40℃，闭合。

2.2　机车走车的工作过程

（1）自动向前（后）走车。将传动箱换档控制开关 1SAS 置于自动位，方向控制器

ADD 的手柄在前（后）位，向 PC 机输入 X5(X6)，PC 机输出 Y0(Y4)，放大后推动机车方向前电空阀 1YV（方向后电空阀 5YV）动作，改变风路，推动换向控制阀阀芯动作，开通机车前向（后向）变扭器主控阀上方油腔的通路，此时若将司机控制器手柄 ADS 提到 1 位或 1 位以上时，司机控制器 ADS 向 PC 机输入 X13，当 3KPA、1KTT、2KTW 情况满足要求未断开以及 3KTW 闭合时，且 X36（机组保护）、X41（柴油机加载保护）有信号输入，PC 机输出 Y20，驱动放大后推动启动阀 I 挡电空阀 9YV 动作，改变风路，推动启动阀，开通控制油到液力换向控制阀的通路，控制油经启动阀、换向阀、进入前（后）主控制阀上方，推动主控制阀开通进入前（后）向启动变扭器的通路，工作油经热交换器、主控制阀开通的油路，进入前（后）向启动变扭器，机车前（后）向运行。

（2）手动向前（后）走车。将传动箱换挡控制开关 1SAS 置于手动 I 挡位，方向控制器 ADD 的手柄在前（后）位，向 PC 机输入 X5(X6)，此时若将司机控制器手柄 ADS 提到 1 位或 1 位以上时，司机控制器 ADS 向 PC 机输入 X13，当 3KPA、1KTT、2KTW 情况满足要求未断开以及 3KTW 闭合时，且 X36(机组保护)、X41(柴油机加载保护）有信号输入，PC 机输出 Y2(Y6)，驱动放大后推动手动前向（后向）I 挡电空阀 3YV(7YV）动作，改变风路进入前（后）向主控制阀手操作机构，推动前（后）向主控制阀下移，开通进入前（后）向启动变扭器的通路，工作油经热交换器、主控制阀开通的油路，进入前（后）向启动变扭器，机车前（后）向运行。

通过以上机车走车工作过程的分析，不难看出机车走车过程中无论是使用自动挡还是手动挡，必须保证运行中的保护装置（3KPA、1KTT、2KTW、3KTW）、司机控制器 ADS、方向控制器 ADD、传动箱换挡控制开关 1SAS、PLC、驱动放大器、电空阀电器线路等部位工作正常，否则就会出现故障。而结合日常运用过程中出现比较频繁的故障，主要有方向控制器 ADD 无 X13、电空阀漏风或不动作、线路故障、换向控制阀阀芯卡滞等。

3　改进设计

针对存在的问题进行了认真的分析后认为：除了针对以上部件严格按工艺要求定期进行检查外，还需要在不影响不改变原有操作功能和过程的情况下，设计一套应急动车装置，在机车日常运用过程中如发生不走车或某一向不走车的故障后，能使用此装置进行应急走车，而不会影响到运输生产。设计的应急动车装置原理如图 1 所示。

3.1　增加应急动车装置

应急动车阀主要由安装座、二位三通阀、管路及接头组成。该阀设置：左侧（前向）、右侧（后向）。优点是结构简单可靠、加装方便，满足机车运用过程中发生的一些常见的不走车故障后，能够应急动车，事后再进行维修的要求。缺点是此装置绕过了 4 个保护装置，在应动车阀使用前必须先观察仪表确认列车管风压≥350kPa、柴油机冷却水温在 40~90℃之间、传动箱工作油温不大于 120℃。具体如图 2 所示。

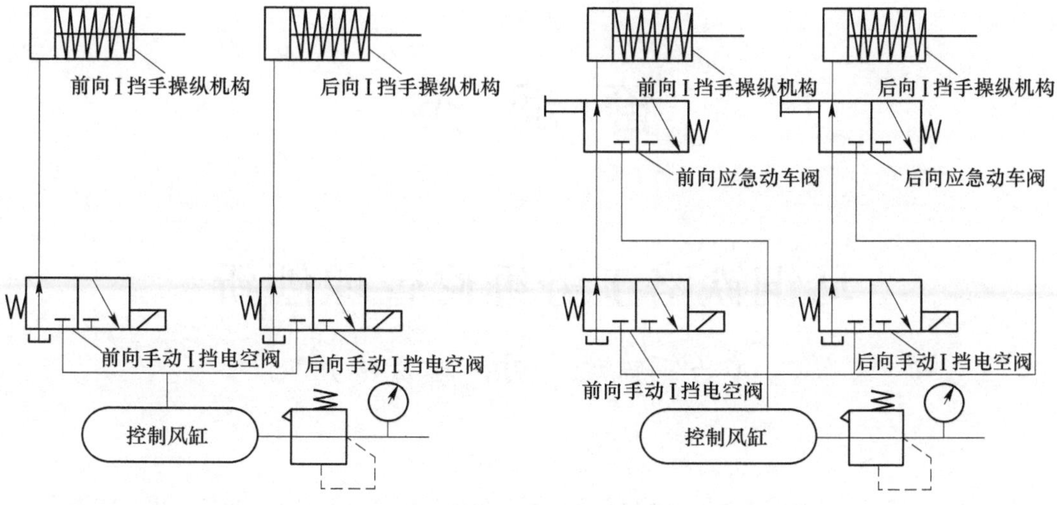

图1 设计的应急动车装置原理

（a）改造前；（b）改造后

3.2 操作方法

（1）起机前，司机先确认两个动车阀手柄上箭头指向【运行】位置，方可起机，并进行发电及打风。机车操作正常情况下，禁止使用应急动车阀。

（2）应急使用前必须先观察仪表确认列车管风压≥350kPa、柴油机冷却水温在40～90℃之间、传动箱工作油温≤120℃。

（3）前后向故障走车及停车：将手柄按逆时针方向旋转180°，手柄上箭头朝向【故障】位置，缓解小闸，机车向后行驶，根据机车速度及时将手柄旋转至【运行】位，采取制动停车。前向故障操作相同。

图2 应急动车阀

3.3 改进效果

应急动车阀目前有15台GK1C型机车已全部改造完成，从投入应用到现在，曾多次在机车运行过程中发生不走车故障中起到了关键作用，保证了机车的正常运行，工作稳定可靠，达到了设计目的。应急动车阀，从设备上为公司目前日益紧张的生产节奏提供强有力的应急保障。

4 结语

以上针对GK1C型内燃机车不走车故障常见原因进行了分析，并提出了在不改动原设计情况下额外增加了一套应急操纵方案，使机车在作业过程中突发不走车后无需立即中断作业过程，有效缓解了快节奏生产的设备压力。该型号内燃机车在我国工矿企业内应用广泛，相信能对同行业内燃机车运用中起到一定的借鉴作用。

管　理　类

马钢铁路工务维修管理创新

（马钢铁运公司，江宏法）

摘　要：介绍近年来马钢铁路工务维修管理方面几项创新技术成果应用，包括应用 CAD 软件绘制带属性的马钢铁路平面示图，采用图形化模式，直观、快捷查询和管理铁路工务设施技术信息；设计钢筋混凝土板式道口结构，取代传统道口铺设，大大改善道口运行条件，延长道口使用周期；设计新式砼轨枕护轨轨道结构，解决厂区小半径曲线轨道结构稳定性及侧面磨耗病害问题。

关键词：工务设施；图形化管理；维修创新

马钢现有铁路运营线路 185km，道岔 810 组，遍布连接各生产厂矿，担负马钢生产环节间的物流运输，年运量大。受厂区总图布局的限制，铁路平面布置以小半径曲线及小号道岔连接居多，线路总体平纵断面技术条件较差；轨道结构中，轻型轨道结构约占 18%、次重型轨道结构约占 57%，重型轨道结构约占 25%；随着冶金运输生产的发展，铁路牵引及大轴重冶金运输车辆的普遍使用，大大增加了轮轨间作用力，导致现有轨道结构与之不相匹配的矛盾日渐突出，轨道病害相继多发，尤其表现在小半径曲线轨道结构失稳，钢轨侧面磨耗突出；厂区铁路平交道口鳞次栉比，数量居多，厂区道口因大吨位运输车辆的频繁通行，对道口结构损坏极大，维护成本高；针对上述工务设施管理和多发的铁路病害整治，我公司在铁路工务实践工作中，探索创新新技术成果，实施效果良好，现分述如下。

1　设计制作带属性的马钢铁路平面示意图——实现铁路工务信息图形化管理

1.1　运用 CAD 制图软件绘制马钢铁路平面示意图

通过实际调查马钢铁路线路道岔等工务设施的现状布置，结合收集、整理和应用马钢厂区地形图，运用 CAD 制图软件，绘制马钢铁路平面示意图。示意图显示的图形内容包括：（1）厂区铁路线路、道岔和车挡平面布置及相应的线路和道岔编号；（2）生产厂房（围墙）、工艺铁路（道岔）线平面位置及相关名称；（3）厂区道路和铁路平交道口平面位置和名称编号；（4）铁路桥涵设施平面位置和名称；（5）铁路排水设施平面布置；（6）相关地形参照物、标志性建构筑物平面位置及名称。

示意图绘制要点：平面位置与实际基本相符；分图层绘制图形线及相关标注，通过设置不同线型、颜色，突出显示重点；铁路线路圆曲线转向连接、道岔开向表示基本符合实际，线路与道岔连接线型设置中断点，生产工艺铁路与厂房外铁路线设置中断点，同一条线路将曲线与直线整合连接；铁路平交道口、桥涵、排水沟等工务设施图形线表示，各自整合连接。

1.2 利用 CAD 超链接功能，录入铁路工务设施技术参数及新、改建维修履历，完成带有属性的马钢铁路平面示意图制作

结合铁路平面示意图，通过设置 CAD 制图软件超链接应用，逐条录入铁路线路道岔等工务设施的相关技术参数指标属性：

（1）铁路工务设施技术指标、相关履历等基本信息数据的调查、收集和整理。此项工作量较大，可结合现有台账记录、维修测量资料、铁路设施新建及改造竣工图设计资料、厂区地形图资料、现场实际调查等方式，获取准确的铁路工务设施基础资料，经分析计算整理，形成相应的技术参数指标，本次马钢铁路工务设施共收集、整理技术参数指标达上千条。

（2）利用光标选择铁路平面示意图中的对应设施，启用超链接文本，录入并保存相应的技术参数指标。铁路工务设施录入各项技术指标参数指标包括：铁路线路：线路名称、线路总长、曲线半径及弧长、线路主要坡度及坡长、钢轨及轨枕类型、护轨设置，履历记录包括新建、改建或大修日期、主要修程等；铁路道岔：道岔型号、开向、主要技术参数指标、履历记录包括铺设或更换日期、供货厂家等；铁路车挡：车挡类型、履历记录等；铁路平交道口：道口名称、铺设宽度及铺面结构，履历记录包括铺设或翻修日期等；铁路排水沟：水沟长度、结构类型，履历记录包括新建日期、施工单位等；铁路桥涵：桥涵长度、结构类型及新建、维修履历等。生产工艺铁路：线路长度、轨道结构类型，履历记录等。结合铁路工务设施的新建、大修改造，可以不断加以修改、补充完善，始终保持图形信息反映实物状态的准确完整。

（3）运用上述方法，通过大量细致的工作，于 2018 年底完成全新版马钢铁路平面示意图制作，现已在我公司多项管理工作中使用。

1.3 工务信息图形化管理应用效果展示

通过打开新版马钢铁路平面示意图图形文件，移动十字光标，可以快速查阅道岔型号、线路平纵断面及轨道技术参数、平交道口参数、铁路桥梁技术参数及检修履历等，并可通过超链接文本导出、打印技术参数，极大地便于铁路工务设施的维护管理，如制定铁路维修计划、材料备料计划，以及工作量统计等，用于指导铁路维修测量、日常保养等项工作。方便指导铁路运输安全生产使用，如列车运行路径优化选择、牵引能力计算，制定铁路技术改造方案等。便于信息交流使用，如会议汇报等。

2 创新设计铺设钢筋混凝土板式整体道口结构——解决厂区道口隐患问题

传统的木质、橡胶板铺面材料道口虽然铺设工艺简单，但铺面结构强度、耐久性和稳定性受到限制，一般仅适用于轻型载荷车辆通行使用。对于马钢厂区内大量通行特重载荷车辆道路已不适用，突出表现为：木质或橡胶板道口铺面结构不负重载，短期内结构失稳造成损坏，日常维护量大，寿命周期短，不仅投入的维修成本高，而且对道路及铁路行车

安全潜在重大隐患。为此，通过专业分析计算，创新设计一种新型钢筋混凝土板式整体道口结构，用于满足厂内道路重载交通运输的需要，该项创新技术实施简单、实用，与传统铁路平交道口铺设技术相比，具有如下优点：结构新颖、合理，制造、安装简便，使用平稳，安全可靠耐用，使用寿命大大延长，维修工作量小，综合寿命周期成本大大降低。该型道口板方案适用于厂内各类铁路平交道口的新建或大修改造，正常使用年限在 10 年以上。实施过程包括道口板预制、轨道配件的安装调试；道口板现场铺设。

钢筋混凝土板式道口结构如图 1 所示。

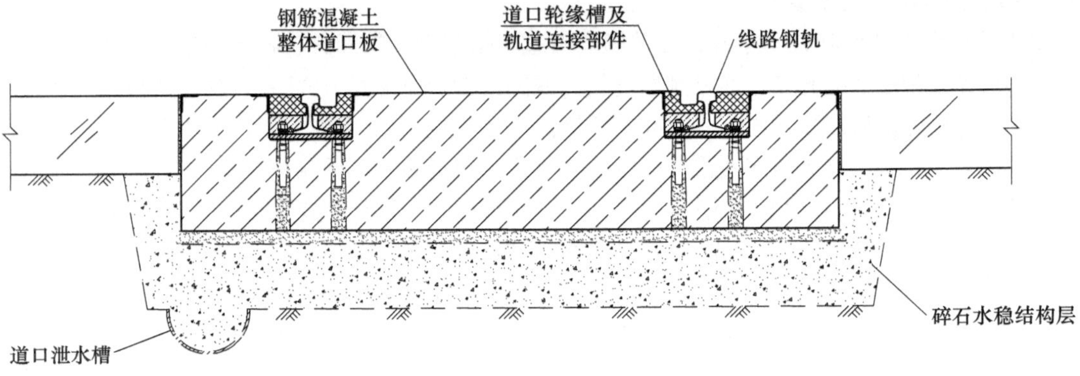

图 1　钢筋混凝土板式道口结构

钢筋混凝土板式道口铺设使用图片如图 2 所示。

图 2　钢筋混凝土板式道口铺设使用图片

该型道口结构平整稳固，使用周期长，寿命周期成本低，可大大减少道口事故的发生，产生的间接社会经济效果显著。

3　创新设计新型小半径曲线轨道结构——解决曲线轨道结构缺陷磨耗问题

马钢厂内铁路受总图平面布置限制，采用小半径曲线连接较多。小半径曲线轨道，列车以强制内接方式通过时，轮轨间产生巨大的相互作用力，导致轨道几何状态难以保持稳定，极易产生轨道结构部件严重磨损等诸多病害，尤其特别表现在曲线外股钢轨因侧面磨耗超限而频繁换修，大大增加了线路的维护成本。为加强小半径曲线轨道结构强度，减缓钢轨侧磨，延长轨道的使用寿命，提高列车通行安全可靠性，采取的有效措施就是增设曲线护轨。传统护轨结构设置是用于木枕线路的固定间隔铁连接方式，此种结构形式在实际应用中存在诸多的缺陷：

（1）固定间隔铁连接方式，固定了护轨与基本轨的位置，当护轨作用边发生侧磨后，轮缘槽空间加大，导致防基本轨侧磨效果下降，只有频繁更换护轨，才能保证有效的护轨轮缘槽空间范围。

（2）由于此种护轨结构形式与木枕配套使用，致使轨道结构的稳定性和刚度不足，轨道病害频发，且木枕使用寿命短，换修频繁，维护投入大。

为此，通过专业分析计算，创新设计了一种用于 P50、P60 钢轨轨道的新型分开可调式护轨轨道结构，很好地解决了小半径曲线轨道设置护轨的需要，与传统木枕护轨轨道结构相比，本项创新技术的优点在于结构新颖、传受力合理，使用安全可靠，且寿命长，维护量少，寿命周期成本少。该新型护轨结构，由于与混凝土轨枕配套使用，大大提高了轨道结构的强度、刚度和稳定性，使得轮轨间相互作用力保持均衡，轨道几何状态保持良好，轨道病害及日常维修量减少，行车安全性提高，此外，使用混凝土轨枕可比木枕使用寿命大大延长，通过适时调整保持合理的护轨轮缘槽空间尺寸，既可减缓对基本轨及护轨的侧面磨损，同时也可减缓对列车轮缘的磨损，延长各自的使用寿命；新型护轨结构铺设使用安全可靠，维修换修方便，各连接部件通用性及互换性强，可多次重复使用，并大大延长基本轨及护轨的使用寿命；由于可有效控制轮轨作用空间，可大大降低列车脱线事故的发生，其产生的综合经济效益大大优于传统木枕护轨结构。实施过程包括：分开可调式护轨轨道部件制作准备；分开可调式护轨轨道现场铺设使用。

新型分开可调式护轨轨道结构如图 3 所示。

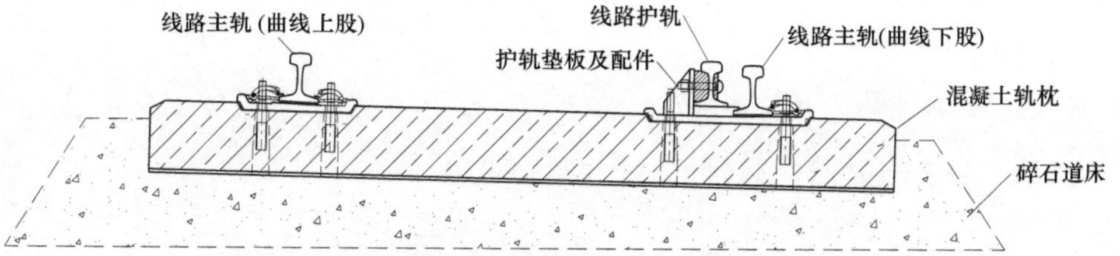

图 3　新型分开可调式护轨轨道结构

新型分开可调式护轨轨道结构铺设使用图片如图 4 所示。

图 4　新型分开可调式护轨轨道结构铺设使用图片

该项创新成果经使用检验，效果良好，现已在我公司铁路维修及新建改造中推广应用。

4　结语

今后，随着砼岔枕道岔取代木枕道岔的大量铺设使用、小半径曲线地段采用分开式砼枕轨道结构、铁路平交道口采用预制钢筋混凝土板式结构，可以大大减少直至完全取消木质轨枕的使用，既可提高轨道结构的强度和稳定性，又可大大延长其使用寿命。在马钢铁路运输重载化快速发展的当今，对铁路行车安全提出了更高的要求，在铁路维修工作中需要不断创新，利用有限的投入，尽可能大地发挥改善提高铁路设备状况之目的。结合我公司铁路维修现状，今后创新的方向在于引进、吸收、采用铁路发展的新材料、新技术和新工艺，加强提高路基及轨道结构的强度、稳定性和耐磨损性，减少铁路病害发生，降低日常维修量；提高维保施工作业效率和维保施工质量，减轻铁路维保施工劳动强度。

马钢铁路 DGPS 机车安全监督系统升级设计与实施

（马钢铁运公司，滕晖）

摘 要：通过对马钢铁路 DGPS 机车安全监督系统升级，利用 RFID 技术进行绝对定位，消除车载预警系统误报；在机车上加装控制系统，实现机车冒进信号前的准确预警，冒进信号时的自动制动功能。重点介绍了机车控车系统的设计及现场实施情况，可为钢铁企业同行类似项目提供参考。

关键词：马钢；DGPS；安全监督

马钢铁运公司 DGPS 机车安全监督系统自 2014 年 7 月实现运用机车全覆盖以来，其车载系统的地面信号复显功能在机车运行，特别是雾霾、暴雨等恶劣天气时的安全运行中发挥了较大作用。但机车经过架空管道、高大建筑附近或在厂房内运行时，会产生 GPS 信号丢失、机车定位数据偏移现象，从而导致车载预警系统误报。久而久之，司乘人员对预警信息产生麻痹思想，在实际险情出现时，系统提醒很难引起乘务员的足够重视，以致不能及时采取有效措施，防止行车事故的发生。因此，DGPS 机车安全监督系统在实际运用中未能完全达到预期目标。

随着马钢公司主线生产节奏的不断加快，对保产工作也提出了越来越高的要求，铁路运输既要确保运行安全，又要达到作业高效。因此，单靠“人防”已无法满足以上需求，必须采用“人防”“技防”并举的方式来保证快节奏下的行车安全。而对 DGPS 机车安全监督系统升级，利用 RFID 技术进行绝对定位，消除车载预警系统误报，并通过在机车上加装控制系统，实现机车冒进信号前的准确预警，冒进信号时的自动制动是实现“技防”的有效途径。

1 相关技术开发运用现状

从 20 世纪 90 年代初国铁就开始研发列车运行监控记录装置，90 年代中期在全路普及使用。目前主要配装的是 LKJ-2000 型三代监控装置，硬件系统由主机、显示器以及与之配套的压力速度传感器、机车工况采集装置、机车信号和地面信息接收器等组成。软件系统由车载控制模式、基础线路数据、地面分析软件等组成。具有监控、记录、显示和提示功能，与制动控制机构（包含常用制动及紧急放风阀）结合可实现异常状态下的自动制动。普及使用后，铁路行车重大事故发生率和险性事故发生率较之前分别下降 32.4%和 63.5%；属监控装置功能重点防范的列车冒进信号险性事故减少尤为明显，下降了 87.2%。

在企业铁路领域，通过同行业间交流与科技查新得知，马钢铁运公司为国内冶金行业中首个成功运用 DGPS 机车安全监督系统的企业。其后，部分钢铁企业也相继开发了类似的机车运行监督系统，但使用的都是马钢机车安全监督系统合作研发方——成都劳杰斯信息技术公司的 DGPS 定位技术。与 LKJ-2000 监控装置采用的过节识别技术定位相比，DGPS 定位技术更适用于现场环境复杂的冶金企业铁路。但在特殊区域 GPS 信号的丢失，成为机车准确定位的最大障碍。系统运用初期，马钢铁运公司曾做过利用 RFID 技术实现精准定位的试验，取得了一定成效；但因当时的技术条件所限，未能全面推广使用。另经了解，国内企业铁路中尚无利用 DGPS 机车安全监督系统与制动控制机构结合，实现自动制动的成功案例。

2 系统开发要求

在现有的 DGPS 机车安全监督系统的基础上，尝试利用 RFID 技术，解决机车经过架空管道、高大建筑附近或在厂房内运行时 GPS 无法实现准确定位的问题，在实现受限区域精准定位（定位误差小于 1m）的同时，以承担新区铁水调运任务的 $GK_{D1}0068$ 为试验机车，对其进行自动制动改造，实现机车冒进信号前的预警、冒进信号时的自动制动。主要内容如下：

（1）受限区域定位。机车加装 RFID 读取设备，站场安装 RFID 标签，解决遮挡区域漂移问题，达到绝对定位的目的，实现控车的基本条件。

（2）机车自动制动。机车加装 JKZ 型机车控制系统，根据控制主机的指令实现机车自动卸载、减速和停车。

（3）运行参数采集。对机车制动缸压力、列车管压力、润滑油压、润滑油温、冷却水温、柴油机转速、主发电流电压等运行参数进行实时采集并上传后台服务器。

（4）周期警惕。机车运行速度超过 3km/h 启动周期预警，无任何操作 10s 后报警提示，3s 后无应答，柴油机卸载，实施常用制动。

（5）超速警惕。系统按照物流系统提供的作业计划，对单机或牵引（顶送）不同类型车列自动关联限速值，对特殊区段预定限速值。机车超速运行持续 30s 以上启动一级报警（声光报警），1min 后无应答二级预警动作，柴油机卸载、自动制动。

（6）冒进信号警惕。机车距离前方阻拦信号 50m 或当前速度到达前方阻拦信号时间不足 15s 时启动一级预警（语音声光类别）；一级预警 5s 后无应答或当前速度距离前方阻拦信号不足 5s，柴油机卸载，实施常用制动。

（7）股道有车警惕。机车进入有车股道甩车或连挂车辆，系统进行语音提示，同时按 5\3\1 模式自动控速，距离被连挂车辆 4m 处停车。

（8）接近土挡警惕。车列接近尽头线土挡时，系统进行语音提示，同时按 5\3\1 模式自动控速，距离土挡 8m 处停车。

（9）机车漏风提示。对机车停车状态的列车管漏风量进行检测，超过 30kPa 时通过管理平台提示检修。

（10）电子限速设置。通过管理平台对施工区段线路或其他任意区段设置限速标签，机车进入区段时提醒，机车运行中按超速警惕管控。

（11）信号中断记录。对车载分系统运行中联锁信号和定位信号中断超过 10s 的时间点进行记录并上传服务器，保存时间不少于 7 日。

（12）警惕信息记录。对机车运行中的各类预警和自动制动等警惕信息进行记录并上传服务器，保存时间不少于 10 日。

系统出现故障或其他原因不能正常使用时，可切换至非安控模式，机车正常运行。

3 系统设计

系统升级的硬件部分主要由为实现受限区域精准定位的 RFID 设备和对机车进行自动制动的 JKZ 型机车控制系统组成。

3.1 RFID 设备组成及工作原理

根据实际需要，将封装设置好的 RFID 电子标签安装在固定地点的线路轨枕之间，并将标签数据与地理信息在数据库中做关联。在机车车体下部安装 RFID 读写器，并按编码规则在系统中进行相应设置。当机车运行到线路上安装特定 RFID 电子标签的位置时，读写器自动读取 RFID 电子标签上的数据上传至车载系统，经解析后得到标签点地理位置信息，从而实现精准定位。系统结构如图 1 所示。

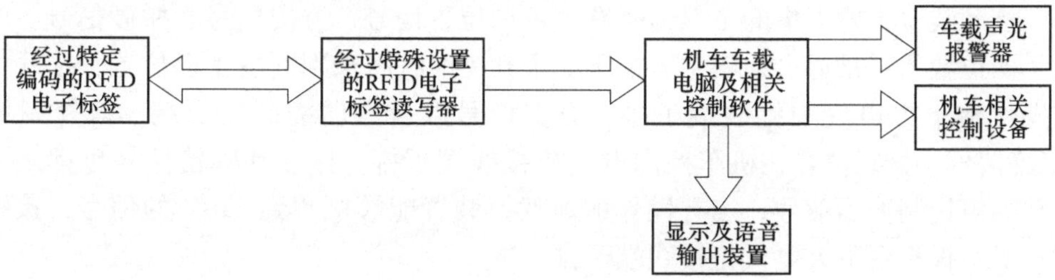

图 1 RFID 设备系统示意图

3.2 控车设备的组成及工作原理

JKZ 机车控制系统由主机、报警器、压力变送器、温度传感器、速度信号采集模块、工况信号采集模块等组成。主机电源由机车控制电源供给，在运行时，装置不断检测机车工况、机油压力、油水温度、柴油机转速、机车速度等信号，并通过 RS485 通信总线发送至机车车载控车软件。车载控车软件在接收到机车运行信息后，将运行信息进行存储并通过无线网络发送至公司服务器上，授权用户可通过系统客户端查看机车实时运行数据。当机车超速或有冒进、冒出可能时，车载控车软件通过 R485 通信总线向机车控制装置发送制动指令，机车控制装置根据制动指令并结合车列位置、速度信息进行卸载后实施制动。系统结构如图 2 所示。

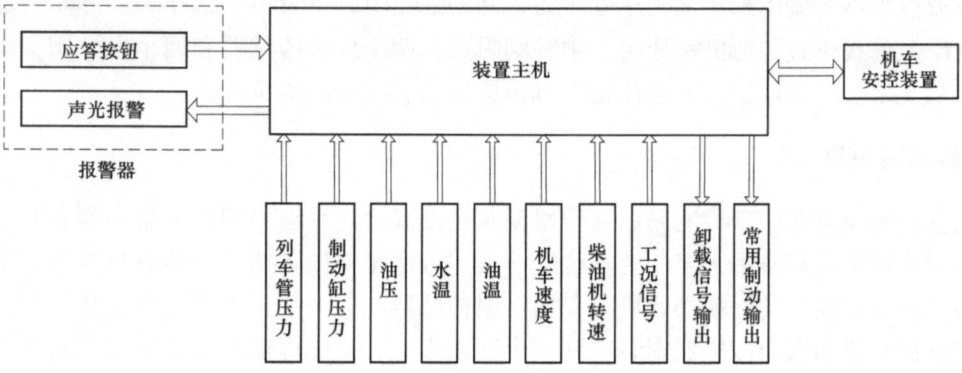

图 2 JKZ 控车设备系统组成

4 实施方案

系统实施分为三个部分：RFID 设备及地面标签的安装、机车控制设备的安装、机车车载终端软件系统的更新。本文重点介绍机车控制设备的安装方案。

4.1 装置主机

装置主机安装在司机室电气柜上方机柜中，输入信息有系统采集的各类运行参数，输出为卸载、制动信号。机车安控装置通过 R485 通信总线进行数据交换。装置主机还连有声光报警器和自复位应答按钮开关，在机车超速或有冒进、冒出可能时，报警器发出声光报警信号对乘务员进行提示，在装置实施常用制动后，可通过应答按钮解除声音报警信号，防止干扰乘务员操纵机车。

机车控制装置主要采集的工况信号有主手柄位置信号、方向信号、撒砂信号、鸣笛信号。主手柄位置信号是通过采集主手柄下 5 个开关的状态来判断主手柄位置，接线位置在司机室操作台下方电气柜接线端子排。方向信号取自方向控制输出端，该控制信号为 110V 直流信号，接线位置在机车控制电气柜接线端子排。撒砂和鸣笛信号也都是通过检测撒砂和鸣笛控制输出信号，当有操作的时候，装置能够检测到 110V 的信号，接线位置也都在司机室操作台下方电气柜接线端子排。

4.2 速度信号采集

速度信号检测有两种，一个是机车速度信号，另一个是柴油机转速。机车速度检测是检测测速发电机输出的脉冲信号，测速发电机输出为三相交流信号，在进行检测时只需要将任意两相的信号输入装置即可。接线位置在司机室操作台下方电气柜接线端子排上。

柴油机转速信号采集是采集柴油机转速发电机的输出交流信号，柴油机转速发电机输出是一个三相交流信号，检测时只需要其中任意两相接入装置即可。接线位置在司机室操作台下方电气柜接线端子排。

4.3 压力传感器

压力传感器主要用来测试列车管压力、制动缸压力，以及机油的压力。列车管压力和制动缸压力采集位置在司机室地板下中继阀附近，两个压力传感器和两个电空阀安装在同一个安装支架上，机油压力采集位置在机车原机油温度传感器位置。

4.4 温度传感器

温度传感器主要用来检测高温水管水温及机油温度。水温检测是采集高温水管中的水温，采集位置在机车备用水温传感器位置。具体方法是将原备用水温传感器取下，加装一个三通接头，三通头的一端接原机车备用水温传感器，另一端接本装置水温传感器。机油温度传感器和机油压力传感器安装在同一个四通头上，机油温度传感器可以直接拧在四通接头上即可。

4.5 制动控制部分

在机车超速，有冒进、冒出可能或乘务员不能正常控制机车时，装置可控制列车停车，防止发生行车事故，由于牵引特种列车，一般状况不适合采取紧急制动，装置通过常用制动使列车停车。机车控制装置与机车车载端控车软件按特定的协议进行通信，在收到控车软件常用制动指令时，装置首先执行卸载指令，为了防止柴油机飞车，装置根据当前柴油机转速，逐步降低柴油机的转速，在柴油机转速降至怠速（430r/min）后，切断机车励磁电路。机车处于卸载状态后，装置根据指令执行常用制动，直至停车。

机车常用制动装置安装示意图如图3所示。

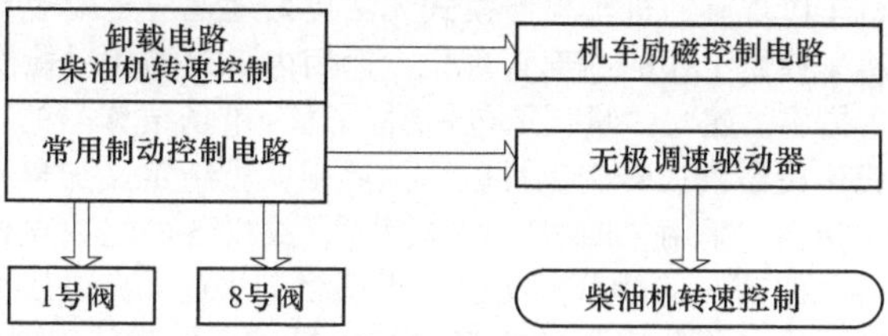

图3 机车常用制动装置安装示意图

机车制动控制操作是在接收到机车车载系统软件发出的制动命令后进行的操作，操作主要有两个部分：卸载降速操作、常用制动操作。

4.6 卸载降速操作及接线位置

卸载降速通过在LLC和LC线圈回路上加装由装置主机控制的常闭继电器完成，在不需要制动控制时，线路导通，LLC和LC线圈得电，柴油机正常工作；在装置收到制动信号以后，断开继电器，使LLC、LC失电，柴油机卸载，转速降低到怠速（430r/min），当制动完成后继电器又恢复接通状态。

4.7 制动控制及电空阀安装位置

本装置接收到车载控车软件发出的制动命令，卸载降速也已经把柴油机转速降到怠速（430r/min）后，通过输出控制信号控制电空阀放风，实现机车制动操作。

5 应用效果

自2018年10月起机车运行安全防护系统在0068号机车试运行至今，经现场验证，各项指标均达到了最初的设计要求，其中在“5-3-1”的控车模式可优化根据不同的调车作业环境或场景智能控车模式。目前，正尝试将系统与调度计划综合自动化系统结合，实现自动驾驶功能。

6 结论

马钢铁路机车运行安全防护系统的研发解决了钢铁企业在调车过程中，由于人为失误时造成的“冲、挤、脱”等事故，或由于人为失误造成行车事故或重大事故，确保了钢铁企业站内调车作业的安全，达到了以“技防”的方式保证运输生产快节奏下的行车安全。

内部市场化在内燃机车检修模式改革中的探讨与运用

（山钢股份莱芜分公司，邵学、朱颖珍）

摘　要：针对运输部机车段现有的机车检修模式无法更好地适应运输生产需要的现状，机车段将市场化机制引入机车检修工作的内部管理中，运用内部市场化对检修模式进行改革加以研究探讨，并提出改善措施。建立“量化承包+指标考核+市场结算”的市场化体系，组织模式由专业化检修向流程化检修模式转变，打破岗位界限，重新定义加班概念，完善夜班、调休相关制度。分解 KPI 指标，采用“四清”核算模式，放权各班组独立核算自主经营。建立市场化价格体系，实行“四清”薪酬分配机制，提倡多劳多得。开展段内问卷调查，了解新的市场环境下职工需求，持续优化班组的市场化运作模式，加强特殊时期的人力资源优化，保证机车用车需要。健全质量管理体系，开展段内故障分析，提高机车检修质量，降低责任性返工修故障次数。

关键词：市场化；检修模式；检修质量；四清

1　引言

随着运输部“公转铁”新形势下的铁路运输量大幅增加，铁路运能运量快速扩充，受近年来人员大幅减少、机车运用年限较长、部分机车年久失修等多方面不利因素影响，机车检修呈现出检修效率降低、故障率增加、检修任务重的新态势，如何保质保量完成检修任务，确保机车状态，成为我们今后一个时期需要解决的重要课题。为此，承担机车检修任务的机车段探索内部市场化管理，将市场化机制引入到机车检修工作的内部管理中，推进机车检修及各项服务工作全面实现市场化交易，推动运营机制向内部市场化方向延伸、管理向精益方向转变，树立以用户需求为导向，以降本增效为中心，以内部核算为依据的内部市场运营体系，充分调动广大职工的积极性和创造性，逐步实现车间管理由行政手段向经济手段的转变和提升，以适应新形势下机车检修和运输保产的需要。

2　内部市场化管理的内涵

内部市场化管理，就是按照市场经济的基本原则，以价值链理论为指导，以目标管理和全面预算为基础，使单位之间及单位与企业之间的协作关系和管理关系转变为等价交换的经济往来关系。内部市场化管理的最终目的是实现节支降耗，提高牵引整体经济效益、增强企业竞争力和提高员工收入。市场化体系建设特点：整体目标分解，逐级划分市场，各级市场主体明确。适用度比较广。

3　机车检修现状

（1）机车检修任务逐年增加。随着铁路运输工作量的逐年递增，机车检修任务量以年均 20%的速度递增，承修车型多达 6 种，年大中修 6~8 台，辅修 100 台次，还要 24h 应对随时产生的临修。

（2）近几年来，受各大城市地铁、轻轨发展和前几年钢铁业不景气影响，机车检修人员流失严重，加上部分人员的离职和退休，人员从最多时的 110 多人减到现在的 68 人，其中电气人员严重不足，电气班男职工每月值夜班的数量达到 7 个，大部分职工不愿意到电气班。市场内部工序复杂，上下级市场工序关系不明显。

（3）生产流程不畅。自 1992 年引进内燃机车以来，一直采取的是按照专业分班，柴油机、液力走行、电气制动、配件维修，最多时是 4 个班组，在当时对于机车提升职工技术业务水平和完成大修等工作发挥了很好的作用。现在为 2 个班组，人员达到 30 多人，每个班组肩负机车大中修、辅修、临修、配件维修四种职能，作业性质、作业强度差别较大，班组在管理上难度较大，而且处理故障时班组之间协调难度大，推诿扯皮现象时有发生，故障无法及时彻底处理。

（4）机车检修资源不合理。车间现场布局不尽合理，没有按照 5S 管理的要求和标准进行规划，各班组作业区域相互交叉，配件检修区域到机车维修作业区域走动过远，检修作业浪费环节多；导致现场作业安全性、防错性极差。临修和辅修共占一股线，检修库内作业相互冲突，造成各工序互相挤占台位和作业场地，机车库停时间较长，职工工时利用率低下。

（5）职工意识转变不到位。由于机车维修涉及工种多，因此每人每天作业内容不相同，市场化量化是难题，出现了个别职工不接受内部市场化、职工出工不出力的问题，存在“干与不干一个样”“干多干少、干好干坏都一样”的“大锅饭”现象，“闲的闲，累的累”的不和谐现象，不担当、不作为、消极怠工的现象，长此以往，能者有怨言，惰者顺了意。

4 内部市场化管理体系的构建与运用

实行内部市场化管理是一项复杂的系统工程，需结合运输部新形势、新要求和机车段面临的实际问题情况，制定措施，形成体系完善、结算规范的内部市场化运作体系。

4.1 建立“量化承包+指标考核+市场结算”的市场化总体思路

机车段量化承包部级考核项，班组承包段级考核项，段重点任务量主要分为辅修、大中修和临修工作，各班组尽可能独立承担其中一项工作，以减少班组之间的扯皮现象。班组在量化承包任务量的同时承包工作时间，以提高检修效率。段考核指标主要包括重点任务量、安全、政工、成本指标，作为段统一考核项，班组考核指标除了重点工作考核，还有专项考核（配件、设备等）。市场结算每月月底按照不同班组工作重点进行划分，根据指标考核情况并按不同比例进行挂钩，以辅修班为例，如图 1 所示。

4.2 适应内部市场化体制的检修模式改革

根据机车段工作实际，结合机车检修任务，按照内部市场化要求，缩小核算单元，对班组职能分工进行优化调整，在段内设立三级市场体系。三级市场主体：段下设辅修、临修、大修三个班组以及技术室作为三级市场主体。化验人员由车间技术组代管。

挂钩班组	辅修班			
挂钩指标	指标	考核结算办法	核算组	
段统一考核项（40%岗资）	运量	每完成 10 万吨公里得 314 元，完成部周转量计划基本线（2167 万吨公里/月）得相应薪酬，超出部分得效益薪酬	生产	
	安全	当月安全无事故，得安全绩效奖励，出现责任事故根据部有关规定扣或是否决班组安全奖励	安全	
	政工	当月班组政治工作稳定，得全部奖励，出现治安等问题，视情节按照经济责任制考核	政工	
	成本	完成段检修成本控制指标	机动	
班组重点指标考核（效益薪酬）	任务完成量	辅修完成率，每少完成一台扣 1328.75 元，交车一周内出现一次责任性临修考核 100 元（0.5 分）	段核算小组	
	配件	配件保有量，因配件保有量不足影响检修生产考核 39.86 元	段核算小组	
	设备	设备点检、检修每少完成一台扣 159.44 元	段核算小组	
专项考核		执行专业考核细则	段核算小组	

序号	项目	单位	数量	单价/元	合计/元	权重	
1	机车小辅修（含中检）	台	8	1328.75	10630	80%	8504
2	设备检修点检	台次	15	159.44	2391.6	80%	1913.28
3	配件自主检修、试验	件	112	39.86	4464.32	80%	3571.45
4	中修配件维修（GKD1A）	台	0.33	49108.75	16205.88	2.5%	405.15
							14393

图 1　辅修班绩效考核办法

机车段组织划分如图 2 所示。

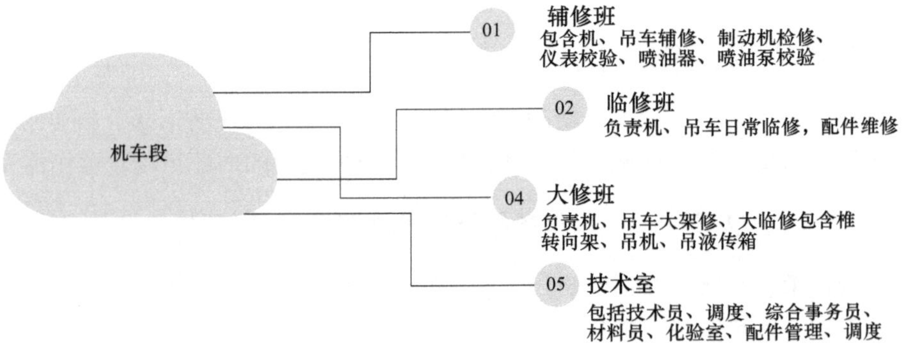

图 2　机车段组织划分

4.2.1　由专业化检修向流程化检修模式转变，深化内部主体组织机构

对生产组织进行大的变动，将原来的按照专业化检修模式组建的电气制动班与机械动力班，打破建制，依据检修流程的大修、辅修和临修三个修程重新组建三个新的班组，明确各自的工作职能与职责，解决了“班组和职工检修作业任务落实无头绪”等问题。

4.2.2　打破岗位界限，优化人员配置

根据新的生产组织职能，本着“人员年龄结构老中青结合、技能水平高中低搭配、男女职工按比例搭配和专业工种按职能搭配”的原则，确保各班组具备相对独立作业的流程

结构，解决了跨班组作业协调环节多等诸多不利因素和问题。

4.2.3 制定配套制度

对原来的加班、值班制度进行修订完善，特别是加班制度，对因外界原因、不可控原因或紧急任务造成的加班算加班，休班不扣除任何薪酬，段内赋予班组自主权利，在绩效考核、奖金分配、半天以内的职工请销假等方面，允许班组自主管理。杜绝了正常工作时间内出工不出力，消极作业等现象，解决了检修效率低、加班加点过多等问题。

将所有调休统计封存，在出勤达到22天前提下，每休1天调休，白色票扣除当天市场化薪酬；红色票不扣除任何薪酬，每月不连续超过3天；加班新产生的调休，各班组在短时间内及时消化，未休班作废，保证班组人员的均衡。

夜班值班，运用市场化杠杆，将任务均分，实行三个生产班组轮流值班，将现有的白班、夜班值班人员各4人改为夜班2人，周六、周日3人，轮流班次如图3所示。

周一夜班	周二夜班	周三夜班	周四夜班	周五夜班	周六白班	周六夜班	周日白班	周日夜班
		8月16日	8月17日	8月18日	8月19日	8月19日	8月20日	8月20日
1	2	临修	大修	辅修	辅修	临修	临修	大修
8月21日	8月22日	8月23日	8月24日	8月25日	8月26日	8月26日	8月27日	8月27日
辅修	临修	大修	辅修	临修	临修	大修	大修	辅修

图3 班次图

4.3 KPI指标分解

承接部级KPI指标进行分解，并根据班组实际分解到个人或岗位。每月对班组实际KPI情况进行统计分析，找出问题并采取措施，确保不超指标。

机车段KPI指标分解如图4所示。

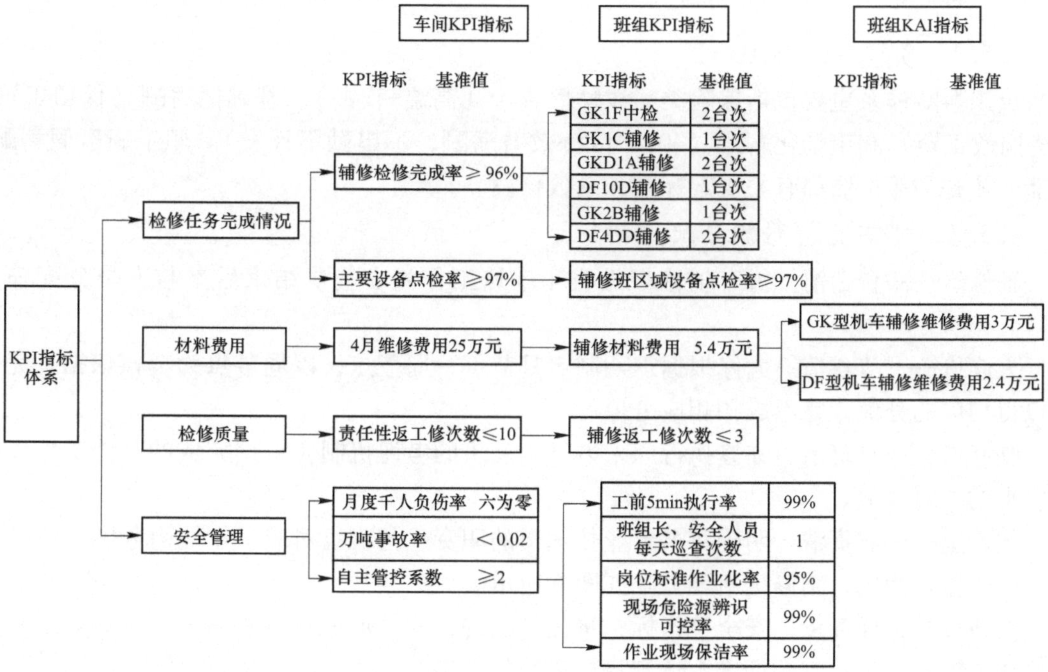

图4 机车段KPI指标分解

4.4 独立核算自主经营

机车段采用“四清”核算方式，在制定下发相关检修标准后，督促班组开展独立核算自主经营，段向班组充分授权，让每个班组在班长带领下自行制定各自计划，并依靠全体成员智慧完成目标，实现人人自主经营，达到提高机车检修质量和工作效率的目的。

“四清”核算方式如图 5 所示。

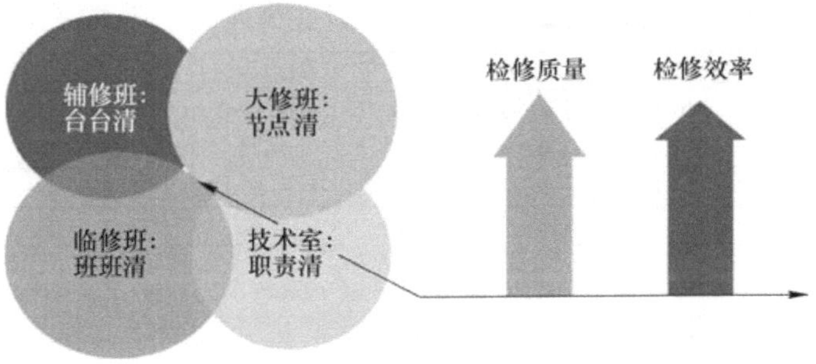

图 5 “四清”核算方式

4.5 构建价格体系

4.5.1 员工薪酬体系

员工薪酬体系主要包括保险类、津贴性收入（高温+夜贴）、基础性薪酬（保留工资+60%岗效工资）和市场化薪酬（40%岗效+效益薪酬，不出勤不计发）。职工病事假薪酬、技能人才补贴等按照部有关规定标准和系数核发。

4.5.2 “四清”薪酬分配机制

辅修班——台台清。机车辅修根据机车辅修工作量在辅修结束后参与人员分配辅修工时。

大修班——节点清。大修根据工期制定月节点、周节点，以周节点为考核依据，完成节点得相应的分值，完不成扣相应分值。

临修班——班班清。临修执行原来电气制动班的考评机制，根据完成的临修工作量衡量应得的工时分值。

技术室——职责清。明确每名专业技术员的职责，与班组对应工作挂钩考核。

以辅修班为例，辅修班薪酬分配如图 6 所示。

段通过挂钩任务量、安全等指标，量化员工的行为，形成月度总薪酬核算表。以核算结果作为评价职工贡献的标准，达到目标激励的效果。

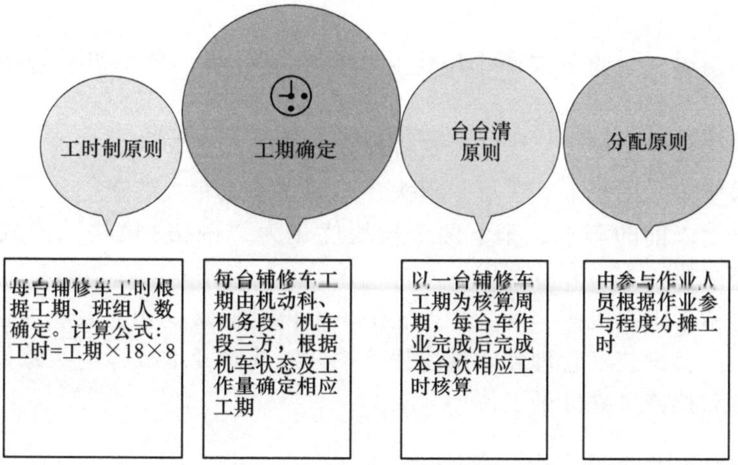

图 6 辅修班薪酬分配

5 内部市场化管理体系的完善

5.1 开展问卷调查

2018 年 7 月为了了解和判断当前职工对检修组织、精益管理，内部市场化的认可程度，为将来管理提供依据，为此我们采取调查问卷，了解新的市场环境下职工的需求。

职工个人认为最适合的检修工作统计如图 7 所示。调查问卷的关键指标如图 8 所示。

班组 \ 专业	大修	辅修	临修
大修班	11	4	
辅修班	4	12	
临修班	2	2	11

图 7 职工个人认为最适合的检修工作统计

专业	人数
积极作用	27
所占比例	58%
起动作用	15
所占比例	32%
管理工作的满意度	81.25%
职工个人作用发挥良好	78.2%

图 8 调查问卷的关键指标

职工对目前工作的认可度：大修班 73%、辅修班 75%、临修班 73%，大部分职工赞同当前从事的工作。收集合理化建议 21 条。通过调查职工对当前检修组织、精益管理，内部市场化满意度较高并提出了建设性的建议，职工建议和调查结果将作为我们将来管理工作的依据。

5.2 持续优化班组的市场化运作模式

根据问卷调查情况，通过段、班组、职工三线选择，机车段对生产组织进行微调整，以适应新的内部市场化运作模式，各班组就实际工作需求进行人员配置、组织结构进行优化。

临修班——由单一专业分成两个组优化为跨专业分组，各小组复合型专业，且相对独立。

辅修班——优化前由班长从接车、安排检修、验收、交车一人负责，转变为全修程实施轮值负责，检修中采用车上、车下、车头、车尾立体式专人维修。

大修班——由以前的车上、车下两个模块优化为“网格+模块”模式，分多个子模块，网格为动态网格，人员充分利用。

技术室——精干组织机构，减少管理层次。不再设辅修主管、大修主管来协调原来多个专业工作，主要负责技术管理和质量过程管控，以及对疑难故障的跟踪处理，做到聚焦问题，围绕配件和检修可靠性做工作。

5.3 特殊时期的人力资源优化

机车在春节前，冬季受低温影响，机车大故障数量较多，为保证春节用车需要，实施段内人力资源的再优化，快速对检修组织进行优化，由大修班和临修班共同应对机车临修，两个班组轮流处理临修故障，根据工作任务段合理安排人员休班，休班不扣市场化薪酬，确保春节前机车故障得到较为彻底的处理，保证了春节的用车需要。

5.4 健全质量管理体系

（1）拓展内部市场化深度，市场化向工序、质量延伸，构建段质量 KPI 指标体系，并分解到专业班组。

质量管理体系如图 9 所示。

部级 KPI	段级 KPI			
名称	名称	指标	项目责任人	数据收集人
机车责任性返工修次数≤10 次	辅修返工修次数	≤3 次	邵学、姜立松	朱颖珍
	临修返工修次数	≤5 次	张勇	
	大中修返工修次数	≤2 次		

图 9　质量管理体系

注：①统计周期：辅修—交车后 2 天；临修—24h 内；大中修—机车运用一周内。

②责任性返工修：辅修—乘务员提票活及程序工作内容；临修—对乘务员提票已经明确故障点，由于检修人员处理不当造成的检修质量故障；大中修—对已恢复的机车性能，由于检修人员检修不当造成的检修质量故障。

③数据统计以月为单位。

（2）开展段内故障分析。实施段内故障分析制度，明确责任，提高责任心，减少责任性返工修故障次数，明确机车临修、辅修、大修的重点，制定三种修程的故障分析时间。辅修，对交车后一周内的故障进行段内分析；大修，对交车一个月内的故障进行统计分析；临修，对重复性返工修进行分析。属于检修责任的纳入考核。出现责任性故障，不影响运输生产的每次扣 0.5 分，如果出现影响生产的较大故障，受到考核的，段内加倍考核。

责任性返工修次数统计如图 10 所示。

月份	辅修返工修	临修返工修	大中修返工修	总次数
1月	1	2		3
2月	1	4	3	8
3月	3	1		4
4月		1	1	2
5月	2	4	1	7
6月	3	2		5
7月	2	3	2	7
8月	1	4		5
9月	3	3		6
10月		1	3	4
11月		4		
12月				

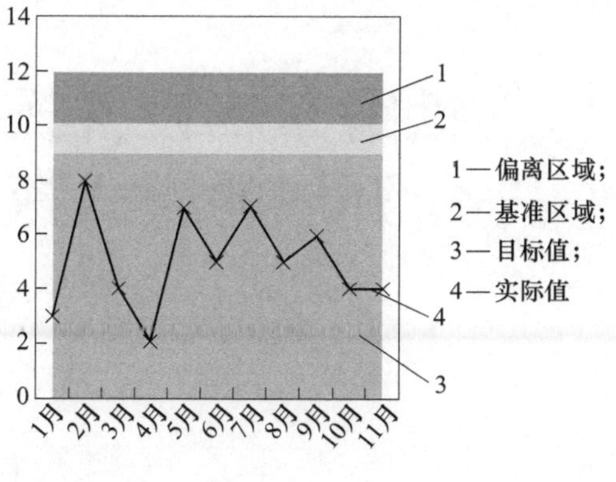

图 10　责任性返工修次数统计

6　体会与思考

（1）推行内部市场化是加强机车检修管理、提高经济效益的需要。其从本质上促进机车段不断改进和加强内部管理，解决工作任务多人员不足的问题，达到提高检修绩效的目的。2019 年 1~5 月与去年同月份相比临修 373 台次，责任性故障 87. 055 台次，降低了 32. 2%；辅修检修平均停时压减 11. 4%，检修效率得到提高。职工原来的问题基本上得到解决，和谐机车段的建设氛围进一步浓厚。在后续工作中，我们将继续探讨机车检修模式，把精益运营工作抓实、抓精，达到更高的管理境界。

（2）推行内部市场化是加快机车检修机制转换的有效途径。从管理的运行形势、方式方法和制约手段，都打破了旧的管理模式，使行政命令变成经济手段，构建了浓郁的竞争氛围，通过推进内部市场化以来，机车段形成了制度价格合理、民主科学、职工全员参与的段市场化良好运行环境，促进了段各项工作的开展，职工从最初的催着干、被迫干到现在的抢着干、算着干，建立起充满生机和活力的检修机制。

（3）坚持与内部市场化的结合，完善五大体系建设。做好市场化考核与绩效考核的并轨结合，明确各级市场绩效考核方式统一到市场化考核模式上来，实现双轨过渡，使薪酬分配更科学合理，实现多劳多得。健全预算管理体系，在科学测定基准预算数值的基础上，引导目标值由完成任务向提升服务质量与完成任务并重方向发挥作用。动态调整工序服务及检修市场价格，逐级完善段、班组、工序价格。

铁路车辆设备操作点检有效开展的模式探讨与实践

（武汉钢铁有限公司，杨界文）

摘　要：落实好设备操作点检是全员生产维修 TPM 的重要内容，也是推进 TPM 开展的一项重要抓手。从关键个体设备入手，介绍铁路车辆操作点检的现状，并对作业区在有效开展铁路车辆设备操作点检过程中面临的问题及相应对策措施进行了论述与探讨。

关键词：铁路车辆；操作点检；有效开展

武钢有限运输部铁运分厂主要承担青山基地原燃料、材料、半成品、成品的铁路运输任务，目前下辖 10 个生产作业区，起着衔接钢铁生产主工序的作用。宝武整合以来，通过认真学习宝钢五制配套基础管理，贯彻落实点检定修制，铁运分厂职工对设备维护有了更加清晰的认识。目前，青山基地厂内物流一直以铁路运输为主要运输方式，铁路车辆作为保障货物安全运输的关键设备之一，有效落实日常操作点检，是降低车辆故障率，控制事故发生，保障运输顺畅的重要工作。

1　标题概念描述

操作点检，就是要求生产操作人员对设备做到会使用、会保养、会检查、会排除故障。生产操作人员全天候接触设备，了解设备一举一动，能够在第一时间掌控设备运行状态，是设备真正的主人。在全员生产维修 TPM 管理理念中，也提到“要将设备维护的重心落在操作者身上”。因此，落实好设备操作点检，既是全员生产维修 TPM 的重要内容，也是推进 TPM 开展的一项重要抓手。

2　现状与意义

2.1　铁路车辆设备操作点检的现状

武钢有限青山基地每天在线运行的铁路车辆在 2000 辆左右，从原料进厂到成品外发，从码头装卸到厂区转运，从液态金属运输到板坯库区，车辆运行足迹几乎遍布厂区，且设备动态运行难以管控。作业区改制之前，铁路车辆的使用和维护是按专业化进行职责分工。车站纯粹是铁路车辆的使用方，不承担点检职责；车辆段作为铁路车辆的管理方，负责日常技术检查、维护和检修。现作业区模式下，原车站划归铁运分厂，原车辆段专职检车员部分划转铁运分厂，部分划转检修分厂。根据《运输部 TPM 分工协议》的职责分工，铁运分厂作为生产方，除了使用铁路车辆设备外，还需要进行日常操作点检和维护；检修分厂作为设备方，负责对铁路车辆开展日常专业点检和检修工作。

2.2 有效开展铁路车辆设备操作点检的意义

经过几轮劳动效率提升，目前划转进入铁运分厂的专职检车员，从之前的100多人减少到87人。面对铁路车辆运用数维持平衡，专职检车员逐步减少的局面，仅仅依靠现有的检车人员力量难以保证对厂内所有铁路车辆设备做到全覆盖操作点检，容易引发行车安全问题。要实现铁路车辆设备操作点检的有效开展，推行作业区调车员参与操作点检，是缓解现有专职检车员进行车辆操作点检压力，降低车辆故障率，控制事故发生的根本途径。铁运分厂各个作业区都设置有调车员岗位，是与铁路车辆设备接触最直接、最频繁的生产操作者，能够对铁路车辆设备进行全过程跟踪管理。让作业区调车员参与铁路车辆的操作点检，能够使第一时间发现的故障信息及时反馈给专业点检员，帮助他们做出准确的判断与处理。

3 存在问题与原因分析

在推行作业区调车员参与铁路车辆操作点检的进程中，铁运分厂通过安排专职检车员深入各个作业区，对调车员开展车辆部件构造，以及操作点检要求和要领的集中培训，使调车员初步掌握了铁路车辆操作点检的基本方法。但从实施初期的效果来看，还面临着一些问题和难点，需要解决。

（1）职工的操作点检技能还未完全达标。在推行作业区调车员参与铁路车辆操作点检之前，虽然对岗位职工进行了多轮理论和实操培训，但由于铁路车辆构造复杂，点检部件多，要使调车员操作点检水平完全达标，还需要一个消化吸收知识和检车经验积累的过程。在参与铁路车辆操作点检作业过程中，调车员对比较隐蔽的故障检查欠缺经验判断和方法运用，一些自认为比较全面的操作点检，却因为达不到检车技能水平，发现不了隐蔽性故障，造成车辆故障的漏检。

（2）职工对车辆故障的危害性认识不足。这个问题的产生，主要是因为调车员接触专业车辆知识的时间比较短，难以在短时间内认识到各种铁路车辆故障带来的危害性。实施操作点检时，调车员明明查出了车辆故障，但却因为没有坚持标准化作业，采取了不恰当的处置措施，失去了防止事故发生的主动权。例如，方坯车脱线事故，调车员在挂车时，按规定对铁路车辆进行了技术检查，发现因厂方装车不当已造成了车辆偏载。在要求厂方重新整装被各种理由拒绝时，如果抱着侥幸心理同意调车作业，就可能造成车辆在运行至曲线段，因旁承压死导致车辆无法转向，引发脱线事故。

（3）职工思想未完全转变，责任心有待提高。铁路车辆的技术检查是一项对责任心有较高要求的作业，而现阶段部分调车员思想尚未完全转变，还停留在设备点检属于检修维护人员职责范畴的“老思想”，接受检车技能知识培训时不专心，主动参与设备操作点检的动力不足。通常情况下，铁路车辆的故障并不经常性发生和存在，有时即便没有进行技检，也可以正常运行。一些责任心不强的调车员因此心存侥幸，作业中常常忽略对铁路车辆的操作点检。另外，由于前期作业区没有针对调车员制定具体的车辆操作点检标准，导致作业中操作点检盲目性、随意性大，往往应付了事。这些都会因故障发现不及时造成行车事故。

（4）操作点检的安全交底和评价机制不完善。铁路车辆的技术检查工作对于调车员来讲，开始阶段还相对比较陌生，实施操作点检时，对于安全行走路线，以及自身安全防护措施缺乏有效认知，不利于操作点检安全。另外，作业区对调车员操作点检的业绩评价机制还不完善，没有与其月度绩效进行挂钩，操作点检工作干好干坏一个样，导致推进落实情况不好。

4　主要对策

（1）强化作业互动，提高职工检车技能水平。要使调车员操作点检技能完全达标，不能仅仅只停留在集中培训上，要花更多的精力在现场一对一辅导。为此，作业区要求专职检车员加强作业现场巡检力度，现阶段和调车员共同负责铁路车辆的点检确认。专职检车员通过日常作业中的言传身教，帮助调车员快速消化检车知识，提升操作点检水平。调车员通过现场实例学习，不断积累发现故障和判断故障的经验。

（2）加强案例学习，提高职工对车辆故障危害性的辨识能力。事故是最好的教科书，可以从中吸取到很多有益的经验教训。为此，作业区汇编了以往发生的典型车辆事故案例，利用班前会、专题会等形式，组织集中学习、反思和研讨，通过事故现象查找本质原因，让调车员更准确地认识到各类车辆故障的危害性。同时，强调遵守规章、标准化作业的重要性。作业区要求调车员与专职检车员在操作点检时，建立临时互保对子，相互监督执规情况，制定“一人有错两人同责”的考核办法，有效落实点检标准化的作业控制。

（3）加快职工思想转变，提高操作点检责任心。作业长是第一线的生产管理者和指挥者，要切实履行加强员工队伍管理的职责。针对部分职工思维模式还未完全转变，主观认为生产与设备各行其是的思想观念，作业长通过组织开展对“点检定修制”和“全员生产维修 TPM 管理”的专题学习，让职工谈感受，谈体会，正面引导职工加快思想转变，提升行为规范。同时认真贯彻分厂制定的《调车员车辆操作点检标准》，发放《调车员车辆操作点检记录》，要求调车员“逢检必填”，每班上交，用标准和制度来强化执行力，促进调车员主动参与到操作点检的行列中，提高工作责任心。

（4）进一步完善安全交底和评价机制。实施操作点检是今后落实设备点检定修制的重要手段，作业长认识到要促进工作的开展和提升，必须完善安全交底和评价机制。针对铁路车辆的不同种类，作业区分别结合普通车辆和冶金车辆的点检作业内容，组织调车员进行危险预知辨识。通过查找操作点检过程中可能造成各种伤害的危险因素，分析可能导致的不良后果，制定切实有效应对措施，形成了一套完备的《操作点检安全作业指导书》，并坚持在每班的班前会对职工进行操作点检安全交底。同时，根据现场实际规范车辆操作点检安全行走路线，提高操作点检作业安全系数。作业长还加强了对调车员日常操作点检的检查频次及奖惩力度，将操作点检质量与个人月度业绩评价相结合，通过采取“奖优罚劣”的手段，进一步规范调车员操作点检行为，调动调车员主动参与设备维护的主观能动性。

5　预期效果

（1）现实效果。通过在作业区推行调车员参与铁路车辆操作点检，使得生产操作人员与设备维护人员的融合更为紧密，更加深入，有效缓解了因专职检车员少，无法保证对厂内所有铁路车辆设备做到全覆盖操作点检的现实压力。实施以来，铁路车辆设备故障率得到了大幅下降，因车辆故障原因导致的安全事故也得到了有效控制。

（2）远期效果。随着对实施初期所暴露问题的持续改进，调车员操作点检意识和点检技能都将得到进一步提升；点检责任心和危险辨识能力也会得到进一步提高。预期将来，当调车员综合技能水平完全达标后，将逐步替代专职检车工担当铁路车辆操作点检的重任。

6 结语

随着全员生产维修 TPM 管理的深入开展，企业对生产操作人员参与设备操作点检的要求会越来越高，作业区铁路车辆操作点检工作也将面临新的任务和挑战。要使这项工作在铁运分厂作业区真正得到有效开展，作业长必须坚持推行调车员参与铁路车辆操作点检，带领职工进一步转变思想，持续做好职工点检技能、工作责任心和危险辨识能力的再提升。只有通过不断强化细节和过程管理，实施更为精准的操作点检，才能不断降低铁路车辆故障率，最大限度地控制事故发生，为企业的发展贡献力量。

系统优化　实现跨区铁水运输效益最大化

（山钢股份莱芜分公司，韩树森、王华东、
李玉林、张建光、李元秀）

摘　要：通过分析莱钢多区域高炉和炼钢等不匹配现象，大批量多区域铁水平衡运输，需要一个科学合理的运输模型，满足高产量的钢铁生产模式。自我加压，挖潜，科学合理安排，统筹优化，构建钢铁平衡模型，制定铁水平衡方案，确保莱钢生产高效顺行。

关键词：多区域；铁水；钢铁平衡运输模型

1　引言

随着莱钢新区、新二区主体设备的投产，钢铁系统由过去的一个区域增加为 3 个，每个区域高炉、转炉、连铸机等设备定修或故障，都会出现铁水阶段性富余与不足。按常规，铁水富余时，要么安排铁水铸块，要么让高炉减风或休风；不足时，只能安排炼钢停炉或降低拉速。在全公司铁水总量不足的情况下，这无疑难以完成全年千万吨钢的目标。为顾全公司大局，确保目标实现，我部打破常规，自我加压，创造性地开展工作，通过广泛深入的调查分析，科学合理的制定方案，灵活周密的组织指挥，在某一区域炼铁、炼钢任何一方停产、减产时，另一甚至另两个区域调运铁水，在不平衡时求平衡，避免资源的浪费，有力地保证了千万吨钢的实现。

2　现状分析

随着改扩建工程进行，主体生产工艺装备水平发生很大变化。目前整个生产区域分为三大块，即老区、新区、新二区。三个区域生产工艺布局基本上相对独立，但主体生产设备检修不同步、设备故障等会造成铁水富余与不足，导致钢铁生产失衡。

过去老区有一大、一小两台铸铁机，铁水富余时，安排铸块不会影响高炉生产。2004 年建 4 号 750m^{3}时拆除了铸铁机，而新区、新二区又未建铸铁机，因此无法靠铸块方式平衡生产。如让高炉减风或休风，必然使铁产量降低，而且容易造成高炉炉况恶化，这无疑会加剧公司缺铁的矛盾。

三区的炼铁、炼钢生产能力基本匹配，但某一区域炼钢如减少或增加铁水消耗，便能匀出或多吃一些铁水。三区之间均有铁路相连，机车、铁水车基本通用，这就使得在某一区域炼铁或炼钢检修（或故障）时从（向）其他区域调运铁水成为可能。因此，如能通过铁路进行区域间的铁水运输，达到全局生产平衡的目的，对莱钢千万吨钢目标的实现，具有十分重要的意义。

而三区铁水平衡运输，组织难度很大，主要有以下几个方面：

铁水调送距离长，作业干扰大。三区铁水互调，最短 6km，最长 11km，不论哪两个区间调运都要经过轧钢站，与钢材、水渣运输形成很大的交叉干扰。

线路坡度大。按照国家有关规定，调送高温液体的列车，困难地段下可通过 5‰的坡度，而新二区坡度为 20‰，在如此大的坡度上调送铁水，没有经验可遵循，措施必须有保障，否则后果不堪设想。

线路、站场能力紧张。三区铁水调送要经过厂内干线和轧钢站，干线运输日益繁忙，西干线中断 8 个月，颜庄站实际 2005 年 8 月才开通，却未发挥应有作用，钢铁站至轧钢站的区间线路承担三条线路运输负荷，站场能力饱和，区间通过运输量也超负荷运转。

短时间内，由于炼铁、炼钢生产节奏不匹配，铁水供求失衡，将可能造成调出区域及接受区域的铁水罐拥塞、积压，罐车周转困难。

时间紧，规律性差。特别是在高炉、转炉或连铸机出现故障时，需要迅速反应，快速行动，势必打乱原有的运输。

3 方案制定思路

多区域铁水调送方案在保证安全前提下，既要满足主体生产工艺要求，又要充分减少铁水运输对其他运输的干扰，实现运输效益最大化。

（1）新老区炼铁、炼钢生产不稳定、波动性大，对铁水调运正点率要求高。铁水调运一旦不正点，一方面影响炼钢生产，造成连铸断流；另一方面会影响高炉配罐，造成高炉减风、休风。编制铁水列车运行图，严格按图运行，是确保铁水列车正点运行的基础。

（2）铁水运输是高温货物，安全危害大，必须对铁水运行线路进行调查（表 1）。

表 1 铁水运输线路情况调查

项目	道口/个	R_{min}/m	I_{max}/‰	运距/km
老区→新二区	4	160	20	10
新区→新二区	1	160	20	6
老区→新区	6	140	4. 8	11

通过表 1 可以看出，铁水调送坡度大、运距长，而按照国家《冶金企业铁路技术管理规程》中第 40 条规定，调送高温液体的列车，禁止通过 2. 5‰的坡度，困难地段下可通过 5‰的坡度，而该处的坡度与规定的最困难的地段还相差 3 倍，在这样大的坡度调送铁水，不仅在莱钢，而且在全国也少见，而调往该区的铁水列车的经路只此一条，别无选择。铁水调送方案的制定，必须要制定出切实可行的安全措施，确保运输安全。

（3）铁水列车牵引机车型号的确定。在运输部现有机车型号 DF_{10D}、GK_{1F}、GK_{2B}、GK_{1C}中进行选择，而 DF_{10D}机车持续运行速度 17. 8km/h，超过了铁水运行速度要求，只能采用 GK 型号机车，机车型号选择既要满足牵引罐数，又不能造成牵引动力浪费。

（4）铁水列车区间通过能力紧张，线路通过能力已饱和。组织有关人员对“瓶颈”区段（炼钢站与轧钢站区段）进行查定（图 1）。

区间通过能力公式

$$N = (1440 - T_{固})/T_{周}$$

式中 N——区间通过的列车能力（列）；

$T_{固}$——区间固定作业时间，如线路检修、两段道岔的占用等；

$T_{周}$——单线成对列车运行周期，它由几种因素制约，

$$T_{周} = t' + t_{起停} + t_{上站} + t'' + t_{起停} + t_{下站}$$

t'，t''——上下行列车在区间的运行时间；

$t_{上站}$，$t_{下站}$——上下行列车车站间隔时间；

$t_{下站}$——列车起停车加减速附加时间。

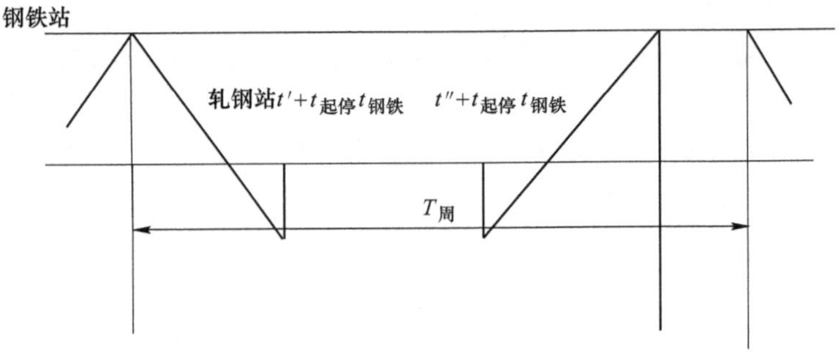

图 1　钢铁站与轧钢站区段能力分析

一般内燃机车为 3min。通过现场实际查定 $T_{固}$ 为 130min，t' 为 12min，t'' 为 14min，列车在轧钢站平均间隔时间为 6min，在钢铁站平均间隔时间为 8min，$N = (1440 - T_{固})/T_{周} = (1440-130)/(12+14+8+6+3+3) = 27.87 \approx 27$ 列。

该区间每昼夜到发列车 22 列，通勤列车 2 列，机车整备 2 列，水渣列车 1 列。根据理论研究和运输实践，区段通过能力利用率单线达到 75%，调整弹性减少，能力趋于饱和，而目前该区段利用率达到 100%，属于超饱和。要提高区段通过能力，必须减少 $T_{固}$ 和 $T_{周}$，而减少 $T_{固}$ 作用有限，只能减少 $T_{周}$，而 $T_{周}$ 受几种因素制约，要压减其制约因素时间方可满足要求。

4　方案的实施与优化

（1）依据铁水运行实际情况，对于三区铁水运行制定时间标准，在此标准下，绘制机车运行图，使铁水列车有秩序、有规则运行。铁水列车主要在轧钢站进行会让和越行以及转头甩挂，有了运行图做基准，轧钢站就不会发生堵塞现象，也可加速周转，为安全提供保证，使众多铁水列车井然有序，提高作业效率，压缩了运行时间。

（2）确定牵引机车和调送要求。对 GK 型号的机车进行优化选择，列车牵引计算公式为

$$G = [F_J - P(W_0' + ix)g]/[(W_0'' + ix)g]$$

式中　F_J——机车计算牵引力，N；

P——机车计算重量，t；

W_0'，W_0''——计算速度下机车、车辆单位基本阻力，N/kN；

ix——限制坡道的加算坡度千分率，‰；

g——重力加速度，取 9.8m/s^2；

G——机车的牵引重量。

要想得到机车牵引重量必须将公式中的各数据逐一求出，机车、车辆计算速度下单位阻力：

$$W'_0=2.28+0.029V+0.000178V^2$$

$$W''_0=0.76+0.0065V+0.000086V^2$$

GK_{1F}、GK_{1C}、GK_{2B}计算速度均为 10km/h，则

$$W'_0=2.28+0.029\times10+0.000178\times10^2=2.5908\text{N/kN}$$

$$W''_0=0.76+0.0065\times10+0.000086\times10^2=0.8336\text{N/kN}$$

$$ix=i_{max}+i_r=20+700/R_{min}=20+700/160=24.375‰$$

GK_{1F}机车计算速度下持续牵引力为 180000N，计算重量为 92t，则 GK_{1F}机车牵引重量

$$G=[F_J-P(W'_0+ix)g]/[(W''_0+ix)g]$$

$$=[180000-92\times(2.5908+24.375)\times9.8/(0.8336+24.375)\times9.8]=625.24\text{t}$$

而 65t 的铁水重车总重在 100t 左右，铁水列车两端的隔离车总重在 100t 左右，故 GK_{1F}机车牵引铁水重罐数最多为

$$N=(G_{牵}-G_{隔})/G_{罐}=(625.24-100)/100\approx5\text{ 罐}$$

GK_{2B}机车计算速度下持续牵引力为 235000N，计算重量为 100t，则 GK_{2B}机车牵引重量

$$G=[F_J-P(W'_0+ix)g]/[(W''_0+ix)g]$$

$$=[235000-100\times(2.5908+24.375)\times9.8]/[(0.8336+24.375)\times9.8]=837.63\text{t}$$

故 GK_{2B}机车牵引铁水重罐数最多为

$$N=(G_{牵}-G_{隔})/G_{罐}=(837.63-100)/100\approx7\text{ 罐}$$

GK_{1C}机车计算速度下持续牵引力为 203000N，计算重量为 92t，则 GK_{1C}机车牵引重量

$$G=[F_J-P(W'_0+ix)g]/[(W''_0+ix)g]$$

$$=[203000-100\times(2.5908+24.375)\times9.8]/[(0.8336+24.375)\times9.8]=709.12\text{t}$$

故 GK_{1C}机车牵引铁水重罐数最多为

$$N=(G_{牵}-G_{隔})/G_{罐}=(709.12-100)/100\approx6\text{ 罐}$$

通过上述计算，为新二区配备 GK_{1F}或 GK_{2B}机车。

（3）按照国家《冶金企业铁路技术管理规程》中禁止调送液面距罐顶不足 300mm 的铁水车，为此又对铁水液面进行测算（图 2）。65t 铁水罐的罐面直径为 2000mm，铁水液面直径为 D，液面在坡道上的倾斜落差为 d。

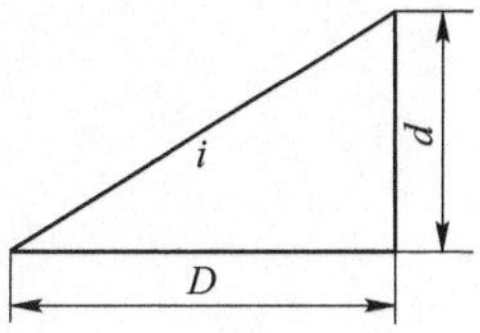

图 2 铁水罐面示意图

则 $d=Di=2000\times20‰=40$mm，为保证安全，调往新二区铁水液面距罐口不得超过 360mm（20mm 作为铁水缓冲），否则不得调往新二区。

（4）对调往新二区铁水罐架选用带有制动装置的车辆，以保证铁水列车制动效果，增加安全系数，避免铁水列车的冲撞和铁水液面的较大波动。

（5）消除影响运输能力“瓶颈”，提高区间通过能力，为铁水列车运行提供保证。打破常规运输组织模式，减轻干线运输压力，采取了下列措施：1）新老区组织超长列车或局车与自备车混编，增加牵引动力，采取补机推送或双机牵引方式，提高列车牵引重量，减少新老区间开行列车数量。2）充分发挥利用微机联锁轨道区段的作用，在保证安全情况下，对单机或牵引车数少的列车，分区段放行，增加列车运行密度，提高区段通过能力。3）优化铁水运输方案，由一炉一送改为两炉一送，减少铁水互调次数，缓解轧钢站、

Ⅲ线的压力。4）充分发挥新钢站站场能力。组织直达运输即到达新区的矿和新区外发空重车，直接通过编组，减少在编组站停留，缓解编组站压力。5）利用轧钢站、钢铁站合理组织列车会让，使站线和谐，能力得到充分发挥。

通过上述措施的实施，其中 $T_{固}$ 可减少 30min，运行周期可压缩 15min，变为 31min。则 $N=(1440-T_{固})/T_{周}=(1440-100)/31=43.2\approx43$ 列，为铁水列车运行提供了保障。

（6）构建钢铁平衡运输模型的建立。莱钢各作业区的铁水产量与炼钢的铁水消耗量明显不匹配，为保证在钢铁平衡的条件下实现效益最大化，就需要在各作业区之间调送铁水。应用运筹学原理，建立解决运输问题的数学模型，以确定铁水流量。

莱钢铁水生产区有 3 个，即老区炼铁、新区炼铁、新二区炼铁，铁水产量分别为 a_1、a_2、a_3；铁水消耗区有 5 个，即老区炼钢、新区炼钢、新二区炼钢、特钢和铸铁机，铁水消耗量分别为 b_1、b_2、b_3、b_4、b_5。从铁水生产区 A_i 到铁水消耗区 B_j 调送 1t 铁水的效益为 c_{ij}，这些数据见表 2。

表 2　炼铁、炼钢铁水生产、消耗

铁水生产区	铁水消耗区					
	老区炼钢	新区炼钢	新二区炼钢	特钢	铸铁机	铁水产量
老区炼铁	c_{11}	c_{12}	c_{13}	c_{14}	c_{15}	a_1
新区炼铁	c_{21}	c_{22}	c_{23}	c_{24}	c_{25}	a_2
新二区炼铁	c_{31}	c_{32}	c_{33}	c_{34}	c_{35}	a_3
铁水消耗量	b_1	b_2	b_3	b_4	b_5	

用 x_{ij} 表示从铁水生产区 A_i 到铁水消耗区 B_j 的铁水调运量，那么在钢铁平衡的条件下，总效益最大化的铁水调运方案，可通过求解以下数学模型求得：

$$\max Z=\sum_{i=1}^{3}\sum_{j=1}^{5}c_{ij}x_{ij}$$

$$\begin{cases}\sum\limits_{i=1}^{3}x_{ij}=b_j, & j=1,2,\cdots,5\\ \sum\limits_{j=1}^{5}x_{ij}=a_i & i=1,2,3\\ \sum\limits_{i=1}^{3}a_i=\sum\limits_{j=1}^{5}b_j, & i=1,2,3;\ j=1,2,\cdots,5\\ x_{ij}\geqslant 0\end{cases}$$

表 3 为莱钢钢铁平衡表。

表 3　莱钢钢铁平衡

铁水生产区	吨钢利润/元 · t^{-1}					
	老区炼钢	新区炼钢	新二区炼钢	特钢	铸铁机	铁水产量/t
老区炼铁	260	100	150	50	50	8000
新区炼铁	140	200	150	400	100	6000
新二区炼铁	180	160	220	200	80	18000
铁水消耗量/t	10500	12000	6500	1200	1800	

$$\max Z = 260x_{11} + 100x_{12} + 150x_{13} + 50x_{14} + 50x_{15} + 140x_{21} + 200x_{22} + 150x_{23} + 400x_{24} + 100x_{25} + 180x_{31} + 160x_{32} + 220x_{33} + 200x_{34} + 80x_{35}$$

$$\begin{cases} x_{11} + x_{21} + x_{31} = 10500 \\ x_{12} + x_{22} + x_{32} = 12000 \\ x_{13} + x_{23} + x_{33} = 6500 \\ x_{14} + x_{24} + x_{34} = 1200 \\ x_{15} + x_{25} + x_{35} = 1800 \\ x_{11} + x_{12} + x_{13} + x_{14} + x_{15} = 8000 \\ x_{21} + x_{22} + x_{23} + x_{24} + x_{25} = 6000 \\ x_{31} + x_{32} + x_{33} + x_{34} + x_{35} = 18000 \\ x_{ij} \geqslant 0, i = 1,2,3;\ j = 1,2,\cdots,5 \end{cases}$$

将上述线性规划问题转化为标准型：

$$\max Z = \boldsymbol{CX}$$
$$\boldsymbol{AX} = \boldsymbol{b}$$
$$\boldsymbol{X} \geqslant 0$$

其中

$$\boldsymbol{X} = \begin{bmatrix} x_{11} \\ x_{12} \\ x_{13} \\ x_{14} \\ x_{15} \\ x_{21} \\ x_{22} \\ x_{23} \\ x_{24} \\ x_{25} \\ x_{31} \\ x_{32} \\ x_{33} \\ x_{34} \\ x_{35} \end{bmatrix}$$

$$\boldsymbol{C} = (260,100,150,50,50,140,200,150,400,100,180,160,220,200,80)$$

$$\boldsymbol{A}=\begin{pmatrix}1&0&0&0&0&1&0&0&0&0&1&0&0&0&0\\0&1&0&0&0&0&1&0&0&0&0&1&0&0&0\\0&0&1&0&0&0&0&1&0&0&0&0&1&0&0\\0&0&0&1&0&0&0&0&1&0&0&0&0&1&0\\0&0&0&0&1&0&0&0&0&1&0&0&0&0&1\\1&1&1&1&1&0&0&0&0&0&0&0&0&0&0\\0&0&0&0&0&1&1&1&1&1&0&0&0&0&0\\0&0&0&0&0&0&0&0&0&0&1&1&1&1&1\end{pmatrix},\quad \boldsymbol{b}=\begin{bmatrix}10500\\12000\\6500\\1200\\1800\\8000\\6000\\18000\end{bmatrix}$$

通过求解上面的数学模型，得到新区铁水调送方案，见表4。

表4　铁水区间调送方案

序号	起点	终点	日调送量	调　送　方　案
1	新区	特钢	1100t	1. 4~5 罐/趟，加挂隔离车 2. 采用倒罐作业方式
2	新区	新二区	>1000t	加挂隔离车；重罐进 8 股，空罐从 9 股挂回，每趟不超过 5 罐
3	新区	老区	>1000t	重罐由车务二段直接送至老区脱硫间或地磅
4	新区	铸铁机	>2000t	在东端链带投产前，运用铁水罐 9 个，每组 3 个，循环使用。东端链带投产后，运用铁水罐 18 个，每组 6 个，循环使用

5　结束语

在铁水平衡运输过程中，通过构建钢铁平衡模型，制定平衡方案，满足了公司生产的需求，同时也使效益最大化，保证了莱钢多区域高炉、炼钢生产正常进行，避免高炉休风、炼钢停产。2018 年互调铁水 162. 36 万吨，产钢 180. 4 万吨，创效益 36080 万元。

宝武韶钢“一罐到底”铁水运输组织方案的设计及优化

（宝武集团广东韶关钢铁有限公司，刘志雄、陈海洲）

摘　要：主要针对韶钢推行“铁水一罐制”钢-铁新界面及铁水运输“铁包二合一分次配包调铁”运作过程中，在铁路线路复杂、运输路程远、运输时间长、炉下配包时间紧等条件下，设计及优化符合铁水运输“铁包二合一分次配包调铁”运作模式下的“一罐到底”铁水运输组织方案，做好高炉保产、运输安全、铁钢平衡等工作，实现安全、高效、准点、有序的铁水运输服务，满足韶钢炼铁、炼钢的生产需求。

关键词：铁水运输；分次调铁；一罐到底

1　引言

韶钢推行“铁水一罐制”钢-铁新界面及铁水运输“铁包二合一分次配包调铁”运作后，100t 和 130t 铁水罐车替换为 120t 铁水罐车；7 号/8 号高炉推行两个（或一个）一组分次配包，三座高炉推行分次调铁，两个（或一个）铁包按组调运；“铁包二合一分次配包调铁”运作多拉快跑的特性，在铁路线路复杂、运输路程远、运输时间长、炉下配包时间紧等条件下，铁水运输安全保产的要求更高，原有的铁水运输组织方案已作废。因此，需设计符合铁水运输“铁包二合一分次配包调铁”运作模式下的“一罐到底”铁水运输组织方案，并根据实际应用变化不断优化运输组织方案，确保铁水运输安全保产工作。

2　设计“一罐到底”铁水运输组织方案的必要性分析

2.1　机车配置

韶钢原采用 12 台 GK1C 型内燃机车负责 3 座高炉与 2 个炼钢工序的铁水运输安全保产工作（其中，6 号高炉配 2 台、7 号高炉配 4 台、8 号高炉配 6 台），因“铁包二合一分次配包调铁”运作和高炉铁水罐对位牵引车系统改造项目的推进，6 号、7 号高炉各减少了 1 台机车（其中 6 号高炉减少 1 台机车，增加 1 台牵引车；7 号高炉减少 1 台机车，增加 3 台牵引车）；原 1 个铁口配 2 台机车对装运输模式的组织方案已不能满足现行的运输保产需求，严重影响炉底配包对装、铁水运送衔接等铁水运输安全保产工作。

2.2　铁水罐车

铁水运输原采用 130t 和 100t 铁水罐车进行运送，因炼钢厂铁水供应“一罐制”钢-铁新界面运作需要，改为 120t 铁水罐车运送；120t 铁水罐车均适合炼钢一、二分厂天车起吊重量要求，解决了炼钢一分厂天车无法吊起 130t 铁包的问题，原 100t 铁水罐车送炼钢一分厂，130t 铁水罐车送炼钢二分厂的运输组织方案已然作废，根据“铁包二合一分次配包调铁”运作的要求，必须设计一套“一罐到底”铁水运输组织方案。

2.3　炉底配包

炉底装铁原采用 100t 和 130t 铁包混编组合配包对装模式，因炼钢厂铁水供应“一罐制”钢-铁新界面运作需要，改为 120t 铁包装铁，铁包的装载量不同，根据各高炉每炉的平均产量和炼钢生产能力的要求（表 1），炉底配包的模式也随之改变；结合铁水运输“铁包二合一分次配包调铁”运作后，7 号/8 号高炉推行两个（或一个）一组分次配包，三座高炉推行分次调铁，两个（或一个）铁包按组调运，原采用 100t 和 130t 铁包组合配包对装模式的运输组织方案已作废，必须设计新的高炉炉底配包模型，以满足“一罐到底”铁水运输组织运行的要求。

表 1　日铁水运输计划表

炉号	产量/t	炉次	每炉产量/t	运量/t	一分厂/10000t	二分厂/8500t
6 号	3500	10	350	3500	34 辆	
7 号	6500	12	542	4250		36 辆
				2250	22 辆	
8 号	8500	12	708	4250		36 辆
				4250	41 辆	
合计	18500			18500	97 辆	72 辆

注：1. 炼钢一分厂装载按每车 103~105t；2. 炼钢二分厂装载按每车 110~118t。

2.4　运输管理

铁水运输管理规定：运行速度重车为 10km/h，空车为 15km/h。在铁路线路复杂（图 1）、运输路程远（运输距离最远 4km）、运输时间长（表 2）、炉下配包时间紧（表 3）的条件下，推行“铁包二合一分次配包调铁”运作后，炉底单线出铁时间减短，补包作业随之加快；又新增了取样平台取样作业，原有的铁水运输管理方式已无法满足铁水运输安全保产工作。

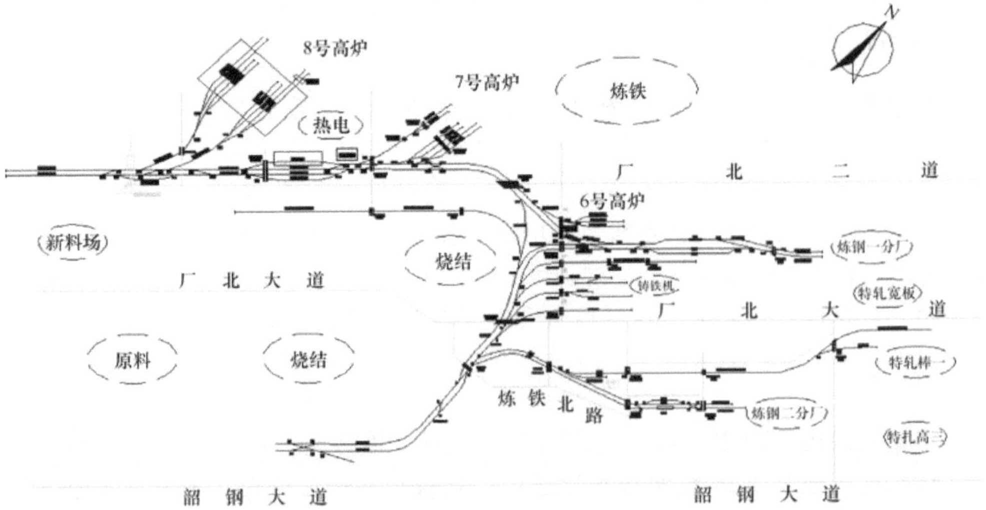

图 1　物流部铁运车间铁水作业区铁路平面

表 2 各高炉铁水运距和运输时间

装车点	卸车点	距离/km	运行时间/min	增加取样测温时间/min
6 号炉	炼钢一分厂	1.5	15	8
7 号炉	炼钢一分厂	2	20	8
7 号炉	炼钢二分厂	3	35	8
8 号炉	炼钢一分厂	3	25	8
8 号炉	炼钢二分厂	4	40	8

表 3 各高炉炉下配包时间

高炉座号	最短对位时间/min	最长对位时间/min
6 号高炉	25	42
7 号高炉	70	90
8 号高炉	70	90

注：对位时间是指高炉堵口后，铁包到达高炉炉下向炉前发出到位指令之间的时间。

3 “一罐到底”铁水运输组织方案的设计

3.1 机车配置

（1）6 号高炉。南头配置一台运行机车，负责 6 号炉炉下空、重铁水罐车调运，机车在炉前渡线待命、交接班；六铁二线北头配置一台 002 号牵引车，负责炉下出铁对位工作。

（2）7 号高炉。配置 3 台运行机车，负责 7 号炉炉下空、重铁水罐车调运，及无牵引车线路炉下出铁对位等工作，机车在炉下线路待命、交接班；七一线北头配置一台 001 号牵引车，七三线北头配置一台 003 号牵引车，七四线北头配置一台 004 号牵引车，分别负责各自线路炉下出铁对位工作。

（3）8 号高炉。配置 6 台机车，负责 8 号炉炉下空、重铁水罐车调运，及炉下出铁对位等工作，机车在炉下线路待命、交接班。

3.2 运输组织

3.2.1 6 号高炉运输组织模式

（1）1 号、2 号铁口轮流出铁，六铁二线固定为 1 号、2 号铁口出铁主线，遥控牵引车在出铁口以北，前顶主线 120t 铁包从西向东逐次受铁，副线（六铁三线）1 个铁包做过渡包。

（2）主线 2 个 120t 铁包受铁满后，由机车（A）送到炼钢厂（图 2）。炉下配包状态变为主线剩 3 个铁包、副线 1 个过渡包。牵引车前顶主线 3 个铁包继续由西向东受铁至铁包装满铁；按此模式可实现由一次变为两次调铁，后面视主副线尾包情况调整拉包数。

（3）机车（A）带 5 辆空包到 6 号炉，出铁完毕后返勾配好下一轮出铁铁包，将重铁水包送到炼钢厂。

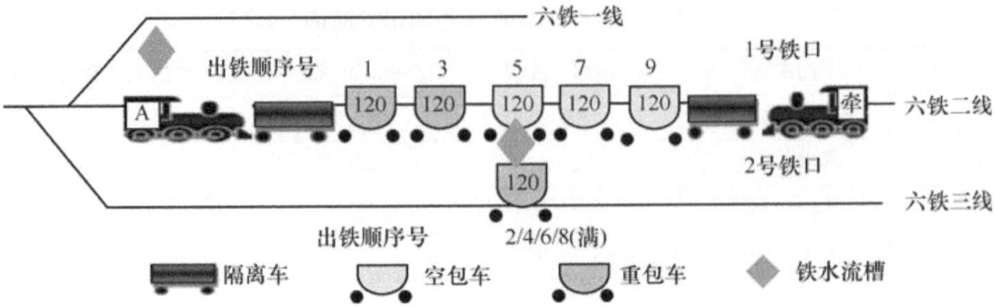

图 2　6 号炉铁水运输运行模式

3.2.2　7 号、8 号高炉运输组织模式

（1）主线配一台机车头（A）。主线前 2 个铁包从西向东逐次受铁，由机车头（A）牵引，副线 1 个铁包做过渡包（图 3）。

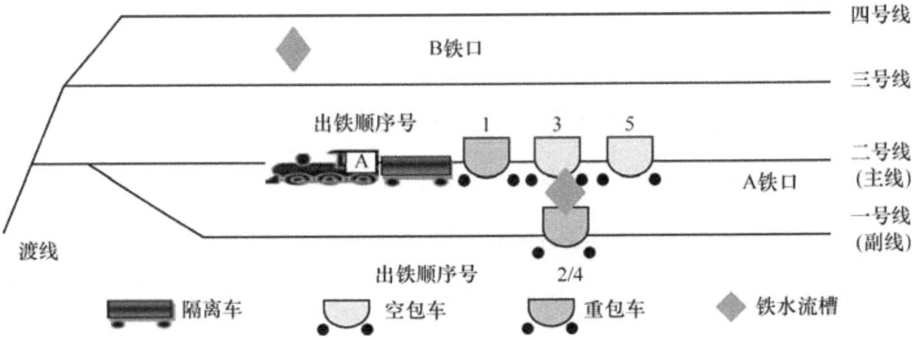

图 3　7 号、8 号高炉铁水运输主线装铁运行模式

（2）在主线 2 个铁包受铁满之前，车头（B）应拉一组空包（2 个铁包）进入副线，完成补包对位作业（图 4）。

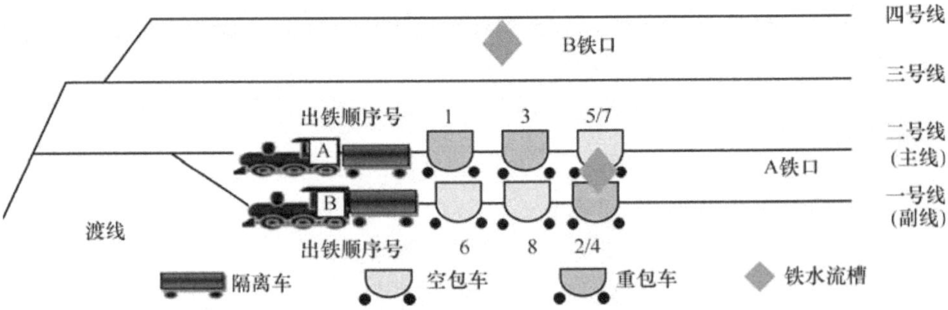

图 4　7 号、8 号高炉铁水运输副线补包运行模式

（3）主线 2 个铁包受满铁拉走后，原主线剩余一个铁包做过渡包，车头（B）牵引副线 2 个铁包继续由西向东逐次对位受铁（图 5）。

（4）副线 2 个铁包受满铁之前，车头（C）送一组空包（2 个或 1 个）进入主线，完成配包作业（图 6）。

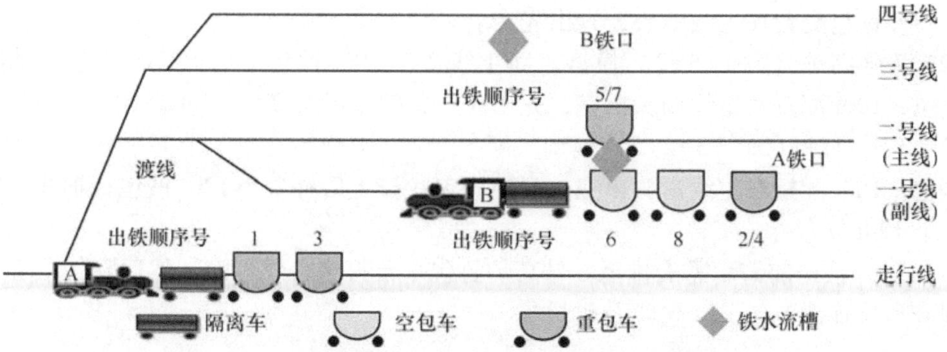

图5 7号、8号高炉铁水运输副线装铁运行模式

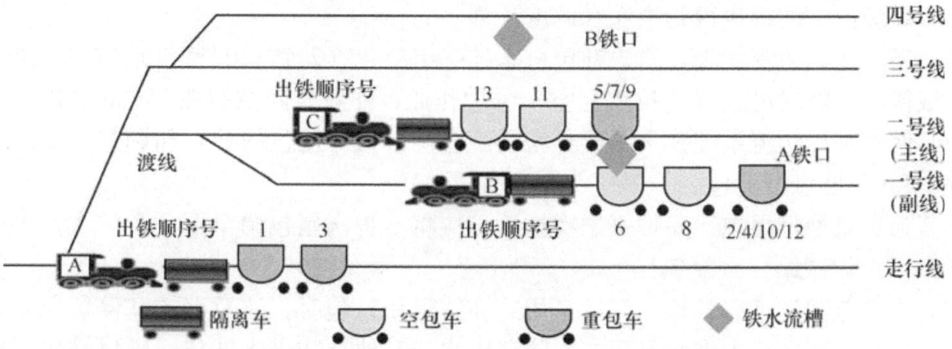

图6 7号、8号高炉铁水运输主线补包运行模式

（5）副线2个铁包受满铁拉走后，原副线剩余一个铁包做过渡包，车头（C）牵引主线3个铁包继续由东向西逐次对位受铁；为减少单炉含铁尾包，当主线过渡包（出铁顺序号9）受铁满后，副线过渡包（出铁顺序号10）装铁量毛重达到170t后，铁水流槽方可摆主线继续受铁。按此模式可实现多次调铁，后面视主副线尾包情况调整拉包数（图7）。

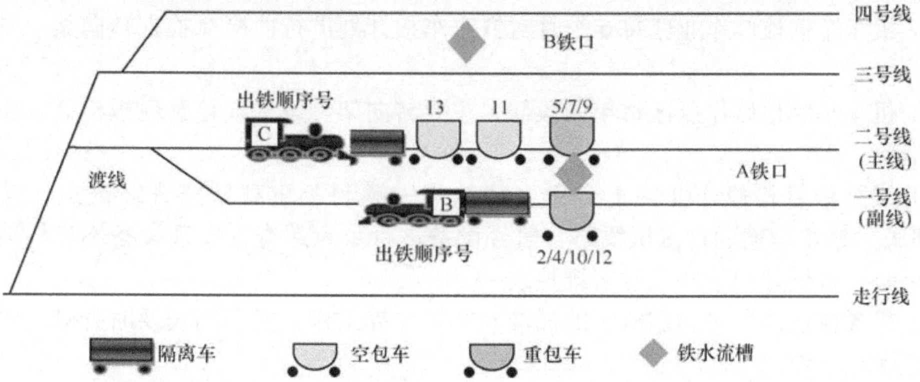

图7 7号、8号高炉铁水运输主线补包装铁运行模式

3.3 铸铁时的铁水运输组织

（1）6号高炉（2+3+1）模型。即主线2个100t铁包，3个120t铁包，辅线1个120t

铁包；100t 铁包配置在主线南头，先出先走。

（2）7 号高炉（2+1+3+2）模型。即主线 2 个 100t 铁包，1 个 120t 铁包，辅线 3 个 120t 铁包，100t 配置在主线南头出完，先出先走；拉走后补 2 个 120t 铁包。

（3）8 号高炉（2+1+3+2+2）模型。即主线 2 个 100t 铁包，1 个 120t 铁包，辅线 3 个 120t 铁包，100t 配置在主线南头出完，先出先走；拉走后补 2 个 120t 铁包；辅线出完拉走后补 2 个 120t 铁包。

（4）100t 铁送前铸后需安排至 8 号高炉打包平台打包盖及包嘴，然后安排至炼钢厂修包间倒渣和检查铁包包况（包嘴及耐材）。

3.4　铁水运输管理

（1）高炉出铁配罐执行管中铁水调度计划。

（2）当主线铁包受铁满之前，补包机车挂一组空包（2 个 120t 铁包）应进入高炉邻近铁口区域待命，随时可进行（拉重配空）补包作业，作业时间控制在 15min 之内。

（3）调度利用物流系统铁水图形化密切配合高炉做好尾包的处置和调整，高炉炉下尾包装铁≥50t 不能做过渡包。

（4）为高效处理尾包，高炉每炉次铁后，应将本炉次尾包调至下一个炉次，主线的补充包（下一个炉次第三次配包）。

（5）为规范铁包运行管理，调运备用或在线运用铁包时，注意存放和停留位置，不得将铁包存放和停留在集中排水点下方，防范雨水或其他杂物进入铁包，确保铁包受铁作业安全。

（6）遇高炉出残铁情况时，残铁包皮重≤76t 且不加废钢，装入残铁量控制在 40t 以内，出完优先安排残铁包进行冲兑，装满后第一时间送炼钢厂，通知炼钢厂优先卸空。

3.5　运输设备维护管理

（1）机车车辆检修作业区每周两次到现场对铁水车进行点检。

（2）机车车辆检修作业区每 6 个月对铁水车按计划进行抽检（检查转向架、轴承油润状态）。

（3）机车车辆检修作业区每年做段修，主要转向架侧架、轴箱磨耗板检修，轴承检查补充润滑脂。

（4）线路信号检修作业区配合做好“铁水一罐制”重载铁路升级改造，并负责对“一罐到底”铁水运输运行区域线路、信号设备进行重点巡查，发现设备不良、线路存在安全隐患时，要做好记录并及时安排整改。

（5）机务作业区负责内燃机车的加油和维护保养工作，发现问题及时处理，做好铁水运输安全保产工作。

4　“一罐到底”铁水运输组织方案的优化

针对 7 号炉推行牵引车炉底对位运输组织模式，七一线、七三线、七四线改由牵引车负责炉下出铁对位工作，及取样平台取样测温作业要求，在现有的炉底运输组织和铁水运输管理方面继续优化“一罐到底”铁水运输组织方案。

4.1 运输组织

（1）七一线、七三线、七四线出铁对位由牵引车负责；七二线、七五线、七六线出铁对位由内燃机车负责。

（2）7 号炉炉底配包装铁优先牵引车对位线路为主线，七二线对位机车必须在主线出满两包前回到炉底对位，七五线、七六线按“一罐到底”铁水运输组织优化前的方案执行。

（3）所有运送至炼钢厂的铁水必须在取样平台取样测温作业，管中要求部分铁水无需取样测温的除外。

4.2 铁水运输管理

（1）牵引车炉底对位线路解车时，需摘解风管、排空风压后才能进入炉下配包作业。

（2）机车取送作业时，严禁与牵引车同时连挂同一组车辆（异常情况除外）。

（3）当遥控牵引车发生故障，运行机车不在炉下区域待命或不能及时恢复机车对位时，立即通知高炉出铁工紧急堵口。

（4）当发生铁水下地、穿包事故时，立即通知炉前出铁工和铁水作业区调度，执行《高温液体（运输）事故专项应急预案》进行操作；并遥控牵引车脱离车组运行至安全区段，防止烧损牵引车。

5 运行“一罐到底”铁水运输组织方案的效果

（1）运行“一罐到底”铁水运输组织方案后，解决了炉底装铁 100t 和 130t 铁包混编组合配包的对装模式，提高了炉底对位作业安全，减少了铁水运输反勾作业率，满足了炼钢厂铁水供应“一罐制”钢-铁新界面运作的需要。

（2）牵引车的应用实现了炉下出铁精准对位遥控智能化，极大地消除了对位过程中的反复位移缺陷，提高了作业效率和安全性。

（3）确保了在铁路线路复杂、运输路程远、运输时间长、炉下配包时间紧等条件下的铁水运输安全保产工作，满足了“铁包二合一分次配包调铁”运作模式下的“一罐到底”铁水运输组织的需求。

（4）提高了铁水包周转率和铁水到站温度（表 4）。“一罐到底”铁水运输组织运行前，铁水包周转率为 2.76，铁水到站平均温度为 1332℃；采用“一罐到底”铁水运输组织运行后，铁水包周转率为 3.30，铁水到站平均温度为 1364℃，铁水包周转率同比提升 0.54，铁水包到站平均温度同比提高 32℃。

表 4 铁包周转率及铁水到站平均温度

指标名称	改造前（2017 年）	改造后（2018 年）	提高/降低
铁水包周转率	2.76	3.30	0.54
铁水到站平均温度	1332	1364	32

6 结束语

应用“一罐到底”铁水运输组织运行方案以来，保证了钢-铁生产平衡，铁水运输安全顺畅，解决了铁水运输线路复杂、线路长、跨度大、多车运行密度高、重载运输时间紧等难题，提高了铁水运输安全保产服务能力，确保了“铁水一罐制”钢-铁新界面及铁水运输“铁包二合一分次配包调铁”运作模式下的铁水运输安全保产工作；同时，为下一步8号炉推行牵引车炉底对位运行模式铁水运输组织优化奠定了扎实基础。

宁钢内燃机车检修模式探讨

（宁钢物流部，俞士高）

摘　要：宁钢厂内铁路机车的运行环境和作业方式与国铁差异较大，如果内部缺乏机车运行特点的分析，建立合适的检修管理模式，往往会导致发生机车过修或欠修等情况。宁钢结合企业内部铁路机车作业特点和检修现状，实行设备点检定修制，积极推行专业点检与操作点检相结合，立足自力检修等手段，并充分考虑机车的技术状态和检修成本，确立以机车小修和临时故障修为主，大、中修委外的检修模式。同时根据内部机车作业特点，加强机车的技术管理，建立符合本企业铁路机车定修模型，确保机车具有可靠的运行质量。

关键词：机车作业特点；检修现状；机车改造；定修模型

宁钢是杭钢集团公司的全资子公司，厂址坐落于浙江省宁波市北仑区，距宁波市区约38km，水路、公路、铁路均可到达，交通发达、物流顺畅、地理位置优越。西面与闻名世界的东方深水良港——北仑港毗邻，厂界西侧还有北仑港铁矿石中转堆场。宁钢是一家从原料到炼铁、炼钢、连铸、热轧等工序配套齐全、生产装备水平国内领先的大型钢铁联合企业，公司依海临港，陆运海运交通便利，区位优势十分明显，是国内沿海具有先进制造能力的热轧商品卷生产基地，产品规模为年产热轧卷400万吨。全厂设铁水站一个，铁路线总长约10km，共配备5台GK1C型内燃机车，承担高炉至炼钢铁水运输生产任务。

宁钢为2007年投产的新建钢铁企业，内燃机车检修管理力量薄弱，结合机车制造厂家资料及其他钢厂机车管理经验，内部通过多年检修经验的不断积累，逐渐建立了具有宁钢特色的内燃机车检修管理模式。

1　厂内机车作业特点

宁钢铁水从炼铁高炉到炼钢倒罐站之间运输由260t鱼雷型混铁车盛装，使用内燃机车牵引。5台内燃机车采用“4用1备”的作业模式，基本上满足了高炉400万吨铁水运输生产要求。

内燃机车只负责厂内铁水运输生产的调车作业，且作业距离短（高炉到倒罐站之间距离最远只有1400m），往返作业频繁。内燃机车每次作业最多顶送2个重罐（共1040t），牵引吨位较低（GK1C型内燃机车设计在平直道上可以牵引4500t）。厂内规定内燃机车单机最高行驶速度为20km/h，带罐作业时最高行驶速度为10km/h，机车运行速度低。机车上线作业率（机车纯作业时间/上线时间）约60%~70%，另外30%~40%时间为零位待命等待，零位待命时间长。

2　检修现状及管理要求

由于宁钢内燃机车配备数量不多，从经济性考虑只配备必要的检修设施和易损备件，缺乏大型的专业化检修设备设施，同时宁钢设备管理推行的是点检定修制，操作方只配置司机，设备方只配置专职点检员，未配置运行维护人员及维修工。根据宁钢厂内铁路机车实际使用情况，经过几年的实际探索、总结，内部逐步形成自力承担机车小修和临时故障修，大、中修委外的方式，同时适当延长各级检修周期，确保机车经济和安全运行。

针对内部技术力量比较薄弱的现状，强化机车点检工作，分解为日常点检和专业点检，明确操作方和设备方点检范围和技术要求，并严格落实责任制。操作方的重点是通过日常点检，及时发现机车使用中出现的故障，属于自检自修范围时及时自行处理，需要报活的第一时间预报并采取有效的保护措施，避免故障扩大；设备方的重点是积极推行专业技术负责制，实行“点检与检修合二为一”“管技术必须管安全”，重点是培养自力检修的技术力量，提高员工的技能水平，减少对检修协力的依赖，真正实现机车检修管理工作各个层次的有序衔接：第一层次为技术支撑，第二层次为现场设备技术状态管控，第三层次为自力检修力量支撑。

3 通过技术改造提升机车运行质量

宁钢 5 台 GK1C 型内燃机车陆续于 2006 年和 2007 年采购进厂并投入使用，在使用过程中对机车故障率较高的部件进行技术分析，针对设备本质上存在的缺陷，不断加以技术改进，有效消除设备故障，提升机车运行质量的可靠性。主要改造之处有：

（1）司控器改造。186、187、188 三台机车司控器为老式的推拉式司控器，且与 453、454 机车沙尔特堡司控器控制方向不一致。将 186、187、188 机车推拉式司控器改造为西安沙尔特宝推拉式司控器，以保证所有机车操作方向一致，有利于安全操作。

（2）风泵接触器加装 PRS 浪涌电压吸收模块。186、187、188 三台机车经过现场一年多的使用，发现风泵接触器触点有烧损现象，更换费用比较高。为保证机车安全运行，减少检修费用，将风泵接触器加装 PRS 浪涌电压吸收模块，减少接触器触点烧损，降低备件费用。

（3）轮缘润滑器改造。轮缘涂油器用 RSC 石墨润滑器，碳棒为圆柱形，靠自重对轮缘润滑，润滑效果差，改造为 GR-1HT 靠弹簧压紧型轮缘润滑器。

（4）电控阀改造。2012 年开始 GK1C 型机车多次出现反向走车或加载后不动车故障，经检查多数为机车方向控制的 TFK7-110 型电控阀故障原因引起，对机车使用造成严重影响，并且存在一定安全隐患。根据对梅钢 GK1C 型机车运行情况进行了解，其也存在类似故障，后改造为 TFK4-110 型电传车用电控阀，基本上已经杜绝了因电控阀故障引起的反向走车或不能加载故障。2014 年着手对 5 台机车电控阀进行改造，后没有再次发生机车反向走车现象。

（5）电路控制脱扣开关改造。在机车使用过程中出现线路短路或过载时线路电流过大造成线路着火，但是设在线路中的 DZ5B-50 型自动空气开关未动作，未起到有效保护作用。参考现新造机车线路中自动空气开关采用的为 C65N 微型断路器，将 5 台机车自动空气开关改为 C65N 微型断路器。

（6）电炉改造。机车原装电炉为电炉丝式的，水壶水溢出后容易造成电炉丝烧损。后改造为带护管式电炉，大大减少了电炉损坏率。

（7）机车车顶排烟口加装不锈钢防护网。为防止高炉下高空坠物掉落在机车排烟系统造成增压器损坏，在机车车顶排烟口加装不锈钢防护网。

4 机车定修模型的确立

宁钢内燃机车因低载、低速、待命时间长等因素，如果严格按照厂家提供检修周期进行检修，将造成严重的“过维修”，增加检修成本。内部通过多年检修经验的逐步积累，确立机车检修模型遵循的原则：严格执行设备点检定修制；检修方与生产方的工作职责既分工清晰，又相互交叉；日常维护和故障处理立足自力，大、中修委外的方式。考虑机车过轨的实际难度，外委专业检修单位实行上门现场检修，关键部件返厂修的方式；计划预防修与状态修有机结合，逢修必改，建立内部特有的机车定修模型。

4.1 基本检修周期

新车→小轮修 1→小轮修 2→小轮修 3→大轮修→3 次小轮修→架修 1→架修 2

机车每次小轮修间隔时间设定为 6 个月左右，三次小轮修后 2 年进行一次大轮修，4 年左右第一次架修，8 年左右第二次架修，依次循环检修周期。

机车实际检修日期的确定主要参照上述基本检修周期，再有效结合机车的实际技术状态，适当进行提前或延后，确保机车不过修、不欠修。经过几年的实际运用，宁钢机车未出现过因“欠维修”造成的设备事故。

4.2 检修范围及内容

采取“基本标准+超修程”的方式。宁钢于 2007 年正式投产，5 台机车使用已满 10 年，目前均已完成第二次架修，由于宁钢机车长期运行速度较低，牵引重量小，从大轮、架修修程拆解分析，机车部件总体磨耗不大，关键部件如柴油机、增压器、高压油泵、走行部、液力变扭器、调速器及各种电机技术状态良好，按照基本标准内容进行检修，可以有效恢复机车的运行性能；对极少量部件的异常情况如液力变扭器轴承间隙超限等，我们采取“基本标准+超修程”的方式设定检修范围和技术要求，这既可以恢复机车性能，又可以最大程度节省检修成本。

基于目前 5 台机车技术状态较好，我们目前还暂不考虑安排机车大修修程，后续随着机车使用年限的增加，视全面评价机车整体技术状态后确定。

5 结束语

经过多年摸索，形成了具有宁钢特色的机车检修管理模式，紧密结合实际机车检修现状和检修能力，确立以机车点检为主，小修和临时故障修为辅，大、中修外委的检修模式，同时制定合适的定修周期，确保机车不过修和不欠修，这一检修管理模式不仅适用宁钢厂内铁路运输设备管理要求，也为同类型冶金厂矿企业内燃机车检修管理提供了参考。

浅谈铁路物流系统给冶金企业带来的变革

（河钢邯钢，鲁志勇）

摘　要：冶金企业铁路物流系统是运输生产的主信息网络和基础信息网络。是原料进厂、卸车入库、成品装车出厂、物流仓储、路企直通、调度命令、车辆跟踪、车辆停时、车辆状态、机车行径的进路排放、道岔位置、信号灯显示、车辆的顺序编排和编组、报表统计、运输及公司生产信息、车辆、铁水罐管理等主要的指挥系统。该系统与公司 ERP 系统进行双向信息传输，其中包括原料系统、质检系统、供应系统、计量系统和公司生产指挥系统的连接，将运输的物流跟踪管理信息系统与全公司的信息系统连成一个大的整体系统。充分说明了铁路物流系统的使用对冶金现代化管理产生的巨大威力。

关键词：铁路物流系统；冶金企业；生产计划；调度指令

任何企业的生产经营都由信息流、物流和资金流构成，而信息流对于物流和资金流起着决策、控制、反馈和调整作用，即物流和资金流取决于信息流。信息时代，各行各业之间有着息息相关、千丝万缕的联系，各式各样的信息在企业中以各种形式、方向、轨迹流动，构成信息流。信息流是企业的灵魂，是企业运行的神经系统。企业管理的本质和核心就是对企业信息流实施有效控制。铁路运输联系着原料、生产和销售的各个环节，是冶金企业生产经营非常重要的环节。

在没有铁路物流系统之前，几乎所有的冶金企业在运输管理上均采用人工方式进行管理，形成了一套人工信息管理系统。信息主要通过电话、图表等简单工具人工抄摘、分级传递，这种以纸、笔和电话收集和处理各种信息的方法不但信息滞后、效率低，同时也极易造成各种安全隐患。随着厂内生产工艺的不断发展、产量的不断加大，冶金企业运输保产的要求也越来越高，仅依靠原有管理方法和设备来管理控制运输生产，对提高运输管理水平有很大的障碍，必将对整个冶金企业生产带来极大的瓶颈。

1　邯钢运输部铁路物流系统的应用与发展

（1）邯钢运输部铁路物流管理作业系统于 2006 年上线运行，当时上线运行大大的提高了邯钢运输部物流的管理水平。给传统的老运输部带来了巨大变革，具体表现如下：

1）实现了以部调为指挥控制中心、各车站作业区与机关科室互联的网络体系，实现运输管理网络化、计算机化。建立全运输部的信息网络平台就是建立运输部的信息高速公路，是信息化建设的基础。没有这个网络平台信息就不能有效地传递，其他信息子系统就无法实现。所以全运输部的信息网络平台，为铁路信息化建设提供了基本的网络平台。系统由光纤网络、主服务器、车号员工作站、调度员工作站和站场数据采集装置组成，组成了覆盖部调及各场站的计算机网络。

2）实现生产数据、生产作业计划、调度指令、安全指令、机车位置和状态、运输生产信息的数据共享，并可储存及查询。通过物流系统数据库，根据现场货物及车辆的动态变化进行数据动态刷新，以便调度根据数据和跟踪状态调度指挥机车、车辆运行。生成各种图表以便管理人员和有关领导进行统计和决策。

3）实现调度作业的计算机化，实现不同调度作业方向的车辆解体，与复杂的车辆顺序编排的编组自动化。实现调车作业计划编制、修改、打印、查询、取消等，调车作业计划列表，列出本班所做的全部调车作业计划及其详细作业内容。实现调车作业计划回推，对已有在机器实场内执行过的调车作业计划进行回退。实现调车作业计划传送，将编制好的调车作业计划通过无线数传以及计算机网络传至各个作业点，显示出调车作业计划单，以及实现调车作业计划执行，在机器实场内进行分车。调车作业计划取消，撤销某一未执行的调车作业计划等功能。如图1所示。

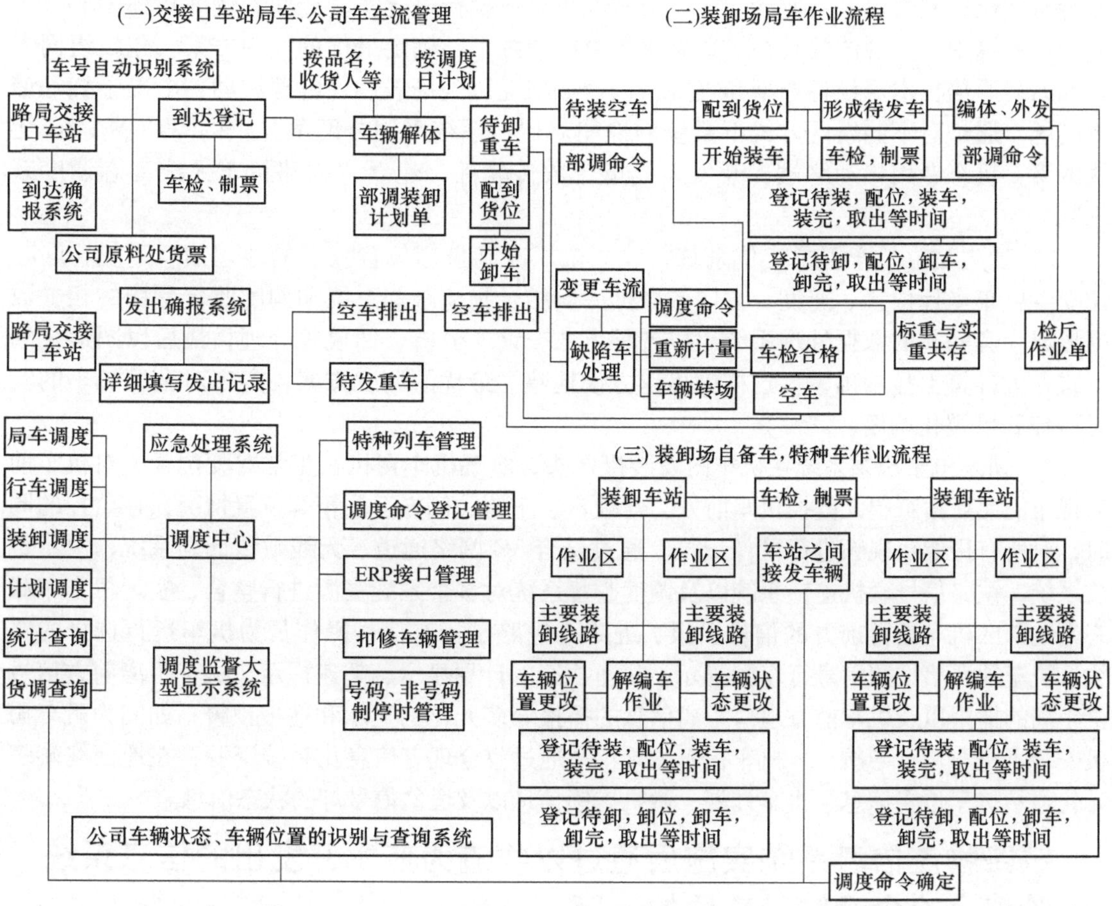

图1

4）实现车号跟踪、停时、车辆状态及统计报表等信息计算机化。实现自动采集列车进、出站信息及监控处理功能；实现具有路局到达列车的车次、编组、货票录入功能；实现具有列车解体计划录入，车辆位置信息自动更改功能；实现通过列车接发信息采集功能；实现出发列车信息自动生成和网络发送功能；实现到达列车信息采集和网络接收功能；实现到达确报核实修改后，自动转成路车到达信息；实现生成各车站的路车到达记录，可以显示并打印；形成按车号的路车动态信息管理，实现路车信息跟踪。

5）实现生产指挥决策管理科学化。形成运输部生产经营日报，可以显示及打印；形成运输部工作日报，可以显示及打印；建立运输量统计台账，按到达、发送建立台账，可以打印。

（2）在原有物流系统的基础上，以物流信息系统为蓝本，衍生出多套物流信息流系统，为冶金企业运输系统提供更有力的管理。

1）建立“铁路机车无线动态调度系统”就是通过组建无线网络，开发无线动态调度系统，利用无线的方式实现调度指令实时传输功能。调度人员在调度指挥中心的计算机上编制好作业计划后通过无线动态调度系统传送给在站场作业的机车移动终端和本调车组的手持机上。整个传输过程可在几秒钟内完成。当需要临时变更计划时，相应的计划也能立即传送到位；同时机车作业计划的完成情况也可按执行进度实时传回到调度指挥中心及物流管理系统中。实现的关键在于在满足需求的前提下，确定最优的实现方案。包括组网方式和无线通信技术、设备选型和投资，以及如何克服现场震动、电源波动、电磁干扰等诸多问题。通过对不同组网方式下系统的性能对比，系统采用公网最先进的 WCDMA 3G 无线网络，机车专用移动终端，开发无线指令数传软件，建立“铁路机车无线动态调度系统”。

2）通过建立机车卫星定位系统，建立全厂准确坐标位置数据的地理信息系统，同时建立各机车坐标位置、速度、方向的数据库，结合物流跟踪系统和调度监督系统的相关数据形成一套完整的数据处理系统。以各种方式查询、分析、回放等处理，最后以图形化的方式在大屏幕上显示出来。这样就可以方便地建立最优的调度方案，实现对全厂机车的实时监控和可视化调度。

3）研发电子添乘系统在机车内安装摄像头，实现机车司机在正常驾驶位置上对机车前后视角的无死角瞭望，监控机车前方、驾驶室、车钩、侧方、油箱等位置情况，在监控的同时，对所有摄像头视频进行录像记录。通过结合 3G 网络通道、无线数传计划系统、卫星定位系统、铁路信号微机连锁系统以及调度监督系统对多个系统资源进行整合，实现机车车载终端电脑的机车运行前方的信号播报、进路（进路是指有信号操作员为机车运行选择的路线，机车须严格按照信号行车）显示、机车执行的计划显示、超速提示、机车距离前方信号机距离的播报以及机车前方道口距离信息的播报等多元化的显示和播报预警，如同为机车司机安装了机车运行导航仪、机车行车记录仪。通过整合现有信息化系统资源，在地面终端多元化显示机车位置信息、机车计划、微机连锁信息以及道岔信号灯的状态信息。

2　铁路物流信息系统实施后通过以物流为蓝本开发出的信息系统给整个冶金运输带来质的飞跃

“铁路物流系统”应用网络与通信技术、数据处理技术、自动识别与数据采集技术、物流信息无线传输技术、物流空间信息技术等开发，是我部铁路集作业、控制、管理、安全监控和服务于一体的综合作业系统。系统包括铁路物流跟踪系统、车号识别系统、TMIS 路企直通系统、无线数据传输系统、卫星定位系统、铁路信号调度监督系统、铁路信号微机连锁系统等。系统网络图如图 2 所示。

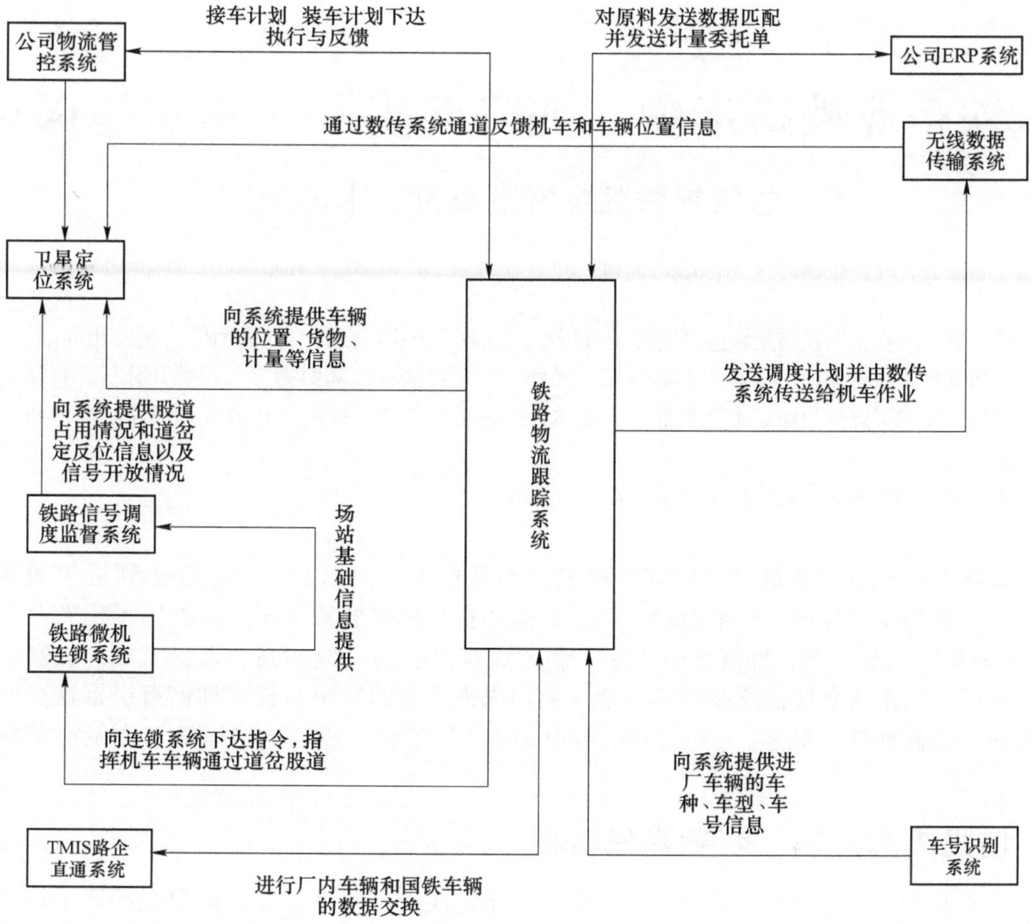

图 2

3 结论

邯钢运输部铁路物流系统实施以后，通过不断的完善和扩充，现已成为邯钢运输生产的主信息网络和基础信息网络，是原料进厂、卸车入库、成品装车出厂、物流仓储、路企直通、调度命令、车辆跟踪、车辆停时、车辆状态、机车行径的进路排放、道岔位置、信号灯显示、车辆的顺序编排和编组、报表统计、运输及公司生产信息、车辆、铁水罐管理等的主要指挥系统。该系统与公司 ERP 系统进行双向信息传输，其中包括原料系统、质检系统、供应系统、计量系统和公司生产指挥系统的连接，将运输部的物流跟踪管理信息系统与全公司的信息系统连成一个大的整体系统。

通过实现“铁路物流系统”提高了运输生产效率，不但产生了明显的直接经济效益，同时运输管理上到了一个新的层次，随着人们认识的提高和管理力度的加深，其产生的间接效益是不可估量的，这充分说明了信息技术的使用对老企业的技术改造和现代化管理产生的巨大威力。

钢铁企业铁路运输“四降两提”工程实施探讨

（包钢钢联股份有限公司，朱志华）

摘　要：结合包钢铁路运输生产实际，分析在新形势下企业存在的“四高两低”的突出问题，如何解决钢铁企业铁路运输“四高两低”问题，深入实施“四降两提”工程展开分析，有针对性地提出了降低检修成本、降低人工成本，提高运输效率、提高工作效率的思路、举措和途径。

关键词：钢铁企业；铁路运输成本；管理与控制

2018 年，钢铁企业取得了较好的阶段性经营成果，包钢的经营业绩达到近年最好水平。欣喜之余还须自省，包钢面对市场、行业和自身带来的重重压力，找出了仍然存在的“四高两低”突出问题，即财务成本高、制造成本高、物流成本高、人工成本高、资产运营效率低、工作效率低，这是影响当期又制约未来发展的突出短板。如何解决钢铁企业铁路运输“四高两低”问题，深入实施“四降两提”工程，成为铁路运输工作亟待解决的关键问题。

1　增强成本意识，明确责任目标

运输部上下首先要统一思想、凝聚共识，坚定决心、坚强信念，确保全部职工行动一致、干劲不减。

1.1　总体目标

通过推进降低运输成本项目，系统梳理运输业务流程、成本现状，查清造成运输成本高的原因，找出可行的措施，全面提升运输管理和服务水平。在坚持“四项资金必保”，即安全资金必保、职工生产生活资金必保、机车和特种车辆维检费用必保、运输部的重点项目资金必保的前提下，紧密围绕“四降两提”工程深挖成本潜力，合理规划运输方式，实现高效率、低成本的运输模式。

1.2　任务指标

为全力推进“四降两提”工程，继续深化降本增效，理清各项指标数据，围绕单位铁路运输成本、机车燃油单耗等关键指标，与同行业先进企业对标，找差距、找不足、找目标，拿出切实有效的措施。

从表 1 关键指标可以看出，铁路运输单位成本、机车综合能耗和全员劳动生产率比行业平均水平略好，但机车台日产量低于行业平均。针对落后指标，要分析找出落后的原因、不足，坚持月分析、季考核及经常性工作督导，实行重要指标预警机制，把握工作进程和工作效果。

表 1

项 目	单位	2019 年计划	加压后计划	加压比计划	行业平均
铁路运输单位成本	元/(吨·千米)	0.83	0.74	-0.09	0.95
机车综合能耗	千克标煤/(万吨·千米)	171.55	171.5	-0.05	181.7
全员劳动生产率	吨/人	28266	29075	809	26426
机车台日产量	吨·千米/(台·日)	21754	22228	474	26890

1.3 分解指标

降本指标进行模块分解，将降本任务分块、分项分解到各专业管理部门和作业部，责任到人，并制定实施方案及措施。任务分解做到细化量化，切实做好指标分解落实，让每一名职工都参与到“四降两提”工作中，做到全员、全系统、全方面的降本增效。

1.4 制定降本项目

围绕降本任务的重点、难点，成立“降低成本，优化指标”项目组，确定降本项目。分别由部领导亲自带项目、定措施、挖潜力、创效益。每个项目组都明确了具体的项目目标、工作规划、活动周期、主要攻关内容和成员职责，并按照现状梳理、规划立项、项目实施、总结改善四个阶段对项目进行总体推进；同时，基层单位围绕内部指标开展攻关活动，确保运输成本进一步降低。

1.5 成立管控小组

每月召开生产经营活动分析会，对当月各项成本支出进行分析总结。成立采购及消耗管控小组，对采购招标、工程验收进行把关，每月细致分析总结，保证采购和检修质量。

2 确立“两降两提”，制定措施保障

深入实施“四降两提”工程，运输部结合厂内铁路运输工作实际，确立了“两降两提”工程，即降检修成本、降人工成本，提运输效率、提工作效率的思路和举措，进行全员、全要素、全过程系统攻坚，精准发力、持续推进。

2.1 优化人力资源，降低人工成本

由于人员年龄结构偏大、结构性缺员严重，加之到龄退休人员逐年增多，给运输部安全运输保产工作造成极大影响。为切实缓解运输岗位人员紧张的局面，运输部坚持眼睛向内，深挖内潜，通过优化岗位设置和依靠科技等手段，使岗位人员紧张的局面得到缓解。

一是合理配置人力资源，精干职工队伍。在检修作业部操作岗位大力推行区域化大工种作业制度，积极鼓励操作岗位“一专多能”和考取二技能；继续推行铁路线路维修试点巡检制、无路局交接作业的普车站车号员单岗制等措施。二是继续在有条件的区域推行调乘制，切实缓解调车员缺员的矛盾。三是依靠我部自行研制实施全遥控微机联锁系统技术，合并炼铁渣站作业区和四高炉作业区，实现冶炼区整体调度指挥系统的优化。

2.2　加强全面管理，降低运输成本

（1）铁路运输吨千米成本。铁路运输吨千米成本是铁路运送 1t · km 货物平均分摊的运输成本。主要措施是通过满载满运提高货物周转量；通过降本措施对备件费、材料费、鱼雷罐费用、动力费及货车使用费进行严格控制，降低运输成本支出；运输总成本降低和铁路货物周转量的增加，使铁路运输吨千米成本降低。

（2）机车燃油费。通过制定一系列节约燃油措施，控制燃油消耗。一是根据外部气温变化及时调整燃油标号，降低柴油费用。二是加强油罐车运输管理，通过 GPS 系统对油罐车拉油情况进行监控，发现问题及时处理解决。三是实施停机待命制度，加装小柴油机用于机车待命时制冷、取暖，同时可起到预热锅炉的作用，还可给蓄电池充电。四是加强油耗统计考核，并与运量挂钩，针对油耗差距大的情况进行分析，消除燃油浪费。五是加强自检自修水平，提高机车的检修水平，使机车在最佳状态下工作，减少更换机车造成的燃油消耗。六是注重乘务员操作技能提升，鼓励采取先进操作法，最大限度减少燃油消耗。

（3）材料备件费。主要采取自主维修、修旧利废和过程管控等措施。一是加强备件的修旧利废与自制，通过实施选配冶金车辆轮对，回收利用废旧轨排和电缆，延长机油换油周期，自制车梯子、钩提杆、对位标、护轨等措施，切实降低材料备件的购置费用。二是继续加大自主维修推广力度，进一步将铁路信号室外大修、空调维修、热水器维护、小型土建维修、办公场所配电线路相关改造纳入自营维修范围，切实减少外委项目费用的支出。三是加强各项设备日常点巡检和技检工作，确保设备运行状态良好；认真开展机车运行管理和维护保养工作，延长机车备件的使用寿命；加强厂内车辆的运行管理，合理安排车辆的入修工作；加强对委托工程服务公司进行的机车车辆检修质量的管理，对主要备件更换要全过程监督确认，严把机车车辆维修的出库验收关。四是在公司范围内开展爱护铁路运输设备教育活动，最大程度降低因设备损坏增加运输部检修成本的支出。五是所有备件、材料采购计划实施专业管控小组审核，通过计划管控、过程管控、目标结果管控，确保降本目标实现，切实把有限的资金花到刀刃上。

（4）鱼雷罐费用。主要措施是根据公司高炉生产节奏，及时调整鱼雷罐运用数量，在保证生产的前提下，减少鱼雷罐车运用数量，提高鱼雷罐车日周转次数，力争将鱼雷罐使用周期从目前的平均 1000 次增加到 1050 次以上，同时组织鱼雷罐砌筑长寿化攻关，延长罐龄，降低鱼雷罐的材料费和备件费。

（5）动力费。制定的措施：一是将能源动力费层层分解，落实到各车站、作业部。二是逐步淘汰落后高耗能设备，降低能源消耗。三是对发生跑冒滴漏、长明灯、长流水等能源浪费现象的单位将进行严格考核。通过完善能源计量设施，提升能源管理水平，降低动力费的支出。

（6）货车使用费。加强与路局的联合协作，尽力缩短装卸车时间，积极组织无效局车出厂，压缩局车保有量，降低局车在厂停时，降低货车使用费的支出。具体工作措施：一是调度室行车台调度统计当班付费车数量，值班主任负责监督。二是每周进行一次分析汇总，重点关注局方车流大不接车，造成入厂保有量大的情况下，将不应付费的车数与局方协商进行剔除，由生产部长负责。三是每月与路局核对付费车数与付费金额。各岗位人员各司其职，加强沟通，力争不发生货车使用费支出。

2.3 优化运输组织，提高运输效率

一是根据各车站作业量的饱满程度，合理安排机车运用，减少机车供应，节约机车运用成本，通过阶段性减机车措施切实降低机车油耗。为鼓励有关单位提高作业效率，减少燃油消耗，制定运输部减少机车运用的奖励办法。二是积极与股份生产部沟通，均衡组织车流到达，并对车流情况制定应急预警制度，有预见性地控制车流的到达，避免因重车积压造成厂内运输的无序组织，从而降低运输成本。三是加强调度员业务培训，提高调度员调度指挥水平和降成本意识，减少反钩活、避免重复作业。四是加强运输组织，科学编制作业计划，减少机车重复作业，提高运输效率。合理调配上线鱼雷罐，避免能源浪费。五是加强外发车辆技检工作，组织做好铁路货车爱车工作，提高车辆利用率，尽最大努力降低车辆返厂率，减少处理返厂车的费用。六是加强路局车的管理和维修，切实减少损坏路局车、减少货车损修费的发生。七是积极与呼铁局协商，取消包西零场试风及部分包西列检可以修理的外发车不再返回厂内修理，提高外发作业及机车作业效率。

2.4 强化制度建设，提高工作效率

一是充分发挥新体系交接口开通优势，通过优化调度指挥，加强与路局协调沟通，简化繁杂环节，缩短交接车时间，满足公司原料到达和产品外发对铁路运输的需求。二是加强装卸车管理，货位配车满线率力争达到100%。进一步提高卸车效率，力争杜绝原燃料车的二次取配。三是认真按照铁路营业办理限制审核计划，杜绝因无月计划影响产品输出。及时处理无计划重车，严格把控无计划装车，预装车及落空计划的要在规定时限内提报计划，提高计划兑现率。四是以公司“效率提升年”为契机，围绕转变工作作风，提高工作效率，要求两级机关干部以提效率、强服务为切入点，改进工作作风，提升决策效率、执行效率、管理水平和全员素质。五是继续做好管理干部和专业技术干部考核等工作，针对三支队伍分别采取不同考核评价模式，坚持定性与定量考评相结合的原则，与员工薪酬、培训、奖惩、劳动合同、岗位变动等挂钩。六是进一步优化管理流程，按照准时化拉动、卓越绩效管理思想进行流程分析，对不合理的流程进行优化整合。七是高度重视信息化在生产经营管理中的作用，充分运用好ERP、协同管理平台，采购、销售电商平台等信息化平台，进一步提升工作效率。八是持续推进网格化建设，落实安全、环保、厂容、绿化责任，明确责任，提高工作效率。

3 制定奖罚政策，形成制度保障

为持续开展降本工作，激励员工立足岗位在本车站、作业部区域开展降本增效，让每一名职工都参与“四降两提”工作，做到全员、全系统、全方面的降本增效，我部制定了一系列措施，形成制度保障。制订了《业绩工资考核办法》《自主维修奖励办法(试行)》《减少机车运用的奖励办法(试行)》《基层单位相关费用支出管理办法(试行)》等制度，持续促进运输组织的优化和铁路运输效率的提升，切实降低厂内运输成本、人工成本等。

深入实施“四降两提”工程是完成年度目标、实现长远规划的重要举措，是公司坚持问题导向、聚集质量效益的具体体现，更是勇于自我剖析、直击问题要害、为实现包钢高

质量发展迈出的关键一步。钢铁企业铁路运输实施“四降两提”工作是关系到多快好省发展钢铁企业铁路运输事业，全面完成钢铁企业生产经营任务的大事。铁路运输企业必须采取有力措施，不断优化影响成本的突出环节；要瞄准滞后环节，不断巩固和提升企业发展质量。

钢铁企业物流管理模式创新与实践

（河钢唐钢物流公司，赵勇、王海英、史峻）

摘　要： 近年来，我国的市场经济体制取得了长足进步与发展，随之而来企业间的竞争也越发激烈，其中作为传统产业的钢铁企业，转变原有粗放型发展模式，谋求绿色、集约、高效、可持续的发展模式成为必然。因此，一套行之有效的、科学的管理方法的应用成为企业生存与发展的必然选择。河钢唐钢物流公司（以下简称“物流公司”）通过学习、推进先进的作业长制管理模式，深化供给侧结构性改革，谋求企业基层管理创新，探究物流发展新模式。以物流公司为研究对象，以作业长制的先进管理理念为轴，从五个方面总结了物流公司推进作业长制的实践和探索，并详细阐述了物流公司由此创造的经济和社会效益，给人以深刻启发和教益。

关键词： 作业长制；企业管理；管理创新

2015年初以来，受需求下降影响，国内钢材市场供大于求矛盾突显，价格竞争日趋激烈，环保压力也有所加大。在这种形势下，河钢集团唐钢公司重新确立公司发展战略、全面分析并研究自身的历史、现状与国内外钢铁工业发展态势，奉行“生产为用户，产就高效率”的管理理念，将卓越的产品质量和用户满意作为一切生产经营活动的出发点，同时把满足顾客要求和承担社会责任作为企业一项义务。为高标准完成既定目标，将市场竞争力的核心落实到基层管理，河钢集团唐钢公司亟须加强产品机构性调整与产线对市场的响应速度，基层管理模式创新势在必行。

物流公司是集运输、装卸、储运、配送和服务于一体，物流业务和物流费用集中管控的“双职能”单位，具有老国有企业优良的传统管理及企业文化，推进作业长制两年多来，遵循各项业务专业管理集中一贯、工序服从、权利委让、五制配套同步推进四项基本原则，改变了传统的管理模式，逐步实现了管理层级扁平化，不断夯实了基础管理，生产经营指标得到了明显的提升，作业长制管理模式在物流公司已形成了一种新的文化氛围，并在推进中不断探索、创新和发展。

1　调整组织架构，实现集约高效管理模式

以唐钢公司横向大部制、纵向质量一贯制产线事业部制为依托，逐步调整物流公司组织架构，减少中间管理层级，构建扁平化集中管控体系。为缩短纵向管理链条，实现对接产线、事业部制的高效扁平化组织机构，物流公司从运输、调度、发运等物流环节着手，将沿袭数十年的传统“三级”行车调度管理模式进行集中整合，推行“调度集中、地面调车、跨站作业”集中一贯管理模式，通过消减调度层级、合并相同岗位以及推进一岗双责的措施，实现人员优化30%以上。集中管控后，各区域调度员统一接收作业长指令，执行力加强，同时区域间也省去了电话联系环节，加强了相互间协作的效率与准确性，有利

于形成合力，高效完成运输任务。此举得到同行业学习、对标，并得到高度评价。将公务车队与生产车队管理合二为一，实行集中管控。完成钢材储运业务与港口业务的整合，实现了钢材销售物流从库区开始，一直到港口装船的“一贯制”质量管理，根据钢材储运、外发工作的特点，将钢材储运中心划分为五大作业区，实现发货系统集中一贯。经过一年半左右的组织机构调整，物流公司目前搭建起以设备、安全、生产、经营管理为主要职能的 7 个职能科室，以铁路运输、设备保障、钢材储运、原燃料管理为主要职能的 5 大分厂，以公务车、生产车管理为主的 1 个汽运队。基层物流管理共下辖 28 个作业区，已全面建起以作业区对接产线、事业部，集中一贯，精干有序的运营管理模式。

2 注重人才培养，提升作业长队伍素质

为了让职工深刻领会作业长制的精髓，物流公司从推进初期就下大力量宣传学习作业长制，利用各种会议向全体科级干部讲解作业长制的相关知识，下发学习辅导教材，在各单位开展自学，督导科级管理人员加深对作业长制的感性认识。2015~2018 年，物流公司先后组织各类人员 167 人，分七期参加作业长制脱产培训，并全部取得了作业长资质。2017~2018 年，组织参加作业长素质能力提升培训 104 人。作业长制的理性认识在干部队伍中形成了良好的开端。

随着作业长制的逐步推进，物流公司搭建了各种沟通平台，成立了研修分会、作业长交流例会制度，组建了以年轻大学生、生产骨干为支柱的作业长制基层推进小组、内训师队伍，一是通过内训师队伍培训加深作业长的理论管理水平，二是通过推进小组的介入提高作业长的实际管理水平。内训师队伍通过培训及自主学习，自制培训课件，利用例会时间对作业长进行集中授课，得到了基层管理者的积极参与和一致好评，一方面使内训师通过对作业长制知识的再学习，再认识，提升了自身知识水平和授课能力；另一方面，帮助基层管理者理清作业长制的盲点和误区，吸收新的管理方法和经验，同时也提升了作业长的理论管理水平，助推了物流公司的作业长制的全面落地，实现了双赢。基层推进小组的主要任务是涵盖运行、业务、检修各个系统的 28 个作业区的作业长制推进工作，以优秀示范作业区评比为牵引，走进现场辅导“五制配套”推进，查找问题、发现不足，利用研修分会对推进情况进行总结，推进办也会根据活动开展情况进行适当的奖励，鼓励开展比、学、敢、帮、超活动，实现作业长制推 100% 的覆盖率。通过活动的开展，使一些作业长从刚开始的思想抵触逐步成长为优秀作业长，并带领作业区成为“优秀示范作业区”。

随着作业长队伍建设的广泛开展，物流公司对后备作业长的选拔与培养重视程度显著提升，先后出台《后备作业长管理办法》和相应的培养方案，为基层管理队伍梯队化建设提供了充足的人才储备。同时，为大学生员工搭建成长平台，相继推出了《大学生培养和使用管理办法》《大学生见习作业长管理》等制度，并成立“大学生创新工作室”，为人才培养提供了更为广阔的发展空间。

3 五制配套的应用与创新

随着作业长能力的不断提升，物流公司将作业长制推向班组，坚持以公司战略为指引，遵循“PDCA+认真”的工作方法，以“总体业绩提升”为目标，以“贯标体系引领作业区自主推进”为原则，以“职能科室、推进小组成员”为主力军，以“示范作业区

评选”为推手，树立示范标杆，实现示范作业复制工作。从推进初期的学习、模仿，到逐步探索、融合，逐步走出一条具有物流特点的作业长制管理模式。

3.1 标准化作业

3.1.1 以生产实践为指导，完善岗位规程

以原有岗位规程为蓝本，开展专题研修活动，确定作业区岗位，明确岗位规程编制格式及要求，吸纳原有技术标准、操作标准、安全管理等相关内容，搭建自下而上的编制流程。由专业技术人员形成岗位规程初稿，组织一线工人进行学习和“找茬”活动，现场实证，反复模拟，进行岗位完善，由专业科室、专家对岗位规程进行会审，继续完善修订，最终报物流公司主要领导终审、签发执行，保障岗位规程的规范性、可行性、科学性。

3.1.2 标准化的应用与探索

（1）以班前会管理为切入点，引导作业区自主推进。结合原有班前会制度和各作业区生产作业特点，统一细化会议流程和检查标准，通过班组长组织集中学习岗位规程，告知职工当班作业任务中存在的安全隐患和危险源，并以随机提问方式进行安全问答，将安全本质化融入到班组日常管理。动态调整标准化评价表，通过每天检查督导，从细节处潜移默化提升职工标准化意识，从初期职工劳保穿戴、精神面貌、职工安全包保的检查，到进一步细化职工坐姿，优化班前会内容，提升员工自主能动性。每年在作业区开展岗位规程培训工作，通过以考带学和实操培训的开展，指导职工标准化作业的执行落实。基层管理意识和管理能力得到进一步释放，基层班组活力和凝聚力不断增强。

（2）以科学实践为导向，加强标准化、可视化落实。在作业区开展“岗位规程要素”提炼上墙活动和岗位规程“找茬”活动，将重点操作规程、技术要求、危险预知等内容图文并茂定制上墙，供职工随时随地学习。组织全员参与的“找茬”活动，对发现的问题进行及时汇总，由作业区、专业科室确认后，以“告知单”形式下发执行，及时指导生产作业。发挥职工自主能动性，通过职工自发组织大量实操验证与科学论证，在铁路沿线再增设一批停车标、鸣笛减速标、炉下对位标等辅助标识，提升了职工对规章制度的认可度和标准化作业的准确率。通过宣讲和讨论，集思广益，推动“指唱确认”“标准用语”“呼唤应答”的规范使用，确保职工生产操作安全。

（3）落实安全本质化管理，发挥“双控”机制管理作用。在作业区开展“危险源辨识”和“隐患排查治理”活动，由职能科室进行专业指导，用科学的方法确认风险点，划定危险源辨识范围，根据辨识内容编制危险源辨识清单，制定相应措施，监督执行。完善现有的隐患排查治理工作流程，实现隐患排查、等级、评估、治理、报告、验证的闭环管理。制定并实施严格的隐患治理方案，确保隐患得到及时治理。根据工作实际要求和责任分工，层层带头示范，层层传导压力，逐月对安全风险管控措施和责任落实情况进行检查，在日常管理中对相关单位和责任人通过多种形式进行检查，保证各项工作落实，避免出现重形式、轻实效的问题。

（4）建立日班作业长、值班作业长、班组长“三级巡检”模式。为更好地发挥作业长日常巡检作用，强化日常作业区管理，秉承权力委让的原则，逐步形成包含巡检标准、巡检路线图、危险源管控、设备管理、人员管理、环境管理为主要内容的全覆盖、可操

作、见成效的“三级巡检”模式。依据物流公司点多面广的分布特点，充分发挥作业长中心作用，通过适当调整巡检周期和微信管理群等途径，让作业长随时掌握现场情况，通过承接有序、权责清晰的管理闭环，及时发现解决现场问题，提高管理效率，基层管理者执行力水平不断提升。

3.2　灵活应用点检定修制模式

3.2.1　推进点检定修模式

成立了以专业科室牵头、分厂参与的点检定修制推进小组，建立健全各类设备标准 94 项，其中包括重新补充完善四大标准，建立健全各类设备点检标准 40 项，检修作业标准 24 项，给油脂标准 3 项，维修技术标准 24 项。梳理完善作业区管理制度及岗位说明书 57 项。专业点检与检修同时共享设备信息和发挥各自技术优势，在设备信息、技术交流、现场管控等方面全面交织成一条线，形成一套科学管控、经济优化、组织高效的设备管理模式。同时，依托自主开发的设备检修信息化系统，将设备数据及设备检修信息通过网上管理，有效规范了各项数据的收集，为设备倾向分析提供了支撑，同时有利于设备维修费用的管控和设备实绩分析。

3.2.2　强化全员参与设备管理

加强宣贯提升点检定修制全员知晓率，充分发挥全员管理的理念，特别是岗位人员的岗位点检作用，提高全员对点检定修制的理解，进一步发动了全员参与设备保全的氛围。在 TPM 管理中持续推进三位一体的管理模式的同时，在内燃机车设备管理上，解放思想，大胆创新，推行了“二检一修”模式，“二检”即为“动态检、静态检”相结合模式，“一修”是指内燃机车隐患故障状态修。这样既减少了机车设备的定修次数，同时也降低了内燃机车运用过程中的停时率，有效地释放了设备潜能，为产线提供了及时可靠的设备保障。

3.2.3　设备倾向性管理

为实现设备长期平稳运行，组织梳理了设备稳定运行的条件，抓住影响设备正常运行的各项因素、范围，从设备本身的技术参数，到人、机、料、法、环等各项因素全面进行了梳理。通过分析影响设备的各项因素，查找出影响设备稳定的重要因素，明确设备管理责任人，加大对重要因素的控制，从而提高设备的在线运行效率。通过建立健全设备缺陷和设备趋势分析机制，充分利用设备基础管理工作中积累的数据及指标，在不同层级管理中开展对设备的分析，按照 PDCA 的原则，对设备进行管理，特别是通过对积累的机车轮缘测量数据的分析，找出轮缘磨耗严重原因，并提前制定机车轮对互换的方案，减少机车轮对的切削，提高轮对使用寿命，降低检修费用，并取得良好效果。

3.2.4　创新设备分类管理模式

为缓解专业检修人员不断减少，职工年龄结构老龄化的现状，重新梳理设备类别，加强重点设备管理。随着人员及生产组织结构的变化，结合物流公司设备特点，依据设备在物流组织中的重要程度，围绕事故故障影响、使用频率、抢修难易、维修费用等几个方面进行综合评价，将设备分为一、二、三类。在原有点检标准的基础上，将人员及备件投入进行适当调整，缩短一类设备的点检频次和检修周期，适当延长三类设备的点检检修周期，将人力、物力侧重到重点设备管理当中。同时根据人员素质能力及设备重要性，制订了设备责任划分表，将人员与设备对应，明确职责和责任，达到全员参与设备管理，管好设备的目的。

3.2.5 探索点检定修制的应用

深化灵活的点检定修制模式，保障设备稳定运行。对24h有人值守设备如火车、天车，实行专业点检和检修分离，实行严格的点检定修制，有利于层级管理和责任界定。而对点多线长面广的工电及流动的车辆设备，均是无人操作设备，加上铁路和设备布局更是条块分割，通过充分培养岗位职工岗位点检能力，最大限度发挥操检合一，做到随时发现问题随时检修，节省人力，达到设备维保的高效快捷。

3.3 推行计划值管理（成本管理）

3.3.1 完善绩效驱动机制

通过完善的绩效管理体系，依据物流公司承接指标，编制物流公司绩效管理总体方案，结合计划值管理（成本管理）设定科学、可行的目标值，同时组织各作业区制定了《作业区绩效实施办法》和《作业区绩效实施细则》，搭建三级绩效管理体系，由专业科室将指标分解到作业区，再由作业区分解到班组及个人，形成承接有序、动态调整、指标提升的绩效导向模式。

3.3.2 提升全员成本意识

围绕物流业务全链条、全费用管控模式，各专业科室、作业区组织开展降本竞赛、KPI指标考核和焦点课题立项攻关、修旧利旧等活动，实现专业科室的角色向“服务+管理”型转变，激发基层每位职工主动参与成本管理工作，提升全员成本意识。

3.3.3 强化数据搜集、整理、分析、提升

各作业区根据生产实绩，出台了成本管理制度，明确各类费用统计原则和评价标准，建立每日基层统计台账和每月成本分析机制，关注指标异常波动，通过差异化分析，制定可行性对策措施，按时间节点验证实施效果，动态调整成本管控措施。

3.4 推行自主管理

3.4.1 搭建全员参与平台

自主管理是对组织基层充分授权，从而激励基层组织和个人工作自觉性和创造性的管理方式。员工通过对自己进行约束和控制，主动发现问题、分析问题和解决问题。物流公司以基层班组为基础，建立全员参与的自主管理活动小组55个。为规范自主管理活动，细化管理流程，物流公司出台《自主管理办法》，并按季度组织物流公司、作业区自主管理成果发布，建立专家及专业科室评价体系，细化自主管理课题评选流程及奖励标准。

3.4.2 转变员工角色

传统的制度管理方式使用制度去管理员工，一些微小的隐患和改进不能在管理中得到有效的修正，长此以往很容易造成生产经营隐患，不能适应高速发展市场要求，制约企业的生存发展。以一线员工为基础，通过赋予一线员工充分的自主决策权、管理权，鼓励一线员工参与企业的管理，进行自我监督、自我约束、自我控制，建立学习型的基层组织，

员工在发现问题解决问题和不断学习的过程中，把个人目标与企业目标融为一体，把个人意志与企业意志统一起来，使员工创造性和潜能得以彻底发挥。通过各层级宣讲自主管理知识，每季度兑现奖励，发挥员工主观能动性，逐步实现管理的被动方向主动方的角色转变。

3.4.3　开展自主管理培训

员工在自主管理的过程中，通过发现问题、分析问题和解决问题的过程能够清楚地明白自身的不足，为了更好地解决问题员工通过不断的学习新的知识来提升自己的专业素养，寻求更好的解决方法，在解决问题的过程中不仅提升了自身的劳动技能，而且提高了工作效率，员工的自我价值也得到了实现，心理得到了极大的满足，从而更愿意去思考下一个亟待解决的问题，做到创新创效，保持企业良好的活力。通过开展形式多样的自主管理培训，帮助员工提升全员自主管理知识水平及应用能力。具体做法有：(1) 组织各作业区 20 人次参与非钢系统自主管理专项培训。(2) 推选优秀课题参加公司自主管理成果发布，并进行学习交流活动。(3) 组织作业区自主管理专项培训和重点课题指导。(4) 以物流公司研修分会为平台，组织作业区间课题交流学习，取长补短。

3.4.4　创新推广模式

根据物流公司职工年龄大、学历低的现状，在自主管理推进过程中，为了使职工尽快掌握 PDCA 工具，学会科学统计工具的使用方法，在作业区开展“一张纸”活动，即将自主管理全部流程简化到一张 A4 纸上，只需在规定的表格填上对应自主管理内容，即可完成自主管理活动。“一张纸”活动，便于普及和应用，在推进初期大大提高了职工对自主管理认知和统计工具的使用。

4　借力信息化平台，开创基层管理新模式

在现代企业管理中，以大数据、互联网+为依托的管理模式，便于企业日常数据管理与分析，能最大限度提高人工效率，减轻管理者繁重的管理资料整理与记录工作。物流公司通过逐步探索、推进作业长制管理模式，利用现有人才储备和信息技术优势，创新物流管理模式，助力作业长制推进。

4.1　搭建作业长交流信息化平台系统

在作业长制制度健全、流程顺畅、人员素质不断提升的基础上，组织相关技术人员自主研发了“作业长交流平台”管理系统，利用信息化手段，将作业长制向纵深推进。该系统由作业区现场联查、自查记录管理，优秀作业区成果展示，作业长制相关理论知识学习文件发布，作业长制推进小组服务支撑管理，管理文件、通知公告等信息发布管理五大模块构成。通过平台的使用，一是直观展示示范作业区优秀的管理办法，促进各作业区之间相互学习。二是将督导检查在推进过程中发现的问题第一时间线上发布，促进各作业区借鉴、改善提升。三是充分发挥推进小组服务支撑作用，根据作业区线上提出的需求，有针对性地指导帮助作业区解决实际困难。四是在线答题，强化作业长理论素质。通过信息化平台的建立，直观地给员工建立了一个网络交流的平台，加速了信息的流转、资源的有效共享，提高了工作效率，使管理更加规范。

4.2 建立作业长在线巡检系统

依托信息化、大数据及相关专业技术人才储备，充分发挥职能科室服务支撑作用，减轻作业长在日常管理过程中的工作强度，完善作业长制巡检流程，以现有作业长巡检相关制度为基础，开发了作业长现场巡检 APP 系统。该系统将传统的纸质巡检转变为 APP 线上巡检，并将安全、设备、标准、环境等方面所有可直观检查的内容在程序中集成并分类，实现作业长现场巡检的线上化运行。该系统的开发进一步实现了作业长巡检工作模块化、简便化、流程化，更加便于作业长现场巡检操作，对检查出的问题既可以在操作界面进行文字描述说明，也可以通过上传照片的方式进行辅助说明。并且每周、每月该系统会自动生成检查问题汇总，便于作业长日常检查、分析、验证，形成 PDCA 管理闭环。另外，根据登录人员的权限不同，上一级管理者可以对各作业区作业长巡检情况随时抽查，实现逐级负责。

5 作业长制管理模式助力企业业绩提升

通过推进以作业长制为核心的基层管理模式，专业管理集中一贯制、依托大数据、信息化等手段，实现了管理重心下移、优质资源下沉、物流结构重塑，加速了物流费用单元向创效单元转变进程，提升了市场创效能力。物流公司推行作业长制管理模式 3 年以来，基层管理水平不断提高，生产经营业绩显著提升。

5.1 实现角色转变，企业软实力显著提升

作业长制管理模式的应用，不仅是一种新的管理方法应用的过程，更是领导、基层管理者和广大职工思想意识、角色转变的过程。传统管理模式更多地注重制度、规范、技术、法则等理性的经济因素，很少关注人性、人本、企业文化等软实力的培育，因此很难调动员工的主观能动性，不易形成团队凝聚力。以作业长制为中心，通过权力为让，委权不委责，充分激发调动基层管理者“小厂长”的内在潜力，自身思想意识逐步转变，在管理中发现自身不足，不断充实知识能力，提升管理素养，使作业区管理步入 PDCA 循环。通过自主管理活动和 TPM 活动的开展，将员工自我价值的实现与企业发展紧密相连，员工不再是被管理者，而是企业管理的主动参与者，自身素养也在学习过程中得到提升。专业管理科室由单一管理型，逐步实现向管理+服务型转变，管理手段也更加丰富，在利用专业知识辅导和帮助作业区解决实际困难过程中，各项管理有效落地，执行力大大提升。

5.2 紧盯产品、市场，生产经营指标显著

推进作业长制以来，物流公司围绕“产品”和“市场”两大主题，牢固树立“生产为用户，产就高效率”的理念，通过组织机构扁平化实现管理集中一贯，将各类资源下沉到产线。借力信息化和物联网+模式，通过多种管理手段的应用，强化物流费用及全物流链管控。以质量认证工作为契机，强化标准化作业，不断提升基层管理服务意识。以财务同口径比较，物流公司各年收入、利润水平呈上升态势，吨钢物流成本始终保持河钢集团领先地位。

物流公司 2016~2018 年收入及利润见表 1。

表 1　物流公司 2016~2018 年收入及利润

年份	收入/万元	利润/万元	备注
2016	24506. 1	1060. 8	
2017	25661. 39	2821. 73	
2018	26527. 65	3927. 8	

唐钢公司 2016~2018 年吨钢物流成本见表 2。

表 2　唐钢公司 2016~2018 年吨钢物流成本

年份	吨钢物流成本/元	比计划降低/元	累计挖潜增效/亿元	备注
2016	314. 66	17. 41	1. 88	
2017	322. 3	32. 6	4. 18	
2018	304. 45	23. 24	3. 13	

5.3　社会效益

以供给侧结构性改革为导向，坚持走可持续发展道路，通过贯彻执行国家环保限行政策，大力发展“公转铁”物流业务，开拓绿色、集约物流发展新模式。物流公司通过作业长制先进管理模式的推进与探索，全员素质不断提升，技术能力进一步巩固；着眼全物流产业链条，重新整合物流业务，履行社会责任；主导建设老焦化物流园区项目，实现闲置资产再造；积极落实标准化作业与成本管理，开展“重去重回”业务，焦炭集装箱运输业务，实现节能减排，取得良好的环保效益；发展新能源汽车业务，规划绿色城市物流园；积极发展“公转铁”绿色物流运输，推动港口物流数据对接，不断提高火运比例。物流公司依托良好的服务意识，高效的工作效率，精干、专业的管理队伍，赢得公司内、外部客户一致认可。

三年来，物流公司推进、探索作业长制管理模式，突破钢铁企业传统的基层管理方式，已建立起“以作业长为中心，以计划值管理为目标，以设备点检定修制为重点，以标准化作业为准绳，以自主管理为基础”的五制配套管理模式，并且还在不断探索。本文以河钢集团唐钢物流公司为例，阐述了在推进作业长制过程中的一些做法，突破传统物流企业管理瓶颈，探索物流发展新模式，希望能给相关企业提供有益的基层管理案例和一些管理方法应用的启迪。

冶金行业铁路运输的现代化建设需求

（鞍钢铁路运输分公司，刘彦栋、翟凤阁、李新颖、苟涛）

摘 要：冶金企业铁路因受企业总图布局的限制，常与国铁来对标并寻找差距，试图在借鉴中求发展，但是冶金铁路与国铁相比，在规模、站型、性质、组织、调度和装备水平上均有较大差别，存在自身的特殊性，无法简单照搬国铁技术、装备和管理模式，但是在追求发展、效率、安全、求新和求变的目标上具有高度相似性，根据冶金铁路运营特点探讨其未来的发展需求。

关键词：冶金铁路；需求；集成；自动化

1 简介

冶金铁路是企业铁路中的重要组成部分，我国现有数百家钢铁企业拥有专用铁路，通常采用自管自营模式。产权分属各独立钢铁企业的冶金铁路有相同的特征和共性，相互间通过行业协会和互访保持松散联系。因钢铁企业规模及布局的差异性，不同企业铁路规模上存在较大差别。以鞍钢为例，其铁路线路长度共625km，道岔总数超过1600组（其中冶金工艺铁路465组），拥有129台不同类型的电力、内燃机车和2120辆自备车辆。而一些较小规模的钢铁企业铁路仅有数十组道岔。

冶金铁路属于货运铁路，由外部运输和内部运输两部分组成，以取送调车作业为主，外部运输通常与国铁车站接轨并入铁路网，统一使用国铁货运车辆，是企业原燃料输入和产成品输出的主要途径；内部运输仅限于企业内部，一次作业运输距离短，其中最重要的部分是高炉铁水运输，构成整个钢铁生产工艺的重要中间环节，也被称为工艺铁路，内部运输大都采用冶金企业专用特种车辆，例如鱼雷铁水罐车、敞口铁水罐车等。

冶金铁路受厂区布局、钢铁生产流程等条件限制，站场形状不规则，尤其是铁水运输区域，当多个调车场相连时，调车场间往往没有明显的分界线，甚至无法辨认和划分各调车场的咽喉区。铁水运输列车的辆数较少，存车线长度也比较短。铁水运输的调车速度通常为10km/h，最快不超过15km/h，为了减少铁路占地面积和缩短运输距离，大量使用国铁不多见的7号道岔。

我国冶金铁路总量多、规模大，由于与国铁需求的差异性，自然形成了一个独立于国铁的技术研发、生产制造、系统集成和设计施工的生态圈，以下从多个角度介绍冶金铁路对信息与控制技术发展的需求。

2 现代化建设需求

2.1 调度集中的需求

冶金铁路通常由多个车站组成，最常见生产指挥模式如图1所示。

由于冶金铁路运输生产的连贯性，分散调度将一个完整的运输过程切割开来，导致统一指挥难，相互协调难，资源共享难。采用调度集中技术解决痛点，同时提高智能化、自动化和现代化水平，依托技术升级换代，大量精简运输人员，提升运输作业效率是冶金铁路的核心需求。

图 1　三级调度指挥模式

此前大批冶金企业用远程光缆通信技术将不同车站联锁系统的终端集中管理，异地显示与操作，各车站信号员和调度员合署办公，形成调度集中假象，优点是在少量资金和技术的投入下，实现统一指挥、相互协调，但该方案仍按原联锁系统分区设显示器/鼠标/键盘，没有任何技术和功能上的提升，没有任何机器代替人的体力劳动和能力劳动的升级要素，无法实现技术减员的目标。

个别冶金企业试图引入国铁分散自律 CTC 技术或基于其改良以实现冶金铁路调度集中，实践证明，该途径无法达到目的。首先，冶金企业铁路以调车为主，而自动调车进路恰好是 CTC 技术的弱项，列车运行虽是 CTC 长处，但是冶金企业铁路运输波动大，无法接受干线模式按列车运行图控制列车自动进路。其次，冶金企业铁路调度集中目的是取消场站车务人员，而国铁 CTC 标准仅适用于中心—车站两级模式，为实现其车站分散自律功能设计的大量硬件、软件和投资对冶金企业铁路是不必要的经济投入。

2013 年开通投产的攀钢西昌钒钛基地冶金铁路采用综合集成自动化系统（CIPS）技术第一次将 6 个车场/216 道岔规模的铁路实现了指挥中心统一调度与集中控制，伴随生产流程再造共减员 250 人，成为行业典范。当然今天看来智能化水平不算高，自动调车进路功能稍显欠缺，仍需要人工干预，人性化方面尚待改善。

2.2　快捷运输的需求

冶金铁路铁水运输的作业特点是需求急、变化快、效率高、时间紧，目前大部分采用占线板/纸质表格管理现在车，调度员接到运输需求后必须凭借经验迅速形成作业计划，并直接通过电话/无线电台口头布置给信号员和调车员执行，然后修改线路车辆标记并在纸上写下已执行的作业计划，现铁水运输单批次作业计划勾数较少，凭借作业人员口述及记忆即可实现目标。

采用技术手段以实现计算机管理现在车与作业计划无技术障碍，投资上亦可承受，但目前冶金运输企业鲜有装备，或装备而弃用，或仅用于事后录入计算机用于写实与统计，原因是如采用普通的现车系统，基于屏幕所见现车，构思作业计划，在电脑上逐字逐行逐勾录入，确认打印传递到信号员/调车员手中指挥作业，然后随执行进度人工在电脑上消勾（报点）以修改当前实际现车记录，效率非但不能提高反而会降低，这对于冶金铁路无法接受。

目前解决上述问题的新技术已经出现，采用终端屏幕上对分布在信号站场图线路内的现车“一拖即得”手段，可一次完成制定计划、计划下达和自动进路所有步骤。具体而言，该技术采用将站场图存车线上的机车/车辆用鼠标拖拽到运输目的线路，由计算机优化算法，辅助生成计划，并以屏幕显示和语音通知方式自动下达给调车员/乘务员，与此同时计划已转成指令下达给联锁系统自动选排进路和开放信号，并在进路准备好后自动语音通知调车员/乘务员行车，这一系列自动化连锁反应几乎没有任何延时，其敏捷性和快速响应特性将运输效率提高到了极致，完全可以满足冶金铁路铁水运输的特殊需求。

2.3 高效运输的需求

冶金铁路对运输效率的需求体现在以下两点：

一是普通车运输。冶金铁路经国铁接轨，与国铁路网交换车流，到达车流通过取送调车送至厂内各个货物线卸车或装车，装卸完毕的车流通过取送调车和编组形成出发车流回送至国铁接轨站。国铁对货车车辆从离开接轨站开始计时，至车辆回送至接轨站计算车辆平均停留时间。当停时指标超标时，国铁要向企业收取超时费，提高普通车在企业铁路的运输效率，降低停时，避免或减少超时费，对于削减企业动辄每年成百上千万的超时费具有非常明显的经济效益。

二是铁水运输。为了保障铁水运输时效性，冶金铁路配备运用的机车通常冗余度较大，宁可机车等作业，不可作业等机车，其目的是提高铁水罐车的周转率，缩短装载铁水的特种车运输时间，减少运输途中铁水温度降低幅度，如果通过提高运输效率将铁水车辆的周转率提高2.5%，相当于车辆平均10h以上的周转时间减少30min，可以减少铁水运输途中温降5℃，折合铁水生产成本每吨可节支约2.5元，那么一个年产1000万吨的钢铁企业仅此一项，每年就可节约2500万元生产成本。

目前各钢铁企业受铁路信息化和自动化水平的制约，运输效率提升遇到瓶颈，而且运输生产管理缺少抓手，铁路运输部门无有效技术手段收集和分析客观数据，定量和定标地进行精细化科学管理。

2.4 安全运输的需求

联锁系统是保障铁路运输安全的重要信号安全设备，目前已作为基础安全设施在大部分钢铁企业发挥重要作用，但是钢铁企业联锁系统与国铁基本无法通用。安全固然重要，但是企业铁路属货运铁路，安全程度客观上较国铁需求低，为保障客运安全付出成本代价的国铁计算机联锁系统对冶金铁路存在大量冗余，相较目前流行的企业铁路专用联锁系统价格高出1倍多，2008~2015年，钢铁企业出现普遍亏损，铁路建设及维护成本一再压缩，目前专供企业铁路的低成本联锁设备供货商的数量甚至超过了国铁，同时国铁也存在大量无客运的技术站/车场，相应的专用控制系统在企业铁路拥有巨大的潜在市场。

冶金企业铁路联锁虽然安全标准要求较国铁要求低，但是可靠性、稳定性和功能不应打折扣，目前照搬国铁技术条件的企业信号联锁设备功能不能完全满足作业的需要，例如压号折返作业不在联锁设备的功能和安全保障范围内，要靠管理措施保障安全；再者轨道电路分路不良引起信号失锁是安全隐患，目前大部分联锁设备无相应对策；此外还有诸如线路施工停用、股道技术作业封锁等安全保护问题。

现在一种适用于企业铁路的新兴调度集中技术具有在常规联锁系统之上提供所提及安全问题的额外保护功能，而且很人性化，可以弥补联锁设备的不足，在未来冶金运输企业将陆续开始建设和投入使用。

2.5 企业物流的需求

与国铁以运输为主业不同，冶金铁路服务于钢铁企业生产，其运输需求完全来源于主营业务，即铁路运输是主业生产的物流环节，目前物流需求对接是各钢铁企业的薄弱环节，几乎没有任何技术手段支持，完全依靠铁路运输部门与其他多个生产部门人与人之间沟通传递消息，企业所能做的仅仅是在铁路调度室或在企业产品制造调度室跨部门派驻人员合署办公，尽可能将高频次的语言沟通协调从电话变为面对面的模式。

未来的发展方向是铁路运输生产与钢铁生产之间用数字化代替口信传递，用信息双向流动和自动响应代替人工相互协作，具体解决方案首先是铁路运输和工厂生产调度均有强大的信息化平台支撑，然后在两个信息平台之间搭建强大的信息接口，实现运输需求与反馈的无缝衔接，只有首先解决物流需求数字化之后，才有可能进一步发展更高阶的铁路智能化调度。

2.6 无人化的需求

铁水铁路运输属冶金企业的工艺铁路，只有其实现过程自动化，工厂自动化生产流水线才算完整，否则铁路运输将成为冶金企业工厂自动化的最后一块短板，为此有多个钢铁企业提出和投入资金开始推进无人化铁路的概念和研发，根据目前工作进展，无人化铁路将涉及至少以下几个方面：

（1）机车无人驾驶，关键技术是无人执乘情况下对于侵入行车前方界限范围内汽车、行人等不安全因素的智能判断和及时反应，完备的机车速度安全防护和炉下精确停车对位。

（2）智能化调度与进路，关键技术是智能决策优化无人化调度，以及无需人工干预的智能化全自动进路，其中前者是难点。

（3）自动摘挂车钩，关键技术是无人介入的电控自动车钩技术。

（4）车辆停车防护，关键技术是无人监护和确认的地面防溜装置代替人工上/下铁鞋实现车辆防溜逸安全保护。

3 结论

客观上冶金铁路的技术水平整体落后于国铁，这并非主观意愿。冶金铁路因其自身的特点和要求，照搬国铁技术很多情况下不适用，需要改良或重新定制。由于冶金铁路乃至整个企业铁路市场零散，没有受到足够的关注，期待更多优秀的专业公司、技术团队和行业专家关注冶金铁路的发展。

三 等 奖

技 术 类

320t 混铁车枕簧问题及改进措施

（马钢股份有限公司铁运公司，李红光、邢骏）

摘　要：我公司使用的 320t 混铁水车是钢铁企业普遍使用的一种运输铁水的车型，由于近年来发现该型车辆经常发生摇枕簧断裂的故障，目前没有任何关于解决 320t 混铁水车的枕簧断裂的分析和解决办法，为了找到解决这类情况发生的办法，对 320t 混铁车枕簧的设计参数进行了相关的推演计算分析，对其进行了提高强度的重新计算，提出了改进措施。

关键词：320t 混铁车；枕簧；断裂

摇枕簧是车辆减震系统最主要的配件，主要承受车体传递的垂直静、动载荷及车辆的侧向力引起的垂直载荷的冲击和震动；缓和因线路轨缝不平、钢轨道岔高低不均匀等原因引起的车辆颠簸和冲击。

320t 混铁车理论上全重 600t，实际使用中全重经常达到 620～630t。从 1994 年开始使用至今已有 21 年。在使用的前十几年中，极少发生枕簧断裂现象。

约从 2010 年起，开始发生枕簧断裂，然后逐年增多。这两年每年要断数十根至上百根。这种现象引起了我们注意。

为了说明产生这种现象的原因，找出解决问题的办法，我们对混铁车枕簧进行了一些分析研究。

枕簧的基本数据：

320t 混铁车走行部共有 8 组转向架，每组转向架上 8 组弹簧（一组弹簧为一个外弹簧加上中间放置一个内弹簧），共有 64 组枕弹簧，每组弹簧的弹簧刚度为 3914N/mm（约 0.39t/mm）。本文称 4 组弹簧为一群弹簧，即每个侧架上有一群弹簧或叫 4 组弹簧。

每组转向架去摇枕重量后（0.9t）约重 4t，8 组转向架应去掉簧下重量 32t，对于 600 多吨总重的混铁车来说，可以忽略不计。因此，对弹簧的计算仍按 600t 负重计算。

一个外弹簧的刚度为：3273N/mm

一个内弹簧的刚度为：641N/mm

一组弹簧的刚度为：3273+641＝3914N/mm

外弹簧自由高度为 240mm

内弹簧自由高度为 245mm

平均每组弹簧的理论静负荷为 9. 375t，约为 9. 4t。在 600t 负荷下，

$$每组弹簧压缩量 = \frac{94000 - 641 \times 5}{3914} \approx 23.2\text{mm}$$

上述数字 23. 2mm 应为外弹簧压缩量，内弹簧实际压缩了 23. 2+5＝28. 2mm。

原弹簧图样如图 1～图 3 所示。

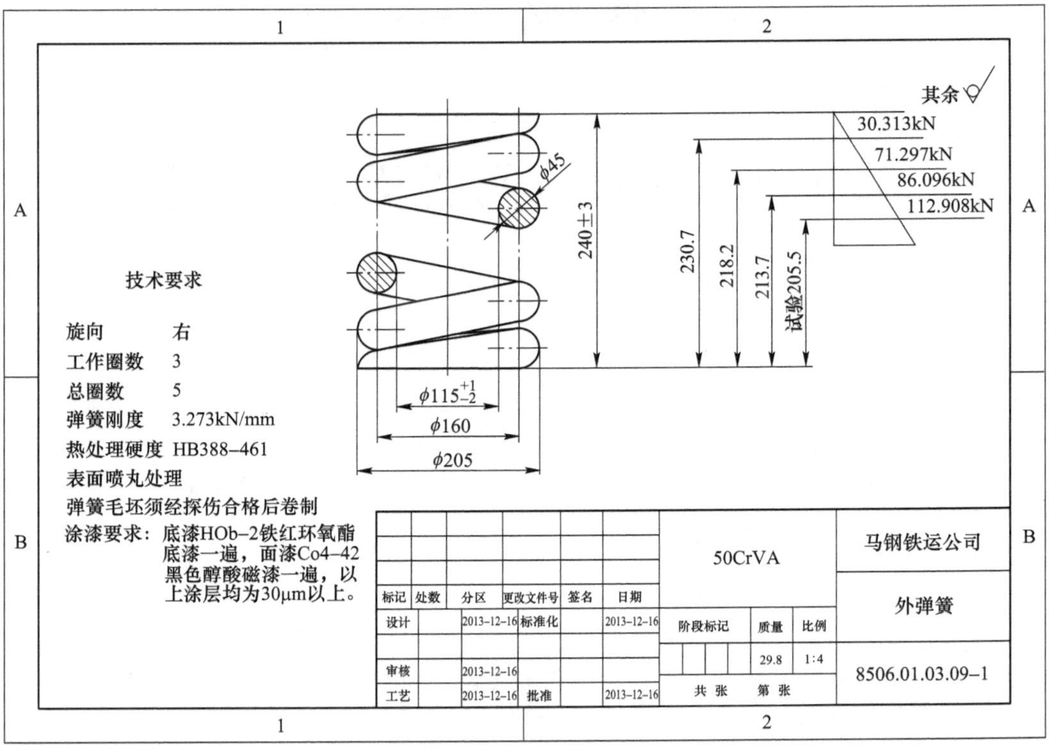

图 1　外弹簧图样

弹簧材料：

混铁车枕簧使用的弹簧材料是 50CrVA。

材料性能（热处理后 HRC48）：

热处理方法：900℃油淬+380℃回火

抗拉强度：1750MPa

屈服强度：1640MPa

材料性能（热处理后 HRC51）：

热处理方法：900℃油淬+380℃回火等温 30min

抗拉强度：1950MPa

屈服强度：1910MPa

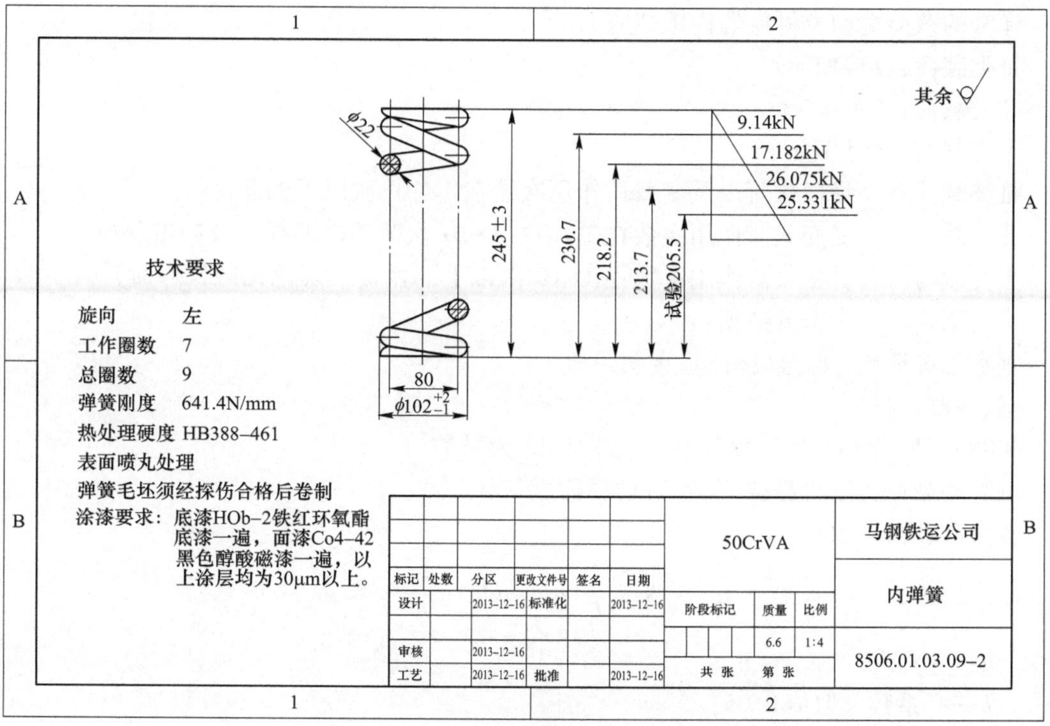

图 2　内弹簧图样

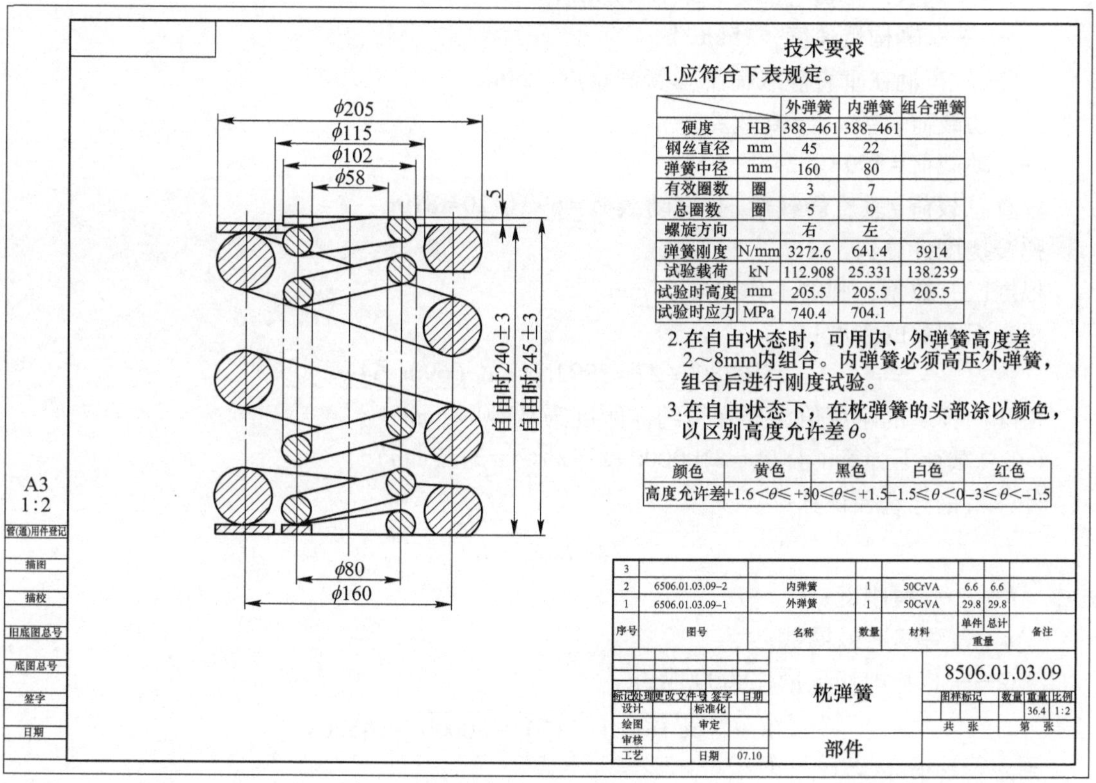

图 3　组合弹簧图样

弹簧的载荷类型及材料的许用切应力：

Ⅲ类载荷：740MPa

Ⅱ类载荷：590MPa

Ⅰ类载荷：445MPa

Ⅲ类载荷——受静载荷以及变载荷作用次数在 1×10^3 次以下的载荷。

Ⅱ类载荷——受变载荷作用次数在 $1\times10^3\sim1\times10^6$ 次范围内的载荷及冲击载荷。

Ⅰ类载荷——受变载荷作用次数在 1×10^6 次以上的弹簧（理论无限长寿命）。

推断原始设计弹簧的数据：

垂直总载荷=垂直静载荷+垂直动载荷

垂直静载荷：

600×1. 15=690t　（简化计算，式中 1. 15 为系数）

垂直动载荷：垂直静载荷×垂直动载荷系数

垂直动载荷系数：

$$K = \frac{1}{f_j}(a + bv) + \frac{dc}{\sqrt{f_j}}$$

式中　a——1. 5；

b——系数，取值 0. 05；

d——系数，货车取值 1. 65；

c——系数，弹簧上部分，取值 0. 427；

v——车辆构造速度，15km/h；

f_j——车辆在垂直静载荷下弹簧静挠度，30mm。

垂直动载荷系数：$K\approx0.2$

垂直动载荷=600×0. 2=120t

垂直总载荷=垂直静载荷+垂直动载荷=690+120=810t

弹簧挠度计算：

根据已有数据，弹簧工作挠度 27mm。

每一组弹簧的刚度：

107800÷27=3992N/mm（690t/64）

去除内弹簧的刚度值，外弹簧约需刚度为 3350N/mm

（在总载荷下弹簧的挠度=8100000÷3992÷64=31. 7mm）

外弹簧钢丝直径计算：

$$\sqrt[4]{8n\,D^3K \div G}$$

式中　K——弹簧刚度；

n——弹簧有效圈数；

G——材料剪切模量，80000MPa。

$$\sqrt[4]{8 \times 3 \times 160^3 \times 3350 \div 80000} \approx 45.04$$

钢丝直径取 45mm。

在垂直总载荷作用下，外弹簧受力约为 3350×31. 7=1061950N≈10. 6t

计算弹簧的剪切应力：

$$\tau = K\frac{8FC}{\pi d^2} = \frac{8 \times 106195 \times 3.56}{3.14 \times 45^2} \approx 475\text{MPa}$$

式中 K——曲度系数，取1；

F——弹簧受力，113900；

C——旋绕比，160/45＝3.56；

d——钢丝直径45，mm。

弹簧钢丝直径定为45mm时的弹簧刚度计算：

$$K = Gd^4 \div 8nD^3 = 80000 \times 45^4 \div (8 \times 3 \times 160^3) = 3337\text{N/mm}$$

式中 G——材料剪切模量，80000MPa；

d——钢丝直径，45，mm；

n——弹簧有效圈数，3；

D——弹簧中径，160，mm。

计算出的弹簧刚度与图样上的刚度基本相符。

在总载荷条件下，弹簧的切应力在475~500MPa左右，该弹簧的设计是按照Ⅱ类载荷条件设计的，就是说，弹簧是按照有限使用寿命计算的。也可以说，外界条件好，弹簧使用寿命就长，外界条件差，弹簧使用寿命就短。

（注：按Ⅰ类载荷条件设计弹簧，弹簧寿命可以说是无限长。）

数据推演及原因分析：

推断原始弹簧设计的车辆运行条件：

该弹簧基本上是按Ⅱ类弹簧使用条件设计的。

设计寿命有一定限制。

车辆在重载条件下，速度应该是较慢的。

弹簧自由高为240mm。弹簧在空载条件下，高度为225mm，压缩15mm。在全重载条件下，弹簧高度为208.3mm，压缩31.7mm。弹簧使用最小高度为205mm，压缩35mm。弹簧压紧高度为202.5mm，压缩为37.5mm。在使用中弹簧是不应该全压紧的。因此，在一些问题的考虑时，把压缩35mm，作为最大极限条件。

原弹簧实际测量数据：

现场测量弹簧压缩数据：

弹簧自由高度为240mm，组合弹簧刚度是3914N/mm。

空车弹簧压缩后高度平均为225mm。

重载（静负荷）弹簧压缩高度平均为215mm。

重载（静载荷）后弹簧实际压缩了25mm，那么弹簧的负荷为3914×25×64＝6262400N≈626t，这与理论计算相符。

前面计算，混铁车加上动载荷后，弹簧承载力为810t，这时弹簧应压缩32.3mm，这时弹簧高度为207.7mm。

图1~图3给定的弹簧试验高度为205.5mm，弹簧压并高度为202.5mm。就是说，弹簧在最大载荷情况下，离图1~图3试验高度只差2.2mm，离弹簧全部压死只有5.2mm，也就是说弹簧钢丝之间距离只有一点几毫米。

从上面分析可以看出，弹簧在运行中的受力基本上达到了弹簧的（压缩量、应力）最大极限。

根据图样的弹簧数据，计算不同载荷下的弹簧高度：

$$\text{外弹簧高度} = 240 - \frac{\frac{W}{64} - 641 \times 5}{3914}$$

式中 W——计算时的全车重量。

在空载（280t）条件下：

$$\text{外弹簧高度} = 240 - \frac{\frac{2800000}{64} - 641 \times 5}{3914} \approx 229.64\text{mm}$$

在 600t 条件下：

$$\text{外弹簧高度} = 240 - \frac{\frac{6000000}{64} - 641 \times 5}{3914} \approx 216.9\text{mm}$$

在 630t 条件下：

$$\text{外弹簧高度} = 240 - \frac{\frac{6300000}{64} - 641 \times 5}{3914} \approx 215.7\text{mm}$$

在总载荷 810t 条件下：

$$\text{外弹簧高度} = 240 - \frac{\frac{8100000}{64} - 641 \times 5}{3914} \approx 208.5\text{mm}$$

在 900t 条件下：

$$\text{外弹簧高度} = 240 - \frac{\frac{9000000}{64} - 641 \times 5}{3914} \approx 204.9\text{mm}$$

在 900t 载荷下：弹簧的高度已经达到了弹簧图 1～图 3 上的最大试验条件。混铁车标准全重 600t，也可以这样说，该弹簧的设计安全系数为 1.5。

一群弹簧在有弹簧断裂的条件下弹簧高度计算：

一般是外弹簧断裂。

其计算公式为：

$$\text{一群外弹簧高度} = 240 - \frac{\frac{W}{16} - 641 \times 4 \times 5}{3914 \times 4 - 3273 \times \text{断外弹簧数}}$$

在 630t 的条件下，断一根外弹簧：

$$\text{一群外弹簧高度} = 240 - \frac{\frac{6300000}{16} - 641 \times 4 \times 5}{3914 \times 4 - 3273 \times 1} \approx 209.2\text{mm}$$

这比没有断弹簧情况下多压缩了 6.5mm。

在 810t 的条件下，断一外弹簧：

$$一群外弹簧高度 = 240 - \frac{\frac{8100000}{16} - 641 \times 4 \times 5}{3914 \times 4 - 3273 \times 1} \approx 200.2\text{mm}$$

这时，一群弹簧已经压死。

在 630t 的条件下，断两根外弹簧：

$$一群外弹簧高度 = 240 - \frac{\frac{6300000}{16} - 641 \times 4 \times 5}{3914 \times 4 - 3273 \times 2} \approx 198.2\text{mm}$$

弹簧的压并高度为 202.5mm，说明在断两根外弹簧时，这一群弹簧早已压死。

实际使用的情况：

设计的内外弹簧在最大压缩量条件下，弹簧所受切应力是不一样的，内弹簧要小一些，在实际使用中内弹簧极少断裂。

断裂的主要是外弹簧。现在每年断裂外弹簧数十到 100 件左右。

320t 混铁水车摇枕外弹簧断裂数字统计见表 1。

表 1 320t 混铁水车摇枕外弹簧断裂数字

年份	外弹簧/个	内弹簧	备 注
2011	15	0	一条重轨线
2012	45	0	车辆运输距离、次数逐渐增多
2013	60	0	建第二条重轨线
2014	74	0	两条重轨线运输
2015.1~6.15	54+(13)	0	两条重轨线运输，距离、次数不断增加（13）数字是弹簧已断裂，但还没有更换

外弹簧断裂现象主要是发生在近几年，原因是混铁车进行长距离运输。主要是往返于新老区之间进行铁水运输。由于铁道线路弯道多，钢轨接缝大，道岔多。在运行中，弹簧反复受到冲击、振动，造成弹簧变形大，交变应力循环次数大大增加，因而增加了弹簧断裂的几率。

过去主要是短途运输，每次行驶距离短，线路简单，因而弹簧极少发生断裂现象。现在，随着车辆使用年限增长，车辆运行条件变化，使得弹簧断裂增多。

在一端的侧架上，放置 4 组弹簧，其受力情况是一致的，但往往是其中一个弹簧断裂。因此，有理由怀疑一些弹簧质量不好。

整车上断了一个弹簧后，往往不能及时返厂更换，继续使用，使得其他弹簧负荷增加，这样增加了弹簧断裂的几率。

外弹簧单价 480 元（内弹簧 80 元/个），现在每年约需更换 80~100 个，其金额达到 38400~48000 元。这还不包括人工费用和对生产造成的影响带来的损失。

由于使用量和运行条件的变化，同时还使得滚动轴承损坏增多，车轴断裂现象增多。

解决问题的几点对策：

在运输系统方面：

（1）在组织运输过程中，尽量减少长距离运输。

（2）在时间许可的情况下，尽量降低车辆的运行速度。

（3）在通过铁路状况不好的线路，通过道岔密集区域时，一定要大大降低运行速度。建议在密集道岔区、差线路区、弯道区，运行速度不大于 5km/h。

（4）发现有弹簧断裂时，应及时更换，一般不应超过 3 天。

改进方案及建议：

增加辅助弹簧，减小原弹簧受力，我们设计了以下几种方案：

弹簧不能满足需要，一般是改变设计参数，重新设计，但该弹簧装配之处空间小，不能增大弹簧尺寸，因此重新设计不行。还有一些方法，如更改材料及热处理条件等，但其费用及其他条件不满足，这些方法也不太可行。

第一种方案：

一群弹簧由 4 个弹簧组组成，其中间位置可以放入一个原有的内弹簧。共放入 16 个内弹簧，这样可以提供最大约 35~40t 的支撑力。由于有现成的内弹簧暂时不需发生费用就可以进行试验。现在我们已经在一走行系统上放入了 16 个内弹簧。

16 个内弹簧提供的支撑力，我们认为还是小了一点，但肯定是有好处，没有坏处。

第二种方案：

设计一种组合蝶形弹簧来提供约 100t 的支撑力。这样可以较好地改善已有弹簧的使用条件。

320t 混铁车有 16×4 组弹簧，可以增加 16 个蝶形弹簧组。16 个蝶形弹簧组在外弹簧压缩 30mm 时、蝶形弹簧压缩 13mm 时，可提供 92t 的支撑力。就是说，可以减少已有弹簧 92t 的承载力。

蝶形弹簧是片状的，一个蝶形弹簧是由多个片状蝶形弹簧组成的，该蝶形弹簧是标准件。蝶形弹簧组由辅助件组合在一起。

实际使用时，只要将蝶形弹簧组套件放在 4 个弹簧中间即可。车辆上不需要进行任何改动，装配也很简单。

蝶形弹簧组的设计压缩量为 15. 36mm。装上蝶形弹簧组后，外弹簧在压缩到高度 223mm 前，蝶形弹簧没有被压缩到，而外弹簧继续压缩时，这时蝶形弹簧组起作用。就是说，在空载条件下，蝶形弹簧组基本不起作用，在重载条件下，蝶形弹簧组起作用。这种状况我们认为对使用条件可以起到更好的作用。

新设计的蝶形弹簧组件图样如图 4 所示。

蝶形弹簧组在 630t 条件下：

$$\text{外弹簧高度} = 240 - \frac{6300000 - 641 \times 5 \times 64 - 3914 \times 64 \times 17}{3914 \times 64 + 4388 \times 16} + 17$$

$$\approx 217.3\text{mm}$$

蝶形弹簧组在总载荷条件 810t 条件下：

$$\text{外弹簧高度} = 240 - \frac{8100000 - 641 \times 5 \times 64 - 3914 \times 64 \times 17}{3914 \times 64 + 4388 \times 16} + 17$$

$$\approx 211.7\text{mm}$$

第三种方案：

重新设计原弹簧组中的内弹簧。一辆车原需内弹簧 64 个，由于中间可以多放入一个

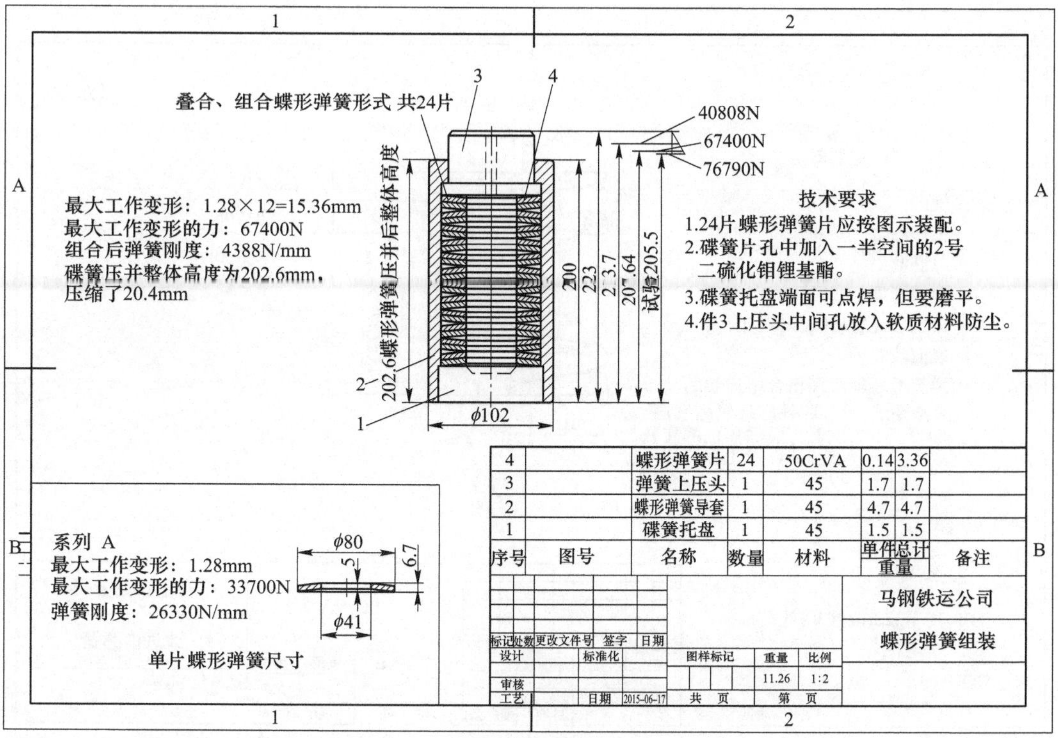

图 4　新设计的蝶形弹簧组件图样

内弹簧，这样共需 80 个内弹簧。原 64 个外弹簧，再加上 80 个内弹簧，在外弹簧压缩 30mm、内弹簧压缩 35mm 的条件下，也可以提供比原来大约 100t 的支撑力。

改进设计的内弹簧，弹簧刚度是原内弹簧的 1.4 倍，如图 5 所示。

在采用了 80 个新设计的内弹簧代替原 64 个内弹簧后，计算在不同载荷下的弹簧高度。

在 630t 条件下：

$$\text{外弹簧高度} = 240 - \frac{6300000 - 900 \times 5 \times 80}{3273 \times 64 + 900 \times 80} \approx 218.9\text{mm}$$

在总载荷条件 810t 条件下：

$$\text{外弹簧高度} = 240 - \frac{8100000 - 900 \times 5 \times 80}{3273 \times 64 + 900 \times 80} \approx 212.5\text{mm}$$

在总载荷条件 1000t 条件下：

$$\text{外弹簧高度} = 240 - \frac{10000000 - 900 \times 5 \times 80}{3273 \times 64 + 900 \times 80} \approx 205.8\text{mm}$$

采用新的内弹簧在 1000t 的载荷下，相当于使用原内弹簧在 900t 载荷下的弹簧变形量。

各种弹簧方案在一定载荷下的弹簧外观高度比较见表 2。

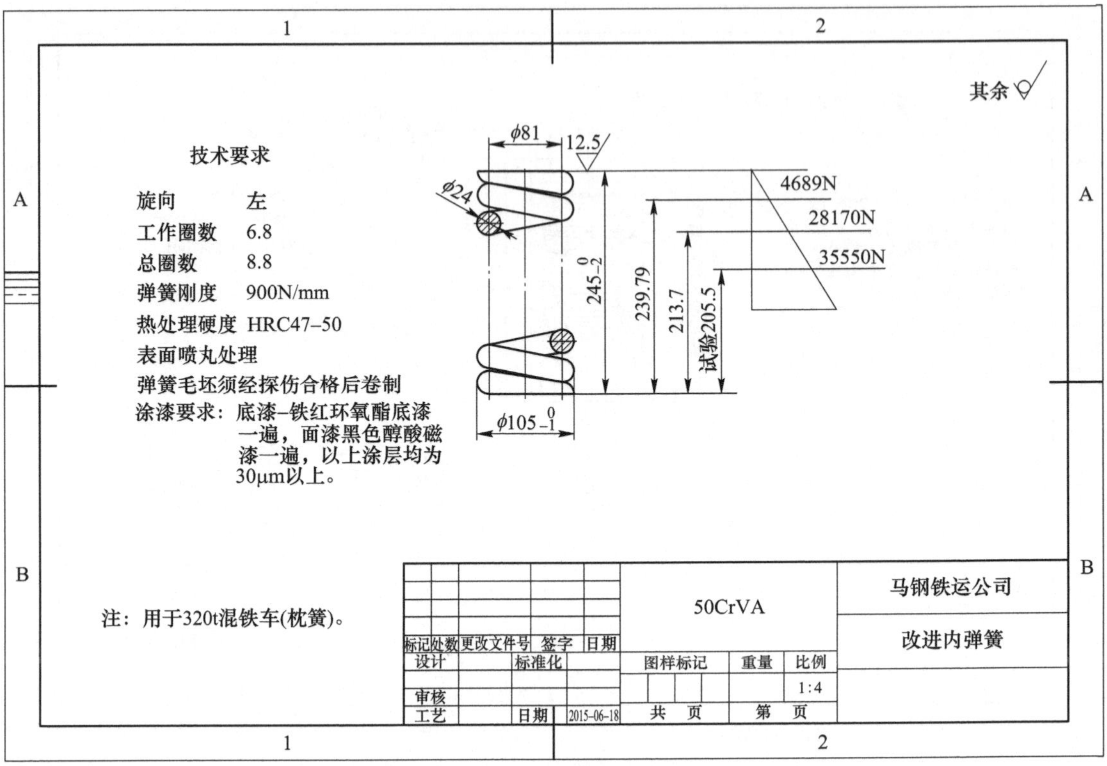

图 5　改进设计的内弹簧，弹簧刚度是原内弹簧的 1.4 倍

表 2　各种弹簧方案在一定载荷下的弹簧外观高度

载荷/t	弹簧配置方案			备注
	原内外弹簧（64 组）弹簧外观高度/mm	[原内外弹簧（64 组）+ 蝶形弹簧（16 个）] 弹簧外观高度/mm	[原外弹簧（64 个）+ 新内弹簧（80 个）] 弹簧外观高度/mm	
630	215.7	217.3	218.9	弹簧外观标准高度 240mm
810	208.5	211.7	212.5	

目前，我们使用了第一种方案，在 55 辆车上进行了试用，效果明显，但是还有少数弹簧断裂的情况发生，后面两种方法正在准备当中。

结语：随着冶金企业运输重型化特点，对车辆的要求越来越高，如果实施上述改进建议，可以有效减少混铁水车摇枕弹簧的故障发生率，保证车辆的稳定运行，延长车辆和钢轨的使用寿命，确保运输安全。

改进鱼雷型混铁车车轮旋修工艺

（包钢工程服务公司，孙晓丽）

摘　要：车轮作为鱼雷型混铁车主要零部件，其主要失效形式为踏面磨损，介绍了车轮踏面磨损的原因，提出了轮对旋修工艺对车辆行车安全的重要性。结合实际作业情况，提出现阶段车轮旋修存在的主要问题，进行原因分析。旋修设备车轮车床原卡爪结构存在缺陷，导致无法直接加工装夹带轴箱的鱼雷型混铁车轮对；只有一种电触点仿形模板用于加工 LM 磨耗型踏面车轮，缺少鱼雷型混铁车车轮专用模板，导致加工后轮对在运行中磨损较大。提出相应对策，优化设备卡爪，设计、制作带轴箱加工轮对的车轮车床卡爪；根据机车 JM3 型轮缘踏面设计新型模板，专用于加工鱼雷型混铁车车轮；规范作业流程，严把质量关，提高车轮踏面旋修质量，通过对策实施来提高鱼雷型混铁车车轮旋修工艺。

关键词：鱼雷型混铁车；轮缘踏面；磨损；旋修

车轮不仅要承受轮轨间的垂向、横向动作用力和摩擦力，而且还要承受踏面制动时的热负荷，具有载重、导向、传递制动力和牵引力的功能。在运行中，车辆车轮与钢轨接触部分承受很大的压力和冲击力，其接触表面产生弹性变形和很大的接触应力，左右两轮以不同直径在钢轨上滚动，使车轮磨耗，弯道时磨耗更大。车轮轮缘踏面磨损，如果在使用限度内，可先进行焊修，再通过旋修作业切削加工恢复其使用性能。轮对旋修工艺对鱼雷型混铁车行车安全具有直接影响，因此研究其改进办法十分必要。

1　现状分析

未退轴的轮对踏面磨耗、擦伤、轮缘磨耗过限及堆焊后，需采用车床对车轮踏面旋修。C8011B 车轮车床是切削加工滚动圆最大直径为 1100mm 车轮轮缘踏面的专用车床。该车床装有两个仿形刀架，可同时或单独完成轮缘踏面的模板式电触点仿形切削加工。经过现场调查，车床在加工机总鱼雷型混铁车轮对时，无法带轴箱加工，需先用压力机退下轴箱轴承，然后再加工，导致车轮旋修效率不高。

2　主要原因分析

2.1　原卡爪存在缺陷

受 C8011B 车轮车床结构设计所限，在旋修鱼雷型混铁车轮对时，如果带轴箱加工，轴箱外形尺寸大，车床卡爪油缸需外移才能放下，但外移后卡爪的位置超过其极限位置，顶在了轮辋外侧，卡爪无法装夹。Ⅰ段尺寸（图 1）决定卡爪装卡轮对位置，由于Ⅰ段长度不够，导致无法直接加工装夹带轴箱的鱼雷型混铁车轮对。

图 1　原卡爪

2.2　加工轮型单一

该设备采用模板式电触点（图 2）仿形切削加工轮缘踏面，只有一种模板用于加工 LM 磨耗型踏面车轮，导致设备加工轮型单一，不易修改和增加轮型。加工后的车轮精度受模板制造加工误差、仿形装置电触点调整误差的影响较大，并且缺少鱼雷型混铁车车轮专用模板，导致加工后轮对在运行中磨损较大。

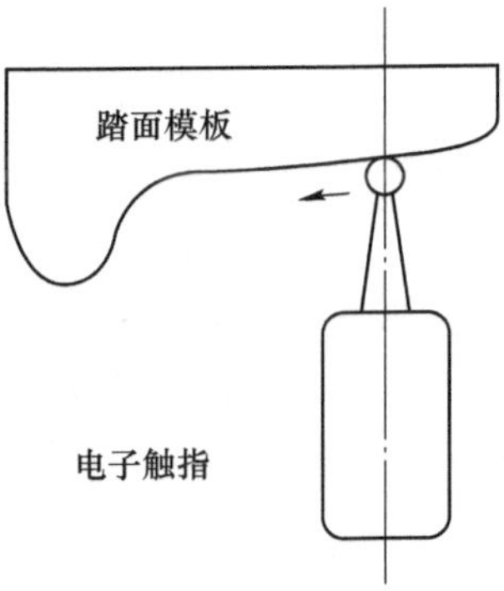

图 2　电触点仿形装置

3　改进方法

3.1　优化卡爪结构

设计、制作带轴箱加工轮对的车轮车床卡爪。原卡爪 I 段 20mm，在装夹鱼雷型混铁车轮对时，I 段长度需增至 45mm；另外，增加长度后有 20mm 悬于套筒端部外，在卡爪固定好轮对后，由于 I 段截面尺寸为 65mm×15mm，截面宽度偏小，在装夹压力的作用下，卡爪容易弯曲变形，为了防止变形，需加长 I 段截面宽度至 25mm。为了使卡爪面与套筒外壁贴合，将贴合面设计为 115°斜面，这样由套筒承受大部分压应力，装夹牢固，加工稳定。当加工轮缘较薄的轮对时，卡爪端面会阻碍车刀加工，故在端面设计 5mm×5mm 进刀槽，车刀可伸入加工，加大了轮对旋修工艺范围。

零件按图 3 制作卡爪，使用新卡爪装夹鱼雷型混铁车带轴箱轮对效果良好、安装牢固，试旋修加工过程安全平稳。

3.2　使用新型轮缘踏面模板

原模板是根据 LM 磨耗型轮缘踏面（图 4）设计制作的，用它加工鱼雷型混铁车轮对轮缘容易磨损，LM 型模板不适合加工鱼雷型混铁车轮对轮缘踏面。经过研究后，决定根据机车 JM3 型轮缘踏面（图 5）设计新型模板，专门用于加工鱼雷型混铁车车轮。

将 AB 圆弧半径由 11mm 增大至 14mm，与钢轨轨头圆弧 13mm 更匹配，有效减少了踏面磨损。BC 部分原采用半径 500mm 圆弧与相邻线的半径 220mm 圆弧连接，现设计为半径

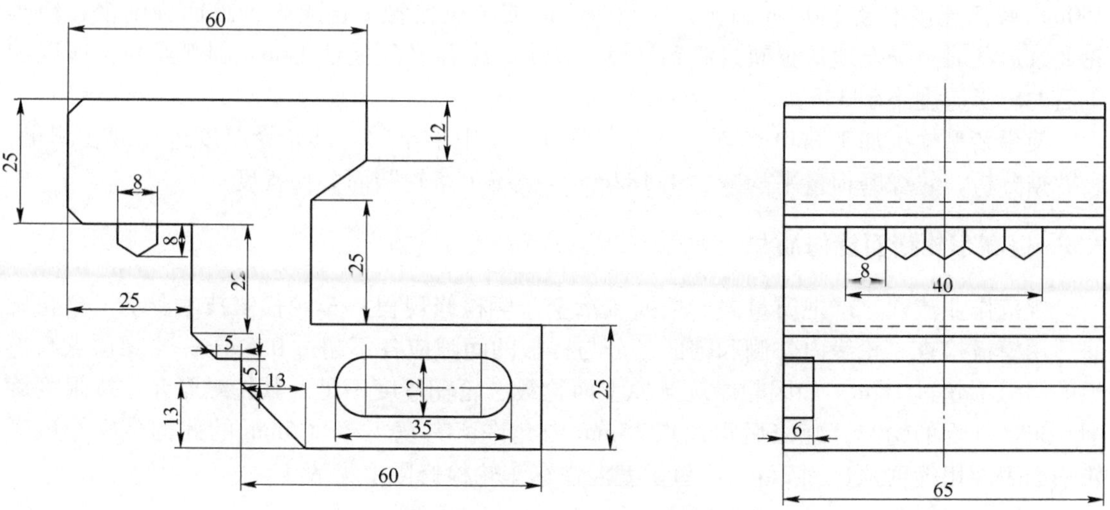

图 3　新卡爪零件图（mm）

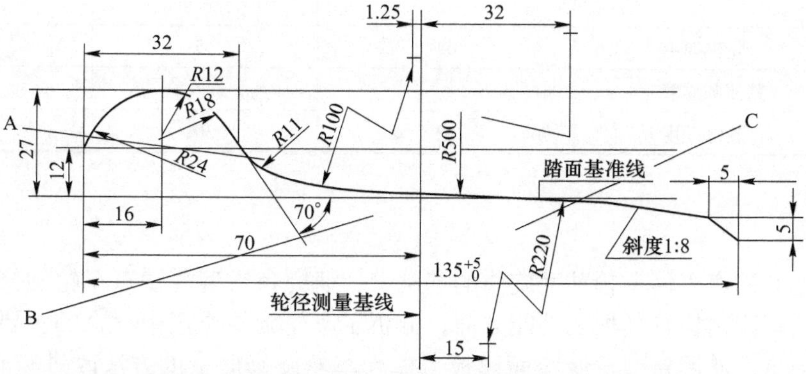

图 4　LM 磨耗型轮缘踏面（mm）

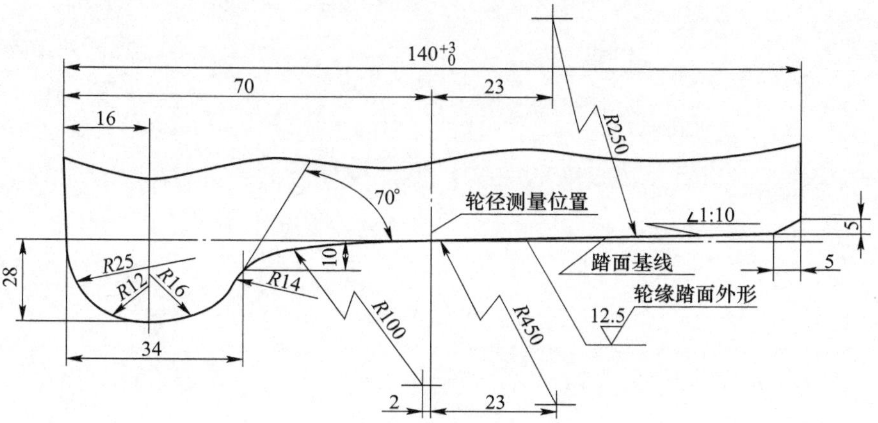

图 5　JM3 型轮缘踏面（mm）

450mm 圆弧连接半径 250mm 圆弧，使轮轨之间成单点接触，且减少了踏面旋削量，使车轮通过道岔时可安全地从翼轨过渡到岔口。其中，半径必须保证 14mm 圆弧尺寸，所以加工后的轮缘厚度小于 34mm。

使用新型模板加工 260t 鱼雷型混铁车轮对，运用半年后对其轮缘厚度进行现场测量，经数据分析，轮缘磨损量平均减少 1. 182mm，减缓了车轮踏面磨损程度。

3. 3　提高车轮踏面旋修质量

规范作业流程，严把质量关。根据《冶金车辆检修规程》车轮检修技术要求，车轮旋修后用模板检查，轮缘内外侧和踏面部分与样板的间隙应各不超过 0. 5mm，轮缘顶点与模板的间隙不超过 1mm；如因轮缘旋至原型而轮毂、轮辋厚度不足，其轮缘厚允许按限度旋削。未经堆焊的轮缘，旋修后距顶点 15mm 内允许留有宽不超过 5mm 的残沟。旋修后车轮踏面表面粗糙度须达到 25μm。鱼雷型混铁车车轮检修限度见表 1。

表 1　鱼雷型混铁车车轮检修限度

序号	项　目	原形尺寸/mm	限　度	
			大修/mm	年修/mm
1	轮辋厚度	65	35	33
2	踏面圆周磨耗		4	6
3	轮缘厚度	32	30	26

4　结论

在包钢现有铁道车辆车轮踏面旋修的基础上，研究鱼雷型混铁车车轮旋修工艺的改进方法。从车轮车床结构及其加工功能方面，分析了车轮旋修作业中存在的主要问题，并通过优化设备卡爪，使用新型轮缘踏面模板，提高车轮旋修质量的方法改进车轮旋修工艺，有效提高了旋修作业效率，减缓了车轮踏面磨损。

超声相控阵技术在混铁车轮对轴承故障诊断中的应用

（安徽马钢铁路运输公司，朱魁、刘燕）

摘　要： 320t 混铁车轮对轴承是车辆运行的关键部件，运用中轴承内圈松动是轴承损坏，甚至热轴的重要原因之一，是车辆安全运行的主要隐患之一，目前国内并无检测这一安全隐患的可靠手段。马钢通过近 3 年的探索，开创了利用超声相控阵检测技术检测 320t 混铁车轴承故障的先河。超声相控阵检测技术基于惠更斯原理，在不拆卸轴承的情况下从车轴端面进行扇形扫查，准确地检测轴承与轴颈的配合情况，进而判断轴承是否存在故障。通过利用相控阵技术，马钢在轴承故障检测上取得了较大的成绩，近 3 年发现了 146 起内圈松动的故障，避免了因车轴故障扩大造成的重大损失，证明了超声相控阵检测技术在轴承故障检测方面是可靠有效的，可进一步推广使用。

关键词： 轴承；内圈松动；相控阵检测技术

轮对轴承是混铁车走行部分的关键部件，由于结构特点及运行环境，轮对轴承故障诊断直接影响轴承的使用寿命和安全性能。在马钢，混铁车轮对轴承采取振动检测的方式来判断轴承内部故障，并取得了一定的效果。但在运行过程中发现轴承在线损坏因内圈松动造成的故障逐渐增多，而对于轮对轴承内圈松动这种故障形式，在振动检测时无法有效地进行判断，给轴承故障诊断带来了困难。与振动检测相比，超声相控阵检测可通过扫查轴承内圈与轴颈配合面的磨损情况来判断轴承是否发生内圈松动。

1　轮对轴承

1.1　结构特点

320t 混铁车装运铁水时总重可达 600t，总长 25. 8m，由 2 轴的 8 组转向架构成，共有 16 副轮对，32 套轴承，通过最小曲线半径为 130m，设计速度 15km/h，具有低速、重载的特点。该轮对轴承采用双列圆锥滚子轴承，轴承内径为 160mm，与轴颈采取过盈配合，最大过盈量为+0. 077mm，如图 1 所示。

1.2　目前状况

近年来，随着振动检测技术的推广，轮对轴承在年修过程中使用振动检测技术判断轴承内部故障，尤其对于各部件表面剥落、磨损及润滑不良等常见的故障效果较为明显，但对于轴承内圈松动这一故障无法及时有效判断，导致轴承在线损坏数量居高不下，成为轴承故障诊断的难题。

轴承内圈一旦出现松动，轴承与轴颈将发生相对移动，造成轴颈损伤，另外由于金属间干摩擦造成发热，进而会出现热轴，甚至出现热切。

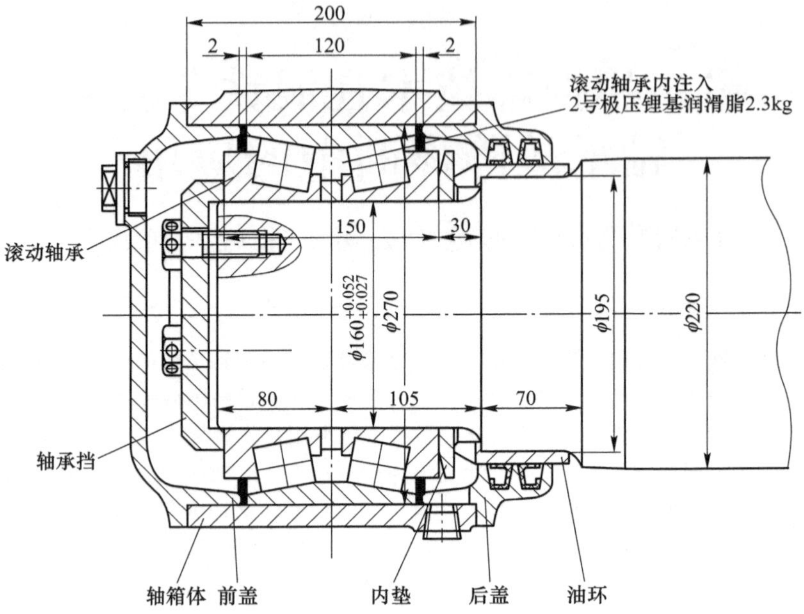

图 1　轴承装配示意图

2　检测方法

2.1　相控阵检测技术原理

超声相控阵检测技术基于惠更斯原理，其探头是由多个晶片组成的阵列，阵列的阵元在电信号的激励下以可控的相位发射超声波，并使超声波束在确定的声域处聚焦或偏转，超声回波转化成电信号再以可控的相位叠加合成，以实现缺陷的检测。超声相控阵探头最显著的特点是可以灵活而有效地控制声束形状和声压分布。其声束角度、焦柱位置、焦点位置可在一定范围内实现连续动态可调，而且在探头不动的情况下，可快速平移声束。相控阵的声束参数主要有角度、焦距和焦点尺寸等，这些参数均可通过软件予以调整。

一般情况下，轴承内圈内与轴颈过盈配合，没有相对移动，其配合面光洁、无损伤，声束在配合面上发生折射或散射，没有回波反射，一旦轴承内圈发生松动，轴承内圈将会在轴颈上发生相对移动，由于车轴与轴承表面硬度不同，轴承内表面硬度大于车轴表面硬度，随着相对移动时间的增长，会造成轴承内圈划伤或磨损车轴，进而在车轴表面形成凹槽或凸台。

通过利用超声相控阵检测技术，可实现对轴承内圈与轴颈结合面的扫查，查找在配合面上出现的凹槽或凸台等缺陷，一旦出现此类缺陷，说明轴承内圈已发生松动。

2.2　扫查方式

混铁车轴承部分的扫查是在不拆卸轴承的情况下，利用轴端面做扇形扫查，距轴端面 15~155mm 作为重点扫查区域，扫查该区域轴颈表面的缺陷反射。

如图 2、图 3 所示，探头贴近车轴表面周向移动，就能完全覆盖所要扫查的重点区域，且不受螺栓孔的影响。

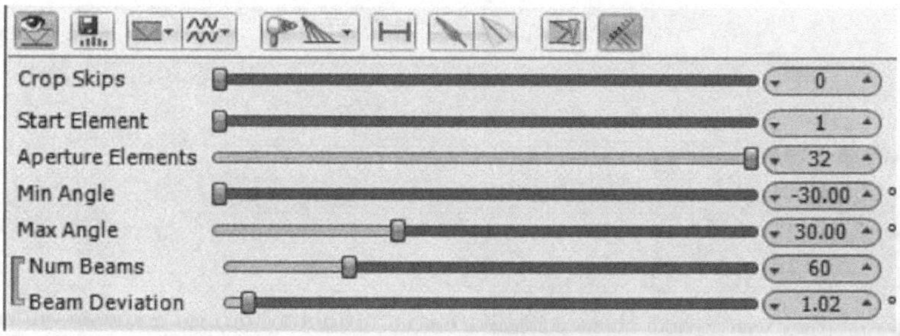

图 2 聚焦法则设定

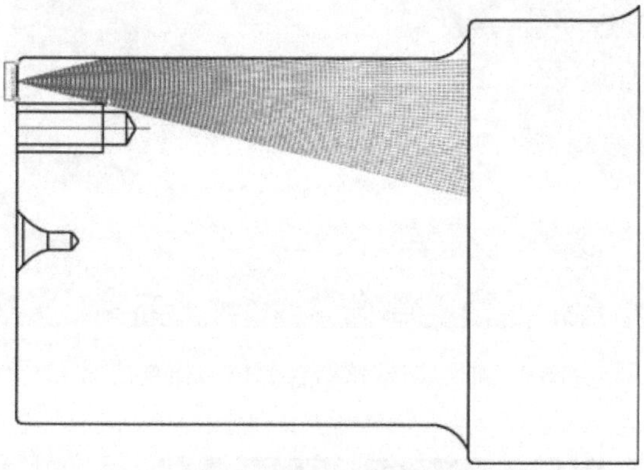

图 3 声场模拟情况

3 检测应用

该区域检测采用 64 通道的超声相控阵探伤仪，扫描类型为扇形，聚焦深度为 150mm，扫描角度为-30°~30°；探头采用 5MHz 频率，32 阵元，阵元间距 0.5mm，阵元长 10mm。探伤灵敏度以距轴端面 165mm 处 1mm 深度人工刻槽为基准，以此作为参考。

与常规超声探伤不同，由于相控阵探伤是多个角度声束，对每个声束用同样的灵敏度显然是不合理的。每个声束代表着不同折射角，其能量折射率也不一样。为确保单个缺陷在成像时每个角度上的振幅一致，需要进行增益补偿，即需要制作 TCG 曲线，并且在检测中 A 扫描和 S 扫描同时显示。

2017 年 3 月，在对 10266 号轮对左侧轴颈进行探伤时发现，在距轴端面 152.8~154mm 的轴颈部位存在异常波形，探头沿中心孔周向移动时，发现此波形一直存在，但是波幅有高有低，利用仪器“工件轮廓”的功能显示，该异常波形来自轴颈表面，非其他部件反射所致，如图 4 所示。

在对 10266 号轮对左侧轴承进行推卸后观察发现，在距轴端面 153mm 处轴颈上存在宽约 1.2mm、高 1mm 的凸台，且环绕一周，与探伤波形显示结果一致。如图 5 所示。

自 2016 年 7 月使用相控阵检测技术判断轴承内圈松动以来，总共探伤发现内圈松动轴承 146 套，且轴承推卸后均得到了验证，为解决这一难题提供了有效的方法。

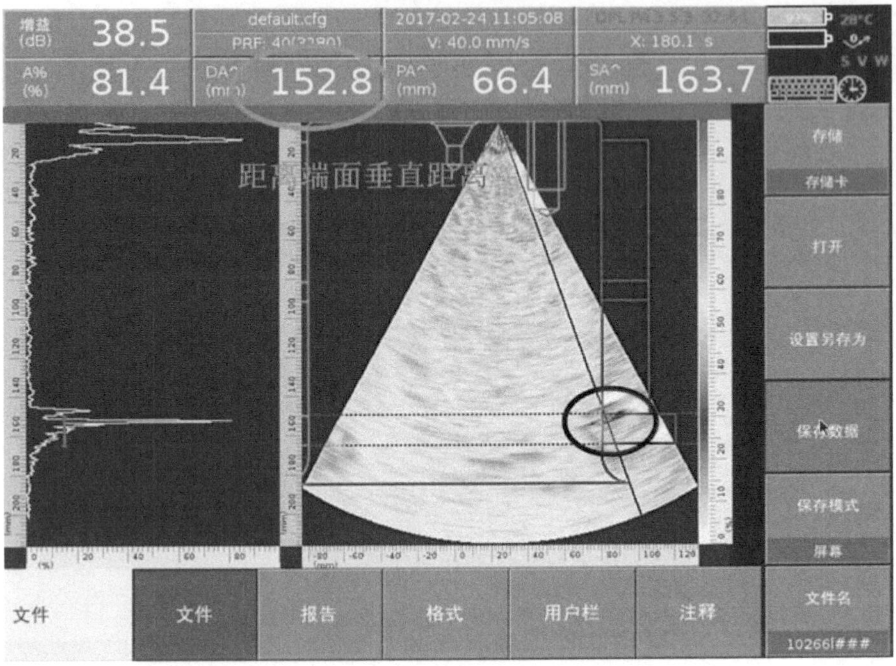

图 4　轴承与轴颈结合部位的扫查情况

图 5　推卸轴承后轴颈表面的损伤情况

4　结论

通过实践证明，利用超声相控阵检测技术判断混铁车轮对轴承内圈松动是有效可行的，具有较高的灵敏度和信噪比，在一定程度上弥补了振动检测等在轴承故障诊断方面的不足。

TS120A 型铁水车轮对强度计算

（广东韶关松山股份有限公司，刘德明、周邦连）

摘 要：TS120A 型铁水车由 1 个车架、2 个二轴构架式转向架以及轴箱悬挂装置组成，其轴重可达到 46. 5t。本文按 TB/T 1335—1996《铁道车辆强度设计及试验鉴定规范》及 TB/T 2705 车辆车轴设计与强度计算方法的要求，应用美国 SDRC 公司的 I-DEAS 11. 0 软件对设计的 TS120A 型铁水车轮对进行了强度计算分析，通过对不同载荷工况进行校核，最终计算结果满足其使用工况要求。计算结果表明：该轮对在工况 1（静载）和工况 2（动载）情况下的应力均能达到《铁道车辆强度设计及鉴定规范》规定的许用应力，轮对轴承的强度也满足《车辆车轴设计与强度计算方法》的许用应力。

关键词：I-DEAS；轮对；强度计算

1 引言

铁水车是用于冶金企业炼铁厂和炼钢厂运送铁水的专用车辆。TS120A 型铁水车是为了满足韶钢推行“铁水一罐制”组织运输要求而设计的一种新型 120t 铁水车，由 1 个车架、2 个二轴构架式转向架以及轴箱悬挂装置组成（图 1），两转向架中心距离 5400mm。采用二轴式转向架，轴距为 1600mm，其结构如图 2 所示，主要由构架、轮对、弹性悬挂装置和其他装置组成。轮对轴向悬挂装置中轮对采用 LM 型踏面，利用一些轴向悬挂装置保证车辆的平稳运行，车轮半径 420mm。整个车辆载重 120t，轴重 46. 5t，为保证在该轴重下车辆的运行安全性，对该车辆的轮对进行强度分析计算。

2 轮对结构图及特点

轮对是由一根车轴和两个相同车轮组成的，如图 3 所示。在轮轴结合部位采用过盈配合，使两者牢固的结合在一起，为保证安全，绝对不允许有任何的松动现象。

轮对不仅承担车辆的全部重量、保证车辆在轨道上安全的运行，还要承受着从车体、钢轨两方面传递来的其他各种静、动作用力，受力极其复杂。轮对作为转向架中重要的部件之一，又是影响车辆运行安全的关键部件之一，因此在选择轮对后需要对轮对进行各方面的校核，一次保证轮对选型的合适性。

3 计算标准

本计算采用 I-DEAS 软件，由于车轴关于中心对称，按 TB/T 2705 车辆车轴设计与强度计算方法（以下简称《规范》）的要求分析时取 1/2 建立力学模型进行结构离散，整个结构采用实体单元，离散后共有 37098 个节点和 8821 个单元，其实体模型及有限元模型如图 3 和图 4 所示。

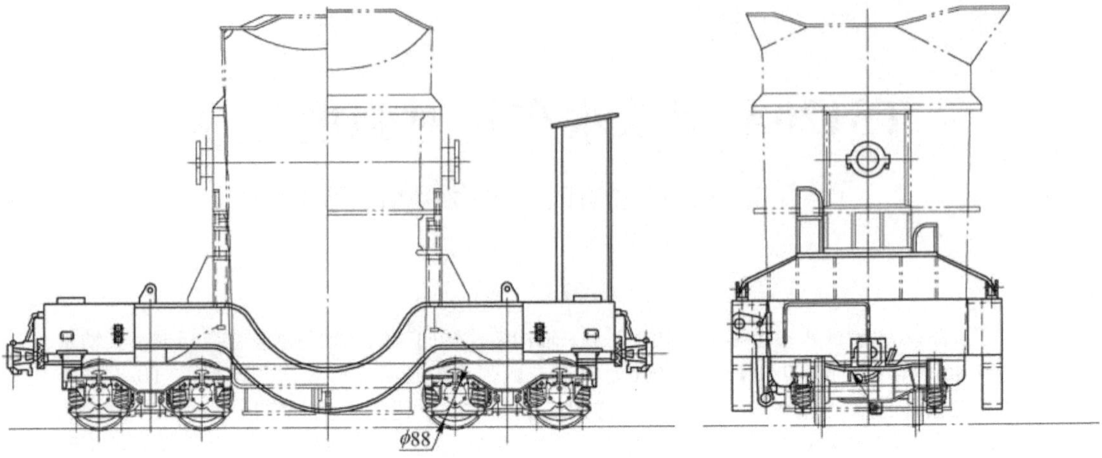

图 1　TS120A 型铁水车总图

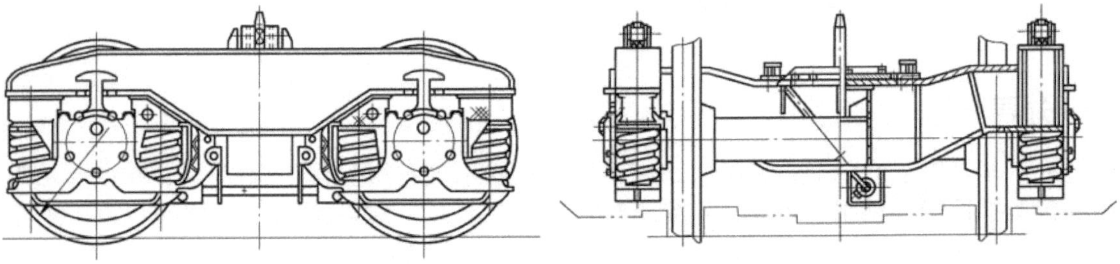

图 2　二轴构架式转向架

图 3　轮对实体模型

图 4　1/2 有限元模型

4 校核截面

根据本车车轴轴型与尺寸，校核截面分为：轴颈上有压配合部位的内侧边缘处、轮座上轮毂内侧边缘处、轮座内侧圆弧处、轴身中央处，如图 5 所示。

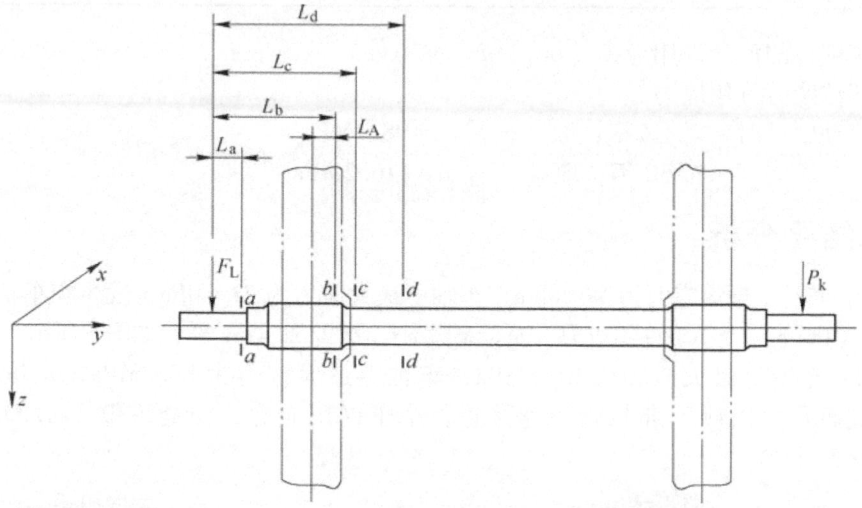

图 5 校核截面

（1）垂向静载荷。铁水罐正常情况下按运装 120t 铁水考虑，车体自重按照 30t（出于安全考虑）计算罐体，罐体内耐火材料合计按 40t 计算，即垂向静载荷为 120+30+40=190t。

故每根车轴所受载荷为$P=190/4=47.5$t。

（2）垂向动载荷 P_d。动荷系数（以重车运行 10km/h 计算）：

$$Kdy=(a+bV)/f_j+dc/\sqrt{f_j}=0.183$$

（3）侧向载荷及其他。分析计算中以加大垂向载荷来考虑风力、离心力等侧向力的影响，垂向载荷增加数值取垂向静载荷的 10%。疲劳应力集中系数按照标准值进行计算（表 1）。

表 1 120t 铁水车轮对计算工况

载荷工况		垂向载荷/t	备 注
序号	名称		
工况 1	静止工况	P	
工况 2	综合工况	$1.283P$	$Kdy+0.1=0.283$ （该工况综合考虑了横向力、动载荷、扭转等恶劣状况）

5 校核截面及强度标准

根据 TB/T 2705 标准，车轴强度校核疲劳许用应力见表 2。

表 2　轮座疲劳许用应力

轮座疲劳许用应力 $[\sigma_{-1}]$ a		
材质	图 5a—a	图 5b—b 和图 5c—c
LZ 钢	84.6MPa	98.1MPa
50 钢	100.2MPa	116.2MPa

非轮座部位的疲劳许用应力 $[\sigma_{-1}]$ a（参考件）

轴颈部位疲劳许用应力

装有滚动轴承时，对 LZ 钢：取 $[\sigma_{-1}]$ $a=98.1$MPa

对 50 钢：取 $[\sigma_{-1}]$ $a=116.2$MPa

6　计算结果分析

工况 1：车轮上最大应力为 48.2MPa，车轴上最大应力为 72.4MPa，发生在车轴轴颈（即安装轴承）内侧下部，小于许用应力。安全系数 $n=100.2/52.4=1.38$，如图 6 所示。

工况 2：车轮上最大应力为 61.8MPa，车轴上最大应力为 87.3MPa，发生在车轴轴颈（即安装轴承）内侧下部与轮座连接点，小于许用应力，安全系数 $n=100.2/87.3=1.15$，如图 7 所示。

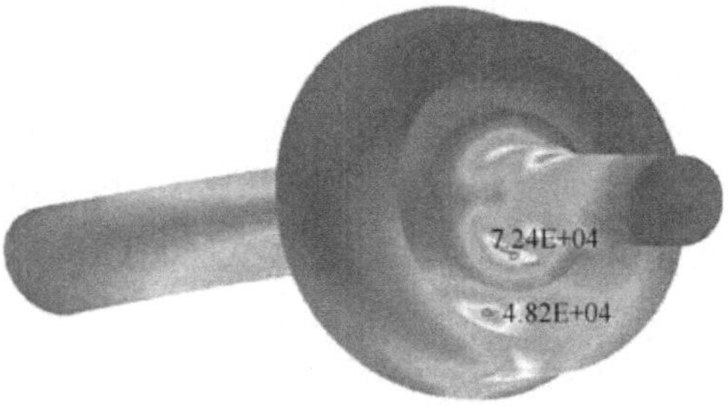

图 6　轮对在工况 1 作用下的应力分布图

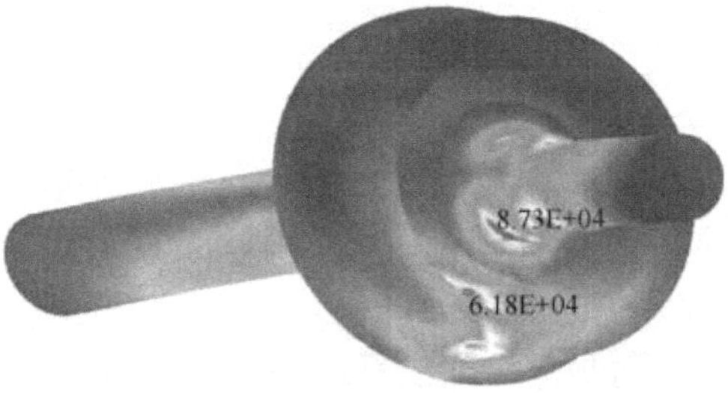

图 7　车轴在工况 2 作用下的应力分布图

7　结论

计算结果表明：铁水车轮对在工况 1（静载）和工况 2（综合）情况下的应力均未超过《铁道车辆强度设计及鉴定规范》规定的许用应力。轮对轴承的强度也满足《车辆车轴设计与强度计算方法》的许用应力。

柴油机综合试验站试验标准的编制

（包钢股份工程服务公司，赵强）

摘　要： 本文将对包钢柴油机综合试验站各型号柴油机试验工序、技术参数以及试验站试验设备的维护保养进行系统性介绍。根据柴油机综合试验站的原有设备进行改造和功能开发，使其满足 12V190ZJ 柴油机及 SF4010-2 型液力变速箱机组、12V190ZJ 柴油机单机、ZJ6240 柴油机及 ZJ4014GY 型液力传动箱机组、ZJ6240 柴油机单机、EQ6240ZJ 柴油机及 4012B 液力传动箱机组、EQ6240ZJ 柴油机单机、6280ZJ 柴油机、GKD2 整车水阻、12V240ZJ 柴油机、DF7G 整车水阻试验，真正实现柴油机综合试验站综合试验功能。

关键词： 柴油机；液传箱；整车水阻试验；综合试验

引言

柴油机作为内燃机车的核心部件，柴油机的检修是内燃机车检修工作中的重中之重。柴油机检修质量的好坏，将直接影响到机车的正常运用。

1　项目背景

机修车间担负着运输部的内燃机车检修工作，柴油机是内燃机车的核心部件，因此，柴油机的检修是内燃机车检修工作中的重中之重。但是，在柴油机检修后的柴油机试验一直停滞在空载磨合阶段，达不到对柴油机各项性能的检查、调整与修复。柴油机试验站的各项功能也没有得到全部应用。

2　现状调查

机修车间柴油机试验站以往对柴油机的试验缺少试验标准以及技术支持，对柴油机小、中、大修后的试验停留在空载磨合阶段。对柴油机以及液传箱的机组试验和电力传动机车的整车试验也无试验标准及试验规程的支持。为此，由机修车间领导牵头，工程技术人员和技术骨干对于柴油机试验各项试验参数、规程以及操作方法进行摸索与收集，着手开展对柴油机试验站试验标准的制定。

3　实施方案

为了顺利开展柴油机试验工作，2017 年机修车间派工程技术人员和柴油机、传动、电气、制动四个专项的技术骨干在厂家工程技术人员的指导下学习各型号柴油机的试验方法以及试验设备的使用方法。并于 2018 年初成立了技术攻关小组，对各型号柴油机从机组安装到最终试验收尾进行技术攻关，同时对 DF7G 和 GKD2 型机车整车水阻试验的技术攻关等。通过学习培训和技术攻关所得到的实际经验与技术资料为柴油机试验站试验工作打下了坚实的基础。

由于之前柴油机试验缺少技术支持，达不到对柴油机的彻底排查、磨合、调整及核验。因此，在2017年末开始的柴油机试验初步进行标准的试验流程试验，在对柴油机进行安装、试验准备、起动、磨合、调整和交验的各个工序中积累经验和各项试验参数，并根据试验中发现的设备上和技术上的不足进行收集与处理。在进行了3台次不同型号柴油机的试验后，通过技术和设备上的分析与研究制定出柴油机试验站试验规程。

在2018年对柴油机进行试验过程中，对于遇到的问题和困难，车间组织人员进行研究、处理，不断完善工艺流程和管路设施，使各试验步骤有序、有效的完成。在柴油机试验工作中，职工针对操作中种种问题，自己动手制作专用连接管路和专用工具以方便试验工作高效的进行。由于试验站存在一些易损件和电器耗材，备件种类、数量储备不足，所以我们对试验站常用、易损备件进行采购，以保证试验站的正常运用。

在对柴油机试验技术资料及柴油机试验标准的收集与整合后，初步编制出柴油机试验站操作规程。柴油机试验站操作规程由以下几部分构成：

（1）站内布局；

（2）试验要求；

（3）各型号柴油机参数要求；

（4）各型号柴油机试验准备工序；

（5）12V190ZJ柴油机及SF4010-2型液力变速箱机组实验操作工序；

（6）12V190ZJ柴油机单机试验操作工序；

（7）ZJ6240柴油机及ZJ4014GY型液力传动箱机组实验操作工序；

（8）ZJ6240柴油机单机试验操作工序；

（9）EQ6240ZJ柴油机及4012B液力传动箱机组实验操作工序；

（10）EQ6240ZJ柴油机单机试验操作工序；

（11）6280ZJ柴油机实验操作工序；

（12）GKD2整车水阻试验操作工序；

（13）12V240ZJ柴油机实验操作工序；

（14）DF7G整车水阻试验操作工序；

（15）站内各个设备及管路明细；

（16）站内各个设备维护保养规定。

下面列举第十四章《DF7G机车整车水阻试验操作工序》进行详细说明，按以下要求连接动力电缆及各传感器接线，注意线号正负无误。

首先，将整流柜UMA六根负线拆除，将水阻池引出的各大线，正端分别接到转换器REV。负端六根分别接到换向器REV上。负端六根全部接到整流柜UMA的直流输出负端。然后将水阻试验台引出的导线S12接在整流柜UMA的直流输出负端。将测速发电机接线盒打开，拆下导线L07，与水阻试验台引出的导线L07连接，并将水阻试验台引出的导线S1接上。

柴油机进行甩车试验，检查启动发电机的转向及启动发电机接线是否正确。

柴油机起动应延时45~60s，柴油机转动到发火时间不应超过30s。起动后，在无载状态下检查柴油机的转速，当司控器手柄置于0位和1位时，其转速应为（430±10）r/min（以现车仪表显示为准），当手柄置于升速位时，柴油机转速应从（430±10）r/min均匀升到（1000±10）r/min（以现车仪表显示为准），当手柄置于降速位时，其转速应从1000r/min均匀下降到（430±10）r/min，而当手柄置于保持位时，柴油机应保持相应的转速。

在柴油机转速为（430±10）r/min和（1000±10）r/min时，复核电压调整器的整定值，起动发电机输出电压应为（110±2.5）V（以现车仪表显示为准）。当电压超过125V时，辅助直流过压报警显示，切除辅助直流发电，断开直流发电开关，排除故障后，在显示器上进行复位操作，闭合开关，直流辅助发电方可投入工作（使用万用表测量）。

在风泵不工作的条件下，调整启动发电机的故障发电电压，拔下智能充电器的插头，将直流发电开关打至“故障发电”位，通过调节4个故障发电电阻Rgfa-Rgfd，调整启动发电机的故障发电电压，在柴油机转速850r/min时，将直流故障发电电压整定为100~105V（以万用表测量为准）。

调整牵引发电机外特性时，必须断开接地开关，风泵不工作，而冷却风扇处于自动工作状态。在机车加载及司控器手柄在1位时，使主发电机的电流在900A时，调节Rwq的电阻值，使机车牵引功率在40kW左右。

调整牵引发电机外特性，使牵引发电机整流后的直流输出符合表1或表2的要求。

表1 冷却风扇8级，括号内为功调电阻调解时电压

柴油机转速/r·min^{-1}	1000				850	700	430
电流/A	2250	3000	4000	4800	2500	2500	900
电压/V	729	544	408	340	400	277（285）	130（138）
	678	509	382	318	372	255（247）	114（106）
平均功率/kW	1583				966	533	100

表2 冷却风扇12级，括号内为功调电阻调解时电压

柴油机转速/r·min^{-1}	1000				850	700	430
电流/A	2350	3000	4000	4800	2500	2500	900
电压/V	722	563	422	352	414	284（292）	133（141）
	672	526	395	329	386	266（258）	123（115）
平均功率/kW	1683				1000	552	115

调整牵引发电机外特性有以下两种方式：

（1）功调电阻单独调节方式。扳键开关SAPC上扳，投入功调电阻调节，通过调节R1cf1、R1cf2、RII1、RII2、R1t1、R1t2、R1t3使主发电机外特性符合表1规定。机车在部分负荷时具有的近似恒功率调节作用检查完毕后，需复核柴油机在1000r/min时的牵引发电机外特性，仍应符合表1的规定。

（2）PLC励磁单独调节方式。在功调电阻单独工作时，首先整定信号板（SRB1）的电压、电流信号输入值，提手柄达到1000r/min，调整水电阻极板，使主发电机电压为500V。显示转换到调整界面，观察显示器数字显示，调节信号调整板上的P5~P12电位器，进行电压、电流信号校准，对应如下：P5—直流电压1；P6—直流电压2；P7—直流电流 1；P11—直流电流 2；P8—直流电流 3；P9—直流电流 4；P10—直流电流 5；P12—直流电流 6。信号板 SRB2 也需按照上述步骤进行整定，使信号板 SRB2 也达到正常工作标准。电流基准为钳式电流表的检测数据。扳键开关 SAPC 下扳，即投入 PLC 励磁调节，通过调节电阻 RII1、RII2、R1t1、R1t2、R1t3，根据冷却风扇的不同工况使电机的输出外特性符合表 1 或表 2 的要求。

4 总结

本文介绍了包钢柴油机综合试验站试验标准。运用此标准 2018 年上半年我们完成 1 台次 8V190 柴油机、2 台次 12V190ZJ 柴油机、1 台次 6240ZJ 柴油机、1 台次 6280 柴油机以及 1 台次 12V240 柴油机的试验。试验后的柴油机在装车后各项性能良好，保证了机修车间机车检修工作的顺利进行，并且提高了柴油机以及整车的检修质量，扩大了检修工艺，延长机车使用寿命，保障了公司铁路运输保产。

GK1C 型内燃机车空压机逆止阀检修方法创新与应用

（广东韶关松山股份有限公司，贺家栋、程丁、宋清山）

摘 要：分析了 GK1C 型内燃机车逆止阀在检修作业中存在的技术难点。结合检修作业中的实际情况，提出检修方法创新，使用专用工装拆卸空压机逆止阀阀芯，并对该工装拆卸阀芯时的机械强度进行了校验。经检修现场运用考验，该检修方法可行。

关键词：GK1C 型内燃机车；空压机逆止阀；技术难点；专用拆卸工装；机械强度

1 引言

目前韶钢物流部有 18 台 GK1C 型内燃机车在用。主要用于韶钢原材料进出口和厂内铁水运输的生产任务。1996 年该型内燃机车投入运用以来的实践证明，GK1C 型内燃机车整体可靠性较高，工作环境好，运用范围广，适应性强。但由于使用年限久、运用率高，部分机车检修周期延长，近年来发现空压机逆止阀检修过程中阀芯黏固现象严重，拆卸、清理阀芯作业工序繁琐，作业时间长，且存在安全隐患，影响机车正常交付使用。对此，我们通过对空压机逆止阀原有检修技术难点进行分析，提出新的检修方法，使用专用工装拆卸空压机逆止阀阀芯，简化了检修工序，提高了作业效率，消除了检修作业时的安全隐患，有效保证了机车的正常交付使用。

2 空压机逆止阀检修难点分析

内燃机车空压机逆止阀，是一种依靠压缩空气本身压力而使逆止阀阀芯自动升、降，用来防止压缩空气倒流的升降式阀门。其主要作用是在空压机停止工作后，防止总风缸的压缩空气逆流进空压机的气缸以减少压缩空气的泄漏、防止空压机中冷器风扇及空气压缩机驱动电机反转。逆止阀还可用于给其中的压力可能升至超过系统压的辅助系统提供补给的管路上。

由于空压机长期工作，压缩空气管路内的粉尘（风源净化器干燥剂颗粒）、油气（220 号空压机油）、水汽在长期高温、高压的工作条件下逆止阀阀体内壁与阀芯外壁之间形成结垢，逆止阀阀芯黏固在逆止阀阀壁上，不能自动下降、归位，导致空压机停止运行时，无负荷阀排风不止，机车总风缸的压缩空气形成回路，压缩机再次启动阻力大。该故障若得不到及时处理，易造成：

（1）压缩机驱动电机启动时瞬时电流大，造成二级电阻、继电器、线路烧损；

（2）中冷器风扇及空气压缩机驱动电机反转力导致更换空压机皮带困难；

（3）空压机所压缩的总风量达不到机车运用所需的额定值，影响机车的正常运用。

因此，必须对逆止阀阀芯进行定期的拆卸清理、除垢，保证逆止阀的正常工作。拆卸逆止阀阀芯的步骤为：

（1）使用除垢剂进行简单除垢；

（2）对逆止阀内部进行热处理，软化结垢部位；

（3）将一枚直径与逆止阀阀芯内螺牙匹配的螺丝与逆止阀阀芯对孔安装、紧固，使用夹钳夹紧该螺丝的螺帽，进行长时间垂直方向的反复上、下拨动，利用阀芯外壁与阀壁内壁之间的摩擦去除掉结垢后拔出阀芯。

根据阀芯黏固程度，需多次重复上述步骤（2）（3）。

在作业过程中，由于作业空间狭小以及周围敏感部件多，热处理时需小心谨慎，防止烧损其他机车零部件以及防止被飞溅物灼伤。在反复拨动与阀芯对孔安装的螺丝时要尽量保持垂直、持续的作用力，以保证螺丝受力均衡，防止螺丝断裂在阀芯内部以及阀芯外壁与逆止阀阀体内壁磨损，造成二次故障，增加作业难度。

综上所述，GK1C 型内燃机车空压机逆止阀检修难点在于拆卸黏固程度严重的逆止阀阀芯工序：

（1）在摩擦除垢时，由于人力无法保证垂直、持续的受力作用，容易导致螺丝断裂在阀芯内部，以及阀体与阀芯接触面磨损，造成二次故障；

（2）作业步骤繁琐，造成作业时间长，劳动强度、工作难度大，在热处理作业时存在安全隐患。

3　检修方法创新

3.1　设计制作专用工装

为了克服上述检修难点，参照机械拉马原理，自行设计制作一种用于拆卸 GK1C 内燃机车空压机逆止阀阀芯的专用工装。该工装采用一体式结构，如图 1 所示。

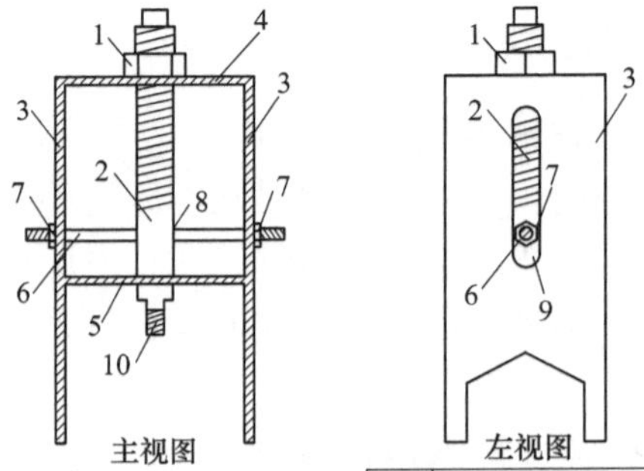

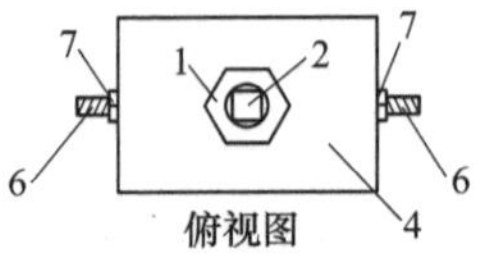

序号	零件名称	数量
1	压力螺母	1
2	拉杆	1
3	支撑板	2
4	承压板	1
5	水平固定板	1
6	止转杆	1
7	防窜螺母	2
8	止转杆横穿孔	1
9	止转杆垂直活动矩形孔	2
10	连接拉杆	1

图 1　三视图

由压力螺母、拉杆、支撑板、承压板、水平固定板、止转杆、防窜螺母等七个部件组成。包括有支撑板两块；在两块支撑板的顶端垂直连接一块承压板；在两块支撑板的中间位置垂直连接一块水平固定板；在承压板与水平固定板的中心位置垂直对孔穿过一根拉杆；拉杆顶端位置安装有一个压力螺母，并通过该压力螺母将拉杆固定在承压板上；在拉杆与两块支撑板的中间位置有一根止转杆水平穿过止转杆垂直活动矩形孔与止转杆横穿孔；止转杆的两端位置安装有两个防窜螺母。

压力螺母：材质为Q235A，数量：1件。其尺寸型号与拉杆截面直径尺寸匹配，用于安装在拉杆上端。

拉杆：材质为Q235A，数量：1件。其顶端经机床加工成正方体，用于与逆止阀阀芯内螺牙对孔安装时的出力作用点；其螺杆螺纹下方，设有止转杆横穿孔，其直径尺寸根据止转杆截面直径尺寸设计，用于止转杆对孔水平穿过拉杆；其底端根据逆止阀阀芯内螺纹尺寸经机床加工成连接拉杆，用于拉杆与逆止阀阀芯内螺纹对孔安装；其上半部根据压力螺母尺寸，经机床加工成螺杆螺纹，用于安装压力螺母以及增加作用力行程。

支撑板：材质为Q235A，数量：2件。支撑板为长方形，中心处设有止转杆垂直活动矩形孔，其直径根据止转杆直径尺寸设计，用于止转杆水平穿过以及止转杆上、下活动；其底端设计成半六边矩形，与逆止阀安装座契合，用于支撑板安装在逆止阀安装座上。

承压板：材质为Q235A，数量：1件。承压板为长方形，中心处设有圆孔，其直径尺寸根据拉杆截面直径尺寸设计，用于拉杆垂直穿过。

水平固定板：材质为Q235A，数量：1件。水平固定板为长方形，中心处设有圆孔，其直径尺寸根据逆止阀顶座尺寸设计，用于将水平固定板套接在逆止阀顶座上。

止转杆：材质为圆钢，数量：1件。其两端根据防窜螺母尺寸经机床加工成螺杆螺纹，用于安装防窜螺母；其长度尺寸根据两块支撑板距离设计；其直径尺寸与拉杆下方设有的圆孔直径匹配，用于水平穿过两块支撑板与拉杆。

防窜螺母：材质为Q235A，数量：2件。其型号尺寸与止转杆直径尺寸匹配，用于安装在止转杆两端。

止转杆横穿孔：拉杆经钻床加工钻孔，位于拉杆螺杆螺纹下方，其直径尺寸根据止转直径设计，用于止转杆对孔水平穿过拉杆。

止转杆垂直活动矩形孔：支撑板经机床加工成矩形孔，其直径根据止转杆直径尺寸设计，用于止转杆水平穿过以及止转杆上、下活动。

3.2 组装

（1）将承压板与水平固定板分别垂直焊接在两块支撑板之间的顶端与中间位置，检查焊接处的牢固度，清理焊渣。

（2）将压力螺母安装在拉杆的螺杆螺纹顶端，并将拉杆垂直穿过承压板与水平固定板的中心圆孔，此时，拉杆呈悬挂状态。

3.3 使用方法

（1）将逆止阀阀盖打开，使用除垢剂进行简单除垢。

（2）将该工装两侧的支撑板分别与逆止阀阀体两侧安装座对位安装、逆止阀顶座与水平固定板的中心孔对孔安装。

（3）使用扳手顺时针方向旋拧拉杆顶端的正方体，将拉杆底端的连接拉杆与逆止阀阀芯对孔安装、紧固，并使止转杆垂直活动矩形孔、止转杆横穿孔保持同一水平位置。

（4）将止转杆与止转杆垂直活动矩形孔、止转杆横穿孔对孔安装，并在止转杆两端的螺杆螺纹处安装防窜螺母且无需拧紧。

（5）将压力螺母顺时针方向旋拧，直至压力螺母接触到承压板。

（6）使用扳手将压力螺母顺时针方向旋拧，直至将逆止阀阀芯完全取出。

综上所述，该工装在使用时，能形成垂直、持续的拉力，简化了检修工序，消除了二次故障以及安全隐患。工作示意图如图 2 所示。

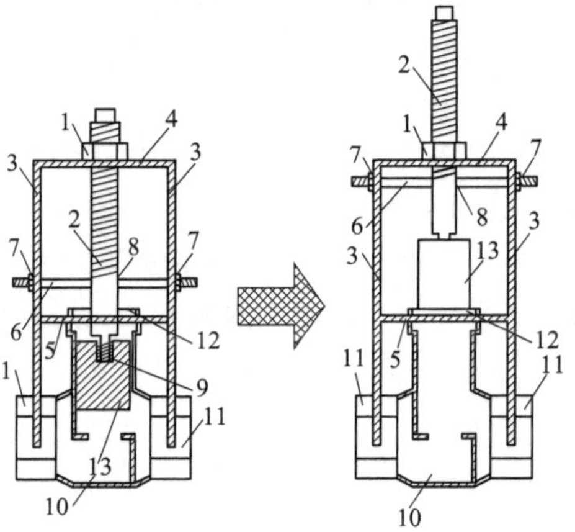

序号	零件名称	数量
1	压力螺母	1
2	拉杆	1
3	支撑板	2
4	承压板	1
5	水平固定板	1
6	止转杆	1
7	防窜螺母	2
8	止转杆横穿孔	1
9	连接拉杆	1
10	逆止阀阀体	1
11	逆止阀安装座	2
12	逆止阀顶座	1
13	逆止阀阀芯	1

图 2　工作示意图

3.4　受力分析及强度校核

（1）受力分析如图 3 所示。

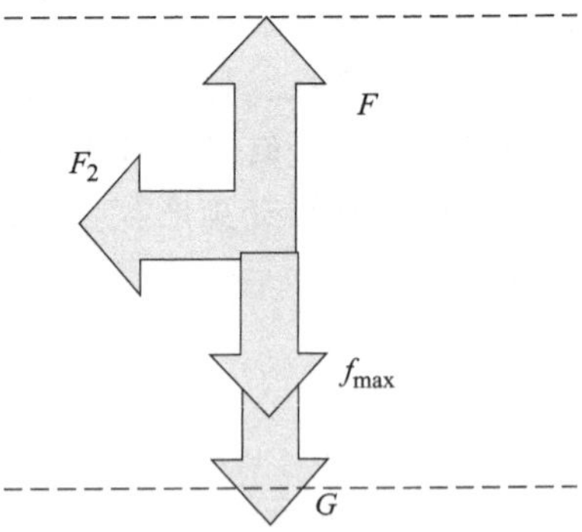

图 3　受力分析图

F 为螺旋升力，f_{max} 为阀体内壁与阀芯外壁最大摩擦力，G 为拉杆，压力螺母，逆止阀芯，连接拉杆整体总重力。由受力平衡可得：$F = f_{max} + G$。f_{max} 计算公式如下：

非牛顿流体不符合牛顿公式：$\tau/D = f(D)$，因此以 η_a 表示一定（τ/D）下的黏度，其中 τ 为剪切力，D 为剪切应变率。220#空压压缩油室温下运动黏度为 $220\text{cm}^2/\text{s}$。由：$f_{max}/A = \eta\alpha$，$f_{max}/A = \eta\alpha \text{d}v/\text{d}x$，得 $f_{max} = S\eta\alpha$，其中 A 为 220#压缩油气介质与阀芯接触面积，S 为连接拉杆与阀芯相对移动速度。当 S 取 1cm · s，代入数据可得 $f_{max} = 220\text{N}$。拉杆，压力螺母，逆止阀芯，连接拉杆四者总质量 m 为 0.8kg。由 $G = mg$ 得（g 取 9.8m/s^2）$G = 7.84\text{N}$，可得 $F = 227.84\text{N}$。

（2）力矩分析如图 4 所示。

因 $M_1 = FL$，M 为 F 产生作用在连接拉杆上的力矩，$L = 0.2\text{m}$，L_2 为人使用扳手时力的作用点到受力拉杆中心距离。当扳手绕压力螺母旋转一周时，$M_1=455\text{N}\cdot\text{m}$。

由 $M_1=M_2=F_2L_2$，M_2 为 F_2 产生力矩，F_2 为扳手作用在螺母上的切向力，L_2 为连接拉杆中心、右侧支撑板和水平固定板连接中心的距离。测得 $L_2=0.188\text{m}$，可得 $F_2=242\text{N}$。而成年人手臂力量为 200~300N，当阀芯与阀体阀壁之间摩擦力为最大值时，通过该工装可取出逆止阀阀芯。

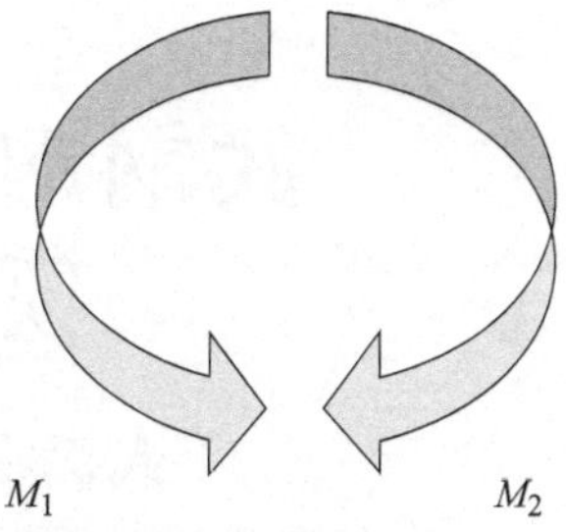

图 4　力矩分析图

3.5　强度校验

（1）受力拉杆强度校验：受力拉杆末端与逆止阀芯接触面积，$A_1=\pi r^2$，其中 r 为受力拉杆末端与逆止阀芯横截面半径。$r=3.75\text{mm}$，$A=44.2\text{mm}^2$，受力拉杆接触面切应力：$\tau_2=\dfrac{F}{A_1}=452\text{MPa}<[\tau]$，符合强度校核，保证连接受力拉杆在使用过程中不会变形失效。

（2）压力螺母强度校验：逆止阀芯横截面上正应力：$\sigma_1=\sigma\cos^2\theta$，$\theta=360°$，$F_2=A_2\sigma_2$，$r_2=16.5\text{mm}$，$A_2=854.9\text{mm}^2$，其中 A_2 为压力螺母与扳手接触面横截面积，r_2 为压力螺母与扳手接触面横截半径。$\sigma_1=257\text{MPa}<[\sigma]$，符合强度校核，保证压力螺母在使用过程中不会变形失效。

4　实施效果

2016 年 7 月至 2017 年 10 月，针对 GK1C 型内燃机车空压机逆止阀检修时所存在的难点进行技术创新，利用专用工装拆卸逆止阀阀芯。经过一年多现场应用、验证，使用该工装拆卸逆止阀阀芯，简化了原有逆止阀检修工序，提高了作业效率，并消除了安全隐患。

通过上述力学理论公式计算，人体受力强度与机械强度完全可行。同时，此技术可在更广泛的机械领域推广应用，对于类似逆止阀构造机械检修有一定的参考价值。

该专用拆卸工装已成功申请实用新型专利，专利号：ZL201820610104.8。

武钢钢渣热闷处理及加工利用项目运输可行性研究

（武汉钢铁有限公司，赵强、蒋保东）

摘　要： 一直以来，武钢对炼钢后产生的钢渣直接运到渣场，在露天进行翻卸处理，这种处理方式对环境造成较大的污染，严重影响了武钢的企业形象。为积极响应国家环境保护号召，武钢有限公司计划通过对炼钢后产生的废弃钢渣采用热闷工艺技术，以减少对环境的污染，适应城市钢厂的发展需要；还可以对废弃钢渣进行再回收利用，提高资源利用率，降低企业的生产经营成本。因此，结合武钢有限物流运输现状，分别从铁路、公路运输两种运输方式对钢渣热闷工艺处理及加工的可行性进行研究。

关键词： 钢渣；热闷；处理；运输

近年来，国家逐步加大了环境保护的力度，尤其是对钢铁、煤炭等重点行业、领域的环境保护提出了更高的要求，武钢作为国有大型企业，也肩负着节能减排、环境保护的企业责任和社会责任。尤其是自 2016 年 9 月宝武联合重组以来，宝武集团、武钢有限各级领导高度重视环保工作，积极响应国家环保管理号召，同时也为了提高废旧资源利用率，降低企业生产经营成本，武钢有限公司拟对 3 个钢厂（一炼钢、二炼钢和 CSP 钢厂）炼钢后产生的剩余钢渣采用热闷处理。但受厂内空间、地理环境的限制，在钢厂附近建立闷渣坑不具备条件。因此，本课题主要对转炉钢渣分散处理、集中处理、集中到 46 号线热泼处理三种方案从运输角度进行分析，并提出可行性意见。

1　现状介绍

目前，运输部铁运分厂炼钢作业区承担着一炼钢、二炼钢和 CSP 厂钢渣罐的运输任务，火车将钢渣罐从各厂货位线运输至渣场进行翻卸，每天运输钢渣罐平均为 17 趟左右。运输作业时间及出渣量见表 1、表 2。

表 1　钢渣罐运输作业流程及时间统计

钢　厂	钢厂与运输部计划联系时间	运输部动车及单机运行至厂房货位线	重罐空罐对换	重罐至热电小站	机车转头	重罐上道	48 号跨线桥至 46 号	46 号线空罐回货位线	合计 /趟 · min^{-1}
一炼钢分厂	5	10	20	35	10	2	5	40	127
二炼钢分厂	5	10	20	35	10	2	5	40	127
CSP 分厂	5	10	20	15	10	2	5	30	97

表 2 出渣量统计

钢 厂	转炉渣/罐 · d^{-1}	脱硫渣/罐 · d^{-1}	铸余渣/罐 · d^{-1}	每天趟数
一炼钢分厂	25	5	5	6
二炼钢分厂	28	2	3	3
CSP 分厂	24	15（双机硅钢）	3	8

2 根据可研报告中的三种方案进行运输可行性分析

2.1 转炉钢渣分散处理方案

2.1.1 具体方案

（1）采用钢渣有压热闷技术，在 CSP 炼钢厂附近的修罐库和仓库区域建设一条转炉钢渣处理线，用于处理 CSP 炼钢厂每天产生的转炉钢渣，CSP 炼钢厂所产转炉渣罐通过地爬车运至处理线进行处理，处理后的冷态钢渣通过汽车运至钢渣二次处理线再进行筛分磁选处理。

（2）一炼钢每天所产转炉钢渣暂通过火车运至 46 号脱硫及铸余处理罐区进行热泼处理。

（3）二炼钢每天所产转炉钢渣暂定通过专用渣罐运输汽车运至四炼钢现有渣跨内的热泼场进行热泼处理。

2.1.2 铁路运输能力

（1）火车运输 CSP 厂的脱硫渣 15 罐/d 和铸余渣 3 罐/d 到渣场 46 号线进行处理，按每趟 6 罐运输，需运输 3 趟。

（2）火车运输一炼钢厂转炉渣 25 罐/d、脱硫渣 5 罐/d 和铸余渣 5 罐/d 到渣场 46 号线进行处理，转炉渣热泼工艺要求转炉渣 3h 内到达热泼点；转炉平均 1h 出 1 罐转炉渣，一炼钢出渣线至渣场 46 号线火车运输时间是 87min，按每趟 2 罐运输，转炉渣从出渣到 46 号线需 60+87=147min，可满足热泼要求，转炉渣需运输 13 趟。脱硫渣和铸余渣可编入转炉渣运输，不增加运输趟数。

（3）火车运输二炼钢厂的铸余渣 3 罐/d 到渣场 46 号线进行处理，可编入一炼钢转炉渣运输（脱硫渣汽车外销）。

（4）机车需求：

钢渣运输时间：97min×3+127min×13=1942min

每列火车纯作业时间：1440min×70%=1008min

需要机车：1942÷1008=1.93≈2 台（使用现有机车，不需新增）

（5）48 号线通过能力计算。每趟渣罐通过 48 号线上下道两次时间统计（单位：min）见表 3。

表 3

流程	热电小站 、机车转头及进路准备（含道口占用）	重罐上道时间（含进路占用）	48 号跨线桥线至闷渣坑货位线（含货位线检查）	翻罐时间/趟 · min^{-1}	空罐下渣场（含进路占用）	区段出清	合计
时间	10	2	5	10	9	2	38

由于炼钢 48 号线是一炼钢和 CSP 的钢渣罐上下渣场唯一的一条进路，按照一炼钢 13 趟/d，CSP 3 趟/d，钢渣罐每趟（两次）上下 48 号线通过时间 38min/趟，计算 48 号线通过能力。

48 号线通过占用率：

$$16\text{趟}/d\times38min/\text{趟}\div1440min\times100\%=42.2\%$$

铁路线路利用率正常为 60%，最高不超过 70%。

（6）公司 18 号门道口占用时间。机车带罐通过道口每次占用约 8min，单机通过道口每次占用约 5min，每趟渣罐运输需占用 18 号门道口 4 次（单机 2 次，带罐 2 次）。因此，火车每次通过道口占用时间平均为 6.5min。

道口占用率：

$$16\text{趟}/d\times4\text{次}\times6.5min/\text{次}\div1440min\times100\%=28.9\%$$

通过以上分析，目前铁路运输能力可以满足改造后钢渣罐的运输需求。

2.1.3 汽车运输二炼钢转炉渣可行性

运输路线拟定两种，具体如下：

（1）二炼钢转炉渣盛渣渣罐直接在渣跨通过行车吊放至专用渣罐运输汽车上，之后经老轧东路、二炼钢路、连铸路运至四炼钢现有热泼场进行热泼处理。

（2）二炼钢转炉渣盛渣渣罐采用过跨车经 4 号过跨线运至东门，之后再通过专用汽车运输车运至四炼钢热泼场进行处理。

《炼钢安全规程》（AQ 2001—2004）14.1 内容为“采用抱罐汽车运输液体渣罐时，罐内液渣不应装满，应留 0.3m 以上的空间，抱罐汽车司机室顶部与背面应加设防护装置；抱罐汽车运行线路宜设专线，避免与其他车辆混杂运行，并尽可能减少相交道口。”

为减少投资成本，可研方案拟新增 2 台平板汽车（价格是抱罐汽车的一半）运输转炉渣，平板汽车运输要求同抱罐汽车运输相似（钢渣罐宽度为 4.4m，平板汽车宽度约为 5m）。老轧东路宽度为 6.5m、连铸路宽度为 6.4m，不具备渣罐平板汽车同其他车辆会车条件。

老轧东路工作日车流量统计见表 4。

表 4 老轧东路实测车流量（2018 年 6 月 15 日）

时间	行人	自行车电动车	标准载重车	挂车	小汽车
7：00~8：00	12	450	65	8	55
8：00~9：00	11	160	45	31	208
9：00~10：00	12	77	25	22	69
10：00~11：00	4	18	9	13	27
11：00~12：00	2	110	6	5	15
12：00~13：00	12	18	11	13	21
13：00~14：00	11	18	23	6	17
14：00~15：00	14	25	19	17	15
15：00~16：00	11	55	25	19	23
16：00~17：00	15	390	21	23	29
17：00~18：00	4	15	18	17	14
18：00~19：00	10	20	15	15	13

近两年来，一炼钢、二炼钢和 CSP 厂钢渣罐在铁路运输过程中均出现过热渣溢出现象，甚至引起火险。

通过以上分析，为保证二炼钢转炉渣汽车运输过程中公路行人及车辆的安全，必须建立转炉渣汽车运输专用通道，禁止行人及其他车辆通行，建议将线路（2）“二炼钢转炉渣盛渣渣罐采用过跨车经 4 号过跨线运至东门，之后再通过专用汽车运输车运至四炼钢热泼场”（约 500m）规划为专用通道。

2.2 集中处理方案

2.2.1 具体方案

（1）在现有 46 号脱硫及铸余渣处理区建设一条转炉钢渣处理线，用于处理一炼钢和 CSP 每天所产的转炉钢渣，上述两个钢厂每天所产转炉钢渣渣罐采用火车统一运至处理线进行处理，处理后的冷态转炉钢渣再采用汽车运至钢渣二次处理线进行处理。

（2）二炼钢每天所产转炉钢渣暂定通过专用渣罐运输汽车运至四炼钢现有渣跨内的热泼场进行热泼处理。

2.2.2 铁路运输能力

（1）火车运输 CSP 厂的转炉渣 24 罐/d、脱硫渣 15 罐/d 和铸余渣 3 罐/d 到渣场 46 号线进行处理，转炉渣按每趟 2 罐运输，脱硫渣和铸余渣按每趟 4 罐运输，需运输 17 趟（CSP159 线路不具备编组条件，转炉渣运输同脱硫渣和铸余渣不能编组在一起运输）。

（2）火车运输一炼钢厂转炉渣 25 罐/d、脱硫渣 5 罐/d 和铸余渣 5 罐/d 到渣场 46 号线进行处理，转炉渣热闷工艺要求转炉渣 2h 内到达处理点，转炉渣按每趟 2 罐运输，需运输 13 趟（脱硫渣和铸余渣可编入转炉渣运输，不增加运输趟数）。

（3）火车运输二炼钢厂的铸余渣 3 罐/d 到渣场 46 号线进行处理，可编入一炼钢转炉渣运输。

（4）机车需求：

钢渣运输时间：97min×17+127min×13＝3300min

需要机车：3300÷1008＝3.3≈4 台（需新增 2 台机车）

（5）48 号线通过能力计算。48 号线通过占用率：

$$30\text{趟/d}\times 38\text{min/趟}\div 1440\text{min}\times 100\% = 79.2\%$$

（6）公司 18 号门道口占用时间。道口占用率：

$$30\text{趟/天}\times 4\text{次}\times 6.5\text{min/次}\div 1440\text{min}\times 100\% = 54.2\%$$

公司 18 号门为重载货运汽车的主要通道，公路车流随道口关闭而停止，道口占用率超过 50%，将严重影响到汽车正常物流组织。

通过以上分析，目前铁路运输能力不能满足改造后钢渣罐的运输需求。

2.2.3 汽车运输二炼钢转炉渣可行性分析

汽车运输二炼钢转炉渣可行性分析同方案一。

2.3　三个钢厂渣罐集中到46号线热泼处理方案

2.3.1　具体方案

一炼钢、二炼钢和CSP厂每天所产转炉钢渣通过火车运至46号线进行热泼处理。

2.3.2　铁路运输能力

（1）火车运输CSP厂的转炉渣24罐/d、脱硫渣15罐/d和铸余渣3罐/d到渣场46号线进行处理，转炉渣按每趟3罐运输，脱硫渣和铸余渣按每趟3罐运输，需运输14趟（CSP159线路不具备编组条件，转炉渣运输同脱硫渣和铸余渣不能编组在一起运输）。

（2）火车运输一炼钢厂转炉渣25罐/d、脱硫渣5罐/d和铸余渣5罐/d到渣场46号线进行处理，转炉渣按每趟2罐运输，需运输13趟（脱硫渣和铸余渣可编入转炉渣运输，不增加运输趟数）。

（3）火车运输二炼钢厂的转炉渣28罐/d、铸余渣3罐/d到渣场46号线进行处理，转炉渣按每趟2罐运输，需运输14趟（铸余渣可编入转炉渣运输，不增加运输趟数）。

（4）机车需求：

钢渣运输时间：$97\text{min}\times14+127\text{min}\times13+127\text{min}\times14=4787\text{min}$

需要机车：$4787\div1008=4.7\approx5$ 台（需新增3台机车）

（5）48号线通过能力计算。48号线通过占用率：

$$41\text{ 趟/天}\times38\text{min/趟}\div1440\text{min}\times100\%=108.2\%$$

（6）公司18号门道口占用时间。道口占用率：

$$41\text{ 趟/d}\times4\text{ 次}\times6.5\text{min/次}\div1440\text{min}\times100\%=74\%$$

公司18号门为重载货运汽车的主要通道，公路车流随道口关闭而停止，道口占用率超过50%，将严重影响到汽车正常物流组织。

通过以上分析，目前铁路运输能力完全不能满足改造后钢渣罐的运输需求。

3　分析结论

（1）目前铁路运输能力可以满足方案一转炉钢渣分散处理方案改造后钢渣罐的运输需求，不能满足方案二和方案三集中处理方案改造后钢渣罐的运输需求。方案二和方案三须对铁路设备进行如下改造：1）公司18号门铁路道口改造为公路铁路立交桥；2）热电小站至渣场46号线间铁路线增加1条平行进路；3）新增铁路机车并配备相应的调车员和火车司机。

（2）为保证二炼钢转炉渣汽车运输过程中公路行人及车辆的安全，必须建立转炉渣汽车运输专用通道，禁止行人及其他车辆通行。线路（1）（老轧东路、二炼钢路、连铸路运至四炼钢）汽车运输转炉渣存在较大安全隐患，难以规划成专用通道，建议将线路（2）“二炼钢转炉渣盛渣渣罐采用过跨车经4号过跨线运至东门，之后再通过专用汽车运输车运至四炼钢热泼场”（约500m）规划为专用通道。

物流跟踪信息管理系统在企业铁路运输中的应用

（本钢板材铁运公司，张海晶）

摘 要：根据企业铁路运输的需求，从物流跟踪信息管理系统的功能方面阐述了企业铁路运输通过先进的运输系统、技术和现代信息网络管理，实现企业铁路运输从产品的进入、装卸、储存、配送、返矿、出矿等业务进行了科学、统一、规范的管理，目的在于使企业铁路物流运输管理达到高效、协调且有序。物流跟踪信息管理系统是在车号识别系统的基础上，通过进矿作业管理、装卸车辆管理、进出矿作业管理和系统的查询功能，及时准确与实际车辆的作业情况相结合，实现对4个行政站即焦化站、轧钢站、原料站、炼铁站的机车、车辆的位置、车辆状态、作业过程、作业起始点和终止点、作业时间以及其运送物料等实现动态跟踪的信息管理系统。物流跟踪信息管理系统基本涵盖了企业铁路运输的所有业务，可完全替代原有部调业务、站调业务、填制货票、现车管理、查询、统计等手工作业，提高运输管理系统的自动化和信息化。

关键词：铁路运输；信息管理系统；运输系统；调度指挥

1 问题的提出

随着本钢企业生产规模不断扩大，产量也急剧增加，有关生产的各种信息量也成倍增长，铁路运输管理的难度也逐渐增大。原始的手工记账已远远满足不了现代铁路运输作业的需求，迫切需要有一个运输调度指挥管理系统来提高运输生产工作的效率。这必须得有现代的计算机网络带给我们的系统服务体系，即物流跟踪信息管理系统的诞生。铁路运输企业与现代经济发展相适应，其集约化程度越来越高，功能越来越强。本文从物流跟踪信息管理系统的功能、铁路运输企业信息系统的内容、建立物流跟踪信息管理系统的基本途径三个方面阐述铁路运输企业通过先进的管理、技术和现代信息网络，对运输商品的进矿、车辆作业、出矿等业务进行科学、统一、规范的管理，目的在于使铁路运输管理达到高效、协调和有序。

1.1 系统实现的目标

运输跟踪管理系统是一个企业不可缺少的部分，它的内容对于企业的决策者和管理者来说至关重要。一个优秀的运输管理系统可大大减少企业管理人员的工作量，同时大大提高他们的工作效率。企业运输主要有焦化站、轧钢站、原料站、炼铁站四大块。其中轧钢站的工作最为繁重，车辆卸车并装车外发，数据量较大。除计算机操作专人及专用软件进行信息处理外，其他各类的数据处理都由调度以及货调工作人员手工输入完成，效率低，可靠性差。配备电脑，但实际利用率不高，如果采用计算机进行以上各类信息的管理，必将大大提高工作效率，对企业各类信息的维护及了解起到积极的作用。另外随着计算机网络的持续发展，无论是工作、学习还是生活，将会越来越多地融入到流动的网络中。人们的工作节奏不断加快，需要每个人作为学习计算机专业的一员，对系统的需求做较深入的认识，同时也掌握一定的系统开发理论，借此创新管理成果的契机，一方面利用自己的所学小试牛刀，另一方面通过这次实践必将提升自身对软件工程、数据库、程序设计等理论的认识，积累系统开发的经验。

1.2　铁路运输系统组织结构

本钢现有铁路线路 240 多千米，道岔 841 组，信号楼 16 座（大明山、本溪、东部、烧结、彩屯、竖井、沙窝、北口、焦化、南口、轧钢、炉北、兴安、竖炉、场南、中心），现共有各类型机车 89 台，其中内燃机车 65 台，电力机车 24 台。自备车辆 1000 多辆，每天进出厂的局车车辆多达 1400 多辆。

轧钢站目前有 4 个区，处理的信息主要有七大类：进矿信息、装车信息、卸车信息、返矿信息、过磅信息、出矿信息、解冻信息。

本钢企业铁路运输信息管理系统包括网络建设、信号联锁系统改造、物流跟踪管理系统、调度集中系统和机车无线作业系统、调度监督系统等。在调度中心实现车流、运输及信号三合一的新型调度监督系统，方便企业总体调度。这些信息同时也可同步在区（站）调显示，显示企业所有车站的信号状态信息以及车流、运输信息。

2　铁路运输系统需求分析

本钢铁路运输系统的种类繁多。以前大部分车辆作业都采用手工管理、手工记录信息，这种传统的管理方法很费人力，而且容易出错，有时因人为的因素造成时间进度不好掌握，难以满足当今企业的生产发展要求。系统需求分析的设计要求结合现代企业特征，生成符合实际情况的信息管理。系统采用简单、便捷的操作录入每个车辆的信息数据。建成后的运输系统是一个为应用、管理全方位服务的综合性网络，并能符合多种网络协议，体系结构符合国际标准或事实上的国际工业标准，在运输物流系统选型和方案设计应满足以下性能需求：

（1）实用性和可靠性。该系统功能必须符合运输生产的实际情况，页面不要过长，应一目了然，操作方便、简单，多适应年龄偏大的客户端。

（2）安全性要高。在不影响系统功能的情况下要尽可能考虑系统的安全性。进入系统时必须通过操作员密码控制，方可进入系统，用户输入错误密码超过 3 次将退出系统。对公司内部人员的数据访问进行控制，对用户信息及操作分类授权。

（3）高性能。系统可根据车号识别出车体的载重、车型，要在一定期间提示车辆的操作，以免车辆因调度的疏忽而丢失。要在一定时间内对数据库中的数据进行备份，以免由于数据库出现故障造成不必要的损失。在数据库出现故障时，可以对备份的数据进行恢复，从而可以最大程度地减少企业的损失。

（4）灵活性及可扩展性。系统要实时统计出各项指标的完成情况及产品核算，以备随时随地查询提供数据的准确性和及时性。

（5）易操作性和可管理性。系统应适应于多方面人员的操作，不仅适应年轻人的操作，更要适应年纪大一点人员的操作。因为企业从事此项工作的人员面临着退休，对计算机操作不熟练。同时也应方便单位技术人员的管理和维护。

3 物流跟踪信息管理系统的实现

3.1 系统登录

双击电脑桌面上的图标，启动浏览器 Internet Explorer 后即可进入系统登录界面。

输入操作员的工号、密码，选择“班次”，点击“提交”，即可登录到系统中。登录后进入系统的主界面。

系统主界面左侧是系统的树型菜单；右侧显示每个厂站的每个股道上的股道信息和总车数，若要详细了解股道上的车辆信息，可用鼠标点击对应的股道名上，即可弹出一个小窗口，显示车号、车型、货名、车辆状态、序号等相关信息；主界面是定时刷新的，也可人工刷新，在现在车信息区域点击右键，选择“刷新”或者按键盘上的 F5 也可刷新现在车辆的信息。系统各项功能的具体操作将在下面的章节中详细说明。

3.2 进矿信息管理

操作员正常登录以后，系统进入主界面，操作步骤如下：

（1）在系统主界面，点击左侧菜单中的“进矿作业管理”，展开后点击“进矿信息管理”，进入如图 1 所示界面。

图 1 进矿管理界面截图

（2）“查询”操作。在其信息管理页面中，操作员选择“查询日期”，然后点击“查询”按钮进行查询，如图 2 所示。

图 2 查询操作界面截图

（3）“录入”操作。根据查询操作，检索出来的过车号识别系统的车号，想成为现车，必须进行录入操作，将车号识别表中的处理标识符改为“1”，选择“车辆状态”“品名”“发站”“收货单位”“卸车地点”“作业备注”“发票时间”，并将记录写入相关现车表，点击“保存”即可完成相关操作，如图 3 所示。

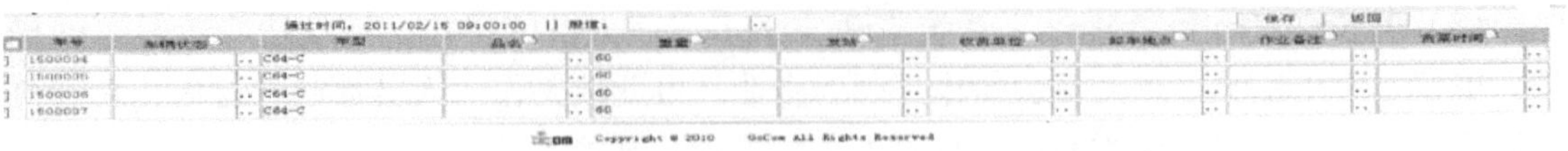

图 3　信息录入界面截图

3.3　返矿信息管理

操作员正常登录以后，系统进入主界面，操作步骤如下：

（1）在系统主界面点击左侧菜单中的“出矿作业管理”，展开后点击“返矿信息登记”，进入如图 4 所示界面。

图 4　返矿信息录入界面截图

（2）“删除信息”操作。在“返矿信息登记”页面当中，点击想要删除信息后面的“删除信息”按钮，即可完成删除操作。

（3）“返矿登记”操作。在其信息管理页面中，选择要登记的信息记录左侧序号处的选择标示框，然后点击“保存”按钮，即可完成返矿登记，这个可以进行一次选择多条记录的登记操作。

（4）“返回”操作。点击“返回”按钮，即可返回返矿信息登记页面的初始页面。

（5）返矿。准备出矿车辆在与路局交接过程中，由于不合格，被要求返矿处理，处理的方式：卸空或者整理。

对于返矿卸车的车辆在卸车信息录入页面中录入信息时，需在杂费原因中选择输入返矿卸车，则系统将只计算二次调车费。

3.4　装车作业管理

操作员正常登录以后，系统进入主界面。操作步骤如下。

在系统主界面，点击上面菜单中的“装卸作业管理”菜单，展开后点击“装车信息录入界面”，进入“装车信息录入界面”页面，如图 5 所示。

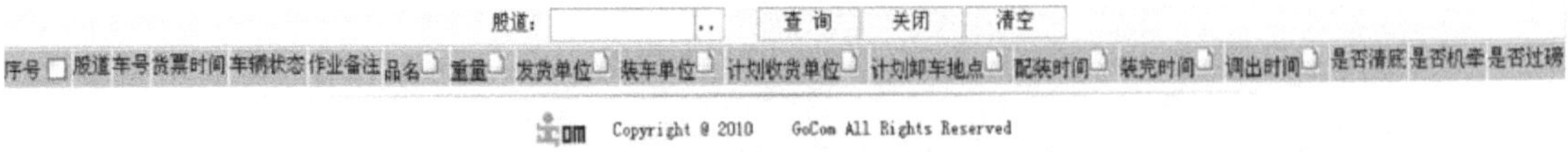

图 5　装车界面截图

3.5　卸车信息管理

操作员正常登录以后，系统进入主界面。

操作步骤如下：

（1）在系统主界面，点击上面菜单中的“装卸作业管理”菜单，展开后点击“卸车信息录入”，进入“卸车信息录入”页面，如图6所示。

图6 卸车界面截图

（2）输入要登记车辆所在的“股道”，点击“查找”按钮，如果所输入的股道上没有厂车并且是重车的车辆，则不要登记，否则会进入如图7所示界面。

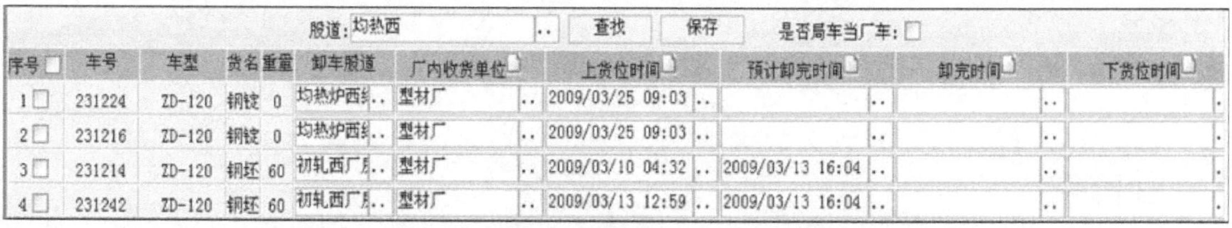
股道：均热西 查找 保存 是否局车当厂车：

序号	车号	车型	货名	重量	卸车股道	厂内收货单位	上货位时间	预计卸完时间	卸完时间	下货位时间
1	231224	ZD-120	钢锭	0	均热炉西纟..	型材厂	2009/03/25 09:03			
2	231216	ZD-120	钢锭	0	均热炉西纟..	型材厂	2009/03/25 09:03			
3	231214	ZD-120	钢坯	60	初轧西厂月..	型材厂	2009/03/10 04:32	2009/03/13 16:04		
4	231242	ZD-120	钢坯	60	初轧西厂月..	型材厂	2009/03/13 12:59	2009/03/13 16:04		

图7 卸车查询截图

（3）输入“预计卸完时间”“卸完时间”“清车底完了时间”“作残车卸”“工序”等信息；选中相应的记录，点击“保存”即可。

注：当录入“卸完时间”后，该车在现车信息浏览界面中才会变成重车，品名显示为录入的品名。

4 总结

物流跟踪信息管理系统经过诸多工程技术人员近一年的设计和反复测试，终于完成了系统的信息录入、信息维护、信息查询、修改、删除、添加等功能，最终实现了铁运公司物流信息的整体实施与应用。系统实时掌握了全厂的车流和物流的动态信息，结合计算机联锁提供的站场状态信息，可在站调及部调之间实现车流、物流及信号三项合一的新型调度监督系统，这些信息也可同步在调度中心及所有局域网覆盖下操作显示，方便铁运公司车流、物流的协调指挥和总体调度。铁运公司累计减员增效优化调度及现场车号等岗位人员155人，累计减少人工成本3348万元。累计节约机车7.5台，共为企业创造效益475万元，大大减少了职工的劳动量，而且安全效率也比往年大幅度提高。

同时，该系统也存在一些不足。由于本钢的运输保有量比较大，系统在运行一段期间后，运算速度会慢一些，必须每年进行数据备份，减少数据量的存储。另外对服务器的要求也比较高，否则也会影响数据的运算速度。

GK1F、GK2B 型内燃机车换装 12V190BJ8 型柴油机研究

（武钢集团昆明钢铁股份有限公司，杨国华、李勇、唐凤明）

摘　要：针对 GK1F、GK2B 型机车因柴油机备件供应困难致使其使用寿命缩短的情况，通过对比分析提出机车换装 12V190BJ8 型柴油机的改造方案，并对技术重点、难点进行了研究，确定了改造范围和技术目标，实现机车换装后性能稳定、运行经济、延长使用寿命的实际效果。

关键词：GK1F、GK2B 型；内燃机车；柴油机；换装；12V190ZJ8

1　引言

昆钢铁路运输分公司（以下简称铁运分公司）现有 6 台 GK1F、GK2B 型机车，其中 1998 年购买 2 台 GK1F 型机车，2003 年购买 4 台 GK2B 型机车，主要负责本部长大车列调车、高站台原料运输作业等，运用率高。从使用时间、运行公里、机车状态等方面已先后达到大修、中修修程。

GK1F、GK2B 机车配置的 12V180ZJC 型柴油机是由联合国资助青岛四方机车车辆股份有限公司（以下简称四方厂）与奥地利李斯特内燃机研究所（AVL）合作开发的，并于 1993 年装车使用。2006 年四方厂实施生产转型，不再生产 12V180ZJC 型柴油机配件，此举缩短了昆钢所属 8 台（铁运分公司 6 台，昆明焦化制气厂 2 台）机车的使用寿命。2007 年，因柴油机关键配件、易损件紧缺，导致 GK1F、GK2B 型机车出现技术状态劣化，不能按计划进行检修的状况，给铁路运输生产组织带来较大困难。

对此，铁运分公司虽然开展修旧利废、小改小革等缓解设备运输保产的工作，但不是长久之策。从立足现有设备提高机车运用率、延长使用寿命、形成可靠的机车配件供应保障出发，通过研究，提出对 GK1F、GK2B 型共 4 台机车整机换装柴油机的思路和方案。

2　技术准备

2.1　选择柴油机

12V180ZJC 型柴油机存在的主要不足和问题是市场占有率低、配件供应组织困难，需要选用目前国内市场占有率高、外形尺寸基本符合、最大运用功率相近、最高转速基本相同、技术先进的新型柴油机来替换。根据这一基本要求，通过对国内内燃机车厂家、大型柴油机生产厂家进行调研，提出 12V180ZJ、6240ZJ、12V190BJ8 共 3 种柴油机可供选择，基本参数对比见表 1。

表1 3种可供选择、原装柴油机主要技术参数

柴油机型号	12V180ZJ	6240ZJ	12V190BJ8	12V180ZJC
气缸数/个	12	6	12	12
气缸直径/mm	180	240	190	180
标定转速/r·min^{-1}	1500	1000	1500	1500
最低空载稳定转速/r·min^{-1}	650	400	650	600
燃油消耗率（≤）/g·(kW·h)$^{-1}$	213	217	209	210
机油消耗率（≤）/g·(kW·h)$^{-1}$	6.8	3.4	1.6	1.63
标定功率/kW	920	1100	990	1324
外形尺寸（长×宽×高）/mm×mm×mm	2813×1383×2177	3838×1739×2597	2382×1980×2678	2518×1368×2287
质量/kg	4900	12000	5300	7000
生产厂家	中国南车集团资阳机车厂	中国南车集团资阳机车厂	济南柴油机股份有限公司	四方厂

2.2 优缺点对比分析

2.2.1 12V180ZJ 型柴油机

12V180ZJ 型柴油机是国内 20 世纪 60 年代的产品，四冲程、V 型、增压、中冷高速柴油机，由资阳厂生产。

（1）优点：

1）该型柴油机与 GK1F、GK2B 型机车匹配度相对较高。

2）机车换装柴油机费用相对不高。

3）在铁运分公司内部机车采用较多，专用工装设备、检修技术成熟。

（2）缺点：

1）使用寿命受限。资阳厂目前只（1）批量生产易损件，配件供应日趋紧张。

2）柴油机技术相对落后、燃油经济性差。

2.2.2 6240ZJ 型柴油机

6240ZJ 型柴油机采用直列 6 缸、直喷式燃烧室、单体喷油泵、废气涡轮增压、空气中间冷却的四冲程高增压大功率中速柴油机。

（1）优点：

1）该型柴油机是国内调车机车配置较多的 16V240ZJB 型柴油机（东风 4B 型机车用）的系列产品，其主要配件可通用互换，市场保有量较大。

2）具有技术先进成熟、功率强劲、使用寿命长的特点。

（2）缺点：

1）该型柴油机和 GK1F、GK2B 型内燃机车匹配度较差，改造工作量大、费用高。在外形尺寸方面，主要长度方向与原有柴油机尺寸差距太大。如果选用，需对车体车架、传动箱等大部件实施大规模改造，存在车架强度和刚度下降的问题。在重量方面，与原有柴油机相差 5000kg，可能造成车架重量不均衡，影响机车轴重分布，导致整车牵引力下降等风险。与液力传动箱不匹配。GK1F、GK2B 型内燃机车配置的液力传动箱为 SF4010、

SF4015 型，在通常情况下与额定转速为 1500～1800r/min，功率为 500～993kW 的柴油机配套使用。该型柴油机是中速柴油机，最高转速仅为 1000r/min，原液力传动箱必须进一步实施改造，否则存在柴油机与原液力传动箱不匹配问题。

2）在铁运分公司内部机车采用较多，但专用工装、检修技术等不够成熟。

2.2.3 12V190BJ 型柴油机

12V190BJ 型柴油机由济南柴油机股份有限公司生产，是一种广泛用于铁路调车和小运转作业、石油、石化、舰艇等领域的高速大功率柴油机。

（1）优点：

1）国内市场保有量较大，技术先进成熟、性能稳定，其配件价格相对低并能保证供应，使用寿命长。

2）该型柴油机与 GK1F、GK2B 型机车匹配度相对较高。两种类型柴油机标定转速及旋转方向完全相同，外形尺寸较原柴油机短 136mm，宽 612mm、高 391mm。

（2）缺点：

1）该柴油机不是内燃机车主流系列。

2）分公司现有专用工装、检修技术不够成熟。

2.2.4 综合分析

结合上述优缺点对比分析，12V180ZJ 型柴油机技术落后、使用寿命受限；6240ZJ 型柴油机和 GK1F、GK2B 型内燃机车匹配度较差，改造难度大、费用高。故两种柴油机均不可选用，12V190BJ 型是理想、合适的选择。通过一定的改造后，它与原装柴油机具有同等的用途和工作性能，能满足使用要求，可以实施整机换装，有利于解决目前铁运分公司 GK1F、GK2B 型机车存在的问题。

2.3 技术重点及难点

2.3.1 柴油机安装的问题

12V190BJ8 型柴油机与 12V180ZJC 型柴油机在安装座、万向轴连接距离、增压器进气排气口、各冷却水管、油管位置等方面都存在一定差异，尤其是柴油机安装基座的改造工作量较大且关键，需将柴油机的安装问题作为换装的主要因素考虑。

2.3.2 柴油机调速控制的问题

12V190BJ8 型柴油机为机械式调速器。GK1F 型机车采用 PC（可编程序控制器）通过功率放大模块和电控阀等实现柴油机调速、停机等操作；GK2B 型机车采用 PC（可编程序控制器）通过 723 电子调速器控制 UG 执行器，实现对柴油机调速、停机等操作。12V190BJ8 型柴油机与 12V180ZJC 型柴油机是两种不同的调速控制方式，因此需作为换装的另一个主要因素考虑。

3 改造方案确定与实施

3.1 方案确定

综上所述，确定改造范围：对 GK1F、GK2B 机车进行换装 12V190BJ8 型柴油机改造，同时对配套液力传动箱、柴油机辅助部分的冷却水管路、润滑油管路、燃油系统、进排气系统、电器控制、电线路、联轴器等进行配套改造。预期主要技术目标见表2。

表2 机车主要技术目标

序号	参数	改造前	改造后
1	最大运用功率/kW	1110	不低于990
2	最大运用速度/$km \cdot h^{-1}$	50	50
3	持续速度/$km \cdot h^{-1}$	10	10
4	机车整备质量/t	100±3%	100±3%
5	起动牵引力/kN	326	291
6	持续牵引力/kN	271	200
7	标定转速/$r \cdot min^{-1}$	1500	1500
8	最低空转稳定转速/$r \cdot min^{-1}$	600	650
9	燃油消耗率/$g \cdot (kW \cdot h)^{-1}$	≤210	≤212
10	机油消耗率/$g \cdot (kW \cdot h)^{-1}$	≤1.63	≤1.65
11	调速控制	723电子调速器	机械调速器

3.2 改造实施

3.2.1 柴油机安装改造

（1）原柴油基座为梯形结构，12V190BJ8型柴油机匹配的基座为平行结构。为了保证基座强度，原基座全部切割后进行打磨平整处理，根据190柴油机安装位置要求，采用长、宽、高分别为1810mm、120mm、175mm的两根实心钢梁作为支撑座焊接在主车架上。

（2）GK1F、GK2B型机车柴油机间宽度仅1900mm，而12V190BJ8型柴油机宽度为1980mm，在宽度方向至少加宽150mm后，柴油机才能吊装进柴油机间。主要采取拆除车体动力间原柴油机板式空气滤清器装置，改为桶式空气滤清器装置悬挂在动力间顶部的方式。

通过上述改造后，柴油机顺利吊装到动力间内。以液力传动箱为基准点，结合第一万向轴长度，对柴油机前后、左右位置进行调整和确定，上下安装位置用减震垫进行微调，可满足柴油机安装要求。

3.2.2 柴油机调速控制改造

12V190BJ8型柴油机由操纵风缸执行柴油机调速、停机动作。GK1F型机车采用PC（可编程序控制器）通过功率放大模块和电控阀，对柴油机操作风缸进行操作，实现柴油机调速和停机的功能。两种控制方式基本相同，改造量相对少。

GK2B型机车采用PC（可编程序控制器）通过723电子调速器控制UG执行器，实现对柴油机调速、停机等操作。以12V190BJ8型柴油机为机械式调速器是完全不同的两种控制方式。为确保柴油机调速控制改造后能适应机车操控有效、可靠，在与四方厂（机车生产厂）技术交流后，确定采用加装功率放大模块和电控阀方式完成柴油机调速和停机的功能。即SKQ对应不同位置，分别由PLC输出的Y0、Y1、Y2、Y3信号通过功率放大模块，分别对应控制调速 1、调速 2、调速 3、调速 4 电控阀，电控阀风管和操纵风缸连接，从而实现柴油机调速控制。柴油机停机按钮通过功率放大模块，控制停机电控阀，实现柴油机停机功能。

柴油机安装完毕，对配套冷却水管路、润滑油管路、燃油管路重新布置、焊接、安装，达到性能可靠、基础稳固、走向清晰、清洁整齐的要求。

4　效益对比

2010 年、2011 年分别对 2 台 GK1F 型和 2 台 GK2B 型机车改造工程顺利完成，分别经过 6 个月试运行证明 GK1F、GK2B 型机车换装柴油机后，性能稳定、运行经济，通过验收，达到预期目标。

4.1　经济效益

4.1.1　恢复机车性能

投入 391 万元费用对 4 台已暂停待修的机车实施改造后，恢复了机车主要技术性能。按照现行机车价格 550 万元/台，改造后机车使用寿命按新车的 50% 计算，盘活直接经济效益 709 万元（550 万元×4 台×0.5−391 万元）。同时，更换下来的 12V180ZJC 柴油机零部件，经检测性能良好的，可作为配置该型柴油机的机车备件继续使用。

4.1.2　节约燃油

内燃机车投入运用后，通过 12 个月同一作业区运用统计，12V190BJ 型柴油机机车平均消耗燃油 210kg/d，比配置 12V180ZJ 系列的机车减少柴油消耗 54kg/d。按 1 台机车年平均使用 300d 计算，可减少柴油消耗约 16.2t/d，减少燃油费 10.5 万元/(年・台)（燃油单价按 6500 元/t 计算），有效降低了铁路运输成本。

4.2　社会效益

一是延长现有机车设备使用寿命。随着公司产能结构调整、改革转型升级等，现有机车可以投入到新区、玉钢、红钢等基地继续使用。因此，GK1F、GK2B 型机车改造成功有显著的社会效益。二是提升了设备保障能力。为铁路运输控制路局车停时、降低运输成本提供了保证。

5　结语

在对 GK1F、GK2B 型机车全面技术状况摸底后，本着投入合理、方便检修、技术可靠、效益明显的原则，铁运分公司形成了换装柴油机的相关技术文件，对 GK1F 型 1040 号、1041 号和 GK2B 型 1007 号、1010 号共 4 台机车先后成功进行了改造工程，有效延长了机车使用寿命，实现了预期的经济技术目标，不仅为设备保产工作奠定了基础，同时也为铁运分公司破解设备老化、零配件供应困难、机车技术状况不良等难题，探索出了以较少投入恢复机车性能的途径。

冶金企业和谐型大功率调车内燃机车选型及适应性项目研究

（山钢股份莱芜分公司运输部，韩树森、段崇义、翟大强、梅富卿、郭宣召）

摘 要：山钢股份莱芜分公司运输部根据当前“公转铁”和“新旧动能转换”形势要求，结合自身铁路到发量增多、列车牵引重量增大、现有DF4DD型机车无法满足单机莱钢站至编组站整列牵引，双机颜庄站至型钢站整列牵引要求的运输生产实际，按照运输生产需求，开展大功率内燃机车选型研究，并确定招标采购HXN型大功率调车内燃机车。通过招标，采购了冶金行业首台和谐型调车内燃机车。在选型基础上，系统深入研究机车前期运用配套设备和适应性项目，从人员配备、轮轨关系研究、机车牵引计算、配套设备设施研究确立、易损易耗件配套、管理制度和规范等多方面入手，夯实和谐型调车内燃机车平稳运行基础。课题的研究与实施，为我国冶金企业探索应用首台和谐型大功率调车内燃机车积累了经验，为同行业提供了借鉴和参考。

关键词：冶金企业；大功率；内燃机车；选型；适应性项目；研究

1 引言

近年来，我国铁路运输向重载化方向快速发展，车辆静载重由60t增加至70~80t，国铁线路由P50改造为P60。特别是2016年底，磁莱线电气化改造全线贯通，到达山钢股份莱芜分公司（以下简称莱芜分公司）接轨站列车牵引重量由过去3300t增加到5500t。莱芜分公司现有机车无法满足单机莱钢站至编组站整列牵引，双机颜庄站至型钢站整列牵引要求，制约了铁路运输的接发能力。

国家从调整运输结构、打赢蓝天保卫战、打好污染防治攻坚战、提高综合运输效率、降低物流成本角度出发，推进大宗货物运输“公转铁”。在此形势下，莱芜分公司铁运比上升，铁路到发运量明显增加，导致厂内铁路机车运力明显不足。

莱芜分公司现有电传动内燃机车11台，其中DF10D型机车6台，DF4DD型机车5台。主要承担车站取送，翻车机、解冻库、站场整理作业。机车过轨鉴定日趋严格，DF型机车大修周期由过去6~9年调整为6年，导致机车检修频率增大，库停时间延长。莱芜分公司DF型机车运用时间达7~16年，处于中后期，状态难以保持。在机车大中修、辅修、临修等设备检修多种因素影响下，大功率机车备用不足，大功率机车数量与目前公司物流运输量增加的矛盾突出。

在以上因素综合影响下，开展大功率内燃机车选型及适应性项目研究显得较为迫切。

2 大功率内燃机车选型研究

受莱芜分公司接轨站铁路线路两侧村庄多、工厂多、空间狭小、电气化改造费用高等不利因素影响，大功率机车选型方向确定为调车内燃机车。

2.1　大功率调车内燃机车调研

目前，国内运用的大功率调车内燃机车主要有交-直传动和交-直-交传动两种类型。交-直传动类型主要有 DF4DD 和 DF12 两种，交-直-交传动类型有 HXN3B 和 HXN5B 两种机车。另外，截止到 2018 年 12 月，HXN6 型机车尚未取得铁路总公司制造许可证。当前国内几种大功率调车内燃机车基本参数见表 1。

表 1　国内大功率调车内燃机车参数调查表

参　数	DF4DD（大连）	DF12（资阳）	HXN3B（大连）	HXN5B（戚墅堰）	HXN6（资阳）
最高速度/$km \cdot h^{-1}$	100	100	100	100	100
持续速度/$km \cdot h^{-1}$	23.4	19	18.3	18.2	13
持续牵引力/kN	358	340	540	540	540
起动牵引力/kN	504	480	560	560	560
轨距/mm	1435	1435	1435	1435	1435
轴式	C0-C0	C0-C0	C0-C0	C0-C0	C0-C0
轴重/t	25	25	25	25	25
机车整备重量/t	150	150	150	150	150
燃油箱容积/L	8500	6000	7500	8500	5500
柴油机装车功率/kW	2940	2430	3500	3530	1250
机车标称功率/kW	2425	1990	≥2800	≥2850	≥2200
动力蓄电池容量/kW	—	—	—	—	1100
通过最小曲线半径/m	100	100	100	100	100
机车外形尺寸（长×宽×高）/mm×mm×mm	21100×3372×4790	19990×3388×4760	22250×3200×4660	21800×3284×4750	21660×3100×4745
柴油机型号	16V240ZJD	16V240ZJB	12V265	R12V280ZJ	6V240
轮径/mm	1050	1050	1250	1250	1250
轴距/mm	1800×2	1800×2	1900×2	1850×2	
制造许可证取得时间	1996 年	1999 年	2014 年	2014 年	—
备注	国家铁路已停产				

2.2　牵引计算

依据《列车牵引计算规程》和列车牵引阻力计算公式，结合线路断面图，开展牵引计算。

HXN3B 型机车阻力公式：$\omega = 0.99 + 0.00347V + 0.000405V^2$

HXN5BA 机车阻力公式：$\omega = 0.74 + 0.0011V + 0.000543V^2$

车辆的阻力按“滚动轴承货车（重车）”公式计算：

$$\omega = 0.92 + 0.0048V + 0.000125V^2$$

经计算，HXN3B 和 HXN5B 型机车均满足单机莱钢站至编组站整列牵引 5500t 货物运输要求，1 台 HXN 和 1 台 DF4DD 型机车双机满足颜庄站至型钢站 5500t 货物运输要求。DF4DD 型机车自莱钢站至编组站牵引重量为 4060t，颜庄站至型钢站单机牵引重量为 2400t（图 1）。

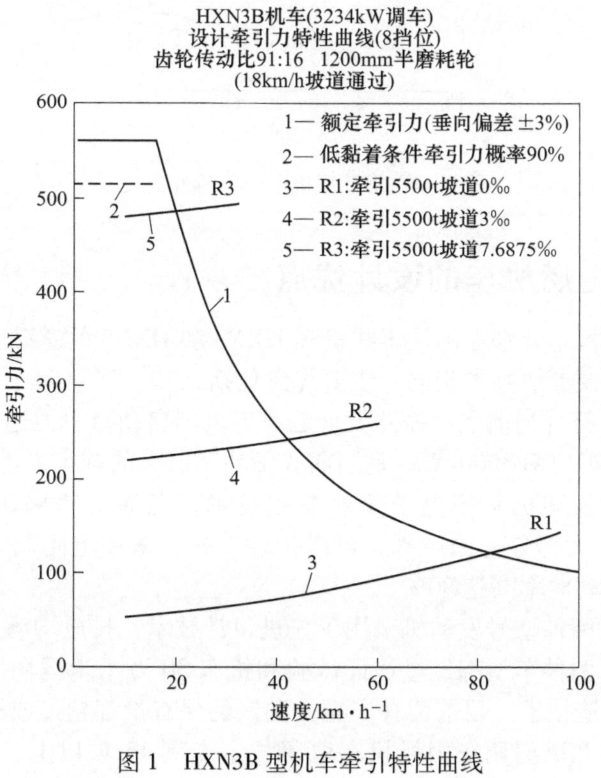

图 1 HXN3B 型机车牵引特性曲线

2.3 牵引试验

在牵引计算的基础上，2018 年 3 月 29 日，莱芜分公司在济南铁路局支持下，开展了牵引试验。从莱钢站至编组站，1 台 HXN3B 型机车可以整列牵引 5500t；从颜庄站至型钢站：1 台 HXN3B 和 1 台 DF4DD 可以整列牵引 5500t。均满足机车持续速度要求。

试验结果表明，HXN3B 型机车在徐莱线 7.4‰坡道，曲线半径 560m 情况下，牵引 5500t，机车控速运行，最高速度未超过 40km/h，存在一定的功率储备，有利于机车状态保持。

列车牵引试验如图 2 所示。

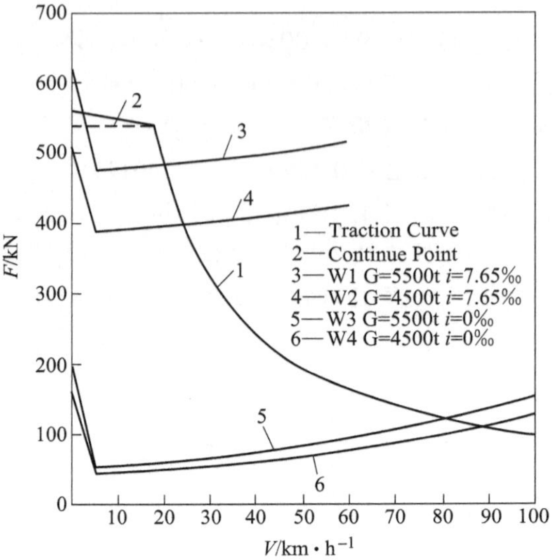

图 2　HXN5B 型机车牵引特性曲线

3　和谐型调车内燃机车的设计优点

和谐型调车内燃机车分别在国铁干线机车 HXN3 和 HXN5 的基础上设计开发而成，机车功率和牵引性能主要参数基本相同。主要优点包括：

（1）牵引力大，符合当前我国铁路发展趋势。机车启动牵引力达 560kN，持续牵引力达 540kN，柴油机装车功率 3500kW，是当前我国功率最大的调车内燃机车。

（2）经济性好。发动机采用电子喷射控制技术，燃油消耗率比东风系列机车低约 2%。发动机零部件绝大部分为国产件，可维护性能好。采用电阻制动装置，减少闸瓦磨耗量。交流主传动传动效率高达 90%。

（3）绿色环保。两种型号发动机采用了先进设计技术，排放均满足 Tier2 要求。

（4）可靠性高。两种车型都经过认证试验和机车 30 万千米运用考核，应用了成熟的和谐系列机车设计制造技术。目前两种车型在国铁的保有量都超过或接近 200 台。

（5）技术先进。和谐型调车内燃机车取得技术专利 15 项以上，发表科技论文 10 篇以上。

4　和谐型调车内燃机车在冶金企业运用需要考虑的适应性课题

4.1　人员配备及培训

和谐型调车内燃机车作为一个新机型，代表了我国机车制造的前沿水平，电气系统复杂程度超过以往各种调车机车，对人员素质提出更高要求，因此，为了保障设备平稳运行，需要提前配备高素质人员，并加强业务学习。

4.2　轮轨关系匹配

和谐型调车内燃机车长度较 DF 型机车略长，轮对直径由 1050mm 增大到 1250mm，重心高度增加约100mm，增大了脱轨风险。因此，对于和谐型调车机车对铁路线路提出了更高的要求。铁路线路未实施重载化改造的情况下，不具备长时间运行条件。

4.3 机车油、水配套

和谐型调车内燃机车使用的机车冷却水配方与DF型机车不同，对水质的要求也更高，对于机油的要求有的车型也存在差异。因此，需要对机车油、水开展配套研究。

4.4 机车易损易耗件采购

为了保障机车平稳运行，需要提前对机车易损易耗件开展梳理、采购。两种车型在国铁的保有量较大，机车易损易耗件采购不是制约因素。

4.5 超前策划机车大中修模式

当前，国铁对冶金企业自备机车过轨要求日趋严格。机车到大中修年限若得不到及时修理，往往无法办理过轨，必然降低机车的功率发挥。受地域因素影响，如果机车实施完全解体大修或者跨局过轨大修，会大幅增加检修成本，增加检修停时。

4.6 设备设施配套

为了提高和谐型调车内燃机车日常运行维保能力，需要提前考虑日常维修工装设备，例如架车机、落轮机、水处理设备、注油设备、盘车机构、电导率仪等。

4.7 其他适应性课题

（1）与机车日常运用维保检修有关的管理制度和技术标准。例如，建立记名修小辅修记录，建立小辅修技术标准。

（2）机车标配的CMD系统（中国机车远程监测与诊断系统）适用性研究。

（3）与机车日常运用、维保、检修的技术资料收集和学习。

5 结语

（1）该型机车的运用，适应了“公转铁和新旧动能转换”以及机车未来发展趋势。必将缓解当前莱芜分公司铁路运输动力明显不足、设备老化与公司物流运输量增加的矛盾，满足莱钢站单机、颜庄站双机牵引5500t货物运输要求，提高运输效率。

（2）需要从长远角度系统思考该型机车技术、管理、运用、维修等方面可能面临的问题和不足。和谐型调车内燃机车综合性能先进，需进一步完善对策措施，不断积累管理和技术经验，培养人才队伍，为该型机车在冶金行业推广应用积累更多应用和管理经验。

运用 PLC 实现道口远程控制的自主尝试

（铁路运输公司，钟晓波）

摘　要：随着柳钢厂内铁路道口数量的增加，道口看守人员也势必要增加。鉴于目前企业用工成本越来越高，实现道口的远程控制并推进多个道口集中控制就显得势在必行了。目前柳钢厂内已经有部分道口实现了远程集中控制，全部属于外委工程。由于外委工程往往建设成本高且在后期的维护管理方面存在受制于人的情况。因此维修部门尝试借鉴和运用 PLC 自主实现道口远程控制，为下一步独立建设道口远程集中控制做前期的技术准备。

关键词：铁路道口；PLC；远程；集中控制

1　背景

厂内铁路道口多达上百处，其中包括有人看守和无人看守道口。地处柳钢红星 B 区的强实水泥厂门口的强实道口就是无人看守道口之一。在 2018 年的 7 月 3 日下午 14 时 22 分左右，一辆满载散装水泥的罐车从强实厂门口驶出，没有遵守道口交通规则抢越道口，正好此时有一列火车从 B 区站向东行驶，当火车调车员发现罐车时，立即呼唤火车司机紧急刹车，由于火车惯性太大，刹车距离不够，最终还是撞上了，罐车被撞翻在铁路旁。所幸的是，该起事故没有造成人员伤亡，只是两车出现了不同程度的损坏。事后的事故原因调查结果虽然与铁路方无关，但是该道口没有设置栏杆也是事故发生的原因之一。铁路运输公司鉴于近两年该区域发生过三起类似的道口交通事故的情况，要求电务部门及时安装栏木等安全防护设备。但是现场没有建设道口房，如果要操作栏木机只能利用视频监控手段实现远程控制，建议控制设备安装在红星 B 区站，由行调人员实行栏杆的控制。铁运公司决定将该道口安装远程控制设备作为 2018 年的攻关项目和隐患整改项来实施，具体由机动科和电务段负责实施。

2　讨论研究阶段

成立攻关小组的初期，小组成员讨论了远程控制的实现方式及使用模式。因为在轧四道口做过一个远程的控制系统，使用的是网络开关，而此次机动科提出使用 PLC-300 系列可编辑控制器。该项目的成立初衷还有一个重要的原因是，鉴于目前厂内的远程集控道口属于外委单位实施，使用的也都是 PLC-300 系列可编辑控制器。考虑到后期的发展需要，极有可能会在所有道口进行大集中，进一步缩减道口看守人员，所以决定采用 PLC-300 系列可编辑控制器，作为此次攻关项目的实现方式。

应用PLC实现道口远程控制是铁运公司的第一次自主尝试，也是为后期大集中控制做前期的技术准备。

3 攻关过程

第一步，对现有的远程集中控制道口进行实地实物调查研究，主要是了解在用设备的规格型号、功能实现、程序等，因为只有相同的设备型号才能更好地实现数据互联互通，为后期的大集中做好设备统配通用性的准备。

第二步，向道口工了解基本的控制需求，结合现场实际制定出一个实用的、简便的、统一的方案。尽可能形成一个完善的功能操作需求，只有做到了各个道口都能够统一功能操作需求，才能为后期的大集中控制系统的建立提供可能和便利。

第三步，学习外委单位的PLC程序。因为铁运公司内部没有PLC的专业技术人员，对PLC也只有很粗浅的认识。攻关小组决定聘请信息部的专家来给我们介绍PLC和教我们如何运用PLC程序实现远程控制道口栏杆及报警设备。

第四步，建立一个试验台。通过建立试验台这个过程来进一步加强PLC运用的熟练程度。另外，也为后期在培养和训练维修人员的技术能力提供一个学习平台。

4 现场施工

（1）现场需求调查很重要，在工程实施的前期必须要定下所有的需求，便于PLC程序的编辑和调试。

功能要求：

1）当道口有火车接近并触发道口报警器时，室内操作台的自动警铃响起并有红灯显示。此时道口工可以按下“确认”按钮取消室内警铃，红灯则保留，室内警铃关闭2min之后，如果室外报警器继续报警则再次响起。

2）当确认车列不通过道口而折返时，道口工可以按压“人工清除”按钮取消室内外报警输出。

3）道口工可以随时旋钮“手控报警”开关，打开室外报警。

4）道口工可以随时旋钮“照明”开关，打开或关闭室外路面照明灯。

5）当道口工确认栏杆已经下降或上升到位时，可以按压“防护灯开/关”按钮打开或关闭室外防护绿灯，另外，当栏杆升起动作2s后，防护绿灯也能自动关闭。

（2）将罐一道口的PLC控制程序逐条解读出来，并一步步介绍功能的实现方法。在学习的过程中，小组结合现场的栏木机控制原理及报警器的原理，总结出一个更为简便的程序编写方法。该攻关项目与外委工程的一个不同改进地方是：放弃外委工程使用PLC输出模块直接控制栏木机升降的方法。我们采用继电器隔离的方式，避免因电涌或DI/DO模块故障引起错误控制输入或输出。

（3）设计一个标准的统一的按钮控制台，这个想法是基于后期大集中后，能够使程序编写的简便协调及按钮安装的方便，更是让道口操作工人能方便使用，如图1所示。

图 1

5　总结

该攻关项目经过 4 个多月的实施，现在已经到了现场调试阶段。从该项目的尝试性攻关结果来看，效果显著，已经实现了道口栏木机及报警器的远程控制，并且加入了 WINCC 的控制方式作为操作台的冗余。通过此次自主尝试运用 PLC 发现后期大集中时可能会出现的难点有：

（1）PLC-300 系列设备的容量问题；

（2）对既有设备的影响程度问题；

（3）各道口的视频及控制数据传输和显示问题；

（4）大集中后可能出现的操作室内嘈杂环境等问题。

这些都是不得不考虑的问题，也是下一个值得研究的课题。

湘钢铁路道口远程集控设计与应用

（湖南华菱湘潭钢铁有限公司，幸力）

摘　要：铁路道口远程集中控制是矿山、石化、冶金等工矿企业通过自动化改造提高道口管理水平、实现减员增效的一种新型道口管理模式。华菱湘潭钢铁集团运输部（以下简称湘钢运输部）通过对同行业的考察学习，结合自身道口现状和运输作业的个性化需求，借鉴兄弟单位的优点，提出采用准视频监控、远程控制、网络冗余、光纤通信以及信号联锁等技术相结合的方案，集中对行车调度进行控制，取代现场有人看守模式，实现道口远程集中控制的管理模式，从而达到通过自动化改造，实现既保证道口运行安全，提高道口通行效率，又减少了人员，降低人工成本的目的。

关键词：铁路道口；监控系统；运输安全；远程控制

湘钢运输部铁路运输较为繁忙（含冶金特种运输），铁路与厂内道路相互交错，形成了众多的铁路平交道口，为了保证道口运输安全，设专人进行道口防护。道口的现场管理较原始，缺乏相应的技术支撑手段，主要依赖道口员，管理难度大，人力成本高。为适应“两化融合”和减员增效推进的需要，湘钢运输部首选道口进行自动化改造为突破口，率先对铁路道口的作业方式进行变革，对提高道口运行安全、提升铁路运输效率，有着非常重要的实际意义。

1　项目背景

项目改造前，湘钢运输部厂内有有人值守道口22处，分散于厂区各处，从业人员多达90人。平时道口员接到调度闭塞电话后，开放道口警报，关闭道口栏杆，使用旗语或灯光指挥列车缓慢通过道口。道口员不能准确掌握火车到来时间，为防止安全事故，通常道口关闭时间较长，在上下班高峰时段，极易造成道口拥堵；湘钢厂区内道口道路状况复杂，有“T”形、“H”形路口与铁路交叉，有多股道道口、斜交道口，部分道口宽度在50m以上，厂房、管道支架林立，影响道口瞭望视线，道口员很难同时兼顾；由于湘钢厂区交通未实现人流、物流的分离，部分人员的安全意识不强，加上缺乏有效的监管手段，存在抢道、撞杆的现象；因历史原因，还有周边村民从厂区借道通行，不服从道口员管理，存在安全隐患，事故风险高。

针对上述不利因素，通过采用自动化控制手段，构建道口远程集中控制系统，消除既有道口的不利因素，使道口交通的管理水平和铁路运输效率有了大幅的提高，道口的安全隐患得到了有效控制，同时取消了道口现场防护人员，减少了道口员岗位定员，实现了减员增效。

2　项目任务及要求

2.1　项目任务

此次道口远程集中控制改造项目见表 1，根据运输生产的布局以及道口与信号联锁关系，将设立 3 个集控中心，分别布置在 3 处的调度室内。其中工厂站控制 7 组道口，炼钢站控制 12 组道口，新钢站控制 3 组道口。原无人值守道口只增加监控设备。

表 1　项目改造范围

站名	原有人值守道口（处）	原无人值守（处）	集控中心
工厂站	2	1	工厂站调度室
轧钢站	4	1	
烧结站	1	1	
炼钢站	8	5	炼钢站调度室
炼铁站	4	0	
新钢站	3	3	新钢站调度室
总计	22	11	

2.2　项目要求

（1）系统模块化结构设计、维护简单便捷，具有较强的扩容性。模块化系统设备维护方便，能够快速更换，不影响其他设备运行，减少故障时间，提高运输效率。当需要增加集控道口时，可以通过增加模块满足相应的设立要求，节省建设成本。

（2）操作简单，响应迅速，能很快上手。由于多数道口员年龄偏大，需要操作界面简单易懂，易于操作，同时又要增加联锁功能，防止误操作。

（3）设备选型通用性好，安全性、可靠性高。道口控制系统的硬件设备（模块）选型要有一定的通用性，需采用工业级产品，在市场上易于采购；系统工作安全可靠，平均无故障时间符合规范要求；符合故障—安全原则；采用全景图像实时视频监控并且清晰、无死角；硬件、网络采用冗余技术，提高系统的可靠性；全景监控保证道口的安全性，控制信号和视屏信号可以在发生故障时自动切换和手动切换。

（4）视频监控实时性强，延迟小、存储空间大。系统的控制指令、视频传输具有较高实时性和快速的响应时间；操作视频能实现历史回放，便于事后调用和事件的分析。

2.3　需要考虑的问题

（1）如何提高系统的可靠性和安全性，是此次重点考虑的问题。需要结合现场道口运行情况，以及投资经费问题，考虑采用冗余技术以及热备切换来满足系统的不间断运行。

（2）如何在保证道口安全的前提下提高道口运行效率，避免在早晚高峰期造成大量拥堵。考虑采用多机位多角度观察铁路方向和道路方向，同时通过设备相互之间互锁，保证道口运行安全。

（3）操作人员负责多个道口操作时，存在不能及时掌握道口情况的可能，将造成道口关闭时间长。考虑提供现场实时反馈视频和快速切换通道，来提高操作效率。

（4）选择不同特性的摄像机来满足操作运行的需要，IP 高清摄像机图像清晰网络配置方便，但延时严重；模拟摄像机画面模糊网络复杂，但延时较短。考虑两者搭配使用，来满足操作与实时运行的不同需求。

3 道口远程集中的功能及特点

3.1 系统的主要功能

道口远程集中控制采用自动化手段，将道口现场安全管理集中到调度室进行远程操作，实现自动化管理，从而基本达到“两化融合”和提高效益的目的。系统的基本功能如下：

（1）室内集中系统主要由控制主机、通信交换机、操作视频、大屏幕、UPS 电源、对外传输接口等终端设备组成。

（2）网络通信部分，将前端道口设备分组集中，由相应信号楼进行控制，实时反馈现场设备状态、报警、视频信息等传输通道。

（3）增设道口遮断信号机，设置系统联锁，当道口正常报警时栅栏关闭，遮断信号机亮绿灯，允许列车通过；当道口栏木机未关闭、警报机未能正常报警，遮断信号机亮红灯时，禁止列车通过。遮断信号、道路警报机信号、栅栏的工作状态可实时在道口监视屏上准确反映，出现故障或异常时有报警提示，以便操作人员采取相应措施。

（4）根据道口实际情况设置视频摄像机和夜间照明，保持足够的照度，满足摄像机夜间观察的需要。摄像机安装于现场合适位置，能够对道口进行全方位观察，不留死角，为道口操作员关闭、语音通告等提供实时准确的现场依据。

（5）根据调度作业计划通知、系统的自动接近通知提示和实时画面，结合铁路信号的进路等信息，由集中操作员点击操作屏相应按钮，道口发出警示信息，栅栏关闭；通过视频观察到列车最后一对轮对离开道口后，操作员点击操作屏上相应按钮，栏杆升杆，到位后停止报警；各阶段的动作时间控制在国标规定的范围内，防止报警和栅栏关闭的时间过长（或过短），以提高道口的通过能力和安全防护的可靠性。

（6）单个集中道口系统的组成框图，如图 1 所示。

3.2 系统主要技术特点

（1）为提升道口远程集中控制的可靠性和稳定性，确保道口设备设施连续运行，网络通信采用了可靠性高的设置方案：光纤通信采用环形双链路敷设、工业交换机双热备配置，工控机双网卡设置，音/视频双路冗余，这样设置的优点是当某一链路中断时，系统自动切换到备用链路，保持集中道口的不间断运行，同时在交换机中生成树协议设置，防止网络风暴产生；控制系统采用两套星状网络拓扑结构，即两个控制中心与每个道口前端设备采用一对一的点对点通信方式，如图 2 所示，其优点是无论是某一光纤发生故障还是一套工控机故障，都不会影响其他道口，以确保道口不间断的安全运行。

（2）与行业内其他道口集控系统相比，此次系统将“回传视频+双向音频+信号采集+

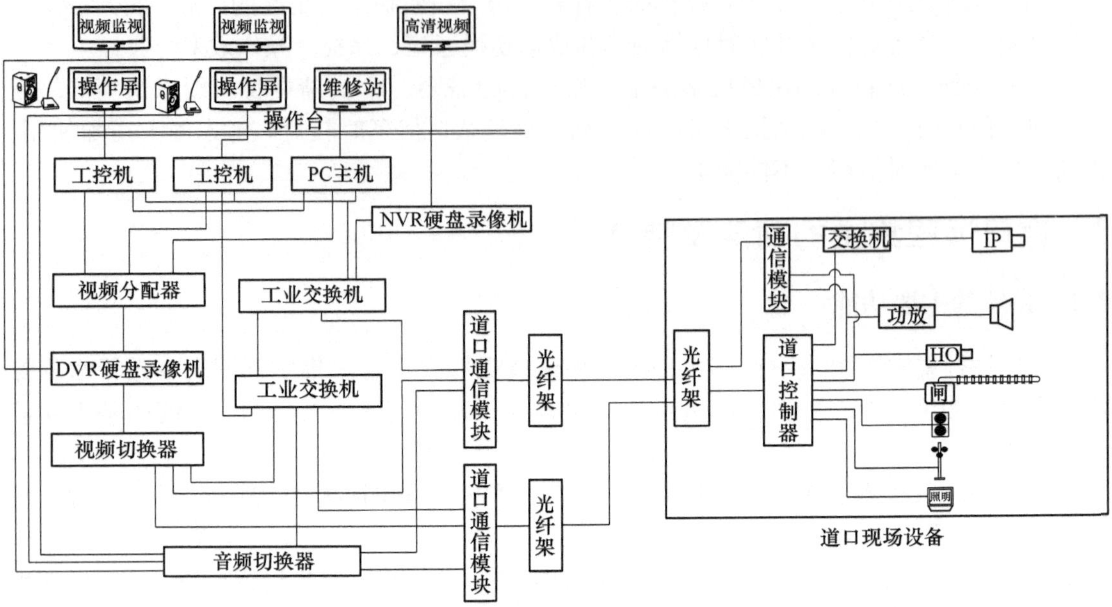

图 1　单个集中道口的系统框图

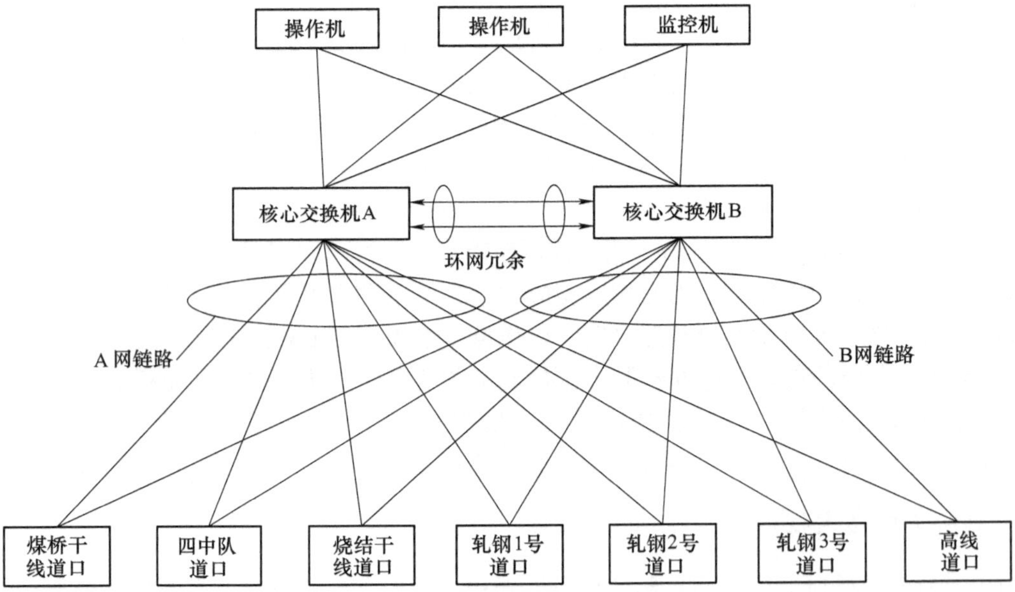

图 2　网络拓扑结构

设备控制”统一在同一个专有平台上，整个系统时钟、操作和事件记录同步，如图 3 所示。软件程序根据预先配置执行当前受控道口的回传视频、双向音频和控制的切换和功能调用，避免人工误操作带来的安全隐患和事件记录混乱的问题。控制中心能即时主动发现道口现场设备发生故障，从而及早维修，避免看守员在使用时才发现设备故障而带来的安全隐患。

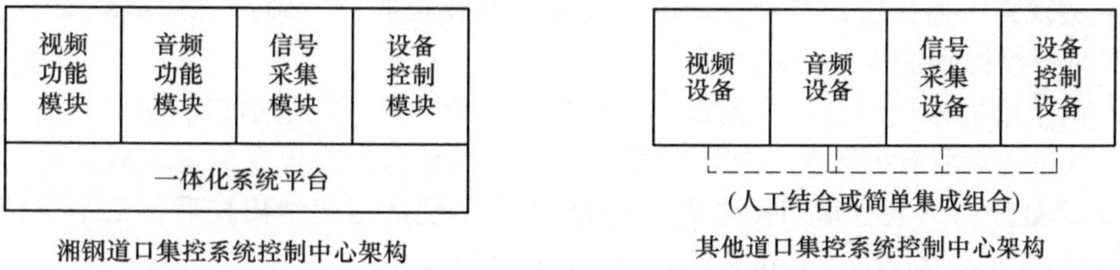

图3 湘钢集控系统与其他集控控制中心构架比较

（3）湘钢道口远程集控视频系统采用两套视频系统。模拟摄像机延时较少，控制在200ms以内，用于道口员操作道口设备；IP高清摄像机图像清晰识别度高，可在道口范围内抓拍车辆车牌和进行人脸识别，用于道口管理，以及交管部门依据视频对违章人员进行依规处罚和教育，促进道口交通遵章守纪意识的提高。

（4）除了正常的设备联锁运行，系统保留了紧急停止、紧急打开、强制停车（火车）信号等应急操作模式，以适应道口现场动态变化的需要。如通过视频观察到道口内因故滞留车辆，影响安全时，可强制列车停车，以确保安全；当音/视频反馈有救灾抢险车辆需要通过道口时，可优先放行，不妨碍其通过。

（5）道口远程集控系统通过安全性冗余结构、静态多元控制和动态闭环控制等多种方式来实现故障—安全，例如系统检测道口灯光、语音、栅栏的工作状况，道口设备故障时，遮断信号机由硬件电路自动返回红灯状态；道口控制信号故障时，会触发道口自动报警；栏木机运行中断电会自行锁死防止误伤人等；同时在系统出现故障或失效时，画面出现提示，由操作员通知专业人员处理。

（6）道口的接近通知，用计算机联锁系统输出信号，通过继电器隔离后（保证两个系统相互独立），根据实际需要编制接近通知程序，保证接近通知的准确性。对无安全报警距离的道口（如铁水厂房口），由于无安全距离，不能确保做到有效的安全防护。针对这种情形，系统特设置了无线请求，调车员确认作业完毕，机车司机用遥控器发出请求，现场接收器将请求关闭道口的信息反馈到室内。操作员收到指令后，启动报警关闭道口后，遮断信号开放，列车观察到信号后才可通过道口，确保特殊道口的通行安全。

（7）易用性。人机交互界面友好，在界面设置上“一键即所需”，切换道口后显示道口全景图像以及道口控制界面，广播同时切换到该频道，同时下方还显示其他道口设备运行状态。操作人员通过简单培训即可上岗。同时防止误操作，设置相应联锁关系，保证设备运行安全可靠。

4 项目实施的效果

（1）道口的视觉范围得到扩展。由于道口设置了多台摄像机，道口各方向的动态在屏幕上一目了然，扩大了操作员的视觉范围，提高了安全防护能力。

（2）道口接近报警通知采用了现场请求信息、音/视频信息、当班调度等多种方式进行通知，道口关闭、打开的时间更为准确，减少了公路方向等待的时间。

（3）现场栏杆升级为栅栏并增加了灯带，警报机升级为LED红灯，增加足够的夜间照明等，道口的相关安全设施更加醒目有效，道口防护设备的本质安全程度提高。

(4) 实现集中监控后，有当班调度的监管，操作员脱岗、睡岗等违章现象不复存在，道口的实时管控得到加强。

(5) 由于增加违规闯红灯、抢过道口的拍摄记录功能，通过道口的交通行为可进行历史回放，对违规现象有据可查，依法处罚，机动车辆和行人违规现象显著减少。

(6) 22 处原有人看守道口操作人员共 88 人，实现远程集中集控后，三个集控点保留 20 人，通过精简人力资源，一年可节约成本 680 万元。

5 项目的主要创新点

(1) 该项目的成功实施，可以以点带面，促进其他行业通过自动化改造，逐步实现自动化精益生产，提高劳动生产率，实现减员增效。

(2) 与原有道口相比，集中道口增加了全景视频、双向音频、自动检测、自动通知等功能，增强了设备的本质安全，提高了道口的安全防护能力。

(3) 与同行业其他集控相比，此次采用了环网冗余技术和双路音/视频切换系统，增强了系统的稳定性；采用一体化系统平台，方便操作人员进行操作；采用机车司机无线要道系统，提高了生产运行效率。

(4) 带动了湘钢厂内道口交通管理的创新，解决了道路与铁路交叉路口的交通管理瓶颈，可为依法依规管理提供准确的客观信息；同时促进了厂区交通参与者遵章守纪意识的提升，为实现道口长周期安全运行打下了基础。

6 结论

该项目已投入运行 1 年，实现了道口的远程集中控制，系统运行良好，道口视觉范围得到扩展，扩大了操作员的视觉范围，提高了安全防护能力。道口报警及栅栏的关闭、打开时间更为准确，减少了人员车辆等待时间。采用环网冗余设计，当出现故障后能快速倒切，再对设备进行维修，不会影响道口运行。由于增加了道口高清拍摄记录功能，对违章现场有据可查，依法处罚，机动车辆及行人违章现象显著减少。项目建成后，减少道口员定员 68 人，实现创效 680 万元/年。实现了设计的目的。

重载铁路木枕道岔升级混凝土枕道岔的必要性

（宝武集团广东韶关钢铁有限公司，郭金林）

摘　要：木枕道岔设计标准承载轴重 25t，无法满足 100t 铁水罐车满载轴重 38.4t，120t 铁水罐车满载轴重 46.5t 的运行要求，木枕道岔需进行升级混凝土枕道岔改造；轨道强度检算结果表明，采用 P60 以上规格的水泥枕道岔能满足 120t 铁水罐车满载轴重 46.5t 的要求。韶钢 2018 年通过对铁水区重载铁路改造（木枕道岔升级混凝土枕道岔），更换了 50 多组 60kg/m 钢轨规格的水泥枕道岔，运行一年，效果良好。

关键词：水泥枕道岔；木枕道岔；轨道强度检算；轴重

1　概况

目前冶金企业铁路道岔大部分采用 50kg/m、60kg/m 钢轨木枕道岔，由于目前炼铁工艺技术改造的要求，铁水运输现在最小采用 100t 铁水罐车运输，大部分钢厂为进一步提高铁水运输效率，推行铁水一罐制，采用 120t 铁水罐车运输，如韶钢、新钢；100t 铁水罐车满载轴重 38.4t，120t 铁水罐车满载轴重达到 46.5t。木枕道岔设计标准承载轴重 25t，木枕道岔线路根本无法满足铁水运输要求，木枕道岔需升级混凝土枕道岔改造。

2　可行性

混凝土岔枕道岔承载轴重是否能满足 120t 铁水罐车满载轴重 46.5t 的要求？

2.1　50kg/m、60kg/m、75kg/m 钢轨混凝土岔枕轨道强度检算

2.1.1　计算背景

根据铁水车的轨道检算条件，分析铁水车通过道岔（混凝土枕）区时的轨道最大承载和轨道结构强度检算。具体检算内容如下：

（1）P50 钢轨Ⅲ型混凝土枕道岔，标准 35cm 厚路基条件下的轨道最大承载轴重。

（2）P60 钢轨Ⅲ型混凝土枕道岔，标准 35cm 厚路基条件下的轨道最大承载轴重。

（3）P75 钢轨Ⅲ型混凝土枕道岔，标准 35cm 厚路基条件下的轨道最大承载轴重。

2.1.2　计算条件

（1）道岔：9 号。

（2）车辆：120t 四轴铁水车，铁水区运行速度 15km/h；普车 C70，速度 35km/h。

2.1.3　计算参数

（1）根据《铁路道岔参数手册》，分别选取：

1）混凝土枕 50kg/m 钢轨 9 号单开道岔（图号 CZ2209）；

2）混凝土枕 60kg/m 钢轨 9 号单开道岔（图号 CZ577）；

3）混凝土枕 75kg/m 钢轨 9 号单开道岔（图号 CZ704）。

在轮载作用下，混凝土轨枕的轨下截面上出现正弯矩，枕轨中间截面上出现负弯矩，它们的大小取决于作用在轨枕上的钢轨压力和道床支承反力。计算轨枕截面上的弯矩有以下 4 种方法：将轨枕视为一根支承在弹性地基上的等截面定长梁；将轨枕视为支承在非均匀支承的变截面的有限长连续梁；安全度设计理论；将轨枕视为一根支承在符合一定支承条件道床上的倒置简支梁。目前一般用倒简支梁法计算轨枕弯矩。

利用倒简支梁法计算轨枕截面弯矩时，如图 1 和图 2 所示，可以根据轨枕实际使用的条件采用最不利的道床支承方案。其中，各型号道岔直向过岔轨距均为 1.435m，侧向过岔由于各型号道岔辙叉角角度不同，轨距略有差异；轨枕有效支承长度 e 取 0.95m。

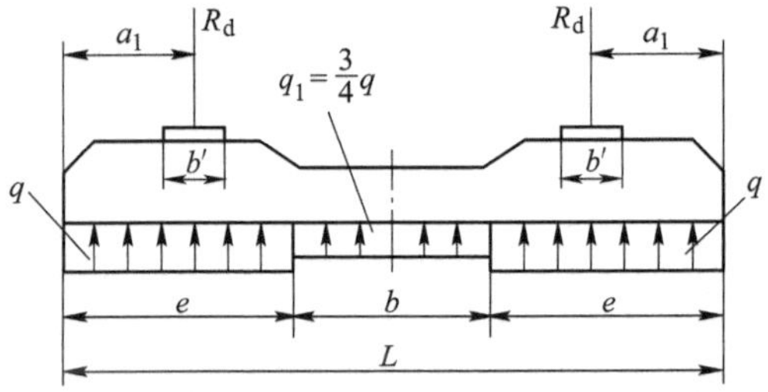

图 1　计算轨下截面正弯矩的道床支承方案

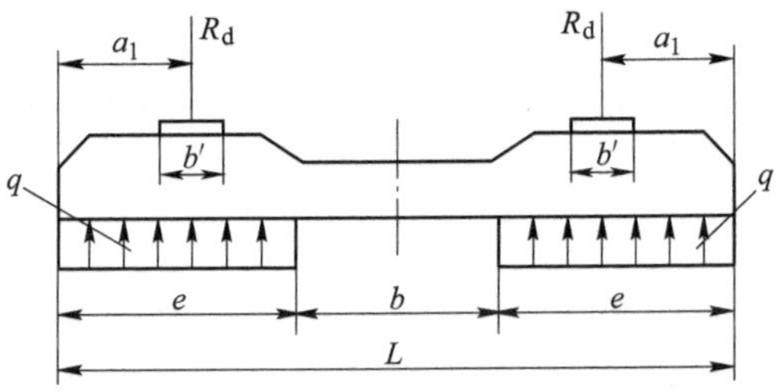

图 2　计算轨枕中间截面

钢轨底部作用长度：50kg/m 钢轨为 0.132m，60kg/m、75kg/m 钢轨均为 0.150m。计算轨底截面弯矩时，按最不利的中间无支承计算；计算作用轨中间截面时，分别按中间部分支承和全部支承计算。

（2）车辆荷载。本计算采用 TS120A 型铁水车，如图 3 所示。其中轴重 46.5t，轮重为 46.5/2 = 23.25t = 232.5kN。

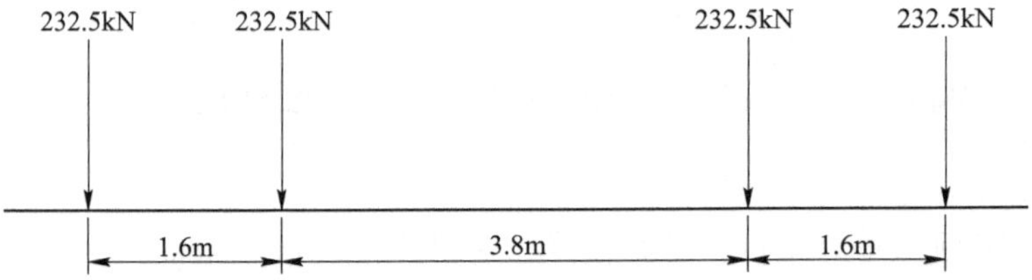

图 3　TS120A 铁水车轮重荷载分布

（3）轨枕动反力。在计算轨枕弯矩之前，先计算各轨枕的动反力 R_d。

首先计算各型号钢轨静反力，见表 1～表 3。

静反力按下式计算：

$$R_0 = \frac{ka}{2}\sum_{i=1}^{n} P_{0i}\eta_{0i} \tag{1}$$

式中　k——钢轨基础弹性模量与钢轨弯曲刚度的比值，mm^{-1}，可按下式计算：

$$k = \sqrt[4]{\frac{u}{4EI_X}} \tag{2}$$

u——钢轨基础弹性系数/模量，MPa，$u=D/a$；

E——钢轨材料弹性模量，取 $E=2.1\times10^5$MPa；

I_X——钢轨截面对水平轴惯性矩，cm^4；

η_{0i}——第 i 个静轮载 P_{0i} 在计算断面处钢轨下沉量 Y_0 和弯矩 M_0 的影响系数，按下式计算：

$$\eta_{oi} = e^{-kx_i}(\cos kx_i + \sin kx_i) \tag{3}$$

静反力计算结果见表 1~表 3。

表 1　50kg/m 钢轨条件下轨枕静反力

P50 钢轨			
	轮 1	轮 2	
P/N	232500	232500	
X/mm	0	1600	
kx	0	2.5856	
e^{-kx}	1	0.075350856	
$\cos kx+\sin kx$	1	−0.321590252	
η	1	−0.024232101	
$P\eta$	232500	−5633.963398	226866.0366

表 2　60kg/m 钢轨条件下轨枕静反力

P60 钢轨			
	轮 1	轮 2	
P/N	232500	232500	
X/mm	0	1600	
kx	0	2.3056	
e^{-kx}	1	0.099698963	
$\cos kx+\sin kx$	1	0.071520892	
η	1	0.007130559	
$P\eta$	232500	1657.854915	234157.8549

表 3　75kg/m 钢轨条件下轨枕静反力

P75 钢轨			
	轮 1	轮 2	
P/N	232500	232500	
X/mm	0	1600	
kx	0	2.1216	
e^{-kx}	1	0.119839731	
$\cos kx+\sin kx$	1	0.328731966	
η	1	0.039395151	
$P\eta$	232500	9159.372495	241659.3725

2.2 混凝土岔枕轨道强度检算结果

2.2.1 轨枕弯矩

对于直向过岔轨枕弯矩，按中间无支承计算轨下截面弯矩，如图 4 所示。

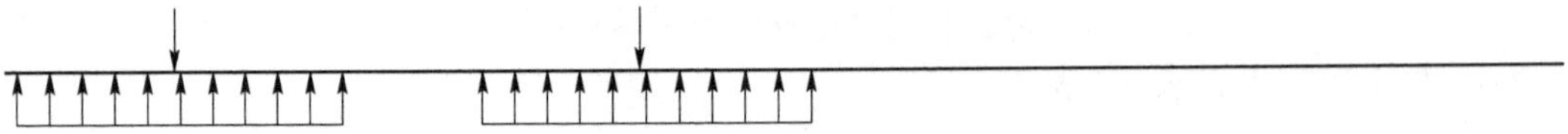

图 4　直向过岔轨底截面弯矩计算示意图

计算轨中截面按中间部分支承或全支承计算。

部分支承时，如图 5 所示。

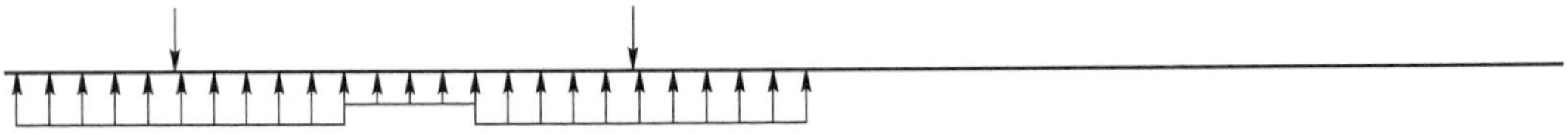

图 5　直向过岔轨中截面部分支承时弯矩计算示意图

全支承时，如图 6 所示。

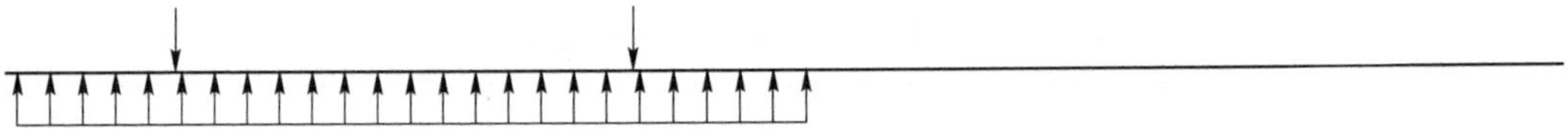

图 6　直向过岔轨中截面全部支承时弯矩计算示意图

对于侧向过岔轨枕弯矩，按中间无支承计算轨下截面弯矩，如图 7 所示。

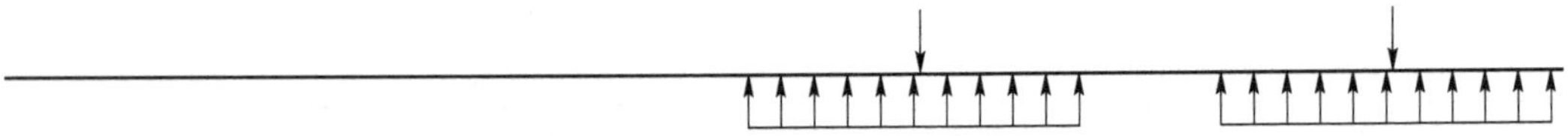

图 7　侧向过岔轨底截面弯矩计算示意图

计算轨中截面按中间部分支承或全支承计算。

部分支承时，如图 8 所示。

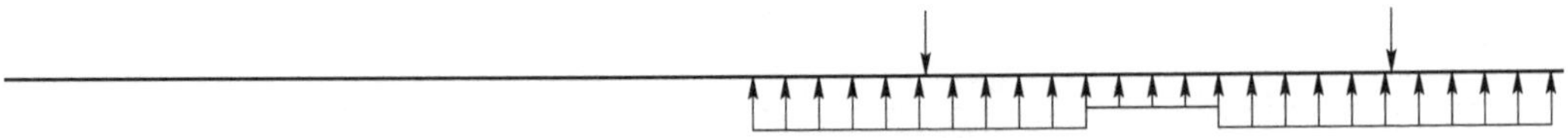

图 8　侧向过岔轨中截面部分支承时弯矩计算示意图

全支承时，如图 9 所示。

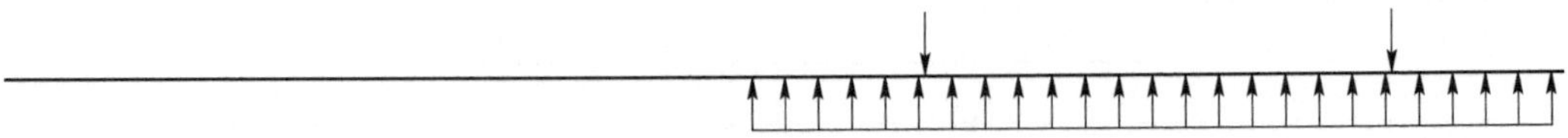

图 9　侧向过岔轨中截面全部支承时弯矩计算示意图

下列计算式中各符号含义如下：

e——道床支承长度；

b'——轨底宽；

S_1——两钢轨中心之间距离；

b——计算轨底弯矩时中间无支承的长度；

R_d——钢轨动压力。

2.2.2 混凝土枕 50kg/m 钢轨 9 号单开道岔

2.2.2.1 直向过岔

取最长一段轨枕，长为 4.8m；其中 $e = 0.95\text{m}$，$b' = 0.132\text{m}$，$S_1 = 1.435\text{m}$，$b = 0.485\text{m}$，$R_d = 128.68\text{kN}$。

按中间无支承计算轨下截面弯矩：

$$M_g = \frac{1}{8}qe^2 - \frac{1}{8}R_d b' = 13.16\text{kN} \cdot \text{m}$$

计算轨中截面按中间部分支承或全支承计算。

部分支承时：

$$M_c = 2R_d\left(\frac{1}{2}eS_1 + \frac{3}{32}b^2\right)\frac{4}{3b + 8e} - \frac{1}{2}S_1 R_d = -12.33\text{kN} \cdot \text{m}$$

全支承时：

$$M_c = \frac{1}{4}(e - S_1)R_d = -15.60\text{kN} \cdot \text{m}$$

2.2.2.2 侧向过岔

$e = 0.95\text{m}$，$b' = 0.132\text{m}$，$S_1 = 1.444\text{m}$，$b = 0.494\text{m}$，$R_d = 128.68\text{kN}$

按中间无支承计算轨下截面弯矩：

$$M_g = \frac{1}{8}qe^2 - \frac{1}{8}R_d b' = 13.16\text{kN} \cdot \text{m}$$

计算轨中截面按中间部分支承或全支承计算。

部分支承时：

$$M_c = 2R_d\left(\frac{1}{2}eS_1 + \frac{3}{32}b^2\right)\frac{4}{3b + 8e} - \frac{1}{2}S_1 R_d = -12.57\text{kN} \cdot \text{m}$$

全支承时：

$$M_c = \frac{1}{4}(e - S_1)R_d = -15.89\text{kN} \cdot \text{m}$$

2.2.3 混凝土枕 60kg/m 钢轨 9 号单开道岔

2.2.3.1 直向过岔

取最长一段轨枕，长为 4.8m；$e = 0.95\text{m}$，$b' = 0.150\text{m}$，$S_1 = 1.435\text{m}$，$b = 0.485\text{m}$，$R_d = 118.44\text{kN}$。

按中间无支承计算轨下截面弯矩：

$$M_g = \frac{1}{8}qe^2 - \frac{1}{8}R_d b' = 11.84\text{kN} \cdot \text{m}$$

计算轨中截面按中间部分支承或全支承计算。

部分支承时：

$$M_c = 2R_d\left(\frac{1}{2}eS_1 + \frac{3}{32}b^2\right)\frac{4}{3b + 8e} - \frac{1}{2}S_1 R_d = -11.35\text{kN} \cdot \text{m}$$

全支承时：

$$M_c = \frac{1}{4}(e - S_1)R_d = -14.36\text{kN} \cdot \text{m}$$

2.2.3.2 侧向过岔

$e = 0.95\text{m}$，$b' = 0.150\text{m}$，$S_1 = 1444\text{mm}$，$b = 0.494\text{m}$，$R_d = 118.44\text{kN}$

按中间无支承计算轨下截面弯矩：

$$M_g = \frac{1}{8}qe^2 - \frac{1}{8}R_d b' = 11.84\text{kN} \cdot \text{m}$$

计算轨中截面按中间部分支承或全支承计算。

部分支承时：

$$M_c = 2R_d\left(\frac{1}{2}eS_1 + \frac{3}{32}b^2\right)\frac{4}{3b + 8e} - \frac{1}{2}S_1 R_d = -11.57\text{kN} \cdot \text{m}$$

全支承时：

$$M_c = \frac{1}{4}(e - S_1)R_d = -14.63\text{kN} \cdot \text{m}$$

2.2.4 混凝土枕 75kg/m 钢轨 9 号单开道岔

2.2.4.1 直向过岔

取最长一段轨枕，长为 4.8m；$e = 0.95\text{m}$，$b' = 0.150\text{m}$，$S_1 = 1.435\text{m}$，$b = 0.485\text{m}$，$R_d = 112.47\text{kN}$。

按中间无支承计算轨下截面弯矩：

$$M_g = \frac{1}{8}qe^2 - \frac{1}{8}R_d b' = 11.25\text{kN} \cdot \text{m}$$

计算轨中截面按中间部分支承或全支承计算。

部分支承时：

$$M_c = 2R_d\left(\frac{1}{2}eS_1 + \frac{3}{32}b^2\right)\frac{4}{3b + 8e} - \frac{1}{2}S_1 R_d = -10.78\text{kN} \cdot \text{m}$$

全支承时：

$$M_c = \frac{1}{4}(e - S_1)R_d = -13.64\text{kN} \cdot \text{m}$$

2.2.4.2 侧向过岔

$e = 0.95\text{m}$，$b' = 0.150\text{m}$，$S_1 = 1444\text{mm}$，$b = 0.494\text{m}$，$R_d = 112.47\text{kN}$

按中间无支承计算轨下截面弯矩：

$$M_g = \frac{1}{8}qe^2 - \frac{1}{8}R_d b' = 11.25\text{kN} \cdot \text{m}$$

计算轨中截面按中间部分支承或全支承计算。

部分支承时：

$$M_c = 2R_d\left(\frac{1}{2}eS_1 + \frac{3}{32}b^2\right)\frac{4}{3b + 8e} - \frac{1}{2}S_1R_d = -10.98\text{kN} \cdot \text{m}$$

全支承时：

$$M_c = \frac{1}{4}(e - S_1)R_d = -13.89\text{kN} \cdot \text{m}$$

从以上计算可以得出：

（1）P50 水泥枕道岔承载轴重：45.3t。

（2）P60 水泥枕道岔承载轴重：46.8t。

（3）P75 水泥枕道岔承载轴重：48.3t。

检算结果表明，采用 P60 以上规格的水泥枕道岔能满足 120t 铁水罐车满载轴重 46.5t 的要求，技术上可行。

2.3 采用混凝土轨枕是大势所趋

（1）水泥枕木材源广泛、规格统一、弹性均匀、绝缘性好，不受天气温度等外在条件的影响，不腐烂使用寿命长，轨道稳定性好，能满足高速、大运量要求等优点。

（2）预应力混凝土轨枕除了能大量节约木材外，水泥枕现造价比木枕便宜，更经济。

3 结论

（1）技术上可行。P60 水泥枕道岔承载轴重为 46.8t，能满足 120t 铁水罐车满载轴重 46.5t 的要求。

（2）以混凝土替代木材，可减少大量木材消耗，有利于保护生态环境，符合通用材料应用导向政策。

（3）通过水泥枕道岔的升级改造，解决了现铁路轨道中的木枕线路部分不能达标存在的严重运输安全隐患问题，确保了铁水运输安全。韶钢 2018 年通过对铁水区重载铁路改造（木枕道岔升级混凝土枕道岔），更换了 50 多组 60kg/m 钢轨规格的水泥枕道岔，运行一年，效果良好。

实施一罐到底减少 320t 混铁车铁水运输过程热量损失

（武汉钢铁有限公司，龚超胜）

摘　要： 铁水运输热量损失及温度控制工艺是近几年来公司重点关注的项目，国内一些先进企业纷纷通过各种方式做好温度控制，减少铁水的热量损失，而且很多比较成熟的技术已被广泛地运用到武钢的生产实践中，包括目前大小罐加盖、钢厂内脱硫等工艺都是为了进一步减少铁水在整个生产过程中的热量损失。影响铁水温度的因素很多，涉及炼铁厂、炼钢厂以及运输部等几个厂方。其中运输环节对铁水温度的保持也很重要，从铁水运输环节研究影响温降，通过一罐到底优化运输组织，提高运输效率，达到减少热量损失的目的。

关键词： 运输组织；热量损失；温度控制；一罐到底

1　背景介绍

（1）市场环境变化的需要。2019 年全球经济整体稳步复苏，钢铁企业盈利能力不断恢复，行业整体呈现持续回暖趋势。尽管如此，钢铁行业竞争异常激烈、市场供大于求、生产成本过高、利润空间不断压缩的局面没有改变。要想在日益复杂的竞争中赢得主动，降成本是重中之重。

（2）提升产品质量的需要。铁水运输热量损失及温度控制工艺是近几年来公司重点关注的项目，国内一些先进企业纷纷通过各种方式做好温度控制，减少铁水的热量损失，而且很多比较成熟的技术已被广泛运用到武钢的生产实践中，包括目前大小罐加盖、钢厂内脱硫等工艺都是为了进一步减少铁水在整个生产过程中的热量损失。减少铁水运输热量损失工艺是公司重点关注项目之一，提高入炉的温度就能够提高钢质量。

（3）增强竞争能力的需要。武钢有限运输部承担武钢 6 座高炉、5 家钢厂的铁水运输任务，运距长、咽喉地带多、运输条件复杂、作业面广，从最远的五高炉到三炼钢倒罐站运距 4.97km，受炼铁区域复杂的站场条件影响，机车目前正常的平均运行速度是 8km/h，加上过道口、摘钩、挂车、编组等作业环节一趟下来至少需要 60min，现场突发情况时也可能达到 70min。运输时间越长热量损失越多，相应的生产成本也就越高。本文研究优化运输组织，在保证安全的前提下减少运输时间就能够减少铁水热量损失，保证铁水温度降低的越少就是在为公司降本作贡献。

2　基本内涵和主要做法

作为当前武钢重要降本增效项目，公司对铁水入转炉的温度有很高要求，要达到温度要求必须对铁水进行加热处理，也就意味着要消耗更多的资源。目前，铁水运输过程站场条件复杂、运输环节多、工艺流程变化大，加上设备和人员需要随时进行及时协调以及钢厂、铁厂的临时要求等，都会影响铁水运输时间。此外，因车辆、线路、装载等多种因素，铁水运输过程中还容易出现各种意外情况，给安全保产带来严峻考验。

目前对于320t混铁车铁水运输而言，有两套运输方案可行：一是炼铁东西区通过八高炉小站交接的方式进行铁水运输，炼铁西区将七高炉、五高炉、四高炉、一高炉的罐送至八高炉小站，再由炼铁东作业区机车将320t混铁车送至三炼钢；或者是炼铁东区将八高炉、六高炉的罐送至八高炉小站，炼铁西区机车将罐送至四炼钢。二是采取单台机车一罐到底的方式，即所有编组完毕的大罐直接机车送到三炼钢、四炼钢站内，再由其他机车负责高炉的空罐运输以及对位。在进行可行性分析以及数据调查研究之后我们将机车“专项”运输的作业用时定为该项目的基线值，各高炉到钢厂320t混铁车铁水运输传输目标时间见表1。

表1

序号	高炉至钢厂	目标用时/min	及时率/%
1	1BF至三炼钢站内	76	98
2	1BF至四炼钢站内	54	98
3	4BF至三炼钢站内	81	98
4	4BF至四炼钢站内	58	98
5	5BF至三炼钢站内	82	98
6	5BF至四炼钢站内	60	98
7	6BF至三炼钢站内	64	98
8	7BF至三炼钢站内	74	98
9	7BF至四炼钢站内	48	98
10	8BF至三炼钢站内	73	98
11	8BF至四炼钢站内	63	98

运输部铁运分厂通过对320t混铁车铁水运输进行过程监控，来分析查找影响运输时间的因素，并逐步改善和提高运输效率，再通过进一步的优化运输组织减少混铁车在运输过程中的憋堵以及混铁车编组过程中造成的铁水罐在高炉下等待时间过长的问题。攻关小组尝试依靠现有装备设施，优化人机结合，改善运输组织，消化增加部分运输量，小组要因分析如图1所示。

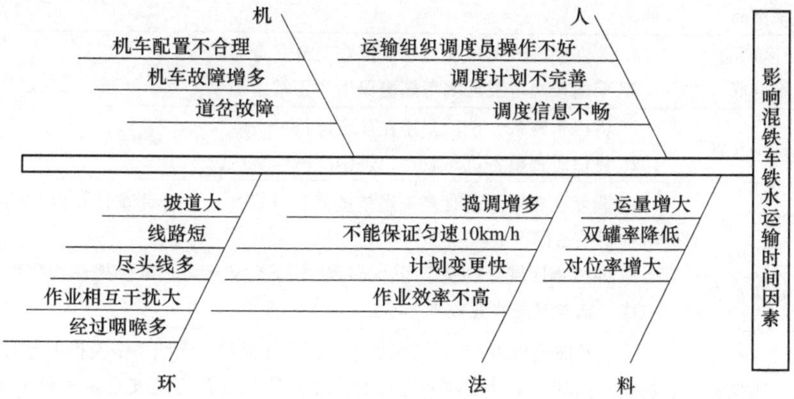

图1

主要因素：（1）调度信息不畅；（2）干扰作业效率因素多。

通过对 320t 混铁车铁水作业过程进行调查统计，铁运分厂找到了容易影响“320t 混铁车铁水运输及时率”的两大主因，10 个要素，见表 2。

表 2　320t 混铁车铁水运输及时率要因确认

序号	末端因素	确定方法	确认情况	是否要因	参加人员
1	调度计划	现场调查	调度计划变更频繁，活动前平均变更计划 30 次/班，按照每次 1～1.5min，每班因此损失作业时间 30～45min	是	调度员
2	调车组动车	现场调查	调车组接计划至动车速度在各外勤调度的督促下普遍速度较快	否	调乘员
3	车辆影响	调查了解	加强混铁车技检及日常保养，提高混铁车完好率	否	列检人员
4	厂方影响	调查走访	与生产厂沟通，及时开放卷闸门，减少机车厂房外动力等待时间	否	调度员
5	线路紧张	调查改进	合理安排好平行进路，减少作业间进路敌对冲突，从而减少错车次数	否	调度员
6	干扰作业效率因素多	调查分析	干线曲线半径无法更改，且送一趟混铁车要经过三个运输瓶颈影响	是	调度员

主要因素：（1）调度信息不畅；（2）干扰作业效率因素多。针对以上两个影响 320t 混铁车运输效率的因素主要采取了以下措施，见表 3。

表 3

<table>
<tr><th>要因</th><th>存在问题</th><th>对　策</th><th>负责人</th></tr>
<tr><td rowspan="4">调度信息不畅</td><td>计划不完善</td><td>1. 提前半小时了解生产状况。
2. 主动与厂方交流生产信息，如排产状况，高炉炉况，铁水需求、流向，钢厂生产组织，冶炼品种等生产第一信息，掌握主动权，增强应变能力</td><td>调度员
调度员</td></tr>
<tr><td>计划变更快</td><td>组织调度员学习炼铁、炼钢工艺流程，熟悉冶炼工艺环节及要点工序，下达计划有依据、有预计，实现调度计划准确率在 95%以上</td><td>调度员</td></tr>
<tr><td>厂方调度计划准确率不高</td><td>采取电视监控与现场作业人员及时反馈双向确认，做到早预知早修正调整</td><td>调度员</td></tr>
<tr><td>站调与区调间联系不彻底</td><td>1. 建立明确分工，杜绝相互推诿，树立全盘观念。
2. 严格按岗位责任制考核确保生产正常组织</td><td>调度员
调乘员</td></tr>
<tr><td rowspan="3">干扰作业效率因素</td><td>机力配置不完善</td><td>1. 将机车整备、杂活安排在夜班进行。
2. 将白班替整备机车放在三炼钢区域作总机力</td><td>调度员
调乘员</td></tr>
<tr><td>捣调作业占用线路长，占用机车作总时间比重大</td><td>1. 调度在布置计划时多采用传接带的方式优化组合调车计划以省钩省时省咽喉占用次数。
2. 四炼钢区域以混铁车闭合循环法机车交叉接力，减少捣调钩数缓解占线，塞车提高作业效率</td><td>调度员
调乘员</td></tr>
<tr><td>坡道大、曲线多</td><td>Ⅰ、Ⅱ坡道超 2.5‰。谨慎操作，用电视监控，无线信令及操纵台对现场跟踪控制，及时与调乘组互通信号，敌对进路留足安全距离等手段，做到行车早预知，早防范，确保安全正点高效</td><td>调度员
调乘员</td></tr>
</table>

续表 3

要因	存在问题	对 策	负责人
干扰作业效率因素	天气不良（大雾、小雨）	调度在布置计划的同时，布置安全措施，止轮措施要彻底，雨天止轮下砂防滑，避免甩去溜动	调度员 调乘员
	信号故障	1. 及时通知检修单位处理。 2. 采取人工摇动道岔开通进路，排车、保产、保铁路畅通，疏导塞车，做到宁愿自己多流汗，决不影响生产半分	调度员 调乘员
	送一趟混铁车要经过三个运输瓶颈	优先排进路计划，主动与调乘组沟通进路开放状况，敌对进路错车情况使操作人员早防备，早了解，确保车组准、稳、畅	调度员 调乘员

此外，铁运分厂严格按照公司及部生产要求组织高产，严格落实先报铁的罐先走，先翻空的罐先配的运输组织模式，减少混铁车高炉下的等待时间，加快调车组动车速度，高炉下报铁之后及时动车，在规定时间内将罐送到钢厂，同时做好交接班时段以及中午吃饭时段铁水计划的衔接，不因吃饭影响铁水运输。同时针对六高炉、八高炉未报铁的罐进行优先受铁，遏制长时罐的产生。发现长时罐第一时间与铁厂联系，并与铁厂及时联系协调优先进行配送。同时，重点关注钢厂、铁厂检修计划，及时将休风高炉的空罐挂出，运用于其他高炉，将钢厂翻完铁水罐及时配到高炉，减少空罐无效停留时间。

2.1 机车接力运输组织效果检验

通过机车接力，炼铁东、西作业区在八高炉小站进行交接，西区将一高炉、四高炉、五高炉、七高炉大罐送八高炉小站交接，再由炼铁东区机车负责将罐送往三炼钢。炼铁东区将八高炉、六高炉大罐送八高炉小站，再由西区机车带罐送至四炼钢（表 4）。

表 4 320t 混铁车铁水运输机车接力作业过程及时间分解（机车接力运输方案）

320t 混铁车铁水运输过程及时间分解表

序号	区段名称	区间线路长度/km	动车时间	挂车检查时间	挂车编组时间	重车区间运行时间	经过道口时间	过磅	摞三、四炼钢站内	总时间
1	1BF 至三炼钢站内	4.44	10	3	10	33	3	1	2	62
2	1BF 至四炼钢站内	1.89	10	3	10	14	3	1	2	43
3	4BF 至三炼钢站内	4.87	10	3	10	36	4	1	2	66
4	4BF 至四炼钢站内	2.17	10	3	10	16	4	1	2	46
5	5BF 至三炼钢站内	4.97	10	3	10	37	4	1	2	67
6	5BF 至四炼钢站内	2.37	10	3	10	17	5	1	2	48
7	6BF 至三炼钢站内	3.19	10	3	10	24	2	1	2	52
8	7BF 至三炼钢站内	3.91	10	3	10	29	5	1	2	60
9	7BF 至四炼钢站内	1.36	10	3	10	10	1	1	2	37
10	8BF 至三炼钢站内	3.83	10	3	10	28	5	1	2	59
11	8BF 至四炼钢站内	2.96	10	3	10	22	3	1	2	51

通过以上措施，使项目的基线值目标平稳达标，平均每趟 320t 混铁车铁水从高炉到钢厂节约 13min。经过快速改善，之前的 10 个因素均得到了有效控制。同时，在制度和人员

的保障下，通过对标执行320t混铁车各个运输环节规定的作业时间，各高炉到钢厂每趟铁水运输时间都能达到基线值目标。

2.2　一罐到底运输组织效果检验

改变运输组织模式，实施一罐到底。安排一台机车直接从高炉下挂重罐送至钢厂，再由其他机车负责高炉下补空罐。减少320t混铁车中间的捣调作业环节能够提高运输效率，减少铁水罐在线路上的等待时间，从而达到降低热量损失的目的。

合理进行班组设置，缩短动车时间。相比之前炼铁车站五高炉组、渣罐组、站内组、六高炉组等4个班组的设置，作业区改革之后炼铁东、炼铁西根据现场作业实际情况设置班组，特别是铁东在八高炉、三炼钢设置班组完全靠近机车整备地点，调乘人员离上车点非常近，可以在8min以内上车，距离最短的三炼钢班组离上车点只需要5min时间。

优化作业程序，减少等待时间。目前炼铁东作业区实行机车双改单、炼铁西区实行单乘制。目前作业区已经开始实行“操检合一”，即调乘人员承担检车任务。相比之前必须将罐撂在倒罐站门口待列检人员检车完毕才能挂车，整个过程至少需要花10min，新的模式下调车员只需要在机车带罐的情况下进行检车任务即可，避免了频繁摘挂车造成320t混铁车无效等待。

推进道口无人化，减少通过时间。目前高炉去往三炼钢、四炼钢的道口主要包括炼铁13号、11号、9号、7号、6号、5号、3号、2号、1号等9个道口，其中6个道口已经成为集控道口，2个道口废弃全封闭，只有三炼钢倒罐站门口1号道口需要人工值守。机车司机只需要等待栏杆落下就可以减速直接通过，现在过每个道口不到1min。

成效：从表4~表6、图2可以看出，采取机车一罐到底之后，320t混铁车铁水运输传输时间可以达到分厂规定极限值目标，平均每趟320t混铁车铁水从高炉到炼铁三、四炼钢站内区域可节约20min，减少了运输过程中的热量损失，提高了铁水的入炉温度。

表5　320t混铁车铁水运输一罐到底作业过程及时间分解

一罐到底运输方案										
序号	区段名称	区间线路长度/km	动车时间	挂车检查时间	挂车编组时间	重车区间运行时间	经过道口时间	过磅	撂三、四炼钢站内	总时间
1	1BF至三炼钢站内	4.44	8	3	6	33	3	1	2	56
2	1BF至四炼钢站内	1.89	8	3	6	14	3	1	2	37
3	4BF至三炼钢站内	4.87	8	3	6	36	3	1	2	59
4	4BF至四炼钢站内	2.17	8	3	6	16	3	1	2	39
5	5BF至三炼钢站内	4.97	8	3	6	37	3	1	2	60
6	5BF至四炼钢站内	2.37	8	3	6	17	3	1	2	40
7	6BF至三炼钢站内	3.19	6	3	6	24	3	1	2	45
8	7BF至三炼钢站内	3.91	8	3	6	29	3	1	2	52
9	7BF至四炼钢站内	1.36	8	3	6	10	1	1	2	31
10	8BF至三炼钢站内	3.83	7	3	6	28	3	1	2	50
11	8BF至四炼钢站内	2.96	7	3	6	22	4	1	2	45

表 6 两种运输方式节约时间分析

序号	高炉至钢厂	目标用时/min	机车接力用时/min	一罐到底用时/min
1	1BF 至三炼钢站内	76	62	56
2	1BF 至四炼钢站内	54	43	37
3	4BF 至三炼钢站内	81	66	59
4	4BF 至四炼钢站内	58	46	39
5	5BF 至三炼钢站内	82	67	60
6	5BF 至四炼钢站内	60	48	40
7	6BF 至三炼钢站内	64	52	45
8	7BF 至三炼钢站内	74	60	52
9	7BF 至四炼钢站内	48	37	31
10	8BF 至三炼钢站内	73	59	50
11	8BF 至四炼钢站内	63	51	45

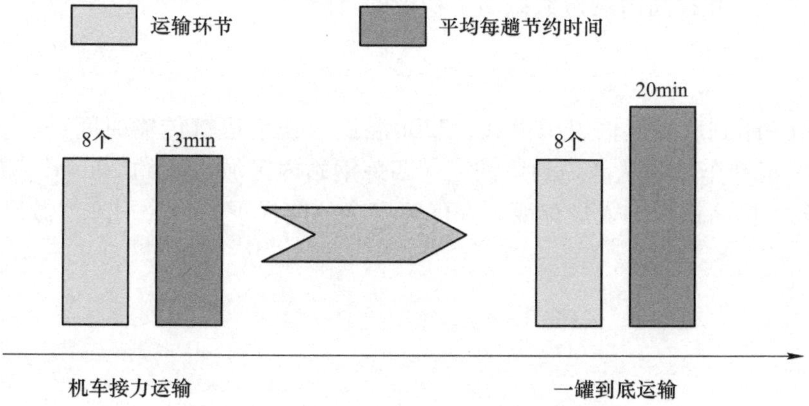

图 2 两种运输方式平均节约时间对比图

3 取得的效益和效果

通过优化运输组织方案，量化作业细节，控制作业流程，确保运输安全，取得了明显的经济效益、社会效益和生态效益。

3.1 经济效益

目前，国内先进钢厂 320t 混铁车热量损失在 0.2～0.7℃/min 之间，各钢厂鱼雷罐使用年限、罐体保温材料以及加盖等保温工艺有所不同，目前武钢有大部分鱼雷罐使用年限都在 20 年以上，保温情况不理想。宝钢 320t 鱼雷罐运动状态下的温降是 0.27～0.4℃/min，武钢目前运动状态下的温降是 0.50℃/min，通过一罐到底的方式一趟罐下来至少可以减少温度损失 10℃。

3.2 社会效益

“安全是最大的节约，事故是最大的浪费”。运输部铁运分厂通过开展攻关活动，进一步提高了班组安全管理水平，实现了“班组安全责任全员化、现场管理精细化、隐患排查常态化”的目标。成果实施以来，尽最大努力确保了 320t 混铁车铁水运输趟趟准点、组组平安，不仅有效杜绝了事故的发生，还保障了作业中的人身安全，帮助企业无形中节约了事故损失费，使个人家庭得以幸福、社会得以稳定。

运输部铁运分厂各岗位、各工序间的协调服务能力，以及工作效率也得到了很大提高。同时，班组间形成了良好的竞争机制，各阶段预定目标得以顺利实现，用实际行动切实践行了“绝不让武钢生产经营在铁路运输环节受阻”的服务承诺。

3.3 生态效益

通过优化运输组织方案，运输部铁运分厂 320t 混铁车铁水运输时间基本上稳固在规定时间之内，可保证高炉和钢厂正常的生产需要，保证铁水在运输过程中的热量损失，提高了铁水的进炉温度，协助钢厂大幅度降低了能源消耗，缩短了产品的生产周期，提高了产能和质量，同时也减少了烧损，提高了金属收得率，从中获得了非常可观的生态效益，为武钢“降本增效”和提高市场份额做出了积极的贡献。

4 结论

通过采用一罐到底的运输组织模式，320t 混铁车铁水运输传输时间进一步得到优化，平均每趟 320t 混铁车铁水从高炉到炼铁三、四炼钢站内区域可节约 20min，减少运输过程中的热量损失，提高铁水的入炉温度。在保障安全的前提下，为公司降本做出了贡献。

电葫芦遥控改造及相关工艺的完善

（包钢工程服务公司，马爱东）

摘　要：车辆作业部电葫芦原来的操控方式是车工有线控制手柄操控，较为传统。在吊装轮对时，存在操作手柄电缆线与吊钩钢丝绳缠绕的问题，吊装特别不方便。尤其在空间较小区域吊装时，操作人员与吊装物距离过近，存在安全隐患。为了简化检修工艺流程，优化人力资源配置，减轻劳动强度，提升安全系数，决定对电葫芦加装遥控装置，实现电葫芦操控方式由有线控制手柄操作变为遥控。在检修现场作业范围内，按照新修订的电葫芦作业办法操作，能够安全、便捷地使用遥控方式操作电葫芦，操作简单，改装后使用效果好；按新修订的电葫芦设备使用、维护、检修规程对加装遥控后的设备进行点检、操作、维护、保养，设备管理环节无隐患、无漏洞，管理起来较为方便。

关键词：电葫芦；遥控；工艺的完善

1　选题理由及现状

之前，作业部电葫芦操控方式是车工有线控制手柄操控，较为传统。在吊装轮对时，存在操作手柄电缆线与吊钩钢丝绳缠绕，吊装不方便问题。尤其在空间较小区域吊装时，操作人员与吊装物距离过近，存在安全隐患。为了简化检修工艺流程，优化人力资源配置，减轻劳动强度，提升安全系数，决定对电葫芦加装遥控装置，实现电葫芦操控方式由有线控制手柄操作变为遥控。

2　实施措施

（1）对现有 1 部电葫芦加装遥控装置；

（2）重新修订原电葫芦安全操作规程；

（3）重新修订原电葫芦设备使用、维护、检修规程；

（4）规定作业办法和作业范围；

（5）培训车工熟练操作电葫芦遥控装置。

3　项目实施

3.1　加装遥控装置

严格按照电路图（图 1）及相关要求进行电路改造，对遥控装置接收器和电葫芦原电路进行连线，加装后的遥控器和接收器如图 2 所示。

将原来有线的按钮接到无线的按钮上，节约了备件购置费用。用于控制急停回路的中间继电器 K26、K27（250V AC/4A）不得用于其他控制功能。继电器触点容量：250V

AC/8A，HAN32A 为标准 32 端接口插座。电源：36V、50Hz。

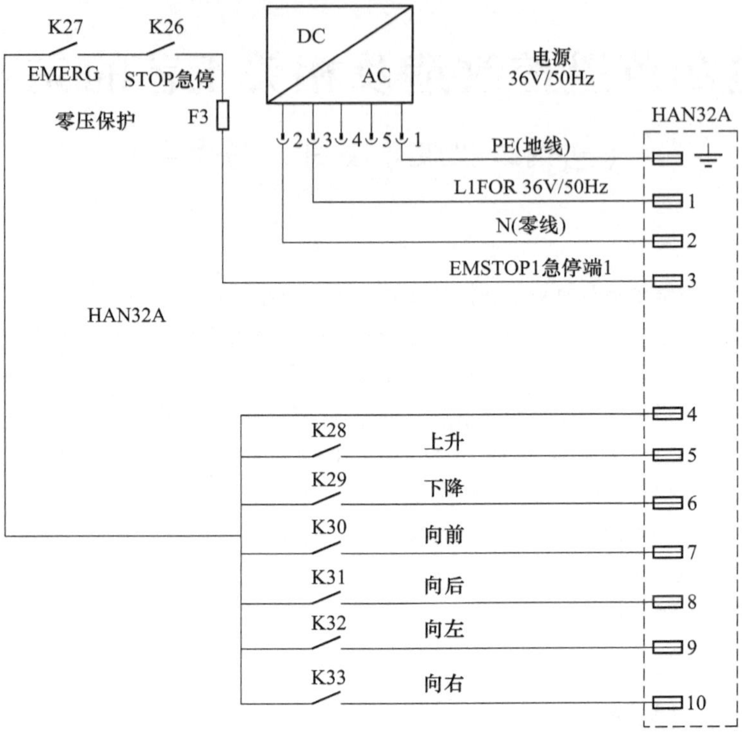

图 1　接收系统输出图

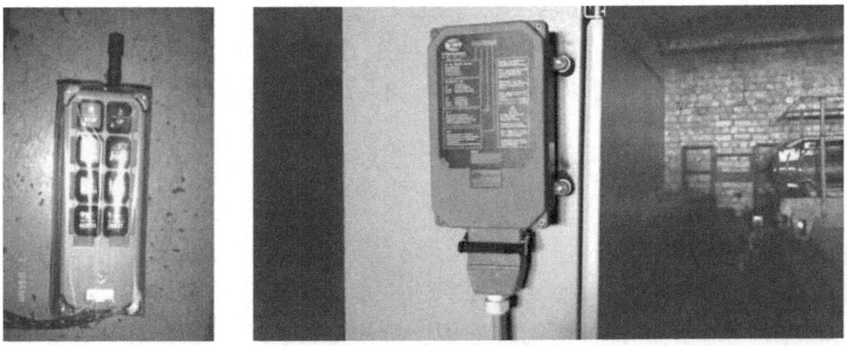

图 2　遥控器、接收器

3.2　新增电葫芦安全操作规程

（1）在地面遥控电葫芦，必须指定专人操作，操作人员必须持有起重设备操作上岗证，非指定人员不得擅自接触遥控器（检修人员除外）；

（2）车工班必须对电葫芦遥控器集中统一管理，由专人负责检查、保管、充电及更换电池；

（3）在专门指定的地点存放，杜绝非作业时间内、非存放地点内的留存；

（4）电葫芦遥控器一车一用，不得擅自改造；

（5）地面遥控电葫芦作业时，做好同伴作业人员的安全防护工作，做到不伤人、不伤设备、不伤作业对象。

3.3 新增电葫芦设备使用、维护、检修规程

3.3.1 使用规程

（1）合闸送电后，把自动、手动旋钮调至自动位置，确认电葫芦状态正常后，开启遥控器；

（2）在开启遥控器前，必须确保即将进行的操作将不会对任何人员的人身安全构成威胁；

（3）开始遥控设备前，按下“电铃”按钮；

（4）在操作遥控系统时，当出现任何影响系统安全、正常运行的故障征兆时，操作者应按以下操作规程关闭系统：

关闭系统发射器，将发射器放在安全、指定位置，禁止随手乱放；关闭系统接收器；断开接收器上的连接电缆；及时维修故障，查找工作区域内是否有干扰源，如有必须移出；在紧急情况下按下发射器急停开关，必要时切断接收器电源；若遥控系统无线通信中断，发射器和接收器自动关闭，将发射器上的所有操作元件放在零位后再次启动系统；发射器 LED 红灯闪烁并伴报警声，表明电池电量低，及时更换电池；遥控系统暂时不用，操作者要及时关闭发射器，不能依赖自动关机功能。

3.3.2 维护规程

（1）确保“急停”开关始终保持正常工作状态；

（2）每天检查机壳和橡胶保护套的完整性和密封性；潮湿和粉尘会对裸露在外的操作元件产生致命的损害，损坏时及时修理；

（3）每月给电池进行充放电操作；

（4）禁止用高压枪之类的清洁工具清洁发射器，用柔软的刷子或布料清洁；用细毛刷和柔软、干燥的棉布擦拭接收器，禁止用水冲洗接收器；

（5）未经许可禁止私自打开机壳进行维修。

3.4 作业办法及作业范围

（1）车工必须严格遵守电葫芦使用遥控操作的安全操作规程；

（2）在开始遥控设备前，确认处于安全并有良好工作视角的操作点；准备改变操作场所时，确认该场所安全。

4 应用

在检修现场作业范围内，按照新修订的电葫芦作业办法操作，能够安全、便捷地使用遥控方式操作电葫芦，操作简单，改装后使用效果好；按新修订的电葫芦设备使用、维护、检修规程对加装遥控后的设备进行点检、操作、维护、保养，设备管理环节无隐患、无漏洞，管理起来较为方便。

5　社会及经济效益

（1）改变了原有有线手柄的操控模式，设备改造后更先进，工艺流程更流畅、更完善，使用起来更安全；

（2）电葫芦遥控装置操作简单，现场修车人员经培训，考试合格后，优化、整合了现有人力资源配置，提高了检修效率；

（3）电葫芦加装摇控器装置，需几百元，节约设备购置费用和人工费用近 2 万元。

内燃机车传动箱输出轴断裂失效分析

（马钢铁运公司，裴杨）

摘　要： 针对内燃机车液力传动箱输出轴在运行过程中发生断裂问题，采用化学分析、金相、硬度、扫描电镜等实验手段对车轴进行了失效分析，从中得出输出轴断裂的原因，同时提出了相关整改建议，保障机车运用的可靠性。

关键词： 内燃机车；传动箱；输出轴；断裂

马钢铁运公司 GK1 型内燃机车（GK1-0054 号）在运行过程中液力传动箱输出轴发生断裂事故。该输出轴材质为 42CrMo，已经使用超过 20 年，42CrMo 是目前常用的合金结构调质钢，广泛用于传动机械上的连杆、传动轴等结构零件。经现场勘查，该输出轴是动力输出轴，也是前后轮连接部分，车轴外面有轴套，与车轴过盈配合，车轴与轴套一并断裂，将轴套取下后，发现车轴与轴套接触部分存在烧蚀痕迹，车轴主要承受扭矩载荷。断裂车轴的外形如图 1 所示。

图 1　输出轴断裂宏观形貌

1　宏观形貌观察

采用丙酮对断裂车轴表面和断口进行清洗。车轴宏观断口形貌如图 2（a）所示，轴直径在 110mm 左右。宏观可见断面垂直于车轴轴向，断面较平坦，起伏不大，在轴中心部位存在一条明显台阶，轴四周无剪切唇，断口外周约 10mm 宽度的外圈呈细瓷状，内圆自中心存在发散的放射状，两者之间有明显的交界线。经进一步观察，车轴裂纹源位于车轴表面，在裂纹源周边可明显看到裂纹扩展的贝纹线，在靠近裂纹源区域，贝纹线密、弯曲度较大（图 2（b））。随着裂纹逐步沿着圆周扩展，贝纹线逐渐变得平直、稀疏。通过肉眼即可初步判断车轴断裂形式为疲劳断裂，裂纹源位于轴表面，沿着圆周向四周扩展，瞬断区在轴中心部位。将车轴纵向切开，在车轴内部还存在横向裂纹，如图 2（c）所示。

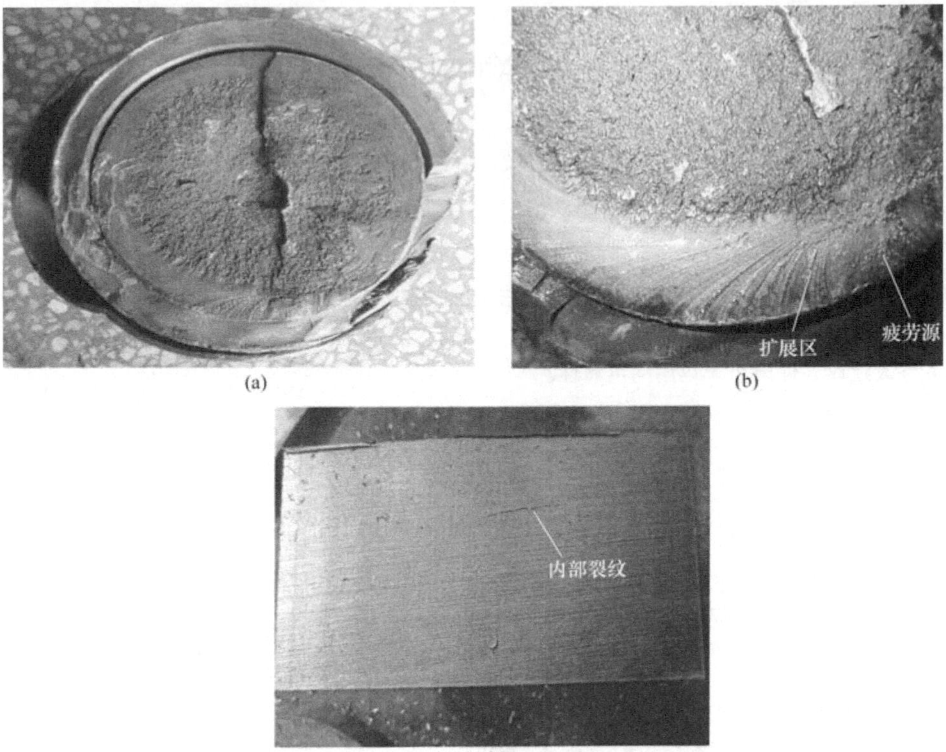

图 2　车轴断口形貌和横向裂纹

2　理化检验

根据分析需要分别进行化学成分分析、力学性能检验（硬度）、显微组织分析和断口扫描分析。在断裂车轴上分别截取成分分析试样、硬度试样、金相试样和扫描电镜试样进行理化检验分析。在断口面上分别在疲劳源区、扩展区和瞬断区取样进行断口扫描形貌观察。

2.1　化学成分

采用 ARL4460 型火花源原子发射光谱仪进行光谱分析，车轴材质为 42CrMo，检验结果见表 1。符合国标 GB/T 3077 要求。

表 1　断裂车轴化学成分检验结果（质量分数）　　（%）

牌号	成分	C	Si	Mn	Cr	Mo	P	S	Ni	Cu
42CrMo 钢	实测值	0.43	0.26	0.70	1.19	0.20	0.016	0.015	0.056	0.14
	GB/T 3077	0.38~0.45	0.17~0.37	0.50~0.80	0.90~1.20	0.15~0.25	不大于			
							0.025	0.025	0.30	0.25

2.2 硬度

在车轴横截面进行布氏硬度检验，检验位置位于 1/4 半径处，共计测试了 5 个点，HBW10/3000 分别为 243、266、250、252、250。GB/T 3077—1999 规定退火态或者高温回火态硬度不大于 217，明显高于标准要求。

2.3 金相检验

金相观察取了 3 块金相试样，分别在横向由表及里和纵向进行了组织观察，同时对纵向试样夹杂物评级，见表 2。可见断裂车轴整体夹杂物级别较低，符合标准要求。

表 2 断裂车轴夹杂物检验结果

夹杂物类型	A		B		C		D		DS
	细系	粗系	细系	粗系	细系	粗系	细系	粗系	
实测值	0.5	1.0	0.5	1.5	0	0	1.0	0.5	0
GB/T 5068	2.5	2.5	2.5	2.5	2.5	2.5	2.5	2.5	未规定

图 3 所示为断裂车轴横截面由表及里的金相组织，可见断裂车轴组织为索氏体+贝氏体。表层组织主要为回火索氏体，随着往中心扩展，贝氏体逐渐增加。由于车轴最终热处理方式为调质处理，所以索氏体组织为正常组织，考虑到轴心部冷却速度慢，淬透性不够，转变为贝氏体组织，轴表层未见脱碳现象。图 4 所示为车轴高倍显微组织，主要由索氏体和贝氏体构成。

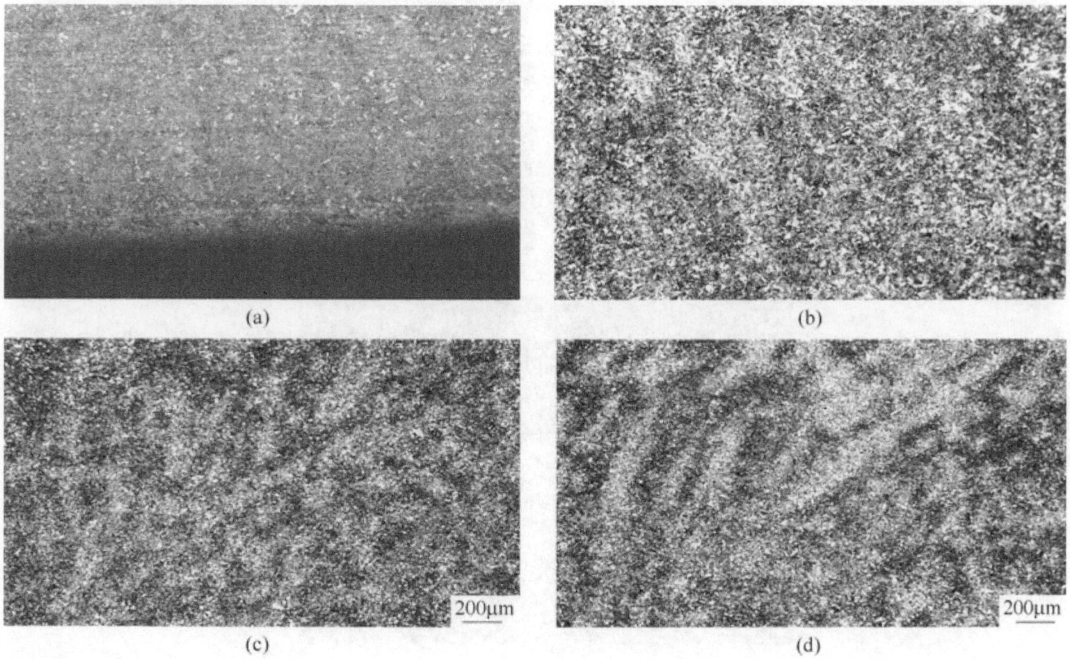

图 3 横向显微组织

（a）轴表面 50×；（b）次表面 50×；（c）1/4 直径 50×；（d）轴中心 50×

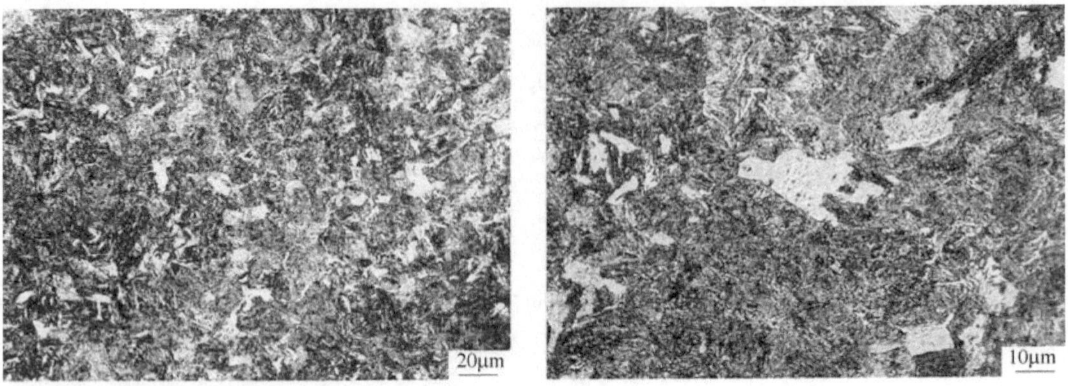

(a)　　(b)

图 4　高倍显微组织

（a）500 倍；（b）1000 倍

图 5 所示为车轴纵向组织，可见车轴带状组织较为严重，对图 5（a）中白色区域和黑色区域分别进行放大观察，白色区域为组织为贝氏体组织（图 5（b））、黑色区域主要为索氏体组织（图 5（c）），说明材料成分不均匀。同时在纵向组织内存在较长裂纹，裂纹呈锯齿状间断不连续分布，由大小和形态不一的孔洞组成（图 6（b））。裂纹内及其周围未见夹杂物存在，裂纹两侧未见脱碳现象，整条裂纹长约 2mm，肉眼可见。

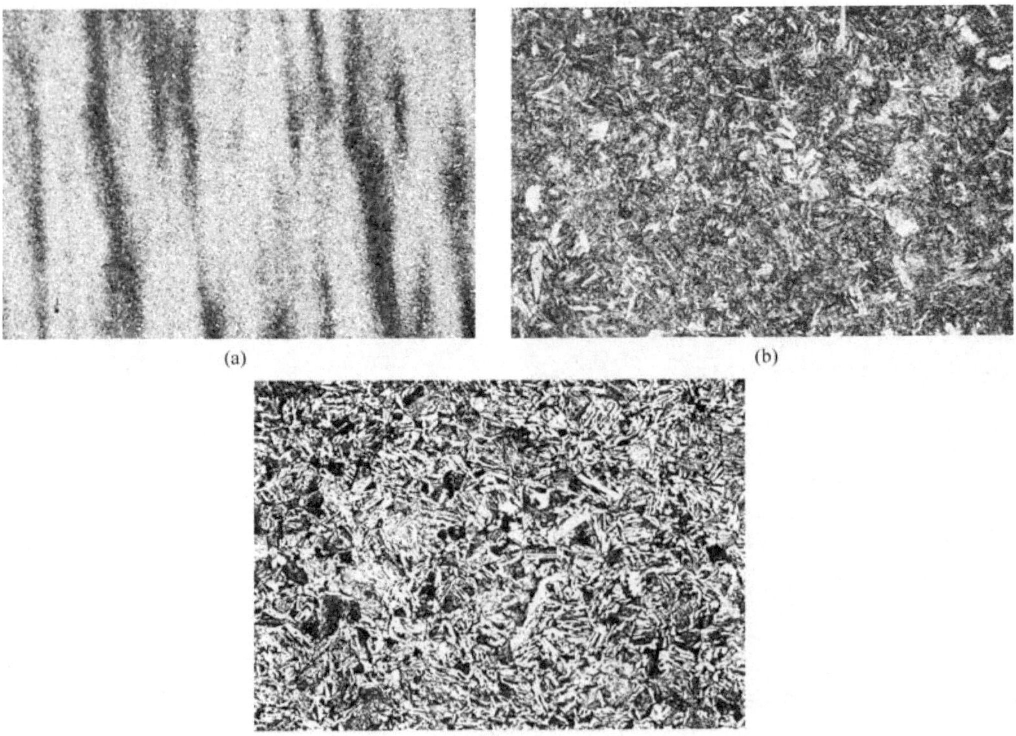

(a)　　(b)

(c)

图 5　车轴纵向显微组织

（a）纵向显微组织 100×；（b）黑色区域 100×；（c）白色区域 500×

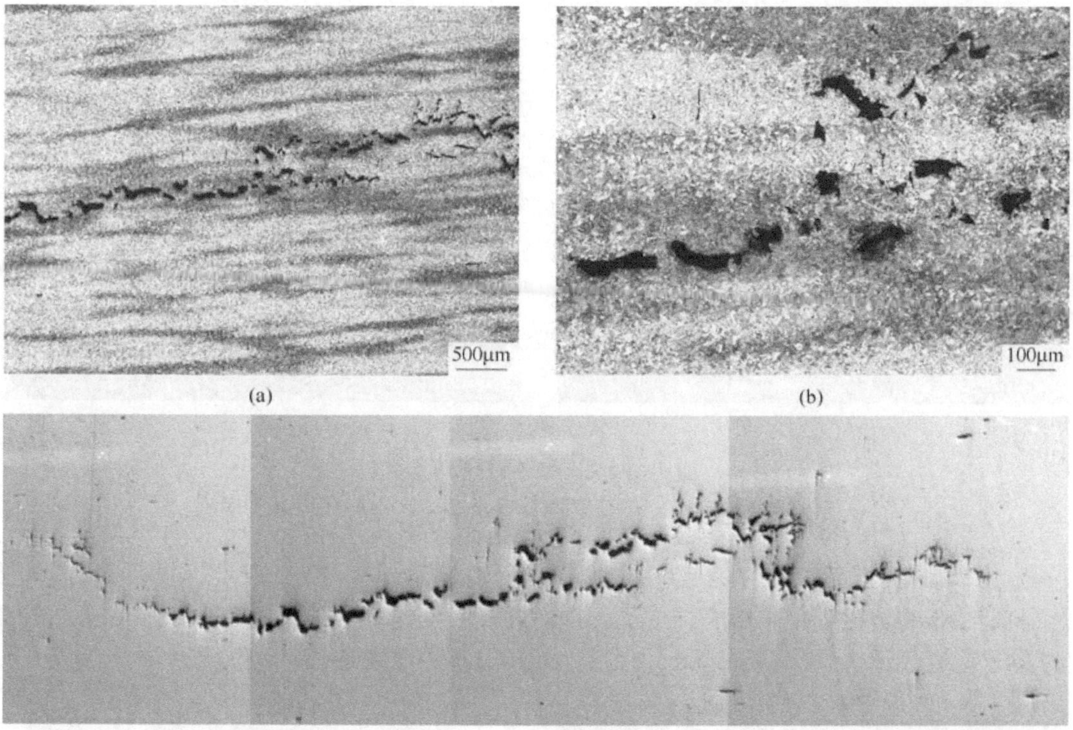

(a) (b)

(c)

图 6 车轴纵向裂纹

（a）裂纹附近显微组织 100×；（b）裂纹局部显微组织 100×；（c）裂纹全貌

2.4 扫描电镜观察

采用扫描电镜对断裂车轴断口进行形貌观察，如图 7 所示。图 7（a）为裂纹源整体形貌，图 7（b）为疲劳源区，微观形貌较为平滑，这是由于疲劳扩展时断口面相互摩擦，使得疲劳源区被磨光，呈现光滑形貌。图 7（c）为裂纹扩展区，可以看到疲劳裂纹的扩展辉纹。图 7（d）为瞬断区形貌，断裂形式为准解理断裂、脆性断裂的一种形式。对车轴切开过程中发现的横向裂纹（图 2（b））打开后断口观察，断口形貌如图 8 所示。图

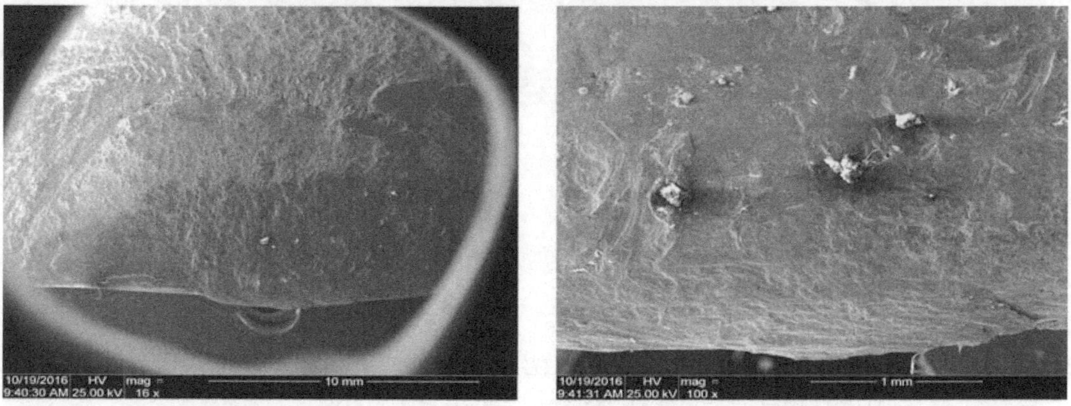

(a) (b)

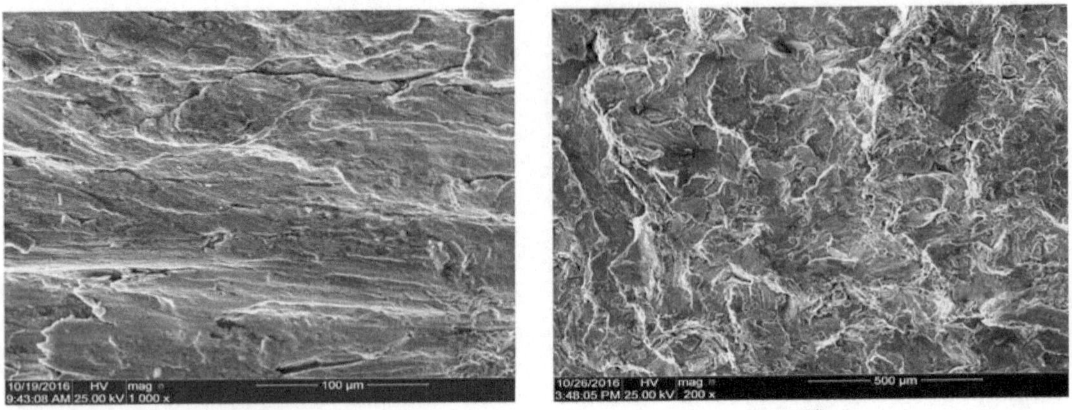

(c) (d)

图 7 断裂车轴断口 SEM 形貌

(a) 疲劳源整体形貌；(b) 疲劳源区；(c) 疲劳扩展区；(d) 瞬间断区

8（a）为断口低倍形貌，断口上存在少量空洞，如图 8（a）、（b）所示，进一步放大可发现空洞是由于铸造过程中未融合造成的，同时在断口面也存在局部韧窝区域，该裂纹位置是车轴未融合区域，属于薄弱地带，在后期使用过程中裂纹逐渐扩展。

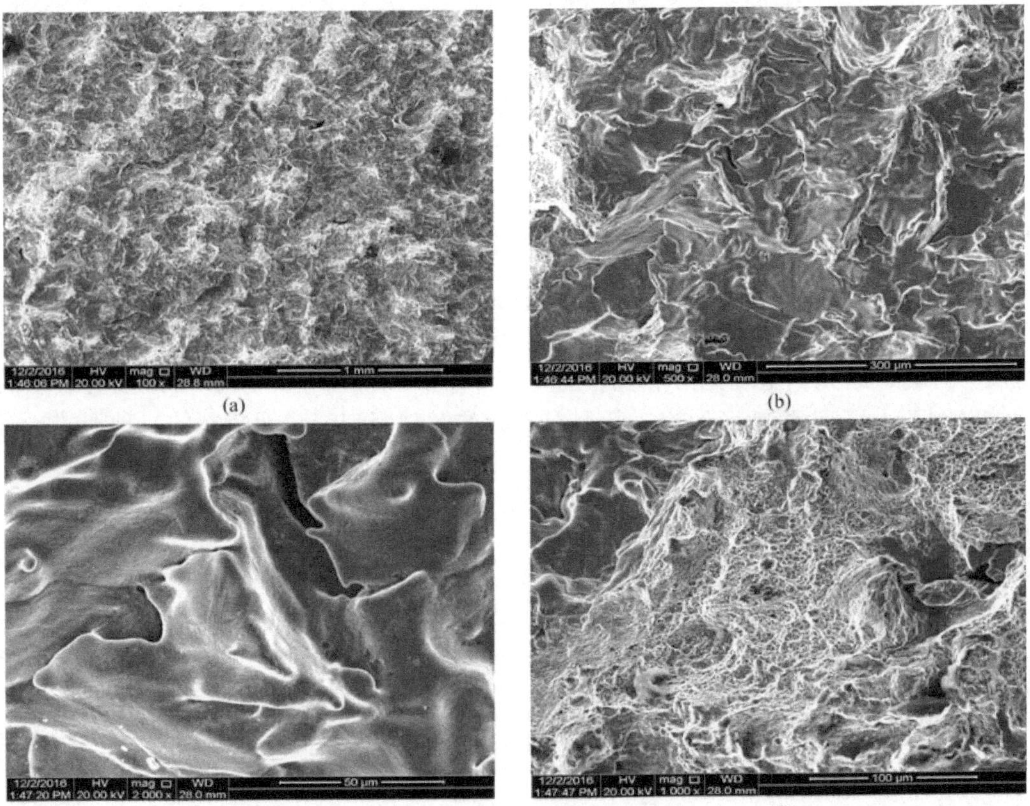

(a) (b) (c) (d)

图 8 内部裂纹断口形貌

(a) 断口形貌；(b) 未融合区域；(c) 未融合区域放大；(d) 断口韧窝区域

3 结果分析

经检验分析表明内燃机车液力传动箱输出轴材质化学成分符合标准 GB/T 3077 要求，夹杂物级别在规定范围内，布氏硬度高于标准要求，可能是由于显微组织中含有过多的贝氏体组织造成的。通过对断口观察表明车轴为疲劳断裂，在车轴内部部分区域存在铸态组织，说明车轴在锻造过程锻造存在不均匀。

内燃机车在运行中，通过液力传动箱输出动力由输出轴传递到轮轴，带动机车前进或后退。断裂的输出轴主要承受扭矩载荷，在交变扭矩应力作用下，可能会在轴四周形成裂纹源，并向内扩展，最终在轴中心区域瞬间断裂。该输出轴断裂面台阶正是由于四周疲劳裂纹扩展在中心处交汇产生的。

虽然断裂的输出轴内部存在大量的锻造缺陷，但仍使用 20 余年，从断轴表面烧蚀的情况看，可能是该输出轴断裂后或者即将断裂时仍然运行一段距离，造成表面烧蚀；断轴可能是由于扭矩载荷主要受力在轴表面，表面组织为正常的调质索氏体组织，疲劳裂纹萌生缓慢，主要原因如下：

（1）可能是该输出轴表面加工质量高，未形成明显的应力集中；

（2）由于该输出轴是将液力传动箱的动力传递到机车轮对，仅在机车启动或加速期间受力较大，随着机车进入匀速状态时受力逐渐减小。

根据使用年限，该车轴应该属于到达使用寿命或者运用过程中偶发过载，在表面缺陷处成形应力集中而导致疲劳断裂。

4 结论和措施

结论：

（1）检验结果表明，断裂车轴材质化学成分和夹杂物级别符合标准要求，但显微组织呈严重带状，并且存在大量贝氏体组织。

（2）该输出轴为疲劳断裂，裂纹源位于车轴边缘四周，裂纹由外向内扩展，瞬断区位于车轴中心。

（3）该输出轴断裂原因可能是该轴内部存在大量局部铸态未融合区域，并有较严重的带状组织，铸态未融合可能是锻造比不均匀造成的。

为了避免车轴突然断裂而带来的突发事故，建议采用以下措施：

（1）鉴于 GK1 型内燃机车运用均超过 20 年的设计寿命周期，未来机车大中修时应加强输出轴、万向轴等承受大扭矩部件的探伤检查，发现有裂纹的情况立即停用，更换新轴，从而消除设备故障隐患。

（2）建议购置部分类似输出轴这样的重要的扭矩传递部件，以逐步更新旧件，消除机车运行的故障隐患。

（3）机车运行时长期过载或过载时遇到雨天钢轨湿滑轮对打空转，也可能导致输出轴受到巨大的交变载荷，使得输出轴在交变应力的作用下发生疲劳断裂，建议对该机车的作业区域进行牵引定数的测算，从而确定合理的车辆牵引定数，以确保设备运行可靠，另外需要提高乘务人员的操纵技能，可采用间断撒砂防止在运行时机车发生空转。

国内翻车机线路布置设计探讨

（山钢股份莱芜铁路运输分公司，李元秀、王华东）

摘　要：对国内企业翻车机线路布置形式进行了分析和研究，根据各企业地形地貌情况，分析翻车机布置的优缺点，梳理调车场线路布置关系，为企业翻车机升级改造和调车场线路布置提供良好的思路和建议。

关键词：翻车机；线路；布置；调车场

1　基本情况

目前国内钢铁企业、火力发电厂、港口码头等大型散堆装货物的卸车基本采用翻车机卸车，无论是单翻、双翻甚至更多车数的翻车机，翻车形式基本一致，但空重线布置有较大差异，且直接影响翻车机翻卸效率。

笔者通过查阅设计资料、查看翻车机现场，总结提炼出各个线路站场或货场的布置，根据地理位置不同，翻车机线路设置迥然不同。国内翻车机线路布置大体可分为八种类型。

2　翻车机布置类型分析

2.1　一重一空尽头式

图 1 所示线路布置为一重一空尽头式，重车进翻车机，翻空后通过移动平台，再通过调车牵引机返回到空车线。

优点：布置简单，空重线并列排列，依据检验等设备要求，空重线在侧向具体位置。大多数企业早期采用这种方式。

缺点：空车没有挂出，无法翻车，影响翻车效率。

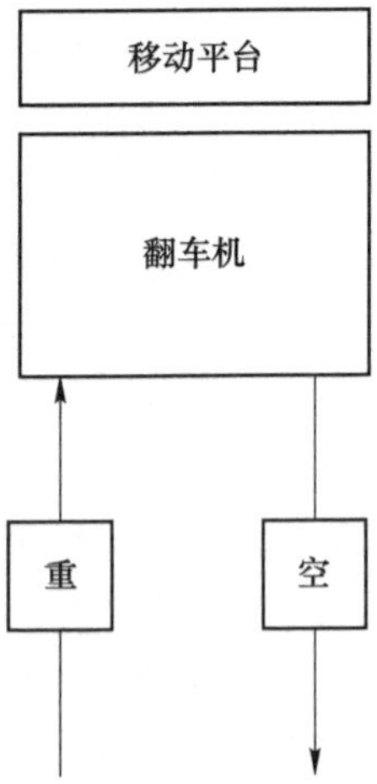

图 1

2.2　一重一空贯通式

图 2 所示线路布置为一重一空贯通式，重车顶送翻车机处，翻完的空车自另一端挂出。

优点：这种布置方式，简单直接，不用翻车平台，减少了中间过程环节。

缺点：所需场地较大，一般设置在站场或站场相邻地段。空车不挂车，无法翻车。

2.3　一重两空贯通式

图 3 所示布置方式为一重两空贯通式。重车一条线，空车两条线，空车线分布在翻车机两侧。

优点：

（1）只要重车到位，一条线路空车没挂出，另一条空车线仍然可以翻车。

（2）翻车机效率高。

（3）应用机车少的企业。

缺点：占地面积大、投资大、线路利用率低。

2.4 一重一空一机尽头式

图4所示布置是一重一空一机尽头式，机车牵引重车进入重车线，经过折返进入机车走行线。

图2

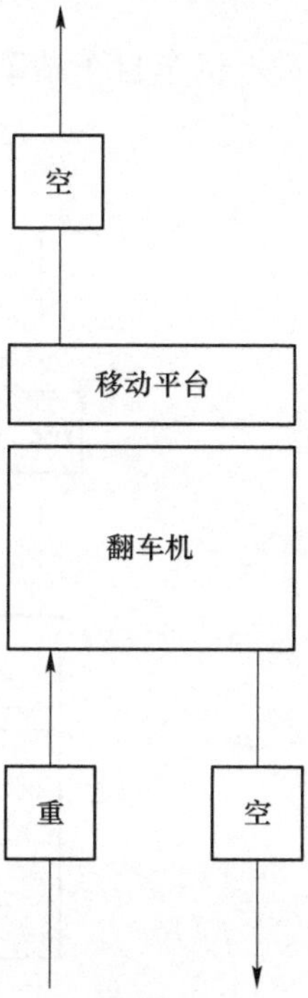

图3

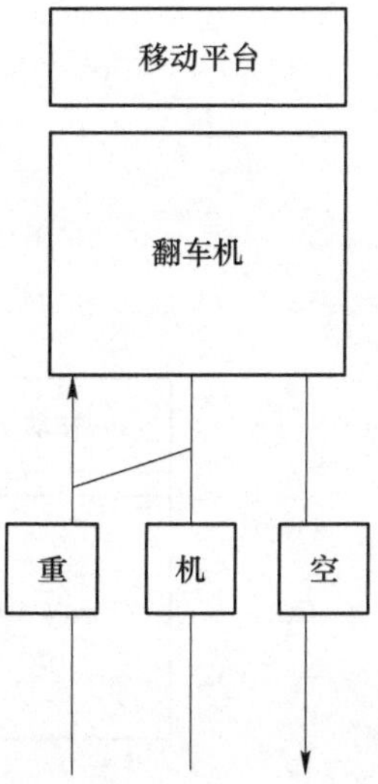

图4

优点：

（1）机车可牵引进入重车线，减少自车站经调车场停留转头顶送至重车线路上等中间环节。

（2）运输效率高，机车占用时间短。

缺点：

（1）增加一条机车折返线，占地面积增大。

（2）投资相对高。

（3）增加两组道岔，投资加大。

2.5 一重两空连接式

图5所示布置是一重两空连接式，机车自车站牵引进重车线，通过其中一条空车线折返。

优点：

（1）机车可自车站牵引运行到翻车机重车线，减少调车场中间折返转头等环节。

（2）运输效率提高。

（3）翻车机翻卸效率高。

缺点：

（1）站场占地大，投资大。

（2）需要确保与重车线并行的空车线不得有空车。

2.6　一重两空一机贯通式

图 6 所示布置是一重两空一机贯通式。机车自车站牵引运行到翻车机重车线，通过机车折返线进行返回。

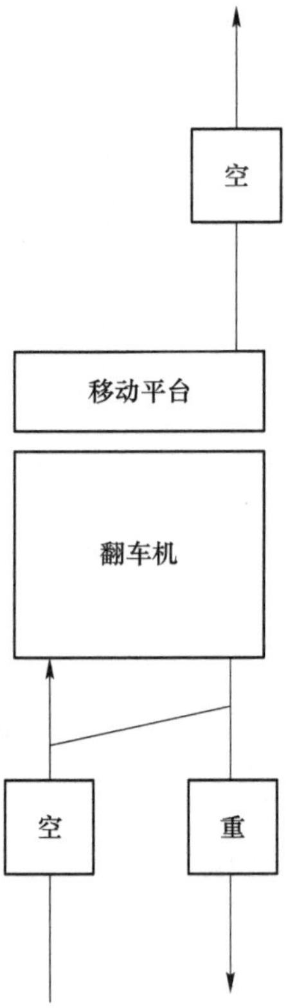

图 5

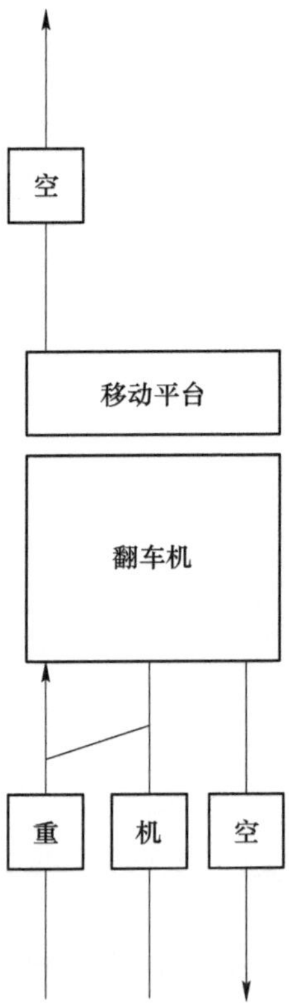

图 6

优点：

（1）对位简单直接，顶送、牵引均可。

（2）运输效率高，翻车机翻卸效率高。

（3）空车线排空及时性对翻车机影响较小。

（4）适用于机车动力不足，而地形相对宽阔地方。

缺点：

（1）占地面积大，投资大。

（2）机车折返时，翻车机人员和运输人员联系要确认到位，作业联系较为烦琐。

2.7 双翻两重两空一机尽头式

图 7 所示布置是双翻两重两空一机尽头式，两个翻车机共用一个机车折返线。

优点：

（1）翻车机集中排列，两个翻车机相对独立使用。

（2）两个翻车机重车线共用一个机车折返线，减少一个机车折返线，同时重车线根据现象情况，可以牵引或顶送。

（3）运输效率高。翻车机翻卸效率也高。

（4）翻车机可单翻或双翻。

缺点：

（1）占地面积大，投资大。

（2）两个翻车机虽然独立，但与调车场相连的线路要做好规划，防止相互冲突影响。

2.8 两重两空一机贯通式

图 8 所示布置是两重两空一机贯通式，两个翻车机重车线共用一个机车折返线。

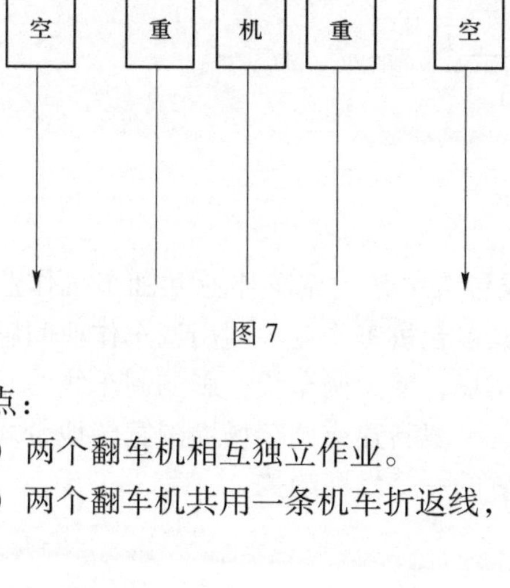

图 7

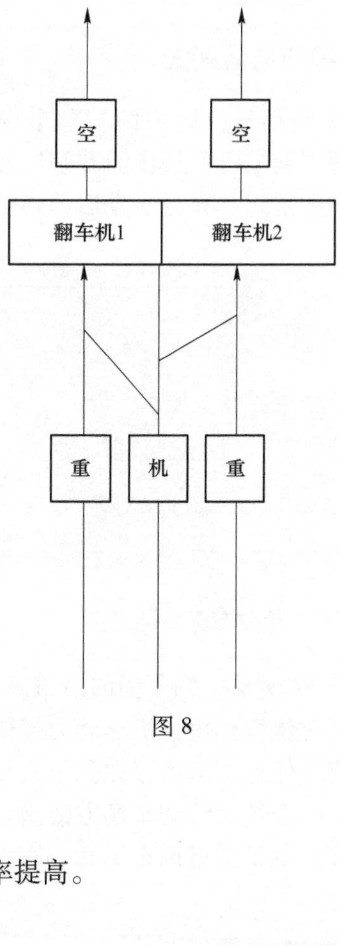

图 8

优点：

（1）两个翻车机相互独立作业。

（2）两个翻车机共用一条机车折返线，综合利用率提高。

（3）运输效率和翻车机效率相对较高。

（4）重车线对位牵引顶送均可，根据现场作业情况，回旋余地较大。

缺点：

（1）占地相对较长，空车线和重车线均要满足一列车辆长度，对地形要求较高。

（2）作业相对集中，占地较大，投资较多。

3　翻车场与调车场布置关系

3.1　二级两场纵列式

如图 9 所示，翻车场与调车场相连并列，形成二级两场纵列式。具有站坪长度短、工程费用较少、管理方便、相对独立、作业影响较小、调车场改编作业、车流整理、解编调车作业相对灵活等优点。但也存在解体、对位相对交叉进行、冲突性有一定的影响等不足。相对适用站场相对固定，改变空间较小，提升余地不大的地方。

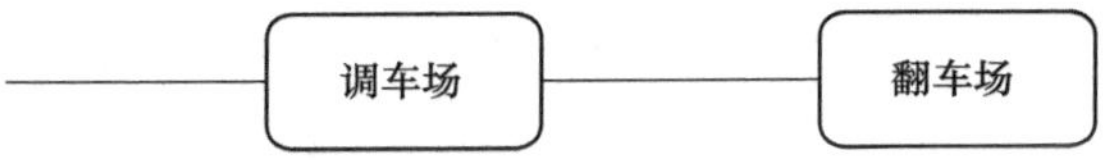

图 9

3.2　一级两场横列式

如图 10 所示，调车场与翻车场横列并行，作业交叉干扰小，调车作业、站场改编、车流整理与翻车机取送作业和翻卸作业影响小。这种布置也有利于今后站场改造，两侧扩展提供拓展空间，有利于今后公转铁轴重增大的改造空间。

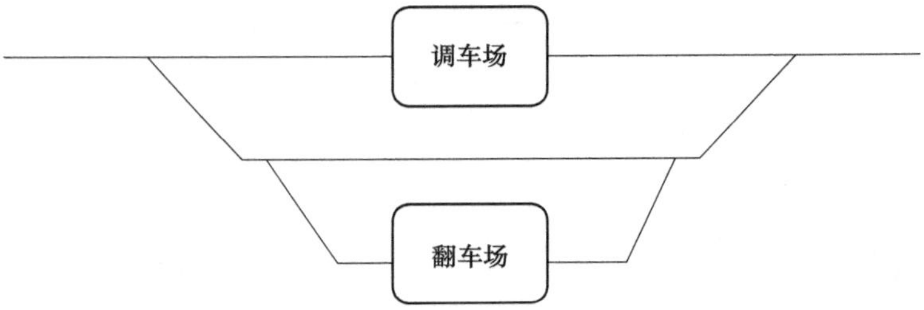

图 10

3.3　调车、翻车场一体化

如图 11 所示，调车场内涵盖翻车场，形成包含关系，调车作业和翻车机作业同步穿插，走行对位行程短，机车动力提供便利，尤其多台机车作业，利用调车作业间隙对位翻车机等诸多优点。但也存在翻车机线路占用调车场，减少调车线，影响调车线路布置等不足，需要一个较大的调车场方能满足这种方式。一般新建或调车场周围宽阔地带才能满足这个条件，也是今后调车场和翻车场集中化布置的一个发展趋势。

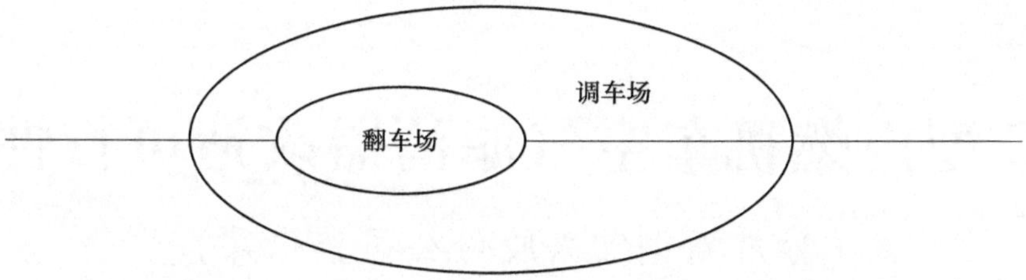

图 11

4 结束语

上述翻车机布置形式和调车场与翻车机线路场基本涵盖了国内冶金、火力发电厂、港口码头等大型企业采用类型。对于今后翻车机新建，可向翻车机集中化、翻车机重车对位牵引顶送均可的方向发展。今后公转铁政策的推进，企业铁路运输比重提高，现有的站场和翻车机均要进行扩容改造和还建，新上的翻车机要考虑翻卸效率和运输效率齐头并进，共同提高，避免一条腿走路，造成相互制约，无法达到运能和翻卸能力的最佳匹配。

GK1C 型内燃机车空气滤清器改造可行性分析

（甘肃酒钢宏兴股份公司，张霖）

摘　要：主要研究 GK1c 型内燃机车空气滤清器系统目前的使用情况及存在的问题，提出相应的改造方案，并且进行理论上的计算，通过数据说明该改造方案是可行的。

关键词：GK1c 型内燃机车；空气滤清器；活塞；气缸套

酒钢集团公司位于甘肃省嘉峪关市，是一家集采矿、选烧、冶炼、轧制于一体的大型联合钢铁企业，地处巴丹吉林沙漠边缘，常年干旱少雨，春秋季节风沙天气频繁。集团公司下属股份公司运输部拥有内燃机车 56 台，其中以中车集团资阳机车厂生产的 GK1C 型内燃机车为主力车型，共有 31 台，承担着厂内年约 4300 万吨铁路运输量。该车型在我公司运用多年，适应性较强，但是运用过程中受到原车设计缺陷及外部环境影响，柴油机方面故障较多，主要表现在活塞、气缸套易磨损，使用寿命短，主要原因是空气滤清器滤清效果差、易“短路”、乘务员安装拆卸不便等原因，造成大量的沙尘、冶金粉末等进入柴油机，使得活塞、气缸套磨损严重，造成柴油机燃烧不好、机油消耗量大、功率降低等。

1　问题提出

柴油机作为内燃机车的动力源，其工作状态直接影响机车功率的发挥，造成活塞、气缸套非正常磨损的直接原因是进气不清洁，空气滤清器对进气质量有着至关重要的作用。

GK1C 型内燃机车空气滤清器由三级组成，第一级是 V 形滤网，实际运用中该滤清器滤清效果极差，只能滤去树叶、纸片、塑料袋等大的杂物。

第二级是由 54 只直通式旋流管组成的一体的多旋流管式粗滤器，空气高速流过旋流管时，经旋流离心作用沿管壁甩出灰尘，集中于下方排尘漏斗中，但在实际运用中，该滤清器的滤尘效果也不明显，只能除去稍大颗粒的沙尘，但仍然有大量混合冶金粉末的沙尘流向下一级空气滤清器。

第三级是钢板网式纸质滤清器，当空气穿过纸质滤清器时，灰尘被纸质滤芯过滤掉，保证清洁的空气进入气缸进行燃烧。但是在实际运用的过程中，该滤清器滤尘效果也不是很理想，在机车检修时，仍然能发现柴油机进气道、气缸盖进气道上有细微的沙尘黏附。纸质滤清器进气不清洁的原因主要有，滤清器滤纸破损；滤清器体和滤清器安装面不密封。其原因有：一是滤清器体和滤清器安装面由于安装的不严密、滤芯的变形及机车运行中的震动导致密封面间出现缝隙；二是乘务员安装时只能看见靠外侧的密封面是否严密，而内侧无法看清，同时底部托板紧固时未能保证托板的水平度，造成密封口歪斜不严密，人为原因导致密封面出现缝隙；三是滤清器顶部密封胶条易老化，厂内运用机车按要求一个月吹扫一次，在这个时间段内出现密封胶条老化、断裂的情况乘务员并不能及时发现，导致沙尘进入气缸；四是滤清器产品本身高度不一致；五是滤清器底部托板、顶部密封口钢板变形。

2 空气滤清器改进方案

结合钢铁企业内燃机车工作环境，针对内燃机车原空气滤清器运用中存在的问题，经过分析总结，对内燃机车柴油机原有空气滤清器进行改进，解决原车空气滤清器存在的问题，从而达到提高空气滤清器滤清效果的目的，具体改造方案如下。

改造时须保证柴油机空气进气量及清洁质量要求，并且对原有空气滤清器箱体等不进行较大的改动，重点对第三级纸质滤清器进行改造，第一级滤清器仍然为V形滤网，去除形状较大的漂浮物；第二级滤清器仍然为多旋流管式粗滤器，去除空气中大颗粒的沙尘等，其底部设置沉积箱，以便清理积聚的沙尘；第三级滤芯改造为纸质圆筒滤芯，考虑到进气量的需要，每台机车安装8个纸质圆筒滤芯，滤芯顶部采用螺纹口加密封圈密封，安装时使用专用扳手，只需将其拧紧，方便乘务员日常进行维护保养。

3 改进的空气滤清器数据验证

空气滤清器采用常州犇坤铁路配件公司产BK/KF1782型空气滤清器，经检测各项指标参数均符合中华人民共和国铁道行业标准。

3.1 主要技术参数

GK1C内燃机车柴油机功率为1100kW，采用的增压器型号有ZN240型、VTC214-13A1型，增压器进气量为7920kg/h，进气真空度为3kPa。

多旋流管式粗滤器的技术参数：旋风筒由54只直通式旋流管组成，进气量2720m³/h。

3.2 理论计算

3.2.1 滤清器额定空气流量Q计算

$$Q = Pg_e \alpha A_o / (1000 \times \gamma_\alpha)$$

式中 Q——滤清器额定空气流量，m^3/h；

P——增压柴油机额定功率，kW；

g_e——增压柴油机额定功率燃油消耗率，g/(kW·h)；

α——额定功率时的过量空气系数，增压中冷柴油机取2.1；

A_o——燃烧1kg燃油所需的理论空气量，柴油为14.3kg/kg；

γ_α——空气密度，20℃，标准大气压下为$1.205kg/m^3$。

在实际计算过程中，GK1C型内燃机车所用6240ZJ型柴油机额定功率$P=1000kW$，额定功率燃油消耗率$g_e = 208g/(kW \cdot h)$；则$Q = 1000 \times 208 \times 2.1 \times 14.3/(1000 \times 1.205) = 5183.6m^3/h$。

3.2.2　滤清器的理论面积计算

$$A = Q/k$$

式中　A——滤清器面积，cm^2；

Q——滤清器额定空气流量，m^3/h；

k——流量常数，通常取 $0.03cm^2 \cdot m^3/h$。

$$A = 5183.6/0.03 = 172786.67cm^2$$

单个滤清器理论计算面积为：$172786/8 = 21598.25cm^2$。

3.2.3　滤清器实际面积计算

滤清器滤纸截面如图 1 所示。滤清器滤纸展开示意图如图 2 所示。

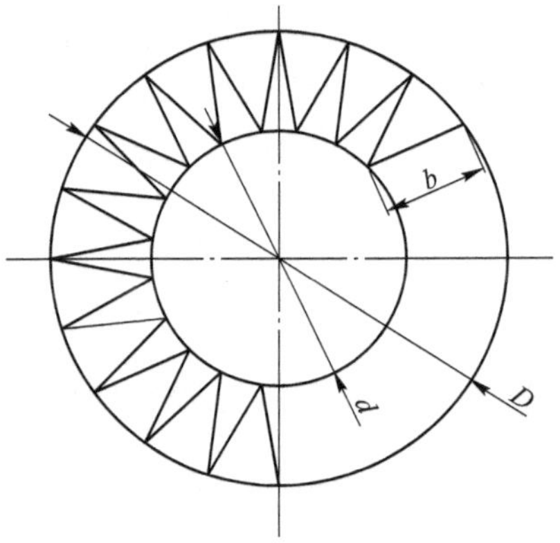

图 1　滤清器滤纸截面示意图

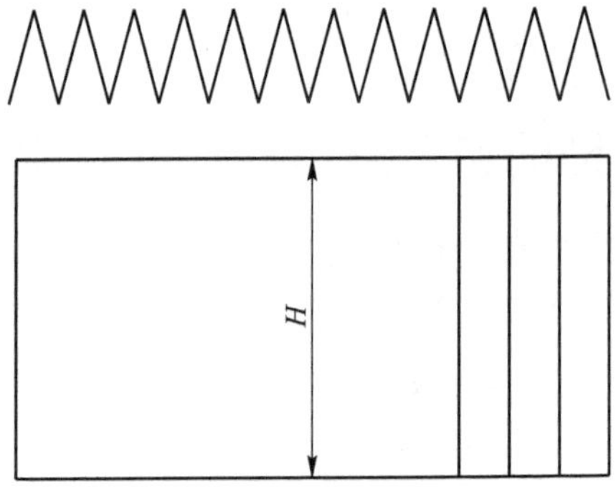

图 2　滤清器滤纸展开示意图

$$A = N \times 2b \times H$$

式中　N——滤纸皱折数；

b——滤纸皱折宽度，cm；

H——滤清器的高度，cm。

其中皱折数 $N=168$，皱折宽度 $b=2.3cm$，高度 $H=70cm$。

$$A = 168 \times 2.3 \times 70 = 27048cm^2 > 21598.25cm^2$$

计算结果表明滤清器的实际面积大于滤清器的理论计算面积，说明设置 8 个 $\phi175\times780$ 的纸质圆筒滤芯可以满足柴油机进气量需求。

4　改造效果

对 GK1C 型内燃机车改造后的空气滤清系统进行检测，空气流量为 $5300m^3/h$，进气口至清洁空气出口阻力≤1.3kPa，综合空气滤清效率≥93.5%，柴油机排气颜色正常，增压器未发生喘振等现象，各项指标均能满足额定功率需要。

对空气滤清器进行改造后，柴油机活塞及气缸套的磨损速度有明显降低，在机车进行检修时对柴油机活塞、气缸套的数据进行测量，测量数据见表 1 和表 2。

表 1　柴油机第一道活塞环槽侧隙改造前后测量数据对比

车号	改造状态	测量数据 缸号 时间	1	2	3	4	5	6
GK1c 0018	改造前	2011. 4. 12	0. 11	0. 11	0. 11	0. 10	0. 11	0. 11
		2011. 12. 6	0. 16	0. 16	0. 19	0. 15	0. 16	0. 15
		2013. 4. 18	0. 23	0. 21	0. 24	0. 20	0. 19	0. 20
	改造后	2014. 3. 12	0. 13	0. 13	0. 12	0. 13	0. 14	0. 13
		2015. 3. 17	0. 15	0. 16	0. 15	0. 15	0. 16	0. 16
		2016. 5. 10	0. 18	0. 19	0. 17	0. 18	0. 19	0. 20
		2017. 7. 25	0. 22	0. 23	0. 20	0. 22	0. 24	0. 24
		2018. 7. 17	0. 25	0. 27	0. 24	0. 25	0. 28	0. 27
GK1c 0300	改造前	2010. 8. 30	0. 11	0. 12	0. 11	0. 11	0. 12	0. 11
		2011. 10. 12	0. 18	0. 16	0. 18	0. 18	0. 18	0. 16
		2012. 11. 6	0. 26	0. 26	0. 25	0. 22	0. 26	0. 25
	改造后	2014. 8. 14	0. 12	0. 11	0. 11	0. 11	0. 12	0. 12
		2015. 10. 22	0. 13	0. 13	0. 13	0. 13	0. 13	0. 14
		2016. 11. 23	0. 15	0. 15	0. 16	0. 15	0. 15	0. 16
		2018. 1. 24	0. 18	0. 19	0. 18	0. 19	0. 18	0. 19

表 2　柴油机气缸套上部测量数据比对

车号	改造状态	气缸套上部改造前后测量数据（ϕ240+）							
		测量时间		1	2	3	4	5	6
GK1c 0018	改造前	2011. 12. 3	A-A	0. 18	0. 21	0. 17	0. 17	0. 24	0. 19
			B-B	0. 18	0. 20	0. 18	0. 18	0. 23	0. 20
		2013. 4. 7	A-A	0. 19	0. 28	0. 26	0. 25	0. 27	0. 27
			B-B	0. 26	0. 28	0. 24	0. 27	0. 27	0. 26
	改造后	2014. 3. 12	A-A	0. 01	0. 01	0. 00	0. 02	0. 02	0. 00
			B-B	0. 00	0. 00	0. 01	0. 01	0. 02	0. 01
		2015. 3. 17	A-A	0. 04	0. 05	0. 03	0. 05	0. 06	0. 04
			B-B	0. 04	0. 04	0. 04	0. 05	0. 05	0. 05
		2016. 5. 10	A-A	0. 08	0. 08	0. 08	0. 10	0. 10	0. 07
			B-B	0. 10	0. 10	0. 12	0. 10	0. 10	0. 10
		2017. 7. 25	A-A	0. 10	0. 10	0. 10	0. 12	0. 12	0. 08
			B-B	0. 11	0. 11	0. 13	0. 12	0. 11	0. 09
		2018. 7. 17	A-A	0. 13	0. 12	0. 12	0. 14	0. 14	0. 10
			B-B	0. 12	0. 13	0. 14	0. 14	0. 13	0. 11

续表 2

车号	改造状态	气缸套上部改造前后测量数据（ϕ240+）							
		测量时间		1	2	3	4	5	6
GK1c 0300	改造前	2010. 8. 23	A-A	0. 01	0. 02	0. 01	0. 02	0. 02	0. 01
			B-B	0. 02	0. 02	0. 01	0. 02	0. 02	0. 02
		2011. 10. 10	A-A	0. 15	0. 12	0. 11	0. 14	0. 16	0. 09
			B-B	0. 12	0. 11	0. 12	0. 12	0. 11	0. 07
		2012. 11. 5	A-A	0. 24	0. 24	0. 23	0. 27	0. 28	0. 25
			B-B	0. 24	0. 23	0. 22	0. 27	0. 26	0. 27
	改造后	2014. 8. 18	A-A	0. 01	0. 02	0. 03	0. 03	0. 04	0. 03
			B-B	0. 02	0. 02	0. 03	0. 03	0. 03	0. 02
		2015. 9. 22	A-A	0. 03	0. 04	0. 05	0. 05	0. 06	0. 05
			B-B	0. 05	0. 05	0. 05	0. 05	0. 05	0. 04
		2016. 11. 22	A-A	0. 09	0. 11	0. 09	0. 10	0. 11	0. 10
			B-B	0. 10	0. 07	0. 11	0. 11	0. 12	0. 14
		2018. 1. 23	A-A	0. 13	0. 14	0. 12	0. 13	0. 14	0. 13
			B-B	0. 12	0. 10	0. 13	0. 14	0. 14	0. 15

通过上述数据比对，可以看出改造后 2014~2018 年柴油机活塞、气缸套磨损速度大大减缓，活塞、气缸套使用寿命较未改造前分别延长 36 个月、40 个月左右，经过几年的质量跟踪，说明上述改造是有效可行的，同时柴油机进排气门、气门导管等磨损也大大降低，一定程度上减轻了维护检修人员的劳动强度，若考虑到机车燃油、柴机油消耗减少等各项费用，其经济效益将会十分可观，值得冶金行业、风沙地区内燃机车空气滤清系统改造学习借鉴。

两台功率因数不同的单相感性设备的合理接法

（山钢股份莱芜分公司，毕卫宁、王磊）

摘　要：分析了2台功率因数不同的单相感性设备A和B在三相四线对称电源中的7种接法，即设备A和B接于三相中的同一相；设备A接三相中的A相，设备B接三相中的B相；设备A接三相中的A相，设备B接三相中的C相；设备A接三相中的B相，设备B接三相中的C相；设备A接三相中的B相，设备B接三相中的A相；设备A接三相中的C相，设备B接三相中的A相；设备A接三相中的C相，设备B接三相中的B相，并将这7种接法划分为"正序接法""同相接法"和"负序接法"三类，得出了"正序接法"N线电流最小，"同相接法"居中，"负序接法"最大的结论。"正序接法"一定比"同相接法"和"负序接法"N线电流小，"正序接法"是比较合理的接法。

关键词：感性负载；功率因数；N线电流；三相四线对称电源

1　概述

在工作中遇到过这样的一个问题，2台功率因数不同的220V单相设备A和B，设备A的功率因数为0.5，设备B的功率因数为0.8，这两个设备需要同时接入电源，现场有380/220V三相四线对称电源，由于N线在三相四线对称电源中起着稳定电路中性点，N线具有电阻，因此N线电流的大小会影响N线的压降的大小，造成中性点位移进而使得三相电压不对称。N线电流较大时，中线点偏移也较大，当偏移大到一定程度，会导致电压偏高的那相电气设备被烧毁，电压偏低的那相电气设备不能工作，从导线载流量和电压降方面考虑，需要增加N线的截面积。设备A和B采用何种方式接线能够使得N线电流最小，图1中R1和L1表示A设备的功率因数角 Ψ_A 为60°，R2和L2表示B设备的功率因数角 Ψ_B 约为36°。

2　N线电流分析

设备A和B在三相四线对称电源中共有7种接法，下面分别对7种接法进行分析，在图1中R1和L1表示A设备的功率因数角 Ψ_A 为60°，R2和L2表示B设备的功率因数角 Ψ_B 约为36°。以中性点为节点，假定设备A和B的电流 $\dot{I}_A$ 和 $\dot{I}_B$ 流入中性点，N线电流 $\dot{I}_N$ 流出中性点，由节点电流定律可知 $\dot{I}_A+\dot{I}_B-\dot{I}_N=0$ 即 $\dot{I}_N=\dot{I}_A+\dot{I}_B$，下文中将以此 $\dot{I}_N=\dot{I}_A+\dot{I}_B$ 为基础对N线电流 $\dot{I}_N$ 进行分析。

2.1　设备A和B接于三相中的同一相

以设备A和B接于A相为例进行说明，这种接法的电路图及向量图如图1所示，由

矢量平行四边形法则和余弦定理可知

$$I_N^2 = I_A^2 + I_B^2 - 2I_AI_B\cos(180° - \Psi_A + \Psi_B) \tag{1}$$

将 $\Psi_A = 60°$ 和 $\Psi_B = 36°$ 代入式（1）并化简可得 $I_N^2 = I_A^2 + I_B^2 + 1.82I_AI_B$，如果 A、B 设备容量相等，即 $I_A = I_B$ 则 $I_N = 1.95I_A$。

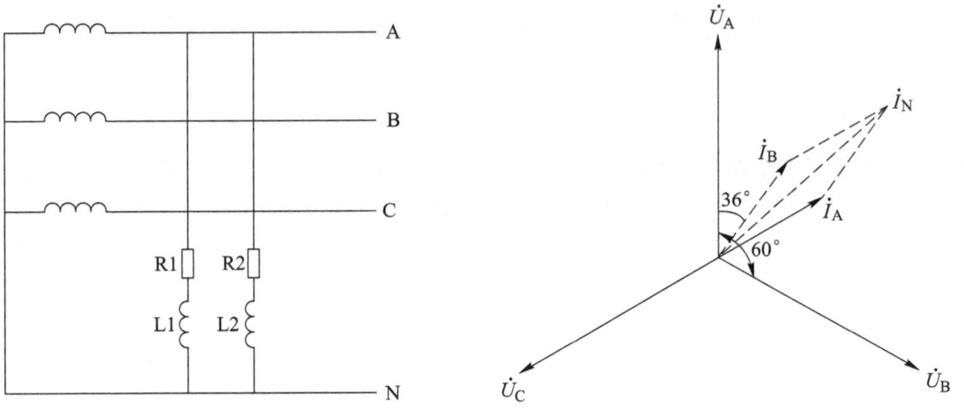

图 1

2.2　设备 A 接三相中的 A 相，设备 B 接三相中的 B 相

这种接法的电路图及向量图如图 2 所示，由矢量平行四边形法则余弦定理可知

$$I_N^2 = I_A^2 + I_B^2 - 2I_AI_B\cos(180° - 120° + \Psi_A - \Psi_B) \tag{2}$$

将 $\Psi_A = 60°$ 和 $\Psi_B = 36°$ 代入式（2）并化简可得 $I_N^2 = I_A^2 + I_B^2 - 0.21I_AI_B$，如果 A、B 设备容量相等，即 $I_A = I_B$，则 $I_N = 1.34I_A$。

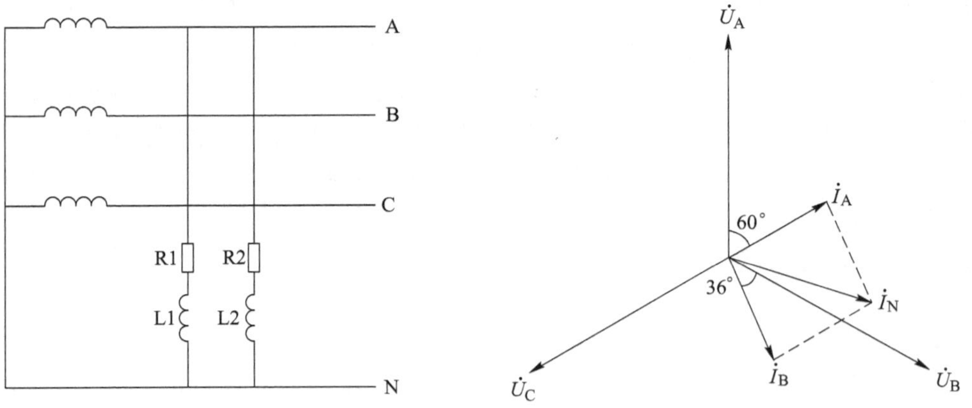

图 2

2.3　设备 A 接三相中的 A 相，设备 B 接三相中的 C 相

这种接法的电路图及向量图如图 3 所示，由矢量平行四边形法则和余弦定理可知

$$I_N^2 = I_A^2 + I_B^2 - 2I_AI_B\cos(180° - 120° - \Psi_A + \Psi_B) \tag{3}$$

将 $\Psi_A=60°$和 $\Psi_B=36°$代入式（3）并化简可得 $I_N^2=I_A^2+I_B^2-1.62I_AI_B$，如果 A、B 设备容量相等，即 $I_A=I_B$，则 $I_N=0.62I_A$。

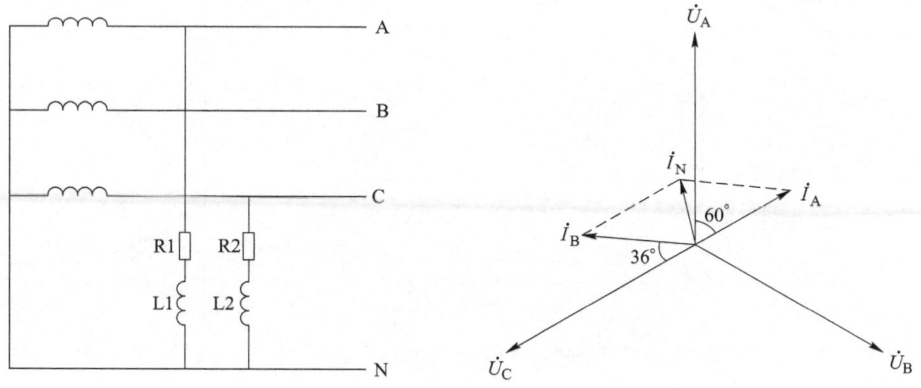

图 3

2.4 设备 A 接三相中的 B 相，设备 B 接三相中的 C 相

这种接法的电路图及向量图如图 4 所示，分析同第 2 种情况，可知 $I_N=1.34I_A$。

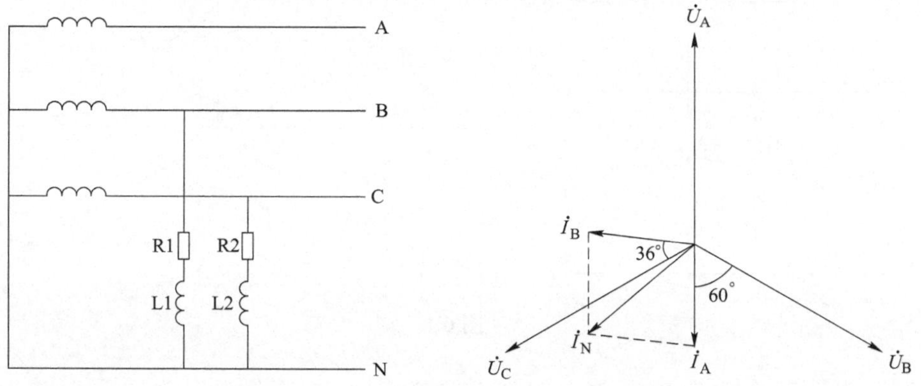

图 4

2.5 设备 A 接三相中的 B 相，设备 B 接三相中的 A 相

这种接法的电路图及向量图如图 5 所示，分析同第 3 种情况，可知 $I_N=0.62I_A$。

2.6 设备 A 接三相中的 C 相，设备 B 接三相中的 A 相

这种接法的电路图及向量图如图 6 所示，分析同第 2 种情况，可知 $I_N=1.34I_A$。

2.7 设备 A 接三相中的 C 相，设备 B 接三相中的 B 相

这种接法的电路图及向量图如图 7 所示，分析同第 3 种情况，可知 $I_N=0.62I_A$。

将以上 7 种接法的 N 线电流汇总，见表 1。

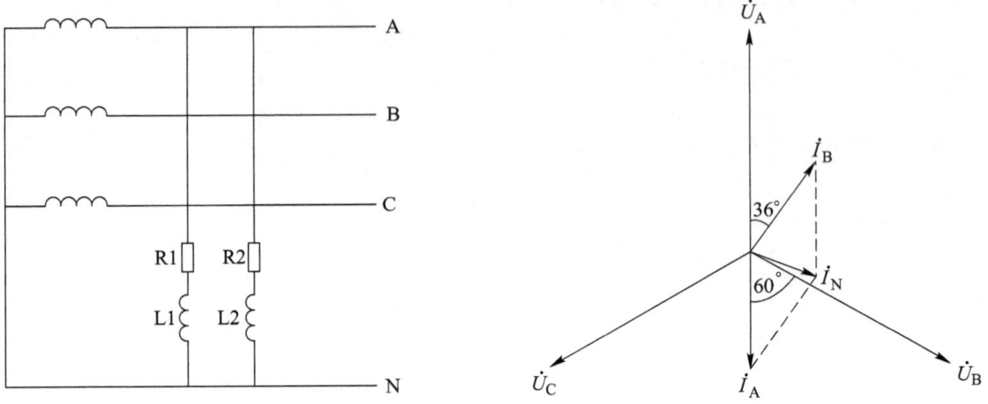
A
B
C
R1
R2
L1
L2
N
$\dot{U}_A$
$\dot{I}_B$
36°
60°
$\dot{I}_N$
$\dot{U}_C$
$\dot{I}_A$
$\dot{U}_B$

图 5

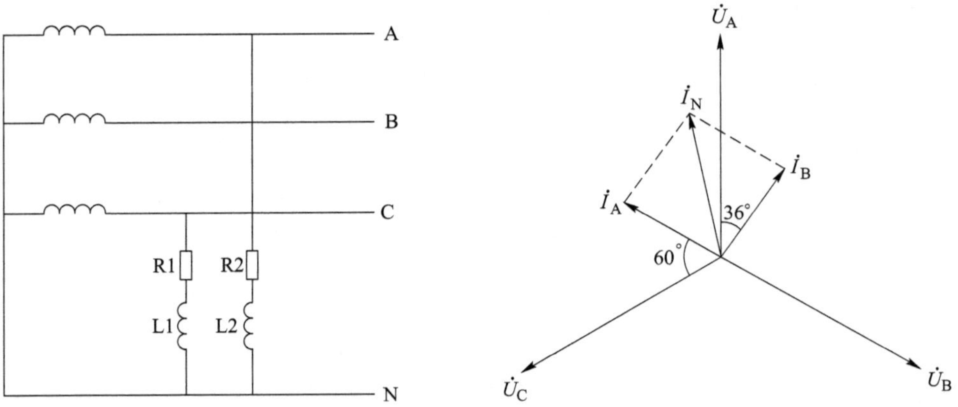
A
B
C
R1
R2
L1
L2
N
$\dot{U}_A$
$\dot{I}_N$
$\dot{I}_B$
$\dot{I}_A$
36°
60°
$\dot{U}_C$
$\dot{U}_B$

图 6

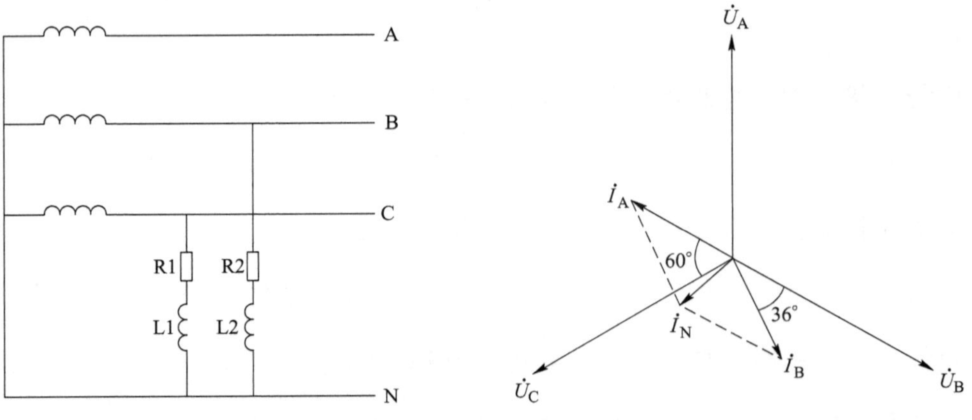
A
B
C
R1
R2
L1
L2
N
$\dot{U}_A$
$\dot{I}_A$
60°
36°
$\dot{I}_N$
$\dot{I}_B$
$\dot{U}_C$
$\dot{U}_B$

图 7

表1

名称	接 法	N线电流大小
第1种接法	设备A和B接于三相中的任意同一相	$I_N=1.95I_A$
第2种接法	设备A接三相中的A相，设备B接三相中的B相	$I_N=1.34I_A$
第3种接法	设备A接三相中的A相，设备B接三相中的C相	$I_N=0.62I_A$
第4种接法	设备A接三相中的B相，设备B接三相中的C相	$I_N=1.34I_A$
第5种接法	设备A接三相中的B相，设备B接三相中的A相	$I_N=0.62I_A$
第6种接法	设备A接三相中的C相，设备B接三相中的A相	$I_N=1.34I_A$
第7种接法	设备A接三相中的C相，设备B接三相中的B相	$I_N=0.62I_A$

通过表1可知7种接法中第1种接法N线电流最大，第3、5、7种接法N线电流最小，第2、4、6种接法N线电流居中，在设备A和B容量相同的情况下，N线电流最大的接法是电流最小接法的3.15倍，居中接法是最小接法的2.9倍。分析N线电流最小接法和N线电流居中接法可以发现，N线电流最小接法可以表述为功率因数高的设备B和功率因数低的设备A以正序方式（U_A和U_B、U_B和U_C、U_C和U_A）接入三相四线对称电源，N线电流居中接法可以表述为功率因数高的设备B和功率因数低的设备A以负序方式（U_A和U_C、U_C和U_B、U_B和U_A）接入三相四线对称电源。以下将第1种接法称为“同相接法”，N线电流最小接法称为“正序接法”，N线电流居中接法称为“负序接法”。

3 证明“正序接法”N线电流最小

以上只是个特例能说明“正序接法”比“同相接法”和“负序接法”N线电流小，下面将进行证明。在证明以前，先证明一个结论，向量$\boldsymbol{A}$和向量$\boldsymbol{B}$之和向量$\overline{\boldsymbol{A}+\boldsymbol{B}}$的大小$|A+B|$与向量$\overline{\boldsymbol{A}}$和向量$\overline{\boldsymbol{B}}$之间的夹角$\Psi(0°<\Psi<180°)$的关系，其向量关系如图8所示，由矢量平行四边形定理和余弦定理可知$|A+B|^2=|A|^2+|B|^2-2|A||B|\cos(180°-\Psi)$，当$0°<\Psi<180°$时$\cos(180°-\Psi)$为$\Psi$的单调递增函数，$|A+B|^2$为$\Psi$单调递减函数，$|A+B|$也是$\Psi$单调递减函数即$|A+B|$随着向量$\boldsymbol{A}$和向量$\boldsymbol{B}$之间夹角$\Psi$变大而变小，当$\Psi=0°$时$|A+B|$取最大值$|A|+|B|$，当$\Psi=180°$时取最小值$|A-B|$。

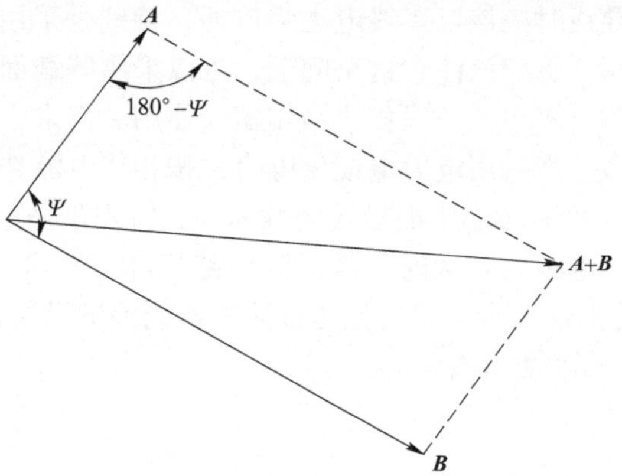

图8

由于设备 A 和 B 均为感性设备，因此它们的功率因数角 Ψ_A 和 Ψ_B 均大于等于 0°小于 90°即 0°<Ψ_A<90°，0°<Ψ_B<90°，当设备为纯电阻时 $\Psi_A=\Psi_B=0°$，当为纯电感时 $\Psi_A=\Psi_B=90°$，由于这两种情况实际中并不存在，故不进行考虑。设备 A 跟设备 B 的功率因数不同，假定设备 A 的功率因数小于设备 B，即 $\Psi_A>\Psi_B$，则 $0°<\Psi_A-\Psi_B<90°$。当设备 A 和 B 按"同相接法"时，$\dot{I}_A$ 与 $\dot{I}_B$ 的夹角 $\Psi_{同}=\Psi_A-\Psi_B$；当 2 个设备 A 和 B 按"正序接法"时，$\dot{I}_A$ 与 $\dot{I}_B$ 的夹角 $\Psi_{正}=120°+\Psi_A-\Psi_B=120°+(\Psi_A-\Psi_B)$；当 2 个设备 A 和 B 按"负序接法"时，$\dot{I}_A$ 与 $\dot{I}_B$ 的夹角 $\Psi_{负}=120°-\Psi_A+\Psi_B=120°-(\Psi_A-\Psi_B)$。当 $0°<\Psi_A-\Psi_B\leqslant 60°$时，$0°<\Psi_{同}\leqslant 60°$，$120°<\Psi_{正}\leqslant 180°$，$60°\leqslant\Psi_{负}<120°$，显而易见 $\Psi_{同}<\Psi_{负}<\Psi_{正}$，所以"正序接法""负序接法"和"同相接法"的 N 线电流关系为 $I_{N正}<I_{N负}<I_{N同}$；当 $60°<\Psi_A-\Psi_B<90°$时，$60°<\Psi_{同}<90°$，$180°<\Psi_{正}<210°$，$30°<\Psi_{负}<60°$，由于 $\Psi_{正}$ 超过 180°，$\Psi_{正}$ 的值调整为 $360°-\Psi_{正}$（两个向量的夹角大于 0°小于 180°），$150°<\Psi_{正}<180°$，显而易见 $\Psi_{负}<\Psi_{同}<\Psi_{正}$，所以"正序接法""同相接法"和"负序接法"的 N 线电流关系为 $I_{N正}<I_{N同}<I_{N负}$。

通过以上分析证明可以得出结论：两台功率因数不同的感性单相设备 A 和 B 接于对称三相四线电源时，当 $0°<\Psi_A-\Psi_B\leqslant 60°$时，"正序接法" N 线电流最小，"负序接法"居中，"同相接法"最大；当 $60°<\Psi_A-\Psi_B<90°$时"正序接法" N 线电流最小，"同相接法"居中，"负序接法"最大，所以"正序接法"一定比"同相接法"和"负序接法" N 线电流小，"正序接法"是比较合理的接法。

4 应用效果

现有两台容量均为 7kV · A 的 220V 单相电焊机，一台为电感线圈式的，一台为变频式的，前者功率因数为 0.45，后者的功率因数为 0.93，如果按照"同相接法"需要两根导线，相线和零线的电流均为 59.46A，以 0.6/1kV 聚氯乙烯绝缘及护套电缆明敷为例，依据电流需要选择的相线和零线导体截面为 $16mm^2$；如果采用"负序接法"需要 3 根导线，相电流为 31.81A，零线电流为 49.33A，以电流为依据需要选择的相线导体截面为 $6mm^2$，零线导体截面为 $10mm^2$；如果采用"正序接法"需要 3 根导线，相电流为 31.81A，零线电流为 10.12A，以电流为依据需要选择的相线导体截面为 $6mm^2$，零线导体截面为 $1.5mm^2$。通过对比可知当采用"同相接法"和"负序接法"时，零线电流均已经超过了相线电流，选择导线时应该以零线电流为依据，特别是采用电力电缆供电时，一般零线截面要小于相线截面，更应该注意这个问题，可以采用等截面的三芯电缆或者将零线截面小于相线截面的四芯电缆中的一根相线当作零线使用。当采用"正序接法"时，零线电流要比相线电流小很多，当采用电力电缆供电时，按相线电流选择导线截面就可以满足要求。采用"正序接法"可以减小供电导线的截面积，特别是采用电力电缆供电时，经济效果更显著。此外，当供电距离较远时，考虑到线路压降，会出现同等截面导线供电时，"正序接法"可以使设备正常工作，而其他两种接法不能保证设备正常工作的情况，此时，"正序接法"比其他两种接法更具有优势。

柳钢道口栏木机烧保险后栏杆自动落下的问题分析与改进

(铁路运输公司，钟晓波)

摘　要：分析柳钢大部分道口正在使用的浙江万全牌栏木机在升起过程中因电路故障烧保险后栏杆会自动落下的原因，认为栏杆的升降控制系统存在缺陷是导致栏杆烧保险后自动落下的主要因素，而电磁摩擦制动器在烧保险后仍然保持松开释放，是次要因素。主要介绍问题分析与改进措施及实施效果。

关键词：道口；栏杆；烧保险；控制系统；电磁摩擦制动器

1　背景

近两年来已经发生至少4起与万全牌栏木机烧断机内保险管相关的险肇事故或事故。统计情况见表1。

表1　统计情况

序号	时间	地点	过　程	受损情况
1	2017.8.28	17道道口	2号栏杆升起过程中栏木机内3A保险丝熔断，栏杆升起到一半后快速落下，砸到一辆公交车	造成公交车顶部轻微伤
2	2018.3.29	罐一道口	2号栏杆降下过程中栏木机内3A保险丝熔断，栏杆快速落到位后无法升起	无人员受伤、无车辆受损
3	2018.3.29	轧四道口	3号栏杆升起过程中栏木机内3A保险丝熔断，栏杆升起到一半后快速落下，砸到一辆红钢车	车辆无伤，栏杆被拉断
4	2018.5.27	钢星道口	1A号栏杆因电缆混线烧断栏木机内的保险管，栏木机无法升起	电机烧毁，停用

本文通过分析问题发生的原因，对消除栏木机烧保险管后，电机失电，电磁摩擦制动器得电处于释放状态（称为失去“刹车”），栏杆自动落下隐患的改进措施进行总结。

2　分析与改进

2.1　原因分析

按照栏木机的升降设计要求，栏木机在上升或下降的控制过程中，道口工在任何一个位置松开操作按钮，栏杆均应立刻停止上升或下降并且保持当前的状态。但在实际的运用过程中，已经不止一次地发生栏杆自动落下的情况，而且已经对道口的交通安全产生了较大的安全威胁。综合分析控制系统及栏木机的结构原理，发生自动落下原因如下：

（1）栏杆控制系统原理上存在缺陷，电机电源和电磁摩擦制动器电源虽然是通过同一个交流接触器供出，但在一定程度上来说又是分离的，并且栏木机内多了一个电机的动作保险管。也就是说即使当动作电路上的保险管或控制箱内的空气开关因短路或电流过大而无动作电源送出时，交流接触器仍然会因为道口工一直按压上升或下降操作按钮而保持吸起。电磁摩擦制动器的直流电源也一直保持送出，即电磁摩擦制动器保持松开。栏木机控制电路简图如图 1 所示。

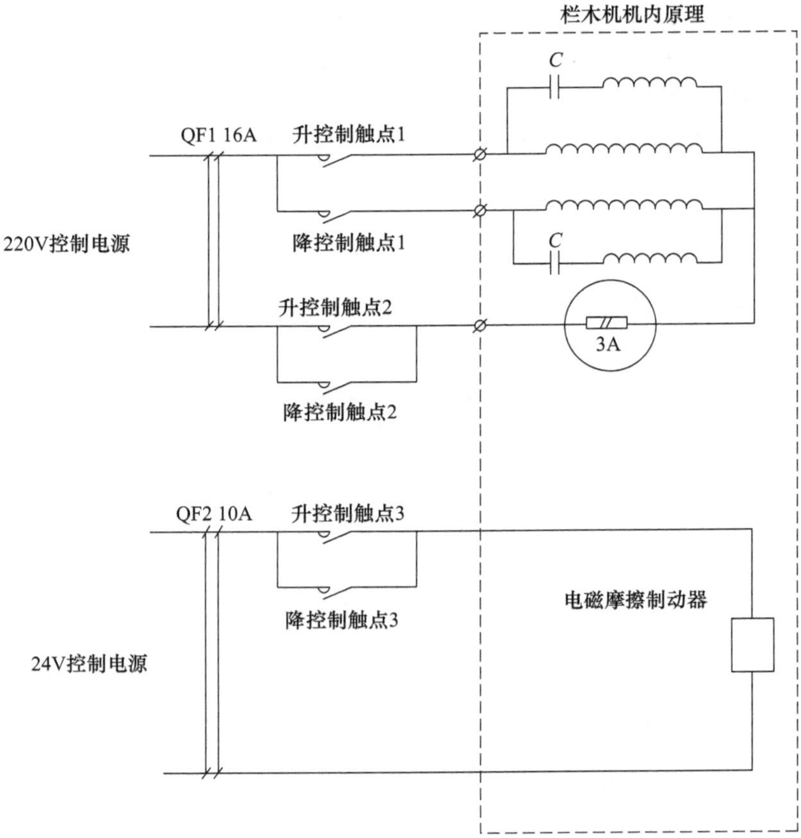

图 1

（2）在栏木机的内部电路设置有一个容量为 3A 的保险管，如图 1 中用圆圈标注之处。分析认为该处保险管纯属多余，并且也是造成栏杆自动落下的原因之一。因为在输出控制箱内已经有一级空气开关，而且容量大于 3A，因此会有先烧断保险管而空气开关不跳开的情况。此次改进取消了该处保险管，做直接短接处理。

电机与电磁摩擦制动器的电源没有真正发生同步联系，电机的控制电源与电磁摩擦制动器的电源因为电源种类的不同而分属不同的空气开关。所以导致了在烧断保险管，电机失去控制电源后无动力的情况下，电磁摩擦制动器仍然得电而保持无制动状态。

2.2 优化与改进

通过前述的原因分析，我们得出一个改进的原则，就是栏木机的电机控制电源要与电磁摩擦制动器的电源发生真正的同步联系。

改进思路一：

设想在栏木机机箱内设置第二级交流接触器，且交流接触器的线圈与电机线圈并联，用第二级控制接触器监督控制电机的电源，同时控制电磁摩擦制动器电源。相关联的改进还有取消栏木机内保险管；将控制箱内的一级空气开关容量由现在的16A更换为3A。该方案的改进实施预计效果是既可以监督控制电源输出回路的完整性，即监督开路及短路状态，又可以确保电磁摩擦制动器的电源与电机控制电源产生同步联系，也就是只要二级交流接触器能够吸起，就能够保证电机和电磁摩擦制动器能同时得电、同时失电。但是该方案的实施难度较大，因为栏木机机箱内的防水及防尘效果差、箱内安装第二级交流接触器的空间比较狭小、改造范围较大、成本高且改造时需要停用的时间较长等。

改进思路二：

通过分析发现，栏杆发生自动落下的情况均是因栏杆升起或下降的时候机箱内的3A保险管烧断，电机失电，而电磁摩擦制动器却得电保持释放状态造成的。所以，只需要考虑保险管因过载或者电缆短路时，电机及电磁摩擦制动器都不得电就可以解决问题了。至于监督开路的情况则可以不考虑，因为该种情况在栏杆上升或下降的过程中发生的概率极低，而且可以尽早发现。实施措施是：第一，取消机箱内的3A保险管，做短接处理；第二，将控制箱内的一级空气开关更换为3A的有带动接点的两P空气开关，并且将电磁摩擦制动器的电源串进该带动接点。这样就可以保证当空气开关跳开的时候电机与电磁摩擦制动器同时失电。

最终确定采取思路二作为改进的方案，该改进方案切合现场实际情况且能够实现改进目的。

改进方案简图如图2所示。

3 应用效果

该改进措施首先在热轧厂附近的轧四道口实施。该道口的4台浙江万全牌B型栏木机均按照改进思路二的控制电路改进优化。通过现场人为短路试验及后期大量的实践运用，证实该改进是具有成效的。从完成改进后到现在未发生过一起险肇以上事故。

4 结语

（1）本改进措施已经得到了试验及实践的检验，下一步将会在全厂的道口栏木机上做相应的改进处理，以扩大改进成果，为铁路道口的通行安全提供技术及设备保障。

（2）虽说控制系统的电路改造取得了成效，但是在后期的使用中又发现了一些问题：摩擦制动器的“刹车”能力有限，如果栏杆的配重配比不合理，出现“头重脚轻”的话，摩擦制动器刹车效果会变差，甚至出现刹不住车。解决措施一是重新检查调整每台栏木机的配重配比，力求当栏杆与地面处于45°角的时候达到平衡；二是加强电磁摩擦制动器的间隙检查，确保摩擦制动器正常工作。

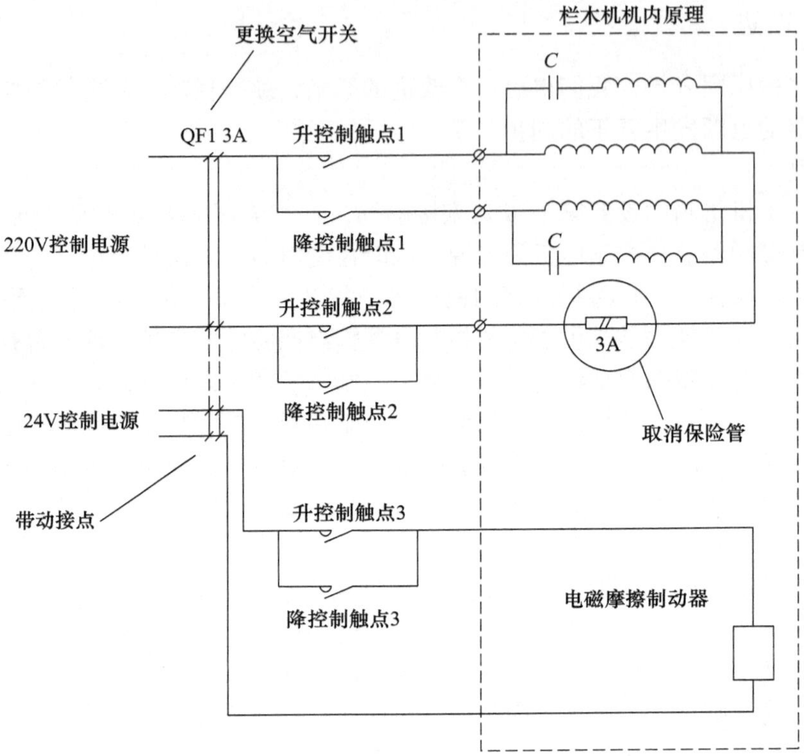

更换空气开关
栏木机机内原理
C
QF1 3A
升控制触点1
220V控制电源
降控制触点1
C
升控制触点2
3A
降控制触点2
24V控制电源
取消保险管
带动接点
升控制触点3
电磁摩擦制动器
降控制触点3

图 2

采用两端供电方式提高铁路照明线路可靠性

（山钢股份莱芜分公司，毕卫宁、王磊）

摘　要：照明灯具是铁路照明系统中的重要设备，一般情况采用单端供电的方式进行供电，对于重要的照明线路可以应用两端供电的方式供电。当线路发生短路或断路故障时，单端供电方式只能恢复故障点以前灯具的供电，如果要恢复所有灯具的供电就需要维修或者更换故障线路，需要的时间较长，针对这种情况介绍了两端供电在路灯照明线路中的应用，采用两端供电方式只需要操作断路器分合闸就可以恢复线路所有灯具的供电，可以在较短的时间内恢复照明灯具，并在不影响照明的情况下维修或者更换发生故障的那段线路。两端供电方式利用冗余法的原理通过重复配置供电电源和断路器这两个关键性要素可以减少故障处理时间，单端供电时恢复所有灯具正常照明的时间一般在3~4h，应用两端供电后将这一时间缩短到了0.5h以内，提高了路灯线路的可靠性。

关键词：两端供电；路灯线路；微型断路器；可靠性

1　概述

照明灯具是铁路照明系统中的重要设备，一般情况采用单端供电的方式进行供电，对于重要的照明线路可以应用两端供电的方式供电。当线路发生短路或断路故障时，单端供电方式只能恢复故障点以前灯具的供电，如果要恢复所有灯具的供电就需要维修或者更换故障线路，需要的时间较长，不能满足炉下照明和铁水运输照明等重要场所对照明的要求；采用两端供电方式只需要操作断路器分合闸就可以恢复线路所有灯具的供电，可以在较短的时间内恢复照明灯具，并在不影响照明的情况下维修或者更换发生故障的那段线路。采用两端供电方式供电可以减少故障处理时间，提高可靠性，利用冗余法的原理，通过重复配置供电电源和断路器这两个关键性要素，可提高照明线路的供电可靠性。

2　应用分析

路灯线路采用两端供电时，需在路灯线路两端均设置总断路器，照明线路两端分别连接总断路器二次侧，两个总断路器一次侧连接电源，路灯线路两端供电分相原理图如图1所示，实际布置图如图2所示。

图1中QF1和QF2为照明线路两端的总断路器，A、B、C、N为断路器一次进线电源的三相火线和零线，如果线路两端断路器同时处于运行状态则要求线路两端进线电源电压大小相等（均为380/220V三相四制线路）、相位相序相同（两断路器接线中A相对A相，B相对B相，C相对C相），以保证两断路器同时运行时不会发生短路的情况。照明灯具的标注中字母表示该灯具安装在线路的相应分相中，数字表示该灯具在相应相中的位数，

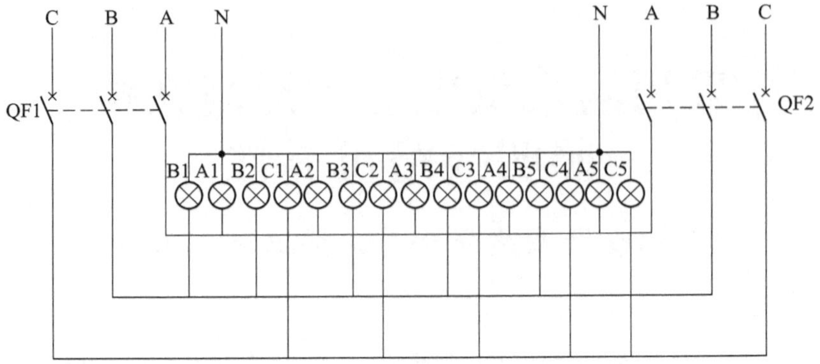

图 1　照明线路两端供电分相原理图

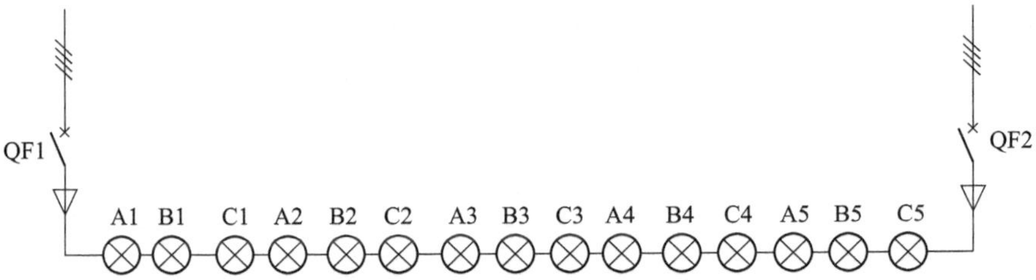

图 2　照明线路两端供电法实际布置图

如 A1 表示线路中 A 相中的第一个灯具。两个相邻路灯之间的线路称为一个线路段，例如 A1 与 B1 之间为一个线路段。每个路灯（如 A1、B1）灯处均设置分断路器，用于连接路灯线路。图 1 和图 2 中的两个断路器 QF1 和 QF2 有两种运行状态，一种两个断路器一用一备，另一种为两断路器同时运行，下面分别分析在上述两种运行状态下路灯线路发生断路和短路故障时的应用情况。

2.1　两个断路器一用一备

在两个断路器一用一备的运行状态时，一端断路器处于分闸状态即备用状态，另一端断路器处于合闸状态即运行状态，此时线路实际为单端供电方式。当线路发生断路路故障时，可以通过观察不亮的路灯并测量该路灯的电源电压，确定断点；当线路发生短路故障时，处于合闸状态的断路器跳闸，处理故障时可以采用二分查找法查找短路点，即通过路灯处先将路灯线路从中间路灯接头处将线路断开，将处于跳闸状态的断路器重新合闸，如果故障依旧则将处于分闸状态的断路器合闸恢复一半线路的供电，然后从跳闸的另一半线路中间路灯接头处断开线路依次进行查找，直到确定故障点。为了快速确定故障点并恢复照明线路正常运行，可以在每个路灯处设置一个三相微型断路器作为分断路器控制路灯线路的三相电源，当路灯线路发生断路故障时，通过测量不亮的路灯的电源，可以迅速确定路灯线路的断点，然后用断点所在线路段（相邻两个路灯之间的线路）两端的微型断路器将断点所在线路段隔离开。然后可以将线路两端的总断路器均处于合闸状态，断点两侧的线路分别由线路两端的断路器供电，路灯线路分为两段各自单独运行。当发生短路故障时分两种情况分析，第一种情况是短路电流较小不会引起断路器跳闸，可以应用二分查找法通过人工停送每个路灯处的微型断路器确定短路点，然后利用路灯处的微型断路器将短路点所在的线路段隔离开，最后可以将线路两端的断路器均处于合闸状态，短路点两侧的线路分别由线路两端的断路器供电，路灯线路分为两段各自由两端的电源供电单独运行。第二种情况是短路电流较大，可以引起断路器跳闸，电源侧离短路点最近的微型断路器会自动跳闸，将短路点以后的线路断开，短路点以前（短路点电源侧）的线路能够自动恢复正常。此时只需将跳闸的微型断路器的另一侧相邻路灯处的微型断路器断开，将短路点所在的线路段隔离开，然后可以将线路两端的断路器均处于合闸状态，短路点两侧的线路分别由线路两端的断路器供电，路灯线路分为两段各自单独运行。这样就可以快速恢复路灯线路上的所有照明灯具的正常供电。

2.2 两断路器同时运行

如果线路两端电源相序相位通过、大小相等，线路两端断路器可以同时处于运行状态，即两端的断路器均处于合闸状态，由于两个断路器进线电源电压大小相等，相位相序相同不会发生电源短路的情况。当路灯线路发生断路故障时，路灯线路自动由断点处分为两段运行，分别由路灯线路两端的电源各自供电，此时虽然能够自动将线路分为两段运行，但为了确保路灯线路能够稳定运行，需要人工通过断点所在线路段两端的微型断路器将断点所在线路段隔离开。当线路发生短路故障时也分为两种情况分析，第一种情况是短路电流较小不会引起断路器跳闸，故障处理过程与一用一备的情况类似；第二种情况是短路电流较大，可以引起断路器跳闸，短路点所在线路段两端路灯处的微型断路器会先后跳闸，距离电源近的微型断路器会先跳闸，将短路点所在的线路段甩给另一段电源供电，然后离电源较远的微型断路器会后跳闸，自动将短路点所在线路段隔离开，使路灯线路分为两段运行。

3 实例说明

本实例是莱钢某高炉铁水运输照明线路，该线路有 10 个路灯，分两种情况进行讨论，即单端供电路灯线路发生短路或断路故障（图 3）和两端供电路灯线路发生短路或断路故障（图4），图中的×表示将该路灯线路在该点发生断路故障，图中的↯表示将该路灯线路在该点发生短路故障。当 6 号灯和 7 号灯之间的那段线路发生断路故障时，如果单端供电，通过人工操作 6 号灯处的分断路器将 6 号灯以后的线路隔离开，通过总断路器 QF1 只能对 1~6 号灯提供电源，7~10 号灯没有供电电源不能点亮；如果两端供电，通过人工操作 6 号灯和 7 号灯处的分断路器将 6 号灯和 7 号灯之间的那段线路隔离开，通过总断路器 QF1 对 1~6 号灯提供电源，通过总断路器 QF2 对 7~10 号灯提供电源。当 6 号灯和 7 号灯之间的那段线路发生短路故障时，如果单端供电，6 号灯处的分断路器自动跳闸将 6 号灯以后的线路隔离开，通过总断路器 QF1 只能对 1~6 号灯提供电源，7~10 号灯没有供电电源不能点亮；如果两端供电（以 QF1 运行 QF2 备用进行说明），6 号灯处的分断路器自动跳闸将 6 号灯以后的线路隔离开，由总断路器 QF1 对 1~6 号灯提供电源，通过人工操作总断路器 QF2 合闸对 6 号灯以后的线路反向提供电源，由于发生短路故障此时 7 号灯处的分断路器将自动跳闸将 6 号灯和 7 号灯之间的那段线路隔离开，通过总断路器 QF1 对 1~6 号灯提供电源，通过总断路器 QF2 对 7~10 号灯提供电源。由以上分析可知路灯线路发生断路或短路故障时，单端供电方式只能恢复 1~6 号灯，而两端供电方式可以恢复 1~10 号灯。由于故障处理过程中只是对断路器进行分合闸操作，所以故障处理的时间比较短，能够及时恢复所有照明灯具，然后就可以在不影响现场照明的情况下对 6 号灯和 7 号灯之间隔离开的那段故障线路进行维修或者更换。

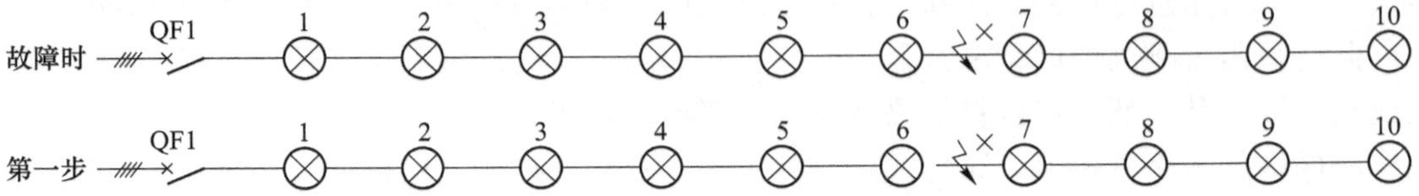

图 3

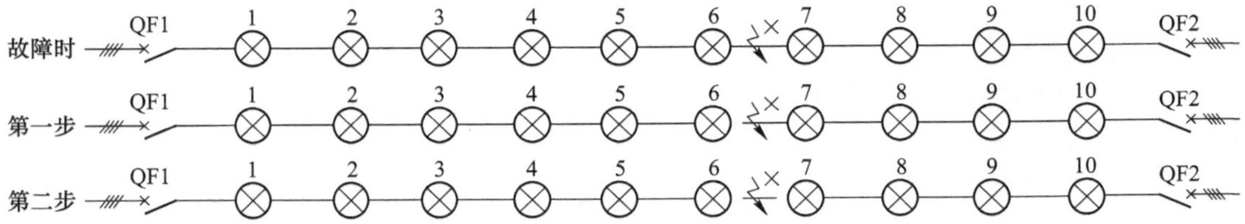

图 4

4　应用中需要注意的问题

两端供电在路灯线路实际应用中应该以下三个方面，即总断路器的安全防护，分断路器的选择和灯具配线的保护。

4.1　总断路器的安全防护

路灯线路两端的总断路器 QF1 和 QF2 应该具有带锁的防护装置，比如将断路器安装在带锁的配电柜内或者采用具有锁定功能的断路器，比如采用型号为 CDSM1N 的塑壳断路器，该种断路器通过钥匙锁定断路器，可以消除断路器在断开状态下未经授权合闸带来的危险。当线路两端电源大小或者相位不同时 QF1 和 QF2 运行在一用一备状态时，可以将处于断开状态的断路器锁定在断开位置，禁止其合闸造成线路两端电源间的短路。

4.2　分断路器的选择

分断路器一般选择三相微型断路器，为了保证线路短路时分断路器的选择性，应该选择额定电流不同的断路器。靠近两端一定范围内的断路器应该选择额定电流较大的，应该使得其额定电流大于单端供电时线路的最大电流，线路中间分别向两边延伸一定范围选用额定电流较小的，使得断路器断开故障点时有一定的选择性，当改变运行方式（改变供电端时）分断路器选择性不能满足要求时可以在同一路灯处设置两个额定电流不同的断路器并联使用以满足选择性，在改变运行方式时采用不同的断路器供电，当由较近的那端电源供电时采用额定电流较大的断路器，当由较远的那端电源供电时采用额定电流较小的断路器。

4.3 路灯配线故障的处理

为了在灯具配线（由主线路到灯具的导线）发生短路故障时，不引起分断路器动作，可以采用单相断路器（灯具为单相 220V 供电）对灯具配线进行保护，配线发生短路故障时由两极断路器动作切断该路灯。两极断路器可以根据所选灯具的额定电流选择，在没有电容补偿的情况下，一般 250W 和 400W 的高压钠灯的额定工作电流分别为 3A 和 4.6A，可以选用额定电流为 6A 单相微型断路器进行保护。

5 总结

两端供电应用于路灯照明线路可以提高路灯线路可靠性，当线路发生故障时可以迅速恢复部分照明线路供电，减少故障处理时间，虽然两个总断路器同时运行状态能够在线路发生故障时自动改变路灯线路的运行方式，但也存在对线路两端电源要求高和线路的故障点不易发现等缺点，一般两个总断路器运行在一用一备状态。路灯线路采用两端供电可以灵活改变线路的运行方式，既可以选择由两端的两个电源中的任意一个电源对全部路灯进行供电，也可以通过分断路器快速确定故障线路段并改变路灯线路的运行方式，由两端电源同时分别对部分路灯进行供电。当路灯供电线路发生断路或者短路故障时，仅通过分合断路器就可以方便快速地改变路灯的运行方式，将有故障的线路段隔离开，恢复所有路灯的供电，很大程度上减少了线路发生故障时恢复灯具正常照明的时间，单端供电时恢复所有灯具正常照明的时间一般在 3~4h，应用两端供电后将这一时间缩短到了 0.5h 以内，能够较好地满足重要场所对路灯照明线路可靠性的要求。

冶金企业应用敞车运送水渣存在的问题及机理分析

（山钢股份莱芜分公司，杨刚、李岩、胡刚、白洁）

摘　要：山钢集团莱芜分公司作为国有大型冶金企业之一，在没有专用的水渣铁道运输车的情况下，是采用 C64、C62 型通用敞车运输水渣的典型代表，水渣具有较强腐蚀性，对运输车辆腐蚀破坏性较强，造成车辆腐蚀后漏料、车体强度降低、维修工作量、费用增加等一系列问题，针对以上问题，对目前锈蚀车辆进行统计分析，结合敞车特殊部位锈蚀演变特征分析，通过分析研究锈蚀机理，明确有效的解决方向和途径，找出有效解决措施，从而降低水渣对运输车辆的腐蚀破坏，提高运输部安全可靠经济性，对于冶金企业解决相关问题具有一定的借鉴意义。

关键词：腐蚀漏料；耐候钢；腐蚀机理；材质

1　敞车介绍

敞车是我国货车运输中运用最广泛的一种货车，它具有很强的通用性。敞车由三部分组成，包括地板、侧壁、端壁，与普通货车相比没有车顶，且敞车的开口向上的。在我国铁路运输中，主型通用敞车有 C61、C62、C62A、C62B、C64K、C70、C70B、C70H、C76H（大秦线编组列车）等。

在 20 世纪 80 年代末，为了适应新形势下重载编组列车和翻车机卸货作业的要求，在 C62A(N) 型敞车的基础上，对端壁、侧壁、车门的设计进行了较大的改进，使之能够承受更高强度的载荷，对制动装置采用了国内四方车辆研究所研究的新制动技术，同时转向架采用的是改进后的转 8A 型转向架，最终，将改进后的敞车定型为 C64。C64 型敞车的用途非常广泛，不仅可以装运煤、矿石、机械设备、木材等，还可以运输成包货物及集装箱等。车体材质为耐候钢的全钢焊接结构，侧门采用带有压紧机构的新型门销装置，全车主要配件与 C62 型敞车互换。

2　铁路车辆用耐候钢简介

改革开放初期，在铁路货车的钢结构中采用的材料大致分为两种，即 16Mn 和 09CUPCRNI，但是随着货车载重能力的提高以及车体结构自身重量的减轻，其材料的屈服极限（16Mn 为 343Mpa09CUPCRNI）已达不到要求。为了适应铁路货车运输高速、重载需要而必须研制出的新型耐候钢，Q450NQRl 高强度耐候钢便顺势被开发出来，其特点是强度高、低温冲击韧性高、丰富的磷元素。Q450NQRl 高强度耐候钢能够满足铁道车辆服役的安全性要求，并符合运装货车〔2003〕387 号技术条件要求。

Q450NQRl 高强度耐候钢的化学成分见表 1。

表 1 Q450NQRl 高强度耐候钢的化学成分（质量分数） (%)

成分	C	Si	Mn	P	S	Ni	Cr	Cu
含量	0. 05~0. 09	0. 15~0. 35	0. 95~1. 20	≤0. 015	≤0. 005	0. 15~0. 40	0. 40~0. 70	0. 25~0. 50

Q450NQRl 高强度耐候钢力学性能见表 2。

表 2 Q450NQRl 高强度耐候钢力学性能

牌号	屈服强度 R_{eL} /MPa	抗拉强度 R_m /MPa	伸长率 A/%	180°冷弯实验	A_{KV} -40℃/J
Q450NQRl	≥450	≥550	≥22 (a=6mm) ≥20 (a>6mm)	$d=a$ (a≤6mm) d=2a (a>6mm)	≥60

3 敞车锈蚀损害分析

3.1 车体锈蚀

莱钢应用 C64 型通用敞车运输水渣。莱钢的水渣采用图拉法，水冲渣后装车，装车时水渣温度较高以及水渣含水率较高的特点和呈弱碱性的原因，导致运输水渣的 C64 型通用敞车车体各部（如车门、立柱、门搭扣等）锈蚀严重（图 1)，并由此造成车体强度不足、车门变形严重，导致该型车辆检修频繁，检修费用高，给生产经营带来巨大压力。

图 1 车门腐蚀图

3.2 造成车门关闭不良导致漏料问题频繁（图 2)

60t 级敞车从设计结构上允许车门有缝隙存在，侧开门、下侧门与门框的门缝限度要求：新造车≤6mm，检修车≤6mm。

水渣车长时间运用后车门缝变大，导致漏料现象频繁发生，使道岔转换受阻或掩埋线路，会造成车辆挤岔或脱线以及对线路两侧信号设备带来损坏，使铁路运输安全存在一定的安全隐患。研究发现，既有设计结构的敞车车门与门框（车体）之所以车门缝变大，主要因为门框结构发生变形（或腐蚀）导致密封失效，在长时间运用后由于车体各部腐蚀变

图2 侧开式中门漏料示意图

形，在频繁外力的冲击下发生变形。

造成侧开式中门锁闭机构作用不良：中门上部插销为一薄钢板，下侧门门搭扣座锁紧槽原设计是一个平行槽，在空车关闭车门时，由于设计原因此时没有预紧力。因此在装满货物后，由于货物的挤压使车门变形，造成车门关闭不良，也造成门缝变大不符合设计要求。另外门折页及插销、门搭扣、座腐蚀及变形严重，造成车门关闭不严。

门搭扣作为车辆小门的关闭机构，依靠门搭扣压入门搭扣座内压紧车门扁铁完成车门的关闭。经过长时间的运用门搭扣由于锈蚀造成扁铁不能被压紧，同样造成车门关闭不严，导致漏料。

3.3 造成车钩报废

车钩作为车辆连挂的重要部件，其重要性不言而喻，而C64型通用敞车在运输水渣过程中不时有水渣进入钩腔内和钩舌销孔内，长时间的积淀和车钩频繁受冲击和拉伸，造成钩腔内部的推铁、锁铁磨损加剧，由于水渣在钩舌销口内驻留，造成钩舌销无法取出，导致车钩报废。

综上所述C64型通用敞车长时间作为水渣运输专用车，暴露出来诸多问题，例如车门、立柱锈蚀、车门变形、水渣进入车钩内部等。

4 敞车腐蚀特征分析

图3所示为水渣车装载水渣时的示意图，由于装车方式的原因，车体纵向两侧端墙顶部不接触外水渣，其他位置和整个车体密贴，同时水渣液沿着车门缝向下渗，流经边梁、门搭扣。

车体各部腐蚀情况统计见表3。

表3 车体各部腐蚀情况统计 (mm)

部位	6个月	12个月	18个月	24个月	原型尺寸
车门	边缘部分剩余厚度7.5	边缘部分剩余厚度6	出现边缘缺失现象	边缘缺失现象严重	8
立柱	厚度7.5	厚度7	厚度6	厚度5	8

续表 3

部位	6个月	12个月	18个月	24个月	原型尺寸
圈梁	厚度7.5	厚度7.5	厚度7.5	厚度7	8
门搭扣	厚度11.3	厚度10.2	厚度8	厚度4	12
边梁	厚度11.5	厚度11	厚度10.6	厚度10.1	12

注：以上为以6个月为周期统计40辆水渣车车体各部位的腐蚀情况，表中的尺寸为测量时最薄处（腐蚀最严重部位）尺寸。

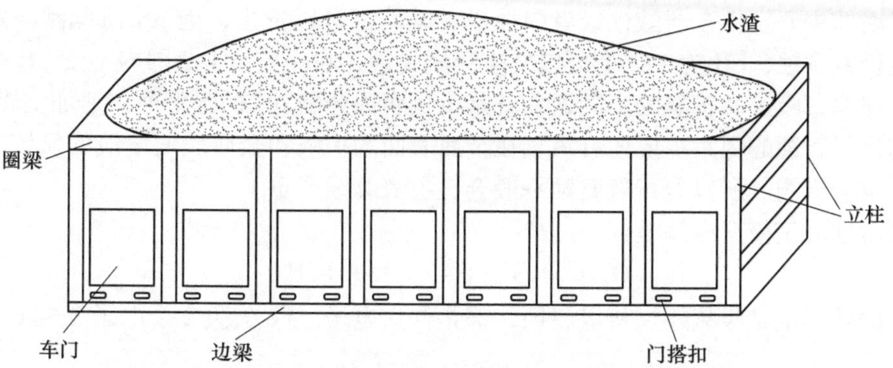

图3 水渣车车体腐蚀部位示意图

依据实际观察情况、车体腐蚀情况的特征可得出以下结论：

（1）车体各部位随着应用时间的延长，腐蚀情况日益明显；

（2）车体腐蚀情况呈现出越靠近车架（底部），腐蚀现象越明显的现象；

（3）立柱上1/3处以上腐蚀情况基本一样，1/3处以下越靠近车架部分腐蚀越严重；

（4）车门整体腐蚀较为严重，车门下边缘及两侧边下部腐蚀最为严重，到18个月后出现明显的缺失现象。

5 敞车腐蚀机理分析

5.1 金属的腐蚀机理

金属腐蚀主要分为化学腐蚀和电化学腐蚀。

化学腐蚀指的是金属与接触到的干燥气体（如 O_2、Cl_2、SO_2）或非电解质液体（石油）等直接发生化学反应引起的腐蚀。

电化学腐蚀是指不纯的金属与电解质溶液接触时会发生原电池反应，比较活泼的金属失电子而被氧化腐蚀，这种腐蚀更普遍且危害大。

从两种腐蚀的定义来看，可以初步得出结论，电化学腐蚀是造成C64型通用敞车腐蚀原因。

5.2 金属的电化学腐蚀

金属的电化学腐蚀有两种：

（1）析氢腐蚀，正极：

$$2H^{+}+2e^{-} = H_2\uparrow$$

需要电解液为酸性，需要较多 H^+，在碱性条件下，显然不能达到条件。

（2）吸氧腐蚀，正极：

$$O_2+2H_2O+4e^- = 4OH^-$$

腐蚀一般在酸性较弱，或呈中性的条件下发生，在碱性条件下，环境中的 OH^- 会抑制此反应的进行。

Fe 在碱性条件下的腐蚀速度会低于酸性条件下的腐蚀速度，但是 Fe 在浓碱液中也较易被腐蚀。

吸氧腐蚀主要发生在弱酸性或者中性或者碱性都可以发生，但 pH 值低到一定程度就开始发生析氢腐蚀，pH 为 5 以上可以发生吸氧腐蚀，在一定 pH 范围内不受 pH 的影响而影响腐蚀速率，吸氧和析氢的不同之一就是析氢腐蚀会随 pH 的降低而快速加快腐蚀速率。因为影响吸氧腐蚀的因素主要还有氧气在金属表面的扩散和金属表面溶液的氧浓度，当然温度是肯定会影响。所以说析氢腐蚀一般会比吸氧腐蚀严重。

吸氧腐蚀的正极反应就是：

$$O_2 + 2H_2O_2 + 4e^- = 4OH^-$$

负极的话无论是吸氧还是析氢腐蚀，都是铁失电子。Fe 失去 2 个电子变成 Fe^{2+}（亚铁离子）。

5.3　装载水渣时的腐蚀情况

满足电化学腐蚀发生的三个条件是电解液、正极、负极，在水渣进入车体时就满足：水渣为弱碱性，充当了电解质溶液，而作为车体材质的耐候钢中含有的 Fe 和 C 作为正极和负极，使得电化学腐蚀随之发生。

耐候钢在弱碱性环境下极易发生吸氧腐蚀，特别是水渣从渣池进入到车体，随经控水和冷却，水渣的温度在 70~80℃之间，温度较高，为加快发生原电池反应创造条件。

具体的反应为：

负极 Fe(-)　　$2Fe - 4e^- = 2Fe^{2+}$

正极 C(+)　　$O_2 + 2H_2O + 4e^- = 4OH^-$

总反应　　$2Fe + 2H_2O + O_2 = 2Fe(OH)_2$

$$4Fe(OH)_2 + 2H_2O + O_2 = 4Fe(OH)_3$$

$$Fe_2O_3 \cdot nH_2O \leftarrow$$

5.4　空载时发生的腐蚀情况

水渣卸车后，车体上部裸露，初期水渣液蒸发前留存在车体上，使得电化学腐蚀继续进行。随着时间的推移车体表面的水渣液蒸发干燥，在车体表面留存了一层薄薄的白色碱性物质，空气中水分在车体表面形成水膜，与在车体上的碱性残留又构成了弱碱性溶液，即原电池，使得电化学腐蚀再次进行。

但由于耐候钢中加入磷、铜、铬、镍等微量元素后，使钢材表面形成致密和附着性很强的保护膜，故使得腐蚀非常缓慢。

车体下部由于水渣水更多地附着或残留在车体上，使得电化学腐蚀继续进行，直到干燥。据统计这部分时间约为7h，也就是车体下部进行无间断的电化学腐蚀时间约为20h。

5.5 装卸水渣及运输过程中钝化膜的破坏分析

电化学钝化是阳极极化时，金属的电位发生变化而在电极表面上形成金属氧化物或盐类，这些物质紧密地覆盖在金属表面上成为钝化膜而导致金属钝化。在水渣车实际运用中耐候钢发生了电化学腐蚀，生成的α-FeOOH就成为了钝化膜，保护车体避免继续被腐蚀。

水渣装车是采用传送带传送的方式输送到车体内，在这过程中水渣从高处进入车体中，水渣对车体表面形成连续的冲刷，使得钢基表面形成的钝化膜被破坏掉，造成这种自我保护失效，加快了腐蚀反应的进程。

在卸车时应用挖掘机卸车，抓斗进入车体时，对车体造成较大不均衡的压力，造成车体疲劳，有的直接造成车体变形；同时，锈蚀使材料性能下降，导致结构的疲劳寿命降低；卸车时的操作使钢材表面和水渣之间形成了频繁摩擦，冲刷作用更为明显，也造成了钢基表面形成的钝化膜被破坏掉，疲劳、腐蚀、冲刷三者同时作用，进一步造成了车体的损害。

莱钢线生产区域的铁路线路曲线多、坡度大，加之线路不平，使得在车辆的行进过程中频繁产生震动，这种震动造成水渣对车体横向、纵向的不间断冲刷，使得形成的保护膜被破坏，始终使得电化学腐蚀不间断进行。

可以得出结论，碱性环境是造成车辆腐蚀重要原因之一，同时各种因素造成的钝化膜被反复冲刷掉，使得电化学腐蚀持续进行也是造成腐蚀严重的原因。

5.6 温度对车体腐蚀的影响

高炉熔融炉渣温度高达1400~1500℃，大量高温炉渣通过冲渣水进行冷却，渣池内水的温度始终在100℃，水渣装车时的温度在70~85℃。一般情况下，温度的升高会加速电极反应的阴极扩散和阳极电化学反应的离子化过程，温度升高不仅减小了腐蚀产物对金属腐蚀的抑制作用，同时也促进了介质传输能力和减小了活化能，使得腐蚀产物不能在金属表面形成致密的腐蚀层。经现场的实测数据可知水渣从80℃降至室温一般需要6h。

当温度超过一定限度时，其腐蚀速度会急剧上升，这当然与环境有很大关系，而在实际过程中，水渣液的碱性环境提供充足的OH^-与Fe元素反应，在高温下这种电化学腐蚀加剧进行。

前面已经提到高温可以加速电化学腐蚀的速率，因此可以得出结论，腐蚀，确切地说电化学腐蚀是造成车辆腐蚀的主要原因，而高温是电化学腐蚀高速进行的直接原因。

5.7 碱性环境对钝化膜的影响

由图4可以看出，处于强碱环境的钢材几乎无腐蚀现象发生，说明钢材在强碱环境下表面形成的钝化膜有效阻止了电化学腐蚀的发生。由图5可以看出，溶液中钝化膜稳定存在的必要条件是pH值大于12，当pH值低于12时钝化膜开始破坏。

5.8 焊缝锈蚀

在运用过程中车体上部的墙板与立柱、墙板与斜撑焊缝处有明显的锈蚀现象，且锈蚀速度快（图6）。

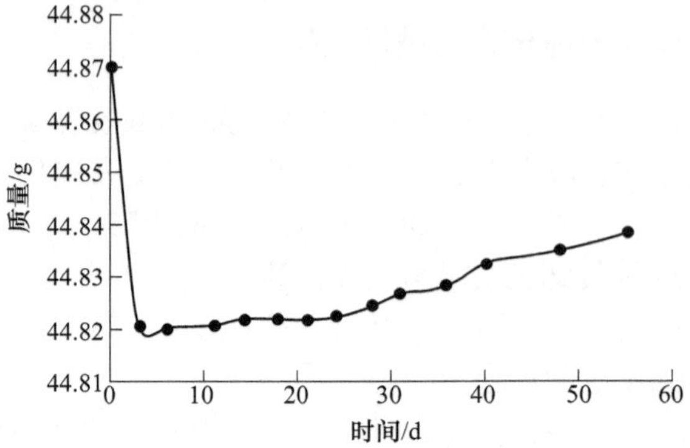

图 4　pH = 11 的溶液取得钢块在空气中质量变化曲线

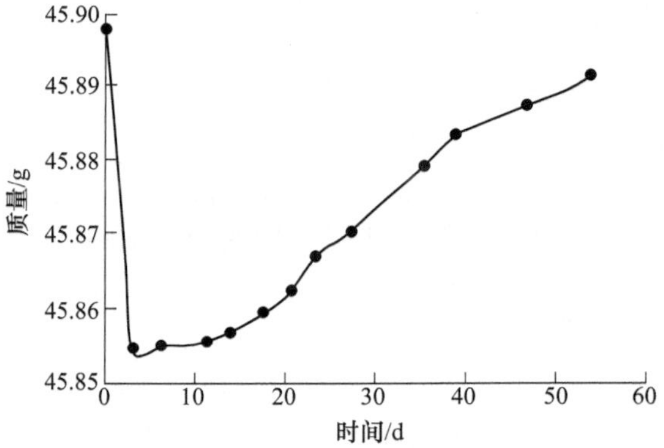

图 5　pH = 12 的溶液取得钢块在空气中质量变化曲线

图 6　焊缝锈蚀情况

主要原因有以下几点：

（1）焊后影响。焊缝处为焊接的热影响区，焊接产生的应力大多集中在这个位置，在应力的作用下，在具备腐蚀条件的情况下，该处的锈蚀现象更为明显。如果焊缝没有采用抛光、打磨等方法处理，其表面会有一定的粗糙度，熔合线处会形成很多的凸凹，在这些凹凸处会存在一定数量的杂质，存留的杂质与不锈钢表面形成大小不一的缝隙，这种缝隙会导致钝化膜不易形成。

（2）环境影响。在检修现场，电弧焊等产生的、空气中含有的烟尘等杂质会聚集、依附于焊缝的凸凹不平之处，在一定应力条件下，环境适合的情况下会发生锈蚀。

（3）焊接影响。正常情况下 Q450NQRl 高强度耐候钢焊接过热区组织均为粒状贝氏体，但随着焊接线能量逐渐增大，粒状贝氏体晶粒也变得粗大，而生成的这种粗大的粒状贝氏体对焊接过热区的韧性的提高是不利的，因此焊接热影响区的韧性普遍较低。由于 Q450NQRl 高强度耐候钢含 P 元素量较高，因此在焊接过程母材中较高的 P 元素势必会过渡到焊缝中去，这样不仅会降低焊接接头的抗裂性，而且也会增加接头的脆性。

6 结论

通过以上研究分析可知，持续的电化学腐蚀是造成车辆特别是车体腐蚀严重的直接原因，再加上水渣高温加速电化学腐蚀和钝化层不断被冲刷掉使得电化学腐蚀持续进行，以上因素共同作用加速了水渣车的腐蚀。

因此，要想从根本上解决腐蚀问题，应从防止或破坏电化学腐蚀入手。

电化学腐蚀能够实现的三个因素是电解液、正极、负极，但水渣自身弱碱性特性和高温的特点由于生产工艺的原因暂时无法改变，因此只能从电极方面入手，也就是车体材质，确切地说是对电解液接触位置的材质进行改善。

工矿铁路小半径曲线整正的特殊性研究与应用

（山钢股份莱芜分公司，鲁琦行）

摘　要：曲线正矢作为铁路曲线地段的一项技术参数，对于判断曲线路况是否良好有着重要意义。同时，正矢超限也是引起曲线线路隐患频发的根源所在。山钢股份莱芜分公司既有线路在铺设时受地形等各方面条件限制，曲线半径小，列车通过时对钢轨的侧向冲击力大，曲线正矢不易保持。再加上近年来“新旧动能转换”和“公转铁”运输方式的转变，运输作业量骤增，曲线几何形位难以维持，加剧了钢轨磨耗的程度。而冶金工矿企业铁路由于场地所限，往往都存在曲线半径小、线路重载化程度高、个别区段集中过车频繁等特性，日常维保检修有别于客货线路。针对此种显著特性，从具有代表意义的原材料输送重点区域入手，实地调查论证，通过研究实践，利用传统检修模式与新型数据库相结合的方式，着手解决小半径曲线正矢超限率高的问题。

关键词：小半径曲线；正矢；整正；特殊性；实施方法

1　引言

山钢股份莱芜分公司既有线路在铺设时受地形等各方面条件限制，曲线半径小，列车通过时对钢轨的侧向冲击力大，曲线正矢不易保持，再加上近年来“新旧动能转换”和“公转铁”运输方式的转变，运输作业量骤增，曲线几何形位难以维持，加剧了钢轨磨耗的程度。

该厂内现有铁路在建造初期由于厂房建造与线路规划不同步，致使厂房修建时未充分预留铁路空间，后期铁路铺设多依照既有地形，故厂内存在许多曲线半径小于 300m 的线路。按照区间线路最小曲线半径值规定，Ⅱ级冶金线的困难地段最小曲线半径为 300m，因此，有部分曲线未能达到规定半径。

另外，因场地所限，即便是小半径曲线，在某些区域也不能按标准设置缓和曲线，曲线超高多在圆曲线内顺坡。虽然在部分曲线为了配合曲线超高轨底坡根据实际也做了必要的调整，但仍存在钢轨磨耗严重、正矢超限率高的隐患。

本文首先从现有的冶金小曲线铁路调查入手，通过汇总分析数据，从中找出影响较大的关键因子，结合冶金小曲线特殊的处理方法，解决冶金重载线路小曲线正矢难以保持的问题，为同行业冶金曲线维保提出有价值的参考建议。

2　冶金线困难地段小半径曲线现状

莱芜分公司一铁区域是原材料输送的咽喉区域，属于热线行车区段。但在此处共有 3 条半径小于 300m 的曲线，为隐患高发区。因此，我们对该处进行了正矢测量，并结合调查情况做出了统计表，见表1~表3。

表1　一铁2号岔至4号岔间曲线　(mm)

测点	实测正矢	标准正矢	正矢差	允许误差	是否超限	测点	实测正矢	标准正矢	正矢差	允许误差	是否超限
1	81	83	2	9	否	8	78	83	5	9	否
2	81	83	2	9	否	9	79	83	4	9	否
3	83	83	0	9	否	10	77	83	6	9	否
4	87	83	4	9	否	11	78	83	5	9	否
5	98	83	15	9	是	12	86	83	3	9	否
6	97	83	14	9	是	13	107	83	24	9	是
7	85	83	2	9	否	14	98	83	15	9	是

表2　二铁5股北曲线

测点	实测正矢	标准正矢	正矢差	允许误差	是否超限	测点	实测正矢	标准正矢	正矢差	允许误差	是否超限
1	72	74	2	9	否	8	76	74	2	9	否
2	73	74	1	9	否	9	78	74	4	9	否
3	79	74	5	9	否	10	74	74	0	9	否
4	78	74	4	9	否	11	78	74	4	9	否
5	96	74	22	9	是	12	72	74	2	9	否
6	105	74	31	9	是	13	72	74	2	9	否
7	90	74	16	9	是	14	75	74	1	9	否

表3　焦化3股曲线

测点	实测正矢	标准正矢	正矢差	允许误差	是否超限	测点	实测正矢	标准正矢	正矢差	允许误差	是否超限
1	38	42	6	9	否	8	38	42	4	9	否
2	52	42	10	9	是	9	39	42	3	9	否
3	55	42	13	9	是	10	38	42	4	9	否
4	60	42	18	9	是	11	40	42	2	9	否
5	56	42	14	9	是	12	41	42	1	9	否
6	43	42	1	9	否	13	42	42	0	9	否
7	39	42	3	9	否	14	38	42	4	9	否

对曲线测量记录进行统计，做出饼状图，如图1所示。

通过对现场三条曲线42个点进行调查，有超限正矢点11个，超限率26%。

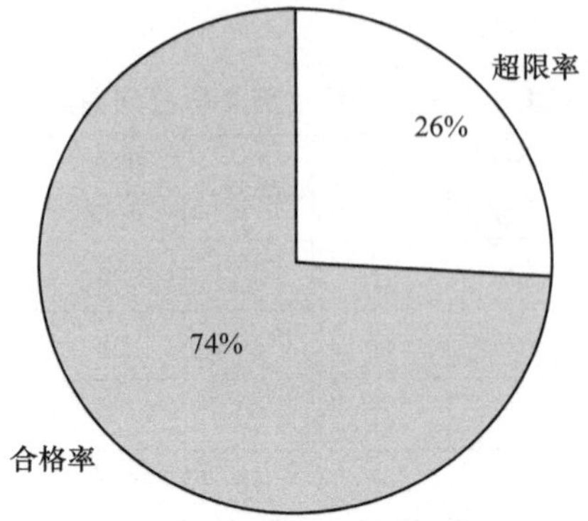

图 1　曲线正矢合格率饼状图

3　理论分析失效因子

绘制因果分析图对影响曲线正矢超限率的因素加以详细分析，并进行现场实地调查确认（表 4）。

表 4　失效因子调查表

序号	失效因子	调　查　确　认
1	曲线中心定位偏差	通过测量，曲线中心偏差严重，均不符合规定要求
2	轨枕失效	对 3 处曲线失效枕木进行统计，平均失效率 19%
3	道床塌砟	每月对塌砟地段道床进行增补作业，石砟饱满无影响
4	飞边打磨周期长	打磨周期的长短与否，不能直接影响正矢变化
5	防爬设备缺失、失效	经过补充防爬器和打靠、紧固螺栓，该状况得到改善
6	拨道量不足	矿粉堆积，未按要求测量、计算正矢，拨道量不足，偏差大曲线不圆顺，引起机车蛇形运动
7	捣固机功率小	通过与生产厂家协调，购买了大功率机械，捣固效果良好
8	月检不到位	班组点检次数每月不少于 1 次，及时发现并处理隐患
9	捣固机具老化	定期对捣固机械进行保养，实行定置化管理，该问题已解决
10	地理位置受限	由于地理原因，该因素为不可抗因素，暂不考虑为第一要因
11	大小胶垫损坏	自制大胶垫使用承压能力是普通大胶垫的 5 倍
12	无排水沟	排水沟已陆续建成，排水较为通畅
13	人员作业误差	在严密执行操作法情况下，误差可忽略不计

根据随机抽取的 10 份巡道工作业记录，结合上述失效因子，对记录内故障原因次数进行分析。

由表 5 做出排列图，如图 2 所示。

表 5　影响正矢超限的缺陷统计

序号	正矢变化原因	频数	累积频数	频率/%	累积频率/%
1	曲线中心定位偏差	18	18	30	30
2	拨道量不足	15	33	25	55

续表 5

序号	正矢变化原因	频数	累积频数	频率/%	累积频率/%
3	轨枕失效	12	45	20	75
4	防爬设备失效	4	49	6.7	81.7
5	道床塌砟	4	53	6.7	88.3
6	大小胶垫损坏	3	56	5	93.3
7	捣固机功率小	2	58	3.3	96.7
8	其他	2	60	3.3	100

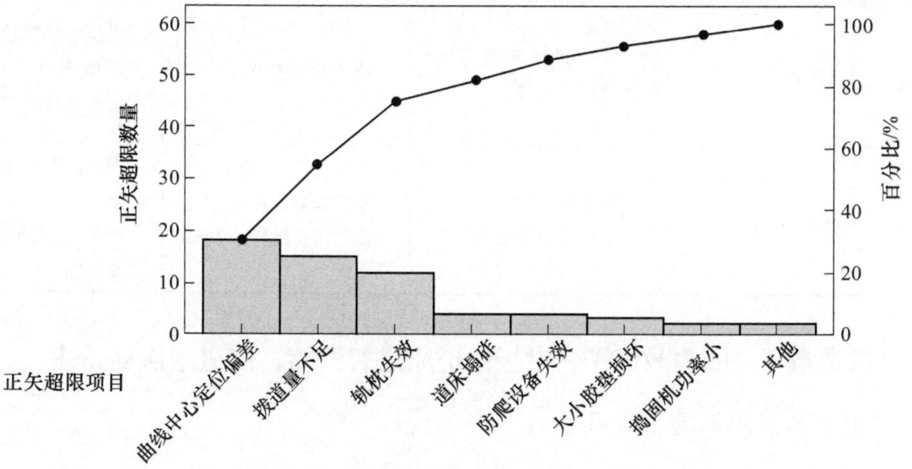

正矢超限数量	18	15	12	4	4	3	2	2
百分比	30.0	25.0	20.0	6.7	6.7	5.0	3.3	3.3
累积/%	30.0	55.0	75.0	81.7	88.3	93.3	96.7	100.0

图 2 缺陷排列图

结果显示曲线中心定位偏差、拨道量不足及轨枕失效总影响值接近 80%。由二八法则，确定该三方面失效因子为重点失效对象，见表 6。

表 6 重点失效对象

序号	重点失效对象名称	对 象 描 述
1	曲线中心定位偏差	由于曲线地段钢轨在列车的频繁冲击下线路中心线产生偏差，造成在养护作业时中心线定位错位，导致误拨线路，致使正矢超限
2	轨枕失效	由于道床环境状态不良，形成板结，导致轨枕在钢轨的瞬时荷载下折断、压溃，无法继续提供作用
3	拨道量不足	工矿铁路道床表面通常存在大量水渣、矿粉，拨道作业受此影响存在拨道量不足

4　针对冶金线小曲线的靶向治理

针对已经确立的三项重点失效对象，逐一制定对策，见表 7。

表 7　靶向治理

序号	重点失效对象	治理方式	目　标	治理过程
1	曲线中心线定位偏差	使用仪器准确测量； 准确测量曲线正矢； 合理设置缓和曲线	高低、方向≤±6mm，正矢≤±9mm	全面测量曲线数据； 计算正矢、确定好拨道量； 使曲线头尾衔接良好
2	轨枕失效	及时更换失效轨枕； 维持道床弹性	枕木状态良好	更换失效轨枕； 更换自制大胶垫，保持钢轨和轨枕间弹性
3	拨道量不足	清筛道床； 制作防横移装置	厚度≥110mm； 曲线正矢误差≤±9mm	根据实地情况清理道床； 严格拨道作业，控制误差范围

4.1　针对拨道量不足的失效因子，对板结道床进行清筛，使道床恢复弹性

道床横断面示意图如图 3 所示。

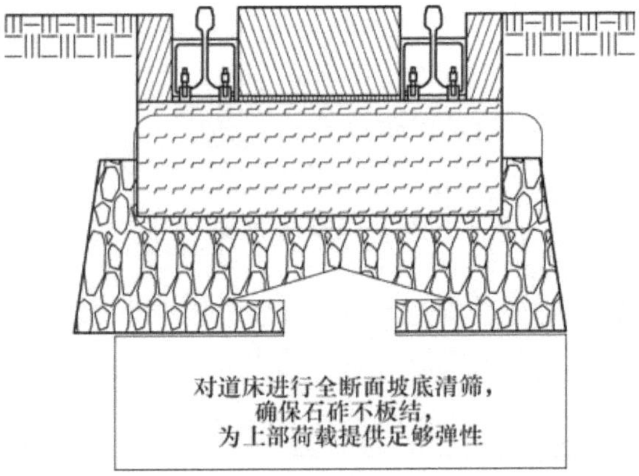

图 3　道床横断面示意图

工矿企业线路，由于常年运输水渣、原料，道床多被侵蚀掩埋，且在小半径曲线上，运输作业繁忙，无法通过大型机械快速清理。故自枕木下 30cm 为标准，采用传统人工破底清筛，恢复道床承载力。

冶金线道床石砟使用花岗岩为宜，因花岗岩石砟硬度更大，且经过相互摩擦，形成的破碎体为颗粒状，在冶金水渣的作用下，不易形成板结道床，故该种道砟的选配应符合以下条件。

碎石道砟颗粒形状及清洁度：

（1）针状指数小于 50%；

（2）片状指数小于 50%；

（3）黏土团及其他杂质含量小于 0.5%；

（4）小于 0.1mm 粉粒量小于 1%。

对拨后过车容易变化还原处所，曲线拨道量不大时，要适当留有回弹量，一般为 5~6mm，死弯多留、慢弯少留；曲线下压多留，上挑多留。

通过实施以上措施，进行效果检查（表 8）。

表 8 效果检验

项目	标准	一铁 2~4 号道岔曲线	二铁 5 股曲线	焦化 3 股曲线	备注
高低、水平	±6mm	2~4mm	−2~+4mm	−3~+3mm	合格
道床边坡、厚度	±10cm	5~9cm	4~8cm	5~10cm	合格
轨距递减	2‰	2%	1.5%	1%	合格
轨距杆	有无松动、失效	无	松动 1 根	无	合格

4.2 针对轨枕失效的失效因子，更换失效轨枕，以保持曲线的稳定性

该区段铁路属前期先设厂房，后铺设线路，运送、铺设砼枕受场地限制存在施工难度，故多采用木枕。针对枕木切割严重，钢轨的几何形位不能有效保持问题，经过更换枕木，有效阻止了钢轨横向位移。

木枕是工矿企业使用最为普遍的一种轨枕，其选用树种应以红松、落叶松、柏木、桦木为宜。木枕铺设时应宽面在下，并尽可能树心朝下；劈裂的木枕应该做好捆扎愈合处理。钢轨接头处尽量选用标准木枕，维修时应尽可能同时更换。改钉时必须插入木片，新更换的木枕严禁在铁垫板后面钉钉。

通过实施以上措施，进行效果检查，整改前后对比如图 4 所示。

图 4 整改前后对比

在项目实施后，经过统计调查，3 处曲线轨枕平均失效率从 19% 下降到了 2%，轨枕失效问题得以解决，曲线正矢保持良好。

4.3 针对曲线中心定位偏差的失效因子，准确测量记录，合理定位线路中心线

测量记录曲线正矢，对参数设置不良的曲线进行优化。精准定位线路中心线，由于厂房等建筑物的遮挡，曲线地段应多次转点，但随着转点次数的增加，误差累计增大。此

时，应及时对误差值进行修正。

在曲线地段，横断面方向是与线路实测点的切线相垂直的方向。横断面的方向可用方向架或经纬仪测定。

后期，测量人员在计算处理数据时，对于突变较大的点要及时现场复测，并核实。从而为拨道作业提供准确的理论支持（图5）。

图5　安装曲线防横移定位桩

4.4　曲线防横移装置及大胶垫

区域内部分线路为铁水运输线，机车轴重大，通过曲线时对线路的几何形位影响较大。为防止曲线拨道后回弹，利用工字钢制作了曲线防横移定位桩；并在曲线地段采用热塑胶垫，保持钢轨与轨枕间弹性，有效控制了曲线正矢的变化。

4.5　建立新型数据库并实地标记

通过测量汇总，为每段曲线设置可视化数据库，数据包括超高、加宽、顺坡、曲线长度等。并在钢轨醒目位置，用防腐材料标记必要参数，便于作业人员高效检修（图6）。

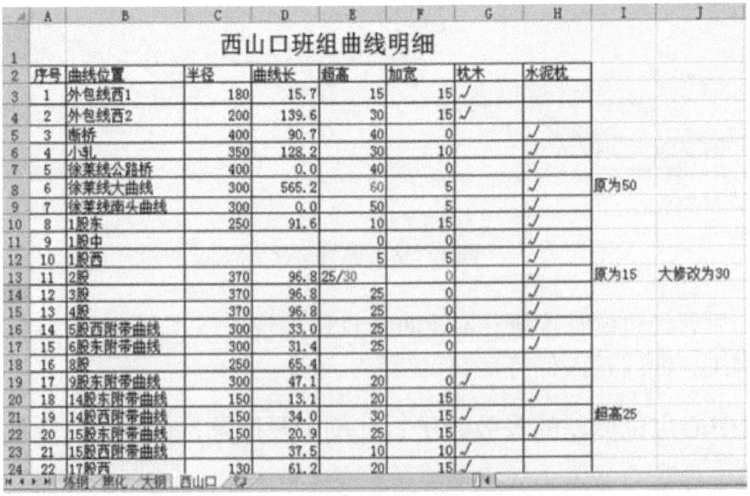

西山口班组曲线明细

序号	曲线位置	半径	曲线长	超高	加宽	枕木	水泥枕		
1	外包线西1	180	15.7	15	15	√			
2	外包线西2	200	139.6	30	15	√			
3	断桥	400	90.7	40	0		√		
4	小乳	350	128.2	30	10		√		
5	徐莱线公路桥	400	0.0	40	0		√		
6	徐莱线大曲线	300	565.2	60	5		√	原为50	
7	徐莱线南头曲线	300	0.0	50	5		√		
8	1股东	250	91.6	10	15		√		
9	1股中			0	0		√		
10	1股西			5	5		√		
11	2股	370	96.8	25/30	0		√	原为15	大修改为30
12	3股	370	96.8	25	0		√		
13	4股	370	96.8	25	0		√		
14	5股西附带曲线	300	33.0	25	0		√		
15	6股东附带曲线	300	31.4	25	0		√		
16	8股	250	65.4						
17	9股东附带曲线	300	47.1	20	0	√			
18	14股东附带曲线	150	13.1	20	15		√		
19	14股西附带曲线	150	34.0	30	15	√		超高25	
20	15股东附带曲线	150	20.9	25	15		√		
21	15股西附带曲线		37.5	10	10	√			
22	17股西	130	61.2	20	15	√			

图6　曲线正矢数据库

5 靶向治理的验证

对以上 3 股曲线进行正矢值测量验证，共有 3 个点超过规定值，其他 39 个点均在规定值范围内，合格率 92.9%，曲线正矢超限率为 7.1%，已达到预期计划的目标（图 7）。

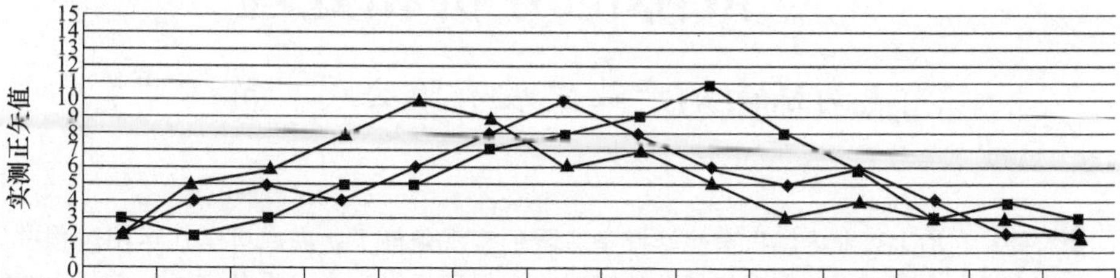

	1	2	3	4	5	6	7	8	9	10	11	12	13	14
一铁2～4号岔	2	4	5	4	6	8	10	8	6	5	6	4	2	2
焦化3股	3	2	3	5	5	7	8	9	11	8	6	3	4	3
二铁5股北	2	5	6	8	10	9	6	7	5	3	4	3	3	2

图 7 项目实施后正矢超限统计图

6 结语

6.1 优化提升

为使治理成果长期保持，形成治理固化表（表 9），定期复检。

表 9 治理固化表

序号	项目	内 容
1	作业中准确定位，对标施工	定期对曲线进行测量，两次/月；减少误拨操作发生
2	更换轨枕	及时更换失效轨枕、配件，清筛道床，使道床弹性良好
3	正确拨道	严格标准化作业，拨道时结合水平、高低的整治，预留回弹量

6.2 建议说明

冶金线特殊的承载要求和使用方式，决定了它需要特殊的治理方法。以上总结的小曲线靶向治理方案，在很大程度上可解决现有冶金线小半径存在的正矢整正问题。此外，通过加密点检巡查等多种渠道，随时观察和测量分析曲线状态的变化情况，也有助于对整正曲线提供帮助。

对 GKD1-0115 机车柴油机排气冒黑烟故障的分析和处理

（南京南钢产业发展有限公司，陈心宇）

摘　要：在冶金行业内燃机车检修设备有限的客观条件下，内燃机车在运用过程中发生一些在现有设备水平下无法彻底修复的故障时，在保证运行安全和设备安全的前提下，需根据现有技术、设备水平对内燃机车进行临时修复，从而满足厂内铁路运输的动力需求。通过对南钢铁路运输中心的 GKD1-0115 内燃机车柴油机排气冒黑烟故障处理过程进行分析，提出如何判断和临时处理 GKD1 型电力传动机车励磁电路故障引起的柴油机排气冒黑烟故障。

关键词：励磁调节器；油马达；黑烟；牵引电流；电阻

GKD1-0115 机车在中修后，一直运用于二铁厂 110t 钢水包运送作业，柴油机转速在 430r/min 时（怠速）可满足该项作业的动力需求。2019 年 5 月投用于 220t 鱼雷罐运送作业，柴油机需加载至 600r/min 以上，随即在作业过程中发生机车柴油机排气冒黑烟现象。

1　故障现象

2019 年 5 月 16 日乘务员反映 GKD1-0115 机车加载时柴油机排气冒黑烟情况严重，夜间能看见排烟口有火星。检修人员在作业现场确认故障后，为保证铁水运输采取了紧急处理措施。起机试车查找柴油机冒黑烟原因。试车过程中发现在柴油机转速 430r/min，司控器主手柄处于 1 位时，牵引电机电流表显示牵引电流在 320A 左右，将司控器主手柄推到保位，牵引电机电流表显示电流 700A，远高于该转速下匹配的牵引电流大小，且机车有明显“冲动”。机车加载时有柴油机排冒黑烟，高把位冒黑烟情况加重且有火星。

2　故障处理过程

检修人员对燃油系统、增压器以及调速器进行检查，未发现问题。

继续排查励磁调节器。油马达单独励磁，冒黑烟现象有所缓解。励磁调节器单独励磁，冒黑烟情况仍然存在。依次更换励磁调节器逆变、斩波、扩展等插件后，分别在油马达励磁和励磁调节器并行情况下试车，司控器置 1 位，牵引电机电流表降至 300A 左右，司控器置保位，牵引电机电流表显示 600A 左右，机车加载冒黑烟现象仍有。

同样在油马达励磁和励磁调节器并行情况下，调节平稳起动电阻（Rwq）至最大位，司控器置 1 位，牵引电机电流表显示在 270A 左右；此时司控器置保位，牵引电机电流在 550A 左右。继续加载试车，仍排黑烟。调整励磁绕组最大调整电阻（R1cf1），启机试车，司控器置 1 位，牵引电机电流在 200A 左右；司控器置保位时，牵引电机电流在 450A 左右。随着柴油机转速上升，牵引电机电流表逐渐上升，柴油机排烟正常，机车无“冲动”。走车、加载试验，柴油机排烟正常，因考虑到机车牵引功率，不宜再进行电阻调整，机车投入使用。

3 故障判断和分析

针对 GKD1-0115 机车加载时柴油机排气冒黑烟现象，在排除燃油系统、调速器、增压器故障后，结合观察起机加载情况，即柴油机转速与主发电机输出功率不匹配，可以初步判断出为励磁电路故障。判断出励磁电路故障后，为了进一步确定故障点并处理，需要对励磁调节器励磁和油马达电阻励磁分别单独励磁条件下和并行励磁条件下的机车运行情况进行分析。

3.1 励磁调节器和油马达功调电阻单独励磁条件下

在分析故障前，需要了解励磁调节器上设有的两个开关（K1、K2）的作用，它们分别是“油马达功调电阻励磁”和“励磁调节器励磁”控制开关。当油马达功调电阻和励磁调节器都正常工作时，两开关均置“正常”位。此时油马达和励磁调节器同时工作。当油马达功调电阻励磁系统有故障，不能正常工作时，可将“油马达功调电阻励磁”开关置“故障”位，此时由励磁调节器单独工作。当励磁调节器发生故障不能正常工作时，可将“励磁调节器励磁”开关置“故障”位，机车为油马达功调电阻励磁控制状态。

为了分析故障原因。我们进行励磁调节器和油马达功调电阻单独励磁试验。首先将励磁调节器控制开关置于“故障”位，油马达功调电阻控制开关置于“正常”位，此时油马达功调电阻单独励磁，观察机车冒黑烟现象有所缓解，故依次更换励磁调节器逆变、斩波、扩展等插件后分别试验，我们将油马达功调电阻控制开关置于“故障”位，励磁调节器控制开关置于“正常”位关，此时励磁调节器单独励磁，负载状态机车无黑烟，机车加载时出现冒黑烟情况。

通过分析对油马达功调电阻和励磁调节器单独工作时，机车柴油机冒黑烟情况，可以初步判断故障原因可能是转速与功率不匹配。为了进一步处理故障，需要在励磁调节器和油马达功调电阻并行励磁条件下进一步对故障进行分析。

3.2 励磁调节器和油马达功调电阻并行励磁条件下

首先我们对 GKD1 型电传机车的励磁电路工作原理进行分析。励磁调节器和油马达功调电阻控制开关都置于“正常”位，励磁调节器和油马达功调电阻并行工作。当柴油机处于低转速阶段时，油马达功调电阻（Rgt）在最大电阻位，不参与调整。这时系统由励磁调节器进行控制，主发电流由计算机通过控制 ICF 使之具有最佳增长率，机车获得良好的启动加速性能。图 1 所示为这种方式下，430r/min 时主发动机输出情况：油马达功调电阻不参与励磁，主发电机电流 IF 只能在 1800A；油马达功调电阻参与励磁调整后，IF 可增到 3200A 左右。

当柴油机在 700r/min 以上时，Rgt 自动投入工作系统，系统转为恒柴油机功率控制。

试车时状况：试车过程中发现在柴油机转速为 430r/min，司控器主手柄处于 1 位时，牵引电机电流表显示牵引电流在 320A 左右，将司控器主手柄推到保位时，牵引电机电流表显示在 700A 左右，远高于该转速下匹配的牵引电流大小，且机车有明显冲动。已基本排除励磁调节器故障。该转速下油马达功调电阻不参与励磁。根据平稳启动电阻 Rwq 工作原理（图 2），司控器主手柄处于 1 位时，与 Rwq 电阻并联的 1ZJ 常开触头处于断开位置，

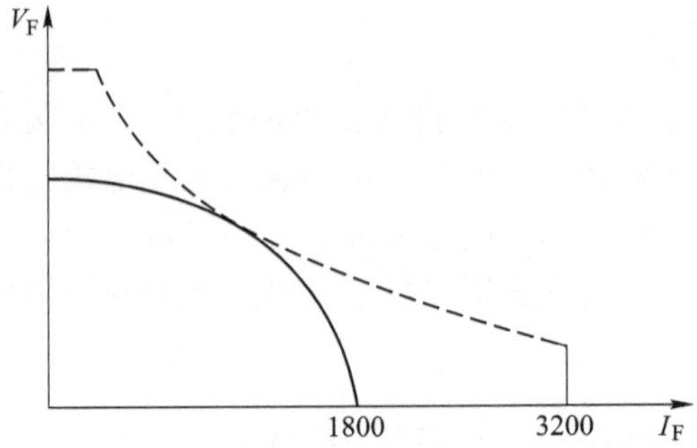

图 1　430r/min 时主发动机输出特性

虚线—励磁调节器励磁；实线—油马达功调电阻励磁

这时 Rwq 电阻串联在励磁回路中，使得测速发电机（TG）发出的电流变小。若 Rwq 电阻阻值偏小，Rwq 电阻接入时会导致测速发电机（TG）发出的电流降幅较小，造成主发电机功率与柴油机转速不匹配。所以我们判断是由于平稳启动电阻（Rwq）阻值偏小导致以上故障。

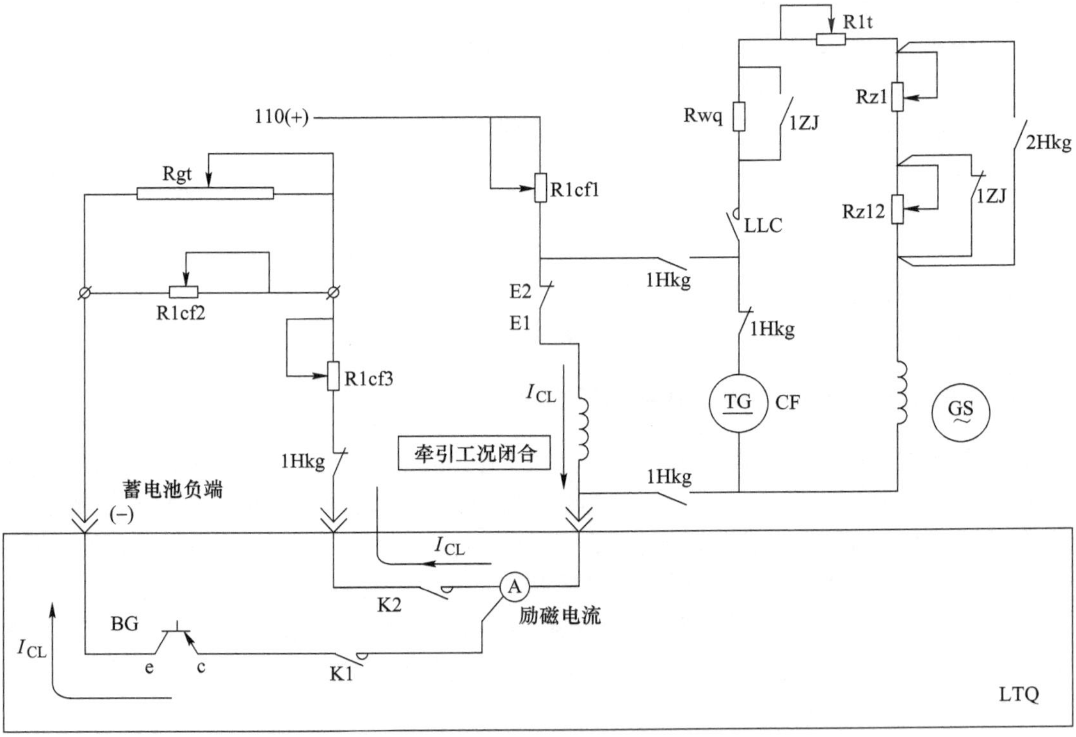

图 2　励磁电解器和油马达功调电阻并行时工作原理

之后我们对平稳启动电阻 Rwq 的阻值进行调节，并试车。当 Rwq 阻值从 14Ω 调至 16Ω 时，机车在油马达励磁和励磁调节器并行状态，柴油机转速在 430r/min，司控器置于 1 位时，牵引电机电流表显示在 270A 左右，此时司控器置于保位，牵引电机电流在 550A 左右，机车冲动情况有所减轻。但是在机车加载试验时发现排黑烟依旧。

故可判断出，当调整平稳启动电阻（Rwq）阻值后，需校正励磁绕组最大调整电阻（R1cf1），由于无水阻试验设备，只能根据机车对机车运行状态的监控进行人工校正。将 R1cf1 从 285Ω 逐渐调高，并观察机车运行状况，当 R1cf1 调至 430Ω 时，在油马达励磁和励磁调节器并行状态下，柴油机转速在 430r/min 司控器置于 1 位，牵引电机电流在 200A 左右，司控器在保位时牵引电机电流在 450A 左右，随着柴油机转速上升，牵引电机电流表逐渐上升，柴油机排烟正常，机车无冲动。走车、加载试验，柴油机排烟正常，故障排除。等待后期机车轮修上水阻实验台，彻底解决故障。

4 结束语

此次故障在机车提高功率需求后发生。由于该机车一直在低功率状态下运行，因此潜在故障未被发现。若机车长时间在此状态下运行，可能会对柴油机和电气系统造成不可逆的损伤，造成不必要的经济损失。为防止这种情况发生，首先需要提高司机水平，保证行车时监控机车运行中各仪表数据在正常值；对于长期在低功率状态下运行的机车，应提高机车加载试验频率，检查机车在大功率运行时是否存在潜在故障。

管 理 类

铁路运输企业内部市场体系的构建与实施

（山钢股份莱芜分公司，孙鹏、段崇义）

摘　要：铁路运输企业受国家铁路管理部门要求影响，逐步形成了相对固定的运输作业模式，标准化作业及安全生产意识强，但灵活性、及时性相对较差。近年来，随着外部运输市场及企业生产节奏不断变化，作为辅助生产企业，为主体企业提供灵活多变的运输服务，满足企业利润最大化需求，已经迫在眉睫。通过在铁路运输企业构建内部市场体系，实施精益管理，构建精益铁运模式，能极大促进企业经营任务目标不断改善，激活各级管理和基层员工内在动力，推动精益管理各项要求实现落地，达到企业各项管理目标逐步提升的目的。

关键词：铁路运输；内部市场化；体系构建；实施

山东钢铁股份莱芜分公司运输部主要承担莱芜分公司铁路进厂原燃材料和厂内成品、半成品的运输及外发任务，被誉为“钢铁大动脉”。作为国家铁路管理部门与企业双重管理下的运输生产企业，随着企业管理要求的不断提升，在满足铁路部门标准化作业、安全生产要求的同时，快速改善服务水平，提升灵活应对外部市场及企业生产节奏变化的能力显得尤为重要，在现有条件下，以用户需求为导向，以内部核算为依据，运用市场化规则，激活各级管理和基层员工内在动力，实现岗位增值、干部增责、职工增收、企业增效，为企业提供灵活多变的运输服务，满足企业利润最大化的运输服务需求，已经迫在眉睫。

1　内部市场体系构建过程

按照“123510”内部市场化总体推进思路，内部业绩指标聚焦至外部服务需求，内部市场靠外部服务拉动，健全内部市场体系应对多变的外部服务需求，以市场化的管理手段提升运输服务水平，实现公司效益最大化。“123510”的推进思路：1 个中心、2 大目标、3 级主体、5 个体系、10 个市场要素，以降本增效为中心，以完成公司下达的经营任务目标及管理目标为主线，建成全面覆盖、多层级的内部市场化运营体系，建立段（科室）、班组、岗位（个人）三级市场主体，构建预算体系、价格体系、计量体系、核算体系和考核体系，确立任务、物耗、能耗、外委、服务、创新、安全、质量、人力、资金 10 个市场要素。

1.1 两大目标及五大体系构建

以公司下达各项任务为经营目标，以提升精益管理水平为管理目标，双管齐下，通过兑现各级市场薪酬，固化热线用户需求价值导向，强化降本增效措施落地，培育精益文化，实现管理架构、运营系统、理念能力的三圈联动，不断提升精益改善能力及运输服务水平。预算体系构建时将预算总目标逐级分解到各级市场主体，预算内容分为成本指标、生产经营计划、设备检修计划三部分，每月月初，由市场化运营推进办公室制定并下发内部市场化月度预算；内部市场交易价格是市场主体双方交换的量度，因此，价格体系构建时应立足全要素赋价，价格设计合理与否是市场化运作的关键，需要长时间对全部市场要素价格开展修订完善；计量体系是推行内部市场化管理运行的基础，为内部市场核算提供准确可靠的数据支持，构建计量体系时，应立足使每一种市场行为都能得到有效监督，充分发挥“ERP”“铁路运输管理信息系统”“机车 DGPS 调度监督系统”等信息化系统的数据统计功能，确保交易行为及过程统计及时、准确；构建核算体系同样十分重要，以生产经营计划为指导，以内部市场交易价格体系为支撑，建立起全员、全方位、全过程的核算体系，依托信息化系统等先进高效的工具进行核算，保证数据信息的实时、准确，让每名职工尽快获取自己工作周期的工作价值；考核体系作为内部市场化最重要的体系，是生产经营绩效的直接体现，反映了内部市场化推进工作的成效，职工市场化薪酬由岗资部分和效益薪酬两部分组成，薪酬价值以既有人数进行测算，效益薪酬按照一定基数测算，当月实际收入与测算基数有差距时，通过效益系数予以调整。

1.2 内部市场体系构建的难点及对策

运输任务存在诸多不确定性，工作量测算不仅受外部市场、公司热线生产及检修变化影响，也受铁路部门、大宗原燃料及公转铁相关政策影响，预算管理难以实现精准化，工序价格测算难，二级市场面对临时增加的工作任务往往不知所措，行动迟缓。面对这一难题，一方面需要管理者在预算周期开始前，科学判断下个周期面临的运输形势，使预算精准化，面对额外出现的市场要素，需要建立市场仲裁机构，由仲裁机构把临时任务纳入价格体系，由于临时性工作任务会稀释整个市场价值，仲裁机构要严格控制临时增加任务数量，对临时增加但有助于改善企业经营任务目标的行为，要不折不扣地兑现薪酬，以维持内部市场体系继续发挥作用，促进后续临时任务快速响应、高效完成。

内部市场体系运行过程中要确立一级市场最重要的价值指标，即一级 KPI 指标要科学设立，二级市场要完全承接。检修任务是铁路运输企业中比较重要的一项工作，但一级市场的主要 KPI 为运输任务而非检修任务，这就需要检修市场也要承接运输任务，如此才能形成统一的价值拉动作用，在市场运行成熟后，在工序间逐步建立工序价格，工序内部以薪酬兑现的形式促进形成价值流动，促进市场体系稳定高效发挥作用。

铁路运输企业作为辅助生产企业，应该树立大局意识、服务意识，但大局及服务意识的落实很难靠市场化的价值引导发挥作用，一旦全部融入内部市场体系可能会导致二级市场以当前价格及自我判断的价值导向为中心，不能从公司全局角度安排和执行作业，导致部分工作推进不能及时响应或产生消极怠工、效率低下等问题。根据热线或市场需求快速调整运输价格是解决方法之一，但由于价格调整有自身制度约束和调整周期，为满足公司利润最大化的需求，把调度指挥的执行力纳入价格要素是较好的解决途径，指标设立时可把执行力（差错、表扬次数等）作为 KPI 指标进行管控，如不达标则开展考核并扣减薪酬。内部市场化体系的构建与实施给调度工作带来挑战，需要在有条件时，探索调度效率提升，在及时性、准确性、高效性指标改善上开展研究，建议在梳理运输流程的同时，压缩调度层级，以一级调度集中的形式开展改善，同时，利用信息化手段，从公司层面共享各类数据，搭建统一的大数据信息平台，建立原燃料到达、货物分解编组、热线生产、产品外发等全流程的信息传递、决策系统，以助于提升物流效率，减少各类浪费，提升公司盈利水平。

为充分调动各级市场主体的积极性，最大程度发挥内部市场体系作用，应落实减人不减薪、增人不增资的做法，需要对各级市场开展定员工作，对二级市场主动减员增效的做法给予支持，减人不减效益薪酬，增人不增效益薪酬，激发各级市场活力，提升各级市场主动开展降本增效的积极主动性。对纳入价格体系的工作任务确定时，要缩短周期，以便更准确合理并最大程度地减少预算收入与实际兑现薪酬的偏差，使核算更加快捷，劳动价值体现更为直观，有利于充分调动各级市场积极性。

2　内部市场化的实施及管理措施保障

内部市场体系建立完成后，需要各级市场落地实施，同时需要一级市场不断完善运营系统，开展业绩跟踪，不断完善业绩对话机制，固化管理成果，形成问题上报、反馈、解决的闭环管理机制，营造精益氛围，提升改善能力和运营绩效。

2.1　内部市场化实施的措施和步骤

首先，各级市场建立业绩管理体系，对各级市场进行 KPI 指标确立、目标设定工作。结合企业战略与顾客需求确定相联系的驱动因素，分解出所有可能存在的部级末端因素，承接公司下达的关键管理指标：成本、安全、工作量、工作质量等要求，按照相关程度开展赋分及矩阵分析，运用柏拉图确定各级关键 KPI 指标，其次对每项指标开展目标设定，按照 SMART 原则层层分解，落实到各岗位，实施业绩跟踪管控，促进各级市场不断提升运营绩效。

2.2　业绩对话机制的实现

开展二级市场绩效评审活动，每季度坚持开展以运营绩效、内部市场化推进绩效为主的验收评审活动，实现各单位亮点做法共享及精益项目进展情况的双向交流与管控，并最终确定、评选精益管理及内部市场化工作先进单位；坚持开展季度业绩对话活动，每季度召开业绩对话会，对先进单位进行表彰，对季度工作进行简要总结，对下一步工作做出安排，市场化管理部门对精益管理工作推进情况及各单位内部市场化推进亮点进行评价和共享；坚持开展以“内部市场化”为主要内容的“领导讲精益”活动，安排各二级市场管理人员结合实际工作，从内部市场化运营、业绩管理等方面开展经验介绍。

3 运营绩效

通过固化热线用户需求价值导向，强化降本增效措施落地，细化以内部核算为依据的市场运营体系，激活各级管理和基层员工内在动力。通过业绩跟踪、业绩对话工作策划、实施，逐步开展各层级 KPI 体系设计、目标设定等工作，推动精益管理各项要求实现落地，逐步建立起相对规范的业绩管理体系，打造运输生产精益管控模型，经营任务目标和管理目标不断提升，实现交易重心实现从关注“增量运输”向关注“增量运输”与“增效服务”并重方面转变，实现交易重点从内部运输任务完成向追求企业利润最人化转变，通过内部市场化体系的构建与实施，使运输经济技术指标连续创出新纪录，企业生产经营绩效及盈利水平有了大幅度提升。

技术改造提升南山矿铁路运输安全效能

（马钢（集团）南山矿业公司，黄礼桥、于平和、陈宗援）

摘　要：从矿山铁路运输安全工作角度入手，阐述了马钢（集团）南山矿业公司多年来在破解运能和安全矛盾，立足技术改造，不断加大技改投入，提升铁路运输系统本质安全方面取得的良好实用效果，对国内老旧矿山铁路运输安全工作创新有一定的借鉴作用。

关键词：守车照明装置；混凝土枕道岔；MCIS 模块化计算机联锁；智能语音报警；数字平面无线调车

马钢（集团）控股有限公司南山矿业公司（以下简称南山矿）位于安徽省马鞍山市雨山区向山镇，1954 年建矿，是马钢优质铁精矿生产基地。矿区总面积 $16km^2$，辖有高村、和尚桥两个采场，凹选、东选、和选三个选厂。年采选铁矿石 1200 万吨，年产铁精矿 300 万吨。物流主要依靠铁路运输，年运输总量 1400 万吨。地处城乡结合部，面广线长点多，老矿山旧设备，繁忙的运输任务给矿山铁路运输安全管理带来重重压力。南山矿通过技术改造提升铁路运输安全效能，开辟了崭新的视野。

1　南山矿铁路运输概述

南山矿铁路运输系统以 47m 编组站为中心，北进高村采场，东上凹山排土场，西下和尚桥采场，西北、西南分别连接凹山选矿厂和东山选矿厂，运行单程最远 9.7km，铁路线总里程 62km。共有 6 个车站、12 个作业场、16 座道口。铁路沿线弯道多，伴山而行，与周边村落交织。采用电气化铁路，编组方式为 1 台韶峰 ZG150-1500 电力机车牵引 9 节 KF-60 自翻车，每班 8 组车出勤，24h 两班连续运转，年运输总量 1400 万吨。安全生产压力大，传统管理模式力不从心。为破解运能和安全矛盾，南山矿立足技术改造，通过不断加大技改投入，提升铁路运输系统本质安全，实现长周期的安全生产目标。

2　技术改造提升安全效能的应用实践

2.1　设计安装守车照明装置，解决列车夜间推进运行瞭望问题

南山矿铁路运行列车长期以来仅机车有夜间照明装置，当列车推进运行时，由于车组长达 146m，过弯道时机车照明呈直线照射，在前方守车上担任瞭望的调车员因偏离机车照明光线，无法观察前方动态，就像盲人骑瞎马，遇异常情况极易发生安全事故。给守车安装照明装置，全国各大矿山均没有先例。我们就自行设计、制造、安装了守车照明装置。该装置利用自翻车使用的压缩空气驱动一台气动马达，气动马达驱动发电机，产生电源点亮守车照明灯。此项设计彻底解决了矿山铁路列车夜间推进运行瞭望照明问题，保证了行车安全，同时被国家知识产权局授予实用新型专利，专利证书号：第 1128715 号。

2.2 滚动轴承轮对首次在矿山自翻车上应用

南山矿铁路运输使用的 KF-60 型矿山自翻车采用的 H_2E 型转向架，一直使用滑动轴承轮对，由于结构上的缺陷，极易发生脱轨、掉件等行车事故，同时，燃轴、轴高温、瓦脱壳等故障居高不下，一直是影响矿山铁路运输安全生产的一大难题。2003 年，我们开始研制在 KF-60 型矿山自翻车试用滚动轴承轮对，引进转 8A 型转向架代替 H_2E 型转向架，开创了在国内矿山小半径曲线铁路上使用滚动轴承轮对的先河，经过几年的不断改造和更新，全部 130 台 KF-60 型矿山自翻车滑动轴承轮均改为滚动轴承轮对，解决了 KF-60 型自翻车故障率高、行车安全系数低的问题，减轻了工人检修劳动强度，提高了行车安全性能。

2.3 43k 型钢轨改换 50k 型提升技术等级，满足安全行车需要

南山矿铁路运输线路主要建于 20 世纪 70~80 年代，均使用 43k 型钢轨，随着使用年限延长，钢轨磨耗严重，线路水平和方向难以调整，稳定性能降低，给铁路行车带来重大安全隐患。2000 年，我们首次在高村铁路专用线上改用 50k 型钢轨，取得明显成效，并逐步对其他铁路主线开展 43k 型升级 50k 型钢轨技术改造。为解决 50k 型钢轨和原 43k 型钢轨过渡连接问题，我们采用异型钢轨夹板，窄端连接 43k 型钢轨，宽端连接 50k 型钢轨，确保过渡连接稳定可靠。

2004~2013 年改造 47m 站：交叉渡线 2 组、铁路线路 5160m。北 106m 站：交叉渡线 1 组、铁路线路 900m。69m 北场~69m 南场：铁路线路 600m。45m 站~69m 南场：铁路线路 1600m。69m 北场~北 106m 场：铁路线路 1800m。

2014~2017 年改造南 106m 站：交叉渡线 1 组、铁路线路 600m。69m 南站~南 106m 站：铁路线路 1887.5m。47m 站~69m 北场 Ⅰ 号复线：铁路线路 1600m。南 135m 牵出线和南排土场 Ⅲ 线 1275m。南排土场 Ⅱ 线：铁路线路 768.75m；南排土场 Ⅲ 线：铁路线路 543.75m。

2018 年拆解 45m 站，改造为 47m 站~69m 南站区间联络线，更换 50k 型钢轨 300m。

2.4 引进使用砼枕道岔，提高咽喉部位安全稳定性能

南山矿铁路车站、作业场众多，下采场和上排土场均多次折返，大量使用的道岔成为线路日常维护的重要负担，经常因道岔技术状况恶化造成机列车掉道事故。2013 年，我们首次引进标准轨距砼枕 50k 钢轨 8 号单开道岔，使用在凹山排土场南 135m 牵出线，代替原来普通木枕道岔。该型道岔尖轨采用直线线型藏尖式设计，辙叉采用整铸高锰钢，配套定型砼枕，设计车速直向 80km/h，侧向 30km/h，安全稳定性好，几乎免维护，使用效果良好，之后，陆续将 47m 站的 2 号、4 号、25 号、27 号、18 号、1 号、3 号道岔以及高村站的 1 号、3 号、7 号、16 号道岔更换为 50k 钢轨 8 号砼枕道岔，极大地提升了铁路线技术等级，减少了掉道事故的发生，提高了铁路站场的通过能力。

2.5　改造铁路行车信号系统，以 MCIS 模块化计算机联锁取代 6501 继电控制

南山矿铁路运输行车信号系统自 20 世纪 70 年代开始一直使用 6501 继电集中联锁控制系统，为南山铁路运输行车效率和安全作出了重要贡献。但随着时间的推移，6501 信号设备均超过使用年限，继电器性能下降，信号电缆老化，经常发生信号故障，已经严重影响铁路运输的安全行车和通行效率。2011 年开始，我们陆续对 47m 站、69m 北站、69m 南站、北 106m 站的铁路信号进行技术改造，引进北京康吉森的 MCIS 模块化计算机联锁系统取代了原 6501 继电集中联锁系统。该系统取消了维护工作量大、故障频率高的区间轨道电路，改用计轴识别联锁电路；取消了笨重繁杂的按钮式控制操作台，改用鼠标显示屏操控；取消了功耗高、体积大的继电器组合柜，改用结构紧凑、节能高效的 MCIS 模块；站间闭塞、进路排列、信号显示均通过计算机联锁控制，安全系数大，行车效率高，维护工作量低，操作轻松简便，改造后的运用效果非常显著。在此基础上，还将 69m 南站、北 106m 站和 69m 北站合并，室内信号控制部分均纳入 69m 北站，由 69m 北站信号楼集中操作、统一控制，在安全高效的前提下，节省了大量的人力资源。

2.6　应用智能语音报警装置，保障铁路道口安全畅通

南山矿铁路道口众多，有人看守道口 11 座、无人看守道口 5 座，交通复杂，是事故多发地段，每年都会发生多起铁路交通事故，曾一度困扰南山矿铁路运输生产。2010 年开始，我们陆续在 47m 站~69m 北站复线道口、87m 道口、2 号桥道口、47m 站西道口、东精线道口、迪里站道口、东山道口、69m 南北站区间道口、高村 3 号道口、47m 站东道口安装了 TBC-9 道口智能语音报警器。TBC-9 道口智能语音报警器的原理是在道口两端约 200m 处各安装一对红外传感器，当列车经过红外传感器时，红外传感器接收到信号，触发安装在道口的声、光报警系统，发出声光报警，警示公路过往的车辆及行人停止通行，同时也提示道口员做好迎送列车和监护道口安全工作。TBC-9 道口智能语音报警器安装之后，使用安全效果特别明显，安装过报警器的道口再也未发生过一起安全事故，确保了铁路道口安全畅通。

2.7　数字平面无线调车系统在南山矿铁运作业中的适应性改进和应用

南山矿铁路行车作业过程中的信息联络一直采用旗语手信号（信号旗、灯）、音响信号（汽笛、电铃）、户外广播喊话，正常条件下能满足安全生产的需要，如遇到大风、大雨、大雾等恶劣天气及大弯道、偏远地段等恶劣环境，往往造成作业人员之间信息联络不畅，极易发生行车事故。2018 年，通过对其他铁路行车单位的考察，结合南山矿铁路行车实际，经过研究论证，决定引进湖南省长沙凌峰科技开发有限公司生产的数字平面无线调车系统，经适应性改造后运用到我单位铁路行车作业，增强铁路运输安全生产的保障能力。

该系统由固定设备（调度台）、机车设备（车载台）和便携设备（手持机）组成，具有呼叫应答、指令控制、屏显信号、速度监测、自动放风制动、数据存储等功能。根据我单位铁路行车作业的实际情况，我们在引进运用时进行了适应性改造，便于更好地发挥系统功能。主要做法：

（1）系统安装调试。每座信号楼操作台面上固定安设一台调度机，室外平台上架设发射天线。在每台机车运转室控制开关柜平面安设一台车载机，根据运转工况，可以方便地在机车的两端来回移置。配备每名调车员随身携带一台手持机。为方便作业人员操作，将每组系统均设为固定的单一信道，对一些待开发的扩展功能键给予技术锁定，防止误操作影响使用。

（2）增装直流电源。车载机要求使用 24V 直流电源，而机车上可用直流电源的电压为 48V。为解决电源匹配问题，我们专门自制了变压装置，将直流 48V 电源降到 24V，满足车载机使用要求。

（3）制定安全操作规程。参考“[长沙凌峰] 数字无线调车灯显系统 180205”相关资料，结合前期试用情况，广泛征求车间技术人员和操作人员的意见和建议，制定了《铁运车间数字平面无线调车设备使用规程》，指导全体作业人员安全高效使用数字平调系统。

（4）安全技术培训。数字平调系统的引进和使用，在我单位是一种全新的作业技术，必须做好相关人员的安全技术培训工作。我们请厂家技术人员上门，先后给车间管理人员、技术人员、操作人员进行了安全技术培训，做到培训覆盖率 100%，培训合格率 100%，确保相关人员懂性能、会操作，满足安全使用的培训要求。

该系统应用以来，安全效果显著，相比过去作业信息联络方式，操作更简便、劳动强度低、安全有保障，作业人员反响良好。大幅减少了冒进信号、挤道岔、掉独头道、碰撞障碍物、正（侧）面撞车、碾轧人员等各类铁路行车事故。

2.8 应用脱轨自动制动装置预防矿山自翻车掉道扩大

南山矿铁路行车作业客观条件恶劣，弯道多、坡道长，简易线路占比较大，列车运行过程中容易发生自翻车掉道（脱轨），加之列车司机班次采用 12 小时制，容易疲劳，精力不集中，在列车发生掉道时不能及时发现和采取制动措施，造成列车在掉道情况下继续运行（称为掉道扩大），此时，由于列车已不在钢轨上运行，强大的冲击力挤毁铁路构件，损坏列车车体，造成很大的经济损失。2019 年，通过对其他铁路行车单位的考察，结合南山矿铁路行车实际，经过研究论证，决定参考“铁道货车脱轨自动制动装置”工作原理，采购关键部件，自行改造安装，运用到我单位 KF-60 自翻车上，预防自翻车掉道扩大，增强铁路运输安全生产的保障能力。

铁道货车脱轨自动制动装置由南车长江公司研制，该装置工作原理是：在列车脱轨时，采用机械作用方式，通过脱轨轮对的车轴下拉装置中的拉环，或同转向架中未脱轨轮对的车轴上顶装置中的顶梁，断开脱轨制动阀杆，打开脱轨制动阀，打通列车主风管与大气的通路，使列车产生紧急制动，避免脱轨事故扩大。该装置由脱轨制动阀、球阀、三通和管路等组成，其核心部件是脱轨制动阀。我们在引进运用时主要采购研发单位关键部件脱轨制动阀，其余组成部件均采用 KF-60 自翻车常用配件进行适应性改造，并结合矿山铁路技术状况调整安装参数，以便更好地发挥装置功能。主要做法：

（1）采购脱轨自动制动装置关键部件。通过考察比对，按照性价比高低选择生产商，购进脱轨制动阀套装，包括拉环、顶梁、调节杆、作用杆、锁紧螺母、弹片、制动阀杆、阀体。

（2）选配其余组成部件。球阀、三通和管路从 KF-60 自翻车常用配件中选择，根据安装空间进行适应性改造。结合 KF-60 自翻车自重、载重和矿山铁路技术状况，合理选取安装关键尺寸：取 $\Delta x=80$，$\Delta y_1=40$，$\Delta y_2=85$。

（3）组织职工上车安装。根据 KF-60 自翻车转向架自由空间，设计固定安装位置，选配装置组成部件，组织专业技术人员、钳工、焊工协同作业，依次对在用自翻车安装防掉道扩大装置（脱轨自动制动装置）。每辆自翻车 2 台转向架，每台转向架两侧各安装一套，保证任何一个车轮掉道都能使脱轨制动阀发生作用，使列车产生紧急制动，避免掉道事故扩大。

3 结语

南山矿业公司围绕提升铁路运输安全效能开展的一系列技术改造实践，具有较高的实用价值，促进了公司生产经营的安全顺行，同时为国内老旧矿山铁路运输安全创新工作开拓了思路，有一定的借鉴作用。

国家“公转铁”战略的推行对莱钢影响及对策

（山钢股份莱芜分公司，高俊庆、荣沛、国际建）

摘　要： 国家“公转铁”战略要求，是国家调整运输方式特别是货运方式的重要举措，也是社会大生产、大发展的必然选择。莱钢必须站在战略前沿，把握机遇，提前谋划对策，顺势而为、主动作为，抢占铁路运力资源和焦炭资源，方可立于钢铁强企的不败之林。根据“公转铁”战略要求，主动优化升级莱钢厂内铁路配置，结合新旧动能转换项目，改扩建铁路站场和货物线，提高莱钢的铁路接发装卸能力，适应国家对运输结构的战略调整，提高钢铁生产所需原燃料和产成品外发全部铁运方式的能力。积极与铁路货运部门协调铁路运力资源，制定运输市场战略规划，签订战略合作伙伴协议，在铁路货运部门的大力支持下，稳定并固化原燃料采购运输模式，在今后的高标准环保要求下发展壮大，沿着绿色环保可持续发展道路前进，将莱钢打造成山东省绿色发展钢铁标杆企业，建成员工满意、城企和谐、产学研于一体的花园式企业。

关键词： 公转铁；战略；规划；对策；原燃料；货位；翻车机；机车

山东钢铁股份有限公司莱芜分公司（以下简称“莱钢”）作为山东省大型钢铁生产企业，按照设计产能1290万吨计算，到发货运总量达到近5160万吨，其中到达总量约3350万吨，外发1810万吨。2018年，莱钢铁路到达量1882万吨、外发量230万吨。按照莱钢的规划，莱钢铁路总货运量达到3000万吨，其中到达2300万吨、外发700万吨。

2018年9月底，环保治污政策相继落地，“公转铁”进入实质性操作，估计到时公路运输会施行全面限载，随着政策逐步实施，2019年底，港口货物疏港将全面禁止汽车运输，进口矿等大宗货物运输要全面转移至铁路运输，到时莱钢将面临原燃料和产成品进出全面依靠铁路运输的实际。

1　“公转铁”战略要求对莱钢的影响

莱钢专用铁路现有能力2300万吨，其中到达2000万吨、外发300万吨。2012年初，公司成立物流中心，对莱钢的物流进行专业管理，其中下设铁路运输科对铁路运输进行集中管理，全面协调莱钢铁路运输与济南铁路局的相关事宜。莱钢运输部下设7个段，车、机、工、电、务铁路运输系统配套齐全，现有900多名员工从事铁路运输业务，铁路业务人才储备较充足，具有40多年的铁路运输技术经验，这是莱钢相对全国其他钢厂最大的优势，能够承担铁路运输到发量大幅提升的任务。

但是，莱钢要应对“公转铁”战略要求，适应今后的铁路大宗原燃料到达进厂和产成品外发出厂的艰巨任务，仍面临着诸多问题：莱钢厂内铁路接发能力不足，两接轨站能力匹配不足，厂内无专业的铁路外发装车货场，无包括铁路采购、装卸、运输、销售等信息的物流综合信息平台，物流系统业务人员配备不足。

2　针对“公转铁”战略莱钢采取的措施

（1）增加进口矿铁路运量，提高莱钢铁路货运量。2018 年全年累计到达原料 1882 万吨，比 2017 年增加 123 万吨，其中仅进口矿 1208 万吨，比 2017 年 1103 万吨增加 105 万吨。2018 年 5 月积极组织进口矿运输卸车，全月组织卸车 17059 车达 113.44 万吨，创月度最高水平，在管理范围内全面提高铁路货运量。

（2）结合莱钢铁路现状，制定了铁路运量达到 3000 万吨的方案。2018 年莱钢铁路货物总到达量 1882 万吨，外发钢材 175 万吨，外发水渣 34 万吨，合计 2091 万吨，现有的设计能力基本达到饱和。在“公转铁”战略要求下，莱钢计划将铁路年到发总量提升至 3000 万吨，结合莱钢采购、销售实际，按照到达总量达到 2300 万吨，其中进口矿达到 1400 万吨，国内矿达到 80 万吨，炼焦煤达到 400 万吨，无烟煤达到 260 万吨，焦炭达到 90 万吨，其他达到 70 万吨。外发产品装车增加 470 万吨，达到 700 万吨。

（3）积极推进新旧动能转换铁路线路改造规划项目。采取现场考察、联系路局铁路设计部门等方式全面推动莱钢铁路线路改造规划项目。到永锋、在平信发、滕州华电、济宁矿业集团（梁山）等单位现场考察翻车机等卸车设备，借鉴兄弟单位的先进经验，以提高现有莱钢卸车设备效率；与铁路部门积极对接，共同研讨莱钢铁路线路站场改造方案，最大限度改善莱钢铁路现场能力不足的缺陷，为今后提高铁路到发量做准备。

3　莱钢铁路需要解决的问题及对策

3.1　加大到达量，需提高莱钢现有到站和接卸能力

（1）机车动力明显不足。电牵发展快，国铁牵引由 3300t 提高至 5500t，运输部现有机车牵引吨位为 4880t、2400t，针对徐莱线线、颜莱线坡道实际，使用双机或三台机车牵引作业，机车动力老化严重，现在公司同意购置 1 台 DF4DD、1 台 HXN3（和谐内 3），这也只是满足现有年 2000 万吨进出量情况下的需要。今后要提高到发量，还需更换大功率机车，具备单机或双机牵引重载列车能力，仍需在现有采购计划 2 台大功率机车的基础上再购置 4 台大功率机车。

同时厂内调车机车投入不足，卸车线、装车线取送作业不及时，影响莱钢装卸能力和铁路车辆周转。厂内铁水、水渣、瓦斯灰铁运方式影响厂内铁路运输能力的发挥。利用新旧动能转换之际，优化厂内物流，水渣由铁路运输改为皮带运输，老区铁水运输方式由铁路运输全部改为汽车运输，解放厂内机车作业动力和铁路运输人员紧张实际。

（2）新、老区站场铁路线路少且有效长短，无法满足一次接发铁路整列的条件。对老区编组站站场进行扩容改造，东咽喉向东延长，将线路有效长增至 950m 以上，增设 4 条到发专用线。在新旧动能项目转换前老区需要增加 4 条到发作业线。将新区加油线拆除（改为新区汽车加油）、合金库搬迁，新区站场增加 4 条到发作业线，同时在东咽喉增设一条东牵出线，全面提高两个站场的到发解编能力。

（3）翻车机能力的提升：

1）新区翻车机要提高卸车效率，一次料场新老系统实现互通，避免因料种变化而限制翻车机卸车。

2）新旧动能转换前老区铁路卸车货位短，翻车机卸车效率低，卸车能力不足。老区翻车机卸车能力不足。新二区翻车机、老区翻车机一次对位 18 辆，实际都可以对位 22 辆。将两翻车机卸车货位提至 22 辆。

3）新旧动能转化后，老区站场改造，新建 4 台双翻翻车机，2 台翻矿、1 台翻煤、1 台备用，实现翻车机作业运用维修无缝衔接。

4）在新区现有卸车条件下增加卸车地点，扩建站场，建一条人工卸车线，具备翻车机故障、检修或大修时新区应急卸车的条件，实现新区卸车能力的全面提升。

5）到达焦炭卸车能力不足。按照设计规划，新区两座 1880 高炉全部使用外购焦，尽快考虑铁路集装箱运输焦炭和接卸场地建设方案并组织实施。在新区站场内进行改扩建，建 1 台翻卸焦炭集装箱翻车机（或焦炭受卸系统），随着新区焦炭需求的不断增加和国家环境治理标准的提高，焦炭外购运用铁路集装箱方式将成为必然的发展趋势。

6）全面升级物流信息系统，实现信息共享，建立莱钢公司层面的集中铁运调度机构。厂内缺少包括铁路采购、装卸、运输、销售等信息的物流信息系统平台。厂内铁路达到、取送、装卸、外发等系统信息不对称，运输组织不系统。厂内各装卸单位、运输部、物流中心共同参与铁路运输各环节，缺一不可，但目前缺乏物流综合信息平台，对物流信息管控的及时性差，特别是在运量不断攀升而大规模的设备改造又不具备条件的情况下，物流系统综合信息平台的缺乏易造成各环节衔接不紧密，现有设备潜能无法得到最大限度的发挥。建构设立包括铁路采购、装卸、运输、销售等信息的物流综合信息平台和集中调度机构，成为莱钢在公司层面实现铁路调度系统集中化的迫切要求。

7）减少厂内计量对运输的影响。目前由于使用断轨的轨道衡，厂内过磅速度要求太低，控制在 15m/h。如果使用不断轨轨道衡，可将速度上限提至 35km/h。

3.2 要提高外发量，需提高装车货位和新建综合装车货场

（1）各装车点装车货位少，装车效率低，装车能力不高。应对部分线路进行改造，优化提升现有各装车点的货位数。

（2）无大型的铁路外发装车货场，铁路外发能力不足。从“公转铁”发展趋势考虑，应新建大型的综合钢材装车货场，提高莱钢铁路外发能力，实现整列集中外发，同时提高莱钢对钢材市场波动的承受能力。

（3）协调颜庄站尽快开通重车外发业务，打通莱钢南北双向铁路外发通道，全面提升钢材铁路外发能力。

3.3 厂路两接轨站业务协调问题

（1）站厂双方交接班时间段存在空档，缺乏必要的考核和盯控分析，易造成卸车线等待和出车延误。

（2）车站与莱钢缺乏系统的运输信息沟通制度，双方存在的问题以及需配合的要求缺乏系统的共同分析解决渠道。

成立以物流中心为核心的铁路运输总协调机制，围绕铁路运输对各作业环节制定作业标准并负责进行相应的分析考核，理顺各部门作用发挥，重点突出翻车机昼夜 8 批卸车任务的完成、对待进厂重车站内停留时间、厂内国铁货车停留时间、卸空车清理质量等指标

的量化管理，从而全面提升莱钢的铁路运输组织能力。

（3）与济南铁路局双方探索合署办公模式。打破现有厂与站、站与站的传统运输组织方式。借鉴在平电厂路企合署办公操作模式，在铁运集中调度室设立路企联合办公室，铁路调度信息与莱钢厂内原燃料、产成品运输需求信息交互共享，实现厂内生产需求向港口装车线延伸，及铁路调度指挥向厂内延伸，实现外发钢材“一站式”服务，实现原材料“链条式”存储。

4　结束语

国家“公转铁”战略要求，是符合社会可持续发展的战略规划，是社会文明和谐发展的历史选择，莱钢必须积极应对，乘坐这列绿色环保可持续发展的末班车。只有站在战略前沿，把握机遇，提前谋划对策，顺势而为、主动作为，抢占铁路运力资源和焦炭资源，方可立于钢铁强企的不败之林。应积极与铁路货运部门协调铁路运力资源，制定运输市场战略规划，签订战略合作伙伴协议，在铁路货运部门的大力支持下，稳定并固化原燃料采购运输模式，在今后的高标准环保要求下发展壮大，沿着绿色环保可持续发展道路前进，将莱钢打造成山东省绿色发展钢铁标杆企业，建成员工满意、城企和谐、产学研于一体的花园式企业。

以精益服务为目标的冶金铁路一体化管理

（山钢股份莱芜分公司，李林友、李闯）

摘　要：分析当前钢铁企业转型升级、铁路“公转铁”和莱钢铁路运输的形势，提出了以满足客户需求为核心，坚持持续改进，实现对铁路物流全过程的准时、准确、低成本、高效率管理，理顺生产组织管理流程，精简生产过程管理环节，利用信息技术简化管理内容和层次，创造无边界组织，实施无缝隙管理，实现铁路运输生产一体化管理。从厂内路局到发、铁水运输、安全管控、设备提升以及信息化技术等几个方面，介绍了莱钢提高铁路运输水平和能力的有效做法。

关键词：公转铁；莱钢；铁路运输；一体化

1　引言

1.1　一体化管理是适应钢铁企业转型升级的发展需求

当前，全球经济态势复杂多变，中国经济发展进入新常态。从外部环境看，钢铁行业由2015年的“有底无高”，到2016年“微型反转”，到2017年“价值回归”，到2018年“峰回路转”，价格起伏不定；从行业看，产能过剩带来的市场压力和绿色发展带来的环保压力，对行业转型发展提出了新的更高要求；从内部看，部分设备老化、区域工艺不匹配，增加了生产成本，影响了效益提升。因此，提高企业的市场应变力，就需要采用现代化的管理手段，提高劳动生产率和经济效益，实现企业的科学、最优化管理。

1.2　一体化管理是适应“公转铁”、提高运输效率的有效途径

在2018年7月2日举行的国务院政策例行吹风会上，交通运输部有关负责人介绍，以推进大宗货物运输“公转铁、公转水”为主攻方向，通过三年集中攻坚，到2020年实现全国铁路货运量较2017年增加11亿吨、增长30%，水路货运量增加5亿吨、增长7.5%，沿海港口大宗货物公路运输量减少4.4亿吨。随着莱钢生产规模的扩大以及铁路运输比重的不断增加，站场的到发量与解编能力、线岔通过能力等一系列有效衔接矛盾凸显，又受生产工艺布局的限制，依靠新建铁路和新增机车来提高运输能力的方案已不可行，客观上要求铁路运输必须提高效率，以尽可能少的资源占用和消耗有效满足“公转铁”运输需求。利用持续改善的一体化管理，既是精益管理的手段延伸，也是对运输全流程的系统思考，使资源配置更合理，运输管理效率更高。

1.3　以顾客为导向的铁路运输要求加强一体化管理

莱钢生产区域内冶金物流供应链流程短、可靠性高，而区域间物流供应链基础薄弱，

面临一系列不利于供应链稳定的因素。YAMAL 品种钢冶炼，高炉多轮次年修、临修，每天铁水互调频繁。组织好新区铁水外调，是公司快速适应市场，实现资源优化配置和效益最大化的要求。另外，以顾客为导向的铁路运输，要以流程通畅和高效运作为出发点，加强各级调度部门紧密合作、共同协商，通过优化再造对生产厂方等服务单位有价值的业务流程和内部增值环节的流程，构建环环相扣的服务链，提升满意度，提高工作效率，达到运输目标和最佳效益，不断提升铁路运输保障能力。

2 实施对策

一体化管理的发展模式，是以满足客户需求为核心，坚持持续改进，实现对铁路物流全过程的准时、准确、低成本、高效率管理，理顺生产组织管理流程，精简生产过程管理环节，利用信息技术简化管理内容和层次，创造无边界组织，实施无缝隙管理，实现铁路运输生产一体化管理，达到以客户为中心，降低物流成本、提高物流效率的精益服务目标。

2.1 运输组织一体化，提高铁路运输效率

2.1.1 建立衔接顺畅的路局到发组织体系

（1）提高直达列车开行比例。通过加强到达列车预确报管理和卸车单位沟通协调，提前掌握了解到发车详细信息，取消交接环节，打破区域作业界限，莱钢站到达新区的矿或新区通过莱钢站外发的车辆在编组站不停留直接通过，减少编组站中转停留到发线占用，提高编组站到发利用率。同时制定班组激励政策，月底兑现奖励，2019 年直达列车开行比例由年初的 37%提高到 85%以上。

（2）短流程运输组织模式。为减少厂内折角车流，优化车流组织，专业技术人员对铁路集疏运系统进行了跟踪调研，根据车流流量、流向，创造性地提出了“短流程”运输组织模式，即由莱钢站到达新区进行装卸作业的车辆可以由颜庄站发出，由颜庄站到达老区进行装卸作业的车辆也可以由莱钢站发出。该模式避免了厂内车流对流、重复运输，进出厂车流更加合理、顺畅，缓解了厂内干线压力，降低了公司物流运输费用。

（3）路局外发过磅由静态改为动态。以纯计量时间统计为例，单车静态过磅计量时间 1.95min，动态过磅计量时间 0.085min，过磅由静态改为动态，可提高 21.94 倍。按平均每天外发钢材 100 车计算，改成动态过磅后，可节约过磅时间约 6.5h。生产效率和劳动效率在实现均衡管理的同时得到大幅提高，资源利用率得到大幅提升。

2.1.2 建立柔性调配的冶金运输组织体系

（1）“一体化联动”生产组织模式。建立具有实质性联合管理功能的站区组织，一方面，把站区作为调度指挥的分中心，建立起有别于传统站区联劳协作制度的，以安全、正点、低成本、高效益地组织运输保产为统一目标，协调一致行动的“一体化联动”生产组织模式；克服了站区内车、机、工、电、辆各单位间结合部失衡，生产指挥缺少权威性的顽疾。另一方面，以精益管理工具方法为指导，充分运用价值流图分析，推进调度指挥集约化，采取远程控制的方式和方法，先后将作业量相对较少的特钢新区整合到新钢站，完成轧钢站与新钢站功能合并。

（2）“大循环”机车运用模式。各区因机车作业的任务分工，在作业过程中存在配合不协调、大局意识不强的问题，在区域整合的基础上，对各区机车通过调整，不增加机车，打破区域限制和原有作业分工，将新铁区 11~15 调以及 17、18 调机车全部参与铁水调送，并实现炉下出完的外调铁水直接向老区、新二区、特钢 50t、特钢 100t 电炉分流，减少交接环节，提高运输效率。机车运用实现“统筹管理”，机车运用效能大幅提升。

（3）“准时制”运输组织模式。组织管理技术人员对现有主要作业流程进行分析梳理，采取现场跟踪写实的方式，从内部空罐集结、炉下对罐的内物流到高炉炉下出完铁牵出、挂走、送达，直到空罐返回的外物流，全程作业时间精确到分钟，构建冶金铁路运输列车时刻表，大幅提高保产作业效率。细化完善并固化形成考核管理制度，严格按照标准时间组织运输，提高铁路运输的时效性和运输管理科学性。

2.2 设备保障一体化，提高设备保障能力

（1）推行 TES 铁路设备点检定修系统。建立 TES 铁路设备点检定修管理一体化信息系统，将设备管理机制、管理评价体系和设备检修融入系统中，通过软件集成开发技术，建立电子地图、企业维修知识库、代码化各类设备管理和维护检修标准，形成一套铁路设备全方位管控的管理信息系统，提供设备管理、计划维修（定修）和点检一体化的管理模式。

（2）推行作业时间与质量双卡控。以机务系统机车检修精益生产管理为突破口，以检修关键工作流程为基础，重新组织和打造机车检修供应链，精算各环节最佳作业时间、最佳作业途径、有效劳动时间，对每个工种进行严格的时间卡控和程序规定。将作业标准分解到精益生产各个环节中，制定与作业流程图相配套的各工种作业指导书（标准化），确保职工只做标准以内的，不做规定以外的，避免了生产的浪费，确保了作业时间的卡控。

（3）升级全国冶金铁路运输企业“双第一”无缝化铁路线路。将与国铁连接的莱钢站（徐莱线）和颜庄站（颜莱线）两条原燃材料进厂和产品外发“大动脉”，全部升级为无缝化线路，机车途停率减少 90%以上，噪声污染、行车阻力、行车振动等也大幅降低。同时，徐莱线是全国冶金铁路运输企业的第一条无缝钢轨，颜莱线是全国冶金铁路运输企业最长的一条无缝钢轨（5.2km）。

2.3 安全生产一体化，提高本质安全化水平

以管理标准化、操作标准化、现场标准化和检查标准化为依托，从管理制度、操作制度的落实措施、检查表形式及现场管理方案对原有的《安全生产责任制》《操作标准化规程》《安全检查制度》等 24 项安全管理制度进行优化升级。完善部—段—班组三级安全管理规范、部—段两级区域性现场管理规划方案和定人、定责、定标准、定频次、定范围的“五定”制各级检查表。规范部内 47 个铁路道口的责权管理，加强对重点作业、重点区域和关键岗位的安全督察，对铁水运输、工程施工区域、特种设备和调乘人员作业安全等实施重点安全监控，不断满足提高铁运保障能力对本质安全的需求。

（1）实行安全自主管控系数。加强过程管控力度，实施安全自主管控“量化”评价，每月对基层查出“三违”数量与部里查处数量进行比对计算，得出基层自主安全管控系数，管控系数大于等于 2 为合格，通过有约束的上下联动式安全管理模式，较好地解决了

基层单位在安全管理和安全检查上主动性不强情况，“三违”行为明显减少。

（2）实施员工不安全积分管理。以人的不安全行为为突破口，实行《员工不安全行为积分考核管理规定》，列举出 226 项不安全行为及违章条目，明确划出违章行为红线，界定违章行为性质，公开违章处罚标准，明确违章积分数值。一旦发现员工有重复发生违章行为或积分发生累加的情况，及时做出预警；对积分达到 6 分的，作为安全重点管控人员进行重点管控；达到 10 分时，离岗参加为期 1~3 天的反省培训。

2.4　信息支撑一体化，提高实时服务效率

（1）视频监控系统。在检修车间、铁水调运现场、高炉下等区域设置监控系统 167 套，利用视频系统对行车人员和设备维修人员的作业状态、现场设备运用情况、道口及装卸货位情况进行全方位的监督，及时发现和制止人的不安全行为，及时消除物的不安全状态，并且对安全问题的分析提供图像数据支撑。

（2）机车监控系统。利用无线网络传输技术实现对机车的智能管理，机车前后左右及驾驶室内共安装有 8 个摄像头，通过无线网络将语音、视频信息传送到电脑上，机车的位置、速度、车内外运行情况、乘务员及调车员的工作状态，都可以实时在电脑上显示，通过机车监控系统，不但能对机车运行状况进行实时监控，还能够对以前作业进行回放、回查和分析。

（3）机车 DGPS 系统。通过 DGPS 机车生产调度实时监控系统与微机联锁信号系统结合，形成了安全的双保险，除了显示信号和轨道状态外，同时显示机车在轨道的准确位置，不仅可以有效防止上述安全事故的发生，同时可以随时掌握全部运输机车作业状况，安排协调各段、区的机车作业，实现段、区机车运能的互补，提高机车作业效率，减少机车运用台数，降低运输成本。

（4）车站综合信息系统。与国铁车站协调联系，将铁路车站综合系统引入厂内，实现在途、到站车辆的实时查询，解决了过去自下而上信息反馈时效性差、数据不准确、决策没有针对性的问题，确保了各层面、作业各环节信息准确、精实，使管理整体效能达到最优化、精细化。

3　结束语

通过实施一体化管理，满足了生产厂方的需求、冶金运输工艺流程和生产变革的要求，提高了“结合部”衔接顺畅能力。由于行车组织合理，各部门协调运作，减少了无效生产环节，铁路运输生产的灵活性和安全可靠性明显增强，不仅为莱钢节约了物流成本，也为冶金行业跨区域铁路运输铁水提供了先进经验。

冶金企业铁路运输信息化管理系统建设及应用

（河钢宣钢物流公司，刘建富）

摘　要：铁路运输信息化管理系统由数字无线平面调车子系统、铁路运输货运管理子系统、铁路道口远程集中控制子系统构成。在冶金企业铁路运输生产过程中应用铁路运输信息化管理系统能够提高铁路运输生产效率，提高铁路运输生产的安全性和稳定性。宣钢物流公司车务作业二区应用该系统实现了提前预编重车调车计划、缩短空车待装时间、缩短路停时、实现道口远程集中控制和减员增效等提高铁路运输生产效率的效果。

关键词：冶金企业；铁路运输信息化管理系统；铁路运输生产；路停时；道口远程集中控制

1　铁路运输信息化管理系统应用于冶金企业铁路运输生产过程的意义

在冶金企业铁路运输生产过程中，应用铁路运输信息化管理系统可以实现对铁路运输生产过程中产生的信息按不同时段自动进行统计分析，快速、准确地生成综合报表、专项报表等各种报表。当前，冶金企业利用网络信息化管理系统进行铁路运输生产过程各环节的远程集中控制已经成为主要的技术发展趋势，企业迫切需要引入计算机、网络、多媒体等现代化技术手段构建现代化铁路运输生产信息化管理系统，实现铁路运输生产过程管理的信息化、自动化管理，以提高铁路运输生产效率和安全保障水平，降低企业铁路运输生产成本。冶金企业铁路运输信息化系统的引入，可改变以往冶金企业铁路运输生产模式，提高冶金企业铁路运输生产效率。

2　冶金企业铁路运输信息化系统的构成与运行过程

2.1　数字无线平面调车子系统

2.1.1　子系统构成

铁路运输信息化管理系统的数字平面无线调车子系统由铁路平面调车作业时调车区长、机车司机及调车人员传递语音调车信令的各种数字通信信备组成，包括机车控制器、调车区长台、调车手持台和远程控制终端等，该子系统需开发相应的调车单计划传输软件系统、频率设置软件、信令语音记录及查询软件等系统软件（图1）。

2.1.2　子系统功能

铁路运输信息化管理系统的数字平面无线调车子系统设计了调车作业时的基本信令，并具有基本通话功能。调车区长室配备固定台和调车区长服务器，机车台、手持台都配备液晶显示屏，可接收、显示、查询由该子系统服务器编制或由现车系统生成并经固定台发送的无线调车作业单。该子系统基本功能如下：

（1）下发调单，通过区长台编制调车计划并将计划下发到接车车载台上，车载台再将

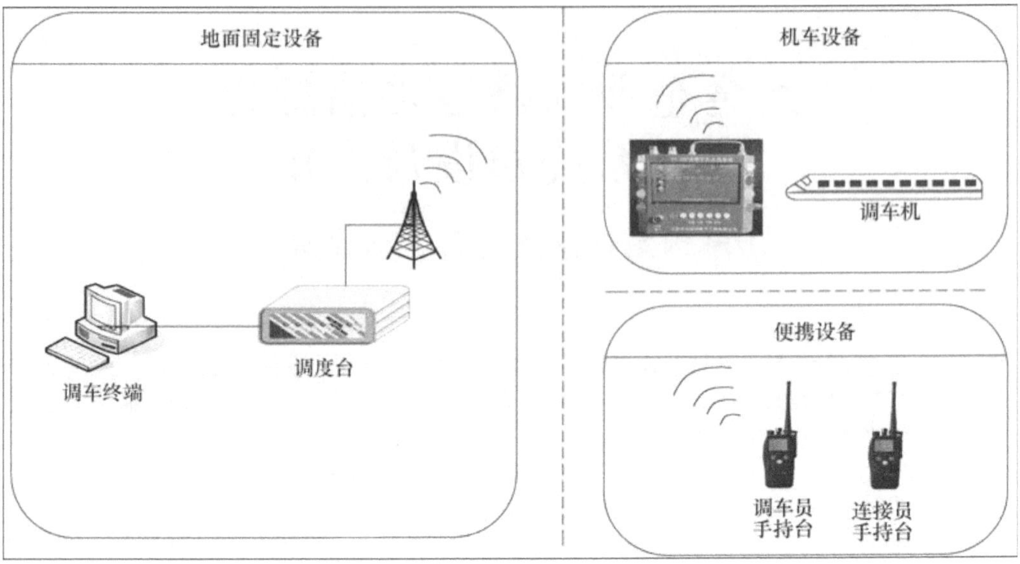

图 1　铁路运输信息化管理系统的数字平面无线调车子系统构成

其转发调车员手持机上。

（2）系统安全控制，冶金企业内部铁路运输是保证企业安全生产的重要环节，充分利用该子系统可以大幅度降低铁路运输生产过程发生信号点绿灯升级。

（3）应用语音合成技术，利用该子系统可以将调车组人员发出的指令用标准语音通知司机，并在手持电台上回示给调车组所有值班人员。调车组值班人员手持台还有语音报读功能，可报读经语音编码设置的调车单号、每一钩钩序、股道和摘挂数量。

（4）记录数据、显示并打印调车单。该子系统可以录音记录调车指令的性质、发生时间、指令操作者，并能打印调车单。通过分析打印的数据，可了解调车作业过程、分析调车事故发生的原因。

2.2　铁路运输货运管理子系统

2.2.1　系统的构成及功能

冶金企业铁路运输货运管理子系统由确报库、车辆库、集装箱库、货物票据库、作业库、计划库和统计库等对象组织数据库构成。冶金企业基于互联网技术构建的铁路运输货运管理子系统，改变了冶金企业内部铁路运输生产传统的信息加工和传递手工作业方式，替代了原有的部调业务、站调业务、填制货票、现车管理、查询、统计等手工作业，为冶金企业生产各级调度和管理人员随时提供完整、准确、及时的信息和辅助决策方案，覆盖了铁路运输生产的全过程，通过使用铁路运输货运管理子系统，对冶金企业铁路运输作业过程的管理实现了自动化、信息化，大大提高了运输效率和管理水平。

2.2.2　到达路车装卸作业时该子系统的运行过程

车辆入厂时，利用车号采集系统自动采集车辆信息，加载到货运管理子系统，并接入实际指定接车股道，此时入厂车辆信息及时间节点自动生成并进入数据库，同时在计算机界面显示。

根据车辆信息界面显示行调，及时下达解体、拉对调车作业计划，通过计算机界面变化监督调车组准确完成调车作业；调车组执行调车作业计划时，行调操作计算机完成调车作业，计算机界面的设定数据同步更新；调车组按调车作业计划将车辆送达装卸车指定线路，货调与装卸车单位核对装卸车信息，确认无误后将信息输入货调计算机，行调计算机通过内部网络实现数据信息同步更新。

装卸车作业完成后，货调将装卸车信息输入计算机，作业完成的时间节点、装卸车信息等数据随即更新；行调根据装卸车信息及时下达取送、编组调车作业计划，并通过计算机界面变化监督调车组准确地完成车辆调运。在调车组执行调车作业计划的同时，行调操作计算机完成调车作业计算机内所有设定数据的同步更新。

机车挂走厂内编组列车后，货调操作计算机根据挂车计划将挂走的车辆更改为发出，即完成了到达、解体、拉对、装卸、取送、编组、发出全部作业过程，整个过程形成的作业时间节点及数据记录、填写、更新，通过人机对话，由行货调操纵计算机完成并更新存储（图2）。

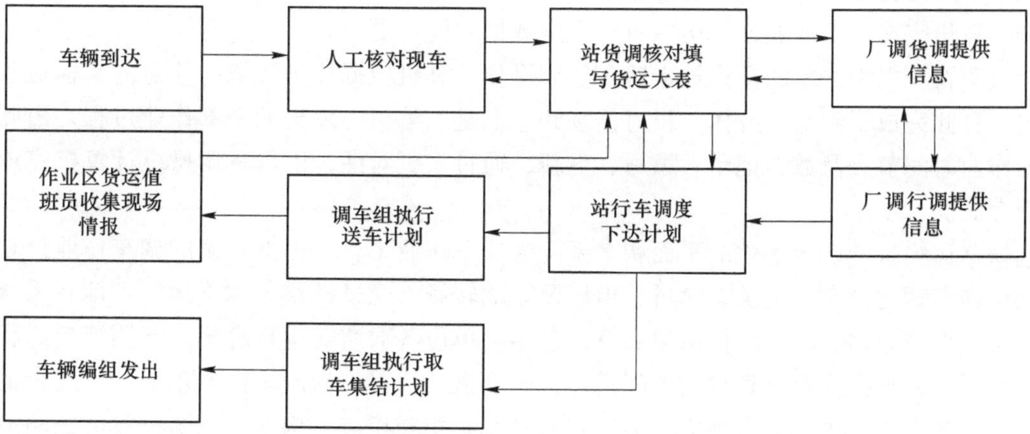

图2 到达路车装卸作业时铁路运输货运管理子系统的运行过程

2.3 铁路道口远程集中控制子系统

2.3.1 子系统构成

冶金企业铁路运输货运管理子系统由企业无人值守铁路道口远程集控系统、无人道口自动报警系统、国标反光漆道口标识和停止线、道口房屋等构成。其中企业无人值守铁路道口远程集控系统由调度中心控制子系统、调度中心视频/音频子系统、道口前端设备子系统、光纤通信子系统组成，无人道口自动报警系统由红外线传感器、道口报警主机、铁路道口标准信号机构及电源及控制线路等组成。

2.3.2 子系统的功能

冶金企业铁路运输货运管理子系统的应用改变了以往专人看守铁路道口的传统铁路运输作业模式，由道口员在操作台远程控制，通过网络传输、室外控制箱执行室内控制指令，开放、关闭道口音响，报警指示灯，栏栅设备的升降，来实现道口的关闭及开放；同时，通过远程视频监控设备确认道口现场情况。

2.4　冶金企业铁路运输信息化管理系统的运行过程

现代化铁路运输通过铁路运输货运管理信息系统进行运作，从车辆入厂时起，利用车号采集系统自动采集车辆信息，加载到货运管理系统，并接入实际指定接车股道，此时入厂车辆信息及时间节点自动生成并进入数据库，同时在计算机界面显示。行调根据车辆信息界面显示，及时下达解体、拉对调车作业计划，并通过计算机界面的变化监督调车组准确完成调车作业；调车组执行调车作业计划的同时，行调操作计算机完成调车作业，计算机界面所有设定数据同步更新；调车组按调车作业计划将车辆送达装卸车指定线路，货调与装卸车单位核对装卸车信息确认无误后，将信息输入货调计算机，行调计算机通过内部网络实现数据信息同步更新。

装卸车作业完成后，货调将装卸车信息输入计算机，装卸车完了的时间节点，装卸车信息等数据随即更新；行调根据装卸车信息及时下达取送、编组调车作业计划，并通过计算机界面的变化监督调车组准确完成车辆调运。在调车组执行调车作业计划的同时，行调操作计算机完成调车作业计算机内所有设定数据的同步更新。

机车将厂内编好组的车列挂走后，货调操作计算机根据挂车计划将挂走的车辆更改为发出，自此完成了到达、解体、拉对、装卸、取送、编组、发出的全部作业过程，由此产生的作业时间节点及数据记录、填写、更新，通过人机对话，由行货调操纵计算机完成并更新存储。

铁路运输生产以数字化的平面调车系统为调车作业工具，根据行调的调车作业计划调整站场内车辆的分布，记录车辆进、出厂及车辆转场，通过铁路运输货运管理信息系统呈现出来，形成数据表格，依托网络共享，各相关单位各取所需进行分享。利用道口远程集中控制系统，根据作业计划提前关闭道口，确认道口情况，为调车作业创造一个安全的作业环境。各个系统虽然各自独立，但又相互联系、相辅相成，构建出一个完善的铁路运输信息化系统。

3　冶金企业铁路运输信息化管理系统的应用效果分析

3.1　提高了铁路运输生产的安全性、稳定性

铁路运输的核心工作就是调车生产，平面调车系统是调车生产的主要工具。2017 年河钢宣钢物流公司对无线平调系统进行数字化改造升级，实现了原有模拟平台无法实现的功能。调度室配备固定台和调车区长服务器，机车台、手持台都配备了液晶显示屏，可接收、显示、查询由服务器编制或由现车系统生成的、经固定台发送的无线调车作业单。数字化平面调车系统改变了原有的调车作业计划下达方式，调车作业计划由行调编制完成后，通过调车区长服务器发出，调车长手持机接收后，显示在手持台液晶显示屏，避免了因调度员吐字不清或口音问题产生的误传计划。手持台都配备了液晶显示屏在一批调车计划完成后，新调车作业计划自动覆盖已执行完的计划，杜绝了调车组误执行调车作业计划的可能性。较原来模拟无线平调系统，数字化无线平调系统安全性、稳定性明显提升，行车安全系数大大提高。

3.2 提高了冶金企业铁路运输生产的生产效率

铁路运输货运管理信息系统改变了原来一直沿用的“一部电话、一支笔、一块图版、一张纸”传统作业方式，有效地避免了人工抄号、报号、数据记录、核对过程中的可能失误和延时，使数据信息更准确、翔实、迅速、科学。为实现河钢唐钢公司整体信息化建设管理要求，公司已将铁路运输管理信息系统应用到实际铁路运输生产中。该管理系统结合河钢唐钢企业自身业务特点，将网络技术、现代通信技术、多媒体技术及数据库技术与铁路信号技术相互融合，形成了完善的物流跟踪和运输调度综合信息管理平台。该系统与唐钢其他三级系统实现数据共享，对火车原料采购，铁水半成品厂内运转和成品外售的铁路物流全过程跟踪，实现铁路运输作业计划制定和调度管理的现代化、信息化，为企业 ERP 系统提供数据支持。

河钢宣钢物流铁路运管理信息系统已运行了几年，虽然有些功能尚未完全实现，但基础功能已融入宣钢物流铁路运输生产，为铁路运输管理积累了路停时、机车作业率等大量基础数据，成为物流生产降成本、增效率的依据。依托网络共享，铁路运输管理信息开始启用共享模式，河钢宣钢物流公司车务作业二区通过尝试运用共享模式，减少了路停时，降低了物流生产成本，显著提高了生产效率。

4 宣钢物流公司车务作业二区铁路运输信息化管理系统的应用实践

4.1 预编车务作业一区工厂站空车进行计划，缩短空车待装时间

车务作业二区成品站调度接到厂调挂空车计划，及时联系车务作业一区工厂站调度，通过网络共享获取所挂空车车号、车况、进厂时间等信息。对照获取的车辆信息和成品库装车计划信息，提前编制成品库对空车计划，挂回空车核对后直接实施对空计划，显著缩短了空车待装时间。

4.2 利用系统即时共享成品库装车信息，根据重车到站提前预编重车调车计划

车务作业二区成品站调度通过网络共享获取成品库装车信息，了解装车情况、重材到站，提前预编调车作业计划。出车时向成品库确认重材到站无误后，直接执行调车作业计划。这样不但节省了编制计划的时间，而且使调车作业计划更有连续性、计划性，提高调车作业效率。

4.3 优先大点空车对库操作，缩短路停时

车务作业二区成品站调度通过网络共享获取站场空车入厂时间，对库空车优先选择停时低的空车。因成品库要求车型所限，需要大点车对库时，尽量将大点车对到成品库优先出车端，例如一线、三线、一棒等成品库，大点空车对到西端；二棒、二线等成品库大点空车对到东端，大点车装材后可以优先出库，减少路停时。空车车源不足，无法避免对大点车对库时，根据计划优先将停时相对较大的空车，对入如一棒库等货位空车流转速度较快的成品库，缩短路停时。

4.4 实现道口远程集中控制及减员增效

道口远程集中控制是一项在大、中型钢铁企业广泛使用的技术。河钢唐钢、承钢都已使用且效果良好。河钢宣钢物流公司道口远程集中控制项目也已开始谋划。按规定标准投入道口安全设施后道口可不设值守人员，由远程控制系统完成道口监护和操作。本方案计划实施 6 个道口，其中炼铁站远程集中控制 4 个道口，工厂站远程集中控制 2 个道口，现有人员配置为炼铁站 0 号、1 号、5 号、7 号道口每班各 1 人，替班 4 人，共 20 人；工厂站远程集中控制 2 个，15 号道口、19 号道口每班各 1 人，替班 2 人，共 10 人。6 个有人看守道口，看守人员共计 30 人。远程集中控制方案人员测算：一是炼铁站控制点，每班配置 2 名值守人员，每人负责远程看管、操作 4 处道口，4 班需 8 人、替班 1 人，共 9 人；二是煤选站控制点，每班配置 1 名值守人员，负责远程看管、操作 2 处道口，4 班需 4 人；共需操作人员 13 人。按此人员配置，比目前道口看管人员可减少 17 人，人力资源优化率为 57%，符合公司对值守岗位实行无人值守作业要求后，人力资源优化率至少 25%以上。实现道口集中远程控制，无人值守道口设置自动报警事故装置，可精简道口人员，使设备状态改观，安全设施提升，显著提升企业形象。

5 结论

铁路运输信息化管理系统由数字无线平面调车子系统、铁路运输货运管理子系统、铁路道口远程集中控制子系统构成。在冶金企业铁路运输生产过程中应用铁路运输信息化管理系统能够提高铁路运输生产效率，提高铁路运输生产的安全性和稳定性。宣钢物流公司车务作业二区应用该系统实现了提前预编重车调车计划、缩短空车待装时间、缩短路停时、实现道口远程集中控制和减员增效等提高铁路运输生产效率。

内燃机车检修经济发展拓展途径探究

（安宁公司，张先君）

摘　要： 内燃机车是以柴油机作为动力的火车头，与蒸汽机车相比，内燃机车具有许多优点，例如，它可以节约大量优质煤炭；它的热效率比蒸汽机车高3倍左右，运行准备时间短，起动加速快，可提高线路通过能力25%以上。近年来，我国铁路内燃牵引发展取得了显著的进步，其突出特点是由运用数量增长型迅速向技术水平提高型过渡。新型内燃机车的比例达到76%。这些新型内燃机车在我国铁路实施的客运提速和货运重载技术政策中，起到了较强的牵引动力装备的保证作用，与之相对应的是当前内燃机车检修经济多元经营发展也随之取得了比较明显的成效。但和形势发展要求、其他相关企业相比，在经营理念、检修维护保养服务以及服务质量等方面还有不小差距。如何巩固和发展并进一步拓宽内燃机车在铁路运输中的骨干地位，应是运输发展的重要课题。在分析内燃机车检修经济转型发展的重要性、必要性的基础上，提出了具体的区域经济转型发展对策。

关键词： 内燃机车；检修转型；发展趋势；拓宽渠道；区域经济

1　内燃机车发展简介

内燃机车（diesel locomotive）以内燃机作为原动力，通过传动装置驱动车轮的机车。机车上内燃机的种类可分为柴油机车和燃气轮机车。由于燃气轮机车的效率低于柴油机车以及耐高温材料成本高、噪声大等，所以其发展落后于柴油机车。因此在中国，内燃机车的概念习惯上指的是柴油机。

我国从1958年开始制造内燃机车，先后有东风型等3种型号机车最早投入批量生产。1969年后相继批量生产了东风4等15种新机型，同第一代内燃机车相比较，在功率、结构、柴油机热效率和传动装置效率上，都有显著提高；而且还分别增设了电阻制或液力制动和液力换向、机车各系统保护和故障诊断显示、微机控制的功能；采用了承载式车体、静液压驱动等一系列新技术；机车可靠性和使用寿命方面有很大提高。东风11客运机车的速度达到了160km/h。在生产内燃机车的同时，我国还先后从罗马尼亚、法国、美国、德国等国家进口了不同数量的内燃机车，随着铁路高速化和重载化进程的加快，正在进一步研究设计、开发与之相适应的内燃机车。

2　目前地方企业运用机车发展趋势

（1）由于工矿调机与路内干线机车明显不同，20世纪70年代大功率液力传动干线货运机车（东方红4型）因为采用双高速柴油机传动机组，造价和油耗明显高于电传动机车，80年代已被淘汰，但对于数量上占绝大多数的功率小于1000kW的工矿调机来说，电、液两者在传动效率和油耗上并没有什么区别，对功率较大的重型工矿调机来说，就是有也十分有限。事实上，在路内干线液力传动机车停产多年的情况下，液传工矿调机却得到了长足发展。

（2）近五年内，铁路局内已推出11种工矿专用新机型，其中10种是液力传动，新一代的液力换向型工矿调机就有7种，其总体技术经济性能已达到国外20世纪80年代水平，与国产电传调机相比，有作业能力强、换向灵活、价格低、可靠性能高、适应性强等优点，轮周效率（油耗）与电传调机不相上下，已达到世界最好水平。目前路内可向工矿提供单机280~1580kW，重60~138t，能满足不同要求的各型液传调机，年生产能力达到60台。根据订货合同，1993年资阳工厂已提供1320kW的GK2型（液力换向型）和1580kW-GK3型液传调机，标志着液传调机已经从中、小型调机进入大功率重型调机行列。

（3）目前国内工矿内燃机车约有650台，其中液传约占95%，拥有机车数量最多的是冶金和中石化部门（共约占机车总数的70），经过多年认真的论证，根据其作业环境、运用要求，现有机车和设备情况，今后冶金和中石化部门也将会采用液传机车作为运用主型机车，各港口也有此趋向。在我国继续发展液力传动工矿调机是符合我国国情的，用电传动调机也有许多优点，目前我国尚处于试验室研究阶段，落后发达国家约20年，在相当长时间内难以推广。

3 云南地方企业机车运用及检修现状

3.1 云南地方企业机车运用检修现状

目前云南省地方企业内燃机车占有情况：云南冶炼厂4台，天达实业5台，三环化工4台，海口磷矿2台，马龙化工2台，昆阳磷矿2台，晋宁磷矿3台，昆明焦化制气厂3台，云峰公司3台，德钢1台，云维集团2台，安宁公司铁路运输部本部基地19台，玉钢公司4台，红钢公司4台，新区铁路车间4台，共计62台。

截止到现今为止，云南地方各企业机车检修除安宁公司铁路运输部靠自己的技术力量做全部修程外，其他企业只做机车小轮修、中检2个修程，过去的几年大修、架修、大轮修3个修程全依托昆明铁路局机务段修理。

3.2 地方企业机车检修规程

根据机车质量变化规律，与实际运用情况相结合，目前地方机车检修基本按以下检修规程执行：检修周期及各修程为大修、架修、大轮修、小轮修、中检5个修程，检修周期各级修的周期，按非经该修程不足以恢复其基本技术状态的机车零部件在两次修程间保证安全运用的最短期限确定。

机车的检修周期与修程的确定如下：

按实际运用时间计算，运用1个月中检；2个月小轮修；自投入使用始1~1.5年大轮修；3~4.5年架修；9~12年大修，综合运用情况修理周期为：

（1）

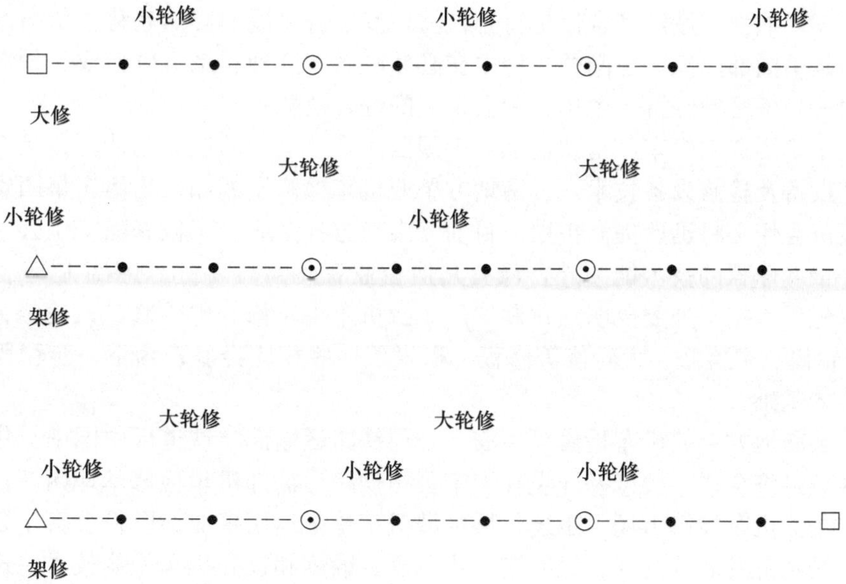

（2）

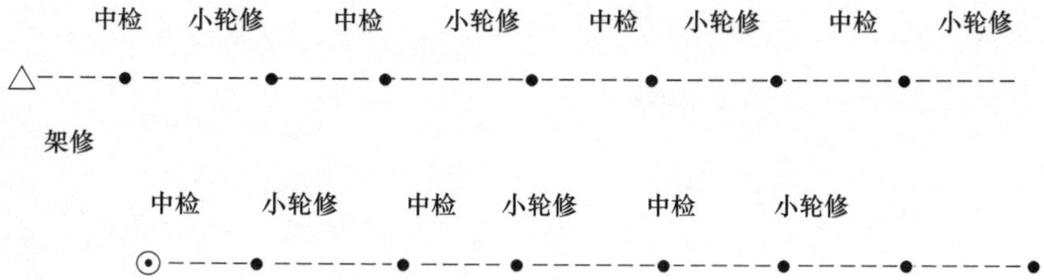

—— 大轮修 ---- □架修

3.3 机车各修程检修费用

厂修机车 160 万元/台；架修机车 80 万元/台；大轮修 5 万元/台；小轮修 5000 元/台；机车中检 2000 元/台。

4 云南地方企业机车检修发展设想及目标

2007 年以来，由于昆明铁路局每月需检修的机车数量较多，现已停修地方各企业机车。按修程周期测算除安宁公司铁路运输部自己的机车外，云南地方各企业机车每年大修 10 台，架修 18 台，大轮修 10 台。现在的市场价每年共需资金：160 万元/台×10 台 = 1600 万元，架修机车 80 万元/台×18 台 = 1440 万元；大轮修 5 万元/台×10 台 = 50 万元，共计 3090 万元。

其中按 1/3 为人工费测算，共计 1030 万元，1/3 为材料备件费，每年净利润 1030 万元。

按以上测算，云南地方企业机车能全部由安宁公司铁路运输部靠自己的技术力量全部检修，这样不仅能每年可实现净利润 1030 万元，而且能不断锻炼检修技术能力，提高机车检修技术质量。

综合上述，加强区域经济合作是符合目前检修经济发展的必然趋势。所谓区域经济合作，实质上是不同部门经济之间的一种内在必然联系，这种联系可以形成一种新的协作生产力，从而提高各区域经济、生态、社会发展的综合效益。

中国南车集团资阳机车厂是铁道部在中国西南唯一最大的机车制造厂，具有先进的机车制造工艺设备及检修设备技术。云南地方企业机车检修发展如果与南车集团资阳机车厂进行区域经济合作必将迅速提高扩展。目前云南地方各企业机车检修除安宁公司铁路运输部具有做好全部修程的技术能力外，没有其他企业有此实力。自 2004 年以来，安宁公司铁路运输部先后承担了外委昆明焦化制气厂 3 台机车小轮修、中检修、大轮修，昆阳磷矿 2 台机车小轮修、中检修、大轮修等修程，积累了一些相应经验，为下一步稳固开拓市场奠定了坚实的基础。

因此，云南地方企业机车检修可由安宁公司铁路运输部与铁道部中国南车集团资阳机车厂进行区域经济合作，检修基地设在安宁公司铁路运输部机车检修基地内。占领发展云南区域地方企业机车检修市场，迅速扩展区域机车检修运用事业，既符合安宁公司铁路运输部开拓市场经济发展的需要，又能进一步巩固、锻炼和提高机车检修技术，进一步拓展职工队伍协调合作和创新能力，从而达到进一步提质增效降成本的目的。

创新协调机制　密切路企合作
共建北京区域绿色物流体系
——河钢北京铁路运输调度协调中心的设置及其组织模式

（河钢集团，张文彬、唐光明、王志成、马健）

摘　要：为响应国务院印发的《打赢蓝天保卫战三年行动计划》，结合《推进运输结构调整三年行动计划（2018—2020年）》，河钢集团与北京铁路局签订了《河钢集团和北京铁路局关于共建绿色物流体系战略合作框架协议》，为了把框架协议快速、有效地落实下去，河钢集团成立了“河钢铁路运输协调调度中心”，同时成立“河钢集团国际物流有限公司北京区域中心”，两个机构合署办公，派驻到北京铁路局与调度所联合办公，围绕绿色物流体系建设和日常铁路运输工作对接铁路局，深度开展业务合作，解决运输难题。调度中心成立后逐渐形成了控制钢厂在途车流使到达平衡、开发新业务实现公转铁、牵线铁路与自有码头开展新业务、整理解读铁路政策提供决策依据等一系列能力。

关键词：绿色物流；合作；协调；基地建设

2018年6月27日，国务院印发了《打赢蓝天保卫战三年行动计划》，要求“积极调整运输结构，发展绿色交通体系”，其中明确了“公转铁”将成为发展绿色交通体系中的一项重点工作，同时又在《推进运输结构调整三年行动计划（2018—2020年）》中指出，到2020年将京津冀及周边地区打造成为全国运输结构调整示范区，引导特大城市群和区域中心城市规划建设绿色货运配送网络，加大对示范项目物流园区建设，充分发挥铁路既有站场资源优势，打造“轨道+仓储配送”的铁路城市物流配送新模式，提高城市生产生活物资运输中公铁联运的比例，并在北京等大型城市组织开展城市生产生活物资公铁接驳配送试点。

河钢集团的6家主要钢铁子公司有5家落户在中国铁路北京局集团有限公司（以下简称北京铁路局）运输业务范围内，在长期的业务合作中，与其他运输方式相比，铁路运输以其安全稳定、绿色环保等优势在河钢集团的物流业务中有着不可替代地位，在大宗原燃料的采购运输、产成品的外发运输等环节中也都占有相当的比例。

河钢集团与北京铁路局在地域、企业布局和运输结构上高度吻合，具有天然战略合作条件，并签订了《河钢集团和北京铁路局关于共建绿色物流体系战略合作框架协议》，共同践行“优势互补、资源共享、互惠互利、合作共赢”的承诺，共同打造“绿色+互联网”新型物流模式。

1　“河钢北京铁路运输协调调度中心”成立背景及其战略意义

在《河钢集团和北京铁路局关于共建绿色物流体系战略合作框架协议》中规定要“建设合作机制”和“强化组织协调机构合作”，基于长期以来的业务合作，双方同意深化物流业务组织协调机构合作，河钢集团成立“河钢铁路运输协调调度中心”（以下简称河钢北京调度中心）同时成立“河钢集团国际物流有限公司北京区域中心”（以下简称河钢物流北京区域中心），两个机构合署办公，由河钢物流公司负责日常管理。

河钢派驻专业调度人员与北京特路局调度所联合办公，负责双方日常业务的沟通与对接，并按照深化绿色物流体系建设合作和强化组织协调机构合作的相关规定，构建双方合作发展的新平台、新机制，发挥各自在物流业和制造业的优势，扩大战略合作规模。

其战略意义：北京市政府为落实《打赢蓝天保卫战三年行动计划》《推进运输结构调整三年行动计划（2018—2020 年）》的要求，将建筑砂石料和钢材列为未来推进公转铁的重点货类，通过多种措施减少公路运输量、提高铁路运输量。为此，北京铁路局已拟定“2+9”绿色物流规划方案（拟建 2 个外集点+9 个内配点），并与河钢集团共同推进绿色物流基地建设，推动钢材以铁路绿色物流的方式进入北京地区。河钢集团以河钢北京调度中心为推动铁路绿色物流运行的前沿部门，加快、加深与北京铁路局铁路运输业务零距离对接，由原来的“中转”变成“直达”；以河钢物流北京区域中心为基地集中发力，并辐射雄安新区，迅速与北京铁路局构建钢材、砂石的绿色基地，成为外集内配和雄安新区建筑材供应的主角，抢抓机遇、抢占市场，在打赢蓝天保卫战中实现“公转铁”的华丽转身。

2　两个“中心”的职责

为更好地落实“绿色物流战略框架协议”，充分发挥河钢北京调度中心和河钢物流北京区域中心的作用，河钢集团为两个“中心”量身定做了职责：

负责代表河钢集团与北京铁路局直接进行业务对接和交流，组织协调集团各子分公司相关铁路运输业务，协调解决业务运行过程中出现的各种问题，加深业务合作。

负责北京及雄安新区绿色物流基地的建设、管理与运营，研究开发北京及雄安新区的物流市场；负责与北京铁路局的专项对接，开发利用铁路站线、货场仓库等物流资源。

3　河钢北京调度中心业务组织模式的初步设定

（1）分别从唐钢、邯钢、宣钢、承钢抽调一名年轻的专业调度员作为调度中心的人员构成，把整个集团的业务不留死角地迅速与铁路成功对接。

（2）调度中心集合各子公司原燃物料材的采购、布港、装卸、在途、库存、请车、到达等信息，综合对接路局。

（3）每天参与调度所组织的调度组织“碰头会”，互通信息、研讨业务，沟通解决子公司铁路运输难题、转达路局的要求并督导实现。

（4）定期与北京铁路局相关业务部门对接，了解北京铁路局发展方向和业务动向，结合河钢集团实际，为双方进一步加深合作提供信息支撑。

（5）初期以河钢北京调度中心整体业务为引领，逐步发挥河钢物流北京区域中心的功能，立足以北京铁路局“2+9”规划的铁路货站为基础、以建筑材料进京为重点开展绿色物流基地建设。

4　河钢北京调度中心能力功能的发挥

调度中心自 2018 年 12 月开始筹建，2019 年 2 月 1 日河钢集团正式批复成立。在半年来的组织实践中，调度中心发挥驻京的地域优势，增进与北京铁路局各部门联系，扩大沟通领域，逐步积累了经验，扩展了视野、拓宽了思路；在业务对接实践中逐渐扩大业务网；解决了子公司铁路运输难题上百项；初期效果明显，为下一步深化绿色框架协议奠定了坚实的基础，同时证明了集团的决策是非常正确的。

4.1 与调度所建立合作机制，借力发力

调度所是北京铁路局指挥机构，汇集了所有与行车组织相关的信息，是铁路大联动机的中枢，河钢北京调度中心主要工作就是与这个中枢建立合作，实现河钢集团在铁路运输方面的需求，解决双方共同关注的问题。利用这个优势，河钢北京调度中心形成了一系列功能。

4.1.1 实施采购物料车流在途运行节奏控制

所有钢铁企业铁路到达都有这样的困境：采购的物料都是按照一定的节奏从采购地发运出来，可等到了钢厂交接口，不是集中到达导致待卸车积压，就是某种物料没按时到达导致物料紧缺。这主要是因为采购物料品类多和发运点多等因素，各种货车从四面八方朝着一个中心汇集，途中节奏已发生变化，必然会打破均衡到达。河钢北京调度中心进驻北京铁路局调度所后，着重跟踪解决这个难题。一是每天根据各子公司的采购发运计划和各自厂内外待卸路车保有量进行分析，初步确定需要关注的重点单位和品种；二是和该公司的生产组织主管人员核实库存和卸车能力，共同确定是否提前控制到达节奏；三是从铁路综合信息网中查看在途运行的列车位置，把车次和在途位置通报给调度所，请调度所按我方需求合理控制缓到和快到的节奏。这种方式解决了许多集中到达的问题，更重要的是能够有效解决某一急需品种在途中长时间滞留的问题。这种控制方式时间越提前效果越好，这就需要对各物料品种库存、设备状况、在途车流掌握及时和准确。

4.1.2 协调满足钢材请、批车和发运时效需求

钢材火车发运重点环节是请、批车和在途运行满要足交期。在请、批车环节，一是要把各子公司库存较高急需装车的部分作为关注点，提前与北京路局沟通，满足批车数、申请保留足够的空车源；二是关注经常发生限制请车的交口，了解有关信息转达给相关部门错峰请车，并在特殊时段申请提前装车等特殊命令。

货物交期是客户十分关注的一项指标，而钢材装火车后在途运行时间是很关键的环节。特别是轴数少的和赶船期的，往往会在时间上出问题，造成不敢装火车而影响“公转铁”增量。根据子公司的需求和提供的信息，协调调度所对在途车实施控制，确保按时到目的地是调度中心的一项重要工作。

4.2 “远”情“近”达，精准高效

河钢北京调度中心每天都要参加调度所的碰头会，并定期交流情况、信息，这种面对面的交流方式，较以往用电话“千里传音”或“传口令”式的交流，有很大优势，其信息交流充分、准确、对称，决策及时、针对性强，双方作为生产组织的直接部门，对方的重点需求可以及时、准确的得到落实，较之前的层层传达，效率和效果都有着本质区别。

4.3 利用多渠道信息资源，实现全程物流跟踪

经河钢集团与北京铁路局多次论证，达成了“路、钢、港”多家联合办公，“公、铁、水”多式联合运的合作模式。即：路——北京铁路局，钢——河钢集团、首钢，港——天津港、曹妃甸港、黄骅港各派工作人员在北京铁路局设置联合办公室，同室办公。

联合办公的优势就是能够实现资源、信息共享。在联合办公室安置了一块电子显示大屏，铁路调度综合信息、钢厂物料物流信息、港口物流信息一览无余的显示出来。如原料的“卸船—港存—装车—在途—到达—卸车—排空”等环节都能及时准确掌控，可按照不同需求及时和调度所沟通，有效控制节奏，有效避免物料堆压和断档。河钢北京调度中心能够集合所有信息任意与相关单位沟通，实现既定目标。

4.4 借助深化合作优势，破解运输难题

联合办公可以实现对存在的运输问题进行“深入研究”，从多维度思考问题，从而能解决之前看似“无解”的难题。比如集团下属一家子公司开展的一项“公转铁”业务，铁路运输流程到实验运行都跑通了，但开展一年多的时间就是不能完全实现“公转铁”，主要原因就是该发车站区域之前业务量少，铁路区域分配机力有限，好几天才能发出一列，该种物料每天就需一列多。子公司把困境反馈给调度中心，调度中心联合子公司和调度所，对该项业务的生产能力、装卸车能力和高炉配吃量进行调研，认为该项业务是可持续性增量，路企双方都有需求，调度所果断向该区域调配机力，彻底解决了问题。

4.5 发挥纽带作用，促进多种业务合作

河钢集团与铁路局之间的业务合作，不仅仅是既有业务的合作。河钢在曹妃甸港和黄骅港分别拥有码头，铁水联运也是合作共赢项目。调度中心通过调研发现，铁路方需要港口业务增量，集团旗下的码头业务需要铁路支撑，但双方没有对接入手处。调度中心根据双方需求促成配对深度对接，一下子就打开了项目衔接点，延伸出许多可合作项目。

5 河钢物流北京区域中心的功能释放

河钢物流北京区域中心的设置也是河钢集团构建绿色物流基地的战略布局之一。其功能的发挥主要体现在：一是利用工作地域优势，结合绿色基地建设范围，深入调研北京周边钢材市场、铁路货站的现状和发展趋势，为战略合作提供决策依据；二是作为河钢集团各子分公司在京业务发展的基地，承载了汇集两端信息、日常对接交流、主办专项会议、落实项目进展等职责；三是根据各级政府和铁路政策，研究开发新的降费和“公转铁”增量项目。

6 结论

河钢集团在实施《河钢集团和北京铁路局关于共建绿色物流体系战略合作框架协议》过程中，首先完成了北京铁路运输协调调度中心及河钢物流北京铁路运输区域中心的设置，迅速有效地展开工作，初步形成了一定能力，既满足了河钢集团铁路运输日常协调工

作，解决了诸多铁路运输上的难点、痛点、紧急需求；同时也为在北京区域构建绿色物流战略做了活“眼”，是河钢集团在“积极调整运输结构，发展绿色交通体系”建设中下的一步好棋。

7 两个“中心”下一步工作的构想

北京铁路局与河钢集团在地域和企业经营密不可分，北京区域、雄安新区是河钢集团以钢材为主打的建筑材料销售地，在北京铁路局构建的“2+9”绿色物流建设方案中，调度中心日趋有用武之地，应继续在深度和广度发挥作用。

（1）利用铁路、港口、钢厂“三方联合办公”的优势，精准掌握信息流、精准控制车流，降低原燃料库存，减少库占资金。

（2）深入研究国家政策和铁路政策，利用优惠政策开发新项目，最大限度“转公为铁”；深度促成铁路与河钢码头的业务合作，形成“双增量”，增创效益。

（3）拓展功能范围，依托北京铁路局，连接相邻铁路局，实现更大范围的路企合作。

优化运输组织　实现铁水运输高效化

（山钢股份莱芜分公司，朱亮、王华东、张建光、陈继伟）

摘　要：分析了莱钢新区铁水运输困难和制约因素，通过采取各种有效措施，缓解了铁水运输的压力，有力地保障高炉、炼钢的生产顺行，为国内大坡道、区域调送提供了借鉴意义。

关键词：运输；铁水；大坡道；多区域

1　背景

铁水运输是运输部的重点工作，新区铁水运输更是运输部工作的重中之重，新区的重点工作，配备的机车和调车人员超过60%都参与铁水运输作业。但是由于各区域铁水需求不平衡，造成铁水跨区域运输频繁，在调运过程中又受长大坡道多等地形限制，使铁水运输安全和高效受到严峻考验。新铁区高炉有3座，出铁波动性较大。

高炉出铁量波动情况如图1所示。

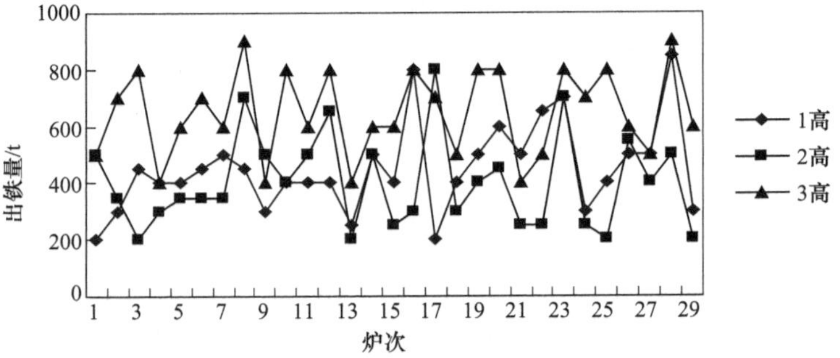

图1　高炉出铁量波动

新区承担的铁水运输具有两大特点：一是受钢铁市场影响，铁水流量、流向发生了重大变化，二是铁水运输组织难度越来越大。

1.1　受钢铁市场影响，铁水流量、流向发生了重大变化

各区铁水产量与需求见表1。

表1　各区铁水产量与需求

生产区	日铁产量/t	日铁水需求量/t
老区	9600	11000
新区	10000	
新二区	5400	6700
铸铁机	0	800~3000
特钢	0	1100

根据各生产线产品效益情况，铁水运输以满足老区和新二区6台连铸机满负荷生产为前提，因此需要从新区大量外调铁水，铁水外调量见表2。

表2

铁水调送路线	铁水调送量/t	调送罐数（65t铁水罐）
新区—老区	2200	34
新区—特钢	1100	28
新区—新二区	1300	20
新区—铸铁机	2400	20

1.2 铁水运输组织难度越来越大

1.2.1 机车紧张

新铁区现有运用机车7台，银前区1台。新铁区7、8股出铁时特钢100t电炉铁水罐只能从出铁嘴西侧挂罐，占用一台机车。铁水外调量较大，外调作业任务繁忙，在区域调送紧张时，轧钢机车和新钢站机车均辅助铁水外调，机车紧张的现象异常严重。

1.2.2 铁水外调距离长，各项作业交叉干扰严重

新区铁水外调需要经过大钢站、轧钢站，与路局装卸车、水渣车作业交叉干扰，铁水运输效率大大降低。

铁水外调运距、坡度统计见表3。

表3 铁水外调运距、坡度统计

铁水调送路线	最大坡度/‰	运距/km
新区—老区	4.8	11
新区—新二区	20	6
新区—特钢	12	10

1.2.3 轧钢站站线能力紧张

轧钢站是莱钢铁路三区结合部，既是枢纽站，又是莱钢主要装车站，咽喉通过能力已达到84.9%，处于超饱和状态。由新区向老区、新二区调送铁水都要经过轧钢站，每天占用轧钢站咽喉达20余次。

2 优化运输组织，实现铁水运输高效化

2.1 集中掌握铁水外调信息，统一协调铁水外调作业

针对铁水外调联系环节多、作业人员责任不明确的现状，要求新区切实起到掌控本段运输组织全局的作用，做到以下几点：第一，要跟踪管控机车的作业过程，对18调机车作业进行重点监控。第二，要统一指挥，搞好本区机车的作业协调配合，全力保铁水外调。第三，要加大现场监督检查，特别关注铁鞋的使用情况。

2.2　调整机车作业分工，提高机车利用率

（1）挖潜 18 调。针对 18 调在新二区炉前值班室和特钢二连炼待机时间较长这一现象，规定由新区信号值班员动态掌握 18 调在特钢的作业时间。另外，规定 18 调机车在新区 22、23 股待机，从而减少单机走行时间，提高作业效率。由原每天调 5 趟（每趟 3 罐）750t 铁，变为每天调 6 趟（每趟平均 4 罐）1200t 铁，大大缓解了特钢铁水调运的紧张现状。

（2）提高 17 调作业效率。将 17 调原来承担的 3 号 750 图拉法水渣和银前 7 股水渣的取送作业交由 16 调，同时规定在 17 调空闲时辅助 16 调水渣和路局作业，以最大程度地提高 17 调机车的作业效率。

（3）采用新的机车运用模式。打破机车作业分工，重新铺画铁水列车运行图（图 2）。对新铁区机车循环作业。重型隔离车正常情况下全部在新铁区使用。部调建立重型隔离车分布表，动态掌握隔离车位置，扣修、修竣及时做好督促归位。向特钢 50t 电炉调送铁水，要在铁水车组两端使用隔离车并按规定进行简易试风。调送 5 辆重铁水罐车时，机后和首前要加挂重型隔离车；调送 4 罐及其以下时，车辆两端隔离车中至少有 1 辆为重型隔离车。型钢炼铁正常生产状态下，11～15 调、17 调、18 调共 7 台机车共同负责新铁区保产作业和铁水跨区调送任务，由新铁区调度统一领导。根据需要，各机车可连续作业，分解后直接执行外调任务。遇有外调铁水时，待出完铁后，新铁区炉下机车将铁水罐牵出，进行车组分解，可将外调铁水直接调送到目的地，不必在新钢区进行交接。

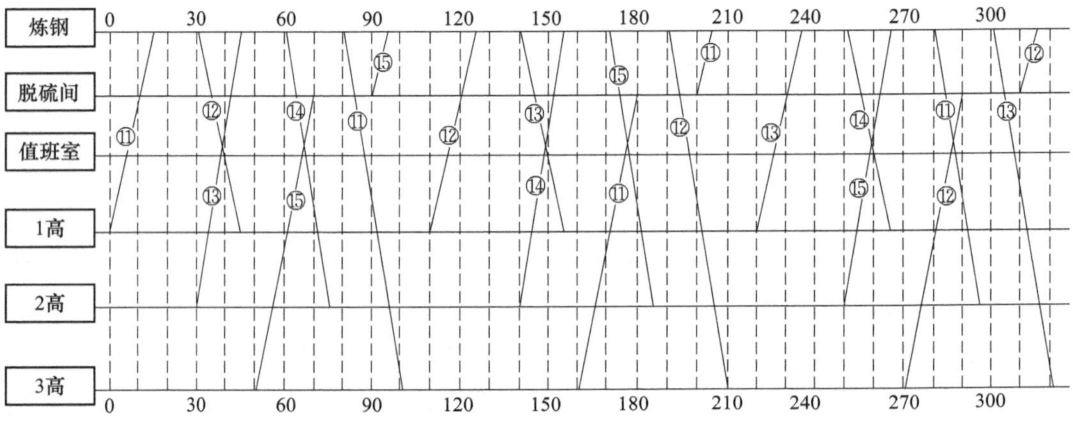

图 2　新区铁水列车运行图

（4）压缩交接时间。外调铁水空罐返回时，若有对位计划，调送机车可带罐与其他罐进行编组，送至新铁区炉下，满足配罐要求，此机车可直接在炉下对位配罐出铁，空罐也不必在新钢区进行交接，减少交接次数。机车整备时，新铁区机车相互替换，有空余时间时，可替换银前区 19 调机车进行整备作业。

2.3　制定铁水铸块方案

铁水铸块方案见表 4。

表 4 铁水铸块方案

序号	起点	终点	条件	调送方案
1	新区	铸铁机	只有一条链带生产时	①运用铁水罐 6 个，每组 2 个； ②采用铁水罐循环使用方式； ③机车对位
2	新区	铸铁机	两条链带生产时	①运用铁水罐 12 个，每组 4 个； ②采用铁水罐循环使用方式； ③改变高炉对罐方式，先出铸铁机铁水罐； ④牵引车对位

2.4 3200m³ 高炉配 65t 铁水罐方案

为满足新铁区高炉铁水外调要求，确保高炉配 65t 铁水罐，制定了高炉配罐方案，见表 5。

表 5 3200m³高炉配 65t 铁水罐方案

序号	容车数	对位地点	机车运用	出铁频点	备 注
1	8	主线对	新钢 17 调	6	在主线配小罐（首前至少 1 个大罐），副线配大罐。小罐出完后，将首前大罐对位并采取好止轮措施。机车转至辅线，主线变为辅线，辅线变主线。信号员要主动“报开”，停留车辆采取好止轮措施。炉下对罐时，相应频点调整到位，以防出现联系不上的现象发生
2	6	主线对	新钢 17 调	5	
3	8	主线对	新钢 18 调	4	
4	9	主线对	新钢 18 调	3	

2.5 深入现场、人性监察

开展“问题就是管理资源，没有问题就是最大的问题”的现场隐患揭查活动。狠抓铁水调运过程中铁水车不接通风管、炉下遥控指挥等问题，切实提高现场管理水平，保障铁水运输的高效畅行。

2.6 抓重点，找关键

强化重点时段、重点环节的运输组织，交接班时段仍需要重点管控。针对乘务员和调车组人员交接班时间不一致现象，机务段调整了交接班时间，提前 15min 点名，确保了调乘人员交接班时间的一致性。将炉下对位、老区炼钢 7 股翻罐、铁水跨区调运作为重点环节进行把控，保障各环节平稳顺行。灵活安排机车加油，对加油时间严格控制，一旦出现特殊情况，需要预备机车替加油，必须按照程序要求，尽量优化运输组织，为自替加油创造条件。

3 结束语

通过优化运输组织，高效完成各项运输保产任务。一方面保证了炼钢、炼铁的稳产、高产；另一方面加快了车辆周转，日铁水外调量曾一度超过了 6000t，提高了莱钢铁路运输的效率。2018 年创造了可观的经济效益，直接经济效益 4302. 56 万元。

攀钢铁路货车满载率分析及对策

（攀钢集团有限公司，边云龙）

摘　要：为提高攀钢集团有限公司产品铁路运输货车满载率，概述攀钢集团有限公司产品运输现状，分析攀钢集团有限公司存在的部分产品规格与现有铁路货车匹配性不高、铁路货车满载工作激励机制有待健全、生产管理与运输管理协调联动不足、部分装载加固方案与铁路货车类型匹配度不高、装载加固装置专业化程度较低等影响铁路货车满载率的因素，提出优化产品生产规格、提升作业人员业务水平和工作积极性、实行统筹化和精细化管理、加强物流信息化平台建设、提高铁路货车配车管理水平、完善装载加固方案、研发专用装载加固装置等提高铁路运输货车满载率措施，以降低攀钢物流成本，提升企业竞争力。

关键词：攀钢；铁路运输；装载加固；货车满载率；精细化管理

销售物流是企业开拓市场、进行市场竞争的一个重要环节。攀钢集团有限公司（以下简称“攀钢”）位于攀枝花市，是我国西部地区规模最大的钢铁生产企业，近年来攀钢年产铁约930万吨、钢1070万吨、钢材945万吨、钒制品2.8万吨、钛精矿48万吨、钛白粉13.3万吨、高钛渣18万吨、钛材3000t。由于受所处地理位置的限制和运输条件的影响，攀钢大部分产品通过铁路运输的方式送至用户手中，铁路运输成本占公司销售物流的主要部分。攀钢产品铁路运输成本主要由铁路运费、铁路货车延期占用费、装载加固材料费、人工装车成本等构成。如何控制铁路运输成本，对于降低公司销售物流总成本、提高攀钢产品竞争力具有极其重要的意义。从攀钢企业自身角度出发，通过提升技术和管理手段，提高铁路货车满载率和装车效率，加快铁路货车在厂内的周转，是有效降低铁路运输成本，从而降低攀钢销售物流总成本的重要途径。

1　铁路运输攀钢产品现状

攀钢通过铁路运输的产品主要有重轨、卷钢、钢坯、螺纹钢和盘条等，据统计，攀钢2015~2017年分别发送货物538.6万吨、529.8万吨和564.7万吨，其中通过铁路运输分别为469万吨、464万吨和469万吨，比例均超过总运量的80%，因而降低铁路运输成本能够为攀钢带来巨大的经济效益。2015~2017年铁路运输攀钢主要产品发运车数见表1。2015~2017年铁路运输攀钢主要产品货车满载率见表2。

表1　2015~2017年铁路运输攀钢主要产品发运车数

年份	重轨/车	卷钢/车	钢坯/车	螺纹钢/车	盘条/车
2015	26187	39143	13157	0	0
2016	26644	43016	10559	0	0
2017	27487	45991	5632	2347	2308

表 2 2015~2017 年铁路运输攀钢主要产品货车满载率 (%)

年份	重轨	卷钢	钢坯	螺纹钢	盘条
2015	73.9	93.1	90.4		
2016	75.1	87.7	90.2		
2017	73.8	84.1	85.5	87.7	58.6

由表 2 数据可以看出，卷钢、钢坯等产品的铁路货车满载率呈逐年下降趋势。货车满载率下降直接导致铁路货车使用数增加、铁路货车周转率降低、装载加固材料费用升高。

2 攀钢产品铁路货车满载率影响分析

铁路货车满载率是指铁路货车在装车完毕后静载状态下，货车装载的货物重量与货车标记载重量之间的比值。为了适应企业货主降低物流成本的需求，中国铁路总公司在 2016 年对钢材类产品实行实重计费，攀钢除重轨外其他钢铁产品的铁路运费实行实重计费，降低了攀钢对提高货车满载率的积极性和重视程度。提高铁路货车满载率，就是在现有铁路运输货车状况和装载加固方案要求下，在安全运输的前提下，加强货车满载的组织管理，不断优化产品规格和装载方式，合理利用产品装载加固方案，分析装车经验，最终实现巧装满载。根据不同规格产品铁路发运情况，影响攀钢产品货车满载率的因素如下。

（1）攀钢部分产品规格与现有铁路货车匹配性不高。攀钢产品本身规格类型较多，考虑货物和货车安全的情况下，部分规格产品无论如何装载都难以达到货车标记载重量。

（2）攀钢货车满载率激励机制有待健全。攀钢属于大规模生产型企业，长期以来是以生产为中心，对于产品销售物流成本在公司运营总成本中的重要性认识程度不高。当钢材市场低迷时，物流成本的重要性就凸显出来，目前我国各大钢厂均把降低物流成本作为一项重要工作来抓。因此，攀钢货车满载率的激励机制还不健全，导致货车满载率下降。

（3）攀钢生产管理与运输管理协调联动不足。攀钢管理模式中产品发货隶属于生产管理部门，而产品运输隶属于运输管理部门，由于部门管理侧重点不同，管控方向存在差异。装车单位在装车成本和装车效率上不能平衡兼顾，生产物流与销售物流缺乏协调沟通，导致铁路货车满载率不高。

（4）部分装载加固方案与铁路货车类型匹配度不高。由于铁路货车到达具有不确定性，而不同类型的货车对应的装载加固方案和产品规格不同，因而造成部分货车满载率不高。特别是针对体积小、件重大的货物，之前的装载加固方案都是基于 60t 级货车制定的，因而产品生产规格、生产设备和产品包装也都是基于 60t 级货车设计。近年来 70t 级货车越来越多，货车的容积尺寸、装载技术条件也都发生了相应的变化，产品的规格和装载加固方案没有有效地与之匹配，造成部分货车满载率不高。同时，受到钢铁产品的生产工艺流程和用户需求影响，攀钢公司产品规格范围广。以冷轧卷钢为例，攀钢生产的冷轧卷钢重量范围在 3~10t 之间，重量分布范围广，造成货车配货难度增大。

（5）装载加固装置专业化程度较低。装载加固装置的研制往往滞后于新货物的运输需求，在一定程度上制约和影响货车满载率的提高。目前，铁路货车由于专用化程度较低，长期以来采用通用车（敞车、棚车和平车等）及配套的装载加固装置来装运多种货物。与铁路运输的货物品类需求相比，专业化的装载加固装置发展相对落后，如攀钢仅部分钢轨和卷钢采用了专用装载加固装置。

3 提高攀钢铁路货车满载率对策

3.1 优化产品生产规格

在满足产品生产流程和销售的前提下，应结合产品运输使用的铁路货车类型，选取最优规格组织生产，尽量减少产品的规格，降低产品规格的分散度。这样在组织装车时不仅能够提高货车满载率，同时能够提高装车效率，降低产品发运管理成本，减少产品装载加固材料费用和人工成本。例如，在攀钢现有的产品装载加固方案和铁路货车类型下，冷轧卷钢每件产品重量控制在7.5t、热轧卷钢控制在12t就能够达到最优的满载率；型钢产品长度规格和钢坯产品每件产品的长度尺寸控制在6~6.25m或12~12.5m，可以达到最优的满载率；成卷的线材产品直径规格也应根据敞车内宽和内长确定相应的包装规格。

3.2 提升作业人员业务水平和工作积极性

攀钢应组织销售物流环节作业人员技能培训，细化装载加固方案对产品规格的要求，在符合方案的前提下根据货物的规格、重量合理配装，提升攀钢物流管理人员的业务技能。运用统计分析指标体系，实行日统计、月统计、年评估，对低满载率的产品，攀钢各级主管部门应进行全流程分析并制定相应对策措施，如建立提高铁路货车满载率相应的经济责任制管理办法、奖励机制，调动作业人员的工作积极性，以提高货车的满载率。

3.3 建立货车满载率激励机制

（1）实行统筹化和精细化管理。统筹产品发运管理，即利用物流管理方法中的企业业务流程重组（BPR）方法对攀钢销售物流进行优化，解决管理衔接不畅的问题，管理重点更加明确，管理方向更加统一，同时应从攀钢销售物流成本的高度全面分析成本结构构成，制定出更有针对性的管理措施来提高铁路货车满载率，降低销售物流成本。由于铁路货车满载率和装车效率互相制约，为降低货车满载率对装车效率的影响，需要从销售物流成本的高度统筹产品发运管理，选取更加合理的解决方法降低物流成本。

（2）加强物流信息化平台建设。采用现代信息技术、网络技术和管理技术，建立有效的信息沟通方式及渠道，加强产品库存信息、铁路货车类型信息和产品装载加固方案信息一体化平台建设，结合攀钢产品发运实际情况采用智能系统、软件技术等对铁路货车进行货物配重，减少由于人工配重造成的货车满载率不高现象，提升物流信息化管理水平。

（3）提高铁路货车配车管理水平。由于不同的装载加固方案使用货车类型不同，而不同类型货车的标记载重量不同，根据装载加固方案的要求所装货物的重量亦有所区别，攀钢相关部门应根据攀钢产品的运输需求，统筹规划，合理调配货车，根据发货部门仓库管理的库存数据进行配车，能够在很大程度上提高铁路货车的满载率。

3.4 完善装载加固方案

通过与科研机构紧密合作，协调铁路部门在确保运输安全的前提下制定更为详细、更具操作性的装载加固方案。为解决18m重轨铁路货车满载率低的问题，通过与铁路相关科研单位合作，采用新型钢座架方式运输18m重轨，铁路货车满载率由43.4%提高至

67.9%，同时降低装车材料费用29元/t。根据攀钢的数据统计，25m长钢轨的运量在今后较长一段时间内还将保持较高的水平。因此，应进一步研究25m长钢轨运输装载加固技术，开发新型25m长钢轨装载加固方案及装置，解决25m长钢轨既有运输装载加固方案存在的问题，保证运输安全，进一步提高攀钢产品铁路运输满载率。

3.5 研发专用装载加固装置

随着我国经济的不断发展，攀钢大量的新型货物不断出现，很多货物对运输质量要求比较高，若采用目前的加固材料进行加固，虽然可以满足要求，但可能会带来很大不便，如加固成本高、满载率低等。建议攀钢在此类货物研发时，将加固装置作为研发内容一并考虑，与产品同时设计。另外，对于运量较大且需加固的货物，应研发专用装置，同时提出配套的相关政策，达到装载加固的专业化，从而提高铁路货车的满载率。

4 结束语

降低企业物流成本是一个系统工程，应在保证安全的前提下，通过实重收费、巧装满载的手段为攀钢降低运输成本，提升运输体验，提高攀钢客户的市场占有率和用户满意度。对于攀钢铁路物流，提高铁路货车满载率是降低企业物流成本的重要途径，应不断加强企业人员管理培训、装载加固方案优化、创新运输设备研发和物流信息化平台建设等，进一步优化物流方案，提升企业的核心竞争力。

“公转铁”形势下钢铁企业物流优化研究

（河钢集团，唐光明、王志成、刘瑞菊、王建方、李昭仪）

摘　要：2018 年 10 月，国务院办公厅印发《推进运输结构调整三年行动计划（2018—2020 年）》，对推进“公转铁”提出明确要求。钢铁企业物流链涵盖供应、生产、销售、废弃、回收全流程，货种多、体量大，运输结构复杂多样，在“公转铁”工作中扮演重要角色。河钢集团国内绝大部分钢铁产能和资源地集中在运输结构调整的重点区域内，以河钢集团为例，阐述了钢铁企业如何面对政策要求，找准方向，提高铁路运输比例，促进物流转型升级，为钢铁生产企业提供经验借鉴，促进钢铁物流向绿色、高效发展。

关键词：公转铁；钢铁企业；物流优化

为贯彻落实 2018 年中央经济工作会议和中央财经委员会第一次会议关于“推进运输结构调整，打赢蓝天保卫战，打好污染防治攻坚战”的决策部署，2018 年 10 月国务院办公厅印发《推进运输结构调整三年行动计划（2018—2020 年）》，提出以深化交通运输供给侧结构性改革为主线，以京津冀及周边地区、长三角地区、汾渭平原等区域（以下称重点区域）为主战场，以推进大宗货物运输“公转铁、公转水”为主攻方向，不断完善综合运输网络，明确铁路运能提升行动、水运系统升级行动、公路货运治理行动、多式联运提速行动、城市绿色配送行动、信息资源整合行动等 10 方面工作要求。

钢铁行业是我国国民经济的重要支柱产业，钢铁物流以钢铁产成品、铁矿石、煤炭、焦炭等大宗货物运输为主，且钢铁生产厂及资源产地大多处在三年行动计划的重点区域，是国家运输结构调整的主战场。同时，1t 钢至少产生 5~6t 的厂外物流量，2018 年我国粗钢产量 9.3 亿吨，粗略估算，2018 年钢铁行业供应链至少产生 46 亿吨厂外物流量，这种规模体量使钢铁企业在运输结构调整过程中扮演着举足轻重的角色。各地市在国家发布运输结构调整相关政策后，也相继发布具体实施方案，提出相关要求。其中河北省环境应急与重污染天气预警中心发布《河北省重点行业秋冬季差异化错峰生产绩效评价指导意见》，提出铁路运输比例 60%及以上的企业秋冬季不予限产。河北省邯郸市发展改革委下发《关于邯郸市公路运输改为铁路运输工作任务目标的通知》，要求河钢邯钢 2018 年大宗原材料（矿石、煤炭）铁路运输比例达 93%。

面对日趋严峻的政策形势，钢铁企业如何突破工作瓶颈，寻求政策要求与物流组织的均衡变得尤为重要。

钢铁企业物流链标准流程如图 1 所示。

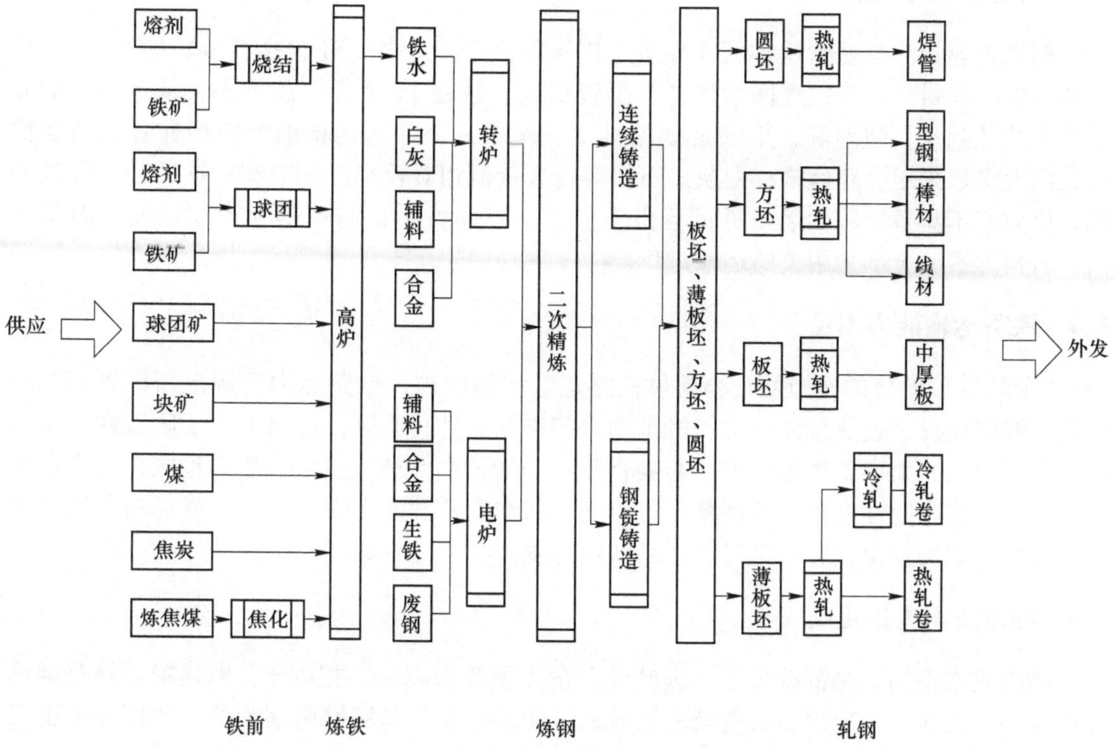

图 1 钢铁企业物流链标准流程

1 “公转铁”政策对钢铁企业物流运行造成的影响

1.1 对资源布局和客户结构造成冲击

钢铁企业的资源布局和销售市场由来已久，而在某些原燃料、产成品的物流路径上，铁路能力不足，部分资源地和客户并不具备一次装车能力，需要二次倒运、装车，例如，多数小矿点并不具备铁路发运能力；环渤海地区曹妃甸港、天津港、京唐港铁路能力难以满足港口增加的铁矿石集疏港需求；北京铁路局在与呼和铁路局和太原铁路局的限制口上存在阶段性能力不足的情况。运输结构调整政策增强了钢铁企业对铁路运输的依赖度，降低了企业资源布局的选择权和价格洽谈的主动权，增加了企业运营成本。

1.2 物料集中到达和运量增加，对企业厂内接卸系统造成冲击

钢铁企业属于连续生产企业，对原燃物料的均衡到达要求较高。公路运输由于灵活机动、稳定均衡的特点，一直是钢铁企业生产的重要物流保障。而铁路运输在发挥绿色、低碳的同时，铁路运量的集中到达对企业内部仓储、接卸系统作业能力和作业效率提出挑战。钢企需要在规定时间内完成重车卸车、排空作业，否则路车占用时间的增加，也意味着铁路杂费的升高。

1.3 部分货物不适合铁路运输

钢铁企业物流运输除铁矿石、煤炭、焦炭等大宗货物外，还包括合金、白灰、石料、辅料等生产辅料。以河钢集团为例，合金资源地分散在17个省，品种多、批量小，供应量从十几吨到几百吨不等，不满足铁路批量发运条件，除河钢舞钢个别品种有铁路运输外，绝大多数采用公路运输；白灰、石料等资源货值相对较小，一般在钢铁子公司周边采购，供应商不具备铁路发运条件；且由于白灰的产品特性，需用密封罐车运输，因此白灰、石料等资源全部采用公路运输进厂。

1.4 铁路运输能力不足

"公转铁"政策的实施使社会整体铁路运量大幅增加，铁路运力资源重新配置，铁路站场、线路接发、企业接卸能力、机车动力等均需要时间适应，目前出现了区域性空车不足、重车积压、集中到达等现象，影响企业"公转铁"步伐。例如，唐山地区、京唐港和黄村到站存在阶段性批车少的现象。每年三、四季度，发往广铁总公司、成都局的钢材也存在批车受限的现象，影响钢材产成品铁路外发。

1.5 物流成本大幅提高

物流成本增加，是钢铁企业"公转铁"的主要掣肘因素。相较于公路运输，铁路运输除运费外，还涉及多项铁路杂费及二次装卸、倒运作业。以河钢唐钢为例，曹妃甸港至河钢唐钢运输距离100km，4月份汽运价格26.25元/t，铁路大票价43.06元/t，加上道线费、延时费、卸车费等杂费11.5元/t，铁路运输物流成本高出公路运输28.31元/t。2017年河钢唐钢本部经由曹妃甸港汽运疏港170万吨进口铁矿石，在不考虑其他因素的条件下，"公转铁"将增加物流成本4800万元。

1.6 专用线建设批复慢、投资大、回收期长

为落实国家及地方政府"公转铁"要求，运输需求大的钢铁企业正在加快推进铁路专用线建设。其中，唐山市一方面推进钢铁企业现有专用线改造，同时开工新建6家钢铁企业专用线，另拟建16条企业专用线，但部分专用线并未获批。按照正常投资估算，专用线建设投资2000万元/km以上，资金需求规模高、投资大、回收期长。

2 河钢集团物流现状

河钢集团是我国最大的钢铁材料制造和综合服务商之一，拥有一级子公司30余家，以钢铁材料为主业，产品覆盖除无缝钢管外所有品种领域，是中国产品规格最齐全的钢铁企业。同时，河钢集团发挥钢铁企业全产业链、全资源链的优势，实施产业链的垂直延伸和全资源链的宽化利用，大力发展非钢产业和拓展海外事业，横跨矿山资源、金融证券、现代物流、钢铁贸易、装备制造等板块。

河钢集团（国内）2018年粗钢产量为4484万吨，主要钢铁子公司分散在河北北部、河北中南部以及河南舞钢，绝大部分产能集中在国家运输结构调整的重点区域，同时，主要原燃物料资源地也位于重点区域范围内，2018年进口矿物流量约4000万吨，主要卸船

港口主要就近分布在天津港、唐山港、青岛港、黄骅港和连云港等港口；煤、焦、精粉、合金等主要国内原燃料物流量为4800万吨，煤、焦资源地集中在山西、陕西、内蒙古及河北等地区；地方精粉集中在钢铁子公司周边及河钢矿业各矿点；合金种类较多，资源地较分散，涉及12个省（市）；产品外发4000万吨，其中国内市场相对集中分布在京津冀、华东、华南、西南，少量发往西北、东北等区域；形成了拥有规模物流量的错综复杂的物流网络。

河钢集团主要品种物流量及铁路运输比例见表1。

表1 河钢集团主要品种物流量及铁路运输比例

品 种	物流量/万吨	铁路运输比例/%
合 计	12000	43
进口矿	4000	63
国内原燃物料	4800	39
钢 材	4000	26

3 “公转铁”形势下的河钢集团物流优化措施

作为世界最大的钢铁材料制造和综合服务商之一，在绿色发展方面，河钢集团始终走在最前列，成效显著，被中钢协誉为“创造了钢铁企业清洁生产、绿色发展的成功典范”；核心企业被誉为“世界最清洁钢厂”。面对“公转铁”政策压力，河钢集团主要在物流优化方面重点开展以下工作。

3.1 紧盯政策形势，及时传达与解读

2018年5~6月，河钢集团连续参加了由交通运输部、国家发展改革委、河北省发展改革委组织的“运输结构调整”专题座谈会，会议的主要议题均是贯彻落实2018年中央经济工作会议和中央财经委员会第一次会议关于“推进运输结构调整，打赢蓝天保卫战，打好污染防治攻坚战”的决策部署，就“公转铁”运输结构调整工作的困难及建议，听取企业意见。河钢集团积极准备，在会上提出钢铁企业“公转铁”面临的困难，并及时将会议精神传达给各子分公司：会议的密集召开充分表明国家各部委高度重视货物运输结构调整工作，并已纳入国家相关部委工作重点。各部委的发言表态既坚定了“公转铁”方针，也认可了相关企业在运输结构调整工作中存在的问题，并将出台降低企业负担的相关政策，推动运输结构调整工作；敦促各子分公司加强对“公转铁”工作的认识，适时调整运输组织和生产匹配方案。

3.2 提前谋划，详细研究，各个击破“公转铁”问题症结

先期按照国务院办公厅《推进运输结构调整三年行动计划（2018—2020年）》、河北省人民政府《河北省打赢蓝天保卫战三年行动方案》及相关文件要求，对河钢集团进口矿、煤炭、焦炭、地方矿、合金、石灰石等主要原燃物料及钢材外发运输情况进行摸底调查，对资源地、销售区域铁路发运、接卸能力进行调研，对集团各子公司铁路运输能力与“公转铁”限制因素进行概要分析，以便提前谋划，确保运输结构调整平稳进行。

随着运输结构调整工作的逐步深入，详细分析客户分布、市场布局，分别核算主要路径公路运输与铁路运输的综合物流成本，结合可能的运费优惠政策，测算铁路运输增量，制定出分阶段的“公转铁”增量实施方案。

3.3　建立内部组织与机制保障

完成铁路运输业务整合，将原分散在各钢铁子公司负责铁路运输业务管理的机构、人员、业务、职能划入河钢物流，设立铁路运输管理中心，负责集团与铁路部门的业务对接、方案优化、价格谈判、费用结算等工作，协同各子分公司定期与铁路局方面进行沟通、对接，组织双方高层会晤，形成集团铁路业务统一对外协调的整体格局。

2018 年 12 月成立河钢北京铁路运输协调调度中心，入驻北京铁路局，合署办公，组织协调集团各子分公司铁路运输业务，是河钢集团提高铁路运量、顺利推行“公转铁”工作的重要机制保障。

定期召开集团铁路运输专题工作会，由集团主管领导亲自部署，要求钢铁子公司分析铁路运输比例提升的影响因素，制定“公转铁”方案，优化产品客户、原燃料战略供应商结构，填平补齐硬件基础不足，提升厂内物流组织运行效率，结合“产品”和“客户”两个结构优化工作思路，切实推进运输结构调整工作。

3.4　深化路企合作，开拓新型路企合作关系

2018 年 12 月 26 日，河钢集团与北京铁路局签署战略合作协议，确定深化路企互保业务合作、增加钢材产品铁路运量、深化绿色物流体系建设合作、深化智慧平台融合合作、强化组织协调机构合作五大项合作内容，其中，在增加钢材铁路运量方面，北京铁路局提出给予河钢集团一定运费优惠政策的意向；在深化绿色物流体系建设方面，双方以北京地区铁路货场为基础，建设钢材绿色物流基地，为河钢集团解决钢材进京物流难题，共同倡议引领绿色物流建设、共卫首都碧水蓝天，彰显国有企业的责任与担当。

3.5　优化供应商结构和港口布局

考虑铁路运输增量的工作要求，在进口矿船舶布港方面和国内原燃物料供应商管理方面，对于铁路运输能力强、物流稳定的资源地和供应商提高资源配置量，并强调过程管控，逐步提高原燃物料的铁路运输比例；将铁路发运能力作为新增供应商、资源地的重点准入标准，其中 2018 年煤炭采购方面增加山西焦煤、河南煤业等国矿发运量，降低地方发运量，铁路运输比例同比提高 3%。

3.6　提升内部作业组织能力

为应对增加的铁路运量，河钢集团各子分公司通过优化作业流程、改造或增加设施设备等手段提高铁路作业能力，其中河钢唐钢增加厂内路用作业区域备用机车及人力，保证卸车机力、人力充足；河钢宣钢优化矿粉双翻车机卸车能力，按照双翻车机最大设计能力加大卸车数量，根据“公转铁”要求实施翻车机项目改造，实现双翻车机与单翻车机共同卸车；河钢承钢充分利用闲置的带钢库、耐火库增加装车线，提高钢材外发装车能力。

3.7 推进运输方式优化

推行多式联运，河钢舞钢开展钢板公铁联运解决“最后一公里”公路短驳问题，年运量40万吨；利用长江和东部沿海水运优势，通过南京中转基地，开展钢板铁江海多式联运，实现不同运输方式无缝衔接，年运量12万吨，在降低物流费用的同时，提高物流效率。

推行铁路集装箱钟摆式运输，主要模式是铁精粉自司家营矿运至青龙炉料，加工成球团矿后，运至河钢唐钢本部或河钢唐钢不锈钢，运量为3万吨/月，发运线路为“青龙炉料—贾庵子（古冶）—滦县东—司家营矿—滦县东—青龙炉料”，其中司家营矿—滦县东为汽车集装箱短倒上站环节。

4 下一步工作方向

作为世界最大的钢铁材料制造和综合服务商之一，河钢集团一直秉持生态优先的理念，坚持推行绿色物流、绿色发展，坚决落实国家运输结构调整要求，加快实现“公转铁”步伐，下一步工作方向是：

（1）推进绿色物流基地建设。北京铁路局与河钢集团共同推进绿色物流建设，用实际行动积极响应国家蓝天保卫战和运输结构调整的号召，政治和社会意义深远。下一步河钢集团将与北京铁路局成立实体公司，加快推进绿色物流基地建设，利用“铁路运输+绿色能源配送车”运输模式，钢材产品经铁路运输至外集点与内配点，再利用新能源汽车实现“最后一公里”绿色配送，建立“外集内配、绿色联运”的绿色物流体系。打造示范工程，引导其他建筑材料、大宗生产、生活物资入住绿色物流基地，实现多元经营，市场化运作，服务社会，健康发展。

（2）研究开展公铁联运一票制业务。当前河钢集团呈现的“公铁联运”业务是指通过公路运输将货物运至铁路装车点，再进行铁路运输，两个运输过程由不同经营人进行组织管理。下一步探索研究开展公铁联运一票制组织形式，主要模式是：订立一个公铁联运合同，采用公路、铁路两种运输方式，全程由运输经营人把货物从接管地运至指定地点，实现多种运输模式无缝对接，真正意义上实现公铁联运。

（3）研究建立信息化平台。现代物流发展离不开信息系统的支持。相比公路运输，铁路运输信息未对钢铁企业开放，使得铁路运输信息在企业物流信息系统上存在“盲区”，无法及时、有效查询铁路运价和运输车辆动态、供应商情况等信息。下一步将深化与铁路部门智慧物流平台融合合作，基于大数据、云计算、物联网、移动互联网、人工智能等新技术，构建服务一体化、过程可视化、交易电子化、资源集成化、运作标准化、服务个性化目标的开放、透明、共享的信息平台，为物流管理提供决策依据。

优化组织结构提高机务管理效能

（山钢股份莱芜分公司，姜立松、刘进、潘福宁）

摘 要：自建部以来机务段一直运行作业机车包乘制、预备机车承包制，随着新旧动能转换、“公转铁”政策的推进，机车作业量不断增加，机务段现运用人员及机车设备达到了满负荷状态，对当前的机务乘务管理产生了极大的冲击，机务乘务员素质已经不能很好地跟上发展的脚步，导致机车保养不到位，管理重叠，班组建设无法有效开展，经济指标挂钩考核不合理，地面保障制度欠缺一系列问题。因此，机务段通过优化组织结构，利用职责化管理，变革乘务组织模式，成立甲、乙、丙、丁、内乘五个大班组，完善机车包乘制、预备机车承包制，明确值班员和班组长职责，充分调动他们的骨干带头作用。重新定义指导司机职责，与安全相溶。优化管理技术人员和内乘班人员配置，达到提高机车运用效率、减少机车故障停时、提高乘务员业务素质和机车维护保养水平的目的。

关键词：职责化管理；现状；变革；组织模式

1 引言

自运输部建部以来，机务段一直沿用机车包乘制的班组管理模式，即由固定的几个乘务机班组成机车组轮流值乘一台机车。长期以来机务段运行的作业机车包乘制、预备机车承包制，在机车保养、运用方面发挥着一定的作用，随着新旧动能转换、“公转铁”政策的推进，机车作业量不断增加，机务段现运用人员及机车设备达到了满负荷状态，生产指挥、安全督察、机车保养等方面出现问题，对当前的机务乘务管理产生了极大的冲击，机务乘务员素质已经不能很好地跟上发展的脚步，对于机务管理来说，既要适应当前形势的需要，促使机务乘务员尽快地提升素质，又要根除长期以来机务管理存在的诸多问题，可以说，面临极大的压力。

2 职责化管理的意义

职责不是抽象的概念，而是在数量、质量、时间、效益等方面有严格规定的行动规范。表达职责的形式主要有各种规程、条例等。列宁曾说：“管理创新的基本原则是——一定的人对所管的一定的工作完全负责。”因此，乘务管理创新要科学划分岗位工作及部门职责，对各岗位职责进行界定、明确分工。在实际工作中，职责界限越清楚，工作职位离实体成果越接近，职责越容易明确，实施职责管理创新，职责内容要具体，并做到明文规定，只有这样，才便于执行与检查、考核；只有这样，才能做到事事有人负责，从而提高整个乘务管理工作的功效。职责不清、无人负责，其结果必然导致乘务管理混乱和效率降低，实施职责化乘务管理创新方式，可使每个员工都做到尽职尽责，忠于岗位。

3 管理现状

机务段现有223人，段直人员11人（包括段长1人，副段2人，助理2人，技术员2人，安全员1人，指导司机1人，考勤员1人，仓库保管员1人），值班员4人。机务段一直沿用机车包乘制的班组管理模式，乘务组包管包用一台机车，除了值乘，还负责机车的日常检查、保养及中间技术检修。现乘务人员配置共分为20个机组，每机组定员8人（其中一机组缺1人），计159人；内乘班20人，负责段内预备车的维护保养工作，剩余12人为预备人员，乘务员共计191人。地面保障人员12人（吊车2人，整备4人，锅炉2人），引导房4人。

（1）机车保养不到位。机务段现有机车32台，运用班组20个，机车进行各种修程需要换车时均采用换车不换人，造成班组管理对人不对车，且劳动量的增加使得乘务员身心疲惫，乘务员对机车保养缺乏积极性，实际已经失去了包乘的意义。

（2）管理重叠。班组管理由司机长负责，而日常工作期间由值班员负责，形成纵、横交叉的管理模式，责任不明确，职责不清晰。司机长有权无实，司机长不跟班无法及时准确掌握现场实际情况，对班组成员无法形成有效管控，不能实施班组长的权力；值班员有实无权，值班员职责有限，管理上对乘务员无法渗透。从而造成管理混乱、劳动纪律松懈、安全管理跟不上。

（3）班组建设无法有效开展。班组内成员利用交接班时间交流，不能有效沟通，各自为政，无法形成一个整体，乘务员同车不同心，同班不同志。组织学习和会议时常以甲、乙、丙、丁四个班为单位进行，造成班内成员学习及活动不能同步。

（4）经济指标挂钩考核不合理。挂标考核是调动职工工作积极性的主要对策，以包乘组为单位进行计算，机车作业区域不定，作业量不一，数据采集烦琐，计算复杂，考核方法不科学，不能清晰地反映劳动效率。

（5）地面保障制度欠缺。吊车操纵技术要求高，随着改扩建工作量不断增加。其他人员的工作技术含量相对较低，岗位风险小，但人员管理不清晰，地面保障人员动态不好掌握，个别人员劳动纪律松懈，在段内影响较坏，造成绝大多数乘务人员带情绪上岗，牢骚满腹，不利于安全行车。

4 应用与实践

4.1 变革乘务组织模式

针对制约机务段整体运行的主要瓶颈性问题，通过优化乘务组织模式，打破机组界限，调整乘务设置，提高机车运用效率。将原来的按照机组组建的20个机组与内乘班，打破建制，成立甲、乙、丙、丁、内乘五个大班组，完善机车包乘制、预备机车承包制，明确各自的工作职能与职责，减少过度依赖段管理层或专业技术人员去处理问题导致的反应滞后、修车不及时、机车故障停时增加等现象，达到及时处理生产、保产、安全的目的；完善值班员和班组长职责，充分调动起他们的骨干带头作用，提高了工作积极性；达到提高机车运用效率、减少机车故障停时、提高乘务员业务素质和机车维护保养水平的目的。

（1）强化值班员负责制。以四个大班的值班员为大班长，负责各大班的生产、安全及当班的全面协调管理，赋予管理职责和考核权，充分发挥运转值班员的管理职能。

1）赋予管理职责和考核权，充分发挥运转值班员的管理职能。运转值班员在生产发生突发情况时有权立即进入现场指挥、协调，立即汇报段主要负责人，同时汇报分管领导和相关专业人员，相关专业技术人员立即赶到现场处理突发情况。运转值班员对现场突发情况处理不力的机组和个人有直接考核权和间接举证协助处理权。

2）值班员的工作绩效和本班当月的生产、安全、设备绩效挂钩考核。部、段对当月的经济责任制奖励一次，值班员的段长奖励基金相应增加 0.1 分，考核一次，值班员的段长奖励基金相应扣减 0.1 分。充分调动值班员工作主动性和积极性。

3）提高值班员相关待遇。一是提高值班员的奖金系数和乘务员同等系数；二是提高推荐先进的指数，要与一线骨干同等指数；三是提高值班员的推荐话语权，在制度、决策的制定，本班职工绩效的评议、评先树优，优先征求、充分考虑值班员的意见。

4）组织本班开展月度安全分析会，建立健全班组台账，负责搞好班组建设。

（2）完善作业机车包乘制、预备机车承包制。加强司机长包乘责任机制管控，由司机长全面负责机车维护保养，对其他机班的安全与保产不再连挂考核。提高司机长的相关待遇。一是提高司机长的段长奖金基金系数；二是提高推荐先进的指数，要与一线骨干持平；三是在司机长会上建立司机长反馈机制，对于司机长反馈的问题当月必须解决并反馈到司机长本人。在制度、决策的制定，本机班职工绩效的评议、评先树优方面，优先征求、充分考虑司机长的意见。

1）保持原有的作业机车包乘制、预备机车承包制。使机车的运行质量、保养保持正常水平。对内乘班加强管理，压缩现场故障车交接时间，保证现场用车。内乘班送出的机车必须配齐工具、饮用水，保证一个整备周期的油水沙，将内乘班承包的机车纳入机车保养的评定，保证预备机车的良好状态，保证运输生产。

2）完善机车保养评比机制，加强机车维护保养。对于连续三个月维护保养质量前三名的机组，授予维护保养“明星机车”荣誉称号，在后面的维护保养评定中只要不跌出前六名，给予每月 50 元的奖励。对于每月维护保养评比前三名的机组分别给予经济责任制 3 分、2 分、1 分的奖励，同时对司机长的段长奖励基金增加 10%、8%、5%，对于每月维护保养评比后三名的机组分别给予经济责任制-3 分、-2 分、-1 分的处罚，同时对司机长的段长奖励基金减少 10%、8%、5%。

3）司机长的段长奖励基金还同本班当月的生产、安全挂钩考核。受到部、段经济责任制奖励的，司机长的段长奖励基金相应增加，考核一次，司机长的段长奖励基金相应扣减。机组发生安全、设备事故的，司机长同样受到考核。

4.2 修订机务段管理机构

增设指导司机 2 人、安全员 1 人（或指导司机兼职安全），重新定位指导司机的责任。原组织机构中安全和指导司机职责分开，致使对乘务员标准化作业及安全操纵不能有效管控，现场出现紧急故障、事故时不能及时制定针对性的应对措施。重新定义指导司机责任后，安全与指导司机职责互溶，对乘务员现场操作技能（机车运行速度的控制、制动机性能及制动时机的掌握、天气变化时的操纵要点及出现临时故障时应急处理办法等）进行检查指导；根据车载记录分析原因，制定对策，进行安全督查；加强乘务员的实际操纵培训，提高乘务员的业务及安全素质；对司机提升和进职应起到决定性作用。

4.3 优化人员配置

4.3.1 优化管理技术人员配置

在实施运转值班员全面负责制，司机长对机车包乘制的矩阵式管理基础上，加强段管理技术人员的管理考核。将管理形成立体的、强大的合力，激活全段的管理。实施管理技术人员添乘制。改变原先的办公室管理模式，全段管理技术人员必须每周到现场以及作业机车上进行添乘，段长书记每周不少于2次，分管领导不少于3次，技术人员每周不少于4次，将电子添乘系统发现和解决的问题记录到电子添乘系统台账，定期将电子添乘系统运用情况向全段职工公示。对于电子添乘查看次数不够、解决问题不足的在会上进行严肃批评。实施管理技术人员专业捆绑考核制，本专业出现的问题、发生的事故，管理技术人员同职工一同纳入考核，谁的专业谁负责。

4.3.2 优化内乘班人员完善配置

按照一专多能、近岗似岗的原则，实行兼岗并岗，完善岗位设置。轮乘制提高了机车运用效率，减轻了乘务员的劳动压力，同时对机车保养提出了更高的要求。设立内乘班，负责预备机车整备作业，机车运行前的各项技术准备工作。主要有燃料、水、润滑油（脂）和砂的供应，机车的擦洗，机车技术修程及扣修时的管理，修竣车的试运和交车，预备车的看护，操纵吊车、替换加油机车和扣修车。人员配备要求多岗兼岗设置，乘务员20人（包括班长、副班长、兼职吊车司机2人、夜乘4人、平轮组8人），吊车司机岗2人，锅炉房2人、引导房4人，整备工4人，共计32人。

5 结束语

（1）实施职责化管理提高了值班员的工作积极性。值班员待遇提高了，威信提高了，对于生产、安全、运转现场的职责更加明确了，处理现场问题更加及时，夜间更是能够行使管理技术人员的权力，查看视频，对于本班违章违纪敢于管理、敢于考核。特别是和本班的生产安全挂钩考核以后，值班员的责任心更强了，有两次值班员分别在安全及设备出现险情时同责考核了段长奖励基金达100元，有8次受到全段奖励。全段的生产效率、安全生产绩效明显提升。

（2）机组的自我管理水平得到较大提高。在机组的安全生产、设备保养同司机长段长奖励基金挂钩考核以后，司机长的工作积极性得到全面提高，干得好的比干得差的段长奖励基金多拿150元/月，在安全及设备出现险情时同责考核了司机长2人次100元，段长奖励金70%~100%。

（3）组织模式的变革形成了值班员四大班对当班作业的纵向管理和司机长对各机组的横向管理。同时，全面强化了专业管理，减少了管理缺陷，全段管理技术人员年下现场添乘达442次，870车次，解决现场问题60多项，全段管理水平得到较大提升，保证了生产安全畅通顺行，提升了设备状态，确保了我部安全生产稳定顺行。机务段将在继承和发扬铁路运输企业传统和优势的前提下，本着“高标准、讲科学、不懈怠”原则，坚持专业管理创新与综合管理创新“双管齐下”的指导思想，不断探索和完善适应机务段发展需求的长效管理创新机制。

基于 EIQ-ABC 分析法的物流仓储作业优化研究

（武汉钢铁有限公司，杨迪）

摘　要：本文针对企业在物流仓储作业过程中出现的仓库库位安排不合理，导致拣货作业效率低等现象进行研究，提出一种基于 EIQ-ABC 的分析法优化这种问题，从而使得企业在物流仓储物流过程中的作业效率得到极大的提高，同时以武钢集团某公司仓储中心为例进行分析，最后提出相关的拣货策略和建议，给相关企业提供一种应用价值。

关键词：物流仓储；EIQ-ABC 分析法；优化；拣货策略

1　引言

现今物流行业的发展十分迅速，相关企业也对于物流进货配货越来越重视，如何安排其管理方法变得尤为重要，因为对于一个企业而言，物流潜意识代表最快的速度把产品配送到客户的手上，并且保持最低的库存，通过这样可以很好地降低企业的成本。物流仓储就是把企业生产的产品先是储存在仓库中，按照订单进行配货，在这个过程中有的企业产品多达十几种，这就需要企业合理安排产品入库和出库，同时随着物流行业的提升，纵向和横向的发展到达每个企业的专业化的发展，对于仓储作业中的资源进行优化尤为重要，因此物流仓储是供应链的一个重要的组成部分，也是企业一个重要的效益角色。仓储已经由原来的作为"储存、保管商品的地方"向"商品物流配送服务中心"转变。仓储是商品流通的重要环节之一，现今一些企业都有属于自己的仓储中心，利用这个仓储中心来储藏生产的成品和按照相关订单派送成品，任何一个仓储中心都受到库存结构、货位安排、拣货效率的影响；同时有的企业生产的产品多达几十种，这就更加要求进货或者出货的效率，对其进行优化尤为重要。因为时间效率就代表价值的效益，只有在最短的时间内配送相关的产品，企业运转速度才会得到很大的提高，减小企业在仓储配送的人员，可有效降低仓储管理成本，进而提高物流效率。

2　物流仓储作业问题提出与分析

2.1　物流仓储作业问题描述

在企业仓储作业过程中，生产的产品是通过仓库的库位备货，按照相关下游企业的订单进行配货出货，特别在仓库特别大、订单量种类多的情况下，如何把这些十几种产品安排库位，以及合理的工作人员在仓库中路径选货，是企业仓储作业的一个重要问题。而对于任何一个成品，都是从其他的工厂运送到仓库，再由工作人员进行卸货、验货、入库，使得成品合理储存；订单来了又进行分拣、配货装车和发运环节，在这些过程中，可以看出成品库位安排和拣货策略选择尤为重要，本文就是以这样的问题进行优化，提出一种适合企业仓库作业的策略。企业仓储作业过程流程如图 1 所示，通过文章的研究可以使得企业合理组织安排，提升企业的进货发货的效率。

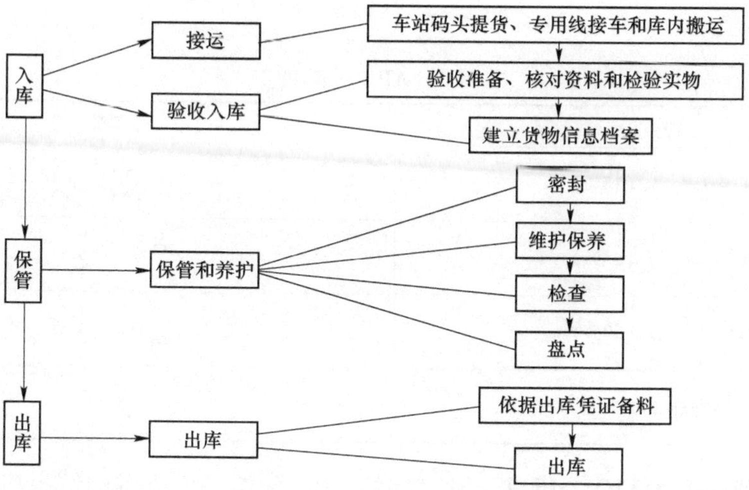

图 1 仓储流程作业图

从上面的仓储流程作业过程中可以看出入库到出库各类步骤，如何有效合理安排仓储货位和提高拣货策略是本文研究对象，重点是简化各类货物的货位安排，以及工作人员如何对于这些货物进行拣货路径选择，通过优化物流仓储作业过程可以极大提高效益。本文首先运用 EIQ 进行定量分析，得出货物的出库频率，再结合 ABC 分类法对货物进行统一的分门别类，同时对仓储中心的储位进行合理的划分，确定各种货物在仓储中心的平面与立体摆放的区域及合适的拣货策略。

2.2 构造问题模型

第一步：EIQ 定量分析。EIQ 是从客户订单的品项、数量和订货次数着手研究，进行货物的出库特性的分析，找出客户订单的出货特性，确定货物出库频率。

用 $E_1, E_2, E_3, \cdots, E_i$ 表示一段时期内该仓库处理的某种货物订单；

用 $I_1, I_2, I_3, \cdots, I_i$ 表示订单订购的货物品种；

用 $Q_1, Q_2, Q_3, \cdots, Q_i$ 表示该品种货物的数量，按照订购数量递减的顺序排列入表，见表 1。

表 1 EIQ 分析表

订单（E）	货物品种（I）	数量（件）（Q）	累积数量	累积百分比/%
E_1 E_2 E_3 $\vdots$ E_i	I I I_3 $\vdots$ I_i	Q_1 Q_2 Q_3 $\vdots$ Q_i	Q_1 Q_1+Q_2 $\vdots$ $\sum_{i=1}^{n} Q_i$	
总计	$\sum_{i=1}^{n} I_i$	$\sum_{i=1}^{n} Q_i$		

第二步：ABC 分类策略。根据 EIQ 分析，分别对产品被订购次数及出库频率按照 15%、35%、50%的原则进行分类，确定 $I_1 \sim I_m$ 共 m（$0<m<i\leqslant n$）个品种的货物为 A 类，$I_{m+1} \sim I_j$ 共（$j-m$，$m<j<i\leqslant n$）个品种的货物为 B 类，$I_{j+1} \sim I_i$（$i-j$）个品种的货物为 C 类，见表 2。

表 2　ABC 分类表

种类	数量
$A = I_1 \sim I_m$（15%）	$\sum_{i=1}^{m} Q_i$
$B = I_{m+1} \sim I_j$（35%）	$\sum_{i=1}^{j} Q_i - \sum_{i=1}^{m} Q_i$
$C = I_{j+1} \sim I_i$（50%）	$\sum_{i=1}^{n} Q_i - \sum_{i=1}^{j} Q_i$
合计 100%	$\sum_{i=1}^{n} Q_i$

第三步：通过上述 EIQ 分析以及对存货的 ABC 分类，把所得的结果应用在仓库储位的规划中。

（1）对整个储位进行横向和纵向的划分，如图 2 所示。a 部分表示的是横向区域划分，对整个储位进行分区，以距出入库口的距离作为衡量标准，把储位分为 3 个部分，分别为Ⅰ快捷区，Ⅱ一般区，Ⅲ慢速区，图中的储位是横向平行摆放的。b 部分表示的是纵向区域划分，结合货架高度把储位分为 4 层，第 1、2 层为取货较方便的位置，尤其第 2 层是员工最佳操作纵向位置，称为“黄金储位层”，出货频率比较高的货物应该放置在“黄金储位层”，这样可以加快该类货物的出库速度，第 3、4 层是员工必须在工具的帮助下才能操作的储位层，拣货出库耗时费力。

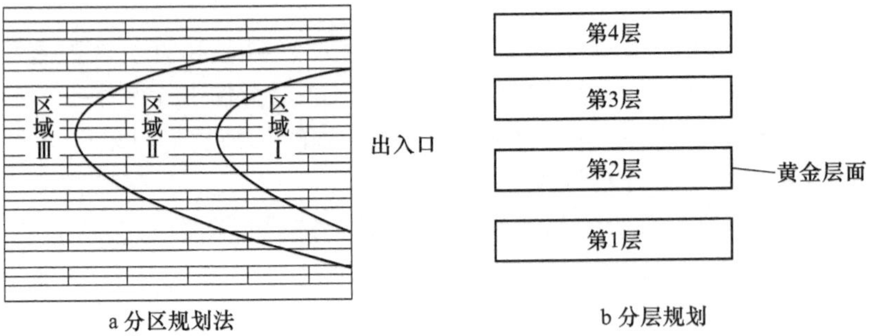

图 2　横向和纵向储位划分图

（2）ABC 分类和空间区域划分二者结合，根据 ABC 类货物的特点，为不同种类的货物规划储位。

第四步：拣货人员在进行拣货作业过程中，由于拣货顺序的不同，拣货人员选择的拣货途径不一样，按照下面的各种策略，可以很好地解决各类产品出货时工作人员路径走向安排，极大提高时间效率，优化人员路径选择。

2.3 仓储作业人员拣货策略

（1）回转策略。拣货人员进入通道，把该通道内物品拣取完后，原路返回，然后再换下一条拣货通道，如图 3 所示。

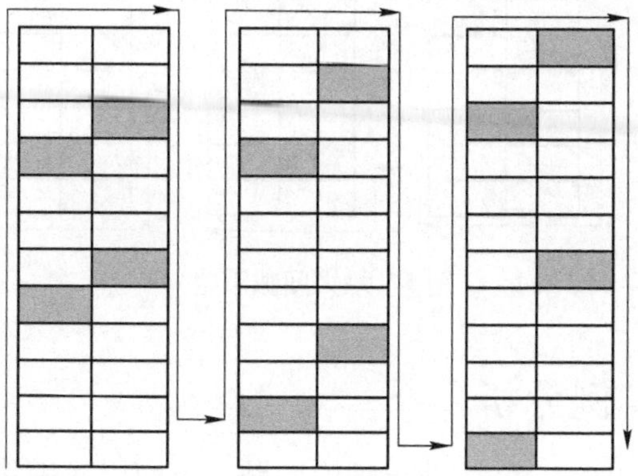

图 3 回转策略

（2）穿越策略。拣货人员在拣货时，穿越走道，从走道一端进入，另一端出来。当走道不是很宽的时候，可以对两侧货架上的货物进行同时拣取；反之，如果走道较宽，则必须横跨走道，这时拣货人员走的路径就是“Z”字形。所以也可叫 Z 形穿越策略，如图 4 所示。

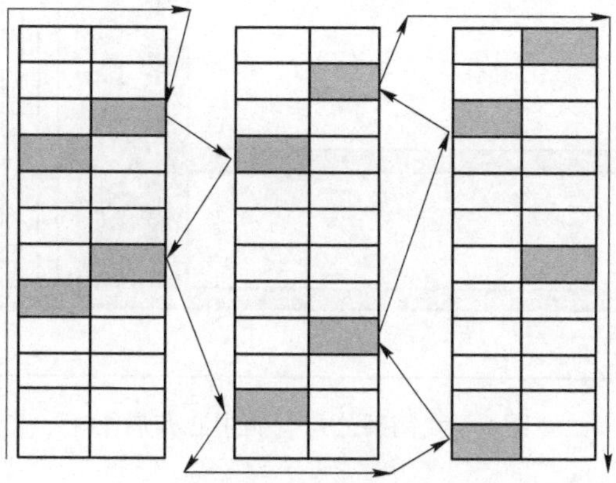

图 4 穿越策略

（3）最大间隙策略。该策略是把所要拣选的货物储位与上下两个通道端口的距离做对比，选择路程最短的路线，如果商品和上下两侧底端的走道距离小于货物之间的最小距离，则直接回转，如图 5 所示。

拣货策略对拣货效率有较大的影响，结合储位实际情况，选用适当的拣货策略能有效节省拣货时间，提高仓储外发效率。

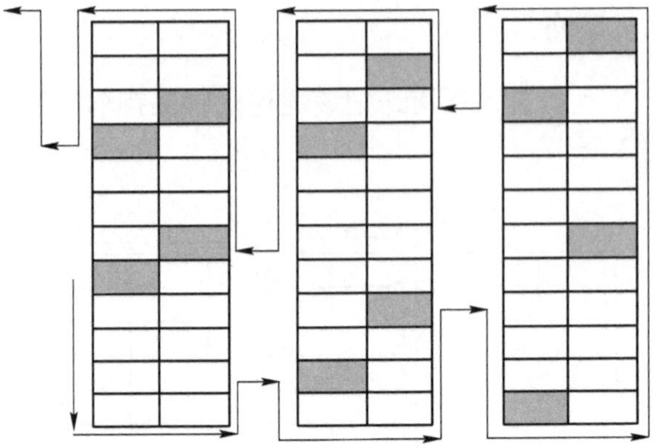

图 5　最大间隙策略

3　物流仓储作业实例分析

为了很好地分析物流中的仓储作业出现的问题，下面以武钢集团某公司仓储中心作为案例。该公司仓储中心占地约 15000m^2，主要负责钢铁相关产品，备品备件的存储和保管。主体为一层，长约 150m，宽约 100m，高 6m。包括存储区，操作区两个部分。仓库的整体布局以及各区分布状况如图 6 所示。

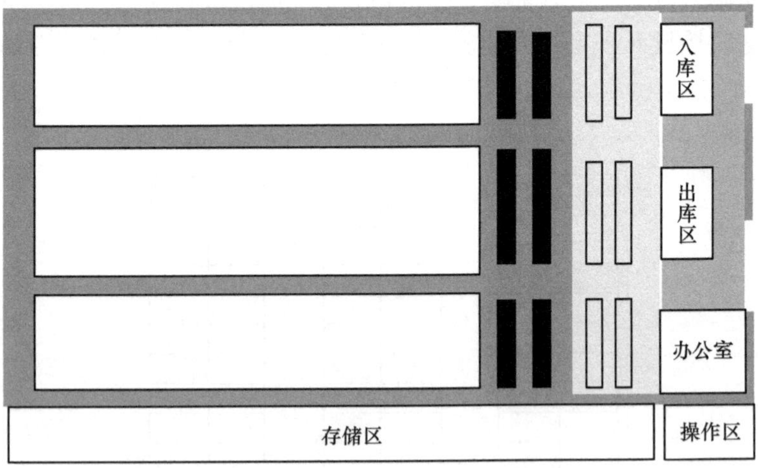

图 6　武钢某公司仓储中心布局图

下面运用上一节的模型进行实例验证分析。

第一步：这里采用了该公司仓储中心过去 1 个月的订单信息作为初始的数据源，通过运用 EIQ 分析手法确定出库的频率（表 3）。

表 3　EIQ 分析

订单（*E*）	货物品种（*I*）	数量（件）（*Q*）	累积数量	累积百分比/%
1	硅钢片	2533	2533	13. 68
2	切削刀片	1946	4479	24. 19

续表 3

订单（*E*）	货物品种（*I*）	数量（件）（*Q*）	累积数量	累积百分比/%
3	棘轮	1473	5952	32.15
4	薄板	925	6877	37.15
5	尼龙吊带.	630	7507	40.55
6	钢丝绳.	527	8034	43.34
⋮	⋮	⋮	⋮	⋮
329	备用电缆	2	18513	—
总计	151	18513		100

第二步：根据以上 EIQ 分析，分别对产品被订购次数及出库频率根据 15%、35%、50%的原则进行了 ABC 分类，将出库频率前 23 种货物归为 A 类，紧接着的 53 种归为 B 类，剩下的 75 种归为 C 类，见表 4。

表 4 ABC 分类

种类	数量
A=1~23（15%）	9457（51.08%）
B=24~76（35%）	5531（29.88%）
C=77~151（50%）	3525（19.04%）
合计 100%	18513（100%）

第三步：根据 EIQ 分析以及 ABC 分类，可将 A 类货物存放在区域Ⅰ的第 1、2 层或区域Ⅱ的第 2 层；将 B 类货物放在区域Ⅰ的第 3、4 层、区域Ⅱ的第 1 层或者区域Ⅲ的第 1、2 层；最后，将 C 类货物放在区域Ⅱ的第 3、4 层或区域Ⅲ的 1、3、4 层。如图 7 所示。

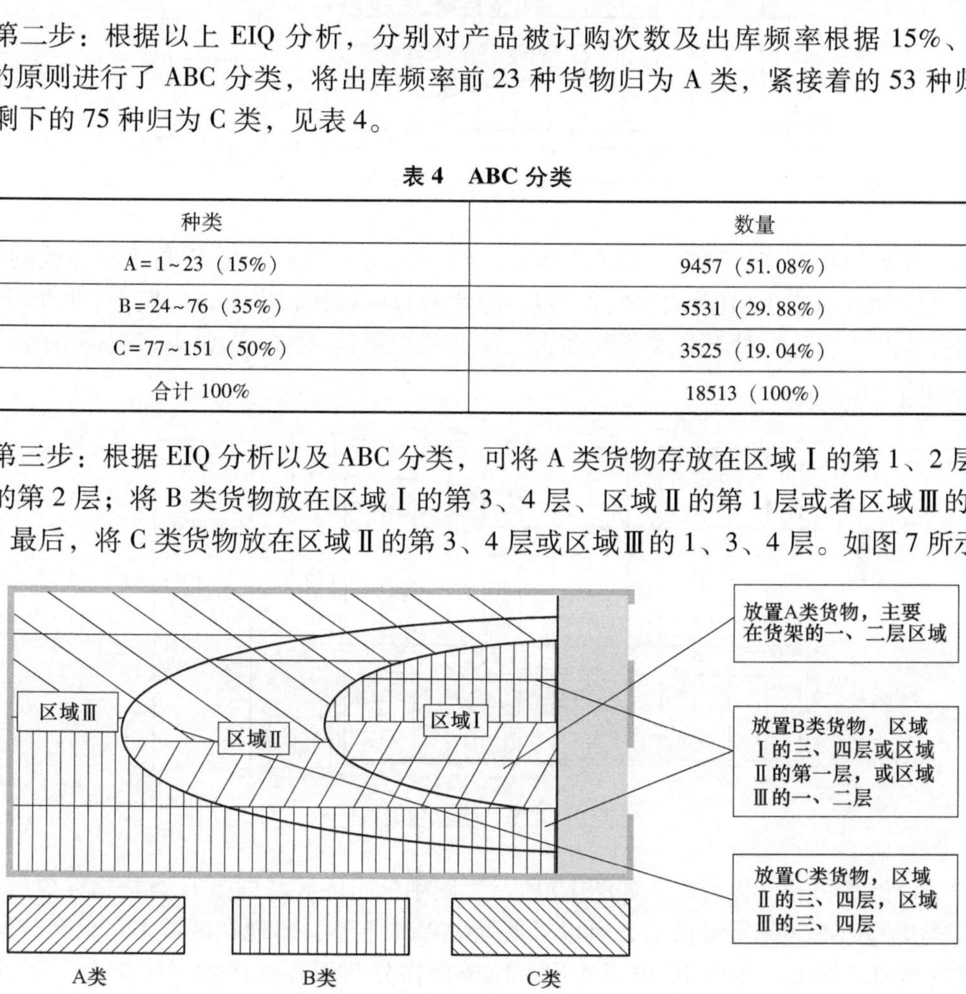

图 7 存储区规划图

第四步：拣货策略是否适用决定拣货效率的高低，在进行储位规划后，ABC 三类货物在货架上分布的区域不同，摆放的位置不一样，所以需要根据实际的仓储情况，来选择合适各类货物的拣货策略。

（1）A 货物的拣货策略。如图 8 所示，图中标出的区域即是 A 类货物存放的区域。

因为 A 类货物出库频率比较高，所以摆放在靠近出口的地方，方便货物出库。由图 8 可知，A 类货物集中分布在存储区的前半部分，穿越整个通道显得没有必要，并且浪费拣货时间。为提高拣货效率，对于 A 类货物，应采取回转策略进行拣货，具体拣货路径如图 8 所示。

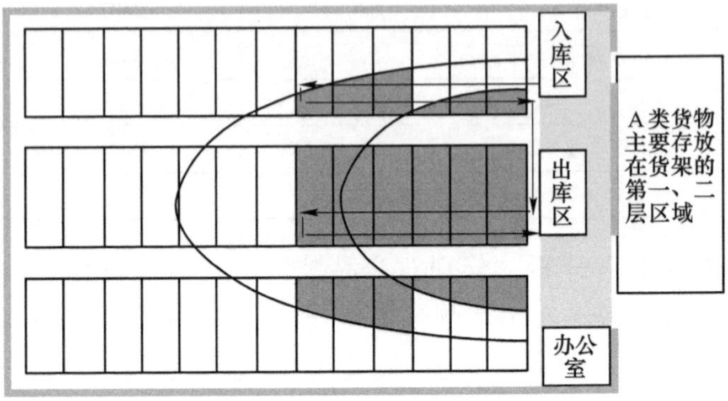

图 8　A 类货物拣货策略

（2）B 类货物的拣货策略。如图 9 所示，图中标出的区域即是 B 类货物存放的区域。因为 B 类货物相对来说出库率比较低一点，存货分布区域比较广泛，区域Ⅰ、区域Ⅱ、区域Ⅲ均有涉及。因此，对于 B 类货物而言，应该采取穿越策略，以此来缩短拣货时间。具体路径如图 9 所示。

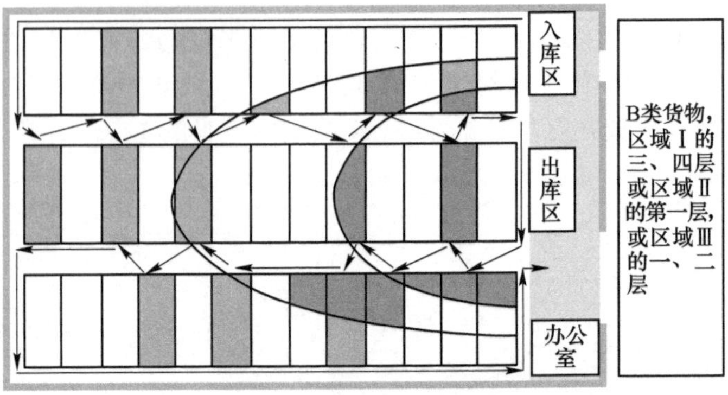

图 9　B 类货物拣货策略

（3）C 类货物的拣货策略。如图 10 所示，图中标出的区域即是 C 类货物存放的区域。因为 C 类货物出库频率是最低的，所以 C 类货物基本上不会出现在区域Ⅰ，只会分散在区域Ⅱ和区域Ⅲ。因此，由图 10 可以看出，C 类货物分布于存储区的后半部分，和前半部分的上下两角落里。所以，采用最大间隙策略是最合适的选择。具体路径如图 10 所示。

4　结论

仓储是物流活动的重要部分，通过货位规划，结合适当的拣货策略来提高仓储作业效率，是本文的关键所在。本文首先通过 EIQ 分析，确定了各大类货物的出入库频率；然后根据出入库频率的高低使用 ABC 分类法对其进行分类，以距出入库口的距离作为衡量标

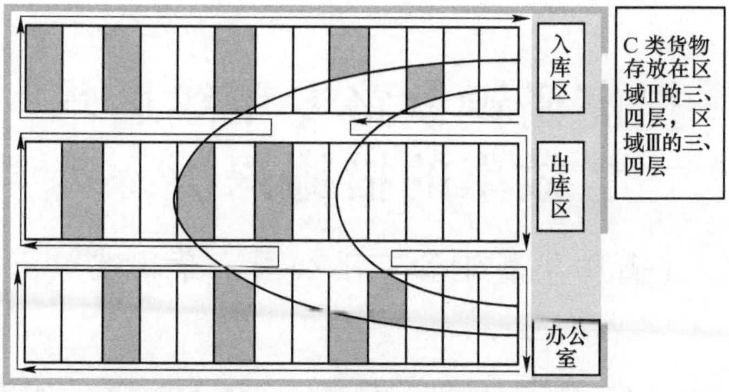

图 10 C 类货物拣货策略

准，把储位分为 3 个部分，分别为Ⅰ快捷区、Ⅱ一般区、Ⅲ慢速区，然后结合货架高度把储位分为 4 层，不同类别的货物分储位分区分层摆放。针对不同货物的入储位置，选择适当类别的拣货策略进行拣货作业。拣货作业速度和仓储作业效率将有望得到提升。由于时间不够充足以及对该仓储中心的调研数据不够详尽等因素，再加上仓储作业优化只是依据货位的规划、拣货策略等两方面，所以分析的效果存在一定的误差，仓库自动化程度、出入库设备的最优路径等问题的优化也需要更进一步的研究。

提高衡钢铁路专用线运营效率的措施探析

（衡阳华菱钢管有限公司，荣衡忠）

摘　要：阐述衡钢铁路专用线的基本情况和作业流程，分析衡钢铁路专用线运输作业的特点及存在的问题，提出提高衡钢铁路专用线运营效率的措施。

关键词：衡钢铁路专用线；作业流程；运营效率；措施；探析

衡阳华菱钢管有限公司（简称衡钢）是全球无缝钢管行业生产机组全、先进机型多、产品规格多的企业，具备年产120万吨铁、180万吨钢和150万吨管的能力。衡钢铁路专用线接轨国铁湘桂线衡阳西站，全长20.078km，普通单开道岔66组，交叉渡线道岔2组，交通涵3个，共40股道，10处铁路平交道口，装车股道5条，一座机车库和6台自备机车，主要负责衡钢铁路专用线内调车作业、到达原辅材料卸车、装载钢管发运至全国各地和境外及铁水运输作业，年到发量400万吨，为三等综合性货运站，隶属于衡钢物流中心管理。随着钢铁行业竞争激烈，衡钢生产经营压力加大，提高劳动生产率、降低物流成本等生产经营指标要求更高，这就要求我们在理念、机制、管理等各方面进一步创新思路，在保证衡钢铁路专用线运行安全的前提下提高运营效率，降低运营成本，提升衡钢市场竞争力。

1　衡钢铁路专用线的作业流程

（1）衡钢铁路专用线运输生产的流程实际上就是车流和物流结合的过程，产品在运输过程中根据状态可以分为卸、装两个状态，而车辆与之结合后就形成待卸、正卸、待检、待装、正装、待发、列检、待排8种状态，同时这8种状态是环环相扣，前后关联。

（2）衡钢铁路专用线运输生产的运转作业可以分解为以下12个过程，到达、解体、卸车对位、卸车、列检、调车、装车对位、装车、集结、列检、编组、排出。货运作业可以分解为以下3个过程，卸车计划、装车计划、排车计划，其中卸车计划可以细化为配卸计划和取卸计划，装车计划可以细化为配装计划和取装计划。

（3）衡钢生产的铁水由3台机车保证运输：1台机车在炼铁高炉下配罐接铁水，1台机车运输铁水到炼钢分厂，再将铁水空罐送回炼铁高炉下，1台机车在炼钢分罐铁水。

2　衡钢铁路专用线运输作业的特点及存在的问题

衡钢铁路专用线运输生产围绕保证企业正常生产活动的大原则进行，即以保产保销为目的，可以分解为以下几个目标，保证企业生产所需原材料的到卸，保证企业产品的外发，保证企业内部生产的铁水运输作业，因此，衡钢铁路专用与国铁以运输为目的、以列车运行图为基础的运输作业方式就有极大的不同和其自身的特点。

（1）厂内铁路的布局穿越公路多，平交铁路道口多，汽车、行人流量大，安全隐患多。

（2）由于企业是以生产工艺为原则布局，决定了衡钢专用铁路货物线大多是以尽头线的形式存在，这就决定了平面推送法调车是衡钢专用铁路调车作业的主要方式，溜放作业是禁止的，调车作业效率低下。

（3）市场的多样性以及以销定产的经营活动决定了衡钢生产的不确定性，衡钢生产的不确定性决定了衡钢铁路专用线运输生产活动的不确定性。因此，以时间为标准的列车运行图仅仅是对铁路专用线运输生产活动的一种记录，已经失去了在国铁运输生产的基础平台作用，重复作业、效率低下是衡钢专用铁路运输生产的主要特点。

（4）衡钢铁路专用线拥有大量的自备铁水罐走行车和铁水隔离车，使用和维护由不同的部门负责，铁水运输作业安全风险非常高，由此引发了从管理、维护、保养一系列的问题，管理难度大是衡钢铁路专用运输生产的另一特点。

（5）从企业运输组织机构来看，负责衡钢铁路专用线运输生产的部门是物流中心，卸车组织是炼铁分厂和炼钢分厂等生产部门，在以生产为中心，以销售为龙头的企业中，它们扮演着配角和辅助的角色，所以无论从资金和人员上难免捉襟见肘，在提高劳动生产率的大背景下，人员的精简与安全的保证更是矛盾突出，表现为货运、行车组织部门基本健全，机务、车辆次之，基础的工务、电务薄弱，借用铁路行业的一句行话，国铁的运输组织结构是标配，衡钢铁路专用线运输组织结构仅仅是维持可以运行的简配。

（6）由于衡钢的产品的特殊性，长度不一、规格多、装载难度大，极易造成超载、超重、偏载，与国铁的货物装载加固方案冲突多，影响装载重量和效率，而衡钢的产品又是高运价远运距的，平均吨管费用高，增加了企业的铁路运输成本和运行安全风险。

（7）衡钢铁路专用线运输生产受国铁行车组织大环境的影响，尤其 18 点的承认车计划，遇上停装和限装，影响装车和排出，增加了企业的车辆停时费用。

（8）由于采购物流与销售物流的不对称，月初集中到达重车，卸车后无货物装车，空车排出，月底集中入库，装车发运无空车使用，需国铁配空车来装车，影响效率和造成资源浪费。

（9）由于作业流程长、作业环节多，调车作业与卸车作业、装车作业分属不同部门，而各自的部门生产侧重点不一样，造成协调难度大，效率低下。

3 提高衡钢铁路专用线运营效率的措施

从衡钢专用线的作业流程、作业特点及存在的问题和衡钢发展新要求来分析，通过提高衡钢铁路专用线作业效率、提高劳动生产率、提高铁路车辆平均装载量、确保衡钢铁路专用线安全正点运行等措施来提高衡钢铁路专用线运营效率。

3.1 推行精益生产，提高衡钢铁路专用线作业效率

由于各种因素的影响，衡钢铁路专用线车辆调配、待卸、卸车、待装、装车、待排和排车时间长，作业效率低、车辆停时长、车辆延时费用多，增加了企业成本。面对新的形势及发展要求，我们要主动超前，创新工作思路，以科学的手段推行精益生产，充分发挥

智慧衡钢效能，接入铁路现车管理系统，不断挖掘和优化信息系统功能，实现让数据多跑路、员工少跑腿，强化执行力，做到快速高效。以计划管理为抓手，对外分析、预测，对内衔接、调配，提前介入上下道工序采购、生产、销售和分厂各个环节，及时掌握动态信息，做到计划精准精细，以调车为中心，贯彻执行国铁运输计划，同时优化内部运输生产，经济合理地使用机车车辆和其他运输设备，按《车站行车工作细则》组织作业，坚持“一卸、二排、三装”，提高衡钢专用线作业效率，加快铁路车辆周转速度，降低车辆停时费用和机车油料消耗。

3.2　通过智能改造和流程优化实现减员增效，提高劳动生产率

由于市场供大于求，企业经营压力巨大，为使企业脱困解危，衡钢采取各种措施积极应对，措施之一是推进人力资源改革，减员增效降低生产成本，提高劳动生产率。如何在确保衡钢铁路专用线运行安全的前提下实现减员增效降低生产成本，经过调查研究分析，我们可以采取重新梳理岗位、优化工作流程、打破定岗定员、对岗位拆并合、实行一人多岗和一岗多能、借助智能改造和优化人员组合等措施。

（1）对衡钢铁路专用线 6 台机车进行技改，加装机车安全运行视频监控系统，在每台机车的操作室、前后方向及两侧安装 8 个高清摄像头，替代原来由人工监视的作用，实现机车在前进、后退、停车、挂车等状态下处于无死角监控状态，机车司机由双操改单操，司机人员裁减一半。

（2）引入铁路道口远程控制集控系统，对 1 号、2 号、5 号三个铁路道口进行技改，实现无人值守铁路道口，由一名调度员远程操作和集中监控，既可提高铁道路口安全管理水平，又可实现道口工全部裁减。

（3）将 1 号轨道衡、3 号轨道衡及铁水轨道衡通过联网进行远程控制改造，实现 1 号轨道衡、3 号轨道衡及铁水轨道衡由值班调度员远程控制司称和单据打印，轨道衡司称员全部裁减。

（4）减员后加强安全保障措施，加强形势教育培训，引导员工转变观念，让员工正确理解企业当前困难，稳定员工队伍，同时开展多种形式业务技能和安全质量知识培训，将定期岗位培训与日常培训、转岗培训相结合，强化培训效果，不断提高员工的综合素质，让员工具备一岗多能条件，倡导并鼓励员工一人多岗和一岗多能新模式、新常态，出台与之相适应的绩效考评办法，如按作业量计算工资收入和劳动竞赛等减员增收入激励措施，让多干活的员工收入增加。

3.3　提高铁路车辆平均装载量

衡钢产品钢管外发运输方式有水运、公路运输和铁路运输，水运受限，公路运输成本相对较高，铁路运输是衡钢产品发送全国和全球各地主要运输方式，衡钢产品之大口径薄壁钢管不能满载，车皮平均装载量达不到要求，根据铁路运输以车皮为单位的计费标准，运输成本将大幅增加，这是市场难以接受的。“满载、高效，降低物流成本，保证顾客满意”是物流人孜孜不倦追求的目标。

（1）制定最优钢管装载方案。创新思维，打破局限，根据实情创新火车发运装载方案，按钢管米重=(外径-壁厚)×壁厚×0.02466，对不同规格装载方案和加固方法的装载

重量进行详细计算，根据铁路运输装载加固文件要求，结合以往的装载加固经验，制定多种火车装载方案和加固方法，确定最优钢管装载方案后，邀请铁路专业人员到现场做安全试验测试，测试成功后报铁路部门审批通过，以文件形式下发，组织员工学习、培训，并现场指导员工按最优方案进行装载和加固，指导员工在装车发运时将钢管摆到最佳位置，以提高车皮装载量。

（2）采用大配小、厚配薄的方法进行合理配装。充分运用信息平台，由合同员每天清理合同，对同一客户既有大口径薄壁管又有小厚壁管合同的，经客户同意后下达拼装指令，发货员在装车时，根据拼装指令进行拼装。

（3）加强沟通协调，确保产品长度适宜，提高车皮装载量。由于火车车厢长度为12.5m，如产品长度在6.2m以内，可两头装载；如钢管长度在6.2~9m之间，则车皮空间浪费较大，造成不能满载。为此我们根据产品规格、长度计算的不同装载重量表，把那些不能满载规格的长度要求形成书面专题报告，呈给公司领导、生产分厂和有关部门，以便在生产组织时尽量避开6.2~9m长度。

（4）制定、完善科学的管理制度，将车皮装载量指标纳入经济责任制绩效指标考核体系。

3.4 确保衡钢铁路专用线安全正点运行

安全是最大的效益，安全是铁路永恒的主题，管理是铁路的生命线，确保衡钢专用线安全正点运行是衡钢物流中心的重要任务。

（1）构建精干高效专业团队。贯彻新理念、新思想，用新的理论武装头脑，锤炼关键少数责任担当意识和使命意识，树立全局意识，弘扬奋斗文化，使员工树立与企业发展要求相适应的新思想和新理念。大力弘扬工匠精神，引导员工争当“衡钢工匠”，养成精益求精的敬业风气，让工匠精神融入到每个岗位、每个环节、每道工序，汇聚成确保安全的巨大力量，构建一支能打硬仗的精干专业团队。

（2）加强安全和业务技能教育培训。员工的安全意识水平的高低直接决定安全生产状况。提高员工的安全意识，就必须在员工的安全教育模式、方法上有所创新和加强，增强其安全工作责任心，实现其“要我安全”向“我要安全”的转变。大力宣讲专用线铁路运输安全重要性，深入开展铁路装卸车专业知识、铁水运输专业知识和人身安全知识培训，使员工了解了超重、偏载、偏重的概念以及由此带来的后果，知道铁水运输是连接衡钢炼钢分厂和炼铁分厂的桥梁，一旦发生事故会给企业带来灾难性后果。

（3）制定和完善应急预案，开展应急预案演练，提高员工应急处置能力。完善安全管理制度和铁路专用线交接检查内容及办法，持续开展各类安全专项检查与日常检查，严格检查考核，坚持机车视频回放检查，规范员工行为。深化隐患排查治理，推进现场无隐患安全管理。

（4）加大设备更新改造力度。增加新设备，在衡钢铁路专用线与国铁湘桂线衡阳西站连接线段安装超偏载仪检测装置，杜绝超载、偏载车辆进入国铁运行；改造旧设备，对落后的装卸设备龙门吊、装载机等设备进行改造，保障车辆、货物和人身安全。维护维修好旧设备，专用线有关人员应经常对线路特别是铁水运输线路加强检查、维护，对专用线范围内照明设施和消防设备等进行检查，发现损坏及时维修，保证现场整洁、照明全覆盖、消防设备无隐患，为安全运输创造良好的环境。

4 结束语

衡钢铁路专用线是我国铁路网的组成部分之一，也是衡钢的组成部分之一，应通过一流作业队伍建设、管理制度的完善、智能改造和流程优化、设施设备更新、推行精益生产、科学调车、合理配载等有效措施的实施，有效提高衡钢铁路专用线运营效率和安全管理水平，确保衡钢专用线安全正点运行。

柳钢铁路信号设备维护体制改革思路

（柳钢铁路运输公司，钟晓波）

摘 要：针对柳州钢铁集团有限公司铁路运输公司电务段信号设备维护现状及存在问题，分析柳州钢铁集团有限公司铁路运输公司电务段信号设备维护体制改革的必要性和可行性，提出适合柳州钢铁集团有限公司铁路运输公司电务段信号设备维护体制改革的思路，并指出改革过程中需要注意的几点问题。

关键词：信号设备；维护体制；改革；思路

随着柳州钢铁集团有限公司铁路运输公司电务段（以下简称电务段）所属的信号设备数量大量增长，而负责信号设备维修保养的维护人员总量却没有相应的增加，导致目前电务段信号设备维护力量出现严重不足；另外，根据企业人资改革的发展趋势来看，人员继续精简是降本增效的方向和最终选择。鉴于以上原因，适时提出适合柳钢铁路运输公司信号设备维修体制的改革思路。探索厂内信号设备采取以状态修及故障修为主，兼顾大修，侧重日常点检为手段的运维模式。在保证运输安全及保障效率的前提下推行一种新的信号设备维护体制。

1 整体管理现状

（1）维护人员近三年自然减员及离职共 8 人。电务段直接从事信号设备维护的人员由三年前的 31 人锐减到现在的 23 人。近一两年虽有零星两三个人转岗到信号工岗位，但都是从零开始的无专业理论基础人员。无论是从定员或是维护水平都无法满足现在的设备管理要求。

（2）信号设备数量快速增长的现实。近 10 年来，随着柳钢产能的大幅扩大，厂内铁路线也随之不断延长和扩大。截至 2019 年 5 月，柳钢电务段管内的道岔数量就达到 288 组、信号机 589 架、轨道区段 593 个之多，其中尚未包括 5 个站点的室内设备及 89 处道口的报警设备和栏杆设备。

（3）现行的信号设备检修规程与现实情况的冲突明显。虽然在 3 年前对信号设备检修规程前进行了修订，由原来的每年检修两次，改为每年检修一次。周期虽然缩短了，但人员减少了，检修质量要求更高了。另外，在去年还增加了一项每年大修 60 台转辙机的工作任务。

（4）安全管理要求不断提高。随着国家及企业在安全管理方面的高要求、严标准，原来的单人单岗作业、互联互保作业模式被禁止，上道作业必须两人及以上，且必须设置一个专职的防护人员。这让本就捉襟见肘的人力资源更加匮乏。

2　信号设备维护现状

（1）信号维护人员不足与设备数量快速增长之间矛盾突出。当前柳钢厂内准轨铁路线总长将近百千米，道岔（含非集中区）300 多组，信号机 589 架（不含复示部分），480 型轨道区段 593 个，以及 89 处公铁平交道口。根据《铁路运输业劳动定员标准管理办法》及南宁铁路局集团关于信号部分的定员标准："30 人/百营业公里"之规定。目前电务段实际参与信号设备维护的人员只有 23 人，缺员 7 人。

（2）目前所有信号设备均采取固定周期计划修的方式，即"一刀切"的周期性检修。这样的维修模式完全没有重点可言，对于那些运行平稳、状态良好的设备来说，无疑是一种过剩修，更是对本来就有限的人力的一种浪费。

（3）日常的隐患整治、工电联合整治以及计划外的临时性任务，往往对计划内的检修工作造成影响。几乎每年都会有一到两项铁路线路优化改造工程，占用了大量的人力，使得检修计划无法正常进行，最后造成的结果就是漏检或检而不修。特别是对重点区域，重点设备的维护力度不够，最后反映出来的就是故障频发，影响运输效率及安全。

3　信号设备维护体制改革的思考

（1）先破而后立，破除旧的传统的周期性计划检修的局面，大胆思考和探索实施以状态修及故障修为主，兼顾大修，侧重日常点检为手段的运维模式。状态修与计划修不同，更不是故障修，它是基于现场设备运行稳定，状态受控的前提下对设备实施的非固定周期的维护方式，是有重点、有针对性的维修。大修是有的放矢，不管设备投用时间长短，一旦发现较大的设备故障隐患就立即采取更换的方式替代现场维修方式。从目前周期性检修过程中发现的故障频次及维修项目情况来看，周期性检修并没有解决太多的故障隐患，反而是巡、点检及故障修的情况下较多。

（2）探索取消计划修，增加巡、点检频次，重点整治的可行性方案。目前了解到国家铁路（俗称大铁）的信号修制也正逐渐往 1、2、3 级修或状态修的模式发展。

（3）实施以状态修及故障修为主，兼顾大修，侧重日常点检为手段的运维模式，需要建立在拥有良好设备运行基础质量的前提下。如果没有良好的设备质量作为基础，盲目的实行状态修，其后果只能是深陷故障修的怪圈中。因此，在推行以大修为主、状态修及故障修为辅、侧重日常点检为手段的运维模式之前必须对设备进行一次较为彻底的检验，保证有良好的合格率和优秀率。其中，要特别重视设备的防尘防水性能的提升。

4　维护制度改革中应注意的问题

（1）争取相关技术管理部门对改革的支持态度，统筹兼顾，营造好改革环境。

（2）采取试点施行，循序渐进，积累新模式的管理经验，对施行过程中出现的难点和痛点进行研究分析并最终解决。

（3）建立并不断完善设备运用状态台账。根据故障发生频次及类型进行 1、2、3 级设备区分，区别对待，有的放矢。

（4）提倡加大新技术的应用，特别是增设道岔缺口、电流曲线监测等监控系统。

5 新体制改革可预见的效果

（1）在人力资源不变的情况下，设备运用质量得到提高，故障可预见以及可控。

（2）明显减少设备的检修过剩和重复修，取消固定修的同时增加巡检频次，提升点检力度。真正贯彻“重检慎修”的要求。

6 结束语

由计划修向状态修、故障修转变的改革，既是响应减员增效的号召，又是当前劳动力缺乏的形势所逼，更是新体制的一次探索。这种体制的推进要以保证运输安全及效率为前提，以设备运行安全稳定为基础，以投入更多先进的监测监控设备技术为手段，以步步为营循序渐进为原则。通过体制的适时改革推进，最终摆脱劳动生产率低、管理维护效果不明显、设备故障频发的低效、低能现状。